长兴方言志

长兴县史志研究室 编

方志出版社
Publishing House of Local Records

图书在版编目(CIP)数据

长兴方言志 / 长兴县史志研究室编. -- 北京 : 方志出版社，2020.9
ISBN 978-7-5144-4468-1

Ⅰ. ①长… Ⅱ. ①长… Ⅲ. ①江淮方言-方言研究-长兴县 Ⅳ. ①H172.4

中国版本图书馆CIP数据核字(2020)第261362号

长兴方言志

编　　者： 长兴县史志研究室
责任编辑： 李志瑜

出 版 者： 方志出版社
地址　北京市朝阳区潘家园东里9号(国家方志馆4层)
邮编　100021
网址　http://www.zgfzcb.cn
发　　行： 方志出版社图书经销中心
电话(010)67110500
经　　销： 各地新华书店
印　　刷： 杭州富春印务有限公司

开　　本： 787×1092　1/16
印　　张： 32.5
字　　数： 602千字
版　　次： 2020年9月第1版　2020年9月第1次印刷
印　　数： 001 ~ 800册

ISBN　978-7-5144-4468-1　**定价：** 298.00元

《长兴方言志》编纂组

（2016.2—2020.9）

主　编　吴连意

编　著　俞允海　吴连意

方言调查协助合作人员

（2016.2—2019.6）

乡镇街道史志工作分管领导（同一单位以任职先后为序）　洪桥镇：闵伟康、徐国燕；李家巷镇：韩成平、吴冬；夹浦镇：沈德辉、钱云花；泗安镇：李顺银、施俊焱、林华；虹星桥镇：文宏伟、陈静、冯波；和平镇：李志云、钱毅；林城镇：黄蓉金、张磊、张诗曰；小浦镇：王斌、梅德胤；煤山镇：王小燕；水口乡：于晓东；吕山乡：朱健康、王炜；画溪街道：王丽燕、庄稼；雉城街道：朱莹、黎旭红；龙山街道：雷智锋、王卫东、茆丽锋；太湖街道：高莹；太湖图影旅游度假区：王飞、丁文欢

乡镇街道史志工作联络员（同一单位以任职先后为序）　洪桥镇：许昭敏、郑书城；李家巷镇：陆伟忠、蒋飞；夹浦镇：许超、倪佳；泗安镇：匡敏、匡世兰；虹星桥镇：唐小英、葛洪武；和平镇：殷敏；林城镇：彭志凤、杨伟平；小浦镇：佟彦；煤山镇：徐南、姜宁；水口乡：陈毅、许悦、章忠平；吕山乡：徐吉；画溪街道：李历、蒋郁青；雉城街道：孙彬、李雪萍；龙山街道：陈敬炜、吴志年、朱金平；太湖街道：曾雪君；太湖图影旅游度假区：王佳、陈晨

长兴县史志研究室　王云婷、郭玲玲、宋君君

长兴方言调查合作人　详见本志“附录”

凡 例

一、本志以马克思列宁主义、毛泽东思想、邓小平理论、“三个代表”重要思想、科学发展观、习近平新时代中国特色社会主义思想为指导，坚持辩证唯物主义和历史唯物主义的立场、观点和方法，坚持科学性、资料性、学术性、普及性相统一，历时研究与共时研究相结合的编写方针，坚持以“记录语言事实为主”的原则，努力保持和体现长兴语言生态的原貌。

二、本志为长兴县首部方言志，记录的语言现象上限事物发端，下限至2016年。

三、本志采用现代语体文和第三人称记述。以记录长兴方言为主，扼要记录长兴移民方言的来源和语音、词汇特点，以及长兴主要流行方言的分布和长兴方言岛现象。

四、本志记音国际音标采用 IpapanADD 字体。

音标符号如下：

p、p‘、b、m、f、v、t、t‘、d、ts、ts‘、dz、s、z、n、l、tɕ、tɕ‘、dʑ、ɕ、ʑ、ȵ、j、k、k‘、g、ŋ、h、ɦ、ø；

ʅ、a、ɛ、o、ɔ、ɤ、i、u、ei、əu、əɯ、iɪ、ia、iɔ、iɛ、iəɯ、iəɤ、ua、uɛ、uɤ、ui、ã、ɔ̃ 、ən、əŋ、õ、iã、iɔ、in、iŋ、iõ、uã、un、uŋ、uɔ̃、 aʔ、oʔ、əʔ、iaʔ、ioʔ、iəʔ、uaʔ、uəʔ 、əl、m、n、ŋ。

声调采用数字表示法：阴平44、阳平13、阴上334、阳上213、阴去53、阳去42、阴入5、阳入2 。

五、本志分类词汇部分的排序以首字笔画为序，俗谚语部分先以字数多少为序，后以首字笔画多少为序。

六、本志语言文字和标点的应用遵循《中华人民共和国国家通用语言文字法》《简化字总表》和《标点符号用法》(GB/T 15834-2011)的规定。

七、本志所用的方言材料经实地调查和广泛收集而得。

目　录

第二编　长兴方言词汇

第三编　长兴方言语法

第六编　长兴方言分布和方言岛

附　录

概　述

（一）

长兴县位于浙江省北部，长江三角洲杭嘉湖平原，地处北纬30º43′—31º11′、东经119º33′—120º06′。东濒太湖，与江苏省苏州市吴中区为界，东南与湖州市吴兴区相邻、南与安吉县相连，西与安徽省宣城市广德县毗邻，西北、北与江苏省无锡市宜兴市接壤。境内有一条黄金水道(长湖申航道)、两条国道(104国道、318国道)、四条铁路(杭宁高铁、宣杭铁路、长牛铁路、新长铁路)、四条高速公路(杭宁、杭长、申苏浙皖、申嘉湖)，与上海、杭州、南京等大城市均在90分钟交通圈内。辖9镇2乡4街道，户籍总人口64万人，县政府所在地龙山街道。

长兴位居浙北低山丘陵向太湖西岸平原过渡的地区，地势西高东低，三面环山、东临太湖，境内湖岸线34.3千米。县境东西宽53.2千米，南北长53.1千米，土地总面积1431平方千米，其中山地和丘陵占46.8%，平原占43.6%，水域占9.6%，自然地貌概称“五山一水四分田”。境域地处北亚热带东亚季风气候区，季风显著，四季分明，气候温和，降水充沛。境内物产丰富，环境优美，已发现矿产资源有26种，植物资源126科725种，动物资源200余种，有闻名海内外的“太湖四珍”银鱼、白虾、鲚鱼、大闸蟹，久负盛名的“长兴四宝”银杏、吊瓜、板栗、青梅，还有被誉为“古生态三绝”的“金钉子”地质遗迹、古银杏和扬子鳄三个上亿年的珍稀自然遗产。

长兴历史悠久，是浙江人类历史的肇始地。据2005年考古发现，早在100万年前的旧石器时代，今天的泗安镇白莲村七里亭一带就有人类活动。浙江人类历史，从长兴开始。不仅于此，长兴七里亭遗址，还是东南沿海地区最早的古人类文化遗存，也是全国旧石器时代早期遗址中为数不多的超过百万年的遗址之一。长兴的建城史距今2500多年，建县史距今1700多年，长兴县名史距今也有1100多年之久。春秋时吴王阖闾使弟夫概于此筑城(公元前514年—前496年)，名长城。晋武帝太康三年(282年)，建长城县。隋大业末(618年)，置长州。唐武德四年(621年)更置绥州，六年更名雉州，七年复置长城县。后梁开平二年(908 年)，改名为长兴县。元元贞元年(1295 年)升为长兴州，至正十七年(1357 年)改为长安州。明洪武二年(1369 年)，降州为县。至清、民国，县境县名仍旧，属湖州府。1949 年 4 月长兴解放后，隶属于浙江省第一区专员公署(后改嘉兴地区专员公署)。1983 年 10 月，属湖州市至今。

长兴地杰人灵，是陈朝开国皇帝武帝故里，历史上名人辈出，人文底蕴深厚。南朝梁陈霸先从一名村官成长为将军，继而黄袍加身，创立陈朝，称帝建康，在乱世中为稳定江南局势，恢复南方经济，保护华夏传统文化等方面做出了历史性贡献，遂有“六朝英主”“江左诸帝，号为最贤”的评价，被当代人列为中国历史上著名的 100 位有作为的皇帝之一。唐时太宗贤妃徐惠，以作《谏太宗息兵罢役疏》规劝太宗而著称于世。著名文人徐坚，参与修纂《唐书》八十卷、《则天实录》等流传后世。还有大历“十才子”之一的钱起，佛教南宗的创始人、参与玄奘翻译佛经的道宣和诗人僧皎然。南宋有两位著名的方志学家，一为乾道《临安志》编纂者周淙，一为嘉泰《会稽志》修撰者施宿。明代，长兴文人辈出，最著名者有顾应祥、“中原七才子”之一的徐中行和隐士吴琉。万历年间臧懋循呕心沥血编选的《元曲选》，使得今人得以享有元代杂剧的光辉遗产，其编刻诗文、戏曲、弹词达三百余万字，成为中国最早一代具有代表性的私人出版商。在清代，有被称为“一代奇士”的钱江和著名书画家张度等。历代以来，长兴大地上也留下了诸多著名政治家、军事家、文人的足迹。相传夏禹治水曾登临李家巷镇东北杨家山眺望太湖，故山古名夏驾山。春秋时吴王阖闾弟夫概筑城，始有长城。秦末西楚霸王项羽起兵时，曾途径水口饮水沐浴，并留下膝盖深印而得名“霸王潭”。东汉建安二十三年(218 年)，孙权擒虎于悬脚岭下。东晋杰出政治家、著名文人谢安墓迁葬县城西南三鸦冈，太傅乡也因此得名。唐大历五年(770 年)，陆羽推荐紫笋茶成为贡茶，朝廷在顾渚山建立中国首个“皇家茶厂”——大唐贡茶院。之后，唐宋时期的袁高、颜真卿、裴汶、张文规、杜牧和皎然、刘禹锡、皮日休、陆龟蒙等一大批名宦和著名文人都曾到过长兴，或督造贡茶或吟诗作赋。南宋爱国名将岳飞曾在长兴练兵，抗击金兀术。明代著名散文家归有光、著名小说家吴承恩曾经同治长兴县，吴承恩还在长兴任上为写就《西游记》积累了大量素材。近现代以来，长兴土地上培养出众多政治家、军事家、科学家、文学家和能工巧匠等，为推动历史发展、国家和民族兴盛做出了重要贡献。长兴还是革命老区，1945 年 1 月，粟裕率部抵达仰峰岕，并成立新四军苏浙军区，长兴遂成为苏浙皖边区党政军的指挥中心和后方基地。血与火的洗礼，铸就了长兴人不屈不挠、艰苦奋斗的精神。长兴至今保存完好由 18 处旧址组成的新四军苏浙军区旧址群。

长兴解放后，全县人民在各级党组织的领导下建立各级人民政权，进行了艰苦卓绝的社会主义革命和建设。改革开放以来，全县人民在各级党组织的带领下，致力于社会主义现代化建设，使长兴这座千年古县以崭新的姿态屹立在太湖西南岸。先后成为中国综合实力百强县、全国综合发展百强县、全国县域经济基本竞争力百强县、中国全面小康成长型百佳县，获评国际花园城市、国家生态县、全国文明城市、全国文明县城、中国人居环境奖、国家卫生城市、国家园林城市、全国工业百强县、全国休闲农业与乡村旅游示范县、全国综合发展百强县、全国绿色发展百强县等150多项国家级和省级及以上荣誉，是中国茶文化之乡、中国扬子鳄之乡、中国银杏之乡、中国红梅之乡、中国电池产业之都。

（二）

长兴方言属于吴语太湖片苕溪小片。吴语属于汉藏语系汉语族，是中国七大方言之一，分布在中国江苏南部、安徽南部、浙江大部、上海、江西东北部和福建西北角，使用人口约有一亿人之多，是中国除官话方言以外的第二大汉语方言，在全球排名第十。吴语在国际标准化组织的“ISO639-3体系”中拥有独立的语言代码：ISO639-3 wuu。

吴国建国于两千多年前。周太王古公亶父之子泰伯、仲雍为禅让王位而南奔，到达江南苏州、无锡一带，在当地定居并传授生产技术和文化。受到当地土著居民的爱戴，被推为君长，并建立了吴国。周时吴长期臣服于楚，楚语逐渐传入吴越地区。在吴、越立国的时候，两国的主体民族比较接近，吴、越两国之民的语言也十分相近。《吕氏春秋·知化》说：“吴王夫差将伐齐，子胥曰：不可。夫齐之与吴也，习俗不同、言语不通，我得其地不能处，得其民不能使。夫吴之与越也，接土邻境，壤交通属，习俗同，言语通，我得其地能处之，得其民能使之。”当时，吴越地区所使用的语言大体上是相同的。汉代扬雄《方言》一书中，吴、越两地方言也常常并提并论。《吴越春秋·夫差内传》也记述文种的话说：“且吴与越，同音共律，上合星宿，下共一理。”当时的吴越语与楚语相近，成为华夏语的一种方言，后称为吴语。

汉朝中央政权的建立，同时中原地区的大量移民为避战乱进入吴语地区，中原汉语与吴越语言接触，致使吴语发生巨大变化。晋代发生长达16年的“八王之乱”，接着又出现“五胡乱华”和“五代十六国”的纷争。中原及西北地区的百姓不堪战乱之苦，纷纷移居吴语区。而晋政权亦从中原移至江东。大量中原人士把中原汉语带到南方，致使吴语再次受到影响。到南北朝时，吴语已成为一支颇有特色的方言。隋唐时期，吴语流行于东南沿海一带，成为各方人士所重视的一支方言。宋室南渡，京城移至杭州。大量的北方人随之进入南方，使吴语又一次受到中原汉语的冲击。宋元时代，吴语的语音系统已经奠定现代吴音的规模，与现代吴音的面貌相差不远。明清时期，吴语对全国产生了很大的影响。吴语口语大量出现在文献记载当中，如明代冯梦龙编的《山歌》《三言》、凌蒙初的《二拍》等。清初吴语继续发展，吴语人口占全中国的20%，白话小说《豆棚闲话》真实记录了当时的吴语口语。

吴语的太湖片是吴语中最大的一个方言片，以太湖为中心区，分布在苏南、浙北、上海的广大地区，地域及人口都达到吴语使用总数的65%，为影响力最强的一支吴语，也是吴语的核心。

太湖片的苕溪小片包括湖州吴兴区、南浔区、长兴、安吉(以上两县西部边境官话移民区除外)、德清以及杭州市部分地区，使用人口约为300万人。

长兴方言是苕溪小片的次方言，保留了吴语苕溪小片的基本特点，但存在着明显的内部差异。长兴地理位置处在湖州和江苏的宜兴之间，因此邻近湖州的和平地区语音与湖州话相近，靠近宜兴的白岘地区则带有浓重的宜兴口音。

另外，长兴是自然移民县。太平天国期间，杭嘉湖地区是太平天国军队与清军的重要战场，长兴、安吉等地更是双方争夺战的主战场，战后又发生大瘟疫，长兴地区人口损失殆尽。据学者估算，战前长兴地区的人口约47万人，战后人口仅剩7万人。之后，大量河南、安徽、温州和江北等移民定居长兴，其中以河南移民居多。移民们的到来，让长兴出现了多方言现象。在长兴流行的主要方言除了长兴当地话，还有河南话、平阳话、安庆话、宜兴话等多种。

长兴的河南人主要来自河南的罗山县和光山县。太平天国时期，长兴当地人口损失过半。长兴当地的地主老财们就招聘逃荒过来的河南人做佃户。清朝的河南省，人口增长较快，出现了人多地少的局面，再加上河南旱涝灾害频繁发生，不少河南人离乡背井，到江南谋生。清光绪年间罗山、光山等地因大面积灾荒，致使乡民逃荒下江南。其中不少人到长兴、安吉等地从事农业生产，即“做田畈”。到长兴的河南人搭建草房，拓荒耕地，开始了聚居生活，并一代一代繁衍生息。他们保留了罗山、光山的生活习俗和方言。使用河南话的乡镇，主要集中在原仙山、二界岭、管埭、长潮、天平、林城、吴山、和平、便民、里塘、观音桥、包桥、虹星桥、长桥等地。河南的居民在长兴境内不少自然村形成了河南话方言岛。

长兴河南人的语言，由于河南移民聚居的原因，基本保持了河南话的风格。长兴河南话的语音系统基本与河南话相同，词汇也基本保留了河南话的原样。同时，由于语言的影响是相互的，长兴的河南人在与长兴当地人接触时，不自觉地受到长兴当地方言的影响，以致河南人觉得长兴的河南人所说的河南话已经变了样。有的河南人会说“上街[tþiɛ^{44}]”，而有的则说“上街[kai^{44}]”，声母由[tç]变成[k]，明显是受长兴话的影响，因为长兴话是说[ka^{44}]的。

长兴县内也有来自安徽的移民，主要分布在原泗安、管埭、林城、水口、长潮、仙山、煤山等乡镇。长兴的安徽移民人口不多，但来源广泛，安庆、庐山、凤阳、和州、滁州等五府州的十二县均有移民迁居长兴，尤以桐城、怀宁、合肥、巢县等为多。水口乡甚至有一个村庄取名为徽州庄村，可见当时该处聚居着许多来自安徽的移民；江排岕，也有很多安庆移民。在安徽移民聚居之地，移民们也大多操安庆方言。长兴安庆人的声韵调与安庆方言基本相同，但语音与词汇方面受到长兴方言的影响。

平阳话也是长兴移民方言之一。平阳是一个移民县，福建与平阳山水毗连，水陆相通，历代闽民络绎不绝迁徙平阳；因此，长兴的平阳移民所说的大多是闽南话。

温州、台州移民，主要分布在县内的原和平、水口、白阜、太傅、长潮、仙山、二界岭、白岘等乡镇，其中以太傅最为集中，全乡 13 个行政村中有 10 个村为温州平阳移民的集居区。

长兴有部分村流行宜兴话，主要分布在北部毗邻宜兴市的煤山、鼎甲桥、白岘、水口等乡镇的山区。但长兴的宜兴话并不是因移民而形成，而是由于商贸的原因。因为长兴西北和宜兴西南自古以来商贸频繁，因此居住在该处的长兴人就形成了宜兴口音。长兴的宜兴话可以再分成煤山岕里话和白岘话，它们都是在宜兴话的基础上演变而成的。

在长兴流行的还有其他一些方言，如江北话、建德话等。

长兴的多移民现象，形成了长兴县方言复杂的局面。

语言是一种不断变化的交际工具。社会的变革、生产力的发展和人口的迁徙，对长兴的各种方言产生了巨大的影响。特别是近几十年来，长兴经济发展突飞猛进，面貌日新月异，加之普通话的全面普及，长兴的语言也正面临着巨变。因此，记录和保存原汁原味的长兴语言生态面貌，为世人保留这一人类的珍贵文化遗产，是一件非常有价值的事。

第一编　长兴方言语音

第一章　长兴方言语音系统

作为吴语的次方言，长兴方言具体明显的吴语特色。长兴方言有声母30个，韵母47个，声调有四类八种，有浊音、有入声。长兴方言音节共470多个，可以组成3000多个同音字。长兴方言历史悠久，词汇系统中存在着不少古代词语的遗留。

第一节　长兴方言语音概说

长兴方言是吴语的次方言，保留了吴语语音系统的主要特点，呈现出与普通话的明显不同。

1. 古汉语是有浊音的语言，如三十六字母中的并、奉、定、澄、从、邪、床、禅、群、匣都是浊音。然而，随着语言的发展变化，现代汉语已经消失了浊音，在中国所有的方言中，只有吴语和老湘语保留了浊音。长兴方言作为吴语的次方言，保留了浊音这一特点，共有14个浊音。

2. 声调是汉语的重要特色，中古汉语有平、上、去、入四声。在现代汉语中，四声发生了变化，根据“平分阴阳，入派三声”的规律，入声消失，形成了阴、阳、上、去四声。长兴方言作为吴语的次方言，继承了中古汉语的四声和清浊对立，保留了古汉语的入声，构成了四声八调的格局。

古汉语的入声韵尾有[-p][-t][-k]三种类型，根据王力、李荣等人的拟音，急、乏、吸、合等入声字的韵尾都是[-p]；质、密、物、末等入声字的韵尾都是[-t]；独、屋、笃、觉等入声字的韵尾都是[-k]，吴语把上述三种类型并合成一种喉塞音[ʔ]。长兴方言具有吴语的这一特点，上述各字无论其韵尾是[-p][-t][-k]的哪一种，在长兴方言中韵尾都成了[ʔ]。下列汉字在长兴方言中都是入声，如：白[$baʔ^2$]轧[$gaʔ^2$]熟[$zoʔ^2$]药[$jiaʔ^2$]活[$ɦuəʔ^2$]脱[$t‘əʔ^5$]捉[$tsoʔ^5$]杀[$saʔ^5$]笔[$pəʔ^5$]阔[$k‘uəʔ^5$]。长兴方言的入声字，读时韵尾短促有力。

3. 中古的山摄韵在吴语中发生了音变，在长兴方言中同样发生变化。中古的山摄韵开口和合口都分为四等。它们的韵母共有an、ian、uan、yan四类，在普通话中它们都是鼻韵，在长兴方言中，该四个韵母都失落鼻韵尾 n，发生音变。其规律如下：

山摄中的 an 韵，在长兴方言中音变为[ɛ][ɤ]两类，韵母为[ɛ]的，如：丹单诞但弹蛋滩坦；韵母为[ɤ]的，如：干看邯寒汗罕汉安。

山摄中的ian 韵，在长兴方言中音变为[ɛ]和[iɪ]两类，韵母为[ɛ]的，如：闲限颜雁晏；韵母为[iɪ]的，如：便棉面连天田年。

山摄中的 uan 韵，在长兴方言中音变为[ɤ][uɤ]和[uɛ]三类，韵母为[ɤ]的，如：短断传团乱；韵母为[uɤ]的，如：官贯罐冠宽款欢；韵母为[uɛ]的，如：关贯惯还环幻弯。

山摄中的 yan 韵，在长兴方中音变为[iɪ]或[iɛ]两类，如：泉全权拳券劝喧。上述字在长兴的不同地区有[iɪ][iɛ]两种不同的读音。

由此可知，山摄韵在长兴方言中的音变为六类音，即：[ɛ][ɤ][iɪ][iɛ][uɛ][uɤ]等。长兴方言与周边的湖州、安吉相比，明显多了[ɤ][uɤ]两个特殊的韵母。

[ɤ][uɤ]是长兴特有的语音，长兴周边地区大多没有上述两个音，如同属太湖片苕溪小片的湖州、安吉，以及苏沪嘉小片的嘉善、桐乡、平湖、海盐、海宁等大都不存在[ɤ][uɤ]音，只有少数地区还存在着与[ɤ][uɤ]相近的语音。

4. 中古的流摄韵在长兴方言中也发生了音变。中古的流摄韵在普通话中主要有[ou]和 [iou]两类韵母。韵母为[ou]的，如“走”的中古拟音为[tsəu]，“收”的中古拟音为[ɕiəu]；韵母为[iou]的，如“牛”的中古拟音为[ŋiu]，“酒”字的中古拟音为[tsiəu]。在长兴方言中，上述各字的[u]尾均失落，读音分别为走[tsei^{53}]收[sei^{44}]牛[ŋiɪ^{13}]酒[tɕiɪ^{42}]。

中古流摄的[ou]和[iou]韵，在长兴方言中分别演变为[ei][iɪ]两类。读为[ei]韵的如：斗偷楼走周狗口后欧抽收刘等。读为[iɪ]的如：牛酒秋修优等。其中的[ou]韵，大多是中古的流摄开口一等韵，长兴方言中大多演变为[ei]；其中的[iou]韵，大多是中古的流摄开口三等韵，在长兴方言中演变为[iɪ]韵。长兴方言的该特点，与周边地区存在着明显的差异。

5. 作为吴语太湖片苕溪小片的长兴方言，存在着前后鼻韵不分的现象。吴语的不少地区没有普通话的后鼻韵，但长兴方言却明显存在着后鼻韵，同时也存在着前鼻韵；人们在说话时，存在着前后鼻韵混同的现象。

长兴方言存在着不少鼻化韵，如：

鼻化韵[ã]的字：张厂场蚌。

鼻化韵[ɔ̃]的字：唱当旁方。

鼻化韵[õ]的字：东梦风共。

鼻化韵[iã]的字：亮姜香匠。

鼻化韵[iɔ̃]的字：旺。

鼻化韵[iõ]的字：穷浓永兄。

鼻化韵[uã]的字：横。

鼻化韵[uɔ̃]的字：汪光广谎。

长兴方言没有普通话的后鼻韵，普通话的后鼻音“东冬钟江唐阳”等韵在长兴方言中有不少演变为鼻化韵。如：

东韵的红[ɦo13]公[kõ^{44}]。

冬韵的宋[sõ^{334}]宗[tsõ^{44}]。

钟韵的封[fõ^{44}]颂[zõ^{213}]。

阳韵的张[tsã^{44}]涨[tsã^{53}]。

阳韵的方[fɔ̃^{44}]王[ɦɔ̃^{213}]。

阳韵的良[liã^{213}]养[jiã^{42}]。

江韵的江[tɕiã^{44}]降[tɕiã^{334}]。

6. 长兴方言保留了吴语“无轻声，无多音，无儿化”的特点。

（1）长兴方言没有普通话的轻声。普通话中存在着大量的轻声词语，但长兴方言却字字着音，没有轻声现象。如：

普通话与长兴话轻声对照表

表 1-1

词语	普通话读音(有轻声)	长兴方言读音(无轻声)
东家	dōngjia	[tõ^{44}][ka^{44}]
打扮	dǎban	[tã^{53}][pɛ^{53}]
答应	dāying	[taʔ^{5}][øin^{334}]
扁担	biǎndan	[piɪ^{53}][tɛ^{53}]
甘蔗	gānzhe	[kɤ^{55}][tso^{55}]
官司	guānsi	[kuɤ^{55}][si^{55}]
裁缝	cáifeng	[zɛ^{13}][võ^{13}]

在普通话的读音中，上述表中“家扮应担蔗司缝”等七个字都是轻声，但在吴语中，却没有轻声的特点。在长兴方言中，它们都有各自的声调。

（2）普通话里存在着一字多音的情况，虽然每个语种都存在多音字，但汉语中多音字最多。据统计，多音字在《现代汉语词典(修订本)》里有 950 个，《新华字典(修订本)》里有 770 个，在 1000 个常用字中有 120 个，3500 个常用字中有 560 个。多音字在常用字和次常用字中约占 16%。与普通话相比，吴语中多音字相对较少，长兴方言同样具有吴语该特点，语音比较单一，基本上是一字一音。多音字主要体现在文白异读上和连续变调上。下表中的字在普通话中存在着一字多音，长兴方言中只有一个读音。如：

普通话与长兴话读音对照表

表 1-2

普通话读音			长兴方言读音
和	hé 和睦、和谐	huó 和面	[ɦu^{13}]
落	luò 落地	lào 落枕	[loʔ^{2}]
角	jiǎo 角落	jué 角色	[koʔ^{5}]
轧	gá 轧账、轧朋友	zhá 轧钢	[gaʔ^{2}]
恶	è 恶狗	wù 可恶	[øoʔ^{5}]
埋	mán 埋怨	mái 埋头	[ma^{213}]
传	zhuàn 传记	chuán 传奇	[zɛ^{213}]
弄	nòng 玩弄	lòng 弄堂	[lõ^{213}]
粘	zhān 粘贴	nián 黏土	[ȵiɪ^{13}]
削	xuē 剥削	xiāo 削皮	[ɕiaʔ^{5}]

长兴方言的一字多音主要存在文白异读上，如：

巴　文读［pa^{44}］如：巴西　　白读［po^{44}］如：巴结

花　文读［hua^{44}］如：花朵　　白读［ho^{44}］如：出白花

鸟　文读［ȵiɔ^{42}］如：鸟兽　　白读［tiɔ^{53}］如：麻鸟

孝　文读［ɕiɔ^{334}］如：孝顺　　白读［hɔ^{334}］如：戴孝

（3）长兴方言无儿化音。儿化音主要分布在北方方言地区，儿化音最多的是北京。据统计，普通话 39 个韵母中有 26 个儿化韵之多。普通话有如下说法：脸蛋儿、号码儿、心眼儿、眼镜儿、老头儿、有趣儿、药方儿、模特儿、冰棍儿、蛋黄儿。吴语没有儿化音。上述词语在长兴方言中都不存在儿化，说成：脸蛋、号码、心眼、眼镜、老头、有趣、药方、模特、冰棍、蛋黄。

7.长兴方言不分尖团音。尖团音是尖音和团音的合称。尖音指 z、c、s 声母拼 i、ü或 i、ü起头的韵母，团音指 j、q、x 声母拼 i、ü或 i、ü起头的韵母。区分尖团的方言，把“尖、千、先”读作 ziān、ciān、siān，把“兼、牵、掀”读做 jiān、qiān、xiān。普通话不分“尖团”，如“尖=兼”jiān，“千=牵”qiān，“先=掀”xiān。吴语的不少地区都有尖团音的区分，如：浦东、苏州、无锡、常熟、平湖、嘉善等地。

长兴方言基本不区分尖团音，常用尖音“积疾挤集辑即籍脊际剂”等字，在长兴方言中声母都读为[tɕ]，尖音“欺起其奇启弃企乞歧气”等字，在长兴方言中声母都读为[tɕ‘]，尖音“西息惜昔媳洗袭细席膝”等字，在长兴方言中声母读为[ɕ]。

但在长兴方言中有一特殊的尖团音现象，雉城城东地区把部分团音读成尖音，即把[tɕ][tɕ‘][ɕ]声母读为[ts][ts‘][s]，如在长兴方言中，“机器”的读音不是团音[tɕi^{44}][tɕ‘i^{44}]，而是尖音[tsɿ^{44}][ts‘ɿ^{44}]，“西瓜”不读团音[tɕ‘i^{44}][ko^{44}]而读成尖音“丝瓜”[sɿ^{44}][ko^{44}]，“鸡”不读团音 [tɕi^{44}]而读成尖音“猪”[tsɿ^{44}]。但在城东地区，也不是所有的团音都读成尖音，而是仅限于“机鸡西器”等字。“几寄记纪基急季”等，在长兴方言中还是读成团音[tɕi^{44}]的。

8. 长兴方言没有撮口呼韵母。普通话里有开齐合撮四呼，但长兴方言没有撮口呼。中古的“鱼虞仙”等韵在普通话里的韵母是撮口呼ü，鱼韵的“预巨与余鱼举”、虞韵的“俞于禹句俱矩”、仙韵的“卷员宣泉”等韵母的韵头都是ü，由于长兴方言没有撮口呼，该韵母都成了齐齿呼[i]或[iɪ]，如：

普通话与长兴话撮口呼对照表

表 1-3

中古韵部	例字	普通话读音	长兴方言读音
鱼	预	yu	[ji^{13}]
	巨	ju	[dʑi^{213}]
	举	ju	[tɕi^{53}]
虞	句	ju	[tɕi^{334}]
	俞	yu	[ji^{13}]
	矩	ju	[dʑi^{13}]

中古韵部	例字	普通话读音	长兴方言读音
仙	卷	juan	[tɕiɪ^{53}]
	员	yuan	[jiɪ^{13}]
	全	quan	[dʑiɪ^{13}]

另外，在长兴方言中，合口呼[u]也相对较少，“光慌汪”等字中的[u]音失落，读成：光[kɔ̃^{44}]慌[hɔ̃^{44}]汪[øɔ̃^{44}]等。

9. 中古疑母字在长兴方言中的分化。中古的疑母字声母都是[ŋ]，王力、李荣等人的拟音如下：牙[ŋa]平声二等开口，颜[ŋan]平声二等开口，敖[ŋɑu]平声一等开口，眼[ŋæn]上声二等开口，藕[ŋəu]上声一等开口，倪[ŋiei]平声四等开口，银[ŋien]平声三等开口，宜[ŋje]平声三等开口，迎 [ŋiɐŋ]平声三等开口，语[ŋiɔ]上声三等开口。

上述 10 个字在长兴方言中声母分别为[ŋ]、[ȵ]二类，“牙颜敖眼藕”五字的声母为[ŋ]，分别读成牙[ŋa^{13}]、颜[ŋε^{13}]、敖[ŋɔ^{13}]、眼[ŋε^{42}]、藕[ŋɤ^{42}]。“倪银宜迎语”五字的声母为[ȵ]，分别读成倪[ȵi^{44}]、银[ȵin^{44}]、宜[ȵi^{44}]、迎[ȵin^{44}]、语[ȵi^{53}]。

中古的疑母字，在普通话中[ŋ]母已经消失，但吴语保留了古音，长兴方言根据开口度的大小，分为两类，基本形成了一等、二等为[ŋ]，三等、四等为[ȵ]的规律。其他的如：

一等、二等的声母为[ŋ]：

外：去声一等合口，长兴方言声母为[ŋ]。

岸：去声一等合口，长兴方言声母为[ŋ]。

饿：去声一等合口，长兴方言声母为[ŋ]。

齾：入声二等开口，长兴方言声母为[ŋ]。

额：入声二等开口，长兴方言声母为[ŋ]。

三等、四等的声母为[ȵ]：

严：平声三等合口，长兴方言声母为[ȵ]。

阮：平声三等合口，长兴方言声母为[ȵ]。

仰：平声三等合口，长兴方言声母为[ȵ]。

毅：平声三等合口，长兴方言声母为[ȵ]。

业：入声三等开口，长兴方言声母为[ȵ]。

长兴方言中，鱼字可以读为[ŋ^{13}]，正是中古音的遗留，因为中古的“鱼”字属于疑母字，中古的拟音为[ŋiɔ]，长兴方言保留了疑母的[ŋ]。长兴方言中第一人称发音为[ŋ^{42}]，因为中古的“我”字也是疑母，拟音为[ŋɑ]，长兴方言同样保留了古音[ŋ]。

当然，中古的疑母字在长兴方言中并不全部音变为[ŋ]或[ȵ]，也有部分读为其他音的，如：危、言、玩、月、艾、遇。

10. 长兴方言没有翘舌音与非翘舌音之分。中古的庄、初、生三母在普通话中都是翘舌音，如：庄母的“争爪斩茁责阻装”等字，声母为[tʂ]；初母的“差叉创楚抄测策”等字，声母国[tʂ‘]；生母的“史沙色数所生山”等字，声母为[ʂ]。中古的精、清、心三母是平舌音，如：精母的“宗祖子走足增奏”等字，声母为[ts]；清母的“村草次苍菜寸促”等字，声母为[ts‘]；心母的“私苏算送速塞骚”等字，声母为[s]。

在长兴方言中，庄母的“争爪斩茁责阻装”与精母的“宗祖子走足增奏”声母相同，为[ts]。初母的“差叉创楚抄测策”与清母“村草次苍菜寸促”声母相同，为[ts‘]。生母的“史沙色数所生山”与心母的“私苏算送速塞骚”声母相同，为[s]。

11. 长兴方言具有吴语发音简便快速的特点。作为吴语的次方言，长兴方言在发音上具有发音容易，语速快捷的特点。因此，许多北方人觉得长兴人说话比较快，其实长兴人说话快速是由长兴方言语音的简便性所决定的。

长兴方言语音的简便性，主要体现在如下几方面：

（1）长兴方言没有撮口呼。普通话的撮口呼在长兴方言中都成了齐齿呼，如巨[dʑi^{213}]举[tɕi^{53}]俞[ji^{13}]句[tɕi^{334}]卷[tɕiɪ^{53}]宣[tɕiɪ^{44}]等。齐齿呼[i]发音时比较简单，撮口呼在发音时要求嘴唇成圆形，发音难度相对较高。另外，在长兴方言中，[u]韵也比较少，不少字的[u]音失落，如：光慌等字，读成：光[kɔ̃^{44}]慌[hɔ̃^{44}]。

（2）长兴方言前后鼻韵不分。普通话里有后鼻音，发音时要求舌头后缩，舌根抬起，抵住软腭，让鼻子出气发音，发音动作比较复杂。而它们在长兴方言里简化为鼻化韵，鼻化韵发音远比后鼻音方便。由于长兴方言不存在前、后鼻音之分，发音相对方便。

（3）长兴方言没有翘舌音。普通话的翘舌音[tʂ][tʂ‘][ʂ]，在长兴方言中都是平舌音，发音时舌头不用卷起来，减少了发音的动作和翘舌、非翘舌之间的转换，这样发音就相对容易。

（4）长兴方言单韵母比较多。如：花的韵母为[o]，包的韵母为[ɔ]，看的韵母为[ɤ]。

（5）长兴方言具有吴语的入声。入声字读音短促，一发即收，如：白、药、石、客等字的读音，长兴方言都是入声，发音时明显比普通话快捷。

上述发音特点，致使长兴方言的发音方便、快捷。因为在说长兴方言时，不讲究舌头的翘与不翘，也不讲究舌根的是否抬起，也不要求嘴唇是否圆形，说话时嘴唇与舌头的动作比较自然、省力，语速就流畅了。

第二节　长兴方言声母特点

一、长兴方言声母表及说明

长兴方言声母根据发音方法共有 5 类，根据发音部位共有 7 类。

长兴方言声母表

表 1-4

发音方法＼发音部位			上唇下唇	上齿下唇	舌尖齿龈	舌面前颚	舌面中颚	舌根软腭	喉门
塞音	清音	不送气	p		t			k	
		送气	p‘		t‘			k‘	
	浊音		b		d			g	
塞擦音	清音	不送气			ts	tɕ			
		送气			ts‘	tɕ‘			
	浊音				dz	dʑ			
擦音	清音			f	s	ɕ			h
	浊音			v	z	ʑ	j		ɦ
鼻音	浊音		m		n	ȵ		ŋ	
边音	浊音				l				
零声母			∅						

长兴方言共有声母30个(含零声母ø)，其中双唇音4个，唇齿音2个，舌尖音10个，舌面前颚音6个，舌面中颚音2个，舌根音3个，喉音2个，零声母1个。

二、长兴方言声母例字

长兴话声母例字如下：

长兴方言声母例字表

表1-5

声母	例字	声母	例字
p	包臂变宾布北	p‘	派盼半炮片批
b	排办拌旁朋笨	m	买慢毛眉忙棉
f	分发夫复丰粉	v	范房文冯罚物
t	刀灯通点低丁	t‘	听挑天体托脱
d	淡逃头肚堂同	ts	灾庄中扎炸早
ts‘	昌充插参错超	dz	惹撞陈朝茶直
s	洒山纱烧松申	z	石俗术仁时社
n	奶暖脑奴捺囡	l	拉老刘冷轮龙
tɕ	机尖交将精结	tɕ‘	汽浅巧枪青切
dʑ	旗桥近穷局强	ɕ	希先消兴兄吸
ʑ	席邪泉习	ȵ	泥饶娘银肉热
j	俞姚云阳延爷	ŋ	硬藕咬眼牙额
k	加肝瓜果粳钢	k‘	卡铅可苦园哭
g	茄搞共轧环捆	h	昏灰歪黑吓很
ɦ	合盒学恨红淮	ø	有衣屋爱袄远

三、长兴方言声母说明

长兴方言是吴语太湖片的次方言，它的声母保留了吴语与太湖片语言的共同特点，主要如下：

1. 具有全浊音是吴语的唯一标准。长兴方言保留了吴语声母的全浊音特点，共有全浊和次浊声母共15个：[b][d][g][dz][dʑ][v][z][ʑ][j][ɦ][m][n][ȵ][ŋ]

[l]。与周边地区的语音情况类似。湖州话浊声母与长兴相同，桐乡话、海宁话的浊声母与长兴基本相同，仅少了一个[dz]。

2. 吴语的塞音和塞擦音仍保留全清、次清、全浊三分的特征，长兴方言的情况相同，如：

长兴方言塞音、塞擦音读音表

表 1-6

	全清	次清	全浊
塞音	[p]报比兵	[p‘]炮批拼	[b]抱被并
	[k]隔工街	[k‘]客空楷	[g]轧共茄
	[t]多丁底	[t‘]拖听体	[d]舵定弟
塞擦音	[tɕ]居坚胶	[tɕ‘]区千俏	[dʑ]期权乔

3. 吴语的边音、鼻音[m][n][ȵ][ŋ][l]均分为清浊两套，分别与阴声调与阳声调相配。该现象在长兴的周边地区普遍存在，如上海、海宁、湖州、桐乡等地都有清浊两套的现象。长兴的情况如下(加着重号的为清音，不加的为浊音)：

长兴方言清浊两套读音表

表 1-7

清	[ṃ]	猫美	[ṇ]	脑奶	[ȵ̣]	女纽	[ŋ̣]	眼五	[ḷ]	老拉
浊	[m]	毛梅	[n]	男南	[ȵ]	娘肉	[ŋ]	牙鱼	[l]	劳立

当然，吴语地区区分两套的情况并不完全一致，长兴与湖州基本类似，而与上海、海宁等地有所不同。如：猫字的声母，长兴、湖州、上海为[ṃ]，海宁、桐乡为[m]；脑字的声母，长兴、湖州、桐乡为[ṇ]，上海、海宁为[n]；纽字的声母，长兴、湖州为[ȵ̣]，上海、海宁为[ȵ]；老字的声母，长兴、湖州、桐乡为[ḷ]，海宁、上海为[l]。

4. 长兴方言中没有没有普通话的翘舌音［tʂ］［tʂ‘］［ʂ］。因此，只有［ts］［ts‘］［s］和［tɕ］［tɕ‘］［ɕ］两套。

普通话中的“找针涨捉追主”等字的声母为翘舌音［tʂ］，长兴方言的声母都为平舌音［ts］；普通话中的“超处厂冲赤丑”等字的声母为翘舌音［tʂ‘］，长兴方言为平舌音［ts‘］；普通话中的“使杀烧说伤身”等字的声母为翘舌音［ʂ］，长兴方言为平舌音［s］。因此，长兴方言中，“知”“资”不分，“翅”“刺”相混，“诗”“私”同音。

5.中古“见”母的特殊情况。“鬼贵”等字在中古属于古音见母，在长兴周边地区，“鬼贵”的声母已腭化为［tɕ］，“鬼”读为［$tɕi^{53}$］，“贵”读为［$tɕi^{334}$］，但在长兴方言中，这两个字的声母并未腭化，读音为［kui^{53}］和［kui^{334}］。

6.长兴方言声母的来历。长兴方言声母由古声母演变而来，与中古三十六字母有着明显的对应关系。

声母［p］［p‘］［b］分别来自帮、滂、并母，［m］来自明、微两母，声母［f］来自非、敷两母，［v］来自奉、微两母，声母［t］［t‘］［d］［n］分别来自端、透、定、泥母，声母［ts］来自知、精、照母声母，［ts‘］来自彻、清母，［s］来自心、禅母，声母［z］来自澄、从、床、禅母，［l］来自来母，［tɕ］来自精、见母，［tɕ‘］来自清、溪母，［dʑ］来自群母，［ɕ］来自心、晓母，［ȵ］来自娘母和日母，［z］来自澄、从、邪、床、禅、日母，声母［ʑ］来自邪母，［j］来自疑、匣、喻母，［ɦ］来自疑、匣母，［ŋ］来自疑母，［h］来自晓母，［k］来自见母，［k‘］来自溪母，［g］来自群母。

第三节　长兴方言韵母特点

一、长兴方言韵母表及说明

长兴方言韵母表

表 1-8

	单元韵	复元韵	鼻化韵	入声韵	自成音节
开口呼	ɿ a ɛ O ɔ ɤ	ei əu əɯ	ã ɔ̃ ən əŋ õ	aʔ oʔ əʔ	əl m n ŋ
齐齿呼	i	iɪ ia iɔ iɛ iəɯ iəɤ	iã iɔ̃ in iŋ iõ	iaʔ ioʔ iəʔ	
合口呼	u	ua uɛ uɤ ui	uã un uŋ uɔ̃	uaʔ uəʔ	

长兴方言韵母总数共有 47 个，包括了全县各乡镇街道长兴方言的所有语音，其中单元音 8 个，复元音 13 个，鼻音鼻化音 14 个，入声音 8 个，自成音节的 4 个。长兴方言只有开口呼、齐齿呼和合口呼等三呼，没有普通话的撮口呼。

需要指出的是，并不是长兴各乡镇街道都有 47 个韵母，如雉城、李家巷、泗安等只有 40 个韵母，洪桥、林城、夹浦、水口、吕山等有 41 个韵母，虹星桥、小浦有 42 个韵母，和平有 43 个韵母，煤山有 44 个韵母。虽然长兴各地方言的韵母有同有异，但合计有 47 个韵母。

二、长兴方言韵母例字

长兴方言韵母例字表

表 1-9

单元韵	ʅ	资齿次书迟事	a	败带太柴界卡
	ɛ	班攀办反胎咸	o	坝骂岔晒挂华
	ɔ	貌套捞嫂考高	ɤ	半拌满干盖看
	i	比米低鸡语椅	u	布部夫务午补
复元韵	ei	悲背堆周岁水	əu	多楚数阻苦货
	əɯ	油游友	iɪ	边天肩仙牛油秋
	ia	借写斜亚夜野	iɔ	交表庙桥摇妖
	iɛ	边天肩仙	iəɯ	酒秋求
	iəɤ	酒秋求	ua	乖快夸拐怪哇
	uɛ	关环还甩缓弯	uɤ	官管宽款欢完
	ui	规亏灰伟胃伪		
鼻化韵	ã	浜朋盲打省硬	ɔ̃	帮胖忙方当汤
	ən	本盆门文灯声	əŋ	本盆门文灯声
	õ	梦风东同龙共	iã	量姜枪想洋娘
	iɔ̃	旺	in	兵平听亲情音
	iŋ	兵平听亲情音	iõ	穷绒胸荣勇炯
	uã	横	un	棍坤昏捆魂稳
	uŋ	棍坤昏捆	uɔ̃	汪光广

入声韵	aʔ	百发达石客押	oʔ	北扑木扩哭学
	əʔ	泼墨佛脱特粒	iaʔ	贴脚削虐药约
	ioʔ	曲局肉蓄浴郁	iəʔ	笔劈别灭铁敌
	uaʔ	刮括豁滑挖划	uəʔ	活或骨国
自成音节	əl	而	m	姆
	n	你	ŋ	鱼

三、长兴方言韵母说明

长兴方言的韵母具有吴语的特点，而与普通话存在着较大的区别。主要特点：

1. 韵母的单音化。长兴方言中单元音韵母较多，普通话中的许多复元音在长兴方言中已经演化成了单元音。

普通话中的复元音 ao，在长兴方言中读成[ɔ]，如：高好到老操找包讨等字。

普通话中的复元音 an，一部分在长兴方言中读成[ɛ]，如：班般扮拌办蛋但等字；有一部分在长兴方言中读成[ɤ]，如：潘寒汗罕汉等。

普通话中的复元音 ang，在长兴方言中读成鼻化音[ã]，如：张扬将冷朋蚌碰等字。部分读成[ɔ̃]，如：房党章床浪康航等字。

普通话中的复元音 ong，在长兴方言中读成鼻化音[õ]，如：龙空农东同容宋总葱等字。

2. 鼻音的弱化与失落。普通话有较多的后鼻韵母，长兴话中虽然还有后鼻韵母，但比普通话少得多。一部分后鼻音在长兴方言中弱化为鼻化韵，如：

长兴方言鼻化韵表

表 1-10

普通话鼻韵母	鼻化韵	前鼻韵	长兴方言例字
ang	ã		张帐夯丈场夯盲仗丈
ang	ɔ̃		章厂汤康上浪廊苍访
ong	õ		孔东红弄空弘洞农送
iang	iã		将娘向抢强腔奖乡相
iong	iõ		用兄穷永熊用胸琼
wang	ɔ̃		光广王慌汪
weng	õ		翁鼆

3. 长兴方言存在着特殊的韵母[ɤ]和[uɤ]。长兴方言中的“干短潘拌满”的韵母都是[ɤ]，“管宽款欢完”的韵母为[uɤ]，两个音在长兴周边地区大多是不存在的。

4. 长兴方言没有普通话的撮口呼。因此，长兴方言中只有开口呼、齐齿呼、合口呼三呼，没有撮口呼。普通话中的韵母ü在长兴方言中都读成齐齿呼［i］，如“举趣吕俱去需虑”等。普通话的韵母ün在长兴方言中都读成齐齿呼［in］，如“运军菌群训讯”等。普通话的韵母üan 在长兴方言中读成齐齿呼［iI］，如“娟捐权泉选宣”等。

5. 长兴方言中的［uɔ̃］和［ɔ̃］。长兴方言中，长一辈的语音中，没有韵母［uɔ̃］，普通话中的 uang 韵，在老长兴方言中失落［u］，成为鼻化韵［ɔ̃］，如：“广”读成［$kɔ̃^{53}$］、“框”读成［$k‘ɔ̃^{44}$］、“汪”读成［$øɔ̃^{44}$］。青年人在普通话的影响下，韵母中新产生了［uɔ̃］，主要用于拼写读书音，“广、框、汪”三字分别读成［$kuɔ̃^{53}$］［$k‘uɔ̃^{44}$］［$øuɔ̃^{44}$］。

6. 长兴方言中[əl][m][n][ŋ]可自成章节，如［əl]可表示“而”“尔”；［m］可表示“亩”“姆”；[n]可表示第二人称“五”；[ŋ］可表示“鱼”及第一人称“嗯”等字。

7. 长兴方言韵母的来历。现代方言的韵母来自中古韵母，中古韵母据《广韵》系统有 206 韵之多。长兴方言的 47 个韵母与中古的 206 韵之间存在着复杂的对应关系。长兴方言韵母与中古韵母存在的基本对应关系如下：

长兴方言韵母与中古韵母对应表

表 1–11

长兴方言韵母	主要中古韵母	长兴方言韵母	主要中古韵母
[ɿ]	止之志支脂纸	[a]	卦皆夬麻泰佳
[ɛ]	删潸换元咍谈山寒	[o]	马祃卦麻
[ɔ]	肴晧号豪	[ɤ]	官桓换缓寒咍
[i]	脂霁微尾止未语	[u]	戈姥麌暮虞模
[ei]	灰脂队侯厚尤有旨	[əu]	歌模姥
[əɯ]	幽	[iɪ]	先霰獮仙豔
[ia]	麻禡马	[iəɯ]	有尤宥
[iɔ]	宵小萧啸笑	[iɛ]	山删盐

长兴方言韵母	主要中古韵母	长兴方言韵母	主要中古韵母
[iəɤ]	尤	[uɛ]	删谏桓
[ua]	皆佳	[uɤ]	桓缓换
[ui]	支脂	[ã]	唐登映梗諍耕
[ɔ̃]	唐阳荡漾	[õ]	东鍾送腫
[ən]	魂混文登嶝準恨真	[iã]	养漾阳江
[iɔ̃]	漾	[in]	庚梗映耕青静径真
[iõ]	迥东庚用	[iŋ]	耕真阳耕
[uã]	唐	[əŋ]	蒸
[un]	文	[uɔ̃]	唐荡
[uŋ]	文	[aʔ]	陌昔月洽合
[əʔ]	陌末物没	[oʔ]	德屋角烛铎
[iaʔ]	帖药甲洽	[ioʔ]	烛觉屋
[iəʔ]	质锡屑緝业迄	[uaʔ]	黠鎋没
[uəʔ]	末活鐸	[əl]	之

第四节　长兴方言声调特点

一、长兴方言声调

长兴方言声调表

表 1-12

调类	调值	例字	调类	调值	例字
阴平	44	司花洒街包开	阳平	13	迟排凡台毛朝
阴上	53	主史摆保改土	阳上	42	是犯抱待蚌赵
阴去	334	志世豹盖吐痛	阳去	213	字败饭刨代鬓
阴入	5	拍发扎夹压塔	阳入	2	白踏末服局肉

二、长兴方言声调说明

1. 长兴方言共有平上去入四类声调，各分阴阳，共 8 种。声调的阴阳与声母的清浊相对应，即清声母的字读阴声调，浊声母的字读阳声调。

阳调字的声母在长兴方言中都是浊音，长兴方言的浊音共 14 个，如：抱[bɔ^{42}]导[dɔ^{42}]隑[gɛ^{213}]赵[dzɔ^{42}]撬[dʑiɔ^{42}]曹[zɔ^{13}]秦[ʑin^{13}]亡[vɔ̃^{213}]姚[jiɔ^{13}]胡[ɦu^{13}]蛮[mɛ^{13}]捺[naʔ^{2}]捏[ȵiaʔ^{2}]鹅[ŋəu^{213}]立[liəʔ^{2}]等。

阴调字的声母在长兴方言中都是清音：表[piɔ^{53}]扑[p‘oʔ^{5}]发[faʔ^{5}]到[tɔ^{334}]坦[t‘ɛ^{53}]早[tsɔ^{53}]春[ts‘ən^{44}]杀［saʔ^{5}］尖[tɕiɪ^{44}]俏［tɕ‘iɔ^{334}］写[ɕia^{53}]夹［kaʔ^{5}］快［k‘ua^{334}］黑[həʔ^{5}]等。

2. 长兴方言声调保留了古入声，有阴入和阳入两类。吴方言的入声具有发音短促的特点，[-p][-t][-k]三种韵尾消失，变为喉塞音。阴入与阳入的区别在于声母的清浊。声母是清声母的入声为阴入，声母是浊声母的入声为阳入。如：

阴入：发［faʔ^{5}］、百［paʔ^{5}］、括［kuaʔ^{5}］、贴［t‘iaʔ^{5}］。

阳入：白［baʔ^{2}］、局［dʑioʔ^{2}］、肉［ȵioʔ^{2}］、灭［miəʔ^{2}］。

第五节　长兴方言音节特点

一、长兴方言音节

长兴方言音节总表

表 1-13

	ʅ	a	ɛ	o	ɔ	ɤ	ei əɯ	əu	ã	ɔ̃	ən əŋ	õ	aʔ	oʔ	əʔ
p		摆	扮	疤	报	半	杯		浜	榜	本	[ ]	百	北	拨
p‘		派	盼	怕	抛	判	配		碰	胖	喷	捧	拍	扑	泼
b		败	办	爬	抱	盘	痱		朋	旁	盆	篷	白	薄	勃
m		买	蛮	麻	毛	馒	梅		盲	网	门	梦	麦	木	末
f		[ ]	翻				否			放	分	风	发	复	弗
v			烦				负			房	文	冯	罚	服	佛

	ʅ	a	ɛ	o	ɔ	ɤ	ei əɯ	əu	ã	ɔ̃	ən əŋ	õ	aʔ	oʔ	əʔ
t		戴	旦	朵	到	短	丢	多	打	当	灯	冬	答	笃	德
t‘		太	坦		讨	腿	偷	拖	[ ]	躺	吞	通	塔	托	脱
d		汏	蛋		逃	段	头	肚	荡	堂	邓	同	踏	毒	夺
ts	支	债	占	渣	早	战	周	做	张	装	贞	中	扎	竹	浙
ts‘	吹	蔡	猜	叉	操	参	抽	醋	撑	窗	称	冲	擦	促	出
dz		惹	赚	茶	朝	材	愁			床	陈				
s	司	洒	三	沙	少	闩	搜	苏	生	伤	孙	松	杀	缩	湿
z	时	柴	才	蛇	曹	善	绸	助	长	上	神	虫	石	熟	直
n		奶	难		脑	南	内	奴		囊	嫩		捺		衲
l		拉	蓝	[ ]	老	乱	楼	罗	冷	浪	轮	脓	辣	绿	勒
tɕ															
tɕ‘															
dʑ															
ɕ															
ʑ															
ȵ															
j															
k		加	间	瓜	告	干	够	姑	羹	钢	根	工	夹	各	割
k‘		卡	铅	跨	考	开	扣	苦	坑	抗	肯	空	客	哭	克
g		茄	隑	[ ]	[ ]			咕	[ ]	戆	[ ]	共	轧	[ ]	搿
ŋ		[ ]	呆		咬		藕	卧	硬				[ ]	岳	

	ʅ	a	ɛ	o	ɔ	ɤ	ei əɯ	əu	ã	ɔ̃	ən əŋ	õ	aʔ	oʔ	əʔ
ɦ		鞋	汗	化	豪	寒	候			杭	痕	红	狭	学	合
h		蟹	喊	花	好	汉	鲎	货	夯	慌	很	烘	吓	忽	黑
ø		阿	晏	丫	凹	安	厚		樱	肮	恩	嗡	压	恶	厄

表 1-14

	i	ia	iɔ	iɪ iəɯ iəɤ	iɪ iɛ	iã	iɔ̃	in iŋ	iõ	iaʔ	ioʔ	iəʔ
ɵ	臂		表		边			兵				逼
p‘	批		票		片			拼				劈
b	币		鳔		便			平				别
m	米		瞄		面			明				密
f	非											
v	肥											
t	低	爹	吊		店			丁				滴
t‘	替		挑		天			听		贴		铁
d	地		条		电					迭		敌
n	你											
l	利		辽		‘联	凉		灵		猎		立
ts								精				
ts‘								庆				
s								新				
z												

	i	ia	iɔ	iɪ iəɯ iəɤ	iɪ iɛ	iã	iɔ̃	in iŋ	iõ	iaʔ	ioʔ	iɔʔ
tɕ	鸡	借	浇	九	尖	姜		金	炯	脚	菊	节
tɕ‘	气	超	俏	秋	劝	枪		清		雀	曲	切
dʑ	奇	敧	轿	球	权	强		晴	穷		局	杰
ɕ	细	泻	小	修	线	香		醒	胸	削	噱	血
ʑ	徐	谢	剿		前	详		净		嚼		
ȵ	尼	鲇	绕	牛	年	娘		宁	浓	箬	肉	热
j	移	爷	姚	油	园	阳	旺	赢	荣	药	学	叶
k												
k‘												
g												
ŋ												
h	[ ]											
ɦ												
ø	衣	鸦	舀	有	县	央		英	用	约	郁	壹

表 1–15

	u	ua	uɛ	uɤ	ui	uã	uɔ̃	un uŋ	uaʔ	uəʔ	əl	m	n	ŋ
p	布													
p‘	怕													
b	步													
m	母													

	u	ua	uɛ	uɤ	ui	uã	uɔ̃	un uŋ	uaʔ	uəʔ	əl	m	n	ŋ
f	夫													
v	武													
t														
t˥														
d														
n														
l														
ts														
tsʻ														
s														
z														
tɕ														
tɕʻ														
dʑ														
ɕ														
ʑ														
ȵ														
j														
k		乖	关	官	规		光	棍	刮					
kʻ		快	筷	宽	亏		框	困		阔				
g			环		葵		狂	捆						
ŋ														

	u	ua	uɛ	uɤ	ui	uã	uɔ̃	un uŋ	uaʔ	uəʔ	əl	m	n	ŋ
h		歪	甩	欢	灰		荒	昏	豁					
ɦ	吴	淮	还	完	卫	横	皇	混	划	活				
ø	乌	坏	弯	碗	威	[ ]	汪	温	挖		而	姆	五	鱼

二、音节总表说明

1. 上述音节总表中有长兴方言音节共 474 个(不计声调)。

2. 音节表中的 [p] [p‘] [b] [m] [f] [v] [t] [t‘] [d] [n] [l] 只能与开口呼、齐齿呼的一部分以及合口呼中的 [ ] 相拼。

3. 声母 [tɕ] [tɕ‘] [ɕ] [dʑ] [ʑ] [ȵ] [j] 只能与齐齿呼韵母相拼，如：鸡气奇细徐尼移。不能与开口呼、合口呼的韵母相拼。

4. [k] [k‘] [g] [h] [ɦ] 只能与开口呼、合口呼的韵母相拼，如：间铅隑呆汗喊，乖筷葵欢皇。不能与齐齿呼韵母相拼。

5. [p] [p‘] [b] [m] [f] [v] [t] [t‘] [d] [n] [l] 只能与开口呼、齐齿呼的一部分、合口呼中的 [u] 相拼。

6. 长兴方言中有零声母音节 37 个(不计声调)。

7. 长兴方言中存在着少数音节有音无字的现象，如：[poŋ^{334}] (腾跳)，[t‘ã^{44}] (锣声)，[go^{213}] (傻)，[gən^{213}] (脾气倔)，[goʔ^{2}] (搁住)，[øuã^{344}] (斜眼看人)。

8. 在音节表中没有把 [m] [n] [ȵ] [l] 四声母区分清浊两套。

第六节　长兴方言同音字

一、同音字表凡例

长兴方言同音字表收录常用字 3000 多个，同音字表按韵母、声母和声调的次序排列。排列特点说明如下：

1. 韵母的排列按下列次序：

表 1–16

	ʅ	a	ɛ	o	ɔ	ɤ	ei	əu	əɯ	ã	ɔ̃	ən	əŋ	õ	aʔ
oʔ	əʔ	i	iɪ	iɛ	ia	iɔ	iəɯ	iəɤ	iã	iɔ̃	iõ	in	iŋ	iaʔ	ioʔ
iəʔ	u	ua	uɛ	uɤ	ui	uã	un	uɔ̃	uŋ	uaʔ	uəʔ	əl	m	n	ŋ

韵母的排列次序先以开呼、齐齿呼、合口呼为序，再按单元韵、复元韵、鼻化韵、入声韵次序排列，最后是自成音节的声母。其中的［əɯ］附在［ei］［iəɯ］中，其中的［əŋ］附在［ən］中，其中的［iɛ］附在［iɪ］中，其中的［iəɤ］附在［iəɯ］中，其中的［iŋ］附在［in］中，其中的［uŋ］附在［un］中。

2. 声母的排列按下列次序：

表 1–17

	p	pʰ	b	m	f	v	t	tʰ	d	ts	tsʰ	dz	s	z	n
l	tɕ	tɕʰ	dʑ	ɕ	ʑ	ȵ	j	k	kʰ	g	ŋ	h	ɦ	ø	

声母的排列次序为双唇音、唇齿音、舌尖音、舌面前颚音、舌面中颚音、舌根音 3 个，喉音，最后是零声母。

3. 声调的排列按下列次序：

表 1–18

清	① 阴平 44	③ 阴上 53	⑤ 阴去 334	⑦ 阴入 5
浊	② 阳平 13	④ 阳上 42	⑥ 阳去 213	⑧ 阳入 2

长兴方言有8个声调，分别用数字代码①③⑤⑦和②④⑥⑧表示，奇字表示清声调，偶字表示浊声调。

4.同音字表中，用单线“—”表示白读音，用双线“═”表示文读音，如：

江　江[kɔ̃^{44}]北（白读）　　江[tɕiã^{44}]山(文读)

肥　肥[bi^{22}]皂（白读）　　肥[vi^{22}]料(文读)

5. 长兴方言同音字表中有音无字的用［］表示。

6. 同音字表中用“∽”表示被注字。

7. 同音字表中的注文用小括号内的下标小字表示。

二、长兴方言同音字表

ɿ

表 1-19

ts	①资姿滋粢之吱支芝知智咨孜猪脂
	③子紫籽仔止主纸指
	⑤志注着痣致蛀驻柱
ts‘	①痴雌吹
	③齿耻此嗤
	⑤翅处刺厕刺
dz	②迟慈辞词厨池治除住储驰峙
	④雉柱
	⑥侍
s	①司狮丝思私斯师诗书梳舒输始尸
	③史使驶暑鼠
	⑤四世势试肆
z	②词祠锄时匙殊如
	④是士市柿似祀
	⑥示视寺自字事

a

表 1-20

p	①爸粑芭巴疤
	③摆靶罢把
	⑤拜霸坝
p‘	③派∽司
	⑤派怕
b	②排牌爬琶杷
	⑥败稗
ṃ	①妈吗马∽虎
	③买码马
m	②埋麻
	⑥卖骂
f	①发淘来米∽
t	⑤带戴
t‘	①他她它汰
	⑤太泰肽
d	②汏∽衣裳埭大
	④汰∽头絮笪
ts	①斋喳渣蔗抓咤
	③爪[]害怕
	⑤债诈炸榨
ts‘	①差钗叉岔
	③扯
	⑤蔡姹诧
dz	④惹
s	①洒酾筛裟莎沙纱砂痧
	③耍傻撒厦
	⑤啥
z	②柴豺[]屙
ṇ	①奶牛∽拿加∽大
	③奶∽娘倻你们那哪
n	②拿∽手好戏
	④那∽么
ḷ	①拉啦垃
	③攋∽开
l	⑥赖喇癞∽介婆

k	①街嘉家加阶
	③假
	⑤疥尬芥戒架界价嫁
k‘	①揩咖
	③卡楷
	⑤[]捉
g	②茄骱
ŋ	②外∽婆
h	①哈蛤
	③蟹
	⑤[]∽∽拉拉，角落里
ɦ	②牙芽鞋衙
ø	①阿∽姨
	③矮
	⑤捱∽日脚

ε

表 1-21

p	①班般颁畈
	③板版
	⑤扮
p‘	①攀
	⑤盼
b	②畔
	⑥办
ṃ	⑤慢
m	②蛮
f	①番翻
	③反返
	⑤贩泛
v	②凡帆烦繁范樊矾
	④犯
	⑥饭
t	①丹旦单
	③胆
	⑤戴担
t‘	①滩摊瘫
	③坦毯
	⑤炭态叹
d	②弹谭谈
	④淡
	⑥蛋但怠逮绐
ts	①灾毡
	③斩宰
	⑤蘸赞载再
ts‘	①餐猜
	③产铲彩睬
	⑤串窜
dz	②财篆
	④赚
	⑥暂栈
s	①三杉山
	⑤伞赛帅碎
z	②侪才残在惭
ṇ	①奶∽∽，奶水
n	②难乃
l	②栏兰蓝唻
	④懒卵
	⑥烂滥

k	①竿监间
	③减碱
k‘	③铅刊
	③凯堪砍
	⑤嵌
g	②隑
ŋ̩	③馅眼限
ŋ	②颜呆癌衔
h	①喊
	③嘿
ø	⑤晏

o

表 1-22

p	①巴疤笆
	③把
	⑤坝霸[]涩
p‘	⑤怕
b	②耙琶杷枇∽爬
m̩	③马
m	②麻模摩磨
	⑥暮慕幕
t	③朵躲
ts	①渣庶咤遮
	⑤炸榨
ts‘	①车叉差
	⑤岔
dz	②茶查
s	①沙纱痧赊砂裟鲨
	③舍∽得
	⑤晒
z	②蛇
	⑥射
k	①瓜
	⑤挂卦
k‘	③可
	⑤跨
g	②[]∽头，傻
h	①花
	⑤化
ɦ	②华桦铧骅
	⑥画夏话
ø	①丫蛙鸦
	③哑下瓦

ɔ

表 1-23

p	①包胞煲堡
	③饱保宝鸨
	⑤报豹爆∽鱼
p‘	①抛脬
	⑤炮泡
b	②袍跑
	④抱
	⑥刨暴爆曝
m̩	①猫
	③卯
m	②毛矛茅
	⑥冒帽貌贸

t	①刀叨
	③捣岛祷倒
	⑤到
t‘	①滔涛韬弢
	③讨
	⑤套
d	②桃逃陶盗掏
	④稻道导蹈
	⑥掏淘悼
ts	①招遭昭朝找糟沼
	③早枣爪脚∽蚤
	⑤照灶罩
ts‘	①抄超操糙
	③草吵炒
	⑤钞
dz	②朝
	④赵
s	①烧骚捎稍
	③少嫂扫∽地
	⑤少∽年扫∽帚
z	②曹漕兆召
	④造扰肇
	⑥邵绍
ṇ	③脑恼瑙
n	⑥闹
ḷ	①捞唠
	③老佬
l	②劳牢崂痨
	⑥涝

k	①高胶羔糕膏
	③绞稿
	⑤告觉教∽书
k‘	①敲
	③考烤
	⑤靠铐犒
g	④搞∽七念三
.	③咬
	②熬傲
h	①蒿耗
	③好
	⑤孝
ɦ	②豪
∅	①袄凹
	⑤澳奥

ɤ

表 1-24

p	①搬
	⑤半
p‘	①潘
	⑤判
b	②盘
	④伴拌畔
	⑥叛瀊溢出
ṃ	③满
m	②瞒馒鳗
t	①堆端
	③短
	⑤锻

t‘	①贪胎推
	③腿
	⑤探退
d	②台抬团
	④待断
	⑥段代袋贷
ts	①钻专砖追
	③展转
	⑤战醉
ts‘	①参
	③喘
	⑤菜窜篡
dz	②材椽传
	④緾
s	①酸衰拴闩
	③陕闪舍宿∽
	⑤算蒜扇岁
z	②船蚕裁然燃蝉
	④善罪
	⑥然燃
n̩	③暖鼐
n	②南男楠
l̩	③卵
	⑤乱
l	②来銮
k	①干杆甘该
	③改赶概感敢
	⑤盖钙溉

k‘	①开
	③勘铠
	⑤看
h	③海旱
	⑤汉害
ɦ	②寒韩
	⑥汗
ø	①安鞍
	⑤爱案暗

ei(əɯ)

表 1-25

p	①卑悲杯碑
	⑤背辈贝
p‘	①胚沛
	③呸
	⑤配
b	②培赔陪
	⑥备佩倍
m̩	③美每
m	②媒梅霉
	⑥妹昧
f	③否
t	①丢兜
	③斗抖
	⑤对
t‘	①偷
	③敨
	⑤透

d	②头投窦
	⑥豆逗痘队兑
ts	①周锥洲州邹
	③走帚
	⑤绉昼
ts‘	①抽崔炊
	③丑
	⑤臭凑翠脆
s	①收虽
	③手首守
	⑤税瘦
z	②穗随愁
	④穋
ṇ	⑤内
ḷ	①遛溜
	③柳篓累
l	②楼刘流雷
	⑥类漏
k	①沟勾够购个
	③狗
k‘	③口
	⑤扣寇
g	③厚
h	③嘿
ŋ̣	③藕
Ø	③厚

əu

表 1-26

t	①多都
	③赌堵肚∽子
t‘	①拖
	③土妥
	⑤吐兔

d	②驼驮徒途涂图屠度
	④肚∽皮杜惰懒∽
	⑥舵镀大
ts	①租
	③组祖阻左佐
	⑤做
ts‘	①粗搓初础
	③楚挫
	⑤醋错措
s	①苏梭酥蓑
	③锁所数动词
	⑤素数∽学
z	②助
	④坐座
ṇ	③努
	⑤糯
n	②奴
	⑥怒
ḷ	①啰
	③鲁橹卤
	⑤路裸
l	②罗锣萝箩炉庐芦
	⑥露
k	①歌姑孤锅
	③果古裹股鼓固
	⑤过故雇顾
k‘	①科颗棵枯窠库
	③苦
	⑤裤课
g	④咕
.	⑤饿卧
ŋ	⑥鹅俄
h	③虎伙斧
	⑤货

ã

表 1-27

p	①浜绷
	⑤崩
pʻ	①乓湖∽酒
	⑤碰
b	②朋棚彭庞
	④蚌
	⑥鬅
m̩	③蜢猛植物长得密
	⑤孟[]性格易生气
m	②盲
t	①铛象声词
	③打
ts	①张争
	③涨
	⑤帐账胀仗打∽
tsʻ	①撑
	③畅∽开
s	①生牲甥
	③省
z	②长∽短场常肠
	④丈杖
	⑥让盛姓剩
l̩	③冷
k	①羹粳
	③梗哽
kʻ	①坑毛∽
ŋ	②硬
h	①夯亨
ɦ	②行∽勿通
ø	①樱鹦杏

ɔ̃

表 1-28

p	①帮邦
	③绑榜谤
pʻ	⑤胖
b	②旁防
	④傍磅棒∽冰
m̩	③莽蟒网
m	②芒茫氓忙
	⑥忘望
f	①方芳
	③纺访仿妨
	⑤放
v	②房防
	⑥亡望
t	①当裆
	③党挡
	⑤当上∽档
tʻ	①汤趟
	③躺倘
	⑤烫
d	②堂棠唐糖塘搪
	④盪∽碗
	⑥趤
ts	①庄桩脏装章
	③掌
	⑤壮葬障
tsʻ	①苍疮窗倡
	③闯厂敞
	⑤唱创
dz	②床撞
s	①桑双霜伤商
	③爽嗓赏

z	②偿藏
	④上动词
	⑥上∽下状尚脏内∽
n	②囊
l	②朗狼螂浪
	⑥晾∽衣裳
k	①冈钢纲刚肛扛缸光江
	③港广讲
	⑤杠∽铃
k‘	①糠慷匡筐框况
	③亢
	⑤抗炕矿旷况
g	②狂
	④戆
h	①荒慌
	③谎晃幌
ɦ	②杭航行银∽
Ø	①汪枉昂
	③项

ən(əŋ)

表 1-29

p	①奔畚
	③本
	⑤蹦
p‘	①烹喷
b	②盆
	⑥笨
m̩	④猛
m	②门扪盟萌蚊
	⑥问
f	①分芬纷
	③粉
	⑤粪奋
v	②文纹汶坟雯吻闻蚊
	④愤刎
	⑥份问
t	①灯登瞪敦
	③等戥顿重量单位
	⑤凳
t‘	①吞
	③汆
d	②饨馄∽沌腾藤盾
	④囤
	⑥邓钝
ts	①贞侦争筝曾增尊针蒸珍正∽月征
	③准枕整疹
	⑤正证政镇震郑
ts‘	①春村称蛏皴
	③蠢
	⑤寸衬趁秤
dz	②陈曾∽经程成城诚臣沉
s	①申伸身升森声孙生牲参人∽
	③审婶沈损笋
	⑤胜圣逊舜
z	②神纯仁尘辰晨橙呈唇层绳盛∽饭仍刃存承
	④肾吮
	⑥顺慎润阵闰任剩认
n	②能
	⑥嫩

ļ	⑤愣
l	②仑轮伦抡能
	⑥论
k	①跟根耕羹庚更∽正
	③耿
	⑤更∽加
k‘	①[ ]翻东西
	③肯垦恳
	⑤[ ]脾气固执
g	⑥[ ]脾气不善变通
h	①亨
	③很狠哼
	⑤擤∽鼻涕
ɦ	②恒痕衡
	⑥恨
Ø	①恩

õ

表 1–30

p‘	③捧
b	②篷蓬埄∽尘
m	②蒙朦
	⑥梦
f	①丰风疯封峰蜂枫讽
v	②冯逢缝裁∽
	④奉俸
t	①东冬
	③董懂
	⑤冻栋
t‘	①通
	③捅统
	⑤痛
d	②同铜桐筒童瞳彤
	④动桶
	⑥洞恫
ts	①终宗棕踪中忠钟盅衷众
	③总种∽子肿
	⑤粽种∽田中∽奖
ts‘	①聪匆葱囱充冲
	③宠
	⑤铳
s	①松嵩颂
	③耸
	⑤送宋
z	②从丛虫重∽复崇颂
	④重
	⑥仲
k	①公工功弓宫恭躬龚
	③拱巩
	⑤贡供
k‘	①空
	③控孔恐
	⑤空∽缺
g	⑥共∽同
h	①烘
	③哄起∽轰∽炸
ɦ	②红虹洪鸿弘宏
Ø	①翁瓮
	⑤齆鼻塞

aʔ

表 1-31

p	⑦百柏伯掰
p‘	⑦拍[]∽开
b	⑧白
m	⑧脉麦袜
f	⑦发法
v	⑧乏罚伐
t	⑦答搭嗒
t‘	⑦塔塌榻獭
d	⑧踏沓达
ts	⑦扎札只着∽衣裳
ts‘	⑦插拆策册赤察测尺
s	⑦杀萨煞
z	⑧杂石闸宅铡弱着∽奖，中奖
n	⑧纳捺
l	⑧腊蜡辣瘌
k	⑦夹格隔
k‘	⑦客掐
g	⑧轧
h	⑦吓瞎
ɦ	⑧盒硖匣额狭
ø	⑦鸭压阿

oʔ

表 1-32

p	⑦北博驳八剥
p‘	⑦扑朴仆
b	⑧薄卜箔
m	⑧莫膜寞摸木目牧穆抹
f	⑦福幅腹复蝠
v	⑧服伏缚
t	⑦陡督笃啄
t‘	⑦托秃
d	⑧毒读独牍铎渎犊
ts	⑦作捉竹筑祝粥足烛桌竺斫
ts‘	⑦戳触促猝
s	⑦塑索速宿粟束叔淑缩索嗍
z	⑧凿浊族熟俗辱属续镯赎昨
n	⑧诺
l	⑧落骆洛烙络乐鹿录六禄陆绿录
k	⑦各阁谷角觉∽着蝈郭国骨
k‘	⑦壳哭确酷扩
g	
h	⑦忽霍藿
ɦ	⑧镬鹤学岳
ø	⑦恶屋握

əʔ

表 1-33

p	⑦钵拨
p‘	⑦泼迫
b	⑧渤钹
m	⑧末沫墨默没
f	⑦弗拂勿
v	⑧佛物
t	⑦得德
t‘	⑦脱
d	⑧夺特突凸
ts	⑦折执汁哲浙质则织职责只∽好

ts‘	⑦撤出侧撮彻澈
s	⑦摄湿设说瑟色识式适释涩赦
z	⑧涉拾十直值入舌实日术述贼秩侄择食
n	⑧衲
l	⑧粒捋肋勒
k	⑦个鸽割葛革葛
k‘	⑦克刻渴咳磕苛氪
g	⑧搿
h	⑦黑赫
ɦ	⑧合核∽对
ø	⑦扼呃

i

表 1-34

p	①鄙
	③比
	⑤闭臂秘
p‘	①批披坯
	⑤屁譬
b	②皮疲琵枇毙
	④被
	⑥币弊蔽避鐾∽刀布
m̩	①眯
	③米尾
m	②迷谜糜
	⑥味
f	①飞非
	③匪
	⑤费∽用肺废
v	②微肥维惟
	④尾
	⑥未费姓味
t	①低帝
	③底抵
	⑤蒂
t‘	①梯
	③体涕
	⑤替剃
d	②啼提堤
	④弟
	⑥递第地
l̩	③李礼里理吕旅
l	②离梨璃狸痢
	⑥利例励丽滤虑
tɕ	①鸡基机居拘龟
	③挤几举鬼
	⑤计继寄记剂济际既季句锯
tɕ‘	①妻蛆区溪岂
	③启起岂
	⑤气汽器去砌
dʑ	②旗奇骑期其技巨拒距渠
	④跪
	⑥柜妓
ɕ	①西虽希熙稀虚系
	③死喜许
	⑤细戏絮
ʑ	②徐齐
	④叙
	⑥就袖聚

Ƥ̣	③女语蚁议耳
Ƥ	②尼泥倪疑腻
	⑥艺娱毅
j	②移遗夷饴余俞渔盂誉
	⑥预
∅	①衣依医伊于
	③椅已以雨与宇禹
	⑤意亿

iɪ(iɛ)

表 1-35

p	①边编鞭
	③扁匾贬煸
	⑤变遍
p‘	①篇
	⑤骗片
b	②便∽宜
	④辨辩辫卞
m̥	③免勉
m	②棉绵面眠
t	①颠
	③点典
	⑤店
t‘	①天添
	③舔
d	②田甜佃钿填殿
	④垫
	⑥电
l̥	③脸敛
l	②连联帘怜廉镰
	⑥练炼恋
tɕ	①尖荐肩坚兼捐卷
	③剪捡检卷
	⑤箭见剑建
tɕ‘	①千迁歼签牵谦圈
	③浅犬
	⑤欠劝
dʑ	②拳权钳倦掮俭
	④件
	⑥健[]∽高，举起
ɕ	①先仙鲜宣
	③险选洗
	⑤显宪献
ʑ	②泉潜全前旋羡
	⑥践
ȵ̣	①粘研
	③染软
ȵ	②年严原源阎元∽旦
j	②言延盐贤员圆园院袁悬援械
	⑥现
∅	①烟冤
	③远
	⑤厌燕掩宴县怨

ia

表 1-36

t	①爹
	③嗲
tɕ	①皆佳家加嘉
	③贾解假
	⑤驾嫁界价
tɕ‘	⑤趄
dʑ	②[]聪明
ɕ	①虾
	③写
	⑤泻卸下
ʑ	②邪
	④斜
	⑥谢

Ƥ	②鲇
j	②爷霞
	⑥夏涯崖
ø	①亚雅椰哑鸦
	③野
	⑤夜

iɔ

表 1–37

p	①标彪膘滮
	③表婊裱
p‘	①飘漂
	③漂∽白
	⑤票
b	②瓢鳔
	⑥嫖
ṃ	①瞄
	③秒妙渺
m	②苗描
	⑥庙
t	①刁叼貂雕
	③鸟
	⑤吊钓
t‘	①挑∽水
	③挑∽选
	⑤跳
d	②条调∽正迢
	⑥掉
l	③了∽结
l	②辽聊燎
	⑥料疗
tɕ	①焦蕉郊骄浇狡交胶
	③校∽对较绞
	⑤叫教
tɕ‘	①锹敲
	③巧窍
	⑤俏
dʑ	②乔桥侨巢
	③撬
	⑥轿
ɕ	①消宵销肖箫
	③小晓笑
	⑤孝酵
ʑ	⑤剿
ȵ̣	③鸟尿袅
ȵ	②饶
	⑥绕
j	②姚瑶摇谣窑
	⑥校学∽效耀肴淆
ø	①妖邀腰要∽求
	③舀
	⑤要

iəɯ（iəɤ iɪ）

表 1–38

tɕ	①灸
	③久九韭酒
	⑤救究
tɕ‘	①怵秋
	③揪
dʑ	②求球裘酋囚
	④舅臼
	⑥旧
ɕ	①休修
	⑤朽秀绣锈
ȵ̣	③扭钮
ȵ	②牛

j	②尤由油游犹
	⑥诱
∅	①尤优悠幽
	③有
	⑤幼又右佑友

iã

表 1-39

ḷ	③两辆
	⑤亮
l	②凉谅量∽长短粮良梁
	⑥量份∽
tɕ	①姜僵疆将
	③蒋桨进
	⑤酱降
tɕ‘	①腔羌枪戗锵
	③抢
	⑤呛
dʑ	②强
	④犟
ɕ	①香乡镶厢向相∽信箱湘
	③响鲞想
	⑤享相∽貌
ʑ	②墙祥详翔
	④象像
	⑥匠
ȵ̣	③仰
	⑤让∽步
ȵ	②娘
j	②羊洋阳杨扬
∅	①央秧殃盎鸯恙漾秧
	③养痒氧映
	⑤样

iɔ̃

表 1-40

j	⑥旺

in(iŋ)

表 1-41

p	①兵宾滨缤殡槟冰斌彬鬓
	③丙饼禀并
	⑤柄
p‘	①拼姘
	③品聘
b	②平评坪萍屏瓶贫凭
	④并
	⑥病
m	③敏皿悯冥鸣
	⑤命
m	②名铭民明
t	①丁钉叮
	③顶鼎
	⑤订
t‘	①听厅
	③挺艇
d	②亭停廷庭定安∽
	④锭
	⑥定决∽
ḷ	①拎岭
	③领
	⑤令吝
l	②铃伶零邻灵陵林淋琳临鳞
tɕ	①金襟军君均敬晶斤巾京精津
	③井景紧菌锦颈
	⑤进浸禁竟境镜
tɕ‘	①青亲清轻侵
	③请顷倾
	⑤庆揿

dʑ	②琴勤芹群禽
	④近
	⑥竞
ɕ	①兴欣勋熏心新星辛薪
	③醒省反∽
	⑤训姓迅性信[]茂盛
ʑ	②秦寻浔情净旬
	④尽静
ȵ	②迎吟银宁狞凝任姓
	⑥认
j	②形刑型营行寅云匀晕赢盈行∽为
	⑥运
∅	①允音英阴应殷因姻蝇韵
	③饮隐影瘾
	⑤印孕

iõ

表 1-42

tɕ	③炯迥
dʑ	②穷琼
ɕ	①胸兄凶
ȵ	②浓绒
j	②荣融熊容熔雄
∅	①雍
	③永拥咏泳涌勇踊
	⑤用佣

iaʔ

表 1-43

t‘	⑦贴帖
d	⑧迭
l	⑧猎略掠
tɕ	⑦甲脚
tɕ‘	⑦怯洽恰雀鹊
ɕ	⑦削辖吓
ʑ	⑧嚼
ȵ	⑧捏虐
j	⑧药钥协
∅	⑧约

ioʔ

表 1-44

tɕ	⑦厥珏觉
tɕ‘	⑦缺确
dʑ	⑧局倔逐
ɕ	⑦畜蓄
ȵ	⑧肉玉褥
j	⑧浴欲役
∅	⑦郁唷育

iəʔ

表 1-45

p	⑦笔必毕逼壁憋滗
p‘	⑦辟劈撇匹
b	⑧别鼻枇
m	⑧灭蜜密觅蔑篾
t	⑦的滴跌
t‘	⑦铁踢剔
d	⑧敌叠蝶
l	⑧立笠列烈裂力历律率效∽
tɕ	⑦急级接揭节结吉即积迹绩激[]∽棍
tɕ‘	⑦七妾且切辑漆戚
dʑ	⑧及杰极剧
ɕ	⑦吸泄锡歇薛昔析息雪血
ʑ	⑧习袭席寂夕疾绝籍集捷
ȵ	⑧聂业日热孽逆蘖
j	⑧叶页益亦液逸越
∅	⑦一乙揖噎

u

表 1-46

p	①波玻菠播簸
	③补
	⑤布怖
p‘	①坡铺脯
	③普浦
	⑤剖破
b	②菩蒲
	④部簿
	⑥步捕埠孵婆
f	①夫肤敷
	③府俯辅甫
	⑤付富赋
v	②扶浮符护傅师∽
	④武舞
	⑥附贺雾腐
ɦ	②吴胡湖糊和梧无何
ø	①乌污
	③午伍
	⑤户

ua

表 1-47

k	①乖瓜
	③拐寡
	⑤怪
k‘	①夸
	⑤快跨
h	①歪花
	⑤化
ɦ	②淮槐
	⑥话画
ø	①蛙
	③瓦
	⑤坏

uɛ

表 1-48

k	①关
	⑤贯惯
k‘	③[ ]手牵手
	⑤筷
g	②环
	⑥掼
h	⑤甩患
ɦ	②还
ø	①弯湾
	③缓挽

uɤ

表 1-49

k	①官棺观
	③管
	⑤灌罐
k‘	①宽
	③款
h	①欢
	⑤唤焕
ɦ	②丸顽
	⑥换幻
ø	③碗豌皖

ui

表 1-50

k	①规归龟
	③轨诡刽鬼
	⑤贵桂会∽计桧
k‘	①亏盔魁溃
	⑤块
g	②葵愧
	④跪
	⑥柜

h	①灰辉徽
	③毁悔贿
	⑤晦
ɦ	②危桅围回
	⑥卫纬伟讳
Ø	①威畏萎
	③委伪喂

uã

表 1–51

ɦ	①横

un(uŋ)

表 1–52

k	③滚辊
	⑤棍
k‘	①昆坤
	③捆
	⑤困∽觉
h	①昏婚荤
ɦ	②魂浑馄∽饨
	⑥混
ø	①温瘟
	③稳

uɔ̃

表 1–53

k	①光
	③广
	⑤洸晃动
k‘	①框
	⑤矿
g	②狂
h	①慌
	③谎

ɦ	②黄
ø	①汪

uaʔ

表 1–54

k	⑦刮
k‘	⑦括
g	⑧[ ]∽着一记，碰了一下。
h	⑦豁
ɦ	⑧划猾滑
ø	⑦挖

uəʔ

表 1–55

k‘	⑦阔
ɦ	⑧活或获

əl

表 1–56

	③耳尔
	⑤儿二而

m

表 1–57

	③姆亩

n

表 1–58

	③你

ŋ

表 1–59

	②鱼

第七节　长兴方言本字俗字考证

长兴方言是吴语的次方言，是一种历史悠久的语言，词汇系统中保留了不少古代词语。但由于很少在普通话中使用，因此被视之为僻字、俗字，似乎只是方言的特殊土语，而并非共同语的词汇。另外，该类词汇虽然人们常在使用，但却不知其书写形式。其实，它们在古代文献中早已出现，可以在《说文》《广韵》《玉篇》等古代字书找见其踪迹。也有一些词汇，虽未见于古代字书，但在古代方言小说中已经使用。因此，该特殊词汇并非有音无形、不登大雅之堂的土俗之语，而是来自古代共同语的汉语词汇。举例加以说明考证。

餩 [gɛ⁴²]：吃饱后打嗝。《广韵》：古哀切，通食气也。长兴方言："实五喫得太饱唻，一息息辰光就打好几个餩。"

𬜬 [mɤ²¹³]：堵塞不通。《字汇补》；"茫盘切，音瞒，无穿孔状也。"如："厨房下水道𬜬脱唻，等息叫个管道工来疏通疏通。"

𠩚 [p'aʔ⁵]：两腿分开。《集韵》匹麦切，分也。长兴方言两腿分开为"𠩚开"，如："细百楼一坐勒椅子闹两只脚就介𠩚开，一点呒不坐相。"

愺 [sɔ³³⁴]：形容快速，长兴方言中常说"豪愺"，如："汽车要开快唻，侪家豪愺上车 。"

丟 [toʔ⁵]：丢、扔，相当于普通话的"丢"。如："格双破皮鞋，实五好丟脱唻。"

穛 [zei⁴²]：积攒钱物。《广韵》士九切，聚也。如："平时勿要乱用钞票，要穛点钞票买房子。"

姑 [tɕ'iɪ⁴⁴]：《说文》："小弱也。一曰女轻薄善走也。一曰多技艺也。从女占声，或读若占。齿慑切。"长兴方言中形容一个人不安稳曰姑，如："格个小姑娘正刚有点姑煞煞，一日到夜勿静心。"

趄 [tɕ'ia³³⁴]：《广韵》："趄，斜逆也，七夜切。"长兴方言中常说"趄近路"，指斜行走近路，如："单位到屋里趄近路十分钟就到唻。"

㔰 [øiɪ³³⁴]：比量长短。《广韵》："于幰切，物相当也。"长兴话中常说："拉两个人勿晓得咕人长，顶好一道㔰㔰看。"

𨅬[bɛ¹³]：爬行，《集韵》皮咸切，音湖。《新平妖传》第9回："只见个白头老婆婆，腰驮背曲，半𨅬半走的摸将出来。"长兴方言里也指爬，如："小把戏醒唻，勒床闹趱来趱去。”。

疺［fɛ334］：恶心。《集韵》：“方愿切，半贩，又芳反切，反去声，心恶吐疾也。”如“实嗯开车呒不事体，一乘车就疺道道想吐。”

刺 [p‘i44]：用刀削。《集韵》：篇迷切，音批。《玉篇》：削也。如；“细婉婷蛮懂事客人来唻，伊会得刺苹果招待客人。”

趏[zaʔ2]：乱走快走。《集韵》疾盍切，音杂，疾走貌。如：“介息小把戏越来越活络唻，细百楼将况勒格闹，一息息就勿见唻，勿晓得趏到咕里去唻。”

靨[øiɪ53]：伤口结的痂。《集韵》于琰切，音嬐，疡痂也。如：“手臂闹划开唻，好几日靨还呒不落脱。”

抐 [ȵioʔ2]：用力搓揉。《集韵》女六切，音忸，搐抐，不伸也。长兴话里常说“抐面粉，做包子。”

揃 [bu13]：抚摸、揉搓。《说文通训定声》：“今苏俗以手抚摩曰揃，音如蒲。”《韩湘子全传》：“他便伸出那熊掌来，把韩清从头到脑揃了又揃，捏了又捏。”长兴方言：“小把戏掼唻一跤，实嗯得伊揃唻半天，身闹还有点痛。”

黰 [tsən53]：发霉。《调鼎集》：“少麦二斗，泡二日，取出淋净，蒸熟晾冷，铺席上，用草盖好，黰七日，俟冷取出，晒极干，簸其黄衣，磨粉。”长兴方言：“老底子经济条件勿好，米黰脱唻，还要烧饭喫。”

顱 [hɤ44]：肿起。《集韵》呼绀切，头面不平也。长兴话常说：“老林格两日身体勿好，面孔有点顱。”

戲 [dʑia213]：聪明，能干，健康。《明清吴语词典》：“戲，音笳，俗字也。俗谓有能力曰戲。”长兴方言上常说：“老张戲煞乌，实五勿要担心。”

戳 [tɕ‘ã334]：《汉语大字典》：“撞、触。”长兴方言常说：“兄弟两个睏觉辰光，戳来戳去，被头侪戳坏唻。”

疰［tsɿ334］：《广韵》之戍切。《广雅·释诂一》：“疰，病也。”指夏季身倦、体热、食少等症状。长兴方言里有“疰夏”一说，如：“细婉婷身体勿好，一到六月里就要疰夏。”

揞［øɛ53］：《广韵》乌感切。用手复盖。《广韵》：“‘揞，手覆也。’覆亦藏也。今俗语犹谓覆物为揞矣。”如：“用手揞牢，勿拨伊看见。”

齙［bo213］：牙齿突露在唇外。《玉篇·齿部》：“齙，露齿。”《集韵》蒲交切。如：“伊是齙牙齿，怪勿得平常勿大开口。”

鐾［bi213］：把刀在布、皮、石头等上反复摩擦，使其锋利。《集韵》去声霁韵蒲计切：“鐾，治刀使利。”《字汇补》：“音避，治刀使利也。”明李实《蜀语》：“以刀磨瓦盆或皮上曰鐾。”长兴方言：“老底子人家屋里呒不磨刀石，刀勿快唻，就勒水缸边闹鐾两鐾就好用唻。”

滗［piəʔ5］：挡住渣滓把液体倒出来。滗是潷的异体字。《广韵》鄙密切《集韵》逼密切音筆。《博雅》；“盝也。一曰去汁也。或作滗。”汉服虔《通俗文》：“去汁曰滗。”孔厥、袁静《新儿女英雄传》第七回：“ 大水看药吊子里熬剩半罐儿了，就滗出来，满满一小碗。”长兴方言说：“杯子里水冷唻，实嗯得五滗脱点，再倒点热水，阿好？”

煸[piɛ44]：把葱花、姜丝先煸一煸。把菜、肉等放在热油里炒到半熟称煸。如：“格点肉稍微煸煸就盛出来。”

滮[piɔ44]：水喷射。《说文》：“水流貌。从水，彪省聲。《诗》曰：‘滮沱北流。’皮彪切。”《诗·毛传》：“滮，流貌。”清李振裕《祠阙里雅》诗：“陟彼泉林，厥流孔滮。”长兴方言：“水管裂开唻，水滮出来唻。”

篰[bu42]：竹篾所编的篓子。《说文》就有该字：“从竹部聲。薄口切。”但其义是“简册,简牍”。后在方言中表示“竹子编的篓子”。宋朱熹《按唐仲友第三状》：“有客人贩到鲞鲑一舡,凡数百篰。”宋曾敏行《独醒杂志》卷九：“江乡有一等车，只轮两臂，以一人推之。随所欲运。别以竹为篰载两旁，束之以绳，几能胜三人之力。” 明黄溥《闲中今古录》：“其戮人用竹笼，状若猪篰，笼之，投之浮桥急流中。”长兴方言中也有篰字，如：“以前，农村学生一放学就背草篰去斫草。”

侪[ze213]：全、都。《说文》有该字，从人齊聲，仕皆切。其本义为“同辈，同类的人”。后才表示“全”与“都”。明冯梦龙 《山歌·山人》：“轿夫个个侪做子朋友，皁隶个个侪扳子至亲。”《何典》第五回：“他嘴头子又来得左话左转，右话右转，翻蛆搭舌头的，侪是他说话分。”长兴方言中也有该用法：“门朝单位领导侪到市里开会,办公室里呒不人。”

笪[da42]：圆形小竹器。《集韵》徒盖切。“海隅谓篮浅而长者曰”。如：“咸菜摆起闹笪里晒。”

汏[da213]：洗濯，清洗。《说文》有此字：“从水大声。代何切。”《玉篇》徒盖切：“汏，洗也。”宋吴淑《江淮异人录·钱处士》：“钱曰：‘正是此尔，可急取所弃食之。’乃取之，将以水汏去其秽。”长兴方言常用汏字，人们常说“汏衣裳”“汏脚”等，如：“实嗯衣裳侪是老婆得嗯汏呃。”

绐［dɤ213］：沙发、棕棚失去弹性。绐也是一个古字，《说文》中就有：“丝劳即绐，从绐声，徒亥切。”“丝劳”的意思就是编棕棚的绳失去弹性。长兴方言：

“格只棕棚用唻十多年，有点给唻，困起来介点勿舒齐。”

荡[dɔ̃^{42}]：洗涤、清除。《说文》：“滌器也。从皿湯聲。徒朗切。”《释名》；“蕩，排盪去穢垢也。”《汉书·艺文志》：“聊以荡意平心，同死生之域，而无怵惕于胸中。” 颜师古注：“荡，涤。”该洗涤义可表示“洗碗”，在长兴方言中说成“荡碗”，如：“喫好饭，今朝实嗯来荡碗。”

趤[dã^{213}]：闲逛。《集韵》有该字，大浪切，逸游，行貌。长兴方言：“喫好夜饭，实嗯得女朋友一道去趤马路。”

敁[tin^{334}]：用手估量物体轻重。《广韵》有该字，丁兼切，敁敠，稱量也。《類篇》也说，敁揉，以手稱物。宋赵叔向《肯綮录·俚俗字义》：“称量曰敁敠。”长兴方言说：“格条鱼勿晓得几化重，实嗯来敁敁看。”

扚［tiəʔ^{5}］：掐。《说文》：“疾擊也。从手勺聲。都了切。”《集韵》入声锡韵丁历切：“扚，击也，引也。”《字汇》：“丁歷切，音的，引也；又，手掐。”可见，扚自古就有掐的意思，长兴方言常说：“勿要扚嗯，扚起来有点痛。”

兜[tei^{44}]：舀。兜是个古字，《说文》有该字，當侯切：“兜鍪，首鎧也。”本义是头盔。明代已有“舀”义，《水浒传》第十六回：“一个客人便去揭开桶盖，兜了一瓢，拿上便吃。”长兴方言里常说“兜水”“兜汤”“兜粥”。

驐[tən^{44}]：《广韵》都昆切。阉掉公畜公禽的生殖器官。长兴方言中有“驐鸡”的说法，雄鸡阉后就是驐鸡。

炖[tən^{334}]：加水用文火煮使熟烂。《集韵》徒浑切，音屯，火盛貌。《玉篇》火盛貌。《广韵》火色。长兴方言：“从小实嗯喜欢喫肉炖蛋。”。

掇[tə^{53}]：用双手拿、端。《广韵》丁括切。《戒阉老人笔记》5卷：“以两手移物曰掇。”如：“格碗汤有点烫，掇辰光戴付手套。”

揉[to^{53}]：《唐韵》丁果切，《集韵》都果切，音朵。称量忖度也。《唐韵》都唾切，音剁。亦量也。长兴方言里有“揉酒”“揉酱油”的说法。

赅[ki^{44}]：拥有。《广韵》古哀切。《庄子·齐物论》：“百骸、九窍、六藏，赅而存焉。”胡祖德《沪谚外编·陈九仙求子》：“唐朝真源县里有个陈九仙，忠厚传家富家业，赅是漕田好几千，还开几处典当赚利钱。”长兴方言：“赅点铜钿就神气煞唻。”

隑[gɛ^{213}]：倚靠。《集韵》柯开切。《方言》第十三：“隑，陭也。”章炳麟《新方言·释言》：“浙西谓负墙立曰隑，仰胡床而坐亦曰隑。”长兴方言：“老太太隑勒床闹看书，面色勿大好看。”

戆[gɔ̃^{42}]：愚、傻。《广韵》陟降切，《荀子·儒效》：“狂惑戆陋之人，乃始率其羣徒，辩其谈说。”杨倞注：“戇，愚也。”《史记·高祖本纪》：“王陵可，然陵少戇，陈平可以助之。”长兴方言中称愚蠢鲁莽的人为戇徒。如：“城东小张是个戇徒，专门闯祸。”

搿[gəʔ²]：双手抱住或在腋下夹住。《京本通俗小说》：“……搿着他两个的头。”长兴方言：“伊派头蛮好，勿管到咕地方，总管搿唻一只公文包。”

鲠[kã⁵³]：骨头卡在喉咙。《广韵》古杏切，《说文·骨部》：“鲠，食骨留咽中也。” 鲁迅《书信集·致黎烈文》：“近来作文，避忌已甚，有时如骨鲠在喉，不得不吐。”长兴方言：“吃鱼辰光，勿留心鲠唻一根鱼骨头，难过煞唻。”

鬼[kui⁵³]：旧指死后的灵魂。《说文》：“人所归为鬼。从人，象鬼头。鬼阴气贼害，从厶。凡鬼之属皆从鬼。”《尔雅·释训》：“鬼之为言归也。”《说文解字注》云：“古者谓死人为归人。”原因是，鬼有所归，乃不为厉。因此，称人死后的灵魂为“鬼”，就音为[kui⁵³]是有道理的。《广韵》为居伟切，古声母为见母，古拟音为[kiuəi]，普通话中读为[kui²¹⁴]，可见普通话是保留了古代读音。然而，随着语音的分化，古代的见母，分化出了精母，鬼的读音也出现了分化，吴语“鬼”的声母从[k]变成了[tɕ]，因此，吴语中“鬼“大多读成[tɕi⁵³]。但长兴话中“鬼”的读音与吴语不同，而与普通话相近，其声母与韵母与普通话相同，就是声调有所变化。究其原因，是由于长兴有大量河南的移民，方言受到移民语言的影响，保留了若干北方语音的特点。

过[ku³³⁴]：《广韵》古卧切。吴方言里有“和着吃”的意思，《金瓶梅词话》第五四回：“吴典恩又接手斟一大碗酒来了，慌得那伯爵了不的，嚷道：‘不好了，呕出来了，拿些小菜我过过便好。’”长兴方言里也有同样的说法，如：“格两日吃不咕菜势过酒，等息去买点花生米嘆嘆。”

熯[hɤ³³⁴]：烘烤或油煎。《说文》：“乾皃。从火，漢省聲。”《广韵》读音为呼旰切。《玉篇》：“火盛貌。”《韻會》《正韻》乾也，又炙也。由“火盛”引伸为烘烤煎炸，《警世通言·吕大郎还金完骨肉》：“取出四个饼子，厨房下熯得焦黄。”《清稗类钞·饮食·春饼》：“春饼，唐已有之。捶面使极薄，熯熟，即置炒肉丝于中，卷而食之。”在长兴方言中，熯字使用普遍，如：“芽麦塌饼两面熯。”

绗[ɦɔ̃²¹³]：一种缝纫法。《广韵》下更切，行去聲，刺縫。《玉篇》縫紩也。用针线将面子和里子及夹层物(棉絮、丝绵、驼毛等)粗缝起来，使其固定。章炳麟《新方言·释器》：“今淮南、吴、越谓粗缝曰绗，音如行列之行。”长兴方言：“钉被头没不绗针是钉勿好呃。”

𥨊[hoʔ⁵]：《广韵》呼骨切，音忽，意思是睡一觉。《五灯会元·龙华球禅师法嗣·酒仙遇贤禅师》："长伸两脚眠一𥨊，起来天地还依旧。"长兴方言亦称睡一段时间为"困一𥨊"。

戽[hu⁴⁴]：《广韵》侯古切。本义是灌田汲水用的旧式农具，《广雅·释诂二》："戽，抒也。"前蜀贯休《宿深村》诗："黄泉见客合家喜，月下取鱼戽塘水。"长兴方言里常表示用嘴汲，如："早上起来晏唻，急急忙忙戽二口粥就上班去。"

熓[øu³³⁴]：用热的东西接触凉的东西使变暖。清李渔《奈何天·攒羊》："两雄击一雌，腹背声相应，休使他有熓不热的肌肤，倒埋怨着天气冷。"原注："熓，音污。"长兴方言常说"熓干""熓热"等。

镬 [ɦoʔ²]：锅子。《说文·鑫部》："鑊也。从金蒦聲。胡郭切。"《周禮·天官·亨人》掌共鼎鑊。《註》鑊，所以煑肉及魚腊之器。古时无足鼎，煮肉及鱼、腊之器。《周礼·天官·亨人》："亨人掌共鼎镬以给水火之齐。"长兴方言："老底子屋里烧饭侪是用铁镬子，介息侪用电饭煲唻。"

湔 [tɕiɪ⁴⁴]：局部洗。《广韵》则前切。《三苍》："湔，濯也。"《说文注》："不全濯之，仅濯其垢。"宋何薳《春渚纪闻·精艺同一理》："一日于鹅溪绢上戏作小山，觉不如意，急湔去之，故墨再三挥染，即有悟见。"如："衬衫闹有点墨渍，顶好湔一湔。"

搛[tɕiɪ⁴⁴]：用筷子夹。《集韵》坚嫌切，"搛，夹持也。"周而复《上海的早晨》第四部三四："余妈妈搛了两块鸭脯子放在杨健的碗上：'这是她特地给你买的，别客气，多吃点。'"如："明朝客人来，实五得客人多搛点菜。"

揵[dʑiɪ¹³]：举起。《广韵》渠焉切，"音乾。舉也。以肩舉物也。"陆德明《经典释文》："揵，其言反。又音虔。《汉书音义》云：'举也。'"长兴方言："细百楼手臂撞伤唻，揵起来痛煞。"

摷[ʑiɔ²¹³]：《集韵》子小切，《广雅·释诂一》："摷，取也。"《吴下方言考》："吴谚谓以竿入巢穴摎物为摷。"长兴方言里的意思是用竹制的器具在容器里洗刷，如："摷马桶。"

骱[ga²¹³]：关节。《集韵》讫黠切，音戛。《玉篇》："小骨。"骨节与骨节相衔接处。今吴方言谓骨节脱臼为"脱骱"。 沈德符《野获编·兵部·边材》："肩髀不能举，则骱已脱矣。"茅盾《蚀·追求》："老徐扭脱了骱么？没有什么大妨碍罢？"长兴方言："阿明手臂脱骱，手揵勿高好几日唻。"

园[k'ɔ̃³³⁴]：藏。《集韵》口浪切，音亢。藏也。《中国歌谣资料·沪谣外编·山歌》："小姑嫌少心不愿，爷娘面前说长短，说的嫂嫂私底园一碗，厨里不见一只红花碗。”吴语中常用园字，长兴方言：“出门辰光，钞票园园好，当心落脱。”

攋[la^{42}]：《广韵》盧達切，音辣。撥攋，手披也。毁坏；毁裂的意思。《揚子·方言》壞也。长兴方言中专指钩住或钩破：“细婉婷裙子拨钉子攋破唻。”

捩[$liəʔ^{2}$]：《广韵》练结切。拗折、折断、扭转。北魏贾思勰《齐民要术·旱稻》“拔而栽之”原注：“其苗长者，亦可捩去叶端数寸，勿伤其心也。” 东轩主人《述异记·怪洋三则》：“长人忽取一巨石室其穴，引手从旁穴中取一人，捩其颈，饮其血而抛其尸。”长兴方言中常说：“头颈捩转。”

漉[$loʔ^{2}$]：在清水里过滤一下。《广韵》卢谷切，《说文》浚也。一曰渗也。长兴方言有“漉水”的说法，新买的来的衣料先要在清水里过滤一下，称为“漉水”。如：“格段料作顶好先漉漉水再做衣裳。”

捋 [$ləʔ^{2}$]：以手沿物摘取。《广韵》郎括切，手捋也。《诗·周南·芣苢》：“采采芣苢，薄言捋之。”毛传：“捋，取也。”长兴方言：“养蚕辰光，日日要捋叶，手牢捋起唻交关血泡。”

猛[$mã^{42}$]：多而密，稠密。《广韵》莫杏切，一般的意思是猛烈、凶猛。但《吴下方言考》：“吴中谓草本茂密为猛。”长兴方言中常用于表示稠密，如：“格两埭树种来忒加猛。”

湎[mi^{13}]：小口喝。《说文》：饮也，从水弭声，绵婢切。长兴方言：“格点酒咕味道，实嗯来湎湎看。”

灭[$miəʔ^{2}$]：旋转。《广韵》亡列切，主要意思是消灭，但在吴方言常表示旋转，用于调节火的大小，如《海上繁华梦》：“又将保险灯灭暗了些，一手在台上拿支水烟袋， 一手点了个火，走至床沿坐下。”长兴方言中也有此用法：“汽油呒不唻，灭弗亮唻。”

篾[$miəʔ^{2}$]：《广韵》莫结切。薄竹片、劈成条状的竹皮。明宋应星《天工开物·攻黍稷粟粱麻菽》：“凡攻治小米……簸法生焉。其法篾织为圆盘，铺米其中，挤匀扬播。”长兴方言有“篾匠”“篾席”“劈篾”的说法。

嬲[$ȵiɔ^{42}$]:纠缠；烦扰；戏弄。《广韵》奴鳥切，音嬈。擾也。《文选·嵇康〈与山巨源绝交书〉》：“足下若嬲之不置，不过欲为官得人，以益时用耳。” 李善注：“嬲，擿娆也。音义与娆同。”茅盾《蚀》：“他不爱胡闹,…又不喜嬲着女同学讲恋爱。”长兴方言常指男女之间的亲热举动，如：“伊日日得格女格男嬲不清爽。”

瀊 [$bɤ^{13}$] ：水溢出。《集韵》蒲官切。长兴方言：“酒茶辰光要当心，勿要瀊出来。”

畔[bɤ²¹³]：躲藏，藏身。《广韵》薄半切。明陈继儒《群碎录》：“今人谓避人为畔。”《通俗》36编36卷：“俗谓避迹曰畔。”《何典》第四回：“雌鬼道：‘这被他逃去的，畔在里头钻筋透骨的作起怪来，便怎么处？’”长兴方言里说“畔盲”“畔房小姐”等词。

鋬[p‘ɛ⁴⁴]：器物侧边供手提拿的部分。《五音集韵》普患切，音襻，器系。长兴方言有“篮鋬”的说法，如：“格个篮子用唻十多年，篮鋬老早就断唻。”

髈[p‘ɔ̃⁵³]：大腿。《广韵》匹朗切。《玉篇·骨部》：“髈，浦朗切，股也。”隋巢元方《诸病源候总论·小儿杂病诸候五·殃火丹候》：“丹发两胁及腋下髈上，谓之殃火丹也。”大腿在长兴方言中说成“大髈”，如：“小李人弗长，大髈倒蛮粗。”

閛[p‘ã³³⁴]：关。《集韵》去声诤韵叵进切：“閛，开闭门也。”《揚子·法言》：“閈之廓然見四海，閉之閛然不覩其裏。”长兴方言说：“叫小王出去得门閛牢。”

漰[p‘ã⁴⁴]：《广韵》普朋切。水激声、喷溅。《金瓶梅词话》第四六回：“不防火盆上，坐着一锡瓶酒，推倒了，那火烘烘望上腾起来，漰了一地灰起去。”长兴方言中有“漰酒”的说法，指在烧鱼肉时往锅里倒入的黄酒。如：“烧羊肉辰光，要多倒点漰酒解解腥气。”

埄[bõ¹³]：尘土扬起。《集韵》蒲蒙切。长兴方言里有“埄尘”的说法。如：“房间里侪是埄尘。”

圤[boʔ²]：土块。《广韵》普木切。《吴下方言考》：“吴中谓土一块曰一圤。”《淮南子·说林训》：“土勝水者，非以一墣塞江也。”长兴方言的“圤”也是量词，如“一圤泥”“一圤石头”。

潽[p‘u⁴⁴]：液体沸腾溢出。《集韵》颇五切，音普。水也。长兴方言：“水潽出来唻。”

搳[huaʔ⁵]：搳筅，刷马桶的竹制器具。《唐韵》胡秸切。《说文》：“擖也，从手害声。”长兴方言：“老底子倒马桶侪要用马桶搳筅刷刷干净。”

掮[dʑiɛ¹³]：用肩扛东西。《官场现形记》第三一回：“我每逢出门，看见街上有些兵，都把洋鎗倒掮在肩膀上。”长兴方言中有“掮木梢”或“掮水晶木梢”的说法，指受人哄骗，做吃力不讨好的事。如：“碰着事体要当心点，勿要上当掮人家木梢。”

戗[tɕ‘iã⁴⁴]：《集韵》初良切，逆、不顺。吴祖光《闯江湖》第二幕：“对付这样的脾气，不能戗着来。”长兴方言里不顺为戗，不顺的毛为“戗毛”，逆风为“戗风”。长兴方言里的“戗”也可表示勉强坚持，如：“拉侪勿勒，实五一个人戗戗再讲。”

缲[tɕ‘iɔ⁴⁴]：可写作𨧫，《集韵》千遥切。一种缝纫方法。把布边往里卷，然后藏着针脚缝，俗称缲边。如：“格条裤子脚管呒不缲好。”

怺[tɕ‘iəɯ⁴⁴]:人的品德不好，相当于坏。《广韵》去秋切，音惆。戾也。长兴方言：“格个人怺得来呒啥讲头。”

糁[sɤ⁴⁴]：《广韵》桑感切，也可写作“糂”。指米粒、饭粒。唐秦韬玉《春雪》诗：“云重寒空思寂寥，玉尘如糁满春朝。”长兴方言常说“饭米糁”，指吃剩的饭粒。如：“小把戏吃饭勿当心，地牢闹是饭米糁。”

酾[sa⁴⁴]：斟酒倒水。《说文》有该字，从酉麗聲，所綺切：“下酒也。”宋·苏轼《前赤壁赋》：“酾酒临江,横槊赋诗,固一世之雄也。”元关汉卿《陈母教子》第一折：“大哥你得了官也，我和你有个比喻：似那抢风扬谷，你这等秕者先行；瓶内酾茶，俺这浓者在后。”章炳麟《艾如张》诗：“酾酒思共和，共和在海东。”长兴方言有该说法：“明朝客人来，实五得客人多酾酾酒。”

鲹[ts‘a⁴⁴]：常见的小型经济鱼类，长兴方言中称为“鲹条鱼”。如：“礼拜日老李钓牢特十几条鲹条鱼。”

嗍［soʔ⁵］：吸。宋《集韵》；“色角切，音朔。吮也。”唐张鷟《游仙窟》已用该字：“十娘忽见鸭头铛子，因咏曰：‘嘴长非为嗍，项曲不由攀。’”长兴方言：“螺蛳太壮唻，肉嗍勿出来。”

搨[t‘aʔ⁵]：搨字与拓字同。《集韵》託合切：“音塔。冒也，摹也。”《康熙字典》云：“《韻會》託盍切，音榻。義同。今用紙墨磨摸古碑帖曰搨。有宋搨舊搨。《唐書·百官志》弘文館，技書郎二人，有搨書手筆匠三人。”在长兴方言中，搨字的意义有两种：1.搽抹。人们常说“麻子搨粉”“搨药膏”“搨石灰”。2.占有。邹韬奋《萍踪寄语》三五：“自由平等是要用热血牺牲去换来的，哪有如此便宜货可搨。”长兴方言，如“做人要大方，勿要想搨人家便宜。”

摥[t‘ɔ̃⁵³]：意思是推。《集韵》他浪切，湯去聲：“排摥也。”《玉篇》：“摥，推也。”《古今小说·汪信之一死救全家》：“又过几日，烟火也没了，鼓声也不闻了。水哨禀知军官，移船出港，筛锣擂鼓，摇旗呐喊而前，摥入湖中。”长兴方言中指用平面的工具向前推动使平，如：“地闹格点泥实五顶好叫人来摥摥平。”

渧[ti³³⁴]：水慢慢渗下。《广韵》都计切。《埤苍》：一曰滴水。如：“锅子漏唻，水渧得地闹侪是，实五来拖拖清爽。”

敨[t‘ei⁵³]：把包好的东西展开，抖搂。光绪《黄岩县志》：“展物曰敨。”如：“衣裳闹侪是灰尘，顶好敨敨清爽。”

抟[$dɤ^{13}$]：用手把东西揉弄成球状。《说文》："圜也。从手專聲。度官切。"《说文解字注》："以手圜之也。"长兴方言："一张十块头钞票勿小心当废纸抟脱唻。"

褪[$tɤ^{334}$]：《字汇》吐困切。衣装、服饰等穿着或套着的东西因宽松而脱出。宋欧阳修《浣溪沙》词之一："束素美人羞不打，却嫌裙慢褪纤腰。"《醒世恒言》："不知怎地一扯，那裤子直褪下来，……"长兴方言脱裤子可说成"褪裤子"。

氽[$t'ən^{53}$]：《字汇》土垦切。漂浮。明无名氏 《白兔记·访友》："浅水摊头，氽下一个坐婆来，这不是刘老娘！" 又引申为油炸，徐珂《清稗类钞·饮食·氽猪肉皮》："猪肉皮略泡，入沸油氽之，至色黄皮松，乃起锅。"长兴方言中常说"氽油条""氽虾片""油氽花生"。

拕[$t'a^{44}$]：《说文·手部》："曳也。从手它聲。託何切。"意思是曳引、拉。又可写作拖。《汉书·扬雄传上》："拕苍豨，跋犀犛，蹶浮麋。"颜师古："拕，曳也。"长兴方言说"拕唻一只箱子。"

沰[$toʔ^{5}$]：一点点糊状的东西。《集韵》当各切，音砃。滴也。如："衣裳牢有一沰鸟污。"

庹[$t'oʔ^{5}$]：成人两臂左右平伸的长度，一庹约合五尺。《字汇补·广部》："两腕引长谓之庹。"杨朔《金字塔夜月》："塔身全是一庹多长的大石头垒起来的。"长兴方言："墙头估计有一庹介宽。"

毻[$t'ɤ^{334}$]：也作毤。《广韵》他外切。鸟兽毛羽脱落换生新毛。《博雅》解也。谓鸟兽解毛羽也。《揚子·方言》隋、毻，易也。《文选·郭璞〈江赋〉》："集若霞布，散如云豁，产毻积羽，往来勃碣 。" 李善注："字书曰：'毤，落毛也。'毤与毻同。音唾。"长兴方言有"蛇毻壳""鸡毻毛"的说法。

餧[$øi^{334}$]：喂孩子吃食物。《广韵》于伪切。《玉篇》：餧，飼也。《广韵》：餧，饭也。《礼记·月令》："（季春之月）田猎，罝罘、罗罔、毕翳、餧兽之药毋出九门。"如："老太太生病躺勒床闹，只好叫人餧拨伊喫饭。"

脗[min^{53}]：本为嘴唇，引申为合。《韵会》武粉切，音吻。脗合。《庄子·齐物论》为其脗合，置其滑涽。《註》合也。前蜀杜光庭《道教灵验记·胡尊师修清斋验》："人之修心，必使乎言行相脗，内外坦然。"长兴方言有"脗缝"的说法。

焐[$øu^{334}$]：用热的东西接触凉的、湿的东西，使变暖、变干。如：焐脚、焐手。元无名氏《硃砂担》第三折："湿是湿的，热身子焐干了。"长兴方言："身牢格件湿布衫拨实嗯焐干唻。"

颬[ha^{44}]：张嘴呵气。《广韵》许加切，开口吐气貌、风貌。《张衡·西京赋》：

“含利颬颬，化爲仙車。”吕延济注：“颬颬，開口貌。”长兴方言：“冬天勒手闹颬口气，感觉热唻交关。”

拸[$z\varepsilon^{42}$]：拾取。《广韵》昨含切。《吴下方言考》：“拸，蚕音。”扬雄《方言·第一》：“拸、攓、摭、挻，取也。南楚曰攓，陈宋之间曰摭，卫鲁扬徐荆衡之郊曰拸。自关而西秦晋之间，凡取物而逆谓之籑，楚部或谓之挻。”如：“勿晓得伊勒路闹拸点咕东西？”

筅[$\varsigma i\varepsilon^{53}$]：《广韵》《集韵》《韵会》苏典切，音銑。筅帚，饭具。洗炊具用的帚。人们洗刷锅盆时用的器具为筅帚，用小竹片制成。如：“老底子汏点碗侪用筅帚，介息勿用唻。”

梟[$\varsigma i\text{ɔ}^{44}$]：挑起，掀起。《广韵》古尧切。《说岳全传》第十二回：“岳大爷又把枪轻轻一举，将梁王的刀梟过一边。”《官场现形记》第五回：“何藩台恐怕老妈靠不住，点了个火，梟开帐子，让张聋子亲自来看。”长兴方言：“烧饭辰光，镬盖勿要随便梟开。”

擤[$h\text{ə}n^{334}$]:《详校篇海》呼梗切，按住鼻孔出气，借以排出鼻涕。《正字通·手部》：“擤，俗字。焦竑《俗用杂字》：‘擤音省，手捻鼻脓曰擤。’”杨沫《青春之歌》第一部第十章：“余永泽拿起手绢在擤鼻涕。”长兴方言：“格两日小王感冒，一日到夜擤鼻涕，难过煞唻。”

怴［$\varsigma io\text{ʔ}^{5}$］：憨愚，狂。《广韵》许聿切。《字林》戇貌。一曰怒貌。长兴方言：“小李有点戇怴怴，少得伊打交道。”

掗［$\text{ø}a^{44}$]：强行使人接受。《字彙》衣駕切，音亞。强与人物也。《醒世恒言·卖油郎独占花魁》：“将银子掗在秦重袖内，推他转身。”如：“格点是别脚货，实五掗拨人家，人家侪勿要。”

厣[$\text{ø}i\text{ɪ}^{53}$]：《五音集韵》於琰切，音黶。蟹腹下也。鱼的鳞片或螺类介壳口圆片状的盖。《医宗金鉴·外科心法要诀》：“田螺水：大田螺一枚，用尖刀挑起螺厣，入冰片五厘，平放磁盆内。”长兴方言：“格条鱼汏得勿清爽，鱼厣呒不括干净。”

偃[$\text{ø}i\text{ɪ}^{53}$]：躲藏。《广韵》于幰切。《太平广记》卷二三五引南朝梁殷芸《小说·荀巨伯》：“贼闻其言，异之，乃相谓曰：‘我辈无义之人，而入有义之国。’乃偃而退，一郡获全。”如：“勿晓得伊偃到咕场乌去唻。”

魇[$\text{ø}i\text{ɪ}^{53}$]：做恶梦。《说文》驚也。从鬼厭聲。《广韵》于琰切。唐韩愈《陪杜侍御游湘西两寺独宿》诗：“犹疑在波涛，怵惕梦成魇。”长兴方言中常说“发魇”，如：“小把戏格两日身体勿好，半夜里专门发魇。”也有“做魇阳”的说法，指用符咒或其他迷信手法消解灾殃，或致灾祸于人。

軀[øiɪ53]：《广韵》于殄切，音蝘，身向前也。《类篇》曲身。长兴方言中指曲身向前不声不响进来。如："实嗯开会迟到唻，只好勿声勿响軀进去，坐闹角落里。"

晏[øɛ334]：晚。《玉篇》晚也。《仪礼·士相见礼》問日之早晏。《淮南子·天文训》日至于桑野，是謂晏食。《屈原·离骚》及年歲之未晏兮。《广韵》乌涧切。《论语·子路》：" 冉子退朝。子曰：'何晏也？'"长兴方言："明早是礼拜日，实嗯要困个晏觉唻。"

炀[jiã13]：熔化金属。《广韵》与章切，釋金也。《集韵》烁金也。或作烊。清王夫之《周易外传·说卦传》："金炀则液，水冻则坚。"长兴方言说："锡碰着火就介炀脱唻。"

洇[øin334]：《广韵》于真切，《集韵》一結切，音噎。水流貌。意思液体在物体上向四周散开或渗透。理由《中年颂》："……水透过上衣，洇湿了白色的工作围裙，在胸前染出两幅不规则的图案。"长兴方言中常说："墨汁勒衬衫闹洇开来唻。"

瀴[øin334]：冷《广韵》《集韵》，於孟切，冷也。长兴方言如："格两日天气有点瀴呃，出門多着点衣裳。"

雩[həɯ334]：虹。《集韵》王遇切。《尔雅·释天》："螮蝀谓之雩。螮蝀，虹也。" 郭璞注："俗名为美人虹，江东呼雩。"长兴方言："长远呒不看见雩唻，今朝总算看见唻。"

抈[øiɔ53]：折断、折叠。《广韵》鱼厥切。《说文·手部》："抈，折也。"《中国歌谣资料·沪谣外编·山歌》引江苏民歌："六忙忙，丈夫出门抈衣裳。"如："竹杆帮嗯抈抈断，阿好？"

蹔[zɛ213]：踱步、跑。《集韵》昨滥切，急进也。《类篇》：疾走貌。《古今小说》："八老到门前站了一回，蹔到间壁粜米张大郎门前，闲坐了一回。"长兴方言中，快走为蹔，跑步也称蹔跑，如："实嗯日日早上蹔跑，身体越来越好。"蹔也可指一般的走。

煠[zaʔ2]：《广韵》士洽切，把食物放入汤或煮沸的油里处理。北魏贾思勰《齐民要术·素食》："当时随食者取，即汤煠去腥气。"元贯石屏《村里迓鼓·隐逸》套曲："我将这嫩蔓菁带叶煎，细芋糕油内煠。"长兴方言常说："小白菜热水里煠煠就好喫唻。"

笮[tsoʔ5]：《广韵》在各切。斩、砍、割。《尸子》卷下："王亲射恶来之口，亲斫殷纣之颈。”《醒世恒言·一文钱小隙造奇冤》：“众人都上了岸……只留一个人在船上看守，众男女都下田斫稻。”长兴方言有“斫稻”“斫草”“斫麦”“斫刀”的说法。斫字现在常写作斫。

砦[za^{213}]：《广韵》犲夬切。长兴方言中用“砦盆”的说法，指盛放猫狗等动物的食物的容器。如：“打碎狗砦盆，侪家吃勿成。”

撜[$tən^{334}$]：掂量。《广韵》蒸上切，但吴方言音登。《吴下方言考》：“今吴人以手托物而审其轻重曰撜。”长兴方言：“实嗯用手来撜撜看，格条鱼几化重。”

擿[$tiəʔ^{5}$]：《集韵》他历切。吴语中的意思是：用指甲掐住一点皮肤掐拧。《吴下方言考》：“吴中谓以指搦人肤而提之曰擿。”长兴方言：“格对小夫妻吵相骂辰光喜欢擿来擿去。”

瘃[$tsoʔ^{2}$]：冻疮。《广韵》陟玉切，寒疮也。《汉书·赵充国传》：“将军士寒，手足皲瘃。”颜师古注引文颖曰：“瘃，寒创也。”长兴方言中“冻疮”称为“冻瘃”，如：“吾勿喜欢冬天，天一冷手牢生满特冻瘃。”

疰[$tsʅ^{334}$]：《广韵》之戍切。《广雅·释诂一》：“疰，病也。”长兴方言里说“疰夏”，指夏季身倦、体热、食少等症状。

丬[$bɛ^{13}$]：《字汇》蒲闲切。劈成片的竹木。长兴方言中常说“柴丬”“木丬”“瓦翘丬”。也是量词，指商店工厂等，如：一丬店、一丬厂。

涿[$zoʔ^{2}$]：淋雨。《广韵》竹角切，《说文》流下滴也，从水豖声。长兴方言中被雨淋为“涿”，如：“碰着一个阵头雨，头发侪涿湿唻。”

勯[$t‘ɛ^{44}$]：《集韵》多寒切，音丹。力竭也。《吕覽》烏獲引牛尾絕，力勯而牛不行。高诱注：“勯，读曰单。单，尽也。”长兴方言称用尽全力为勯，如：“做勒一日生活，老李喫力煞唻，一到屋里，就勯勒床闹一动勿动。”

第二章　长兴方言与普通话的语音对应规律

长兴方言与普通话同属汉语，两者的发音部位与发音方法相同。除个别字的读音外，长兴方言与普通话的读音存在着明显的对应规律。长兴方言与普通话存在的主要不同是长兴方言的声母有浊音，韵母只有三呼，有入声韵等。

第一节　长兴方言与普通话声母的对应

普通话有声母21个，长兴方言共有声母30个(含零声母)，声母数量比普通话多。

长兴方言的30个声母：[p][p‘][b][m][f][v][t][t‘][d][ts][ts‘][s][z][dz][n][l][tɕ][tɕ‘][ɕ][ʑ][dʑ][ȵ][j][k][k‘][g][h] [ɦ][ŋ][ø]。

长兴方言与普通话的发音部位和发音方法是一致的，发音部位有双唇、唇齿、舌尖、舌面、舌音等五类。发音方法有塞音、擦音、塞擦音、鼻音、边音五类和送气与不送气二类。虽然长兴方言与普通话同属汉语，两都的发音部位与发音方法相同，但二者的声母也存在着若干区别。

长兴方言有喉音[ɦ]与[j]，是普通话所没有的。普通话有平舌音[ts][ts‘][s‘]和翘舌音[tʂ][tʂ‘][ʂ‘]两套，长兴方言保留了吴话的共同特点，没有翘舌音。普通话中浊声母只有四个，长兴话保留了古代的浊声母，共有14个浊声母，声母有清浊的对立。浊声母中[ŋ][dz]比较特殊，是苕溪小片特有的声母。

一、长兴方言与普通话声母对照表

下表据长兴方言的声母与普通话声母一一对照并举例说明。

长兴方言与普通话声母对照表

表 1-60

长兴方言声母	普通话声母	例字
p	p	比巴包必毕冰把报兵杯板爸波饼笔宾剥
	pʻ	湃
pʻ	pʻ	片扑抛拍坡帕迫泡怕盼品胖派配票喷铺
b	p	币白步抱败便盆蚌倍瓶被笨棒鼻暴薄辩鳖
	pʻ	平皮爬朋庞旁培盘琶
	f	防肥痱
m	m	门毛末末迈忙买闷卖码盲氓冒眉莫麻媒满慢
	∅	问蚊味
f	f	飞反分风方付发否非肺放法复峰粉粪富福翻
v	f	凡父乏犯冯伏伐份负妇饭泛服罚阀费烦
	∅	万文坟纹物晚唯
t	t	刀丹斗打冬朵抖到店单带胆都党得裆等戴
	n	鸟
tʻ	tʻ	土太叹他它讨吐汤吞吞贪兔胎泰套透通塔
d	t	电代地达导豆但定定诞段敌调掉笛谍道
	tʻ	田权条彤贵逃突桐特唐桶堂铜停踏
ts	ts	扎早走足灶枣卒组赃资葬遭醉赞糟
	tʂ	中只帐针这张者招制质周债值斋站展章照
	tɕ	酒
	tɕʻ	秋
	s	搔
	tsʻ	侧
tsʻ	tsʻ	仓匆次囱拆刺采参草舱猜凑粗蔡聪醋餐擦
	tʂʻ	厂尺丑出产闯抄抽昌畅衬乘秤称唱铲痴撑
s	s	三司伞苏丧素桑搜死散森粟嫂骚塞僧赛艘
	ʂ	水手生式师伤守收声诗胜首说朔商赏舒鼠数
	ts	燥
	tsʻ	赐

长兴方言声母	普通话声母	例字
	tʂ	栅眨
	tʂʻ	刹
	ɕ	逊
z	ts	自字皂坐造族凿臓
	tsʻ	才长从尘材财肠层陈查残尝蚕曹裁朝曾藏
	s	寺饲
	tʂ	丈召兆张斩治栈赃值站凿肇
	tʂʻ	仇成池肠陈制周赵除捉常船镇潮
	ʂ	上勺舌寿社肾受绍顺神绳善熟鳝
	ʐ	入仁仍任如柔辱润弱然瑞
dz	tʂʻ	茶查
n	n	奴男纳纽挪南耐恼能捺暖嫩
l	l	兰礼老肋来连冷拉厘烂狼凉棱楼雷
	n	农弄脓能嫩糯囊
tɕ	tɕ	几久见计甲叫机级鸡肩建将紧脚简
	k	龚
	ts	渍
tɕʻ	tɕʻ	欠巧丘企汽启浅浅窃起翘腔器
	tɕ	歼笺揪辑
	tʂʻ	吃
ɕ	ɕ	乡仙吸休血许戏秀系香笑喜稀献
	s	死
	tɕ	圾
	tɕʻ	鞘
ʑ	tɕ	尽荠绝脐嚼
	tɕʻ	齐前秦墙潜
	ɕ	习寻斜象谢
	s	缫
dʑ	k	柜跪
	tsʻ	岑

长兴方言声母	普通话声母	例字
	tʂ	轴镯
	tɕ	及巨旧匠臼件近局枝轿俱剧键群
	tɕʻ	囚权乔芹求穷奇桥钱球期裘旗潜
	∅	猗
ȵ	n	女年纽呢泥逆浓聂娘粘捏孽
	ʐ	人认让肉软饶染绒绕热
	∅	艺严迎研原娱验
j	∅	元延爷盂炎油俞姚盐喻誉
	ɕ	刑协形县现弦效陷雄嫌
	ʐ	闰荣容蓉
k	k	干工冈夹谷改怪该钩高盖跟鬼
	kʻ	括葵
	tɕ	加价交角间界架教减窖锯嘉
kʻ	kʻ	亏口开卡考夸抗快苦空看棵筐
	tɕʻ	铅敲
g	k	轧共掼隑搿
	kʻ	狂葵
	tɕ	加价江讲架家假嘉
	tɕʻ	茄
	h	环寰
h	h	幻汉灰好欢货昏忽哄哈狠晃海黑
	ɕ	吓瞎蟹
	∅	歪
ɦ	ɕ	匣学咸狭衔鞋
	h	号弘划汗红含孩贺害盒韩豪横糊
	∅	王吴唉
ŋ	∅	牙呆硬傲熬
∅	∅	丫压汪阿样暗
	h	坏晃

二、长兴方言与普通话声母的相同部分

长兴方言有 11 个声母与普通话基本一致，它们分别是[p][p‘][f][t][t‘][m][n][l][tɕ][tɕ‘][ɕ]。

11 个声母除了[n][l]外，都是清声母。长兴方言的读音与普通话有较全面的对应，只是个别字有例外。如：

[p] 长兴方言大多数字的声母与普通话的声母一致，如“必标彪把巴本背碑博剥”等。例外的读音是“湃”，普通话声母为送气音[p‘]，长兴方言为不送气音[p]。但是普通话中的声母[p]并不都与长兴方言的[p]对应，有一部分声母[p]，与长兴方言[b]相应，如“白败蚌棒抱暴被倍瓶”等。

[p‘] 长兴方言中，声母为[p‘]音的字，在普通话中也大多读为[p‘]，如“破坡潽浦炮铺票品配”等。但普通话的阳平字“琶排盘庞婆旁培朋皮瓶”等在长兴方言中声母为浊音[b]。

[f] 长兴方言的声母[f]与普通话对应明显，如“发法翻方放飞分粉反粪风峰福”等字，在方言中与普通话中，声母都是[f]。但是，普通话中声母为[f]的字，有一部分来自浊音[v]，如“乏伐罚烦凡冯伏服父负妇”等字，长兴方言浊音声母还是读为[v]。上述字普通话中已经清音化，声母为[f]。

[t] 长兴方言声母为[t]的字在普通话中声母大多也为[t]，如“东打倒带丢得等斗”等，但长兴方言中有一个“鸟”字，读音为[tiɔ^{53}]，声母为[t]。但在普通话里，声母却是[n]，读为 niǎo。普通话声母为清音[t]的字，在长兴方言有一部分声母为[t]，但也有一部分声母读为浊音[d]，如“邓弟笛地敌掉调导道”等。因为长兴方言保留了古代的浊音，它们在普通话里都变成了清音。

[t‘] 大多长兴方言中声母为[t‘]的字在普通话中也读为[t‘]，如“贪胎透套探汤塔吞土兔”等。然而，普通话声母为[t‘]的字，也有一部分在长兴方言中是读为浊音[d]的，如“逃田条停堂彤铜桶”。因为，长兴方言中的浊音[d]在普通话中清音化了，分化为[t]和[t‘]。

[m] 长兴方言的鼻音[m]对应于普通话的[m]，如“妈毛蛮买谋闷贸美末梦”等。普通话中还有若干零声母的字，如“蚊味”，它们在长兴方言中白读时声母为[m]。

[n] 长兴方言声母[n]与普通话的对应也是相当规范的，如“纳捺耐南恼嫩能暖挪奴男”等字，声母无论在长兴方言还是普通话中，声母都是[n]。普通话中的声母为[n]的字，除了与长兴方言中的[n]对应外，还与长兴方言的其他声母相应。一部分在方言中声母为[l]，如“弄脓糯”，一部分在方言中声母为 [ȵ]，如“泥

呢浓逆年粘娘女牛捏”，个别与方言的［t］对应，如“鸟”。

［l］长兴方言中的声母［l］与普通话的对应关系明显，一部分声母在普通话中还是读［l］，如“来兰狼老雷肋棱冷”，另一部分读成［n］，如“脓糯农囊嫩”。

［tɕ］长兴方言声母为［tɕ］的字与普通话中声母为［tɕ］的字，有着较一致的对应关系，如“既机鸡佳茧计甲肩见建脚经酒紧叫久剑”等，但有个别例外，如“龚”，普通话中声母为［k］，“渍”的声母为［ts］。然而，普通话声母为［tɕ］的字在长兴方言中情况比较复杂，它与长兴方言的多个声母对应。一部分与［dʑ］相应，如“枝近旧局键巨俱剧群”，一部分与［ʑ］对应，如“尽嚼绝脐荠”，一部分与［k］对应，如“家嘉价假架间减交角胶”。

［tɕ‘］长兴方言中声母为［tɕ‘］的字，如“企起启汽器欠巧丘秋浅腔窃”在普通话中声母都读为［tɕ‘］。当然也有少数例外，如“揪歼笺”，普通话的声母为不送气的［tɕ］。“吃”，普通话的声母为翘舌音的［tʂ‘］。普通话声母为［tɕ‘］的字，在长兴方言中有不同的读音，除了一部分读［tɕ‘］外，一部分读浊音［dʑ］，如“期旗奇乔桥芹穷”，一部分读［ʑ］，如“前潜齐墙秦”，一部分读［k‘］，如“掐铅敲卡”，个别读［g］，如“茄”。

［ɕ］ 长兴方言的声母［ɕ］与普通话对应一致，如“吸稀喜献乡香血休”的声母无论是长兴话还是普通话都是［ɕ］。当然，也有个别例外， 如“圾”，长兴方言的读音为［ɕi³³⁴］，普通话读为［tɕi⁵⁵］。“鞘”，长兴方言的读音为［ɕiɔ⁴⁴］，普通话读为［tɕ‘iɔ⁵¹］。从普通话的角度说，普通话中的声母［ɕ］并不单单与长兴方言中的［ɕ］对应，它还与其他的声母对应。一部分是 ［ʑ］，如“谢斜象寻习”，一部分是［j］，如“县陷现效”，一部分是［h］，如“吓瞎蟹”，一部分是［ɦ］，如“狭匣咸衔鞋学辖”。

长兴方言声母与普通话声母的对应反应了古今声母的演变规律。第一，古全清、次清声母的演变并不很大。除了少数例外，两者的对应是有规律的。第二，从普通话的角度看，古代的浊声母在普通话中已经清化。

三、长兴方言特有的浊声母

长兴方言具有吴语的 15 个浊声母，它们是［b］［d］［g］［v］［z］［dz］［dʑ］［ʑ］［ȵ］［l］［j］［ɦ］［n］［m］［ŋ］。其中的［n］［m］［l］［ŋ］与普通话的对应已作出说明。其他 11 个为长兴方言所特有，是古代的全浊声母。由于语音的浊音清化，它们在普通话里全读成清声。逐一说明如下：

［b］长兴方言中声母为［b］的字，在普通话中有三类情况。读成不送气音［p］

的，如“白败蚌棒抱暴被倍步笨鼻币”等；读成送气音[p‘]的，是古代的平声字，如“旁培朋皮平”。少数读成[f]，如“防肥”等。

[d] 长兴方言中的声母[d]在普通话中有非常规则的对应。仄声字大多读为[t]，如“诞定段电笛地迪敌掉调导毒”等。平声字一般读成[t‘]，如“同唐逃桃田条停堂彤铜”等。当然也有例外，如“特踏”等字，普通话的声母为[t‘]，但它们在长兴方言中并不是平声，而是入声，“特”为[dəʔ²]，“踏”为[daʔ²]。

[g] 长兴方言的声母[g]基本上清化为[k][k‘]。平声字“共轧掰掼”等声母为[k]，仄声字“狂葵”等声母为[k‘]。

[v] 长兴方言的浊声母[v]在普通话里清化为[f]和零声母两类。凡古音的奉母字，如“伐罚烦凡费冯伏服父负妇”等在普通话中读[f]，古微母字如“文万物纹坟晚”等在普通话中作零声母。

[z] 长兴方言浊声母[z]与普通话的两类声母对应。一类是舌尖前音[ts][ts‘][s]，另一类是舌尖后音[tʂ][tʂ‘][ʂ][ʐ]。“自族坐字”的声母为[ts]，“才裁蚕残”的声母为[ts‘]，“寺饲”的声母为[s]，“站斩丈召”的声母为[tʂ]，“常肠成陈”的声母为[tʂ‘]，“善上绍舌”的声母为[ʂ]，“然仁任仍”的声母为[ʐ]。

[dz] 长兴方言浊声母[dz]与普通话的[tʂ‘]对应，如：“茶财缠”等字的声母都是[dz]。

[dʑ] 浊音[dʑ]是长兴言特有的声母。主要对应于普通话的六类声母。舌根音[k]，如“柜跪”；舌尖前音[ts‘]，如“岑”；舌尖后音[tʂ]，如“轴”；不送气舌面音[tʂ]，如“及枝近旧”；送气舌面音[tɕ‘]，如“桥芹穷囚”；零声母[ø]，如“猗”。其中[ts‘][tʂ][k]和[ø]等声母的字都比较少。

[ʑ] 长兴方言中的声母[ʑ]主要对应普通话的舌面音，读[tɕ]的有“尽嚼绝”，读[tɕ‘]的有“前潜齐”，读[ɕ]的有“谢斜象”。此外，还有个别的，读[s]的有“缫”。

[ȵ] 长兴方言中的声母[ȵ]主要对应普通话的[n]，如“泥呢浓逆原粘娘女牛”等字，普通话的声母都是[n]，长兴方言声母为[ȵ]。长兴方言中一部分声母为[ȵ]的字，如“饶热 人认绒肉”等，在普通话中声母为翘舌音[ʐ]。

[j] 是为长兴方言设置的声母。主要对应普通话的零声母[ø]，如“姚俞油爷盂”，舌面音[ɕ]，如“县陷”，翘舌音[ʐ]，如“荣闰”。

[ɦ] 长兴方言中的声母[ɦ]对应于普通话的舌面音[ɕ]，如“狭匣咸衔鞋”，喉音[h]，如“孩害含汗”，零声母[ø]，如“岳王硬呆”。

四、长兴方言中的非翘舌音和普通话的翘舌音

普通话声母有舌尖前音、舌尖后音和舌面音三套，但是长兴方言里没有普通话的舌尖后音，即没有翘舌音。也就是说长兴方言只有舌尖前音(非翘舌音)和舌面音两套。因此，说长兴方言的人难以辨别翘舌音和非翘舌音，以致造成“丝”“诗”不分，“子”“之”相混的情况。长兴方言中的非翘舌音包含了普通话的非翘舌音和翘舌音。

[ts]塞擦音[ts]是不送气的舌尖前音，它主要与普通话的非翘舌音、翘舌音对应，如“扎资走醉早遭枣赞”的声母是非翘舌音[ts]，“债斋展帐针只质中制值”的声母是翘舌音[tʂ]。另外，还有一些特殊情况。[ts]与普通话的舌面音[tɕ]对应，如“酒溅”，与擦音[s]对应，如“搔”，与送气塞擦音[ts‘]相当，如“侧”等。

[ts‘] 送气塞擦音音[ts‘]与普通话对应规则，一是与[ts‘]对应，如“拆猜采蔡仓草刺次”。二是与翘舌音对应[tʂ‘]，如“厂产抄秤称衬撑抽出”。

[s] 不送气清音[s]主要与普通话的[s]和[ʂ]对应，如读[s]音的有“三散扫骚嫂司伞桑丧”，读[ʂ]音的有“伤商赏声生胜师式诗收”。其他还有几个音，但相应的字不多，如读[ts]的有“燥”，读[ts‘]的有“赐”，读[tʂ]的“栅”，读[tʂ‘]的有“刹”，读[ɕ]的有“逊”。

长兴方言里没有普通话的翘舌音，但是普通话的翘舌音并不只与长兴方言的非翘舌音对应，其对应情况比较复杂。以下列举普通话的翘舌音与长兴方言的对应情况。

[tʂ] 普通话的翘舌音主要与长兴方言的非翘舌音[ts]对应，如“卒赃糟灶”。其他的还有[s]，如“眨”。有[z]，如“兆张赃凿”。有[dʑ]，如“镯”。

[tʂ‘] 送气的翘舌音主要与长兴方言的非翘舌音[ts‘]对应，其他的还有[z]，如“常肠成陈池除船”。其他的还有少数例外，如声母[s]的“刹”，声母[tɕ‘]的“喫”。

[ʂ] 普通话的[ʂ‘]跟长兴方言的[s]对应，如“伤商赏声生胜师式诗收手”。与可以跟声母[z]对应，如“熟勺鳝肾绳受”。

第二节　长兴方言与普通话韵母的对应规律

一、长兴方言与普通话韵母对照表

普通话韵母共有 39 个，按结构可以分为单韵母、复韵母、鼻韵母；按开头元音发音口形可分为开口呼、齐齿呼、合口呼、撮口呼，简称四呼。与之相比，长兴方言有韵母 47 个，韵母也分单元音，复元音，鼻元音，与普通话不同的是长兴方言中还有入声韵。另外，长兴方言只有开口呼、齐齿呼、合口呼产三呼，缺乏普通话的撮口呼。

长兴方言与普通话韵母对照表

表 1-61

长兴方言韵母	普通话韵母	例字
a	a	阿啥大妈他酒拉它哈发法袜咖尬
	ai	带泰太牌排埋买斋债柴差拜赖奶
	ia	家加嘉假架嫁价芽哑衙
	ie	街介界芥戒届
	ua	抓爪耍
	ɤ	扯惹
ɛ	an	板斑反翻旦叹难三山谈兰凡喊掐篮
	ian	间减监舰嵌限捡碱拣
	ai	寨
	uan	赚顽晚万
o	a	巴疤怕爬马骂查茶叉沙炸坝
	ɤ	遮蔗车舍可蛇射赊
	ua	瓜瓦花画挂话卦划
	uo	朵所销错唆琐
	ia	夏哑
	o	摩磨魔
	ai	钗

长兴方言韵母	普通话韵母	例字
ɔ	au	包褒泡抛跑猫冒罩招抄少赵绍号糕
	iau	敲咬教胶交窖觉咬
ɤ	ai	呆台抬胎来该开孩挨灾再栽菜害爱海
	an	半判干看贪含参战蚕南善庵汉案
	uai	帅衰
ɿ	ɿ	自紫字滋资刺赐次撕私思寺丝
	ʅ	知稚致治置诗持池驰迟耻师齿视纸
	u	著诸柱住驻注朱主除储殊梳楚猪
	ui	嘴吹水穗
	ɤ	厕
ei əɯ	ou	否扣沟够臭邹抽丑搜收手受走透谋
	iou	酒秀秋抽柳丢溜臼
	u	负牡浮亩
	au	茂贸
əu	uo	拖做所坐货罗
	u	租粗苏素鲁苦虎古路
	e	饿课科
ã	aŋ	张涨丈仗帐场畅常浜长盲
	əŋ	朋彭庚亨哽生甥撑冷碰崩
	iŋ	杏硬樱梗
	a	打
	uaŋ	光慌王汪
ɔ̃	aŋ	邦旁庞胖当汤堂郎仓冈康方房党行倘
	iaŋ	江讲降项晾豇
	uaŋ	庄创装床霜爽壮双窗闯
	əŋ	氓坑
ən əŋ	ən	本奔笨盆喷门分珍陈身神振肯森闷嫩
	əŋ	灯登能正增征证祯剩圣程胜成恒曾耿
	un	问吞论春敦钝馄轮孙村盾损
	iŋ	擤

长兴方言韵母	普通话韵母	例字
õ	uŋ	东冬通同笼龙拱宗松颂中虫红聪鬃空
	əŋ	篷蒙封风峰锋缝捧奉梦讽疯
	uəŋ	翁
	uaŋ	忘望
aʔ	a	发伐罚搭蜡达擦扎杀法杂插
	ai	白百柏拍麦脉拆摘窄塞
	ɤ	册客格隔盒额
	ia	甲瞎夹压押鸭吓
	ua	袜
	o	伯泊迫陌
	uo	若弱着
	ʅ	赤尺斥石只
	ie	猎
	au	芍
oʔ	o	剥驳博帛摸莫握
	u	卜扑木目牧福复服伏督秃足谷屋
	uo	托洛落作桌桌索朔镯霍骆
	ou	陡粥
	ɤ	乐各阁恶壳
	iau	角
	ye	确学
	y	续
əʔ	ɤ	得德特革割葛合责侧测色哲泽
	ʅ	执汁秩质直值织十失室适
	o	拨勃脖默墨末佛迫钵
	u	弗出述术物不突卒入
	ei	黑肋贼勒肋
	uo	脱夺说

长兴方言韵母	普通话韵母	例字
	i	粒鼻
	a	纳
	ua	刷
i	i	闭披批米迷离奇疑细牺器衣蚁
	ei	被非飞妃废肺匪肥味费美杯
	ui	醉虽队亏罪翠虽岁税脆炊灰
	y	拘虑趣絮女马吕去需
	ie	携姐些
	ɿ	死(例外)
iɪ iɛ	ian	边县点甜现尖千见鲜盐件变编田先
	an	染
	uan	软
	yan	权圈绢卷劝园员袁远院渊
ia	ia	雅鸦涯驾佳
	ie	爹爷阶借解夜
iɔ	au	绕饶
	iau	标表票妙叼条料焦笑要杳饶小
iɪ iəɯ iəɤ	iou	纠丘求游牛休囚就久由优友又旧九
iã	iaŋ	腔枪抢强将娘良两香象量亮样姜辆
	aŋ	让
	iŋ	映
iɔ̃	uaŋ	旺
iõ	uŋ	浓绒容荣融
	iuŋ	庸用窘穷兄雄永拥炯囧
in iŋ	in	宾彬民敏林今鳞琴心进隐秦临皿闽斌
	iŋ	冰兵饼病凭明命精清兴型影蝇英宁丁
	yn	军勋寻允巡匀勲训运
	ian	掀
	əŋ	认人

长兴方言韵母	普通话韵母	例字
iaʔ	ie	叠贴谍猎协祛捏
	ia	甲恰洽恰呀峡
	ye	略掠雀却削虐约嚼
	iau	脚药钥
	uo	箬
ioʔ	ye	确学
	ou	肉揉轴
	u	褥
	y	玉郁狱浴畜橘
iəʔ	i	壁逼笔必膀觅滴乙笛敌毕碧
	ie	接妾切节截烈杰铁叶别叠
	ye	薛绝雪
	ɤ	热
	ʅ	日吃渍
	y	律率剧
	ai	摘
u	u	铺菩夫肤府徒奴芦租苏数
	uo	座多拖唾做骡罗过货火左
	o	波颇播婆
	ɤ	哥歌轲科棵何苛贺浮鹅饿河
	ou	剖都
	a	大
	uan	卵
ua	ua	夸哇娃娲
	uai	乖拐淮坏怪怀槐
uɤ	uai	欢换涣官管完同观碗
uɛ	uan	关环弯惯患幻还
	uai	筷怀甩

长兴方言韵母	普通话韵母	例字
ui	uei	规桂位威会灰亏为毁盔归
uã	əŋ	横
un uŋ	uən	滚棍昏浑魂坤困睏崑
uɔ̃	uaŋ	光广狂王况慌
uaʔ	ua	滑猾挖刮划
	uo	括豁
uəʔ	uo	活或获
	ɤ	核
m	u	姆拇亩
n	u	五(你)
ŋ	y	鱼
	ən	嗯
	ər	儿
əl	ər	而

二、长兴方言与普通话韵母的异同

长兴方言韵母与普通话韵母存在着较大的差异，两者的对应关系也比较复杂。

1.单韵母的比较

长兴方言的单韵母主要有[a][ɛ][ɔ][o][ɤ][ɿ][i][u]八个，长兴方言中的单韵母字数量比普通话多，普通话中许多复韵母都单韵化了。

[a] 长兴方言中的韵母[a]除了与普通话的[a]对应外，还与许多复韵母对应。主要类型：普通话的[ai]失落韵尾[i]，变成单韵母[a]，如“排买带”等字；普通话的[ia]失落韵头[i]，变成单韵母[a]，如“加假嚇”等字；普通话的[ua]失落韵头[u]，变成单韵母[a]，如“话”等字；普通话的[ie]变成单韵母[a]，如“界街蟹”等字。

[ɛ] 长兴方言中的声母[ɛ]与普通话的复韵母对应。普通话的韵母[an][ai]失落韵尾和介音，演变成单韵母[ɛ]。如“班盼办”等字普通话的韵母为[an]，“财乃迈”等字普通话的韵母为[ai]，在长兴方言中，它们的韵母都是[ɛ]。

[ɔ] 长兴方言的声母[ɔ]作为单韵母在普通话是没有的，普通话里的[au][iau]两个韵母，简化为[ɔ]，如“包抱猫到”等字普通话的韵母为[au]，“敲咬孝觉”等字普通话的韵母为[iau]，在长兴方言里，它们的韵母都成了[ɔ]。

[o] 长兴方言的声母[o]除了与普通话的[o]对应外，还与普通话的两类韵母对应。一类是普通话中的单韵母，如[a][ɤ]；如“把怕叉”等字，普通话的韵母是[a]，“车蛇可”等字，普通话的韵母为[ɤ]，在长兴方言中，它们的韵母都成了[o]。另一类是普通话中的复韵母，如[ua][uo][ia][ai]等，失落介音或韵尾，成为[o]。如“花挂华”等字，普通话的韵母为[ua]，“朵骆挪”等字，普通话的韵母为[uo]，“下鸦”普通话的韵母为[ia]，“晒”字普通话的韵母为[ai]，在长兴方言里，他们的韵母都简化为[o]。

[ɤ] 长兴方言里有一个特殊的韵母[ɤ]，这是周边方言较少的韵母，主要与普通话的[an][uan][ai]等对应，如“搬潘盘展”等字普通话的韵母都是[an]，“段端酸船”等字的韵母都是[uan]，“开盖海爱”等字的普通话韵母都是[ai]，在长兴方言中，他们的韵母都是[ɤ]。

[ʅ] 长兴方言没有翘舌音与非翘舌音之分，因此[ʅ]主要与普通话的[ʅ]与[ʅ]对应是十分自然的。普通话的“自思刺”韵母为[ʅ]，“之时池”的韵母为[ʅ]，在长兴方言中，它们的韵母都是平舌音 [ʅ]。另外，普通话中部分[u][ui]也转化为长兴方言中的[ʅ]，如“住注储书”等字，普通话韵母为[u]，“吹”的普通话韵母为[ui]，在长兴方言中，它们的韵母都是 [ʅ]。

[i] 长兴方言中的[i]除了与普通话的[i]对应外，还与普通话的撮口呼[y]对应。因为长兴方言中没有撮口呼的原因，普通话所有的撮口呼韵母在长兴方言中都消失，其中一部分成为韵母[i]。如“李虑区女”等字的普通话韵母为[y]，在长兴方言中韵母为[i]。另外，[i]还与普通话的复韵母[ei][ui][ie]对应，如“费被肥”等字普通话的韵母为[ei]，“鬼”字的韵母为[ui]，“砌”字的韵母为[ie]，在长兴方言中，韵母为[i]。其中的“鬼”字在“细硬鬼”中读成[tɕi^{53}]。

[u] 长兴方言的[u]与普通话的[u]对应外，还主要与普通话的[o][ou]对应，如“破婆”字普通话韵母为[o]，“剖”字的普通话韵母为[ou]，它们在长兴方言中，韵母成了[u]。

2.鼻韵的比较

一般来说，吴方言里前后鼻韵不分，长兴周边地区的方言中，大多是没有后鼻韵的，即后鼻韵都发成前鼻韵。但是，长兴话却比较特殊，在长兴话里是存在后鼻韵的。在 1992 年版的《长兴县志・方言篇》只记载了后鼻韵，而没有前鼻韵。经过多次实地调查，在目前的长兴话中，是明显存在着前鼻韵和后鼻韵，如有[ən][in]，也有[əŋ][iŋ]。普通话的“灯能正兵平明精”等字都是后鼻韵，在长兴周边地区大多读成前鼻韵；但在长兴方言中，这些字有人读成后鼻韵。“根困深喷宾民进”等字在普通话里都是前鼻韵的，在长兴方言里也有人读成后鼻韵。但长兴方言前后鼻韵的使用比较混乱，往往因人因地而异。“灯能正兵平明精根困深喷宾民进”等字，就有前后鼻韵两种读音。

鼻化韵母是长兴方言里特殊的韵母。鼻化韵的发音跟后鼻韵有很大的不同。普通话的后鼻韵是元音与辅音的组合体，发后鼻韵时，先发元音，随后由元音向鼻辅音过渡。收音时，舌位到达鼻辅音的发音部位。长兴方言鼻化韵的成分是元音，没有辅音。发鼻化韵时，口腔与鼻腔同时出气，成为带有鼻音色彩的元音。鼻化韵发音无阻碍，音可延长，音感柔和。后鼻韵的韵尾收缩感强，音不能延长。

长兴方言里存在八个鼻化韵，它们是[ã][ɔ̃][õ][iã][iɔ̃][iõ][uã][uɔ̃]，主要对应普通话的后鼻韵[aŋ][əŋ][oŋ][ioŋ][iaŋ][uaŋ]等后鼻韵母。

鼻化韵[ã]，主要对应于普通话的[aŋ][əŋ][iŋ]，如 “浜盲张常”等字普通话的韵母为[aŋ]，“朋孟生冷”等字普通话的韵母为[əŋ]，“行硬杏”等字普通话的韵母为[iŋ]，在长兴方言中，它们的韵母都鼻化为[ã]。

鼻化韵[ɔ̃]，主要对应于普通话的[aŋ][uaŋ][iaŋ]，如“胖帮房当”等字普通话韵母为[aŋ]，“广汪狂装床”等字普通话韵母为[uaŋ]，“讲江项”等字普通话韵母为[iaŋ]，在长兴方言中，它们韵母都是鼻化韵[ɔ̃]。

鼻化韵[õ]，主要对应于普通话的[oŋ][əŋ]，“东通统总”等字的普通话韵母为[oŋ]，“梦风疼”等字的普通话韵母为[əŋ]，在长兴方言中，它们的韵母为鼻化韵[õ]。

鼻化韵[iã]，主要对应于普通话的[iaŋ]，“亮将枪相杨”等字普通话的韵母为[iaŋ]，在长兴方言中，演变为鼻化韵[iã]。

鼻化韵[iɔ̃]，对应于普通话的[uaŋ]，在长兴方言中，仅一个“旺”字。

鼻化韵[iõ]，主要对应于普通话的[ioŋ]，如“穷胸永荣”等字普通话的韵母为[ioŋ]，长兴方言的韵母为[iõ]。

鼻化韵[uã]，长兴方言里仅一个“横”字，普通话韵母为[uaŋ]。

鼻化韵[uɔ̃]，对应于普通话的[uaŋ]，如“光框矿汪”等字的普通话韵母为[uaŋ]，在老派长兴方言里演化为[ɔ̃]，新派长兴方言读成[uɔ̃]，是受普通话影响的结果。

3.长兴方言入声韵

长兴方言有[aʔ][oʔ][əʔ][iaʔ][ioʔ][iəʔ][uaʔ][uəʔ]等八个入声韵，是古代入声韵的遗留，都以喉塞音[ʔ]收尾，而普通话里已经没有入声韵了。长兴方言里的入声韵与普通话韵母的对应比较复杂,往往与普通话的多个韵母对应。

在许多情况下，方言同音的字，普通话不同音，如：

泽　值　术　贼

长兴话　读音相同，均为[zəʔ^{2}]

普通话　读音不同，泽[tsɤ^{35}]、值[tʂʅ^{35}]、术[tʂ‘u^{51}]、贼[tsei^{35}]

杀　塞

长兴话　读音相同，均为[saʔ^{5}]　普通话　读音不同，杀[ʂa^{55}]、塞[sai^{35}]

在某些情况下，普通话同音，方言不同音，如：

比　笔

普通话　读音均为[pi^{35}]　长兴话　读音不同，比[pi^{53}]、笔[piəʔ^{5}]

百　摆

普通话　读音均为[pai^{214}]　长兴话　读音不同，百[paʔ^{5}]、摆[pa^{53}]

上述举例中，长兴方言里是有入声韵的，而普通话里则没有入声韵。

4.普通话撮口呼在长兴方言中的变化

普通话有开齐合撮四呼，长兴方言只有开齐合三呼，没有普通话的撮口呼。普通话的撮口呼音节有24个，它们与长兴方言的对应规律明显，普通话的韵头[y]在长兴方言里读成[i]。如下表：

长兴方言与普通话撮口呼对照表

表1-62

普通话	长兴方言	例字
yu	i	俞与雨羽御于宇豫预遇禹娱誉喻
	ioʔ	玉欲育浴狱
yue	iəʔ	月越阅
	iaʔ	约钥
	ioʔ	乐
	iɔ	跃
yuan	iɛ	怨缘原院元圆远袁鸳
yun	in	允孕云晕匀陨韵
yoŋ	iõ	庸用永勇咏涌恿
nu	n̢i	女
nue	n̢iaʔ	虐疟

普通话	长兴方言	例字
lu	li	吕旅滤屡驴铝
	loʔ	绿氯
	liəʔ	律
	ləʔ	捋
tɕu	tɕi\dʑi	居据句拘举\具具距巨聚
	tɕioʔ\dʑioʔ	菊\局焗
	jiəʔ	橘
tɕue	jioʔ\ dʑioʔ	珏厥决诀\掘倔
	ʑiəʔ	绝
tɕuan	tɕiɛ\dʑiɛ\tɕ‘iɛ	娟卷捐绢鹃眷\倦\券
tɕun	tɕin	均军君俊菌隽峻钧
tɕioŋ	tɕiõ	炯囧窘迥
tɕ‘u	tɕ‘i\ dʑi	去区取娶趣趋\渠瞿
	tɕ‘ioʔ	曲屈
tɕ‘ue	tɕ‘ioʔ	确缺
	tɕ‘iaʔ	却鹊
tɕ‘uan	dʑiɛ\tɕ‘iɛ	拳全权泉痊颧\犬圈劝券
tɕ‘un	dʑin	群裙
tɕ‘iŋ	dʑiõ	穷琼穹茕跫
ɕu	ɕi\ ʑi	需许须虚絮胥煦\序徐绪叙
	ɕioʔ	恤旭
ɕue	ɕiəʔ	雪血薛
	ɕiaʔ	削
	ɕioʔ	噱
ɕuan	ɕiɛ\iɛ	选轩宣癣\悬玄
ɕun	ɕin\ʑin	讯迅训询勋熏\寻巡循浔
ɕioŋ	ɕiõ\jiõ	兄胸凶汹\雄熊

5.普通话[u]音在长兴方言中的变化

普通话中部分带合口呼的字，在长兴方言中失落韵头[u]，读成开口呼音。长兴方言具有开口呼与合口呼合流的趋向。如下表：

普通话[u]音在长兴方言中的变化表

表 1-63

普通话	长兴话	例字
a	a	拉哈
ua		耍爪
ei	ei	美杯
uei		罪翠
ai	ɤ	台海
uai		衰率
an	ɛ	般版
uan		赚万
ən	ən	根肯
uən		吞轮
aŋ	ɔ̃	房党
uaŋ		双窗
aŋ	ã	刚张
uaŋ		光汪

值得注意的是，[u]的失落主要流行于年长一辈中。青年一代受普通话的影响，在语言中已经重新使用[u]了。

6.韵母[ɿ][ʅ]的对应

普通话有两个特殊的韵母，即：-i(前)、-i(后)，国际音标写成[ɿ][ʅ]。长兴方言里只有韵母[ɿ]，而无韵母[ʅ]。因为普通话有翘舌音[tʂ][tʂ‘][ʂ]和非翘舌音[ts][ts‘][s]两套，分别与[ʅ]和[ɿ]相配。长兴方言中没有翘舌音，因此，只有韵母[ɿ]。普通话的[ʅ]韵在长兴方言中读成[ɿ]。如普通话的“吃诗制”的韵母都是[ʅ]，在长兴方言中韵母都读成[ɿ]，跟“次丝资”的韵母相同。

另外，普通话中的部分韵母为[u]的字，在长兴方言中韵母读为[ɿ]，如“猪鼠注书”等字。

第三节　长兴方言与普通话声调的对应规律

声调是汉语的特有的语音特点。普通话有四声，分别是阴平、阳平、上声、去声。长兴方言虽也有四声，但类别不同，共有四声八调，分别是阴平、阳平、阴上、阳上、阴去、阳去、阴入、阳入等八类。

一、长兴方言与普通话声调对应表

长兴话有阴阳 8 个声调，普通话有平上去入四声，两者对应如下表。

长兴方言与普通话声调对应表

表 1-64

普通话 长兴方言	阴平 55	阳平 35	上声 214	去声 51
阴平44	中边灯天			
阳平13		旗膛含人		
阴上53			鼓口虎摆	
阳上42			五脑有惹	抱辆道脑
阴去334				园菜过世
阳去213		苗平铜蛔		办烂贸盗
阴入5	出哭吃黑	福竹菊德	北法渴笃	彻促括必
阳入2		白达局舌		辣热药踏

二、长兴方言中部分例外字声调的说明

1. 长兴方言的阴平大多与普通话的阴平对应，如“操猜催加哈它斤沙天空松骚弯空青桑”等字，无论在长兴方言还是普通话中都是平声；但也有少数例外，长兴方言中的阴平字在普通话中读为阳平、上声和去声，如：

（1）长兴方言的阴平在普通话中读为阳平(以下例字前为长兴方言，后为普通话。下同)：

雌[ts‘ɿ⁴⁴]—[ts‘ɿ³⁵]　　俘 [fu⁴⁴] — [fu³⁵]

肪[fɔ̃⁴⁴]—[faŋ³⁵]　　蝇[øin⁴⁴]—[yin³⁵]

蚍[p‘i⁴⁴]—[p‘i³⁵]　　于[øi⁴⁴]—[yu³⁵]

（2）长兴方言的阴平在普通话中读为上声：

洒[sa^{44}]—[sa^{214}]　　岂[$tɕ‘i^{44}$]—[$tɕ‘i^{214}$]

萎[$øui^{44}$]—[uei^{214}]　　彼[pi^{44}]—[pi^{214}]

槛[$k‘ɛ^{44}$]—[$k‘an^{214}$]　　矫[$tɕiɔ^{44}$]—[$tɕau^{214}$]

（3）长兴方言的阴平在普通话中读为去声：

智[$tsʅ^{44}$]—[$tsʅ^{51}$]　　眺[$t‘iɔ^{44}$]—[$t‘iau^{51}$]

框[$k‘uɔ̃^{44}$]—[$k‘uaŋ^{51}$]　　舰[$k‘ɛ^{44}$]—[$tɕian^{51}$]

絮[$ɕi^{44}$]—[$ɕy^{51}$]　　瞪[$tən^{44}$]—[$təŋ^{51}$]

2. 长兴方言的阳去在普通话中大多读为阳平和去声，如阳平“淘牢抬瀊”、去声“炼旧爆闹难”等；但也有少数字读为阴平，如：

危[$ɦui^{213}$]—[uei^{55}]　　缫[$dʑiɔ^{213}$]—[sau^{55}]

濒[bin^{213}]—[$piŋ^{55}$]　　垃[la^{213}]—[la^{55}]

3. 长兴方言的阳入声，在普通话里一般读为阳平和去声，如阳平“合石罚服”、去声“月入麦立”等；也有少数读为其他声调，如：

（1）长兴方言的阳入在普通话里读成阴平，如：

凸[$dəʔ^{2}$]—[$t‘u^{55}$]　　夕[$ʑiəʔ^{2}$]—[$ɕi^{55}$]

（2）长兴方言的阳入在普通话里读成上声，如：

辱[$zoʔ^{2}$]—[$ʐu^{214}$]　　抹[$məʔ^{2}$]—[mo^{214}]

第四节　长兴方言与普通话声韵配合关系的比较

汉语是声母与韵母相配而成音节的语言。长兴方言与普通话都是汉语，声韵相拼的规律基本一致，但也存在着若干差别。

一、声韵配合关系对应表

长兴方言与普通话声韵对应表

表 1-65

发音部位	声母		开口呼	齐齿呼	合口呼	撮口呼
双唇音	普通话	p p‘ m	吧爬骂	比批面	补坡母(限u)	
	长兴话	p p‘ b m	拜拍篷毛	闭屁皮描	布破孵磨(限u)	

<table>
<tr><th>发音部位</th><th colspan="2">声母</th><th>开口呼</th><th>齐齿呼</th><th>合口呼</th><th>撮口呼</th></tr>
<tr><td rowspan="2">唇齿音</td><td>普通话</td><td>f</td><td>福</td><td></td><td>付(限u)</td><td></td></tr>
<tr><td>长兴话</td><td>f v</td><td>反犯</td><td>灰肥</td><td>夫(限u)</td><td></td></tr>
<tr><td rowspan="8">舌尖中音</td><td>普通话</td><td>t tʻ</td><td>大坛</td><td>抵替</td><td>多吞</td><td></td></tr>
<tr><td rowspan="2">长兴话</td><td rowspan="2">t tʻ d</td><td>戴它汰</td><td rowspan="2">底天地</td><td rowspan="2"></td><td rowspan="2"></td></tr>
<tr><td>拖肚(限əu)</td></tr>
<tr><td>普通话</td><td>n l</td><td>那劳</td><td>尼里</td><td>奴轮</td><td>女吕</td></tr>
<tr><td rowspan="4">长兴话</td><td rowspan="2">n</td><td>脑</td><td rowspan="2"></td><td rowspan="2"></td><td rowspan="2"></td></tr>
<tr><td>怒(限əu)</td></tr>
<tr><td rowspan="2">l</td><td>拉</td><td rowspan="2">李</td><td rowspan="2"></td><td rowspan="2"></td></tr>
<tr><td>路(限əu)</td></tr>
<tr><td rowspan="2">舌面前音</td><td>普通话</td><td>tɕ tɕʻɕ</td><td></td><td>机启西</td><td></td><td>具群训</td></tr>
<tr><td>长兴话</td><td>tɕ tɕʻɕ dʑ ʑ ȵ</td><td></td><td>机前笑群线泥</td><td></td><td></td></tr>
<tr><td rowspan="2">舌根音</td><td>普通话</td><td>k kʻ x</td><td>高卡好</td><td></td><td>滚哭户</td><td></td></tr>
<tr><td>长兴话</td><td>k kʻ g</td><td>加考茄</td><td></td><td>管睏掼</td><td></td></tr>
<tr><td rowspan="2">舌尖后音</td><td>普通话</td><td>tʂ tʂʻ ʂ ʐ</td><td>炸插沙扔</td><td></td><td>主春说弱</td><td></td></tr>
<tr><td>长兴话</td><td></td><td></td><td></td><td></td><td></td></tr>
<tr><td rowspan="3">舌尖前音</td><td>普通话</td><td>ts tsʻ s</td><td>砸草伞</td><td></td><td>足窜所</td><td></td></tr>
<tr><td rowspan="2">长兴话</td><td rowspan="2">ts tsʻ s z</td><td>灶擦散造</td><td rowspan="2"></td><td rowspan="2"></td><td rowspan="2"></td></tr>
<tr><td>做挫苏坐(限əu)</td></tr>
<tr><td rowspan="4">喉音</td><td>普通话</td><td>h</td><td>哈</td><td></td><td>呼</td><td></td></tr>
<tr><td rowspan="3">长兴话</td><td>h</td><td>海</td><td></td><td>欢</td><td></td></tr>
<tr><td>ɦ</td><td>鞋</td><td></td><td>还</td><td></td></tr>
<tr><td>j</td><td></td><td>园</td><td></td><td></td></tr>
<tr><td rowspan="2">零声母</td><td>普通话</td><td>ø</td><td>阿</td><td>衣</td><td>完</td><td>缘</td></tr>
<tr><td>长兴话</td><td>ø</td><td>喔</td><td>意</td><td>娃</td><td></td></tr>
</table>

二、声韵配合关系的差异

长兴方言与普通话都是声母与韵母相拼构成音节的语言，但两者在声韵相拼上存在着若干差异，主要是：

（1）普通话声母[f]不能与齐齿呼韵母相拼，但长兴方言的[f]可与齐齿呼韵母相拼，与韵母[i]拼合的，如“飞肺沸费非废妃菲匪翡”等，它们的韵母在普通中都是[ei]。

（2）长兴话的[t][t‘][d]只可与合口呼的[u]相拼，不能与合口呼的其他韵母相拼。普通话的[t][t‘]除了可与[u]相拼外，还可与[uo][un][ui]等拼合。因此，普通话的[uo][un][ui]等韵母在长兴方言中都改变了读音，才能与[t][t‘][d]相拼。

普通话的[uo]与长兴方言的[əu][o][oʔ][əʔ]等韵对应：

[uo]读成[əu]，如：“拖”读成[t‘əu^{44}]；

[uo]读成[o]，如：“朵”读成[to^{53}]；

[uo]读成[oʔ]，如：“托”读成[toʔ^{5}]；

[uo]读成[əʔ]，如：“脱”读成[təʔ^{5}]。

普通话的[un]读成[ən]，如“吞”读成[tən^{55}]，其他的如“臀饨囤氽盾顿蹲敦炖”等字，它们的韵母在长兴方言里都是[ən]。

普通话的[ui]在长兴方言里读成[ɤ]，如“腿”读成[tɤ^{53}]，其他的如“退褪对队堆兑”，韵母都是[ɤ]。

（3）长兴方言的[ts][ts‘][s][z]只可与合口呼的[u]相拼，普通话则没有该限制。

普通话的[un]在长兴方言中读成[ən]，如“尊遵村寸籿孙损笋榫”等字，韵母在长兴方言中都是[ən]。

普通话的[ui]在长兴方言中读成[ei]，如“罪最醉翠脆催虽岁穗”等字的韵母在长兴方言中都是[ei]。

（4）普通话声母[n]可与齐齿呼韵相拼，但长兴方言的声母[n]却不能与齐齿呼韵相拼。普通话中与齐齿呼韵母相拼的声母[n]在长兴方言中对应成[ȵ]，如“腻鸟娘年念尼牛妞宁”等字，声母都是[ȵ]。

（5）普通话的[n][l][tɕ][tɕ‘][ɕ]都可与撮可呼韵母相拼。由于长兴方言中没有撮口呼韵母，[n][l][tɕ][tɕ‘][ɕ]等声母只能与齐齿呼相拼。因此，普通话中的撮口呼字，如“女旅具取需君熏”等字在长兴方言中都成了齐齿呼。

（6）声母[t][t‘][d][n][l][ts][ts‘][s][z]在吴语中一般只能与撮口呼的[u]相拼，但在长兴方言中，它们却不与[u]相拼，但能与开口呼的[əu]相拼。

第三章　长兴方言与中古音的语音对应规律

现代汉语的语音都是从古代语音发展而来的，长兴方言的语音与古音存在着一定的对应关系，通过长兴方言语音与古音的对比，可以发现长兴方言语音演化的基本规律。本志所指的古音，是以《广韵》为代表的中古语音系统。

第一节　声母的对应

一、长兴方言声母[p][pʻ][b][m]和中古帮组声母的对应

1. 长兴方言的声母[p]，大多来自中古的帮母字，如中古帮母的“兵波摆百巴变臂保北班鄙榜必剥报”等字，在长兴方言中声母都是[p]。

另外，还有滂母、并母的少量字的声母也读成[p]，如：滂母的“玻”[pu44]，滂禾切，滂母戈韻。“怖”[pu53]，普故切，滂母暮韵。“缤”[pin44]，匹賓切，滂母真韻。并母的“爸”[pa44]，捕可切，並母果韻。“罷”[pa53]，符羈切，並母支韵。“瘢”[pɛ44]，薄官切，並母桓韻。

2. 长兴方言的声母 [pʻ]，大多来自中古的滂母字，如中古滂母的“匹披品破披劈泡判胖派湃配喷普”等字，在长兴方言中声母都是[pʻ]。

另外，长兴方言的声母[pʻ]也有少数来自帮母、并母、敷母的字。如：帮母的“譜”[pʻu53]，博古切，幫母姥韻。“匕”[pʻi53]，卑履切，幫母旨韵。“迫”[pʻəʔ5]，博陌切，幫母陌韵。

并母字，如“泊”[pʻaʔ5]，傍各切，並母鐸韻。“僕”[pʻoʔ5]，蒲木切，並母屋韻。“牝”[pʻin44]，扶履切，並母旨韻。敷母字，如“捧”[pʻõ53]，敷奉切，敷母腫韵。

3. 长兴方言的声母[b]，大多来自中古的并母，如中古并母的“婆倍病别爬抱盘白捕倍鼻暴”等字，在长兴方言中声母都是[b]。

长兴方言的[b]母字，也有少量来自帮、滂、奉、微等声母字，如帮母的“败”[ba213]，府盈切，幫母夬韻。“爆”[bɔ213]，北教切，幫母效韵。“败”[ba213]，

補邁切，幫母夬韵。滂母的“滂”[bɔ̃^{22}]，普郎切，滂母唐韵。“怦”[bin^{42}]，普耕切，滂母庚韵。奉母的“防”[bɔ̃^{22}]，符方切，奉母陽韵。微母的“薇”[bi^{13}]，無非切，微母微韵。

4. 长兴方言的声母[m]，大多来自中古的明母和微母，如中古明母的“民门慢迷森摸面末眉美麦命”等字，在长兴方言中声母都是[m]。另外，还有中古的基些微母字在白读时，声母也读成[m]，如“蚊味袜网”等字。

二、长兴方言声母[f][v]和中古非组声母的对应

1. 长兴方言的声母[f]，与中古的非母与敷母对应较一致，如“方封甫夫府付法反分风福封放粉发”等字，在中古就是非母字；“翻访蝮丰芬泛肺副妃芳”等字，在中古是敷母字。它们在长兴方言中声母都是[f]。另外，还有少数例外字来自奉母，如“辅”[fu^{53}]，扶雨切，奉母麌韵。“汾”[fən^{44}]，符分切，奉母文韵。

2. 长兴方言的声母[v],与中古的奉母与微母对应，如中古奉母的“妇饭伏蚊房伐”，微母的“万物吻文纹闻”，在长兴方言中声母都是[v]。另外，少量敷母字在长兴方言中声母变成[v]，如“拊”，芳武切，敷母麌韵，长兴方言读[vu^{213}]。

三、长兴方言声母[t][t‘][d][n][l]和中古端组声母的对应

1. 长兴方言的声母[t],主要与中古的端母对应，如“東冬都低单等端登倒短帝带到德答点”等字的中古声母为[t]。

还有定母、知母、从母、章母的少数字在长兴方言中演变为[t]，如定母的“诞”[tɛ^{334}]，徒鼎切，定母迥韵。“憺”[tɛ^{53}]徒敢切，定母敢韵。知母的“爹”[tia^{44}]，陟邪切，知母麻韻。从母的“蹲”[tən^{44}]，徂尊切，从母魂韵。章母的“砥”[ti^{53}]，職雉切，章母旨韵。

2. 长兴方言的声母[t‘],主要与中古的透母对应，如中古的“通太土偷探腿套铁吞体跳塔”等字，在长兴方言中声母都是[t‘]；但也有端母、定母的少数例外字，如端母的“嚏”[t‘i^{334}]，都計切，端母霽韻。定母的“彤”[t‘õ^{44}]，徒冬切，定母冬韵。

3. 长兴方言的声母[d],主要与中古的定母对应，如“头唐定同达大代徒田迢談甜道渡第鄧”等字的中古声母都是[d]。也有少数端母、透母的字演变成[d]，如端母的“滇”[diɛ^{13}]，都年切，端母先韵。“锻”[dɛ^{42}]，丁貫切，端母换韵。透母的“贷”[dɤ^{213}]，他代切，透母代韵。“桶”[dõ^{42}]，他孔切，透母董韵。

4. 长兴方言的声母[n]，主要与中古的泥母对应。从古音变化的角度看，中古

的泥母在桐乡方言中分化为[n][ȵ]两种读音。在一般情况下，泥母在洪音前读成[n]，在细音前读成[ȵ]，如“奴乃努耐奈内脑南纳难捺諾”等字中古都是呢母，在长兴方言中，它们的声母为[n]；“泥女娘尿牛”等字在中古也都是呢母，在长兴方言中声母为[ȵ]。

5. 长兴方言的声母[l]，主要对应于中古的来母，如“论连劳林老里柳臉弄路劣略”等字的中古声母都是[l]。也有部分泥母字在长兴方言中也可读成[l]，如“农”[lõ13]，奴冬切，泥母冬韵。“能”[lən213]，奴登切，泥母登韵。“嫩”[lən213]，奴困切，泥母慁韵。

四、长兴方言声母[ts][ts‘][s][z][dz]和中古精知庄章日组声母的对应

1. 长兴方言的声母[ts]，主要对应于中古的精母、知母、庄母、章母等母，对应于精母的字如“宗縱子作醉最載足左奏增宗”，对应于知母的字如“中樁知珍中致著罩竹哲摘”，对应于庄母的字如“莊爭爪阻斬債壯札眨”，对应于章母的字如“支脂錐蒸周紙主至志照枕”。

也有心母、彻母、澄母、崇母、禅母等少数例外字，如心母的“搔”[tsɔ44]，蘇遭切，心母豪韵。彻母的“侦”[tsən44]，丑貞切，彻母清韵。澄母的“湛”[tsɛ44]，直深切，澄母侵韵。崇母的“寨”[tsɛ53]，犲夬切，崇母夬韵。禅母的“铢”[tsɿ44]，市朱切，禪母虞韵。

2. 长兴方言的声母[ts‘]，主要对应于中古的清母、彻母、初母、昌母等韵母，如清母的“雌崔猜采此寸草操村促刺”，彻母的“抽宠闯昶耻”，初母“差钗差厕楚篡铲抄策测”，昌母的“充吹春穿車昌稱臭綽尺”，它们在长兴方言中，声母都是[ts‘]。

还有精母、从母、崇母、生母、书母的少数例外字，如精母的“挫”[ts‘u334]，则卧切，精母過韵。从母的“疵”[ts‘ɿ44]，疾移切，從母支韵。崇母的“潺”[ts‘ɛ44]，士山切，崇母山韵。生母的“产”[ts‘ɛ53]，所簡切，生母産韵。书母的“翅”[ts‘ɿ334]，施智切，书母寘韵。

3. 长兴方言的声母[s]，主要对应于中古的心母、生母、书母，如心母的“私司速斯苏思酸”，生母的“师衰山栓霜生史所数缩朔”，书母的“尸诗书输申商声升扇少舍”，它们在长兴方言中声母都是[s]。少数例外字来自邪母、庄母、初母，如邪母的“松”[sõ44]，祥容切，邪母鐘韵。庄母的“眨”[saʔ5]，側洽切，莊母洽韵。初母的“栅”[saʔ5]，測戟切，初母陌韵。

4. 长兴方言的声母[z]，主要对应于中古的从母、邪母、澄母、崇母、船母、

禅母、日母等，如从母的“從慈存殘自字賊漕座族昨”，邪母的“隨詞诵俗頌寺似”，澄母的“除厨长仲术宅”，崇母的“士事助狀崇柴豺”，船母的“神唇船蛇绳实术舌”，禅母的“时受尝石社树绍寿十成”日母的“如仁柔任忍入儒辱若”等字的声母在长兴方言中都是[z]。

还有少量例外字来自心母、知母、书母，如心母的“伺”[zɿ^{213}]，相吏切，心母志韵。知母的“贮”[zɿ^{13}]，丁吕切，知母語韵。书母的“弛”[zɿ^{13}]，施是切，书母纸韵。

5.长兴方言的声母[dz]，主要对应于中古的澄母，也有来自从母、崇母，如澄母的“赵朝茶传陈”，从母的“财”，崇母的“床”。在长兴存在着声母[dz]，但[dz]与[z]的分合并不明显，使用因人而异。

五、长兴方言声母[tɕ][tɕ‘][ɕ][ȵ][dʑ][ʑ]和中古见、精组声母的对应

1.长兴方言的声母[tɕ]，主要对应于中古的精、见两母，如精母的“津焦將尖井晉箭接祭”，见母的“居骄惊金解卷锦寄绢”等字的声母在长兴方言中都是[tɕ]。此外还有清母、从母、心母、群母、匣母、影母、以母的少量字，在长兴方言中声母也是[tɕ]，如清母的“竣”[tɕin^{334}]，七倫切，清母諄韵。从母的“剂”[tɕi^{334}]，在詣切，從母霽韵。心母的“峻”[tɕin^{334}]，私閏切，心母稕韵。群母的“窘”[tɕiõ^{334}]，渠隕切，群母軫韵。匣母的“迥”[tɕiõ^{53}]，户頂切，匣母迥韵。影母的“娟”[tɕiɪ^{44}]，於緣切，影母仙韵。以母的“捐”[tɕiɪ^{44}]，與專切，以母仙韵。

2.长兴方言的声母[tɕ‘]，主要对应于中古的清、溪两母，如清母的“妻千青秋侵淺悄娶親鵲”，溪母的“卿丘企起豈去器歉屈”等字在长兴方言中的声母都是[tɕ‘]。

另外，若干精母、从母、心母、见母、群母的字在长兴方言中声母也读成[tɕ‘]，如精母的“歼”[tɕ‘iɪ^{44}]，子廉切，精母鹽韵。从母的“辑”[tɕ‘iəʔ^{5}]，秦入切，从母緝韵。心母的“棲”[tɕ‘i^{44}]，先稽切，心母齊韵。见母的“讫”[tɕ‘iəʔ^{5}]，居乙切，見母迄韵。群母的“菌”[tɕ‘un^{44}]，渠殞切，群母軫韵。

3.长兴方言的声母[ɕ]，主要对应于中古的心、晓两母，如心母的“須仙宣星絮細性腥”，晓母的“希虚欣香兄休許險戲向”等字在长兴方言中声母都是[ɕ]。

少数例外字来自清母、邪母、书母、溪母、匣母，如。清母的“蜻”[ɕin^{44}]，倉經切，清母青韵。邪母字的“驯”[ɕin^{334}]，詳遵切，邪母諄韵。书母字 “饷”

[ɕiã³³⁴]，式亮切，書母漾韵。见母字的“酵”[ɕiɔ³³⁴]，古孝切，見母效韵。溪母字的“墟”[ɕi⁴⁴]，去魚切，溪母魚韵。匣母字 “系”[ɕi⁴⁴]，胡計切，匣母霽韵。

4. 长兴方言的声母[ȵ]，主要对应于中古的泥母、疑母、日母三母，如泥母的“嬲泥尿宁念褥涅”，疑母的“宜倪銀蕘迎牛語阮願玉”，日母的“让认日染肉热饶”等字在长兴方言中声母都是[ȵ]。

少数例外字存在端母、来母、以母字中，如端母的“鸟”[ȵiɔ⁵³]（文读），都了切，端母篠韵。来母的“覽”[ȵiɛ³³⁴]，盧敢切，來母敢韵。以母的“阎”[ȵiɛ³³⁴]余廉切，以母鹽韵。

5. 长兴方言的声母[dʑ]，主要对应于中古的群母，如群母的“局穷其渠衢勤权乔强技窘近”等字在长兴方言中声母为[dʑ]。

少数例外字主要存在于邪母、溪母、影母中，如邪母的“囚”[dʑiɪ¹³]，似由切，邪母尤韵。溪母的“穹”[dʑiõ¹³]，去宫切，溪母東韵。影母的“猗”[dʑi¹³]，於離切，影母支韵。

6. 长兴方言的声母[ʑ],主要对应于中古的从、邪两母，如从母的“齐秦前全尽践静匠潜寂”，邪母的“徐旬旋详寻叙像席习”等字在长兴方言中的声母都是[ʑ]。

另外，也存在着少数例外字，如精母的“霽”[ʑi¹³]，子計切，精母霽韵。清母的“痊”[ʑiɛ¹¹³]，此緣切，清母仙韵。 崇母的“巢”[ʑiɔ²¹³]，鉏交切，崇母肴韵。

六、长兴方言声母[k][k‘][g][ŋ][h][ɦ][j][ø]和中古见、晓、日组声母的对应

1. 长兴方言的声母[k]，主要对应于中古的见母，见母“公攻孤官歌改管供桂怪隔各”等字在长兴方言中声母都是[k]。另外，溪母、群母、匣母中的个别字的声母也是[k]，如溪母的“坩”[kɤ⁴⁴]，苦甘切，溪母談韵。群母的“伽”[ka⁴⁴]，求迦切，羣母戈韵，文读音。匣母的“汞”[kõ³³⁴]，胡孔切，匣母董韵。

2. 长兴方言的声母[k‘]，主要对中古溪母，溪母的“空虧枯開坤康孔苦口困課客”等字在长兴方言中的声母都是[k‘]。另外，见母、匣母、晓母、以母的个别字的声母也是[k‘]，如见母的“柯”[k‘əu⁴⁴]，古俄切，見母歌韵。匣母的“舰”[k‘ɛ⁴⁴]，胡黤切，匣母檻韵。晓母的“蔻”[k‘ei³³⁴]呼漏切，曉母候韵。以母的“铅”[k‘ɛ⁴⁴]，與專切，以母仙韵。

3. 长兴方言的声母[g]，主要对应于中古的群母，如群母的“狂共跪匱葵逵”等字在长兴方言中的声母都是[g]。还有见母、匣母、影母中的个别字声母也是[g]，如见母的“愧”[gui¹³]，俱位切，見母至韵。匣母的“环”[guɛ¹³]，户關切，匣母

删韵。影母的“轧”[gaʔ²]，烏黠切，影母黠韵。

4. 长兴方言的声母[ŋ]，主要与中古的疑母对应，如疑母的“牙外顏敖藕岸餓瓦偶臥”等字的声母在长兴方言中都是[ŋ]，但这些字声母读[ŋ]主要是在白读的情况下。

5. 长兴方言的声母[h]，主要对应于中古的晓母，如晓母“烘呼歡荒虎海好喊貨化”等字在长兴方言中的声母都是[h]。此外，溪母、匣母、影母的个别字声母也是[h]，如溪母的“恢”[hui⁴⁴]，苦回切，溪母灰韵。匣母的“乎”[həu⁴⁴]，户吴切，匣母模韵。影母的“秽”[hui³³⁴]，於廢切，影母廢韵。

6. 长兴方言的声母[ɦ]的情况比较复杂，与它对应的中古声母较多，有匣母、云母、微母，如匣母的“洪胡懷孩合或學号賀换恨”，云母的“帷王爲胃衞”，微母的“吴伪武雾侮”。另外，还有来自晓母的少量字，如“讳”[ɦui²¹³]，許貴切，曉母未韵。

7. 长兴方言中的声母[j]和[ɦ]都是浊擦音，[j]是舌面音，而[ɦ]是喉音。长兴方言中，声母[j]用于齐齿呼前，[ɦ]用于开口呼和合口呼前。长兴方言的声母[j]主要对应于中古的以母、微母，如以母的“姚融容余陽用易育豫勇”，微母的“言遇”等字，在长兴方言中声母为[j]。

少数例外字来自邪母、禅母、影母，如邪母的“涎”[jiɪ²¹³]，夕連切，邪母仙韵。禅母的“慵”[jiõ¹³]，蜀庸切，禪母鍾韵。影母的“懿”[ji¹³]，乙冀切，影母至韵。

8. 长兴方言中的零声母[ø]，主要对应于中古的影母和以母，如影母的“依因淹矮衣印按約乙音幽”，以母的“用以尹演夜豔”等字，在长兴方言中的声母都是零声母[ø]。

也有微母、疑母、晓母、匣母、云母的少量字声母为零声母，如微母的“挽”[øuɛ⁵³]，无远切，微母阮韵。疑母的“雅”[øia⁴⁴]，五下切，疑母马韵。晓母的“歪”[øua⁴⁴]，乌乖切，晓母皆韵。 匣母的“缓”[øuɛ⁵³]，胡管切，匣母緩韵。云母 “永”[øiõ⁵³]，于憬切，云母梗韵。

七、中古声母的说明

1. 中古的奉母字在长兴方言中声母主要读为[v]，如：“凡”[vɛ¹³]，符咸切，奉母凡韵。“冯”[vo¹³]，房戎切，奉母東韵。另外，“饭份妇缝凤房犯” 都是古代的奉母字，在今天的长兴方言中，它们的声母都是[v]。中古的奉母字也有部分字在长兴方言中读为[f]，如：“复”[foʔ⁵]，房六切，奉母屋韵。“翡”[fi⁵³]，扶沸切，奉母未韵。“辅”[fu^{53}]，扶雨切，奉母麌韵。

2.中古的并母字在长兴方言中主要读为[b]和[v]两类，并母的“彭贫平爬抱办别”等字在长兴方言中声母为[b]；并母的“冯扶房饭范乏梵”等字在长兴方言中声母为[v]的。当然，也个别字声母为[f]，如“分否发”等。

3.中古的微母在长兴方言里有两种读音，即[v][m]。

读[v]的有“万”[vɛ^{213}]，無販切，微母願韵。“闻”[vən^{22}]，無分切，微母文韵。

读[m]的有“芒”[mɔ̃^{13}]，武方切，微母陽韵。“忘”[mɔ^{213}]巫放切，微母漾韵。

中古的[m]在长兴方言里有文白两读的情况，如“网”有两个读音，即[vɔ̃^{42}]和[mɔ̃^{42}]；“味”也有两个读音，[vi^{213}]和[mi^{213}]，其中[vɔ̃^{42}]和[vi^{213}]为文读，[mɔ̃^{42}]和[mi^{213}]为白读。

4.中古的声母“精清心从邪”与长兴方言[ts]和[tɕ]两组声母的对应

中古的“精清心从邪”的读音在长兴方言中进行分化：

（1）读成[ts]组的，如：

中古声母为“精”的字，如“租左走作奏最遵宗嘴足”等，在长兴方言中声母为[ts]。

中古声母为“清”的字，如“刺翠次粗寸促采仓参此”等，在长兴方言中声母为[ts‘]。

中古声母为“心”的字，如“私省三算速孙送赛伞岁”等，在长兴方言中声母为[s]。

中古声母为“从”的字，如“曹坐贼存才造自字从瓷”等，在长兴方言中声母为[z]。

（2）读成[tɕ]组，如：

中古的“精”母字，如“井津尖姐借接”等字，在长兴方言中声母为[tɕ]。

中古的“清”母字，如“妻清浅俏娶侵”等字，在长兴方言中声母为[tɕ‘]。

中古的“心”母字，如“新小线信相絮”等字，在长兴方言中声母为[ɕ]。

中古的“从”母字，如“全聚牆情”等字，在长兴方言中声母为[ʑ]。

中古的“邪”母字，如“徐寻习席”等字，在长兴方言中声母为[ʑ]。

5.中古声母见、溪与长兴方言声母的对应

中古的见母、溪母主要与长兴方言的[k][k‘][tɕ]三类声母相应：

（1）在长兴方言中声母读成[k]的，如中古“见”母的“改高过谷关怪加街胶减拣角”等字。

（2）在长兴方言中声母读为[k‘]，如中古“溪”母的“可考开坤宽快夸”等字。

（3）在长兴方言中声母读为[tɕ]，如中古“溪”母的“举贾甲艰佳坚激”等。

（4）在长兴方言中声母读为[tɕ‘],如中古“溪”母的“腔巧轻企欠曲气去”等。

当然，其中不有不少字是[k][tɕ]文白两读的，如：

家：侪家、人家[k]	家长、国家[tɕ]
架：架子[k]	打架[tɕ]
间：房间[k]	时间[tɕ]
觉：睏觉[k]	觉悟[tɕ]
讲：乱讲[k]	演讲[tɕ]
介：介好[k]	介绍[tɕ]
交：交电费[k]	交通局[tɕ]
监：太监[k]	监视[tɕ]

6.中古疑母字与长兴方言的对应主要有两类情况，分别读成[ȵ][ɦ]。

（1）读成[ȵ]的，如“原银研阮玉牛严业语迎虐”等。

（2）读成[ɦ]的，如“吴玩卧外危岸魏”等。

7. 中古的晓母字主要与长兴方言的[h]和[ɕ]两类声母对应，如：

读[h]的，如“晓”母的“汉喊火烘哈吓孝欢灰昏”等。

读[ɕ]的，如“晓”母的“许希喜训虚向兄蓄胸休”等。、

8. 中古日母字在长兴方言中主要与[ȵ]和[z]两类声母对应，如：

（1）读成[ȵ]的，如“染肉日热让软绕绒二耳”等。

（2）读成[z]的，如“如仁然若仍乳忍刃入”等。

日母中有的字，在长兴方言中也有文白两读，白读为[ȵ]，文读为[z]。如：

日：日脚、日头[ȵ]	日本、日月[z]
人：客人、人家[ȵ]	人民、人生[z]
认：认得[ȵ]	认识[z]
韧：韧性[ȵ]	坚韧[z]

第二节　韵母的对应

一、长兴方言单元韵韵母[a][ɛ][ɔ][o][ʅ][ɤ] 与中古韵母的对应

长兴方言单韵母与中古文韵母对应表

表 1-66

长兴韵母	中古韵母	例字	备注
a	歌	佗那爸	字少
	麻	嘉牙加嫁	白读音：麻巴爬马把
	泰	泰带蔡赖	
	皆	排差埋拜	
	佳	牌柴矮买	
ɛ	衔	衫衔嵌监	
	佳	隘	字少
	山	山限产扮	
	夬	寨	字少
	谈	甘敢胆谈兰喊	
	咸	斩陷站赚	
	删	班颜奸	
	元	反万饭烦	
	凡	犯范泛帆	
	桓	慢般瘢蔓	
ɔ	豪	毛刀糟好	
	肴	包闹炒教	
	宵	赵招少照	
o	戈	磨摩魔	
	麻	茶车瓜花	
	模	模募墓暮	
	佳	挂画	

长兴韵母	中古韵母	例字	备注
ʅ	支	雌纸施智	
	脂	资迟师示	
	之	子思志市	
	祭	制世逝滞	知章少数字
	鱼	除著如持	
	虞	朱厨住注	
ɤ	咍	来胎改	
	覃	参南感探	
	泰	害盖慨艾	
	仙	扇战展善	
	寒	干旱安汉	

[a]：除了与“歌麻泰皆佳”等韵母外对应外，还有其他韵母，但仅是个别字。

戈韵字，如“茄”[ga^{213}]。

麻韵字，如“惹”[za^{42}]。

咍韵字，如“戴”[ta^{334}]。(戴帽子)

夬韵字，如“败”[ba^{213}]。

肴韵字，如“爪”[tsa^{44}]。

[ɔ]：除了与“豪肴宵”等韵母对应外，还与其他韵母的个别字对应。

侯韵字,如“贸”[mɔ^{213}]。

尤韵字，如“矛”[mɔ^{13}]。

[o]：除了与“戈麻模佳”等韵母对应外，还与其他韵母的个别字对应。

夬韵字，如“话”[øo^{213}]。

二、长兴方言韵母[ei][əu][əɯ]与中古韵母的对应

长兴方言韵母[ei][əu][əɯ]与中古韵母的对应表

表 1-67

长兴韵母	中古韵母	例字	备注
ei	侯	某偷狗走	
	灰	内杯妹对	
	尤	周柳否谋	
	祭	岁税	字少
	脂	醉水类追	
əu	模	故路杜都	
	鱼	初庐楚助	
	歌	多罗左拖	
	戈	坐果科货	
əɯ	侯	某偷狗走	
	灰	内杯妹对	
	尤	周柳否谋	
	祭	岁税	字少
	脂	醉水类追	

[ei][əɯ]：侯灰尤祭脂等韵，长兴各地的读音不同，有[ei][əɯ]两种不同的读法。

三、长兴方言韵母[i][iɪ][ia][iɔ][iɛ][iəɯ][iəɤ]与中古韵母的对应

长兴方言韵母[i][iɪ][ia][iɔ][iɛ][iəɯ][iəɤ]与中古韵母的对应表

表 1-68

长兴韵母	中古韵母	例字	备注
i	祭	际艺厉蔽	
	齐	细计闭替	
	废	肺废吠	非组声母

长兴韵母	中古韵母	例字	备注
	支	臂披奇提	
	脂	比利肌匕	
	之	医其里起	
	微	气希依机	
	麻	姐些	姐为白读
	鱼	徐蛆絮许	
iɪ	仙	变宣浅连	
	元	建元轩愿	
	先	年见县练	
	添	店甜兼添	
ia	麻	亚写夜家	家为文读
	皆	皆界介戒	界介戒为文读
	佳	佳涯崖解	解为文读
iɔ	肴	郊巧胶教	胶教为文读
	宵	苗消妖饶	
	萧	刁聊萧浇	
iɛ	仙	变宣浅连	
	元	建元轩愿	
	先	年见县练	
	添	店甜兼添	
iəɯ	尤	油九秋求	
	幽	纠幼幽	
iəɤ	尤	油九秋求	
	幽	纠幼幽	

[iɪ][iɛ]；仙元先添等韵，在长兴不同的地区，有[iɪ][iɛ]两种不同的读法。

[iəɯ][iəɤ]：尤幽等韵，在长兴不同的地区，有[iəɯ][iəɤ]两种读法。

[iɔ]:除了与肴宵萧等韵母对应外，还有个别例外字。

幽韵字，如“彪”［piɔ44］。

［iɛ］：除了与仙元先添等韵母对应外，还有个别例外字。

皆韵字，如“械”［jiɛ13］。

四、长兴方言韵母[u][ua][uɛ][uɤ][ui]与中古韵母的对应

长兴方言韵母[u][ua][uɛ][uɤ][ui]与中古韵母的对应表

表 1-69

长兴韵母	中古韵母	例字	备注
u	虞	夫无数敷	
	侯	剖母	
	尤	富浮妇副	
ua	麻	华花跨瓜	文读音
	皆	乖怪坏淮	
	佳	拐歪蛙卦	
	夬	快话	话文读音
uɛ	祭	筷	极少字
	删	关还惯顽	见系字
	元	挽晚	晚文读音
	桓	贯玩	字不多
uɤ	桓	款潘欢官	
	删	顽患	字不多
ui	齐	桂慧闺	
	祭	卫	极少字
	废	秽	极少字
	支	规委为	见系字
	脂	位轨葵逵	见系字
	微	挥胃归威	见系字

五、长兴方言韵母[ã][ɔ̃][ən][əŋ][õ]与中古韵母的对应

长兴方言韵母[ã][ɔ̃][ən][əŋ][õ]与中古韵母的对应表

表 1-70

长兴韵母	中古韵母	例字	备注
ã	阳	张丈常厂	知组
	登	崩朋	字少
	庚	彭打生盲浜	
	清	盛声	白读音
ɔ̃	唐	帮刚仓郎	
	阳	装霜房方	
	江	胖双幢肛	
ən、əŋ	侵	任深斟枕	知组
	痕	吞根很恩	
	真	真仁申	知组
	臻	臻衬	知组
	魂	笨钝寸嫩	
	谆	轮春纯准	
	文	粉芬坟问	非组
	登	能曾登层	
	蒸	澄称升仍	
	庚	烹衡生更	生更文读音
	耕	耿耕萌铿	
	清	侦政郑呈	知章二组
õ	东	同终贡公	
	冬	宗攻农宗	
	钟	封恐松容	
	耕	宏轰	

[ən][əŋ]：长兴方言中前后鼻韵同时存在，前后鼻韵的使用因人而异。

[ã]：除了与阳、登、庚、清等韵母对应外，个别字与其他韵母相对应。耕韵字，如“争”[tsã]。

[õ]：除了与东、冬、钟、耕等韵母对应外，个别字与其他韵母对应。登韵字，如“弘”[ɦõ²¹³]。

六、长兴方言韵母[iã][iɔ̃][in][iŋ][iõ]与中古韵母的对应

长兴方言韵母[iã][iɔ̃][in][iŋ][iõ]与中古韵母的对应表

表 1-71

长兴韵母	中古韵母	例字	备注
iã	阳	将央香良	
	江	腔江讲降	江讲降文读音
iɔ̃	阳	旺	仅一字
in、iŋ	侵	林心寻淫	
	真	宾邻信印	
	欣	欣殷勤斤	
	谆	旬均荀	字不多
	蒸	蝇升兢兴	
	耕	茎幸莺樱	
	庚	兵京英敬	
	清	名令精轻	
	青	庭形宁丁	
iõ	东	融雄穷绒	
	钟	胸容勇用	
	庚	荣兄永咏	
	清	琼	少数字
	迥	扃迥	少数字

[in][iŋ]：长兴方言中，[in][iŋ]混用。

[iã]：除了与阳、江韵对应外，个别字与其他韵对应。

庚韵字，如“映”[øiã^{53}]。

七、长兴方言韵母[uã][un][uŋ][uɔ̃]与中古韵母的对应

长兴方言韵母[uã][un][uŋ][uɔ̃]与中古韵母的对应表

表 1-72

长兴韵母	中古韵母	例字	备注
uã	唐	横	仅一字
un、uŋ	魂	昏浑困稳	
uɔ̃	唐	光荒黄汪	老派韵母读[ɔ̃]
	阳	筐狂况王	

[uã]韵的字，长兴方言中仅一字。

[un][uŋ]：长兴方言中，[un][uŋ]混用。

[uɔ̃]：长兴方言中，“光荒黄汪筐狂况王”等字的韵母，存在着两种读法，老派读[ɔ̃]，新派受普通话的影响，读[uɔ̃]。

八、长兴方言韵母[aʔ][oʔ][əʔ]与中古韵母的对应

长兴方言韵母[aʔ][oʔ][əʔ]与中古韵母的对应表

表 1-73

长兴韵母	中古韵母	例字	备注
aʔ	合	答纳杂盒	
	盍	塔塌腊蜡	
	洽	眨插掐夹	
	狎	鸭押压匣	
	乏	法乏	
	曷	达辣擦萨	
	黠	拔杀轧札	

长兴韵母	中古韵母	例字	备注
	鎋	刹瞎	
	月	发袜伐罚	非组
	药	弱绰着芍	知组
	陌	百拆格吓	
	麦	册麦隔策	
	昔	只尺石赤	
oʔ	铎	莫落托各	
	药	缚勺	字少
	觉	捉剥浊学	
	德	国北	
	屋	哭托缩伏	
	沃	毒酷笃沃	
	烛	束烛促触	
əʔ	合	合纳喝鸽	
	盍	磕	
	叶	摄涉	章组
	缉	入十执涩	知组
	曷	割渴葛曷	见组
	薛	哲舌设撤	知章二组
	末	夺末脱捋	
	黠	刷	
	质	日失质	
	栉	瑟虱	
	没	没勃突卒	帮端二组
	术	蟀术述出	知组
	至	出	少数字
	物	勿佛物	非组
	德	则刻黑特	

长兴韵母	中古韵母	例字	备注
	职	食直识式	
	陌	赫泽	
	麦	责革核	
	昔	释郝适	

[oʔ]：除了与中古的铎药觉德屋沃烛等韵母对应外，个别字与其他韵母对应。
没韵字，如“窟”[k‘oʔ5]。
暮韵字，如“赂”[loʔ2]。

九、长兴方言韵母[iaʔ][ioʔ][iəʔ]与中古韵母的对应

长兴方言韵母[iaʔ][ioʔ][iəʔ]与中古韵母的对应表

表1-74

长兴韵母	中古韵母	例字	备注
iaʔ	洽	恰洽峡夹	夹文读音
	狎	甲	
	药	略削脚约	
ioʔ	薛	缺拙	
	月	掘厥	
	屑	茁	
	药	噱	
	觉	珏确	
	屋	菊肉蓄育	见组
	烛	曲玉浴局	见组
iəʔ	薛	别绝热灭	
	缉	立习急吸	
	月	越月揭歇	
	屑	血切结蹩	见组
	质	匹吉疾蜜	

长兴韵母	中古韵母	例字	备注
	栉	蟋	
	术	律率橘	
	药	爵	
	帖	叠燮	
	职	逼力息极	
	昔	役疫积益	
	业	业劫胁	
	锡	激荻逖戚	
	陌	逆剧	

[iaʔ]：除了与洽、狎、药对应外，还有个别例外字。

业韵字，如“怯”[tɕʻiaʔ⁵]。

帖韵字，如“协”[jiaʔ²]。

屑韵字，如“捏”[ȵiaʔ²]。

[iəʔ]：除了与表内中古韵母对应外，还有少数例外字。

至韵字，如“鼻”[biəʔ²]。

脂韵字，如“枇”[biəʔ²]。

麦韵字，如“摘”[tiəʔ⁵]。

十、长兴方言韵母[uaʔ][uəʔ] 与中古韵母的对应

长兴方言韵母[uaʔ][uəʔ] 与中古韵母的对应表

表 1–75

长兴韵母	中古韵母	例字	备注
uaʔ	黠	挖滑猾刮	
uəʔ	末	活阔	
	铎	获扩	

[uaʔ]：除了与中古的黠韵对应外，还有其他韵母的个别字。

末韵的“豁”[huaʔ⁵]。

麻韵的“划”[ɦuaʔ2]

十一、长兴方言自成音节的[əl][m][n][ŋ]与中古韵的对应

长兴方言韵母[əl][m][n][ŋ]与中古韵的对应表

表 1-76

长兴韵母	中古韵母	例字	备注
əl	支	尔儿	儿文读
	脂	二贰	文读
	之	而饵耳	耳文读
m	侯	亩	字少
n	五	模	字少
ŋ	鱼	鱼	字少

十二、中古韵母流变的说明

中古韵母以《广韵》的 206 韵为代表。时光流逝，语音变迁，《广韵》的韵母在普通话及方言中发生了较多的流变。在长兴方言中，比较大的流变主要如下：

1. 中古的寒、桓、删、山、仙、先、谈、严、凡、衔、咸、盐、添、覃等韵母，都属于阳声韵，即带有鼻音韵尾。分[n][m]两种，其中韵母为[m]的有“谈严凡衔咸盐添覃”等，韵母为[n]的有“寒桓删山仙先”等。韵尾[m]是中古特有的鼻韵韵尾，如“谈”韵，王力的拟音为[dam]、咸的拟音为[ɣɐm]、添的拟音为[tʰiem]等。普通话和长兴方言中，韵尾[m]已不存在。韵尾[n]在长兴方言中得以保留，有[ən][in][un]等三个。中古的[m]和大多的[n]韵在桐乡方言中已经失落韵尾，成为阴声韵。其中的流变情况如下：

（1）读为[ɛ]韵的，如“丹难坦担舰衫犯范胆散凡帆删班盼办扳奸扮产慢颜”。

（2）读为[ɤ]韵的，如“搬短台干看汗汉赶展扇善占蝉安”。

（3）读为[iɛ][iɪ]韵的，“艰监简编箭延边天年千贤店添县电现”。

2. 中古的唐、阳、庚、耕、登、漾、清、东、冬、钟、江、迥韵字的韵母，相当于普通话的后鼻音。在长兴方言中成为鼻化韵[ã][iã][uã][ɔ̃][iɔ̃][uɔ̃][õ][iõ]。上述中古韵在长兴方言中嬗变为鼻化音的情况比较复杂。现说明如下：

（1）读为[ã]韵的，如“张长生浜蚌争朋”。《广韵》：
张，陟良切，平声，知母陽韵。
长，直良切，平声，澄母陽韵。
生，所庚切，平声，生母庚韵。
浜，布耕切，平声，幫母耕韵。
朋，步崩切，平声，並母登韵。
蚌，布项切，上声，并母江韵。
（2）读为[iã]韵的，如“娘良枪香央将”。《广韵》：
娘，女良切，平声，娘母陽韵。
良，吕張切，平声，來母陽韵。
枪，七羊切，平声，清母陽韵。
香，許良切，平声，晓母阳韵。
央，於良切，平声，影母陽韵。
将，即良切，平声，精母陽韵。
（3）读为[uã]韵的，仅“横”一字。
横，古黄切，平声，见母唐韵。
（4）读为[ɔ̃]韵的，如“唐当汤双豇东同冬宗攻壮唱”。《广韵》：
唐，徒郎切，平声，定母唐韵。
当，都郎切，平声，端母唐韵。
汤，吐郎切，平声，透母唐韵。
双，所江切，平声，生母江韵。
豇，古雙切，平声，見母江韵。
壮，側亮切，去声，莊母漾韵。
唱，尺亮切，去声，昌母漾韵。
（5）读为[iɔ̃]韵的，如“旺”。《广韵》：
旺，于放切，去声，云母漾韵。
（6）读为[uɔ̃]韵的，如“光汪狂王”等。《广韵》：
光，古黄切，平声，見母唐韵。
汪，烏光切，平声，影母唐韵。
狂，巨王切，平声，羣母陽韵。
王，雨方切，平声，云母陽韵。

（7）读为[õ]韵的，如“松封宏轰东同宗”。《广韵》：

松，祥容切，平声，邪母鐘韵。

封，府容切，平声，非母鍾韵。

宏，户萌切，平声，匣母耕韵。

轰，呼宏切，平声，曉母耕韵。

东，德紅切，平声，端母東韵。

同，徒紅切，平声，定母東韵。

宗，作冬切，平声，精母冬韵。

（8）读为[iõ]韵的，如“琼迥”。《广韵》：

琼，渠营切，平声，羣母清韵。

迥，户頂切，上声，匣母迥韵。

3.中古的至、灰、支、旨、祭等几个韵母中的部分字，如“醉类雷催危随美岁税”等，在长兴方言中的韵母读成[ei]，如：

醉，將遂切，去声，精母至韵，读为[$tsei^{334}$]。

类，力遂切，去声，來母至韵，读为[$1ei^{213}$]。

雷，魯回切，平声，來母灰韵，读为[$1ei^{213}$]。

催，倉回切，平声，清母灰韵，读为[$tɕ‘ei^{44}$]。

危，魚爲切，平声，疑母支韵，读为[$ɦei^{13}$]

随，旬爲切，平声，邪母支韵，读为[zei^{13}]。

美，無鄙切，上声，明母旨韵，读为[mei^{42}]。

岁，相鋭切，去声，心母祭韵，读为[sei^{334}]。

税，舒芮切，去声，書母祭韵，读为[sei^{334}]。

4. 中古韵母大多有开口与合口之分。开口与全口的区别在于合口韵是带有介音[u][y]的韵母。长兴方言里合口韵大为减少，主要的原因：一是长兴方言里没有撮口呼韵[y]，二是长兴方言里[u]韵大为减少。

（1）长兴方言中[y]韵的消失

中古韵母中，存在着许多撮口呼的韵母，如：

仙韵的合口有“倦缘卷圆权员全泉宣娟眷旋圆”；

元韵的合口“元原源袁援猿暄鸳冤”；

虞韵的合口“遇愚娱俞矩于禹羽雨宇俱”；

上述字的韵母中都有[y]，在普通话中它们属于撮口呼。但在长兴方言中，由于没有撮口呼的韵母，它们都成了齐齿呼，韵头[y]成了[i]。如：

卷[tɕiɪ^{53}]权[dʑiɪ^{13}]宣[ɕiɪ^{44}]圆[jiɪ^{13}]；

元[jiɪ^{13}]原[ȵiɪ^{13}]暄[ɕiɪ^{44}]冤[øiɪ^{44}]；

愚[ȵiɪ^{13}]俞[ji^{13}]羽[øi^{53}]俱[dʑi^{213}]。

另外，中古的鱼韵的开口韵“预与巨虑余去吕许居据鱼御举”等字，在普通话中韵母也有撮口呼韵[y]。但在长兴方言中它们的韵母成为齐齿呼[i]。分别读：与[øi^{44}]巨[dʑi^{213}]居[tɕi^{44}]举[tɕi^{53}]，韵头跟中古一样都是[i]。

（2）长兴方言中韵头[u]的减少

中古合口韵有不少是具有韵头[u]的，如：

脂韵的“醉水癸綏遂追軌維愧位軌追萃”；

微韵的“未貴偉尾歸”；

祭韵的“歲芮鋭”；

谆韵的“倫順綸閏匀峻脣準旬遵”；

仙韵的“倦員緣攣卷篆轉圓權全眷”；

唐韵的“汪光荒黄”；

阳韵的“匡王狂”；

魂韵的“困渾昆魂衮尊忖損寸”；

皆韵的“淮怪壞懷乖”；

删韵的“頑慣患還關”。

上述字都有韵头[u]，如李荣的中古拟音：醉[tsui]水[ɕjui]岁[siuɛi]芮[ȵiuɛi]倫[liuen]順[dʑiuen]倦[gjuɛn]员[ɣiuən]困[k‘uən]浑[ɣuən]淮[ɣuɛi]怪 [kuɛi]顽[ŋuan]惯[kuan]汪[ʔuɑŋ]光[kuɑŋ]匡[k‘iuaŋ]王 [ɣiuaŋ]。长兴方言中，它们分为两种情况：

第一种，脂微祭谆仙唐阳等韵中的字，韵头[u]失落，而用开口韵替代。如：

醉[tɕei^{334}]水[sei^{53}]岁[sei^{334}]芮[zei^{213}]倫[len^{13}]順[zən^{213}]倦[dʑiɪ^{13}]员[jiɪ^{13}]汪[øɔ̃^{44}]光[kɔ̃^{44}]匡[k‘ɔ̃^{44}]王[ɦɔ̃^{213}]。

第二种，魂皆删韵中的[u]韵，长兴方言中依然保留着。如：

困[kun^{213}]浑[ɦun^{13}]淮[ɦua^{13}]怪[kua^{334}]顽[øue^{334}]惯[kue^{334}]。

由于中古的[u]韵在长兴方言大多已经失落，因此，长兴方言中带[u]韵的字与周边地区相比要少得多。但是，受普通话的影响，唐韵的“汪光荒黄”和阳韵的“匡王狂”等字，青年人大多带有[u]韵。

5. 中古的部分字在长兴方言中文白异读的情况如下：

（1）开口二等见系字，白读时声母为[k]组，文读时声母为[tɕ]组。如：

麻韵开口二等，如“家加嘉”。白读音都是[ka^{44}]，文读音都是[tɕia^{44}]。

效韵开口二等，如“教觉窖敲孝”。白读音分别为[kɔ^{334}][kɔ^{334}][kɔ^{334}][kɔ^{44}][hɔ^{334}]，文读音为[tɕiɔ^{334}][tɕiɔ^{334}][tɕiɔ^{334}][tɕ‘iɔ^{44}][ɕiɔ^{334}]。

江韵開口二等，如“江”。白读音为[kɔ̃^{44}]，文读音为[tɕiã^{44}]。

檻韻開口二等，如“舰”。白读音为[k‘e^{44}]，文读音为[tɕiɛ^{44}]。

（2）日母字有文白异读的情况。

日母开口三等韵，白读时声母为[ȵ]，文读时声母一般为[z]，也有读为[l]的，如“人日耳让染认热”等字。

人，白读音为[ȵin^{13}]，文读音为[zən^{13}]；

日，白读音为[ȵiəʔ^{2}]　文读音为[zəʔ^{2}]；

耳，白读音为[ȵi^{42}]，文读音为[əl^{53}]；

让，白读音为[ȵiã^{213}]，文读音为[zã^{213}]；

染，白读音为[ȵiɛ^{42}]，文读音为[zɛ^{42}]；

认，白读音为[ȵin^{213}]，文读音为[zən^{213}]；

热，白读音为[ȵiəʔ^{2}]，文读音为[zəʔ^{2}]。

日母合口三等韵，白读时韵母为[ɿ]，文读时韵母为[u]，如“儒乳”等，不仅韵母发生变化，声母也发生变化。

儒，白读音为[zɿ^{13}]，文读音为[lu^{13}]；

乳，白读音为[zɿ^{13}]，文读音为[lu^{42}]；

(3)庚韵、耕韵少量字有文白异读，白读韵母为[ã]，文读韵母为[ən]，如“生更争”等字。

生，白读音为[sã^{44}]，文读音为[sən^{44}]；

更，白读音为[kã^{44}]，文读音为[kən^{44}]；

争，白读音为[tsã^{44}]，文读音为[tsən^{44}]。

(4)麻韵、馬韵中部分字有文白异读。如麻韵的“麻华花瓜巴叉鲨爬楂鸦”，馬韵的“马骂把瓦寡下夏”，卦韵的“卦画差”。它们的白读韵母为[o]，文读韵母分别为[a][ia][ua]，韵母的韵腹为[a]，如：

麻，白读音为[mo^{13}]，文读音为[ma^{13}]；

华，白读音为[ɦo^{13}]，文读音为[ɦua^{13}]；

鸦，白读音为[øo^{44}]，文读音为[øia^{44}]；

马，白读音为[mo^{42}]，文读音为[ma^{42}]；

瓜，白读音为[ko^{44}]，文读音为[kua^{44}]；

把，白读音为[po^{53}]，文读音为[pa^{53}]；

寡，白读音为[ko^{53}]，文读音为[kua^{53}]；

画，白读音为[ɦo^{334}]，文读音为[øua^{334}]；

差，白读音为[tso^{334}]，文读音为[tsa^{44}]。

(5)微韵、明韵个别字有文白异读。主要是微韵的“肥”和明韵的“蚊”。

肥，白读音为[bi^{13}]，文读音为[vi^{13}]；

蚊，白读音为[mən^{13}]，文读音为[vən^{13}]。

(6)合口三等见系字，吴语的大多地区，存在着文白导读的情况，白读时声母为[tɕ]，文读时声母为[k]；但长兴方言却保留了古代的文读，如：

脂韵合口三等，如“龟”，读音为[kui^{44}]。

支韵合口三等，如“跪”，读音为[gui^{42}]。

微韵合口三等，如“鬼”，读音为[kui^{53}]。

第三节　声调的对应

中古时期的声调有平上去入四类，长兴方言的声调保留了中古的四类，再根据声母的清浊一分为二，共有八类。凡声母是清音的为阴调，声母为浊音的为阳调。长兴方言的声调与中古声调有着比较严格的对应规律。

长兴方言声调与中古音声调对应表

表 1-77

长兴方言声调		中古声调	古声母清浊	举例
调类	调值			
阴平	44	平	清	羔开它当沙加宾抽发花
阳平	13		浊	平堂奴持尼秦豺成奇儒
阴上	53	上	清	董肿讲吵水准史产等小
阳上	42		浊	尾语阮荡犯马惹稻老抱
阴去	334	去	清	送贡用翅志怪证信贯线
阳去	213		浊	凤共顾渡耐问恨面岸梵
阴入	5	入	清	速曲匹阔发削隔尺德薛
阳入	2		浊	浊玉蜜物伐药麦石特别

说明：

1.“羔开它当沙加抽哈发花”等字，中古的声母都是清声，如：羔属见母，开属溪母，它属透母，当属端母，沙属生母，加属见母，宾属帮母，抽属彻母，发属非母，花属晓母等。该处的“见溪透端生帮彻非晓”等都是中古的清声母。这些中古的平声清音字，在长兴方言中都读为平声，调值为 44，如：羔[kɔ̃⁴⁴]开[k'ɛ⁴⁴]。

2.“平堂奴持尼秦豺成奇儒”等字，中古的声母都是浊音，如：平属并母，堂属定母，奴属泥母，持属澄母，尼属娘母，秦属从母，豺属崇母，成属禅母，奇属群母，儒属日母。该处的“并定泥澄娘从崇禅群日”等都是中古的浊声母。这些中古的平声浊音字，在长兴方言里都读为阳平，调值是 13，如：平[bin¹³]堂[dɔ̃¹³]。

3.“董肿讲吵蟹准很产等小”等字，中古的声调为上声，声母都属清音，如：董属端母，肿属章母，讲属见母，吵属初母，水属书母，准属章母，史属生母，产属生母，等属端母，小属心母。该处的“端章见初书章生心”等都是中古清声母。中古的上声清音字，在长兴方言里都属阴上，调值为 53，如：董[tɔ̃⁵³]准[tsən⁵³]。

4.“尾语阮荡犯马惹稻老抱”等字，中古的声调为上声，声母都是浊音, 如：尾属微母，语属疑母，阮属疑母，荡属定母，犯属奉母，马属明母，惹属日母，稻属定母，老属来母，抱属并母。该处的“微疑定奉明日来并”等母, 中古皆为浊声母。中古的上声浊母字，在长兴方言中读为阳上，调值为 42，如：尾[mi⁴²]抱[bɔ⁴²]。

5.“送贡用翅志怪证信贯线”等字，中古的声调都是去声，声母都属清音，如：送属心母，贡属见母，用属以母，翅属书母，志属章母，怪属见母，证属章母，信属心母，贯属见母，线属心母。该处的“心见以书章见”等母都是中古的清声母。中古的去声清声字，在长兴方言中读为阴去，调值为 334，如：送[sɔ̃³³⁴]、线[ɕiɪ³³⁴]。

6.“凤共代渡耐问恨面岸梵”等字，中古的声调为去声，声母都属浊音，如：凤属奉母，共属群母，代属定母，渡属定母，耐属泥母，问属微母，恨属匣母，面属明母，岸属疑母，梵属奉母。该处的“奉群定泥微匣明疑”等声母，中古皆属浊音。中古的去声浊音字，在长兴方言中都读成阳去，调值为 213，如：凤[vɔ̃²¹³]代[dɛ²¹³]。

7.“速曲匹阔发削隔尺德薛”等字，中古都是入声，声母都是清音，如：速属心母，曲属溪母，匹属滂母，阔属溪母，发属非母，削属心母，隔属见母，尺属昌母，德属端母，薛属心母。该处的“心溪滂非见昌端”等声母，都是中古的清声母。中古的入声清音字，在长兴方言里读成阴入，调值为 5，如：速[soʔ⁵]德[təʔ⁵]。

8.“浊玉蜜物伐药麦石特别”等字，中古都是入声，但声母都是浊音，如：浊属澄母，玉属疑母，蜜属明母，物属微母，伐属奉母，药属以母，麦属明母，石属禅母，特属定母，别属并母。该处的“澄疑明微奉以明禅定并”等声母，都是中古的浊声母。中古的入声浊音字,在长兴方言里都读为阳入，调值为 2，如：浊[zoʔ²]别[biəʔ²]。

9. 中古声调与长兴方言声调的对应较为一致，符合阴清阳浊的规律，但也有少数例外，如：

劲，《广韵》居正切，去声，见母劲韵。见母中古属清音，说明“劲”字的声母中古是清音。根据阴清阳浊的规律，“劲”在长兴方言中应该归入阴去，但实际读音却是阳去，读成[dʑin²¹³]。

汾，《广韵》符分切，平声，奉母文韵。奉母属中古属浊音。说明“汾”字的声母在中古是浊音。按理，“汾”在长兴方言中应该归入阳平，但却读成阴平，读音为[fən⁴⁴]。

勿，《广韵》文弗切，入声，微母物韵。微母属中古浊音。可见，“勿”字的声母在中古是浊音。根据浊音归阳入的道理，该字在长兴方言中应该读成阳入。但实际上却读成[fəʔ⁵]，是阴入。

第二编　长兴方言词汇

第一章　长兴方言词汇概说

词汇是社会变化的晴雨表。任何民族、任何地域的词汇都会随着社会的发展，处于日新月异的变化之中，长兴方言也不例外。长兴地处苏浙皖三省交界之处，历史上曾有大量的移民涌入，不同的语言频繁接触，使长兴方言的词汇发生明显的变化。20 世纪 80 年代以来，长兴经济、文化发展迅速，词汇系统随之充实更新。

第一节　长兴方言词汇系统的构成

一、对共同语词汇的传承

中国方言众多，但任何一种方言都是共同语的地方变种。方言与共同语虽然存在许多不同，但它们有着共同的语言渊源。方言中的不少词汇都是来自共同语词汇。长兴方言中的大量词汇都来自共同语，特别是一些基本词汇，如：日月天地山水男女手口树木来去东南黑白等；长兴方言的许多常用词汇也与普通话一致，如：水果、萝卜、青菜、茶叶、房子、汽车、田地、苍蝇、蚊子、手套、肥皂、裁缝、医生、老师等。长兴方言中表示行为动作的不少词汇也承用了普通话的词汇，如：打、走、拌、拐、开销、拍板、认账、套牢、调包、瞎讲、争气等。长兴方言中的形容词也有不少与普通话相同，如：清爽、省力、油腻、笔挺、笑眯眯等。

长兴方言里的上述词汇虽然在形体上与普通话一致，但它们的读音并不相同。如“茶叶”的发音并不是普通话的 chá yè，而是[dzo^{13}][jiəʔ^{2}]，其中的“茶”字声母为浊音，“叶”字的为入声，而普通话是没有浊音[dz]和入声调的。

因此，它们虽然形式与普通话相同，但读音却不同，是长兴方言词汇的重要组成部分。

二、来自吴语词汇系统

长兴方言是吴语的次方言，它的词汇系统与吴语的词汇系统有着更为直接的语言渊源。长兴方言里的许多词汇，是吴语系统特别是苕溪小片里普遍存在的。不少词汇在周边地区共同存在。如：毻、馋唾、百脚、长子、把家、钵头、园、搔、骨骱、窗爿、认账、惹厌、喫烟、扎苂、小把戏、墩头板、腌笃鲜、卡魇子、勿入调等。上述词汇可以说是吴语苕溪小片的共同词汇，也出现在长兴的周边地区，不仅字形相同，甚至读音也基本相同。

另外，长兴方言中流行的不少谚俗语也与周边地区相同。因为谚俗语是一个地区文化习俗、生产活动及自然气象的反映。长兴县的经济生产、文化习俗与周边地区类同，因此苕溪小片存在着共同的谚俗语，如；猢狲勿赅宝；长病呒孝子；呒债一身轻；六月盖被，有谷无米；养蚕用白银，种田吃白米。

三、继承古汉语的词汇

长兴方言中有不少词汇来自古汉语词汇，它们在普通话中已经不用，但在长兴方言中却得到传承，如：

“园”字，宋代《集韵 • 口部》已收该字，注为：“口浪切，音亢。藏也。”长兴方言读为［k‘ɔ̃^{334}］，意思“藏”。

“抈“字，汉代《说文 • 手部》有该字，注为：“折也。从手月聲。魚厥切。”长兴方言读为［øiɔ^{53}］，是“折断、折叠”的意思。

“隑”字，汉代扬雄《方言》已收该字，注为：“隑，陭也。”《集韵 • 阜部》注为：“柯開切，音该。”长兴方言读为［gɛ^{213}］，是“靠”的意思。

“镬”字，《说文 • 金部》收该字，注为：“鑴也。从金蒦聲。胡郭切。”《廣韵》注为：“鼎鑊。”“镬”是古代的锅子，长兴方言读为[ɦoʔ^{2}]，意思正是“锅子”。

“滗”字，《集韵 • 水部》有该字，注为：“逼密切，音筆。與潷同。”《博雅》：“盝也。一曰去汁也。”长兴方言读为[piəʔ^{5}]，意思是“挡住渣滓把液体倒出”，也就是“去汁”。

“熯”字，《说文 • 火部》收该字，注为：“乾皃。从火，漢省聲。”长兴方言读为[hɤ^{334}]，意思是“烘烤或油煎”。

上述古词汇在长兴方言中是常用词，但在普通话中却很少使用。

四、长兴特有的词汇

长兴方言中也存在着不少具有长兴经济、文化、习俗特色的词汇，仅在长兴地区使用，与周边地区的词汇存在着明显的差异。如：

“咕”，是长兴特有的疑问代词，可以兼表“谁”“什么”“哪里”。长兴话

“咕人”是“谁”，“做咕”是“做什么”，“咕辰光”是“什么时候”，“到咕里”是“到什么地方”。长兴周边的湖州不用“咕”，而用“索”，“作索”是“做什么”，“索辰光”是“什么时候”，“到索地方”是“到什么地方”。桐乡、海宁等地用“啥”表示，如“啥人”“做啥”“啥地方”。

“謷人”是长兴特有的词汇，表示“骂人”，这也是周边地区所没有的长兴特色词汇。

“细百楼”“细婉婷”，分别表示“小男孩”“小女孩”，也是周边地区所没有的。

“勿古得”，表示“不要紧”，是长兴特有的词汇。

“瞪宁头”，表示“倒霉的人”，是周边地区所不用的。

“打烊”，是长兴特色词，表示“打破”。周边地区说“打碎”或“敲碎”。

“明工”“家哇”等词，形容小孩子聪明，也是长兴特有的词汇。湖州地区有“奢遮”的说法。

长兴词汇中还有一些因长兴经济生产、文化习俗特点产生的词汇及俗谚语，如：

百叶龙，长兴特有的民间艺术活动道具。

吊瓜子，长兴特产，为周边地区所无。

紫笋茶，长兴生产的唐代贡茶。

金钉子，因长兴的特色地貌而产生的词汇。

小浦马灯，流行于长兴小浦的一门纸扎艺术。

老白酒，红曲酒，长兴人过年喝米酒。

第二节　长兴方言词汇系统的变化

词汇与社会的发展具有联动效应，随着社会的发展变化，经济的繁荣，人口的流动，词汇系统也会随时发生变化。长兴方言词汇系统的主要变化主要体现在如下三方面。

一、旧词语退出历史舞台

改革开放以来，长兴的经济文化发生了翻天覆地的变化，人们的生活状态为之改变，生活质量极大提高，许多原有的器皿物件已经淘汰，表示它们的词语也就不再使用了。如：

蛤壳油、水烟管、吹火筒、行灶、老虎灶、马桶豁筅、立桶、油布伞、煤头纸。

上述词汇有的因器物的消失而不用，如“老虎灶”在二十世纪五六十年代是十分普遍的，那时人们家里一般不烧水，要热水都是到老虎灶上去打热水的。“水烟管”“煤头纸”是以前抽水烟的必备品，现在人们不再抽水烟，“水烟管”“煤头纸”也就随器物的消失而消失。“马桶豁筅”是以前每家都有的器物，因为每天都要洗马桶，现在人们用上了抽水马桶，“马桶豁筅”也就不需要了。

二、词语表达方式的更换

受到普通话的影响，长兴方言里部分词汇逐渐改变了原有的说法，采用了普通话的说法。有时两个说法并存，往往是老年人与青年人各自采用自己的词汇，或者新旧两个词汇混用。如：

长兴方言词汇与共同语词汇对照表

表 2-1

长兴方言词汇	共同语词汇	长兴方言词汇	共同语词汇
掼浪头	讲排场	齐正	漂亮
勉强	刚才	瘤火腿	大脚疯
镬子	锅子	讲张	聊天
兴娘块	淋巴结	聋鬅	聋子
头绳	毛线	謷人	骂人
堂客	老婆	百脚	蜈蚣
广勺	水勺	将况	刚才
了疤	结束	滴子	塞子
雅俊	可爱	做舍姆	做月子
阿弟弟	鸭	细百楼	小男孩

三、新词语的大量涌入

一个社会经济文化的发展，会造成词汇系统的嬗变。一方面旧词语会退出词汇系统，另一方面新词语会不断产生，丰富词汇系统。汉语的词汇系统就是一个不断变化更新的系统，那些新产生的词语进入长兴词汇系统，丰富了长兴方言词汇，也提高了长兴方言的表达力。

如：

颜值、草根、山寨、淘宝、快递、网恋、粉丝、裸婚、社保、网银、动车、高铁、包邮、超市、强人、吃货、备胎、弹幕、脱口秀、剁手族、老司机、二手房、农家乐、闺蜜、表情包、高富帅、白富美、屌丝、共享单车、高速公路、极限运动。（名词）

顶、晕、挂、点赞、刷脸、反恐、吐槽、蜗居、派送、买单、点赞、海选、飙车、走穴、接轨、按揭、瘦身、干洗、泡吧、裸考、接轨、减负、蹦迪、潜水、劈腿、速配、有料、按揭、脱欧。（动词）

拽、杯具、低碳、猫腻、惊爆、闷骚、给力、淡定、重口味。（形容词）

上述词语虽然在字形上与普通话一样，但它们进入长兴的方言系统，读音已经发生了变化，成为长兴词汇的一部分，并为长兴百姓广泛使用，已成为长兴方言词汇系统的重要组成部分。

第三节　长兴方言词汇与普通话词汇的差异

长兴方言的词汇大部分与普通话词汇是相同的，但也有一小部存在着明显的差异。这一小部分差异起到了区别方言词汇与普通话词汇，或者方言词汇之间差别的作用。

一、词形的差异

长兴方言的词形与普通话词形存在着明显的不同。

第一种是长兴方言词汇采用与普通话词汇完全不同的词形，特别是一些单音词语。表示相同的概念，长兴方言与普通话采用了不同的词形，如：

表示肿起来的概念，长兴方言用“颲”[hɤ^{44}]，普通话用“肿”。

表示藏起来的概念，长兴方言用“园”[kɔ̃^{334}]，普通话用“藏”。

表示喷出来的概念，长兴方言用“滮”[piɔ^{44}]，普通话用“喷”。

表示洗的概念，长兴方言用“汏”[da^{213}]，普通话用“洗”。

表示咳嗽的概念，长兴方言用“呛”[tɕʻɤiã^{334}]，普通话用“咳嗽”。

表示溢出来的概念，长兴方言用“潽”[pʻu^{44}]，普通话用“溢”。

表示按下去的概念，长兴方言用“揿”[tɕʻin^{334}]，普通话用“按”。

表示掀出的概念，长兴方言用“枵”[ɕiɔ^{44}]，普通话用“掀”。

表示比量的概念，长兴方言用“㔟”[øiɪ^{44}]，普通话用“比”。

表示削的概念，长兴方言用“劈”[p‘i^{44}]，普通话用“削”。

长兴方言采用的大多都是古字，可以在古籍中得到考证，但它们却并不在普通话中使用。

当然，长兴方言还有某些词汇，无法在古籍中得到考证，只能用同音字代替，如：

凶[çiõ^{44}]，相当于普通话的“责备”。

告[kɔ^{13}]，相当于普通话的“邀请”。

笃[toʔ^{5}]，相当于普通话的“文火煮”。

第二种是语素的变换

表示相同的事物，长兴方言与普通话所采用的语素不同。如：

长兴方言：搭脉；普通话：把脉。

长兴方言：面皮；普通话：脸皮。

长兴方言：脱骱；普通话：脱臼。

长兴方言：聋髭；普通话：聋子。

长兴方言：大膀；普通话：大腿。

长兴方言：拱脓；普通话：化脓。

长兴方言：油腻；普通话：油污。

二、音节数量的不同

长兴方言词汇与普通话词汇的音节数量不同。有的词汇在普通话里是单音，双音、三音的，在长兴方言中音节分别发生了变化。如：

挖苦(钝)、油炸(沸)、咳嗽(呛)、流行(行)、家(屋里)、章(图章)、诉苦(叹苦经)、膝盖(膝钵头)、漫骂(骂山门)、麦粒肿(偷针)、找茬(扳杈头)、传染(过)、馋(嗷食)、歪嘴(歪嘴脯)、流口水(出口里水)。

上述词汇中，没加括号的是普通话词汇，括号里的是长兴词汇。长兴方言中有不少词汇与普通话的音节数量存在着差异。

三、词义的差异

在长兴方言词汇中的部分词汇和普通话的词义并不统一。最明显的是长兴方言中的“喫”，“喫”字虽然相当于普通话的“吃”，但比普通话的“吃”使用范围更广。“喫”相当于普通话的“吃、抽、喝”。在普通话中，人们常说“吃饭”“抽烟”“喝茶”，但在长兴方言中，人们说成“喫饭”“喫烟”“喫茶”。

在普通话中的“快“指“赶紧”或“马上”的意思，但在长兴方言中，“快”除了这两个意思之外，还指刀具或其他利器的锋利。如说：“格把刀要磨磨快唻。”普通话中的“老太婆”是年老的女人，“老老头”指年老的男人，但在长兴方言中，“老太婆”可以指“妻子”，“老老头”可以指“丈夫”。长兴话中的“媳妇”专指儿子的妻子，但普通话中还可以指自己的妻子。长兴话中的“阿爹”是指爷爷，但普通话中“阿爹”指父亲。

第四节　长兴方言词汇对当地经济文化、生活习俗的反映

长兴方言词汇是长兴地区客观世界的反映。通过长兴方言词汇，人们可以了解长兴地区的经济、人文、风俗、生活的方方面面。

一、地理风土特色

长兴地处浙江北部，位于苏浙皖三省交界处，具有独特的地理环境和地方特产，并由此产生了不少具有当地地理特色的词汇。

岕，是长兴特有的地名词，读音同“kǎ”。长兴有十里银杏长廊——八都岕，其他以“岕”为名的还有长潮岕、罗岕、礼贤岕、仰峰岕、东风岕、叙午岕、方坞岕、悬臼岕、桃花岕等。岕是一个特殊的地名词，原意为介于两山峰之间的空旷地，如八都岕就介于长兴两大高山——方山与岩山之间。1983年版的《长兴县地名志》记有以“岕”为名的自然实体类山谷，自然村、行政村共300余条。岕字作为地名反映了长兴一带的山区特点。

长兴有许多以“汏”为名的村落，如：洪桥的陈家汏、新塘的费家汏、下箬寺的闵家汏等。“汏”是吴方言的特殊词汇，读音同“dá”，从造字结构看，从土从大，是会意字，指的是大面积的土地。以“汏”为乡村名反映了当地的地理态势。

长兴有许多以“圩”为名的村落，如：吴山的独山圩、南庄的黄泥圩、新开河的龙塘圩等。“圩”，读音同“dǒu”，意思是河流交错的平原上所形成一块块肥沃的田地。1983年版的《长兴县地名志》记以“圩”作通名的地名，包括水利工程、自然村、行政村，有300余条。以“圩”为名的地名反映了水乡的地理风貌。

长兴还有以“畎”为名的，读音同“jiǎn”。如：畎桥，长期作乡名，即畎桥乡，1999年并入林城镇。相传该地原无桥，当时卢村有两个富户打赌，一说你若

能在该地造条石桥，我就能从该桥铺石板至卢村。结果造桥耗资巨大，完工时打赌的两户家产耗尽，一家仅剩一亩田，一家仅剩一条狗，桥遂名畝桥。

长兴还有以“磎”为名的，如：和平的磎碛村。“磎”，读音“xīn”，意思是裸露的石块，当地有山，因风化严重，山体岩石裸露，故名。

另外，长兴和平的霅泉村因在霅溪的上游而名。虹星桥的白水滩村，因村西有一较大的外河滩而得名。长兴还有涧西村、响水涧村等，因有山间的小溪“涧”而得名。

长兴地处杭嘉湖，也是江南水乡，长兴方言的地名有许多是带有浜、塘、漾、潭、桥等字，充分反映了江南水乡的特点。

长兴虽是江南水乡，但境内也有不少山区。因此，长兴的不少地名采用了山、岗、岭、冲、沟等跟山有关的词汇，反映了长兴的山区特点，如：凤山、张家山、黄巢岗、南岗、响水岭、父子岭、东泉水冲、石头冲、庙西沟、西冲沟等。

长兴的谚语中，也有不少反映了当地的地理环境特点，如：

跑煞长兴，摇煞泗安：说明长兴交通不便。

卸勿完广德，装勿完泗安：形容广德、泗安特产丰富，市场繁荣。

泗安广德州，来得去勿得：旧时形容泗安、广德一带社会治安不安定。

二、生产活动特色

长兴方言有许多词汇反映了当地的生产活动情况。

长兴是江南鱼米之乡，不少词汇反映了当地的农业生产状况，如：拔秧、稻桶、耘田、斫稻、落谷等都是农业生产的词汇。谚语中有：惊蛰一个雷，白米贱如泥；头茶勿採，二茶勿发；喫饭靠种田，用钱靠蚕桑。

长兴是著名的蚕桑产地，因此方言中存在许多与蚕桑有关词汇，体现了蚕桑生产的特点与丝绸之乡的风情，如：蚕沙、上山、僵蚕、谢蚕花、扯绵兜、蚕圆等。在长期的蚕桑生产中，长兴人总结出了一系列有特色的蚕事谚语，如：养蚕呒巧，食少便老；喫饭靠种田，用钱靠蚕桑；人老一年，蚕熟一时；小蚕靠火养，大蚕靠风养等。

长兴也是著名的茶叶产地，因此产生了不少与茶事相关的词汇和谚语，如：杀青、紫笋茶、贡茶院、镬糍茶、南白北紫、客来敬茶、嫩香值千金、时新茶叶陈年酒等。

三、民间习俗特点

受自然环境、人文习俗和宗教文化的影响，长兴形成了特有的文化风俗习惯，并在方言词汇中得到了充分反映。如：

“抓周”反映了小孩周岁时的庆典活动。根据当地传统，在孩子周岁时，将文具、玩具、钱财等多种器物，放在盆中，由孩子自由抓取，根据孩子所抓的物品来猜测他以后的前途。如抓了文具，孩子会读书聪明。如抓了钱财，孩子以后会赚钱。如抓了玩具，孩子以后可以喜欢玩耍。

“百叶龙”是具有长兴特色的传统民俗活动，龙身由众多的荷花的粉红花瓣组成，故称“百叶龙”。该处的“叶”其实并非树叶，而是荷花花瓣。

“小浦马灯”是长兴东部地区所流传的民间纸扎艺术形式。据说早在南北朝时期，陈武帝打仗时，身骑白马，击败北齐进攻。陈武帝是长兴人，当地农民为纪念他的功绩，扎白马以未纪念。由此形成了传统的“小浦马灯”。

关于长兴民俗习惯的相关的谚语也有不少，如：

冬至大如年：是说冬至比过年还要重要。

男大三，上金山；女大三，讨饭篮。是说男的比女的大三岁结婚是很吉利的，反映了长兴地区的婚姻风俗。

做九勿做十：民间四十岁以后做生日时俗语，即逢九做寿，借“九”寓意生命久长。

四、经济状况

词汇从一个层面反映了社会经济的发展。中华人民共和国成立以来，特别是改革开放以来，长兴的经济得到了迅猛的发展，新产品、新事物不断涌现，相关的词汇也越来越多。人们从长兴的相关词汇上就可以了解长兴经济的现状和发展。如：

吊瓜籽、长兴白果、顾渚紫笋、泗安酥糖、青梅、紫砂壶、太湖三白、水口八大碗、古银杏长廊、图影湿地、龙之梦乐园、玻璃栈道。

上述词汇中有的是长兴特产，有的是新建的旅游景观。它们从一个侧面反映了长兴的经济面貌。如：“龙之梦乐园”是一座国内一流的旅游休闲观光度假区，它的诞生，体现了长兴旅游经济的大飞跃。“玻璃栈道”建成时是省内最长的玻璃栈道，美化了长兴，提高了长兴的旅游知名度，提升了城市的档次。

词汇是城市发展的标志，在长兴的词汇系统里，既有反映传统习俗的词汇，也有体现现代风貌的词汇，综观长兴的词汇系统，可以真切地领略长兴经济、文化、生产、习俗各方面的状态。

第二章　长兴方言分类词汇

作为汉语的次方言，长兴方言的词汇系统与普通话基本保持一致，构成汉民族语言、思想交流的基础，但方言都具有不同的地域特色。“长兴方言分类词汇”罗列具有长兴辨识度的词汇 2000 个，以展示长兴方言的地域魅力。排序以首字笔画为序。

第一节　时间节令

一个老早[jiəʔ^{2}][gəʔ^{2}][lɔ^{13}][tsɔ^{44}]：一大早。【例】老王～就勒跑步唻。

一日到夜[jiəʔ^{2}][ȵiəʔ^{2}][tɔ^{334}][jia^{213}]：整天，一天到晚。【例】伊～勿晓得勒忙点咕？

一歇歇[jiəʔ^{2}][ɕiəʔ^{5}][ɕiəʔ^{5}]：一会。【例】实嗯格只手机～辰光就勿见唻。

十来日[zəʔ^{2}][lɤ^{13}][ȵiəʔ^{2}]：十天左右。【例】再过～，伊就要结婚唻。

七月半[tɕʻiəʔ^{5}][jiəʔ^{2}][pɤ^{44}]：中元节，俗称鬼节。【例】门朝是～，屋里要请阿太唻。

八月半[poʔ^{5}][ȵiəʔ^{2}][pɤ^{44}]：八月十五中秋节。【例】过几日就是～唻，实嗯请大家喫个饭。

乃[ȵɛ^{213}]：现在。【例】老底子屋里呒不铜钿，～好唻。

下半日[øo^{53}][pɤ^{53}][ȵiəʔ^{2}]：下半天。【例】门朝～，单位要开大会。

大月生[dəu^{213}][ȵiəʔ^{2}][sã^{44}]：上半年出生的人。【例】兄弟两个，老大是三月份出生，是～。

大年夜[dəu^{213}][ȵiɪ^{213}] [jia^{42}]：年三十晚上。【例】门朝是～唻，年夜饭是到饭店里喫呃。

大伏里[da^{213}][voʔ^{2}][li^{13}]：夏天最热的时候。【例】今年～天气勿算热。

大后日[dəu^{213}][øei^{42}][ȵiəʔ^{2}]：大后天。【例】门朝实嗯有勒屋里，～勿勒屋里。

上半日[zɔ̃^{213}][pɤ^{334}][ȵiəʔ^{2}]：上半天。【例】门朝～，实嗯要出差。

上半夜[zɔ̃^{213}][pɤ^{334}][jia^{213}]：夜里十二时以前称为上半夜。【例】昨日～睏勿

着，后算来喫咴一粒安眠药才睏着。

小月生[ɕiɔ^{53}][jiəʔ^{2}][sã^{44}]：下半年出生的人。【例】实嗯是～，12 月才养出来。

小年夜[ɕiɔ^{53}][ȵiɪ^{42}] [jia^{42}]：除夕前一天称为小年夜。【例】年三十屋里喫，～到饭店里喫。

小辰光[ɕiɔ^{53}][zən^{42}][kɔ̃^{53}]：小时候。【例】实嗯～经济条件差，屋里电灯、电话侪呒不。

个把礼拜[kei^{334}][po^{334}][li^{42}][pa^{53}]：一个礼拜左右。【例】实嗯出差要～。

个把钟头[kei^{334}][po^{334}][tsõ^{44}][dei^{13}]：一小时左右。【例】负责人勿勒化，实五过～再来。

门年界[məŋ^{13}][ȵiɪ^{13}][ka^{44}]：明年。【例】老张有钞票咴，～要买房子咴。

门朝[məŋ^{13}][zɔ^{13}]：明天。【例】小区通知，～要停电。

开年[k‘ɤ^{334}][ȵiɪ^{334}]：明年。【例】欠五格点钞票要～再还五咴。

天亮快[t‘iɪ^{44}][liã^{13}][k‘ua^{44}]：快天亮时。【例】老王夜够头出去，到～才回转，勿晓得勒做咕？

春三头[ts‘ən^{44}][sɛ^{44}][dei^{13}]：春天，也叫上春三。【例】实嗯一到～身闹就要过敏发斑。

日中[ȵiəʔ^{2}][tsõ^{44}]：中午。【例】实嗯～到屋里喫饭，实五有事体过来好咴。

日长[ȵiəʔ^{2}][zã^{13}]：白天长。【例】冬天日短夜长，夏天～夜短。

日头[ȵiəʔ^{2}][dei^{13}]：太阳。【例】格两日呒不～，勿要晒被头。

日头里[ȵiəʔ^{2}][dei^{13}][li^{13}]：太阳底下。【例】勿要住勒～，皮肤晒黑咴。

日里[ȵiəʔ^{2}][li^{42}]：白天。【例】中国～是美国夜里。

日脚[ȵiəʔ^{2}][tɕiaʔ^{5}]：日子。【例】中国老人～越来越舒齐咴。

日短[ȵiəʔ^{2}][tɤ^{53}]：白天短。【例】格两日～，夜快边五点多天就黑咴。

介息[ka^{44}][ɕiəʔ^{5}]：现在。【例】老底子侪家条件差，～侪富裕咴。

今朝[tɕin^{44}][tsɔ^{44}]：今天。【例】实嗯～要到上海出差，勿勒屋里。

月半[jiəʔ^{2}][pɤ^{334}]：阴历十五。【例】今朝是～，月亮特别大。

月头闹[jiəʔ^{2}][dei^{13}][nɔ^{13}]：月初。【例】欠人家格点钞票，下个月～侪要还清。

月到月[jiəʔ^{2}][tɔ^{334}][jiəʔ^{2}]：一月接一月。【例】工资～会得发，实五怕啥？

月底边[jiəʔ^{2}][ti^{53}][piɪ^{53}]：一个月的最后几天。通常每个月的 20 号以后称作月底。【例】实嗯工资勿高，一到～钞票就用光咴。

乌青更[øu^{44}][ɕin^{44}][kã^{44}]：天刚亮时。【例】今朝要到浦东乘飞机，实嗯天～就拉起来咴。

正月半[tsən^{44}][jiəʔ^{2}][pɤ^{44}]：正月十五，元宵节。【例】老底子，过年做客人要做到～。

正月里[tsən^{44}][jiəʔ^{2}][li^{13}]：农历的第一个月。【例】实嗯～要到泰国旅游。

功夫[kõ^{44}][fu^{44}]：时间。【例】格两日事体多，实嗯呒不～看书。

旧年[dʑiəw^{213}][ȵiɪ^{213}]：去年。【例】实嗯～生意好，今年生意勿好。

立时三刻[liəʔ^{2}][zi^{13}][sɛ^{44}][kʻəʔ^{5}]：马上。【例】一接着屋里打来电话，老李～就开车回转唻。

半夜里[pɤ^{334}][jia^{213}][li^{42}]：深夜。【例】明早五点钟要坐飞机，～就要起床唻。

头七[dei^{13}][tɕʻiəʔ^{5}]：一种丧殡习俗。习惯上认为“头七”指的是人去世后的第七日。【例】明朝要得老太太做～，单位里开会要请假唻。

礼拜日[li^{42}][pa^{53}][ȵiəʔ^{2}]：星期天。【例】门朝是～，实嗯要到杭州去。

老底子[lɔ^{42}][ti^{53}][tsɿ^{53}]：从前。【例】伢～条件差煞，屋里一点钞票阿呒不，乃条件是好唻。

有一歇[øi^{53}][jiəʔ^{2}][ɕiəʔ^{5}]：有一会儿了。【例】伊走唻～，应该到屋里唻。

早二头[tsɔ^{53}][n^{42}][dei^{42}]：早晨。【例】门朝～实嗯去买早点。

早先头[tsɔ^{53}][ɕiɪ^{53}][dei^{42}]：以前。【例】～街闹侪是小喫店，乃侪搬走唻。

年头闹[ȵiɪ^{13}][dei^{13}][nɔ^{13}] ：过年时。【例】今年～实嗯到出去旅游。

年把[ȵiɪ^{13}][po^{44}]：一年左右。【例】格幢房子造好还要～时间。

年伲巴[ȵiɪ^{13}][ȵiɪ^{13}][po^{44}]：年尾巴，年底。【例】格两日～唻，做勿成咕事体唻。

年脚边[ȵiɪ^{13}][tɕiaʔ^{5}][piɪ^{44}]：年底。【例】生意到～特别忙。

先起头[ɕiɪ^{44}][ɕi^{44}][dei^{13}]：从前，当初。【例】村闹交关人家～侪穷煞，介息侪有钞票唻。

后日[øei^{53}][ȵiəʔ^{2}]：后天。【例】单位里～放假，实嗯要到上海去。

后半夜[øei^{53}][pɤ^{53}][øia^{53}]：午夜十二时以后至天亮（黎明）前的一段时间。【例】昨日实嗯～值班，到介息还呒不睏醒。

后年界[øei^{53}][ȵiɪ^{42}][ka^{53}]：后年。【例】到唻～，小把戏工作唻，屋里条件会好起来。

后算来[øei^{53}][sɤ^{53}][lɤ^{42}]：后来。【例】五六十年代条件勿好，～改革开放侪家富起来唻。

来勿齐[lɤ^{13}][vəʔ^{2}][dʑi^{13}]：来不及。【例】还有一个钟头火车就要开唻，实五出去买东西是～呃。

呒不几日[m^{13}][pəʔ^{5}][tɕi^{44}][ȵiəʔ^{2}]：没有几天。【例】辰光快煞，～就要过年唻。

饭后［vei^{334}］［øei^{53}］：吃饭以后。【例】伊喜欢～喫根香烟。

饭前［vei^{334}］［ʑiɪ^{213}］：吃饭以前。【例】～、便后要汏手。

坦坦[t‘ε^{53}][t‘ε^{53}]：等一会儿。【例】实嗯～再来，介息有事体。

顷刻头闹[tɕ‘in^{44}][k‘əʔ^{5}][dei^{13}][nɔ^{13}]：马上。【例】实五催得介急，实嗯～是回答勿出呃。

夜快边[øia^{334}][k‘ua^{334}][piɪ^{334}]：傍晚。【例】实嗯门朝～到长兴。

夜够头[øia^{334}][kei^{334}][dei^{213}]：晚上。【例】昨日～实嗯得老婆勒超市买东西。

点心边[tiɪ^{53}][ɕin^{53}][piɪ^{53}]：吃中饭的时候，中午。【例】格点生活起码做到～。

点心样闹[tiɪ^{53}][ɕin^{53}][jiã^{42}][nɔ^{42}]：中午，吃饭的时候。【例】实嗯～要到汽车站接客人。

昨日[zo^{42}][ȵiəʔ^{2}]：昨天。【例】～早二头，实嗯看见老王掼唻一跤。

勉强[miɪ^{42}][tɕ‘iã^{53}]：刚才。【例】李老师～勒教室里，乃去开会唻。

将况[tɕiã^{44}][hɔ̃^{44}]：刚才。【例】伊～勒办公室里，介息勿晓得勒咕里？

前半夜[ʑiɪ^{13}][pɤ^{44}][øia^{44}]：上半夜。【例】～实嗯值班，后半夜老金值班。

前两日[ʑiɪ^{13}][liã^{13}][ȵiəʔ^{2}]：前几天。【例】主任～到东北出差，到乃还呒不回转。

热天公[ȵiəʔ^{2}][t‘iɪ^{44}][kõ^{44}]：夏天。【例】实嗯顶勿喜欢～，还是天冷好。

接落来[tɕiəʔ^{5}][loʔ^{2}][lɤ^{13}]：接下来。【例】格两日天气好，～要落雨唻。

黄昏头[ɦɔ̃^{13}][hun^{44}][dei^{13}]：傍晚时。【例】六月里到了～太阳还蛮大。

眼目前[ŋε^{42}][moʔ^{2}][ʑiɪ^{42}]：眼前。【例】实五～经济有困难，过两年会得好起来呃。

啥五日[sa^{44}][ŋ^{13}][ȵiəʔ^{2}]：不到五天。【例】再过～就有消息唻。

喫饭辰光[tɕ‘iəʔ^{5}][vε^{13}][zən^{13}][kɔ̃^{44}]：吃饭的时候。【例】门朝～实嗯来看五。

第二节　天文气象

入梅[zəʔ^{2}][mei^{213}]：初入梅雨期的日子。【例】门朝～，黄梅天要来唻。

干燥[kɤ^{13}][sɔ^{44}]：天气变干燥、缺乏水分。【例】最近天气太热唻，皮肤有点～。

飞星[fi^{13}][ɕin^{44}]：流星。【例】记得小辰光实嗯顶喜欢一边乘风凉，一边看天闹～。

开春[k‘ɤ^{334}][ts‘ən^{334}]：指农历正月或立春前后。【例】今年～后，天气还有点冷，老年人要注意保养。

天火烧[t‘iɪ^{44}][həu^{44}][sɔ^{44}]：因打雷等自然现象引起的火灾。【例】老底子讲房子～，就是表示老天勒惩罚伊。

天狗喫月亮[tiɪ^{44}][kei^{44}][tɕ‘iəʔ^{5}][jiəʔ^{2}][liã^{13}]：月食。【例】小辰光看见～，就稀奇煞唻。

云障[jin^{13}][tsɔ̃^{44}]：云层。【例】要落雨唻，天闹侪是～。

云障天[jin^{13}][tsɔ̃^{44}][tiɪ^{44}]：多云天。【例】今朝是～，衣裳汏唻晒勿干。

毛毛雨[mɔ^{13}][mɔ^{13}][øi^{44}]：很小的雨。【例】外头勒落～，出去要带把伞。

长阵雨[zã^{13}][zən^{13}][øi^{44}]：雨下得时间很长。【例】上昼是阵头雨，乃是～唻。

打阵头[tã^{42}][zən^{213}][dei^{213}]：下阵雨。【例】门朝要～，实五出差要带把伞。

打忽现[tã^{42}][hoʔ^{5}][ɕiɪ^{42}]：闪电。【例】实嗯小辰光顶怕～。

冬至日[t‘ɔ̃^{44}][tsɿ^{44}][ȵiəʔ^{2}]：冬至这一天。【例】门朝是～唻，要去买几只团子喫喫。

冬至夜头[tɔ̃^{44}][tsɿ^{44}][jia^{13}][dei^{13}]：冬至当天的晚上。【例】～全家人要一道吃冬至夜饭。

出梅[ts‘əʔ^{5}][mei^{13}]：梅雨结束的日期。【例】门朝总算～唻，衣裳好汏汏唻。

发大水[faʔ^{5}][dəu^{213}][sei^{53}]：洪水泛滥。【例】杭嘉湖是好地方，几十年勿发～唻。

发风[faʔ^{5}][fɔ̃^{55}]：刮西北风。【例】冬天一～，天就伊晴伊冷。

发冷讯[faʔ^{5}][lã^{42}][ɕin^{53}]：天气变冷。【例】门朝要～唻，出门多着点衣裳。

发霉[faʔ^{5}][mei^{213}]：有机物因霉菌生长而变质、变色。【例】豆腐干摆勒冰箱里三日，侪～唻。

台风[dɤ^{13}][fɔ̃^{55}]：飓风。【例】有一年刮～，房子吹倒唻几十间。

西北风[ɕi^{44}][poʔ^{5}][fɔ̃^{55}]：从西北方向吹来的风。【例】冬天～一吹，天就介冷唻。

冰八吊[piŋ^{44}][poʔ^{5}][tiɔ^{44}]：悬挂的冰柱。【例】实嗯小辰光，一到冬天屋顶闹侪里～，介息天气热，～好几年勿见唻。

阵头风[zən^{213}][dei^{213}][fɔ̃^{334}]：时间短暂，风力强大，变化急速的风。【例】六月里阵头雨前头，侪要吹～呃。

阵头雨[zən^{213}][dei^{213}][øi^{53}]：雷阵雨。【例】今朝是～，等一息就勿落唻。

阴天[øin^{44}][tiɪ^{44}]：天色阴暗的天空状况。【例】格两日侪是～，衣裳晒勿干，正刚鸡糟。

阴场务[øin^{44}][zã^{13}][øu^{44}]：背阴的地方。【例】介大太阳有点喫勿消，侪家到～休息休息。

弄堂风[lõ^{213}][dɔ̃^{213}][fõ^{334}]：穿堂风。【例】小辰光喜欢吹～，乃房子拆掉唻，～吼不唻。

还潮[ɦuɛ^{213}][zɔ^{213}]：黄梅天湿度大，东西变潮湿了。也叫犯潮。【例】一到黄梅天，屋里东西侪～、出白花。

连底冻[lii^{13}][ti^{44}][tõ^{44}]：河塘水缸等彻底冻结。【例】记得小辰光有一年冬天特别冷，交关河浜侪～，小把戏勒河面闹吵白相。

吹风落雨[tɕʻɿ^{44}][fõ^{44}][loʔ^{2}][øi^{53}]：起风或下雨。【例】碰着～天气，实嗯是勿出门呃。

冻冰[tõ^{334}][pin^{334}]：结冰。【例】门朝天冷要～唻，出门要保暖。

顶头风[tin^{53}][dei^{42}][fõ^{53}]：逆风。【例】冬天公走路碰着～就喫力唻。

雨头里[øi^{53}][dei^{42}][li^{42}]：雨里。【例】出门吼不带伞，实嗯勒～涿唻半日。

雨夹雪[øi^{53}][kaʔ^{5}][ɕiəʔ^{5}]：是指由雨水与部分融化的雪混合，并同时降落而形成的一种特殊降水现象。【例】天气预报，门朝有～，天气要冷唻。

戗风[tɕʻiã^{44}][fõ^{44}]：逆风。与风向相对。【例】朝东走是～，还是朝西走好。

空阵头[kʻõ^{44}][zən^{13}][dei^{13}]：电闪雷鸣而不下雨。【例】明日伊打雷伊忽现，当做要落雨唻，勿想着是个～。

秋老虎[tɕʻiɪ^{44}][lɔ^{13}][həu^{44}]：立秋后的高温天气。【例】立唻秋还热煞，后头还有十八只～唻。

鬼头风[kui^{53}][dei^{42}][fõ^{53}]：旋风。【例】一阵～吹来，头闹葛凉帽勿晓得吹到咕地方去唻。

起风[tɕʻi^{53}][fɔ̃^{44}]：开始发风。【例】早二头五点多开始～，介息风越来越大唻。

起雾[tɕʻi^{53}][ɦu^{213}]：空气中的水汽凝结成细微的水滴悬浮于空中。【例】汽车一开始热空调，玻璃窗闹就～唻。

倒做黄梅[tɔ^{334}][tsəu^{334}][ɦɔ̃^{44}][mei^{13}]：梅雨带北移后重又南下压在江淮流域再度维持的现象。【例】格两日～，天气伊还潮唻。

烊雪[jiã^{13}][ɕiəʔ^{5}]：雪融化。【例】落雪勿冷，～冷。

黄梅天[ɦɔ̃^{44}][mei^{13}][tiɪ^{44}]：初夏长江中下游流域经常出现一段持续较长的阴沉多雨天气。【例】一年当中，实嗯顶勿喜欢～。

脱衣秋[tʻəʔ^{5}][øi^{44}][tɕʻiɪ^{44}]：立秋后“秋老虎”持续的时间长，说明立秋后气温还会长时间处于炎热状态，人们依然会穿得比较少，即所谓的“脱衣秋”。反之，立秋后“秋老虎”持续的时间短，天气会很快凉下来，人们要及时添加衣服防止着凉，即所谓的“穿衣秋”[tsaʔ^{5}][øi^{44}][tɕʻiɪ^{44}]。【例】立秋勒还介热发兹，今年介是格～。

雪珠[ɕiəʔ^{5}][tsɿ^{44}]：霰的俗称。【例】开始落～，后算来就落雪唻。

落大雨[loʔ^{2}][dəu^{213}][øi^{53}]：下大雨。【例】下个礼拜要～，顶好勿要出门。

落大雪[loʔ^{2}][dəu^{213}][ɕiəʔ^{5}]：下大雪。【例】长兴好几年勿～唻。

落冰雹[loʔ^{2}][pin^{44}][bɔ^{13}]：下冰雹。【例】当做今朝要落雪，勿想着雪呒不落，是～。

落雨[loʔ^{2}][øi^{53}]：下雨。【例】天气预报，门朝要～。

落雨世界[loʔ^{2}][øi^{53}][sɿ^{53}][ka^{53}]：落雨天气。【例】格种～实五勿要出门唻。

落雪[loʔ^{2}][ɕiəʔ^{5}]：下雪。【例】长兴有好几年勿～唻。

蓬松雨[bɔ̃^{13}][sɔ̃^{44}][øi^{44}]：毛毛雨。【例】上半日落～，实嗯呒不张伞，身闹还是湿答答呃。

雾露[ɦu^{213}][ləu^{213}]：雾气。【例】格种～天，开车要小心。

暖热[nɤ^{42}][[ȵiəʔ^{2}]：温暖。【例】今年冬天还算～，实嗯羽绒服呒不着。

鲎[hei^{334}]：虹。【例】落好雨出太阳，天空会得出现一条～。

霜打[sɔ̃^{44}][tã^{44}]：下霜，也叫落霜。【例】青菜～以后味道就好喫唻。

露水[ləu^{213}][sei^{53}]：夜晚或清晨近地面的水气遇冷凝华成小冰晶然后再熔化于物体上的水珠。【例】早二头树叶闹侪是～。

第三节　地理方位

土墩墩[tʻəu^{53}][tən^{53}][tən^{53}]：土堆。【例】村口头老底子有个～，介息呒不唻。

下风头[ɦo^{42}][fɔ̃^{53}][dei^{42}]：风所吹去的方向。【例】实嗯立勒～闹，总归喫亏呃。

下头[ɦo^{42}][dei^{42}]：下面。【例】地板～有交关蟑螂。

上风头[zɔ̃^{213}][fɔ̃^{334}][dei^{213}]：风所吹来的方面。【例】实五勒～喫香烟，烟味道侪吹到实嗯哈闹。

上半边[zɔ̃^{213}][pɤ^{334}][piɪ^{334}]：上面。【例】格支甘蔗～喫勿得唻，下半边还好喫喫。

上头[zɔ̃^{213}][dei^{213}]：上面。【例】实五立勒～，看得清爽点。

山顶闹[sɛ^{44}][tin^{44}][nɔ^{13}]：山顶上。【例】上个月，实嗯爬山一直爬到～，人有

点嗅力。

山脚下[sɛ^{44}][tɕiaʔ^{5}][ɦo^{13}]：山下。【例】乡下老房子勒～。

门[mən^{13}]：表示方位的名字，如：东～头。【例】搬新房子前，实嗯住勒西～外。

门口头[mən^{13}][k‘ei^{44}][dei^{13}]：门前。【例】勿晓得咕辰光～来唻二个陌生人。

门外头[mən^{13}][ŋa^{13}][dei^{13}]：门外。【例】小王立勒～，勿肯进来。

叉路[ts‘o^{334}][ləu^{213}]：岔路。【例】走到～口，再朝东走，就到医院唻。

乡下头[ɕiã^{44}][ɦo^{13}][dei^{13}]：农村。【例】老底子城里生活好，介息～比城里好。

左半边[zəu^{42}][pɤ^{53}][piɪ^{53}]：左边。【例】格只桌子～侪烂脱唻。

右半边[øiɪ^{44}][pɤ^{44}][piɪ^{44}]：右边。【例】手机～格两个按键勿灵唻。

外头[ŋa^{13}][dei^{13}]：外面。【例】外婆勒～，实嗯去叫伊进来。

半山腰[pɤ^{334}][sɛ^{334}][øiɔ^{44}]：半山上。【例】年纪大唻，爬到～就爬勿动唻。

边闹[piɪ^{44}][nɔ^{13}]：旁边。【例】那两个人勒吵架，～交关人勒看热闹。

坆[da^{334}]：大片平坦的土地，常用作地名，如：洪桥的陈家坆，后写作埭。【例】外婆拉屋里住勒陈家～。

场乌[zã^{13}][ɦu^{13}]：地方。【例】细百楼勿晓得到咕～去唻？

过东[kəu^{334}][tõ^{44}]：向东。【例】邮电局～三百米，有爿面店。

过西[kəu^{334}][ɕi^{44}]：向西。【例】走过工商银行，再一直～，就是汽车站。

旮旮旯旯[ha^{44}][ha^{44}][la^{13}][la^{13}]：角角落落等隐蔽的地方。【例】实五～里再好好交寻寻看。

弄堂[lõ^{13}][dõ^{13}]：小巷。【例】格条～已经有几十年唻。

坟窠墩[vən^{13}][k‘əu^{44}][tən^{44}]：乱坟丛生处。【例】田畈里侪是～，介息侪呒不唻。

村坊[ts‘ən^{44}][fõ^{44}]：自然村。【例】侪家住唻一个～闹，出唻事体好好交商量，勿要寻相骂。

里厢[li^{42}][ɕiã^{53}]：里面。【例】叫老太太坐勒～，实嗯坐勒外面，安全第一。

岕[ka^{44}]：长兴地名。【例】门朝要到八都～去调查民俗。

身口头[sən^{44}][k‘ei^{44}][dei^{13}]：身边。【例】小狗喜欢趴勒实嗯～。

角落头[koʔ^{5}][loʔ^{2}][dei^{13}]：角落里。【例】手机勿晓得落勒咕里，每只～侪寻过唻，侪勿着。

冷角落[lã^{42}][koʔ^{5}][loʔ^{2}]：冷僻的地方。【例】新房子地段是只～，怪勿得价格勿高。

岸地[ɦɤ^{42}][di^{42}]：不灌水的土地。【例】村里有～，还有水田。

岭[lin^{42}]：常用于村落名。如：襄王岭、父子岭。【例】长兴二界～有个现代农业观光园，游客越来越多唻。

鱼塘[ŋ^{13}][dɔ̃^{13}]：水池。【例】娘舅承包唻村里十几只～。

底下[ti^{53}][[ɦo^{42}]：下面。【例】伊住勒楼闹，实嗯住勒～。

河浜[ɦu^{13}][pã^{44}]：小河。【例】小辰光，细百楼侪勒～里潮浴。

河滩头[ɦu^{13}][t'ɛ^{44}][dei^{13}]：水边之地，也叫港滩头。【例】细百楼顶喜欢到～捉鱼、摸蟹。

畈[tɕiɪ^{53}]：长兴方言地名。【例】小刘是～桥村人。

哈闹[haʔ^{5}][nɔ^{213}]：这里。【例】实嗯老早就坐勒～，俤侪吃不看见嗯。

贴邻所[t'iəʔ^{5}][lin^{13}][səu^{44}]：隔壁邻居。【例】伊是实嗯～，有二十多年唻。

桥坎头[dei^{13}][k'ɛ^{44}][dei^{13}]：河边的石台阶。【例】实嗯小辰光喜欢坐勒～闹钓鱼。

桥堍下[dʑiɔ^{13}][t'əu^{44}][ɦo^{13}]：桥与陆地连着的部分。【例】实嗯专门到～格家面店里喫面。

格头[gəʔ^{2}][dei^{13}]：那里。【例】实嗯脚踏车停勒～，实五寻勿着呃。

浜[pã^{44}]：常用于村落名。【例】实嗯外婆住勒刘家～。

高高墩[kɔ^{44}][kɔ^{44}][tən^{44}]：土堆。【例】老底子乡下侪是～，介息侪吃不唻。

斜对过[ʑia^{42}][tei^{53}][kəu^{53}]：斜对面。【例】实嗯住勒老李拉～，两家人家来去方便煞。

壁角落里[piəʔ^{5}][koʔ^{5}][loʔ^{2}][li^{13}]：墙角落里。【例】小狗缩勒～勿肯出来。

霞[ɦo^{13}]：长兴方言地名。【例】长兴后漾乡有～城村。

第四节　身　体

人中 [zən^{12}][tsõ^{44}]：人体鼻唇沟。人中穴是一个重要的急救穴位，是急救昏厥要穴。【例】人昏过去唻，叫得掐～，就介会得醒转来。

八字眉[pa^{53}][zɿ^{213}][mei^{213}]：倒挂眉。【例】格只面架子生得还可以，就是～勿好看。

三角眼[sɛ^{44}][koʔ^{5}] [ŋɛ^{13}]：呈三角形的眼睛。【例】人生唻一双～，看上去有点凶巴巴。

下身[øo^{53}][sən^{53}]：（1）人体的下半身。【例】上身长，～短。（2）指阴部。【例】潮浴辰光，～好好交汏汏清爽。

大块头[dəu^{213}][k‘ui^{334}][dei^{213}]：形体高大肥胖的人。【例】民间有句俗语：～，呒青头。

大脚[dəu^{213}][tɕiaʔ^{5}]：⑴脚掌大。【例】小陈生唻一双～，皮靴买勿着，要专门定做。⑵旧指未裹足妇女之脚。【例】老底子，～姑娘只好当丫头。

大骱[dəu^{213}][ga^{213}]：臀部的髋关节。【例】格两日～有点酸痛。

大膀[dəu^{213}][pɔ̃^{53}]：大腿。【例】小伙子身体勿好，～闹呒不肉。

大嘴脯[dəu^{213}][tsei^{53}][bu^{42}]：大嘴巴。【例】小王身闹有三大：～、大眼睛、大耳朵。

上身[zɔ̃^{213}][sən^{334}]：人体的上半身。【例】伊身材比例失调，～太短唻。

门牙[mən^{13}][ŋa^{13}]：门齿的通称。【例】细百楼落脱唻二颗～，嘴脯勿敢张开来。

小舌头[ɕiɔ^{53}][zəʔ^{2}][dei^{13}]：口腔内软腭游离缘向下突出的部分，俗称小舌。【例】～发炎，红肿难受。

小肚皮[ɕiɔ^{53}][dəu^{42}][bi^{42}]：小腹。【例】小王营养太好唻，～闹侪是油。

小姆节头[ɕiɔ^{53}][m^{42}][tɕiəʔ^{5}][dei^{13}]：小姆指。【例】实嗯～伤脱唻。

小脚[ɕiɔ^{53}][tɕiaʔ^{5}]：特指缠足女子的脚，又名“三寸金莲”。【例】从明代到民国几百年里，女人绕～是一种时尚。

小膀[ɕiɔ^{53}][pɔ̃^{53}]：小腿。【例】实嗯～闹生唻一个记。

太阳心[t‘a^{334}][jiã^{213}][ɕin^{53}]：太阳穴。【例】按摩按摩～，脑子觉着舒依点。

牙上肉[ɦa^{12}][zɔ̃^{12}][ȵioʔ^{2}]：牙龈。【例】格两日有点喫力，～有点浮高，要喫西洋参唻。

手心[sei^{53}][ɕin^{53}]：手掌的中心部分。【例】细婉婷～里生唻一个红痣。

手节头[sei^{53}][tɕiəʔ^{5}][dei^{13}]：手指。【例】切菜勿当心，～划开出血唻。

手背[sei^{53}][pei^{53}]：手的背面。【例】伊～闹侪是老年斑。

手脚[sei^{53}][tɕiaʔ^{5}]：（1）人体的四肢。【例】～冰冷。（2）指举动、动作。【例】慌唻～。（3）企图达到某种目的而采取的行动。【例】暗头里做～。

长子[zã^{13}][tsɿ^{44}]：高个子。【例】实嗯单位里有三个～，小李顶长。

长头颈[zã^{13}][dei^{13}][tɕin^{44}]：长脖子。【例】小李长脚、～，个子有一米八。

长条子[zã^{13}][diɔ^{13}][tsɿ^{44}]：高个子。【例】拉兄弟两个，一个是～，一个是矮胖子。

长相[tsã^{53}][ɕiã^{53}]：相貌。【例】小伙子面孔～勿错，就是人太矮。

乌龟板[øu^{44}][tɕi^{44}][pɛ^{44}]：上颚。【例】茶太烫唻，～烫起一个泡。

巴掌[po^{44}][zɔ̃^{13}]：（1）张开手掌迅速厉害的一击。【例】实嗯打唻伊一～。（2）比喻地方小。【例】地方～介大，做勿成大事体。

田螺眼[diɪ^{13}][ləu^{13}][ŋɛ^{13}]：田螺眼指大而圆的眼睛，是江浙一带等地的吴语方言。【例】阿德拉老婆生唻一双～，眼睛水灵有神。

生相[sã^{44}][ɕiã^{44}]：长相、相貌。【例】格付～一看就勿是好人。

瓜子脸[ko^{44}][tsɿ^{44}][liɪ^{13}]：形似瓜子的脸型，长而窄的，上部略圆，下部略尖。【例】小姑娘生唻一张～，看起来聪明可爱。

兰花节头[lɛ^{13}][ho^{44}][tɕiəʔ^{5}][dei^{13}]：兰花指，通常指大拇指和中指捏合，其余三指展开的手势。【例】老金喫饭辰光，时常翘起～，看起来有点阿娘腔。

头皮[dei^{13}][bi^{13}]：（1）头顶及其周围的皮肤。【例】长远勿汏头，～有点鲜唻。（2）头皮屑，头皮表面脱落下来的碎屑。【例】肩胛闹侪是～。

头顶心[dei^{13}][tin^{44}][ɕiŋ^{44}]：头顶中央。【例】一阵冷气，直冲～。

头颈[dei^{13}][tɕin^{53}]：脖子。【例】打唻半日电脑，～有点酸唻。

头路[dei^{13}][ləu^{12}]：分开头发的界线。【例】细婉婷梳头，顶要紧是分好～。

老茧[lɔ^{42}][tɕiɪ^{53}]：皮肤长期受压迫和摩擦而引起的手足皮肤局部扁平角质增生。【例】小方拉老头子是乡下人，手闹生满唻～。

耳朵污[n^{42}][to^{53}][øu^{53}]：耳屎。【例】伊勿大注意个人卫生，耳朵里侪里～。

光浪头[kɔ̃^{44}][lɔ̃^{13}][dei^{13}]：光头。【例】伊从小就剃～，侪家叫伊小和尚。

肉头[[ȵioʔ^{2}][dei^{13}]：皮肤。【例】小姑娘生来眼睛大，～白，蛮讨人喜欢。

舌苔[zəʔ^{2}][tʻɤ^{44}]：舌背上有一层薄白而润的苔状物，叫舌苔。【例】格两日，实嗯身体勿好，～发白。

后枕骨[øei^{53}][tsəu^{53}][koʔ^{5}]：后脑勺，因在头部后面，故称后枕骨。【例】一勿小心，～撞出唻一个泡。

肋胳子[ləʔ^{2}][gəʔ^{2}][tsɿ^{53}]：腋下。【例】细百楼长远勿潮浴，～里有点味道唻。

肋胳毛[ləʔ^{2}][gəʔ^{2}][mɔ^{13}]：腋毛。【例】细百楼发育唻，生出来交关～。

肋棚骨[ləʔ^{2}][bã^{13}][kuəʔ^{5}]：肋骨。【例】隔壁老程骑电瓶车惯唻一跤，～断唻二根。

汗毛[ɦɤ^{13}][mɔ^{13}]：指除头发、胡子外人体其余部分优质柔软的毛发。【例】小伙子身体好，～多。

尽根牙[zin^{42}][kən^{53}][ŋa^{42}]：最靠近喉咙的牙齿，也称智齿。【例】细百楼～

侪出好唻。

利丝[li^{42}][sɿ^{53}]：人身体上的污垢。【例】一个星期勿潮浴，浑身侪是～。

肚肠[dəu^{42}][zã^{42}]：肠子。【例】鸡～老底子是好喫呃，那侪勿喫唻。

肚脐眼[dəu^{42}][dz^{42}][ŋɛ^{42}]：肚脐。【例】小把戏着裤子，～勿要露勒外面。

尾巴桩[mi^{42}][po^{53}][tsɔ̃^{53}]：尾椎骨。【例】老林脚踏车闹掼脱来，医生讲～掼伤唻。

坦肩胛[t‘ɛ^{53}][tɕiɪ^{53}][ga^{42}]：比喻勿愿意承担责任。【例】伊是～，做事体勿肯挑担子。

拉带胡子[la^{13}][ta^{44}][ɦu^{13}][tsɿ^{44}]：络腮胡子。【例】李师傅生唻一面孔～，看起来有凶。

招风耳朵[ts‘ɔ^{44}][fõ^{44}][ȵi^{13}][to^{44}]：招风耳。【例】生～格人是勿少呃。

苦胆[k‘əu^{53}][tɛ^{53}]：胆囊。【例】杀鱼千万勿要弄碎～，弄碎喫起来就苦唻。

单眼皮[tɛ^{44}][ŋɛ^{13}][bi^{13}]：单睑的俗称，即眼皮无褶皱。【例】小华眼睛是～，架型倒蛮齐正。

指掐[tsɿ^{53}][k‘aʔ^{5}]：指甲，也称为指爪。【例】一个人健康勿健康，看伊～就晓得唻。

面孔[miɪ^{213}][k‘õ^{213}]：脸。【例】喫唻海鲜，～闹发出来交关红斑。

面皮[miɪ^{213}][bi^{213}]：脸皮。【例】吉个人真勿要～，狂了错误还要神气煞。

面肩骨[miɪ^{213}][tɕiɪ^{334}][kuəʔ^{5}]：额骨。【例】小李拉老婆，～有点高。

面相[miɪ^{213}][ɕiã^{334}]：相貌。【例】李苏身材难看，～好看。

背脊[pei^{334}][tɕiəʔ^{5}]：背。【例】当唻五年乡下人，～闹晒得来乌盲出黑。

骨骱[kuəʔ^{5}][ga^{213}]：骨骼。【例】小姑娘拉老头子～生来好，怪勿得小姑娘身材好。

顺手[zən^{213}][sei^{53}]：右手。【例】五～转弯就到车站唻。

胎发[t‘ɤ^{334}][faʔ^{5}]：胎儿的头发。【例】用宝宝～好做一支胎毛笔。

扁头[piɪ^{53}][dei^{42}]：头型不圆。【例】阿三从小就是～，老唻头还是扁呃。

扁嘴[piɪ^{53}][tsɿ^{53}]：嘴巴扁。【例】老王捉掉唻三只牙齿，看起来像只～老太婆。

架型[ka^{334}][jin^{213}]：(1)体型。【例】小伙子～蛮长大。(2)相貌。【例】兄弟俩～侪蛮好。

桃花眼[dɔ^{13}][ho^{44}][ŋɛ^{13}]：眼型酷似桃花且旺桃花运而得名。【例】单位里新来了一个年轻人，生唻一双～。

圆肩胛[jiɪ^{13}][tɕiɪ^{44}][ga^{13}]：比喻不承担责任的人。【例】老林是个～，随便咕事体侪担勿起责任。

借手[tsia^{334}][sei^{53}]：左手，即左撇子。【例】老王是～上前，侪家叫伊左撇子。

倒大脸[tɔ^{334}][dəu^{213}][liɪ^{42}]：脸型上小下大。【例】村东老刘生唻一只～，样子勿大好看。

胸脯头[ɕõ^{44}][bu^{13}] [dei^{13}]：胸口。【例】实嗯～勿舒依，要请假唻。

胳毛[gəʔ^{2}][mɔ^{13}]：腋毛。【例】细百楼生～唻，要做大人唻。

脑子[nɔ^{42}][tsɿ^{53}]：脑袋。【例】阿明～聪明，是学堂里学霸。

高鼻头[gɔ^{13}][biəʔ^{2}][dei^{13}]：高鼻梁。【例】六十年代村里来唻两个～外国人，侪家希奇煞。

眼乌珠[ŋɛ^{42}][øu^{53}][tsɿ^{53}]：眼珠。【例】细婉婷～出黑，眼睛水灵灵。

眼泪水[ŋɛ^{42}][li^{42}][sei^{53}]：眼泪。【例】想起旧社会受呃苦，老太太～滴答滴答落脱来。

眼泡皮[ŋɛ^{42}][p‘ɔ^{53}][bi^{42}]：眼皮。【例】格两日～发跳，勿晓得会碰着咕事体？

眼睫毛[ŋɛ^{42}][tɕiəʔ^{5}][mɔ^{42}]：眼睑上下边沿的细毛。【例】介息交关小姑娘侪装唻假～，看上去好像洋娃娃。

盘牙[bɤ^{13}][ŋa^{13}]：臼齿。【例】年纪大唻，～侪松唻，硬东西咬勿动唻。

脚毛[tɕiaʔ^{5}][mɔ^{13}]：腿毛。【例】外国人得中国人勿一样，胸毛、～侪多煞。

脚后跟[tɕiaʔ^{5}][øei^{53}][gən^{42}]：人脚的后部，位于踝关节之下和脚弓之后。【例】实嗯～闹侪是死皮。

脚底板[tɕiaʔ^{5}][ti^{53}][pɛ^{53}]：脚掌。【例】实嗯～闹走出唻交关泡。

脚指头[tɕiaʔ^{5}][tsɿ^{53}][dei^{42}]：脚趾。【例】跑步辰光，～别唻一别。

脚背[tɕiaʔ^{5}][pei^{334}]：脚背是由跗骨组成的脚朝上的脚面，也称为跗面。【例】夏天公，实嗯～闹拨蚊子咬唻几口。

脚跟头[tɕiaʔ^{5}][kən^{44}][dei^{13}]：脚边。【例】一只皮球滚到实嗯～。

腡纹[ləu^{13}][vən^{13}]：手指上的纹理。【例】每个人手闹葛～侪勿一样。

琵琶骨[bi^{13}][bo^{13}][kuəʔ^{5}]：锁骨。【例】小姑娘只要～生得好看，人显得更加齐正。

蛤腮[kəʔ^{5}][sɤ^{44}]：腮。面颊的下半部，脸的两旁，也称“腮帮子”。【例】前两日～有点肿，喫过药就好唻。

鹅蛋脸[ɦu][dɛ^{22}][liɛ^{22}]：鹅蛋形的脸。【例】小章生特一只～，显得温柔可爱。

馋唾[zɛ^{13}][t‘əu^{44}]：唾沫，口水。【例】看见人家喫东西，细百楼～水滴答滴落脱来。

阔板牙[kʻuəʔ^{5}][pɛ^{53}][ŋa^{42}]：宽门牙。【例】细百楼格付～喫南瓜子正好派用场。

塌眼皮[tʻa^{53}][ŋɛ^{53}][bi^{42}]：眼皮下垂。【例】年轻辰光眼睛蛮有神，年纪一大，成唻～，样子就勿好看唻。

塌眼睛 [tʻaʔ^{5}][ŋɛ^{53}][tɕin^{53}] ：呈八字的眼睛。【例】老徐是～，人看上去呒不精神。

塌鼻头 [tʻaʔ^{5}][biəʔ^{2}][dei^{13}] ：偏鼻子。【例】伊身材生来蛮好，就是有点～。

龅牙齿[bɔ^{13}][ŋa^{42}][tsʻɿ^{53}]：【例】小李个子高，可惜生唻一付～。

骱[ga^{13}]：关节。【例】实嗯十几岁脱过二通～，手臂到那呒不力道。

矮头颈[øa^{53}][dei^{42}][tɕiŋ^{53}]：脖子短。【例】老胡个子勿高，伊是～，看起来勿像读书人。

腰子[øiɔ^{44}][tsɿ^{44}] ：人的肾。【例】伊～病生唻好几年。

腰身[øiɔ^{44}][sən^{44}] ：腰的大小。【例】人发福，～有三尺多唻。

骷榔头 [kʻu^{44}][lɔ̃^{12}] [dei^{13}]：骷颅头，头颅。【例】医学院里侪里死人～，看着唻吓劳劳。

算盘子[sɤ^{334}][bɤ^{213}][tsɿ^{53}]：脊椎骨。【例】拉老头子～闹受过伤。

鼻头[biəʔ^{2}][dei^{13}]：鼻子。【例】格两日伤风，～瞒脱唻。

膝钵头[ɕiəʔ^{5}][pəʔ^{5}][dei^{13}]：膝盖。【例】惯唻一跤，～出血唻。

额角头[ŋaʔ^{2}][kuəʔ^{5}][dei^{13}]：额头。【例】勿当心，～碰起唻一个泡。

嘴脯[tsɛ^{53}][bu^{42}]：嘴巴。【例】伊格只～是靠勿牢呃。

臂膊[pi^{53}][pɔ^{53}]：手臂。【例】实嗯～有点酸，拎东西拎勿动唻。

爆眼[pɔ^{334}][ŋɛ^{42}]：眼珠向外突。【例】阿明生唻一双～，看起来凶巴巴，其实人是蛮好呃。

鬓脚 [pin^{44}][tɕiaʔ^{5}]： 鬓角儿。【例】老外胡子多，～侪蛮长。

第五节 疾 病

刁嘴[diɔ^{13}][tsei^{44}]：说话结巴。【例】十几年前，哈闹住勒一个～，乃长远勿看见唻。

干呛[kɤ^{44}][ɕiã^{44}]：干咳。【例】实嗯格两日感冒，一日到夜～，难过煞唻。

土方[tʻəu^{53}][fɔ̃^{53}]：民间的土药方。【例】有兴毛病医生看勿好，～倒蛮灵。

大舌头[dəu^{13}][zəʔ^{2}][dei^{13}] ：说话模糊不清。【例】小李从小闲话就讲勿清爽，侪家叫伊～。

上火[zɔ̃^{42}][həu^{53}]：人体阴阳失衡，内火旺盛，民间称为“上火”。【例】格两日有点～，牙齿痛，人呒不力。

上骱[zɔ̃^{42}][ɡa^{213}]：使关节复位。【例】小辰光手臂脱骱，伤科郎中勿晓得咕里一弄，就介～啵。

口臭[k‘ei^{53}] [ts‘ei^{53}]：嘴巴里发出难闻的气味。【例】有～，就是身体勿好。

丸药[ɦuɤ^{13}][jiaʔ^{2}]：圆粒形成药，通称药丸。【例】实嗯生毛病，医生配啵十粒～，喫药辰光吐得一塌糊涂。

开刀[k‘ɤ^{334}][tɔ^{334}]：医生动手术。【例】伊上个月～，那勒休养。

中风[tsɔ̃^{213}][fɔ̃^{334}]：脑卒中。【例】～是中老年多发病、常见病，来势凶，死亡率高，后遗症多。

水痘[sei^{53}][dei^{213}]：带状疱疹病毒初次感染引起的急性传染病。【例】小把戏生啵～，容易传染，顶好勿要到学堂里去。

气卵泡[tɕ‘i^{334}][lɤ^{42}][p‘ɔ^{53}]：小肠气，疝气。【例】小杜有～毛病，做生活勿敢蛮用劲道。

气急[tɕ‘i^{334}][tsiəʔ^{5}]：呼吸急促，上气不接下气。【例】小程拉老头子有气管炎，一到冬天就介气喘～，呛个勿停。

勿舒依[fəʔ^{5}][sɿ^{44}][øi^{44}]：不舒服。【例】格两日实嗯勒～，明朝喫饭勿来啵。

风瘫[fɔ̃^{44}][t‘ɛ^{44}]：西医瘫痪即半身不遂，中医称风瘫。【例】老朱八十多岁啵，去年～睏勒床闹，有点罪过。

乌青块[øu^{44}][tɕ‘in^{44}][k‘ui^{44}]：皮肤血管破裂引起皮下溢血的结果。【例】爬山辰光惯啵一跤，身闹好几个～。

方子[fɔ̃^{44}] [tsɿ^{44}]：医生的处方。【例】老医生格只～是蛮值铜钿呃。

斗鸡眼[tei^{334}][tɕi^{44}][ŋɛ^{13}]：眼睛中间的瞳孔天生或人为的都朝中间靠拢，看起来就像两只鸡斗架一样，所以称为斗鸡眼，也叫做对眼。【例】吉个细百楼架型生啵勿错，可惜是～。

打胎[tã^{53}][t‘ɤ^{334}]：人工流产。【例】勿留心怀啵孕，伊勿想要小把戏，只好去～。

生疮[sã^{44}][ts‘ɔ̃^{44}]：长疮。【例】小李舌头闹～，喫起饭来有点痛。

白眼[baʔ^{2}] [ŋɛ^{42}]：斜白眼。【例】阿强读书蛮读得出，就是有点～。

闪腰[sɤ^{53}][øiɔ^{44}]：在医学上称为急性腰扭伤。【例】实嗯骑脚踏车勿留心～啵，格两日勒屋里休息。

半边风[pɤ^{334}][piɪ^{334}][fɔ̃^{334}]：偏瘫，老百姓也有叫半边风的。【例】退休后，

老董得勒～，一日到夜睏勒床闹，呒不好好交享福。

头里痛[dɛ^{13}][li^{13}][t‘õ^{44}]：头痛。【例】小李从小就有～毛病。

记[tɕi^{334}]：皮肤上的色素沉淀。【例】阿三屁股闹有一块～，颜色是紫呃。

出口里水[ts‘əʔ^{5}][k‘ei^{53}][li^{42}][sei^{53}]：流口水。【例】小王睏到半夜，经常要出～，勿晓得是啥原因。

出血[ts‘əʔ^{5}][ɕiəʔ^{5}]：流血。【例】看见人家～，伊就要头昏。

出痧子[ts‘əʔ^{5}][so^{44}][tsi^{44}]：又叫出疹子，即麻疹。【例】宝宝～辰光，会身体发热，怕光咳嗽。

发身[faʔ^{5}][sən^{44}]：身体开始发育。【例】青少年十五六岁就介～唻。

发经疯[faʔ^{5}][tɕin^{44}][fõ^{44}]：抽搐，发抖。【例】格个细百楼前年～，拉老头子化唻交关铜钿。

发烧[faʔ^{5}][sɔ^{44}]：身体发热。【例】实嗯～到40度，照样拉得起，噢得落。

发斑[faʔ^{5}][pɛ^{44}]：体内阳毒外发出来，积聚于皮下形成红肿瘀紫斑点或斑块。【例】伊身体看上去蛮节棍，就是要～，勿晓得啥原因。

发寒热[faʔ^{5}][ɦɤ^{12}][ȵiəʔ^{2}]：疟疾，发病时一会冷一会热。【例】实嗯十来岁辰光，经常～。

老年斑[lɔ^{42}][ȵiɛ^{42}][pɛ^{53}]：脂溢性角化病，称为老年疣。【例】伊年纪七十多唻，面孔闹～倒勿多。

老花眼[lɔ^{42}][ho^{53}][ŋɛ^{42}]：中老年后必然出现的视力衰退问题。【例】五六十岁唻，～是正常现象。

老茧[lɔ^{42}][tɕiɪ^{53}]：手、脚上因劳动、走路等摩擦而生的硬皮。【例】下放当唻五年农民，手闹侪是～。

过[kəu^{334}]：传染。【例】昨日到超市去买唻点东西，感冒就介～牢唻。

百日咳[paʔ^{5}] [ȵiəʔ^{2}][k‘əʔ^{5}]：一种由百日咳杆菌引起的急性呼吸道传染病。【例】实嗯五岁生过～，身体一直勿好。

灰牙[hui^{44}][ŋa^{13}]：牙结石的一种。【例】小李从小勿注意口腔卫生，年纪勿大，已有唻交关～。

肉舌头[ȵioʔ^{2}][zəʔ^{2}][dei^{13}]：也叫倒雀皮，指上的倒刺。【例】格两日天气干燥，手节头闹侪是～。

乓风[p‘ã^{13}][fõ^{44}]：伤风感冒。【例】格两日～唻，浑身勿舒齐，明朝上班得嗯请假。

伤风[sõ^{44}][fõ^{44}]：感冒。【例】天冷唻，老人得小人要当心～。

伤筋[sõ^{44}][tɕin^{44}]：伤筋是中医的概念，是人体肌肉、肌腱等软组织损伤。【例】前两日爬山腿～唻，格两日路阿走勿动。

羊癫风[jã^{13}][tiɪ^{44}][fõ^{44}]：癫痫病，短暂性大脑功能失调性疾病。【例】五十年代，村里有两个～，发病辰光人阿吓得煞。

兴娘块[ɕin^{334}][ȵia^{213}][k'uɤ^{334}]：淋巴结。【例】格两日体力透支，头颈里起唻一个～。

红鼻头[ŋ^{13}][biəʔ^{2}][dei^{13}]：酒糟鼻，又名玫瑰痤疮。【例】小杜拉娘舅是～，看了十几年还呒不看好。

花毒头[ho^{44}][doʔ^{2}][dei^{13}]：花痴，想异性而精神失常的人。【例】路闹碰着一个～，吓得要死。

杨梅疮[jiã^{13}][mɛ^{13}][tsɔ̃^{44}]：梅毒。因疮的外形以杨梅而得名。【例】～是从国外传到中国来呃。

呛[ɕiã^{334}]：咳嗽。【例】格两日～得浑身呒不劲道。

秃顶[t'oʔ][tin^{53}]：谢顶，是指成年人头发逐渐脱落而形成秃头。【例】老陈四十多岁就～唻，出门老是戴只帽子。

近觑眼[dʑin^{42}][tɕ'i^{53}][ŋɛ^{42}]：近视眼。【例】介息交关小把戏侪是～，从小就戴眼镜。

坐板疮[zəu^{42}][pɛ^{53}][ts'ɔ̃^{53}]：古名痤疿疮，是生于臀部疮疡的统称。【例】前年六月里，学堂里有好几个老师生～，只好请人来代课。

肚皮惹[dəu^{42}][bi^{42}][za^{42}]：拉肚子。【例】 实五杂七杂八括东西少喫点，弄得勿好伊要～唻。

肚皮痛[dəu^{42}][bi^{42}][t'õ^{53}]：肚子痛。【例】实嗯有点～，开会请假唻。

冻瘃[tõ^{13}][tsoʔ^{5}]：冻疮，吴语方言称冻瘃。章炳麟《新方言・释形体》：“浙江谓中寒肿瘃为冻瘃。”【例】实嗯身体好，从小到大从来呒不生过～。

冷汗[lã^{42}][ɦɤ^{42}]：指畏寒、肢冷而出汗。【例】听着唻格个消息，实嗯吓出一身～。

忌嘴[dʑi^{213}][tsei^{53}]：忌口，因病或其他原因忌吃某些食物。【例】生唻糖尿病是要～呃，水果、饮料、糖千万勿好喫。

鸡爪疯[tɕi^{44}][tsa^{44}][fõ^{44}]：手指不能屈伸的神经系统疾病。【例】有唻～格种毛病，是勿好开汽车呃。

鸡盲眼[tɕi^{44}][mã^{13}][ŋɛ^{13}]：夜鸡盲，一到天黑了眼睛什么都看不见了。【例】老林是只～，一到夜快边就啥阿看勿见唻。

鸡胸[tɕi^{44}][ɕiõ^{44}]：胸骨向前隆起畸形，状如鸡、鸽子之胸脯故称之为鸡胸。【例】从小营养勿良，人大唻后，变成～，样子就勿好看唻。

鸡眼[tɕi^{44}][ŋɛ^{13}]：足部皮肤局部长期受压和摩擦引起的局限性、圆锥状角质增生。俗称“肉刺”。【例】着高跟鞋会得引起～。

拔牙[baʔ^{2}][ŋa^{13}]：拔掉坏牙。【例】明朝实嗯要去～，上班请假唻。

拔火罐[baʔ^{2}][həu^{42}][kuɤ^{53}]：“拔火罐”是民间对拔罐疗法的俗称，又称“拔管子”或“吸筒”。它是借助热力排除罐中空气，利用负压使其吸着于皮肤，造成瘀血现象的一种治病方法。【例】实嗯小辰光一生病，叫得～、刮痧，身体就会得好起来。

抽风[ts‘ɐi^{44}][fõ^{44}]：医学上称为“惊厥”，是小儿时期常见的急症。【例】伊三岁辰光发过～，差一点死脱。

刮积[kua^{53}][tɕiəʔ^{5}]：细菌性痢疾，拉肚子。【例】今朝中饭喫勒交关海鲜，介息肚皮勿舒齐，有点～。

刮痧[kua^{53}][so^{44}]：使用特制的刮痧器具和相应的手法，在体表进行反复刮动、摩擦，达到活血透痧的作用疗法。【例】隔壁有个老阿太，懂点医道，会得～，人蛮好。

受凉[zei^{42}][liã^{213}]：着凉。【例】天冷唻，衣裳多着点，当心～。

疙瘩[kəʔ^{4}][taʔ^{4}]：皮肤上突起或肌肉上结成的小硬块。【例】实嗯到外地出差，回转身闹侪是小～，勿晓得咕原因。

油风块[jiəɤ^{44}][fõ^{44}][k‘uɤ^{44}]：荨麻疹，也称为风疹块，有的地区叫鬼风疙瘩。【例】发～格辰光，身闹难过得来。

宝塔糖[pɔ^{53}][t‘aʔ^{5}][dɔ̃^{42}]：驱肠虫类非处方药。【例】小把戏有蛔虫，喫～是蛮灵呃。

定食[din^{13}][zəʔ^{2}]：消化不良。【例】实嗯糯米团子喫太多就要～。

挂盐水[ko^{334}][jiɪ^{213}][sei^{334}]：静脉输液，俗称挂盐水或打吊瓶。【例】小把戏发热，到医院～就好唻。

拱脓[kõ^{334}][nõ^{213}]：伤口化脓。【例】格两日脚闹伤口勒～。

挑痧[t‘iɔ^{44}][so^{44}]：用针挑皮肤使出血，以此医治中暑。【例】老底子六月里中唻暑，叫个～郎中挑挑就好唻。

挤痧[tɕi^{53}][so^{44}]：用手掐痧。【例】小辰光外婆得嗯～，头颈里挤得来侪是一条条红扛扛。

药水[jiaʔ^{2}][sei^{53}]：医学上一般指液态的药。【例】手划开唻，涂点红～消毒。

药片[jiaʔ^{2}][p‘iɪ^{53}]：药物压制的小而扁平的或钮扣形的圆片。【例】生唻毛病，西医就要病人喫药。胶囊还要喫喫，～正刚难喫。

药膏[jiaʔ^{2}][kɔ^{44}]：用于创伤、疮疡肿痛的油膏性、黏性药品。【例】红霉素眼～是家庭常备药品。

歪嘴脯[hua^{44}][tsei^{44}][bu^{13}]：嘴歪。【例】老林能说会道，可惜是只～。

哑巴子［øia^{44}］[pa^{44}][tsɿ^{44}]：指不能说话的人。【例】吉个细百楼是个～，人倒是蛮聪明呃。

胃气痛［ɦui^{213}］[tɕ‘i^{334}][t‘õ^{334}]：胃痛。【例】年糕喫多唻，人有点～，觉着勿舒侬。

看病[k‘ɤ^{334}][bin^{213}]：到医院检查身体。【例】身体勿好，要就介去医院～，千万勿要拖。

脉息[maʔ^{2}][ɕiəʔ^{5}]：脉搏所表露的信息。【例】看中医，顶要紧就是搭脉，医生从～里晓得病人有咕毛病。

洋白人[jiã^{12}][baʔ^{2}][ȵin^{12}]：白化病。【例】五十年代，镇牢有一女～。

退烧[t‘ɤ^{334}][sɔ^{44}]：退热，使体温恢复正常。【例】打唻针，喫唻药，细婉婷总算～唻。

结痂[tɕiəʔ^{5}][ga^{213}]：结疤。【例】手闹伤口总算～唻。

热伤风[ȵiəʔ^{2}][sõ^{44}][fõ^{44}]：老百姓所说的“热伤风”指的是夏天的普通感冒。【例】去年热天公，实嗯生唻一次～。

热疖头[ȵiəʔ^{2}][tɕiəʔ^{5}][dei^{13}]：热疖头是毛囊及所属皮脂腺和周围皮下组织急性发炎引起的一种化脓性疾病。【例】六月里，天气热，小把戏顶容易生～。

哮病[hɔ^{44}][biŋ^{12}]：气管炎引起的哮喘。【例】猫睏觉葛辰光忽噜忽噜有点像～发。

缺嘴[tɕ‘iəʔ^{5}][tsɿ^{53}]：唇裂，兔唇。【例】拉兄弟三个，老二是～。

臭子[ts‘ei^{334}][tsɿ^{53}]：孤臭。【例】人身闹有点～，味道难闻得要命。

疰船[tsɿ^{334}][zɤ^{213}]：晕船。【例】实嗯从小就～。

请郎中[tɕ‘in^{53}][lõ^{13}][tsõ^{44}]：请医生。【例】老底子屋里有人生病，就是去～来看病。

掼伤[guɛ^{213}][sõ^{13}]：摔伤。【例】老林爬楼梯～唻，勒屋里休养。

聋鬓[lõ^{13}][bã^{13}]：聋子。【例】村里人侪晓得伊是～，平常呒不人得伊讲闲话。

虚汗[ɕi^{44}][ɦɤ^{13}]：由于体虚或患有某种疾病而引起的不正常的出汗现象。【例】人工流产后，伊身体有点虚，睏觉老是要出～。

雀斑[tɕ‘iaʔ^{5}][pɛ^{44}]：发生面部的黄褐色点状色素沉着斑。【例】细婉婷面相齐正，就是有点～。

蛀牙[tsɿ^{53}][ŋa^{42}]：龋病。【例】阿明小从勿注意牙齿卫生，嘴脯里有交关～。

蛇丹疮[zo^{13}][tɛ^{44}][tsʻɔ̃^{44}]：带状疱疹。【例】土法治疗～是用药水棉花蘸柿油涂勒身闹，四到五日就好唻。

偷针[tʻei^{44}][tsən^{44}]：麦粒肿，睑腺炎。【例】小辰光勿注意眼睛卫生，～发唻好几通。

偏方[pʻiɪ^{44}][fɔ̃^{44}]：民间流传不见于古典医学著作的中药方。【例】实嗯有只～，治红鼻头蛮灵。

脚疰[tɕiaʔ^{5}][tsɿ^{334}]：俗名香港脚、脚气、脚癣。【例】老陶有～，看唻交关医生侪吃不效果。

脚筋吊[tɕiaʔ^{5}][tɕin^{44}][tiɔ^{44}]： 腿抽筋。【例】游水辰光顶怕～。

脱骱[tʻəʔ^{5}][ga^{213}]：脱臼。【例】实嗯小辰光手臂～有好几通。

猪头瘟[tsɿ][dei^{13}][øun^{44}]：腮腺炎，是由腮腺炎病毒侵犯腮腺引起的急性呼吸传染病。【例】十五岁格年，实嗯生唻～，浑身发热，饭阿喫勿落。

搭脉[taʔ^{5}][maʔ^{2}]：把脉。【例】老郎中本事好，一～就晓得实嗯有咕毛病。

落枕[loʔ^{2}][tsən^{53}]：失枕。【例】昨日吃不睏好，头颈～唻。

喫勿落[tɕʻiəʔ^{5}][vəʔ^{2}][loʔ^{2}]：吃不下。【例】格两日伤风节棍，～饭。

喫伤[tɕʻiəʔ^{5}][s^{344}]：吃坏。【例】日日喫油腻海鲜，肚皮～唻。

赎药[zoʔ^{2}][jiaʔ^{2}]：指买药、抓药。【例】等息到中药店里～。

塌鼻头 [tʻaʔ^{5}][biəʔ^{2}][dei^{13}]：塌鼻梁。【例】伊格只面孔生来蛮齐正，就是有点～。

鼓胀病[gəu^{42}][tsã^{53}][bin^{42}]：肝脾肾功能失调引起的腹胀大如鼓的病情。【例】解放前乡下有交关～，乃侪吃不唻。

龅牙[bo^{213}][ŋa^{213}]：牙齿向前突出。【例】阿明拉老婆生唻一副～，伢侪得伊开玩笑：～齿，喫西瓜。

跷脚[tɕʻiɔ^{44}][tɕiaʔ^{5}]： 瘸腿， 跛足。【例】拉外甥架型生来勿错，可惜是个～，老婆到乃讨勿着。

腰子病[øiɔ^{44}][tsɿ^{44}][bin^{44}]：肾病。【例】村东老老头有～，长远勿看见伊唻。

煎药[tɕiɪ^{44}][jiaʔ^{2}]：熬药。【例】看中医，喫中药，是要自家～呃。

膏药[kɔ^{44}][jiaʔ^{2}]：中药外用的一种。在常温下为半固体或固体的膏剂，用以涂在布片或纸片上，较长时间地贴在人身上治病。【例】腰有点勿舒依，贴唻两帖～就好唻。

褪皮[t‘ɤ^{334}][bi^{334}]：大面积掉皮。【例】勿晓得咕原因，实嗯手闹～唻。

撮药[ts‘əʔ^{5}][jiaʔ^{2}]：配中药。【例】中药店里小姑娘～动作正刚熟练，七帖药几分钟就配好唻。

瞎子[haʔ^{5}][tsɿ^{53}]：盲人。【例】～眼睛看勿见，耳朵是蛮灵呃。

蝴蝶斑[ɦu^{44}][diəʔ^{2}][pɛ^{44}]：黄褐斑也称肝斑，为面部的黄褐色色素沉着。多对称蝶形分布于颊部，故称蝴蝶斑。【例】阿丽身材好，就是面孔闹生唻交关～。

瘫子[t‘ɛ^{44}][tsɿ^{44}]：瘫痪的人。【例】格家人家运道勿好，养唻二个小人，一个是～。

癞痢头[laʔ^{2}][li^{13}][dei^{13}]：头癣，又称癞痢头，一种传染性极强的皮肤病。【例】出门要注意卫生，过闹勒～，就鸡糟唻。

瘤火腿[lei^{13}][həu^{44}][t‘ei^{44}]：大脚疯，是丝虫病病变晚期症状。【例】五十年代，村里有二个～，那呒不唻。

癣[ɕiɪ^{53}]：主要指亲角质蛋白的皮肤癣菌，头癣、体癣、股癣、手癣、足癣等。【例】伊背闹有好几个～。

齆鼻头[øõ^{334}][biəʔ^{2}][dei^{13}]：因鼻孔堵塞而发音不清。【例】格两日伤风，讲起闲话来有点～，听勿太清爽。

第六节 职 业

三轮车夫[sɛ^{44}][lən^{13}][ts‘o^{44}][fu^{44}]：蹬三轮车拉客的人。【例】林林拉阿爸是～，六十多岁唻，身体还蛮好。

大木[dəu^{13}][moʔ^{2}]：造房子或做棺材的木工。【例】～造房子，小木做家具。

小工[ɕiɔ^{42}][gõ^{42}]：工地现场的杂工。【例】小明大学毕业后，寻勿着工作，只好去做～。

小木[ɕiɔ^{42}][moʔ^{2}]：做家具的木工。【例】阿海是～师傅，随便咕家具侪会得做。

小商小贩[ɕiɔ^{42}][sõ^{53}][ɕiɔ^{42}][fɛ^{53}]：做小生意的人。【例】明朝夜里，～到镇政府开会。

木匠[mo^{42}][ʑiã^{213}]：木工。【例】小马泥司、～侪会得做，就是文化呒不。

中人[tsõ^{44}][ȵin^{13}]：在两方之间调解、做见证或介绍买卖的人。【例】格桩生意实嗯来做～，保证侪家勿吃亏。

手业师傅[sei^{334}][ȵiəʔ^{2}][sɿ^{44}][vu^{13}]：有一技之长的人，相当于手工业者。【例】裁衣师傅，白铁师傅，箍桶师傅，剃头师傅，泥司师傅，侪是～。

风水先生[fõ^{44}][sei^{44}][ɕiɪ^{44}][sã^{44}]：替人看风水的人。【例】老底子有～、算命先生，那侪呒不唻。

乌花医生[øu^{44}][ho^{44}][øi^{44}][sã^{44}]：医术不高的医生。【例】小李是个～，虽然大学毕业，看毛病本事一点呒不。

打铁师傅[tã^{53}][t‘iəʔ^{5}][sɿ^{44}][vu^{13}]：打铁匠。【例】隔壁阿德拉娘舅是～出身。

打拳头卖膏药[tã^{53}][dziɪ^{13}][dei^{13}][ma^{44}][kɔ^{44}][jiaʔ^{2}]：指江湖郎中在街头的一种行医卖药方式。【例】以前街闹经常有～，看葛人倒是蛮多呃。

石匠[zaʔ^{2}][ʑiã^{213}]：从事石料采集、石料加工的手工业者。【例】村东阿强从小就做～，格两年带唻三个徒弟。

叫花子[kɔ^{334}][ho^{53}][tsɿ^{53}]：要饭的。【例】前两日，村里来唻两个～。

生意人[sã^{44}][øi^{44}][ȵin^{13}]：做买卖的人，商人。【例】～门槛侪蛮精，得拉打交道，实五要号亏呃。

外勤[ɦua^{13}][dʑin^{13}]：处理部门外部的勤务和事物的人。【例】实嗯只管～，勿管内务。

包工头[pɔ^{44}][kõ^{44}][dei^{13}]：工程承包商。【例】村里阿三开始做小工，乃做～唻，钞票多唻。

半仙[pɤ^{334}][ɕiɪ^{53}]：旧称从事星相、占卜、巫医等迷信职业的术法灵妙者。【例】先起头村里有个张～，人家屋里出唻咕事体，侪叫伊是算算看。

头头[dei^{13}][dei^{13}]：头儿，负责人。【例】阿东单位里当～，有权力唻。

尼姑[ȵi^{13}][kəu^{44}]：佛教中出家修行的女教徒。【例】长兴庙蛮多，～庵勿晓得有勿有？

奶娘[ȵa^{42}][ȵiã^{42}]：奶妈，专门为别人哺乳、带育婴儿的女子。【例】实嗯从小是～管大呃。

老娘婆[lɔ^{42}][ȵiã^{42}][bu^{42}]：接生婆。【例】老底子养小人侪是叫～来接生呃。

师爷[sɿ^{44}][jia^{13}]：军师、幕友。【例】老董脑子灵活知识多，是单位里有名呃～。

竹匠[tsoʔ^{5}][ʑiã^{213}]：用竹子编作器具的手工业者。【例】张伯伯八十多岁唻，～手艺村里蛮有名呃。

全年[ʑiɪ^{13}][ȵiɪ^{13}]：长工。【例】实嗯爹爹解放前得地主做～，苦唻一辈子。

杀猪徒[sa^{53}][tsɿ^{44}][dəu^{13}]：杀猪的师傅。【例】实嗯下乡辰光，到唻年底，交关人家侪要请～来杀猪。

收废品呃[sei^{44}][fi^{334}][p‘in^{53}][øəʔ^{5}]：收废品的人。【例】小区里有个～，一年收入勿少。

戏子[ɕi^{334}][tsɿ^{53}]：唱戏的人。【例】旧社会～呒不地位，介息地位高唻。

纤脚[tɕ‘iɪ^{44}][tɕiaʔ^{5}]：修脚。【例】师傅～技术顶好。

赤脚医生[ts‘aʔ^{5}][tɕiaʔ^{5}][øi^{44}][sã^{44}]：指二十世纪六七十年代开始出现的未经正式医疗训练、仍持农业户口的“半农半医”的农村医疗人员。【例】实嗯以前辰光，当过两年～，后算来读唻大学。

护工[ɦu^{213}][kõ^{334}]：医院里协助护士对病号进行日常护理的人员。【例】小王拉娘姨勒人民医院当～，生活蛮辛苦。

花匠[ho^{44}][ʑiã^{13}]：从事果树，花卉，栽培，育苗，绿化和园务工作的人员。【例】小区时有二个～，花草培育经验丰富。

邮差[øiɪ^{44}][ts‘a^{44}]：邮递员的旧称。【例】娘婶拉老公先起头勒邮局当～，后算来当局长唻。

作头[tsoʔ^{5}][dei^{13}]：旧称工匠头目，亦称手工业作坊业主。【例】老洪是泥司～，手下底有几十个泥司侪听伊呃。

佣人[øiõ^{334}][ȵin^{213}]：受雇用的人，仆役。【例】旧社会里，张老板屋里顾唻二个～，一个烧饭，一个管小把戏。

拐子[kua^{53}][tsɿ^{53}]：拐卖人口的人。【例】五岁小把戏拨～拐走唻。

账房先生[tsã^{334}][võ^{213}][ɕiɪ^{44}][sã^{44}]：管账的人，也简称为账房。【例】老赵解放前得老板当～，算盘门槛呒人比得上。

和尚[ɦəu^{13}][zõ^{13}]：佛教中出家修行的男教徒。【例】大学毕业后，伊去当～唻。

舍姆娘[so^{53}][m^{42}][ȵiã^{13}]：产妇。【例】实五要好好交照顾～，勿好出事体。

金匠[tɕin^{44}][ʑiã^{13}]：制作金器皿、手饰及其他制品的手艺人。【例】老婆格只金戒指是叫～打出来呃，勿是店里买呃。

炉台师傅[ləu^{13}][dɛ^{13}][sɿ^{44}][vu^{13}]：厨司。【例】宾馆勒招～，实五快点去报名。

泥司[ȵi^{44}][si^{44}]：泥瓦匠。【例】中学毕业呒不考大学，只好是做～。

学生子[ɦo^{42}][sã^{44}][tsɿ^{44}]：学生。【例】拉侪是～，晓得点咕啊？

房东[võ^{13}][dõ^{13}]：出租或出借房屋的人。【例】实嗯格家～人勿错，租唻三年房，从来呒不闹过矛盾。

挑痧徒[t‘iɔ^{44}][so^{44}][dəu^{13}]：具有挑痧技术的人。【例】小辰光中暑唻，勿去看医生，就是叫个～来挑挑痧就好唻。

相帮[ɕiã^{44}][põ^{44}]：雇来帮忙的人。【例】门朝实嗯要搬新房子唻，五得嗯去叫几个～来。

削刀磨剪刀[ɕiaʔ^{5}][tɔ^{44}][məu^{213}][tɕiɪ^{53}][tɔ^{53}]：削磨刀剪的师傅。【例】叫个～来

得格把刀磨磨快。

剃头师傅[tʻi^{334}][dei^{213}][sʅ^{44}][vu^{13}]：理发师。【例】实嗯剃头侪是叫隔壁～剃呃。

郎中[lɔ̃^{13}][tsõ^{44}]：南方旧时称医生为郎中。【例】老张拉爹爹是五十年代长兴有名呃～。

说书先生[səʔ^{5}][sʅ^{44}][ɕiɪ^{44}][sã^{44}]：旧时指以说书为职业的艺人。【例】实嗯小辰光喜欢到书场里听～说书。

掮客[dziɪ^{13}][kʻaʔ^{5}]：指替人介绍买卖，从中赚取佣金的人。【例】四十年代，老钱勒上海做～，铜钿赚唻勿少。

铜匠[dõ^{13}][ʑiã^{13}]：制作铜器的工匠。【例】阿明拉爹爹是～，手艺好，远近侪晓得伊。

银匠[ȵin^{13}][ʑiã^{13}]：制作银器的工匠。【例】实嗯十二岁辰光，娘姨叫～打唻一付银脚镯拨嗯。

船老大[zɤ^{13}][lɔ^{13}][da^{13}]：渔船上负全责的人称船老大。【例】格点事体实五要去问～，实嗯作勿起主呃。

船牢人[zɤ^{13}][lɔ^{13}][ȵin^{13}]：生活在船上靠捕鱼捉虾和运输为生的人。说人家是船牢人有歧视的成份。【例】阿明讨了一个老婆，爹娘侪是～。

裁缝[zɤ^{13}][võ^{13}]：裁剪、缝制衣服的人。【例】阿明拉娘舅是～，随便咕衣裳侪会得做呃。

跑堂[bɔ^{13}][dɔ̃^{13}]：古时候的驿站或者客栈里面的服务员，也称店小二。【例】介大一爿店只有一个～，那哈来得齐啊？

解匠[ka^{53}][ʑiã^{42}]：锯木工。【例】木料叫～锯成木板，再做大衣橱。

模特[mo^{13}][dəʔ^{2}]：模特儿。【例】介息～越来越多唻，汽车～、内衣～、平面～，还有手模、腿模等。

箍桶匠[kʻəu^{44}][dõ^{13}][ʑiã^{13}]：旧时民间专门制作、修理日用木桶或木盆的工匠。【例】老底子镇闹有两个～，人家屋里木桶坏唻，侪叫拉去修呃。

漆匠[tɕʻiəʔ^{5}][ʑiã^{213}]：从事油漆活的工匠。【例】实嗯结婚格套家具，～漆得勿好。

擦背[tsʻaʔ^{5}][pei^{334}]：洗澡时擦洗背部，也指浴室里替人擦洗身体的人。【例】到浴室里潮浴，老王侪要叫个～师傅帮伊擦擦。

篾匠[miəʔ^{2}][ʑiã^{213}]：用竹子的薄片编制用品的手艺人。【例】伢屋里格条篾席是老～亲手编呃。

铁匠[t‘iəʔ^{5}][ʑiã^{213}]：打铁师傅。【例】先起头，城东有间～铺，打铁生意蛮好。

烧饭师傅[sɔ^{44}][vɛ^{13}][sɿ^{44}][vu^{13}]：做饭的师傅。【例】小董勒食堂里工作，侪家叫伊～。

教书先生[kɔ^{334}][sɿ^{42}][ɕiɪ^{44}][sã^{44}]：旧称教师。【例】老底子～铜钿是勿少呃。

接生婆[tɕiəʔ^{5}][sã^{44}][bu^{13}]：旧时农村有临床接生经验的妇女。【例】先起头养小人是叫～接生呃，介息侪叫医生唻。

第七节　俗　称

一、特定称谓语

以下列举长兴方言中的人称代词称谓语和常见的亲人特定称谓语。不按首字笔画为序，不造句。它们在不同乡镇的使用差异，详见本志第 4 编、第 2 章、第 1 节和第 5 节。

我：嗯[ŋ^{42}]、实嗯[zəʔ^{2}][ŋ^{42}]、热嗯[ȵiəʔ^{2}][ŋ^{42}]。

我们：伢[ŋa^{42}]、实伢[zəʔ^{2}][ŋa^{42}]。

你：五 [n^{42}]、实五[zəʔ^{2}] [n^{42}]、热五[ȵiəʔ^{2}] [n^{42}]。

你们：倻[na^{42}]、实倻[zəʔ^{2}][na^{42}]。

他、她：伊[ji^{213}]、实伊[zəʔ^{2}][ji^{213}]。

他们、她们：拉[la^{213}]、实拉[zəʔ^{2}][la^{213}]。

曾祖父(母)：父亲的祖父母。俗称太公[t‘a^{334}][kõ^{334}]、太婆[t‘a^{334}][bu^{213}]、太太[t‘a^{334}][t‘a^{334}]、阿太[ɦaʔ^{2}][t‘a^{334}]。

祖父(母)：父亲的父母，即爷爷、奶奶。俗称爹爹[dia^{13}][dia^{13}]、阿爹[ɦaʔ^{2}][dia^{13}]、娘姆[ȵiã^{13}][m^{13}]、麻麻[ma^{13}][ma^{13}]、阿麻[ɦaʔ^{2}][ma^{13}]。

外祖父(母)：母亲的父母，即外公、外婆。俗称外公[ŋa^{213}][kõ^{334}]、外婆[ŋa^{213}][bu^{213}]。

父(母)：自己亲生的父母。俗称爷[jia^{213}]、阿爸[ɦaʔ^{2}][paʔ^{5}]、爸爸[pa^{44}][pa^{44}]、姆妈[m^{44}][ma^{13}]、娘[ȵiã^{13}]。对第三人还俗称老头子[lɔ^{42}][dəɯ^{42}][tsɿ^{53}]、老娘[lɔ^{42}][ȵiã^{13}]。

继父(母)：俗称同自己亲生的父母，或称伯伯[paʔ^{5}][paʔ^{5}]、阿大[ɦaʔ^{2}][da^{13}]。

公(婆)：丈夫的父母。俗称公公[kõ^{44}][kõ^{44}]、阿公[ɦaʔ^{2}][kõ^{44}]、婆婆[bu^{13}][bu^{13}]、阿婆[ɦaʔ^{2}][bu^{13}]。对第三人俗称嗯阿公老头子[ŋ^{42}][ɦaʔ^{2}][kõ^{44}][lɔ^{42}][dəɯ^{42}][tsɿ^{53}]，

嗯阿婆娘娘[ŋ^{42}][ɦaʔ^{2}][bu^{13}][ȵiã^{13}][ȵiã^{13}]，也有借自己小孩身份称拉爹爹[la^{213}][dia^{13}][dia^{13}]、拉娘姆[la^{213}][ȵiã^{13}][m^{13}]。今多随丈夫称呼。

岳父(母)：妻子的父母。俗称亲爸[tɕ‘iŋ^{44}][pa^{44}]、亲姆[tɕ‘iŋ^{44}][m^{44}]，丈人[dzã^{42}][ȵiŋ^{42}]、老丈人[lɔ^{42}][dzã^{42}][ȵiŋ^{42}]、丈母[dzã^{42}][m^{42}]、丈母娘[dzã^{42}][m^{42}][ȵiã^{42}]。今多随妻称呼。

丈夫：俗称男人家[nɤ^{13}][ȵiŋ^{13}][ka^{44}]。对第三人俗称嗯男人家[ŋ^{42}][nɤ^{13}][ȵiŋ^{13}][ka^{44}]、嗯屋里厢[ŋ^{42}][ɦoʔ^{2}][li^{42}][ɕiã^{44}]、嗯老头子[ŋ^{42}][lɔ^{42}][dəɯ^{42}][tsɿ^{53}]、嗯爱人[ŋ^{42}][Øɤ^{213}[ȵin^{13}]，或借自己小孩子身份称拉爷[la^{213}][jia^{13}]、拉阿爸[la^{213}][pa^{44}]、拉爸爸[la^{213}][pa^{44}][pa^{44}]、拉老头子[la^{213}][lɔ^{42}][dəɯ^{42}][tsɿ^{53}]。当面叫嗨或直呼名字。

妻子：俗称堂客[dõ^{13}][kaʔ^{5}]。对第三人俗称嗯堂客[ŋ^{42}][dõ^{13}][kaʔ^{5}]、嗯屋里厢[ŋ^{42}][ɦoʔ^{2}][li^{42}][ɕiã^{44}]、嗯家属[ŋ^{42}][tɕia^{44}][zoʔ^{2}]、嗯新娘子[ŋ^{42}][ɕiŋ^{44}][ȵiã^{13}][tsɿ^{44}]、嗯爱人[ŋ^{42}][Øɤ^{213}[ȵin^{13}]、嗯老婆[ŋ^{42}][lɔ^{42}][bu^{13}]，或借自己小孩身份称拉姆妈[la^{213}][m^{44}][ma^{13}]、拉娘[la^{213}][ȵiã^{13}]、拉妈妈[la^{213}][ma^{42}][ma^{42}]，当面叫嗨或直呼名字。

伯父(母)：父亲的兄嫂。俗称伯伯[paʔ^{5}][paʔ^{5}]、妈妈[ma^{42}][ma^{42}]、阿大[ɦaʔ^{2}][da^{13}]。按年龄排列又有大伯伯[dəu^{213}][paʔ^{5}][paʔ^{5}]、小伯伯[ɕiɔ^{53}][paʔ^{5}][paʔ^{5}]、大妈妈[dəu^{213}][ma^{42}][ma^{42}]、小妈妈[ɕiɔ^{53}][ma^{42}][ma^{42}]、新妈妈[ɕiŋ^{44}][ma^{42}][ma^{42}]之分。

叔父(母)：父亲的弟弟和弟媳。俗称爷叔[jia^{13}][soʔ^{5}]、叔叔[soʔ^{5}][soʔ^{5}]、婶婶[səŋ^{53}][səŋ^{53}]、娘婶[ȵiã^{13}][səŋ^{44}]、妈妈[ma^{42}][ma^{42}]、阿大[ɦaʔ^{2}][da^{13}]。又有大爷叔[dəu^{213}][jia^{13}][soʔ^{5}]、小爷叔[ɕiɔ^{53}][jia^{13}][soʔ^{5}]、大娘婶[dəu^{213}][ȵiã^{13}][səŋ^{44}]、小娘婶[ɕiɔ^{53}][ȵiã^{13}][səŋ^{44}]、新娘婶[ɕiŋ^{44}][ȵiã^{13}][səŋ^{44}]之分。

舅父(母)：母亲的兄弟及其妻子。俗称娘舅[ȵiã^{213}][dʑiɪ^{213}]、舅姆[dʑiɪ^{42}][m^{42}]。按年龄排列有大娘舅[dəu^{213}][ȵiã^{213}][dʑiɪ^{213}]、小娘舅[ɕiɔ^{53}][ȵiã^{213}][dʑiɪ^{213}]、大舅姆[dəu^{213}][dʑiɪ^{42}][m^{42}]、小舅姆[ɕiɔ^{53}][dʑiɪ^{42}][m^{42}]之分。

姑夫(母)：父亲的姐妹及其丈夫。俗称姑夫[kəu^{44}][fu^{44}]、姑父[kəu^{44}][fu^{44}]、娘娘[ȵiã^{13}][ȵiã^{13}]、阿娘[ɦaʔ^{2}][ȵiã^{13}]。按年龄排列又分大姑夫[kəu^{44}][fu^{44}]、小姑夫[kəu^{44}][fu^{44}]、大娘娘[dəu^{213}][ȵiã^{13}][ȵiã^{13}]、小娘娘[ɕiɔ^{53}][ȵiã^{13}][ȵiã^{13}]。

姨夫(母)：母亲的姐妹及其丈夫。俗称姨夫[ji^{13}][fu^{44}]、姨父[ji^{13}][fu^{44}]、娘姨[ȵiã^{13}][ji^{13}]、大姨[dəu^{213}][ji^{13}]，母亲的姐姐还可称豆豆[dəu^{13}][dəu^{13}]。按年龄排列又分大姨夫[ji^{13}][fu^{44}]、小姨夫[ji^{13}][fu^{44}]、大姨[dəu^{213}][ji^{13}]、小姨[ɕiɔ^{53}][ji^{13}]。

兄弟(姐妹)：互称哥哥[ka^{44}][ka^{44}]、弟弟[di^{42}][di^{42}]、姐姐[tɕia^{53}][tɕia^{53}]、妹妹[mei^{213}][mei^{213}]，阿哥[ɦaʔ^{2}][ka^{44}]、阿姐[ɦaʔ^{2}][tɕia^{53}]、阿妹[ɦaʔ^{2}][mei^{213}]。按年龄

排列又有大小之分，大阿哥[dəu^{213}][ɦaʔ^{2}][ka^{44}]、小阿哥[ɕiɔ^{53}][ɦaʔ^{2}][ka^{44}]、大阿姐[dəu^{213}][ɦaʔ^{2}][tɕia^{53}]、小阿姐[ɕiɔ^{53}][ɦaʔ^{2}][tɕia^{53}]。

妯娌：兄弟的妻子之间。俗称嫂嫂[sɔ^{53}][sɔ^{53}]、阿嫂[ɦaʔ^{2}][sɔ^{53}]、阿婶[ɦaʔ^{2}][səŋ^{53}]。借自己小孩身份称呼拉妈妈、拉娘婶。

连襟：姐妹的丈夫之间。互称哥哥[ka^{44}][ka^{44}]、阿弟[ɦaʔ^{2}][di^{42}]。

内侄儿(女)：妻子娘家兄弟的儿女。俗称内侄儿子[nei^{13}][dzəʔ^{2}][ŋ^{13}][tsɿ^{44}]、内侄囡儿[nei^{13}][dzəʔ^{2}][nɔ^{13}][ŋ^{13}]。

姨外甥（女）：姐妹的儿女。俗称姨外甥[ji^{13}][ŋa^{13}][sã^{44}]、姨外甥囡儿[ji^{13}][ŋa^{13}][sã^{44}][nɔ^{13}][ŋ^{13}]。

堂兄弟(姐妹)：父亲兄弟的儿女。互称哥哥[ka^{44}][ka^{44}]、弟弟[di^{42}][di^{42}]、姐姐[tɕia^{53}][tɕia^{53}]、妹妹[mei^{213}][mei^{213}]。其中有嫡堂、堂份之分。

表兄弟(姐妹)：舅父、姑母的儿女。互称表哥哥[piɔ^{53}][ka^{53}][ka^{53}]、表弟弟[piɔ^{53}][di^{42}][di^{42}]、表姐姐[piɔ^{53}][tɕia^{53}][tɕia^{53}]、表妹妹[piɔ^{53}][mei^{53}][mei^{53}]。

姨表兄弟(姐妹)：母亲姐妹的儿女。互称表哥哥[piɔ^{53}][ka^{53}][ka^{53}]、表阿哥[piɔ^{53}][ɦaʔ^{2}][ka^{44}]、表阿弟[piɔ^{53}][ɦaʔ^{2}][di^{42}]、表姐姐[piɔ^{53}][tɕia^{53}][tɕia^{53}]、表妹妹[piɔ^{53}][mei^{53}][mei^{53}]。

姑嫂：对娘家兄弟的妻子，兄妻俗称嫂嫂[sɔ^{53}][sɔ^{53}]，弟妻俗称弟媳妇[di^{42}][ɕi^{44}][vu^{13}]、弟媳妇娘子[di^{42}][ɕi^{44}][vu^{13}][ȵiã^{13}][tsɿ^{44}]。反之俗称姑娘[ku^{44}][ȵiã^{13}]。

儿媳：公婆称媳妇[ɕi^{44}][vu^{13}]，按儿子大小又称大媳妇、小媳妇、大房里、二房里、三房里，今多呼名字。

女婿：岳父母称女婿[ȵi^{13}][ɕi^{44}]，对第三人，常用自己女儿的名字后面加“新客人”[ɕiŋ^{44}][k‘aʔ^{5}][ȵiŋ^{13}]三字，今多呼名字。

子女：自己所生儿女。儿子[ŋ^{13}][tsɿ^{44}]、囡儿[nɔ^{13}][ŋ^{13}]。对第三人俗称嗯儿子[ŋ^{42}][ŋ^{13}][tsɿ^{44}]、嗯小把戏[ŋ^{42}][ɕiɔ^{53}][pa^{53}][ɕi^{53}]、嗯细百楼[ŋ^{42}][ɕi^{334}][paʔ^{5}][lei^{13}]、嗯囡儿[ŋ^{42}][nɔ^{13}][ŋ^{13}]、嗯姑娘[ŋ^{42}][ku^{44}][ȵiã^{13}]、嗯婉婷[ŋ^{42}][ɦo^{213}][din^{42}]、嗯细婉婷[ŋ^{42}][ɕi^{334}][ɦo^{213}][din^{42}]。按年龄排列又有大小之分，今多呼名字。

二、其他俗称

以下按首字笔画为序。

一家门[øiəʔ^{5}][ka^{44}][mən^{13}]：全家人。【例】门朝伢～侪去秦国旅游，屋里呒不人。

二婚头[n^{213}][hun^{53}][dei^{42}]：旧时蔑称再嫁的妇女，现泛指再嫁、再婚的男女。【例】伊是～，找起对象来有点鸡遭。

三亲头[$sɛ^{44}$][$tɕ‘in^{44}$][dei^{13}]：行为轻浮的人。【例】吉个人是～，侪家勿理伊呃。

三脚猫[$sɛ^{44}$][$tɕiaʔ^{5}$][$mɔ^{44}$]：比喻对各种技艺略知皮毛的人。【例】伊是厂里～，技术侪晓得一点，可惜侪勿精。

土麻子[$t‘əu^{53}$][mo^{42}][$tsɿ^{53}$]：腹蛇。【例】实嗯小辰光勿喜欢到乡下去，就是怕蛇，有一趟看见了条死～，吓得勿敢走路。

下小子[$øo^{53}$][$ɕiɔ^{53}$][$tsɿ^{53}$]：子孙后代。【例】祖宗保佐伢～身体健康，万事如意。

下手[$øo^{53}$] [sei^{53}]：打下手。【例】实五呒不本事，只好做～。

大好佬[$dəu^{213}$][$hɔ^{53}$][$lɔ^{42}$]：有本领的人。【例】伊当自家是～，其实伢侪晓得，伊呒不咕本事，就是手里有点权力。

大块头[$dəu^{213}$][$k‘ui^{334}$][dei^{213}]：大个子，身材魁梧。【例】拉屋里侪是～。

大阿福[$dəu^{213}$][$øaʔ^{5}$][$foʔ^{5}$]：原指无锡泥人的代表作品，后泛指身材较胖的人。【例】实五前几年瘦煞呃，格两年勿想着变成唻～。

大佬官[$dəu^{213}$][$lɔ^{42}$][$kuɤ^{53}$]：老大。【例】老江是～，平时伢侪听伊呃。

小八辣子[$ɕiɔ^{53}$][$paʔ^{5}$][$laʔ^{2}$][$tsɿ^{53}$]：小人物。【例】实五得伊讲呒不咕用场，伊是～，作勿起主呃。

小赤佬[$ɕiɔ^{53}$][$ts‘aʔ^{5}$][$lɔ^{42}$]：小鬼。【例】吉个～是个小滑头。

小把戏[$ɕiɔ^{53}$][pa^{53}][$ɕi^{53}$]：小孩子。【例】实嗯蛮喜欢～呃。

小乖人[$ɕiɔ^{53}$][kua^{53}][$ȵin^{53}$]：为人灵巧、精明的人。【例】伊是～，领导侪看得伊起煞。

小滑头[$ɕiɔ^{53}$][$øuaʔ^{5}$][dei^{213}]：形容圆滑的人。【例】伊是～，勿会得负责任呃。

丫头[$øo^{44}$] [dei^{13}]：(1) 丫鬟。【例】小吴拉外婆，从小有勒人家屋里做～。(2) 对女孩的爱称。【例】伢单位里格两只细～侪乖煞。

乡下人[$ɕiã^{44}$][$øo^{44}$] [$ȵin^{13}$]：生活在农村的人。【例】格两年，～生活越来越好唻。

内行[nei^{213}][$ɦɔ̃^{213}$]：指对某种工作或技术具有丰富经验的人。【例】电脑坏唻，实五去叫个～来修修，自家勿要乱动。

生手[$sã^{44}$][sei^{44}]：做事没经验，技术不熟练的人。【例】伊暴参加工作，是个～。

白虎[$baʔ^{2}$][$həu^{53}$]：民间对患无毛症女性的称谓，俗称“白虎”。【例】按老底子民间讲法，讨～女当老婆是要倒霉呃。

外地人[ŋa^{213}][di^{213}][ȵin^{213}]：外来人，相对于“本地人”的称呼。【例】早几年，上海人看勿起～，格两年好多唻。

外行[ŋa^{213}][ɦɔ̃^{213}]：对知识的某一专门领域一无所知的人。【例】实五叫伊来指导是寻错人唻，伊是个～，根本勿懂。

主东家[tsɿ^{53}][tõ^{53}][kã^{53}]：东家。【例】老林从小就得人家做佣人，幸亏～人勿错。

主客[tsɿ^{53}][k‘aʔ^{5}]：主顾。【例】格两日生意勿好，店里一个～呒不来。

对象[tei^{213}][ʑiã^{213}]：特指恋爱的对方。男、女谈恋爱称“谈对象”“处对象”。【例】老王拉囡儿今年介谈对象勒。

半吊子[pɤ^{334}][tiɔ^{334}][tsɿ^{334}]：对某种知识只有一个粗略的、肤浅的或零星的了解的人或技艺不熟练的人。【例】单位里专业人才少，侪是～，技术革新是勿可能呃。

老主客[lɔ^{42}][tsɿ^{53}][k‘aʔ^{5}]：老顾客。【例】实嗯是面店里～唻，日日去喫面呃。

老头子[lɔ^{42}][dəɯ^{42}][tsɿ^{53}]：（1）指年纪大的男人。【例】格介～脾气有的怪。（1）父亲的俗称。【例】嗯～饭喫好出门白相去勒。

老老头[lɔ^{42}][lɔ^{42}][dei^{213}]：老头。【例】早晨头，公园里侪是～、老太婆勒锻炼。

老婆[lɔ^{42}][bu^{13}]：妻子的俗称。【例】明朝嗯～勒屋里烧饭，实㑚早点过来。

老好人[lɔ^{42}][hɔ^{53}][ȵin^{42}]：脾气随和、待人厚道的人。【例】老赵是～，选举得票顶高唻。

老来子[lɔ^{42}][lɤ^{42}][tsɿ^{53}]：老年时生的子女。【例】阿明是～，拉老头子六十岁养伊呃。

老阿太[lɔ^{42}][øaʔ^{5}][t‘a^{53}]：老太。【例】超市边闹，有个～惯唻一跤。

老枪[lɔ^{42}][tɕ‘iã^{53}]：抽烟厉害的人。【例】老刘是办公室里～，一日要喫两包烟。

老油条[lɔ^{42}][jiəɤ^{42}][diɔ^{42}]：比喻老滑头。【例】小张读是辰光就是班里～，到乃性格还呒不改。

老实头[lɔ^{42}][zəʔ^{2}][dei^{42}]：老实人。【例】阿明是个～，托伊事体，蛮靠得牢。

老面皮[lɔ^{42}][miɪ^{42}][bi^{42}]：脸皮很厚，不知羞耻的人。【例】袁水拍《大胆老面皮》：“大胆～，美军坏东西，杀人又强奸，蛮横不讲理。”

百晓[paʔ^{5}][ɕiɔ^{53}]：什么都知道的人。【例】单位里小吴是～，交际面广，消息灵通，随便咕事体侪晓得。

百搭[paʔ^{5}][taʔ^{5}]：跟任何人都能打交道的人。【例】实嗯格娘姨是个～，随便咕人侪认得。

同行宗[dõ^{13}][hɔ̃^{44}][tsõ^{44}]：同行的人。【例】拉兄弟两个是～，侪是做茶叶生意呃。

吃客[tɕʻiəʔ⁵][kʻaʔ⁵]：吃货，指很会吃，懂得口味的人。【例】老李正刚是个～，滋味一答就晓得菜好勿好。

吃墨水人[tɕʻiəʔ⁵][məʔ²][sei⁵³][ȵin⁴²]：有文化的人。【例】拉外甥读过大学，是～，村里侪相信伊煞。

自家人[zɿ⁴²][ka⁵³][ȵin⁴²]：自己家里的人。【例】伢侪是～，事体就勿要计较唻。

江北人[kɔ̃⁴⁴][poʔ⁵][ȵin¹³]：生活居住在长江以北地区的居民。【例】以前，上海人侪看勿起～，那好交关唻。

艮头[kʻən³³⁴][dei¹³]：性情耿直之人。【例】伢老头子是个～，格点事体讲阿勿要得伊讲，伊肯定勿同意呃。

寿头[zei¹³][dei¹³]：傻瓜，指易受愚弄欺骗的人。【例】阿林出门专门当～，勿晓得上唻人家几化当。

劳碌命[lɔ¹³][loʔ²][min¹³]：一生都会奔波操劳的人。【例】那姆妈是个～，一日到夜做家务，勿晓得休息休息。

呒清头[m¹³][tɕʻin⁴⁴][dei¹³]：头脑不清的人。【例】伊正刚～，分勿清好人得坏人。

呆大[ŋɛ¹³][dəu¹³]：傻瓜。【例】老底子村里有一个～，介息勿晓到到咕里去唻。

呆大女婿[ŋɛ¹³][dəu¹³][ȵi¹³][ɕi⁴⁴]：到丈母家出丑的女婿。【例】实嗯头一通到老婆拉屋里，正刚像个～。

吵坯[tsʻɔ⁵³][pʻei⁵³]：调皮、吵闹的人。【例】阿三小辰光是个～，后算来考上唻大学，人变得文静唻。

拖油瓶[tʻəu⁴⁴][jiɪ¹³][bin¹³]：旧社会妇女改嫁，前夫所生的子女被带到后夫家去的，俗称“拖油瓶”。【例】 老宋小辰光是个～，拨人家看勿起。介息当了村长，地位高唻。

顶头上司[tin⁵³][dei⁴²][zɔ̃⁴²][sɿ⁵³]：直接领导人。【例】实嗯葛～是个小姑娘，勿要看伊年纪小，能干得混呃。

扗舌头[tsɿ³³⁴][zəʔ²][dei²¹³]：发音模糊不准的人。【例】小刘是个～，学外语发音勿准。

贩子[fɛ³³⁴][ts⁵³]：以倒买倒卖牟利为生的人。【例】坚决打击人～、毒品～。

泥菩萨[ȵi⁴⁴][bu¹³][saʔ⁵]：比喻少说话的人。【例】小王是个～，得伊搭档，呒不劲道。

细百楼[ɕi³³⁴][paʔ⁵][lei¹³]：小男孩。【例】屋里来唻几个小客人，侪是～，屋里闹猛得来细硬儿[ɕi^{334}][ŋã^{213}][ɕi^{53}]：小男孩。【例】格两个～勿要去睬伊。

细婉婷[ɕi^{334}][ɦo^{213}][din^{42}]：小女孩。【例】伢屋里格只～架型正刚好看。

姑娘[ku^{44}][ȵiã^{13}]：（1）未嫁的年轻女性。【例】细婉婷五年勿见，介息是大～唻。（2）丈夫的姐妹。【例】嗯～性格好，从来勿发脾气。

驼子[dəu^{13}][tsɿ^{44}]：驼背。【例】小伙子要挺起，走路勿要象～介。

相好[ɕiã^{44}][hɔ^{44}]：关系亲密、感情好的人，一般指情人。【例】十几年前，老张村里有个～，乃勿来去唻。

轻骨头[tɕ'in^{44}][kuəʔ^{5}][dei^{13}]：不稳重的人。【例】小吴是个～，看见小姑娘就介劲头十足。

独苗[doʔ^{2}][miɔ^{13}]：比喻独生子或唯一的子孙。【例】小明是舅舅家～，至屋里得伊当宝贝。

弯舌头[øuɛ^{44}] [zəʔ^{2}] [dei^{13}]：形容说北方话的人。【例】镇闹来唻两个～，其实是北方人。

亲家婆[tɕ'in^{44}][ka^{44}][bu^{13}]：（1）男女结婚以后，双方父母彼此互称亲家，故有了亲家公、亲家婆的叫法。结干亲的，也如此互称。亲家婆指对双方母亲的互称。【例】伊是老张的～，伊女儿嫁把伊儿子唻。（2）情妇。【例】解放前，伊勿晓得偷唻几化～，解放后总算走正道唻。

屋里厢[ɦoʔ^{2}][li^{42}][ɕiã^{44}]：家里的，指妻子，也可指丈夫。【例】格两日，嗯～身体勿好，住院唻。

爱人[Øɤ^{213}][ȵin^{13}]：指丈夫或妻子。【例】小王拉～是博士生。

烂好人[lɛ^{213}][hɔ^{53}][ȵin^{42}]：不讲原则的人。【例】要做好人，勿好做～，原则一定要坚持。

洋盘[jiã^{13}][bɤ^{13}]：指没什么社会经验，很容易被骗的一种人。【例】实嗯呒不经济头脑，做生意老是当～。

姘头[p'in^{44}][dei^{13}]：非夫妻关系而发生性行为或存在暧昧关系的男女中的任何一方。【例】吉个小老板赚唻点铜钿就是轧～，铜钿侪弄光唻。

烦舌头[vɛ^{13}][zəʔ^{2}][dei^{13}]：喜欢多说话的人。【例】张伯伯是个～，喜欢一日讲到夜。

冤家[øiɪ^{44}][ka^{44}]：（1）一般指仇人，或者死对头。【例】做人要多交朋友，少结～。（2）对又爱又恨人的昵称，可指称爱人或子女。【例】格两个小～身闹，勿晓得化唻几化心思。

家属[tɕia^{44}][zoʔ^{2}]：（1）家庭内除本人以外的家庭成员。【例】格趟旅游侪家好带～呃。（2）爱人。【例】小郭是伊～。

排骨精[ba13][kuəʔ5][tɕin44]：形容很瘦的人。【例】阿琳从小身体勿好，人瘦得像～。

掼脱货[guɛ13][t‘əʔ5][həu44]：败家子。【例】格两个～是呒不前途唻，爹娘侪拨伊气煞。

堂客[dɔ̃13][k‘aʔ5]：泛指妻子。【例】有空格辰光，实五来白相，实嗯叫～炒两只菜，一道喫两杯酒。

街闹人[ka44][nɔ13][ȵin13]：城里人。【例】老底子～条件好，介息乡下人条件好。

蛮子[mɛ13][tsɿ44]：北方人对南方人的称呼。【例】河南人叫长兴当地人～。

隔壁邻所[kaʔ][pi53][lin42][səu53]：邻居。【例】实嗯～前年搬到上海去唻。

填房[diɪ42][vɔ̃42]：指妻死后续娶的妻。【例】小芳拉屋里条件勿好，伊 20 岁就出嫁做～唻。

跟屁虫[kən44][p‘i44][zɔ̃13]：指老跟在别人后面的人。【例】伊做随便咕事体侪跟唻人家后头，侪家叫伊～。

矮人[øa53][ȵin42]：指地位不高的人。【例】实嗯呒不文化，单位里只好做～。

新倌人[ɕiŋ44][kuɤ44][ȵin13]：新郎。【例】格对新婚夫妻，新娘子生来好看，～生来一般。

新娘子[ɕiŋ44][ȵiã13][tsɿ44]：特指新娘。也指对别人妻子的称呼。【例】实嗯办公室里有三个～，房子里喜气洋洋。

媳妇[ɕi44][vu13]：儿子的爱人，儿媳。【例】阿毛拉～是开饭店呃。

煨灶猫[øui44][tsɔ44][mɔ13]：从字面上解释就是睡在灶边的猫，形容一个人的精神很萎靡不正。【例】一到冬天，伊就象～，一日到夜缩勒空调房里。

精客[tɕin44][k‘aʔ5]：很小气的人。【例】单位里侪晓得伊是～，平常呒不人得伊打交道。

熟手[zoʔ2][sei53]：干活熟练的人。【例】一看伊做生活，就晓得是～。

懒惰坯[lɛ42][dəu42][p‘ei53]：很懒惰的人。【例】倗格两个～，只晓得白相，事体一点呒不做。

蹩脚货[biəʔ5][tɕiaʔ5][həu44]：形容东西质量着，也形容人没本事。【例】实嗯手下底侪是～，讲讲勿来，写写勿来。

戆徒[gɔ̃42][dəu42]：干事冒失的人，傻乎乎的人。【例】阿三是出唻名呃～，勿晓得出过几化事体。

第八节　詈　语

十三点[zəʔ^{2}][sɛ^{53}][diɪ^{42}]：头脑不正常的人。【例】吉个～侪家勿要去理伊。

下作胚[øo^{53}][tsoʔ^{5}][p‘ei^{53}]：下流胚，品质低劣的人。【例】这个～全镇有名，实五看见伊勿要睬伊。

大头[dəu^{213}][dei^{213}]：大脑袋。【例】实嗯读中学辰光，同学侪叫嗯～。

毛面宗牲[mɔ^{13}][miɪ^{13}][tsõ^{44}][sã^{44}]：骂人是畜牲。【例】吉个人正刚是个～，做出格种缺德事体来。

丑百怪[ts‘ei^{53}][paʔ^{5}][kua^{53}]：（1）相貌极难看的人。【例】伊相貌勿好看，像～。（2）水果名。【例】～先起头是形容人生得难看，介息有种水果叫～唻。

书霉豆[sɿ^{44}][mei^{13}][dei^{13}]：书呆子。【例】小李一日到夜看书，闲话勿讲，侪家叫伊～。

末代[məʔ^{2}][dei^{213}]：比喻没用的人。【例】伊正刚是个～，样样事体侪做勿好。

四眼[sɿ^{334}][ŋɛ^{53}]：对戴眼镜人的不礼貌称呼。【例】老邱是近视眼，一日到夜戴唻一付眼镜，侪家叫伊邱～。

生病鬼[sã^{44}][bin^{13}][kui^{44}]：对经常生病的人称呼。【例】隔壁老李生唻十多年毛病，背后侪叫伊～。

白字先生[baʔ^{2}][zɿ^{213}][ɕiɪ^{44}][sã^{44}]：读写错别字的人。【例】村东老林是个～，经常读错字，写错字。

白虎星[baʔ^{2}][həu^{53}][ɕin^{53}]：古代中国星相家所说的一种凶神，常指给人带来灾祸的人。【例】《春蚕》二："'那母狗是～，惹上了她就得败家。……老通宝时常这样警戒他的小儿子。"

老甲鱼[lɔ^{42}][tɕiaʔ^{5}][ŋ^{42}]：骂老人的话。【例】格只～门槛精得混。

老鬼[lɔ^{42}][kui^{53}]：骂老年人的话。【例】吉个～来唻，那么事体鸡遭唻。

老牌位[lɔ^{42}][ba^{42}][ɦui^{42}]：对老人的不礼貌称呼。【例】吉只～脾气勿好，单位里侪家侪勿喜欢伊。

老滑头[lɔ^{42}][ɦuaʔ^{2}][dei^{42}]：圆滑的人。【例】伊是～，各个方面侪勿得罪呃。

扫帚星[sɔ^{334}][tsei^{53}][ɕin^{53}]：扫把星，指带来灾难或厄运的人，是骂人的说法。【例】实五正刚是个～，实五一来，实嗯运道就介勿好。

死鬼[sɿ^{53}][kui^{53}]：（1）骂人的话，表示对某人厌恶。【例】门朝吉个～得伢一道去，正刚呒不劲头。（2）用于女性称呼男性，表示亲昵。【例】伢屋里吉个～，待嗯倒是勿错呃。

死胚[sɿ^{53}][p'ɛ^{53}]：死人，骂人的话。【例】吉个～一日到夜勒打麻将。

死胖子[sɿ^{53}][p'ɔ̃^{53}][tsɿ^{53}]：对胖子的称呼。【例】明朝喫酒，张三吉个～阿来？

吊杀鬼[tiɔ^{334}][saʔ^{5}][kui^{334}]：上吊而死的人，用来咒骂那些身材瘦长的人。【例】伊生来像个～，伊瘦伊长。

杀千刀[saʔ^{5}][tɕ'iɪ^{44}][tɔ^{44}]：比喻不得好死的人。【例】吉个～勿晓得害唻几化人，介息总算捉牢唻。

杀坯[saʔ^{5}][p'ei^{334}]：该杀的人。【例】吉个～总算有报应唻。

众牲[tsõ^{44}][sã^{44}]：（1）畜牲，动物。【例】屋里格只小狗到底是～，野性还是有呃。（2）骂人的话。【例】实嗯再碰着格只～，勿会得放过伊呃。

赤佬[ts'aʔ^{5}][lɔ^{42}]：原意为“鬼”“无赖”等，也用于骂人。【例】吉两个～勿会帮嗯，只会捣乱。

饭桶[vɛ^{13}][dõ^{13}]：比喻人无能至极。【例】介点事体做勿好，实五正刚是个～。

冻杀鬼[tõ^{44}][saʔ^{5}][kui^{44}]：形容特别怕冷的人。【例】实五正刚是个～，天呒不冷，实五就开空调唻。

闷狗[mən^{213}][kei^{53}]：形容闷声不响的人。【例】伊一日到夜一声勿响，正刚是只～。

阿乡[øaʔ^{53}][ɕã^{44}]：对农村人的不礼貌称呼。【例】实嗯刚到城里，侪家叫嗯～，后算来实嗯当了头头，就呒不人叫唻。

阿木灵[øaʔ^{53}][moʔ^{2}][lin^{13}]：骂人的话，意思是呆子、傻子、呆头呆脑、木头木脑等。【例】阿芬拉老公是个～，令子豁上去呒不一点反应。

鸡[tɕi^{44}]：娼妓。【例】解放前，上海马路闹野～拉客经常看得见呃。

现世宝[ɦiɪ^{213}][sɿ^{334}][bɔ^{53}]：形容给人丢脸、总是出丑的人。【例】娘舅拉屋里养唻吉个～，那么人家完唻。

拗刁头[øɔ^{44}][tiɔ^{44}][dei^{13}]：形容难弄的人。【例】单位里总归有一两个～。

败家精[ba^{213}][ka^{53}][tɕin^{53}]：败家子，指那些乱用钱，败坏家财的人。【例】屋里有一个～，那么完吉唻。

狐狸精[ɦu^{13}][li^{13}][tɕin^{44}]：比喻善于迷惑、勾引男人的女子。【例】单位里分来一个小姑娘，蛮招男同事喜欢，侪家背后叫伊～，其实人是勿错呃。

狗头军师[kei^{53}][dei^{42}][tɕin^{53}][sɿ^{53}]：比喻专门出坏主意的人。【例】伊像格～，专门得人家出坏主意。

毒头[doʔ2][dei13]：形容人不正常。【例】前几年村里有个女～，格两年勿见唻。

草包[ts'ɔ53][pɔ53]：（1）用稻草编成的袋子。【例】发大水辰光，村里准备唻交关～。（2）比喻人没有知识、本领。【例】伊戴唻一副眼镜，看上去有知识文化，其实是只～。

荡头[dã213][dei213]：傻瓜。【例】村里侪家叫伊～阿三。

贱货[ʑiɪ213][həu334]：骂人的话，低贱的人。【例】伊是个～，拨人家骂得要死，还要去拍人家马屁。

埋泥徒[ma13][ȵi13][dəu13]：粗话，埋在泥里的人，即死人。【例】今朝正刚倒霉，一出门就碰着吉个～。

贼骨头[zəʔ2][kuəʔ5][dei13]：小偷。【例】皮夹拨～偷脱唻。

凉姜货[liã13][tɕiã44][həu44]：是指好吃懒做、不务正业的人。【例】阿明拉老头子是个～，生活勿好好交做，只晓得白相。

野种[øia53][tsõ53]：私生子。【例】晓得小把戏是～，老王气得三日三夜勿睏觉。

猪头[tsɿ44][dei13]：象猪一样傻的人。【例】伢两个人当中格事体，勿要得格个～讲。

猪头三[tsɿ44][dei13][sɛ44]：形容人象猪一样傻。【例】格处～脑子勿灵清，侪家勿要睬伊。

塔煞头人[t'aʔ5][saʔ5][dei13][ȵiŋ13]：没用的人。【例】拉兄弟两个，老大蛮能干，老二是个～。

焦货[tɕiɔ44][həu44]：窝囊废。【例】伊是个～，文化、知识侪呒不呃。

雌老虎[ts'ɿ44][lɔ13][həu44]：比喻很性格很凶的女人。【例】伊勒屋里是只～，老公看见伊吓煞呃。

蜡烛[laʔ2][tsoʔ5]：比喻做事被动的人。【例】实五正刚是个～，勿得五讲，五就一动勿动唻。

缩头乌龟[soʔ5][dei13][øu44][kui44]：形容、讽刺胆小怕事的人。【例】实嗯勿是～，随便咕事体勿怕。

瞪宁头[tən44][ȵin13][dei13]：扫把星。【例】今朝倒霉，一出门就碰着一个～。

第九节　动　作

一末头[øiəʔ^{5}][məʔ^{2}][dei^{13}]：老是这样。【例】实嗯难得帮五是勿要紧呃，要嗯～帮过去，是勿来煞呃。

了疤[liɔ^{42}][po^{44}]：事情结束。【例】格点事体到乃还呒不～。

亏空[k'ui^{44}][k'õ^{44}]：支出超过收入。【例】格两年伊做生意蚀本，～唻十几万钞票。

亏待[k'ui^{44}][dei^{13}]：待慢。【例】人家难得到长兴来，实五要好好交招待拉，勿要～人家。

上[zõ^{42}]：与人吵架。【例】实嗯吃唻介多亏，等息要得伊～。

上手[zõ^{42}][sei^{53}]：拿到手上。【例】衣裳一～，实嗯就晓得料子勿好。

上火[zõ^{42}][həu^{53}]：人体阴阳失衡，内火旺盛，即会上火。【例】格两日喫唻交关长生果，人有点～。

上心[zõ^{42}][ɕin^{334}]：放在心上。【例】读书实五一定要～，读勿出前途就呒不唻。

上坟[zõ^{42}][vən^{213}]：扫墓。【例】每年清明，伊侪要到老家～。

上落[zõ^{42}][lo^{42}]：来往。【例】格两家人家是远亲，勿晓得近几年阿有～。

叉[ts'o^{44}]：卡、掐。【例】吵相骂辰光，伊动勿动就要～人家头颈。

开伙仓[k'ɤ^{44}][həu^{53}][ts'õ^{53}]：指家里开火做饭。【例】老婆出差，屋里三日呒不～。

开销[k'ɤ^{44}][ɕiɔ^{44}]：(1)开支。【例】夫妻两个分开住，～就大唻。(2)训斥、批评。【例】小人勿乖，实五好好交～两声。

车[ts'o^{44}]：用车装运。【例】门朝实嗯去～点泥来倒勒花园里。

中意[tsõ^{13}][øi^{334}]：符合心意。【例】格条风衣实嗯蛮～，价钿高还是要买。

见鬼[tɕiɪ^{334}][kui^{53}]：形容离奇之事。【例】手机明明摆唻桌子闹，一息息功夫就勿见唻，正刚是～唻。

凶[ɕiõ^{44}]：责备。【例】有勒外面打架，回到屋里拨老头子～唻一顿。

勿犯着[fəʔ^{5}][vɛ^{42}][zaʔ^{2}]：犯不着，不值得。【例】伊呒不通知五参加，实五送上门去是～呃。

勿作兴[fəʔ^{5}][tsoʔ^{5}][ɕin^{44}]：不应该。【例】做出格种事体来，实五正刚～。

勿灵清[fəʔ^{5}][lin^{13}][tɕʻin^{44}]：头脑糊涂。【例】阿三脑子有点～，事体勿要得伊多讲。

勿响[fəʔ^{5}][ɕiã^{53}]：不表态，没有声音。【例】伊勒屋里，一日到夜闷声～。

勿啯得[fəʔ^{5}][kuəʔ^{5}][təʔ^{5}]：没关系，不要紧。【例】门朝实五勿来～，下趟有机会再来好唻。

勿搭界[fəʔ^{5}][taʔ^{5}][ka^{334}]：没关系。【例】格桩事体得嗯完全～。

勿像腔[fəʔ^{5}][ʑiã^{42}][ɕiã^{44}]：不像样。【例】拉兄弟两个做事体侪～，实五要当心点。

火[həu^{53}]：发怒、生气。【例】一看见伊进门，心里就～起来唻。

认账[ȵən^{213}][tsã^{334}]：承认。【例】格桩事体侪是五葛责任，实五勿要勿～。

认得[ȵin^{13}][təʔ^{5}]：认识。【例】到上海开会辰光 ，～唻一个大学教授。

巴勿得[po^{44}][vəʔ^{2}][təʔ^{5}]：盼望已久。【例】实嗯～门朝落雨，好住勒屋里睏觉。

打中觉[tã^{53}][tsõ^{44}][kɔ^{44}]：睡午觉。【例】十二点实嗯要～，五勿要来。

打圆场[tã^{53}][jiɪ^{44}][zã^{13}]：调解纠纷。【例】亏得老王出来～，否则二个人要寻相骂唻。

打烊[tã^{42}][jiã^{213}]：打破。【例】格只热水瓶拨嗯～唻。

打扇[tã^{53}][sɤ^{334}]：替人搧扇子。【例】实嗯去看伊辰光，伊正勒得老婆～。

打瞌晥[tã^{53}][kʻəʔ^{5}][tsʻõ^{334}]：打盹。【例】开会辰光，实嗯要～唻。

打嚏[tã^{53}][tʻi^{334}]：打喷嚏。【例】 感冒唻，上半日咳嗽、～，浑身难过。

扒肚肠[bo^{13}][dəu^{42}][zã^{42}]：反悔以前给人家的好处，老是提起。【例】东西送拨人家就算唻，勿要专门～。

轧[gaʔ^{2}]：（1）挤，常说轧闹猛。【例】节假日出去旅游，就是～闹猛。（2）核查，常说轧帐。【例】老底子～帐叽糟煞，介息有电脑方便多唻。（3）遭汽车辗压。【例】上两日，高速公路闹有一个老太太拨车子～煞唻。

轧一脚[gaʔ^{2}][jiəʔ^{2}][tɕiaʔ^{2}]：插一手。【例】事体得五勿搭介，五勿要来～。

轧头[gaʔ^{2}][dei^{13}]：理发。【例】门朝中饭边实嗯去～。

轧米[gaʔ^{2}][mi^{53}]：碾米。【例】老底子县城里有两家～厂。

轧苗头[gaʔ^{2}][miɔ^{13}][dei^{13}]：见机行事,察颜观色。【例】小伙子脑子活络，会得～，走出去勿会得喫亏。

轧堆[gaʔ^{2}][tei^{44}]：人挤在一起。【例】要过年唻，超市里往年是人闹得来～，格两年侪勒淘宝闹买唻。

轧淘[gaʔ^{5}][dɔ^{213}]：结伙。【例】从小～轧得勿好，大起来要出事体呃。

卡魇子[kʻa^{334}][øiɪ^{53}][tsɿ^{53}]：欺负他人。【例】实五年纪轻，做生意当心拨人

家～。

叫魂[tɕiɔ^{334}][ɦun^{213}]：古时人有疾病将死，魂魄离散，须招魂以延其年寿，因而有“招魂”之俗。今指大声喊叫。【例】实五勒～啊，声音介响！

叹苦经[t‘ɛ^{334}][k‘əu^{53}][tɕiŋ^{53}]：诉苦。【例】实五是自作自受，勿要得嗯～。

生成功[sã^{44}][zən^{13}][kõ^{44}]：本来如此。【例】事体实五勿要再讲唻，道理～勒实嗯哈闹。

白相[bəʔ^{2}][siã^{334}]：玩耍。【例】国庆长假，实嗯要到泰国去～。

甩[huɛ^{334}]：(1)扔掉。【例】搬新房子，旧东西好～脱唻。(2)挥动。【例】小金一爬到山顶就朝拉～～手，打个招呼。

犯冲[vɛ^{42}][ts‘õ^{334}]：迷信上的相克，现多指人与不之间不投机。【例】格两个人生肖是～呃，怪勿得平时老要吵架

犯贱[vɛ^{42}] [ʑiɪ^{213}]：轻易招惹，自取其辱。【例】人家勿喜欢五，五还要去追求人家，正刚～。

立壁角[liəʔ^{2}][piəʔ^{5}][koʔ^{5}]：旧时学校里让学生面对墙角而立。【例】老底子读勿出书，是要～呃。

讨[t‘ɔ^{53}]：（1）乞要，常说讨饭。【例】宁要～饭娘，勿要做官爹。（2）索取。【例】钞票勿还，实嗯要上门来～唻。（3）娶老婆，常说讨老婆。【例】介息老婆～勿起，房子、车子起码几十万。

讨顺溜[t‘ɔ^{53}][zən^{213}][lei^{213}]：讨口采，讲祝贺的话。【例】人侪喜欢讲好话，～。

讨堂客[t‘ɔ^{53}][dõ^{13}][k‘aʔ^{5}]：娶老婆。【例】老沈条件勿好，到唻40多岁才～。

出山[ts‘əʔ^{5}][sɛ^{44}]：比喻有出息了。【例】实嗯大学毕业，寻着工作，总算～唻。

出头[ts‘əʔ^{5}][dei^{213}]：（1）出人头地。【例】实五要好好交读书，勿读书是呒不～日脚呃。（2）替吃亏的人争气。【例】寻相骂吃亏唻，叫老头子来～。（3）多一点。【例】小李看起来年轻，其实年纪四十～唻。

出攀谈[ts‘əʔ^{5}][p‘ɛ^{44}][dɛ^{13}]：说批评或奚落人的话。【例】格椿事体实嗯呒不处理好，怪勿得人家要来～。

出瀴[ts‘əʔ^{5}][øin^{334}]：湿透。【例】天热煞唻，衬衫～唻。

发嗲[faʔ^{5}][tia^{53}]：撒娇。【例】小姑娘～总比发脾气好。

发福[faʔ^{5}][foʔ^{5}]：身体发胖。【例】人一过40岁，就要～唻。

发魇[faʔ^{5}][øiɪ^{53}]：因梦中受惊吓而喊叫；或觉得有什么东西压在身上，不能动弹。【例】细百楼半夜里～，实嗯吓唻一跳。

扚[tiəʔ4]：用两个手指掐着很少的皮肤向上拉。【例】格两个小把戏～来～去，

勒化吵白相。

过[ku^{334}]：传染。【例】伤风是从学堂里～来呃。

过门[ku^{334}][$mən^{213}$]：娶老婆到家。【例】媳妇还呒不～，事体还呒不收疤！

有门槛[$øiəɤ^{53}$][$mən^{13}$][$k‘ɛ^{44}$]：有办法，门路广。【例】叫小李负责是顶好哰，小李办事～，经济有实力，侪家放心好哰。

有法界[$jiɪ^{42}$][$faʔ^{5}$][ka^{334}]：有办法。【例】老李活络，做事体～，伊做事体，实嗯一百个放心。

回头[$ɦui^{13}$][dei^{13}]：拒绝。【例】实五得嗯～一声，门朝喫饭实嗯勿去哰。

行[$ɦã^{13}$]：流行。【例】今年冬天～皮裤，明年勿晓得行咕款式。

氽[$t‘ən^{53}$]：(1)漂浮在水面。【例】太湖里～过来一只箱子，勿晓是咕人落脱勒水里？(2)油炸。【例】油～花生米。

多心[$təu^{44}$][$ɕin^{44}$]：起疑心。【例】实五勿要～。

争气[$tsã^{44}$][$ɕi^{44}$]：奋发图强，不甘落后。【例】小把戏倒蛮～，读书成绩全班第一。

闯怪事[$ts‘ɔ̃^{53}$][kua^{334}][$zɿ^{213}$]：闯祸。【例】细百楼呒不脑子，出去专门～。

汏[da^{213}]：洗濯。【例】小王是个模范丈夫，落班回到屋里，就介～菜、～衣裳。

讲[$kɔ̃^{53}$]：(1)说。【例】侪家～实嗯是对呃。(2)批评。【例】小把戏拨老头子～脱两声勿搭介呃。

讲肖白[$kɔ̃^{53}$][$ɕiɔ^{44}$][ba^{13}]：找茬、责问。【例】手机有毛病，门朝到商店里去～。

讲闲话[$kɔ̃^{53}$][$hɛ^{13}$][ho^{53}]：也作“讲数”[$kɔ̃^{42}$][$səu^{334}$]，说话的意思。【例】半夜十二点多，宿舍里还有人勒～。

讲精头[$kɔ̃^{42}$][$tɕin^{44}$][dei^{13}]：聊天。【例】堂客勒屋里呒不事体，一日到夜同小姐妹～，讲得来勿记得烧饭。

寻死[$ʑin^{213}$][si^{53}]：（1）找死。【例】人要想得开，勿要碰着一点勿开心事体就想～。（2）讨厌人多管闲事。【例】事体得五呒不关系，实五出来～啊？

寻吼势[$ʑiŋ^{13}$][hei^{44}][$sɿ^{44}$]：找麻烦。【例】事体得嗯呒不关系，叫拉勿要来～。

寻燥头[$ʑin^{13}$][$ts‘ɔ^{334}$][dei^{13}]：故意找茬。【例】道理勒伢哈闹，勿怕人家来～。

厾[$toʔ^{5}$]：丢扔东西。【例】烂苹果喫勿得哰，快点～脱。

收作[$sɤ^{44}$][$tsoʔ^{5}$]：收拾尸体。【例】老人死哰，子女要来～呃。

收疤[$sɤ^{44}$][po^{44}]：(1)伤口好了。【例】实嗯身上伤口好得差不多勒，～哰。(2)事情结束，完成了。【例】格桩官司打哰好几年，格息总算～哰。

阴干[$øin^{44}$][$kɤ^{44}$]：东西放在没有阳光的地方慢慢干燥。【例】衣裳～来有股味道。

弄头颈[lõ^{213}][deĩ^{213}][tɕin^{334}]：捉弄人。【例】一个单位里侪家要团结，勿要背后～，讲坏话。

弄松[lõ^{213}][sõ^{334}]： 作弄人。【例】待人要真城，千万勿好～人家。

进账[tsin^{334}][tsã^{334}] ：收入。【例】生意亏本，吉个月呒不～，只有出账。

抚[bu^{213}]：用手抚摸。【例】勒伊手臂闹～～。

抟[dɤ^{13}]：揉成一团。【例】介好张纸头实五就介～脱唻，太浪费唻。

扯[ts‘a^{42}]：拉。【例】事体介就算～平唻，侪家勿要再计较。

扷[øɔ^{334}]：估计重量。【例】格点米有几化重，实嗯来～～看。

扳权头[pɛ^{44}][ts‘o^{44}][dei^{13}]：找茬。【例】老李顶喜欢～，侪家见伊吓煞。

坍台[t‘ɛ^{44}][dɤ^{213}]：没有面子。【例】介小事体弄勿好，正刚～。

把污 [po^{53}][øu^{334}] ： 给小孩子大便。【例】介息有尿不湿，管小人用勿着～、把尿，省力多唻。

把尿 [po^{53}][[sei^{44}] ： 给小孩子小便。【例】阿姨管小把戏有经验，到唻辰光会得～，尿不湿阿用勿着。

把家[po^{44}][ka^{44}]：勤俭治家。【例】讨着一个～老婆是一世福气。

花[ho^{44}]：引诱，诱惑。【例】拨伊～倒唻。

还潮[ɦuɛ^{213}][zɔ^{213}]：潮湿天气物体受潮变质。【例】黄霉天，饼干侪～出白花唻。

来去[lɤ^{13}][tɕ‘i^{44}]：交往。【例】得上海格家亲眷已经几年勿～唻。

呒不[m^{13}][bəʔ^{2}]：没有。【例】手里～钞票，一样事体办勿成。

呛[ts‘iã^{334}]：咳嗽。【例】老张是老气管炎，天一冷就介～个勿停。

别[biəʔ^{2}]：(1)转动。【例】～转面孔当勿认得。(2)插住。【例】得校徽～勒衣裳闹。

别毛[biəʔ^{2}][mɔ^{13}]：闹僵。【例】两个人老早就～唻，见面从来勿搭白呃。

吮[zən^{42}]： 吸舔。【例】 棒冰要～来喫。

吮卵[zən^{42}][lɤ^{42}] ：骂人的话，讨厌人多管闲事。【例】格点小事体实嗯会得处理好呃，要五来～啊？

园[k‘ɔ̃^{334}]：藏。【例】格只手机勿晓得拨伊～起咕里，嗯寻勒半日呒不寻着。

乱讲[lɤ^{213}][kɔ̃^{53}]：胡说八道。【例】实五勿晓得呃事体勿要～。

伴[bɤ^{42}]：做伴。【例】少年夫妻老来～。

坐喜[zəu^{42}][ɕi^{53}]：怀孕。【例】办公室小王结婚三年，今年～唻，拉老公开心煞唻。

沉煞[dzən213][saʔ5]：溺水而死。【例】六月里勿要去河里游水，去年河里～唻两个小把戏。

识相[səʔ5][ɕiã213]：会看别人的神色行事；知趣。【例】小王待人接物还算～，侪家蛮喜欢创造。

张嘴[tsã44][tsei53]：开口。【例】事体是实嗯勿对，实嗯当然勿好随便～。

忌嘴[dʑi213][tsei53]：忌口，因病而不能吃某些食物。【例】皮肤过敏，喫东西是要～呃，海鲜、辛辣是勿好喫唻。

抹[maʔ2]：擦。【例】阿菊勒屋里得桌子～得清清爽爽。

拔短梢[baʔ2][tɤ53][sɔ53]：硬性克扣。【例】格家商店做生意吃不诚信，只想～赚大钞票。

拐[kua42]：骗。【例】～卖儿童是一种非法行为。

拍板[p'aʔ5][pɛ53]：作出决定。【例】头头来唻会得～，实嗯是作勿起主呃。

拆烂污[ts'aʔ5][lɛ13][ɦu13]：出差错。【例】实五出去好好交工作，勿要～。

拎[lin13]：手提。【例】箱子实嗯～到楼闹去，实五放心好唻。

拉功[la44][kõ44]：居功自傲。【例】事体是侪家做呃，功劳勿是五一个人呃，实五勿要～。

拌[bɤ42]：搅和、调匀。【例】门口格条路要修唻，实嗯去～点水泥浇浇好。

拨[pəʔ5]：给。【例】～嗯点铜钿，实嗯要买衣裳。

斩[tsɛ44]：砍。【例】格刀肉～得太多唻。

呷[haʔ5]：喝水或汤。【例】饭喫得勿多，汤～得勿少。

咜[t'a44]：向下伸出。【例】天热得来狗～出个舌头。

佮[kəʔ5]：合。【例】伊从小～淘就～得勿好，怪勿得吃不咕出息。

服帖[vo42][t'iəʔ5]：佩服。【例】小林大学毕业，电脑水平侪家～。

放生[fɔ̃334][sã334]：让动物回归自然。【例】娘姨信佛，喜欢～。

泡汤[p'ɔ334][t'ɔ̃334]：事情落空。【例】天落雨唻，旅游计划全部～。

绊[pɛ213]：脚被东西绊住。【例】老太太被石头～唻一～。

搙[ȵioʔ2]：两手搓揉。【例】明早伢～点面粉做饺子喫。

绐[dɛ213]：棕棚中间下凹。【例】五格只老棕棚用勒十多年，睏起来有点～，勿舒齐唻。

挜[øa44]：把东西强塞给别人。【例】质量介差格食品，实五勿要～拨嗯。

拴[sɤ44]：(1)系。【例】细百楼裤子吃不～好。(2)用门拴拴门。【例】夜里困觉门要～牢。

拾[ŋəʔ²]：捡到。【例】前两日，小王勒超市里～唻一只手机，后算来交拨超市保安唻。

挑[t'iɔ⁴⁴]：（1）挑重物，挑重担。【例】伊是单位里双肩～干部。（2）摘取。【例】小辰光过，实嗯经常去～马兰头。（3）挑拨离间。【例】伢两个关系实五是～勿开呃。

㨶[to⁵³]：（1）扎辫子。【例】小姑娘从小就自家会得～辫子。（2）用勺，调羹等舀取液体。【例】嗯～点汤喫喫么算唻。

荡[dɔ̃⁴²]：洗。【例】买菜，烧饭、～碗，屋里生活侪是实嗯老婆做呃。

相骂[ɕã⁴⁴][mo¹³]：吵架。【例】有事体好好交讲，勿要吵～。

枵[ɕiɔ⁴⁴]：掀开。【例】回到屋里，～开锅子盖一看，菜势太好唻。

勃跤[bəʔ²][ka⁴⁴]：摔跤。【例】二个细百楼勒外头～，弄得来身闹侪是泥。

斫[tsoʔ⁵]：割。【例】屋里养唻二只羊，一放学实嗯就去～草。

牵磨[tɕ'iɪ⁴⁴][məu²¹³]：推磨。【例】老底子自家～做年糕。

显宝[ɕiɪ³³⁴][pɔ⁵³]：炫耀自己的宝贝。【例】伊上半日买了一只新手机，下半日就出一～唻。

骂山门[mo²¹³][sɛ⁴⁴][məŋ¹³]：漫骂。【例】老李心态勿好，一日到夜勒～，勿是骂领导就是骂同事。

咬[ŋɔ⁴²]：用牙咬。【例】小李小辰光拨狗～过一口，怪勿得见狗吓煞。

咬卵[ŋɔ⁴²][lɤ⁴²]：不顺心，烦恼。【例】格两日做随便咕侪勿成功，正刚～。

咬煞[ŋɔ⁴²][saʔ⁵]：一口咬定。【例】格桩事体伊一口～是别人做呃，得伊勿搭界。

罚念[vaʔ²][ȵiɛ²¹³]：发咒。【例】实嗯得菩萨～，以后好好交做人。

贴[t'iaʔ⁵]：倒贴。【例】介息爷娘钞票侪要～勒子女身闹。

钝[dən²¹³]：（1）挖苦人。【例】实五有闲话好好交话，勿要～人。（2）倒霉。【例】今朝～得来气煞人，一出门就介落脱手机。

看穿[k'ɤ³³⁴][ts'ɤ³³⁴]：看破。【例】实嗯年纪六十多，随便咕侪～唻。

看扁[k'ɤ³³⁴][piɪ⁵³]：看不起、看轻。【例】人家出唻点小问题，实五勿要得人家～。

香[ɕã⁴⁴]：吻。【例】普通话叫接吻，长兴方言叫～面孔。

笃[toʔ⁵]：（1）慢慢地用文火煮。【例】蹄膀要烧酥，起码要～两个钟头。（2）把纸的一头在平面上轻击使齐。【例】这刀纸头实五～～齐再拨嗯。

𢫬[tɕ'iɪ⁴⁴]：用木柱支撑倾斜的房屋，使之平正。【例】房子长远唻，有点斜，叫木匠来～～正。

独吞[doʔ2][t‘ən44]：独自占用。【例】家产兄弟姐妹要平分，实五勿要～。

养[øiã53]：（1）生孩子、分娩。【例】～好小人是要好好交补补呃。（2）饲养。【例】老底子，农村里每家人家侪要～猪～羊。

养毛毛[øiã53][mɔ13][mɔ13]：生孩子。【例】阿明拉老婆勒～，实五要送点礼。

送灶[sõ213][tsɔ334]：农历十二月二十三要送灶王爷上天。【例】按照风俗，十二月二十三要～、烧赤豆糯米饭。

觉着[ko53][zaʔ2]：觉得。【例】实嗯～事体有点勿对头。

穿绷[tɕ‘ɤ44][pã44]：事情戳穿。【例】侪家勿讲，当做勿晓得，事体就勿会得～。

绗[ɦõ13]：用长针线将面子和里子及夹层物(棉絮、丝绵、驼毛等)缝起来。【例】被头脱线唻，实嗯来～两针。

剕[p‘i44]：削皮。【例】伊喫苹果从来勿～，拿起来就喫唻。

起无量[tɕ‘i53][ɦu13][liã13]：侵吞，赖。【例】做人要讲诚信，欠唻人家钞票要及时还，勿好动坏脑筋，～，克扣人家。

捉牙齿[tsoʔ5][ŋa13][ts‘ɿ44]：拔牙。【例】开会实嗯请假唻，等息嗯要去～。

捉漏[tsoʔ5][lei213]：修屋顶防水。【例】房子漏水唻，要请师傅～。

挫[ts‘əu334]：钱财算错。【例】买菜辰光，张老伯～拨嗯十只洋，实嗯侪还拨伊唻。

捋[ləʔ2]：手握着东西向一端抹取。【例】实嗯袖子～～高再去汏衣裳。

桩防[tsõ53][bõ13]：打算。【例】格桩事体弄勿好，实嗯～赔钞票。

破费[p‘əu334][fi334]：花费钱财。【例】实嗯来买单，实五是客人，那哈好让五～。

套牢[t‘ɔ334][lɔ213]：套住。【例】实嗯做股票～唻十几万。

趿[t‘aʔ4]：跟不上。【例】走快点，勿要～唻后头。

畔[bɤ213]：躲藏。【例】勿晓得小把戏～到咕场化里唻。

唤[huɤ334]：雇人。【例】装修房子辰光，泥司、木匠要～得好。

圆勿圆[jiɪ13][fəʔ5][jiɪ13]：行不行。【例】实嗯要买房子，得五借三十万，～讲一声。

赅[kɛ44]：拥有。【例】伊结交格两个朋友，侪是～铜钿朋友。

钹口舌[bəʔ2][k‘ei53][zəʔ2]：口头交涉。【例】格椿事体到乃呒不解决，那么要～唻。

值钿[zəʔ2][diɪ13]：疼受，喜欢。【例】细婉婷可爱聪明，侪家蛮～伊。

郭[koʔ5]：用水漱口。【例】喫唻饭，实嗯要有水～～嘴。

调包[diɔ^{213}][pɔ^{44}]：偷梁换柱。【例】名额本来是实嗯呃，后算来～调脱唻。

𧿹[p'aʔ^{5}]：脚分开。【例】腿受伤，走路～勿开唻。

掉枪花[diɔ^{13}][ho^{44}][tɕ'iã^{44}]：变换手法。【例】伊花头多煞，做事体专门～，弄得人家看勿懂。

掮[dʑiɪ^{13}]：用肩扛东西。【例】老王～唻一袋米上楼，七十多岁还介节棍。

揵木梢[dʑiɪ^{13}][moʔ^{5}][sɔ^{44}]：给人当枪使。【例】吉个人脑子勿清爽，老是上当、得人家～。

掇[təʔ^{5}]：（1）用手端。【例】沙锅实五快点～出来。（2）转身。【例】小李一声勿响，～转屁股就走唻。

掼[guɛ^{42}]：（1）拦腰挂。【例】衣裳～起竹竿闹晒。（2）摔。【例】实嗯勿留心～唻一跤。

掼浪头[guɛ^{13}][lɔ̃^{13}][dei^{13}]：炫富，讲排场。【例】吉个小伙子喜欢讲排场、～，其实屋里是呒不咕铜钿呃。

𪟝[øi^{334}]：机器零件磨损。【例】格只镙丝～脱唻，叫师傅来换只新镙丝。

唱社[ts'ɔ^{334}][zo^{42}]：作揖。【例】过年辰光，要请阿太～。

做手脚[tsəu^{334}][sei^{53}][tɕiaʔ^{5}]：做小动作。【例】做事体要正大光明，勿要背后～。

做东[tsəu^{334}][tõ^{44}]：做主人请客。【例】门朝实嗯来～请客，饭店老早订好唻。

兜风[tei^{44}][fɔ̃^{44}]：无事驾车外出。【例】等息有空，实嗯要开车出去～。

兜圈子[tei^{44}][tɕ'iɪ^{44}][tsɿ^{44}]：说话不直截了当，绕圈子。【例】有闲话五直接讲出来好唻，勿要～。

兜得转[tei^{44}][təʔ^{5}][tsɤ^{44}]：吃得开，有办法。【例】小金勒单位里～，交拨呃事体侪办得好。

脱力[t'əʔ^{5}][liəʔ^{2}]：乏力。【例】格两日做生活～唻，明朝要休息唻。

脱空着[t'əʔ^{5}][k'õ^{44}][tsaʔ^{5}]：不穿内衣，直接穿外衣。【例】老底子这衬衫里头要着汗背心，介息侪～唻。

𪙸脱点[ŋaʔ^{2}][t'əʔ^{4}][ti^{53}]：打折。【例】老板，价钿再～，实嗯就买唻。

旋花头[ʑiɪ^{13}][ho^{44}][dei^{13}]：出坏点子。【例】实五勿要～唻，还是老老实实按领导讲呃做。

旋盆子[ʑiɪ^{13}][bəŋ^{13}][tsɿ^{44}]：被人作弄。【例】格趟实嗯拨人家～唻。

着[tsaʔ^{5}]：（1）穿衣。【例】过年唻，要～新衣裳唻。（2）下棋。【例】～棋，实嗯是～勿过五呃。

添[t'iɪ^{44}]：增加。【例】饭盛得勿多，得嗯再～点。

涿[zoʔ^{2}]：淋雨。【例】出门呒不带伞，～着唻一个雨阵头，浑身湿透唻。

淘仙[dɔ^{13}][ɕiɪ^{44}]：开玩笑。【例】实五勿要当真，实嗯是得五～呃。

替力[t‘i^{334}][liəʔ^{2}]：代为出力。【例】小人大学毕业寻着唻工作，好得大人～唻。

搭白[taʔ^{5}][baʔ^{2}]：理睬。【例】上个月两个人寻相骂，到介息一个多月勿～唻。

搭伙[taʔ^{5}][həu^{53}]：大家撮合在一起吃饭。【例】实嗯单位呒不食堂，到朋友屋里～唻。

搭界[taʔ^{5}][ka^{334}]：有关系。【例】事体得五阿～？

揿[tɕ‘in^{334}]：往下按。【例】格张地图，实五用～钉来～勒墙头闹。

捏鼻头[ȵiaʔ^{2}][biəʔ^{2}][dei^{13}]：形容令人讨厌。【例】老程待人勿好，人家讲起伊，侪勒背后～。

搓[ts‘u^{44}]：合掌摩擦。【例】下放辰光，实嗯会得～绳，乃长远勿～唻。

搔[tsɔ^{44}]：用指甲抓痒。【例】实五提嗯背闹～～。

惹毛[za^{42}][mɔ^{42}]：惹人生气。【例】老张脾气蛮急燥，实五千万勿要～伊。

惹厌[za^{42}][øi^{53}]：令了讨厌。【例】吉个人正刚～，叫伊早点回去。

落脱[loʔ^{2}][t‘əʔ^{5}]：遗失。【例】伊粗心煞呃，勿晓得～过几只手机。

惠钞[ɦui^{213}][ts‘ɔ^{334}]：结账。【例】等息实嗯去～，实五勿要客气。

凿[zoʔ^{2}]：敲打。【例】实嗯腰里勿晓得拨咕人～唻一记，格两日有点痛。

喫[ts‘iəʔ^{5}]：相当于普通话的吃、抽、喝。【例】实嗯勿～酒，勿喫烟。

喫生活[ts‘iəʔ^{5}][sã^{44}][øuɛ^{44}]：挨揍。【例】考试呒不考好，回到屋里要～唻。

喫进[tɕ‘iəʔ^{5}][tɕin^{334}]：买进货物。【例】格一车大米，实嗯全部～。

喫豆腐tɕ‘iəʔ^{5}][dei^{213}][vu^{213}]：占便宜，调戏妇女。【例】小李一认得小姑娘就要～，动手动脚。

喫闷棍[tɕ‘iəʔ^{5}][mən^{213}][kun^{334}]：受到责备而说不出口。【例】领导讲嗯勿好，实嗯只好～。

喫茶[tɕ‘iəʔ^{5}][zo^{13}]：喝茶。【例】空脱来实嗯喜欢得朋友一道～、聊天。

喫准[tɕ‘iəʔ^{5}][tsən^{53}]：找到确切点。【例】股票行情要～，喫勿准就是赔铜钿。

喫烟[tɕ‘iəʔ^{5}][øiɪ^{44}]：抽烟。【例】伊～、喫酒、抄麻将侪会得。

喫搁头[tɕ‘iəʔ^{5}][ko^{53}][dei^{13}]：挨批评。【例】格点事体勿不弄好，等息要～唻。

喫腰餐[tɕ‘iəʔ^{5}][øiɔ^{44}][ts‘ɛ^{44}]：下午吃点心。【例】农忙“双抢”辰光，下半日有得～。

喫醋[tɕ‘iəʔ^{5}][ts‘əu^{334}]：嫉妒。【例】伊看见老公得单位里女格一道出差，就介要～唻。

喫瘪[tɕʻiəʔ^{5}][piəʔ]：意思是被迫屈服、认输。【例】勿想着老张格趟拨人家～，勿晓得咕道理。

量[liã^{13}]：（1）用计测器具进行确定、计测。【例】实嗯来～～看身高。（2）买米。【例】屋里米呒来唻，实五到店里～20 斤米。（3）估量。【例】～伊呒不胆量得嗯讲。

睏勿着[kʻun^{334}][vəʔ^{2}][zaʔ^{2}]：睡不着。【例】老程身体勿好，日里喫勿落，夜里～。

睏觉[kʻun^{334}][kɔ^{334}]：睡觉。【例】前两日单位加班，呒不好好交～，格两日要睏出来唻。

敨[tei^{53}]：抖搂。【例】衣裳闹侪是灰尘，豪悛去～～干净。

渧[ti^{334}]：水向下滴。【例】房子漏唻，屋顶闹有水～落来。

游水[øiɪ^{44}][sei^{53}]：游泳。【例】实嗯十岁就会得～唻。

湔[tsiɪ^{44}]：用水局部洗滌。【例】被单闹有点蚊子血，门朝实嗯用清水～～，汏汏清爽。

渳[mi^{13}]：小口喝。【例】格点酒香得混，让嗯来 ～～看。

隑[gɛ^{13}]：靠。【例】梯子～勒墙闹，实五自家去搬。

搨[tʻaʔ^{2}]：塗。【例】地闹有个洞，实嗯来～点水泥。

揿[tɕʻin^{334}]：用手按住东西。【例】打针辰光，嗯来～牢小把戏只手，省得伊乱动。

搛[tɕiɪ^{44}]：用筷子夹菜。【例】实五勿要只顾自家喫，要多～点菜拨客人喫。

掰[pɛ^{334}]：走路时被某种东西挡了一下，跌倒。【例】老太太走路拨砖头～唻一～，还好，呒不惯跤。

赖[la^{213}]：耍赖，不承认。【例】做错唻事体勿要～。

赖孵[la^{213}][bu^{213}]：母鸡一个生蛋周期结束后出现的孵卵现象。【例】屋里母鸡勒～，样子正刚难看。

毻[tʻɤ^{334}]：鸟兽毛皮脱落换生新毛、新皮。【例】蛇要～皮，鸡要～毛。

嗷勿嗷[ŋɔ^{213}][fəʔ^{5}][ŋɔ^{213}]：羡慕不羡慕。【例】隔壁邻所侪买新房子唻，实五还呒不买，五～？

嗷食[ŋɔ^{213}][zəʔ^{2}]：馋，贪吃。【例】小把戏侪～煞，放学一回到屋里，就介喫东西。

跹[tɕʻiɪ^{44}]：歪斜。【例】木匠做唻勿好，凳子脚有点～转。

嗍[soʔ^{5}]：用嘴吸取。【例】螺蛳太壮唻，肉～勿出唻。

箮[kã44]：钻。【例】细百楼勿晓得～勒咕里，身闹侪是灰尘。

鉼[pin334]：双方用力相持不下。【例】格两队力道差勿多，拔河辰光～唻交关辰光，分勿出输赢。

颬[ha44]：张嘴呵气。【例】天气有点冷，手闹～口气。

触心经[ts'oʔ5][ɕin44][tɕiŋ44]：触中不愉快的心事 。【例】铜钿银子～，实五勿要再讲唻。

触壁脚[ts'oʔ5][piəʔ5][tɕiaʔ5]：背后说人坏话。【例】做人要正直，勿好背后～。

解[ka334]：单位把款存进银行。【例】实嗯是出纳，日日要到银行里～款。

煠[zaʔ2]：把食物放入热水或煮沸的油里处理。【例】大白菜倷先油里～～再炒。

煺[t'ɤ334]：宰杀的猪、鸡等用滚水烫后去掉毛。【例】老底子～毛侪是自家动手呃，介息侪是机器闹～唻。

滗[piəʔ5]：挡住渣滓把液体倒出。【例】牙齿痛来嘴阿张勿开，～点粥汤来喫喫。

滚[kun53]：（1）水沸腾。【例】～水勿响，响水勿～。（2）滚动。【例】皮球～到河里去唻。

裰[toʔ5]：做衣服时在衣料上拼一小块。【例】裤子横档里～只角。

跽[dʑi42]：跪。【例】小把戏喜欢～勒地闹打弹子。

𩋾[øiɪ44]：两物比较长短。【例】两个细百楼来～～长短看，咕人长？

搿[gəʔ2]：用双手抱起。【例】外头格两床被头快点～进来，要落雨唻。

孵太阳[bu213][t'a334][jã213]；晒太阳。【例】冬天公，老太太勒门口～。

敲[k'ɔ44]：（1）扣门。【例】拉侪睏着唻，实嗯～门呒不人来开。（2）敲竹杠。【例】实五好好交～伊一笔，伊是有钞票呃。

敲定[k'ɔ44][din13]：事情定下来。【例】事体复杂煞，到介息还呒不～。

滮[piɔ44]：液体喷射出来。【例】自来水管裂唻一个小洞，水～出来唻。

漉[loʔ2]：在清水里过滤一下。【例】格块布料，实五清水里～～，再做衣裳。

窨[øin53]：火熄灭。【例】火烧勒三日三夜还呒不～。

趤[dɔ̃213]：闲逛。【例】喫好夜饭，伢出去～～，阿好？

撑[tsã44]：张开。【例】落介大葛雨，～唻伞阿呒不用，身闹落得一塌糊涂。

撑伞[ts'ã44][sei334]：打伞。【例】落雨唻，实嗯来帮五～。

撮[ts'əʔ5]：用手指捏住轻小之物。【例】有句俗语叫：三个节头～田螺。

撸[ləu13]：用手抹。【例】桌子闹侪是水，呒不抹布，实五用手～干净唻。

揿[tən334]：用手掂量。【例】格条鱼实嗯来～～看，倒底几化重？

魇[øiɪ^{53}]：做恶梦。【例】细百楼格两日身体勿好，夜够头发唻好几通～。

瞎讲[haʔ^{5}][kɔ̃^{53}]：乱说。【例】实五勿晓得勿要～，出唻事体实五负勿起责呃。

瞎弄[haʔ^{5}][lõ^{213}]：乱弄。【例】电脑坏脱唻，实五勿要～，要叫师傅来修呃。

瞎缠[haʔ^{5}][zɤ^{42}]：胡搅蛮缠。【例】事体实嗯会得解决呃，五勿要来～。

踏[daʔ^{2}]：踩。【例】街闹人太多唻，走来走去，勿晓得拨咕人～牢一脚。

踏喜[daʔ^{2}][ɕi^{53}]：鸡交配。【例】快点看，格两只鸡勒～。

靠傍[k'ɔ^{33}4][bɔ̃^{42}]：依靠。【例】寻个老公，有个～。

熯[hɤ^{334}]：烘烤或油煎。【例】格家人家格两只烧饼～唻正刚好喫。

煸[øu^{334}]：用热的东西接触凉的东西使变暖。【例】老底子，冬天用汤婆子～手，介息侪开空调唻。

潮面[zɔ^{213}][miɛ^{213}]：洗脸。【例】实嗯～要用一热水瓶水。

潮浴[zɔ^{213}][jo^{42}]：洗澡。【例】门朝要去～唻。

潽[p'u^{44}]：水沸腾后溢出来。【例】烧粥辰光，当心水～出来。

敺[zoʔ^{2}]：用拳头击人。【例】混乱当中，勿晓得拨咕人～着一记。

懂亲头[tõ^{42}][tɕ'in^{44}][dei^{13}]：识相，懂事。【例】小钟年龄勿大，倒蛮～，侪家侪喜欢伊。

齪祭[ts'oʔ^{5}][tɕi^{334}]：吃饭。【例】小把戏生活勿做，一日到夜只想～。

膯[tən^{13}]：消化不良。【例】肚皮喫～唻，等息要去看医生。

燉[tən^{334}]：隔水煮。【例】实嗯顶喜欢喫肉～蛋。

缲[tɕ'iɔ^{44}]：把布边往里卷，然后藏着针脚缝，俗称缲边。【例】阿明心灵手巧，从小就会得～边。

擤[hən^{334}]：用手掐着鼻子让鼻涕出来。【例】格两日感冒唻，一日到夜～鼻涕，难过煞唻。

餵[øi^{334}]：喂食。【例】手伤脱格两日，实嗯喫饭侪是老公～呃。

豁[huaʔ^{5}]：手脚大幅动作。【例】实五讲起闲话唻，有点～手～脚。

豁令子[huaʔ^{5}][liŋ^{213}][tsɿ^{334}]：暗示。【例】实嗯太老实唻，人家～拨嗯，实嗯一点反应呒不。

豁边[huaʔ^{5}][piɪ^{44}]：指偏离原先设定、过头、超出限度。【例】实五格桩事体做得～唻。

翻面孔[fɛ^{44}][miɪ^{213}][k'õ^{334}]：翻脸生气。【例】实五再讲，实嗯要～唻。

翻梢[fɛ^{44}][sɔ^{44}]：喻挽回局面；翻身。【例】去年介科研分是零分，今年介成果多，看样子是要～唻。

瀊[$\mathrm{b}\gamma^{13}$]：水溢出来。【例】水倒太满唻，水～出来唻。

齁[$\mathrm{h}\gamma^{44}$]：肿起。【例】伊面孔有点～，讲勿定身体勿好。

蹲[$\mathrm{tən}^{44}$]：下蹲。【例】小辰光顶喜欢～勒地闹打弹子。

爆[$\mathrm{pɔ}^{334}$]：（1）植物发芽。【例】一到春天芽头侪～出来唻。（2）身体上生出或发出。【例】吃唻海鲜，皮肤闹～出交关红点子。（3）凸显。【例】眼睛～出，看起来吓佬佬。

艢[$\mathrm{dʑiɔ}^{213}$]：木板不平。【例】黄霉天，地板受潮～起来唻。

趤[$\mathrm{zaʔ}^{2}$]：乱走快走。【例】格个小鬼头，～到咕里去唻？

穕[zei^{42}]：积聚。【例】工资太低唻，一年～勿起几化铜钿。

嚼舌头[$\mathrm{ʑiaʔ}^{2}$][$\mathrm{zəʔ}^{2}$][dei^{13}]：胡说八道。【例】吉个人顶喜欢搬是非，～。

鐾[bi^{334}]：刀具在水缸边或布皮上来回磨滑动使锋利。【例】刀钝唻就勒水缸闹～两～。

謷[zo^{213}]：骂人。【例】有咕事体，好好交商量，～人是勿好呃。

第十节　性　状

一盛[$\mathrm{jiəʔ}^{2}$][$\mathrm{sã}^{53}$]：许多。【例】勿想着伊买唻～东西，正刚勿好意思。

下作[$\mathrm{øo}^{53}$][$\mathrm{zoʔ}^{2}$]：下流。【例】伊看上去蛮正经，其实行为～，小姑娘看见伊侪要逃呃。

上路[$\mathrm{zɔ̃}^{42}$][$\mathrm{ləu}^{213}$]：符合情理。【例】勿相着小李介勿～，算唻，算嗯倒霉。

小气[$\mathrm{siɔ}^{53}$][$\mathrm{tɕʻi}^{53}$]：气量小。【例】俗话讲：“行得春风有夏衣”，做人勿好太～。

乡气[$\mathrm{ɕiã}^{44}$][$\mathrm{tɕʻi}^{44}$]：土气。【例】小张从乡下到城里十几年唻，着出来衣裳还是有点～，勿像城里人。

木[$\mathrm{moʔ}^{2}$]：形容傻笨。【例】兄弟两个，老大有点～，老二倒蛮聪明。

木气[$\mathrm{moʔ}^{2}$][$\mathrm{tɕʻi}^{334}$]：不好意思、尴尬。【例】实嗯勿晓得有㑚屋里客人，叫五出来帮忙，正刚～。

木佬佬[$\mathrm{moʔ}^{2}$][$\mathrm{lɔ}^{13}$][$\mathrm{lɔ}^{13}$]：形容很多。【例】做了十几年生意，钞票赚唻～。

毛糙[$\mathrm{mɔ}^{13}$][$\mathrm{tsʻɔ}^{44}$]：不认真，马虎。【例】格套家俱价钿贵，质量差，做工～，实嗯勿要唻。

长[$\mathrm{zã}^{13}$]：个子高。【例】单位里有三个～子，两男一女。

长大[za^{13}][du^{13}]：高大之意。【例】小明年龄只有十来岁，生来倒蛮～，可惜动手能力勿强。

爪兮兮[tsa^{44}][ɕi^{44}][ɕi^{44}]：（1）手因寒冷而不灵活。【例】冬天做鱼生意特别辛苦，双手浸勒冷水里，有点～唻。（2）因害怕而内心发毛。【例】细百楼平时天勿怕天勿怕，看见特老头子就有点～唻。

勿入调[fəʔ^{5}][zəʔ^{2}][diɔ^{13}]：不上路，不正经。【例】欺侮自家妹妹同学，吉个人正刚～，看见伊勿要睬伊。

勿和顺[fəʔ^{5}][ɦu^{13}][zən^{13}]：（1）身体不舒服。【例】格两日胃有点～，喫唻东西有点难过。（2）关系不好。【例】小李得邻所隔壁关系侪蛮好，就是得小朱有点～。

风凉[fõ^{44}][liã^{13}]：凉快。【例】过两日天要～唻，实五出差衣裳要多着点。

文绉绉[və^{13}][tsɤ^{44}][tsɤ^{44}]：文弱的样子。【例】小明身高一米八，看上去倒是～呃。

丑势势[ts'ei^{53}][sɿ^{53}][sɿ^{53}]：难为情，不好意思。【例】小梅快四十岁唻，看见丈母娘还有点～，正刚老实。

邓[dən^{13}]：倒霉。【例】格两日正刚～，红包一只呒不抢着。

末代[məʔ^{2}][dɛ^{213}]：没用的。【例】小金是个～，全班就是伊成绩顶差。

去数[tɕ'i^{334}][səu^{334}]：形容不争气，出丑。【例】老李拉儿子读书不用功，高考只考得300多分，正刚～。

节棍[tɕiəʔ^{5}][kun^{334}]：厉害。【例】老杜格次毛病生来～，住院住唻一个月。

卡活k'a^{334}][ɦuɛ^{213}]：快活。【例】心里勿～，勿想着喫饭。

叼精[tiɔ^{44}][tsin^{44}]：计较、苛。【例】得伊打交道，五要当心点，单位里伊～出名呃。

仔真[tsɿ^{53}][tsəŋ^{53}]：认真，仔细。【例】小李年纪勿大，办事体老到、～，侪家放心好唻。

写意[ɕia^{53}][øi^{53}]：舒服。【例】介息侪家有车子、房子，生活越来越～唻。

扣[k'ei^{334}]：差不多。【例】格套西装实嗯着化～～交，再小是着勿进唻。

机糟[tɕi^{44}][tsɔ^{44}]：厌烦的心情或麻烦的事情。【例】新房子质量勿好，交道打了几十次，还呒不解决，事体有点～。

百坦[paʔ^{5}][t'ɛ^{53}]：慢慢地。【例】天勒落雨，实五开车当心点，～好唻。

灰蒙蒙[hui^{44}][mõ^{13}][mõ^{13}]：灰色。【例】格两日阴天，一日到夜～。

尖[tsiɪ^{44}]：说话不让人。【例】细婉婷讲闲话有点～，侪家见伊有点吓劳劳。

光淌[kuɔ̃^{44}][t'ɔ̃^{44}]：光滑。【例】买来呃真丝比自家织呃土丝勿晓得要～几化。

伤[sɔ̃^{44}]：浪费。【例】格段布做小人衣裳，料作有点～呃。

后生[øei^{53}][sã^{53}]：年轻。【例】老余年纪五十多唻，生来蛮～，看上去四十零点。

壮[tsɔ̃^{334}]：胖，结实。【例】两年勿见，勿想着实五介～唻，实嗯差一点勿认得五唻。

齐正dzi^{13}][tsəŋ^{44}]：漂亮。【例】拉三个囡儿侪～煞。

兴[ɕin^{334}]：多、密。【例】花园里草蛮～唻，要叫人来削脱点。

安耽[øɤ^{44}][tɛ^{44}]：安宁。【例】老林心态好，只求～勿求财。

好好交[hɔ^{53}][hɔ^{53}][tɕiɔ^{53}]：好好地。【例】小人勿乖，勿要凶，要～得伊讲，发脾气解决勿来问题。

寿[zəɯ^{213}]：指昧于人情世故，易受愚弄欺骗的人。【例】吉个人做事体有点～答答，侪家看勿伊起。

韧[ȵin^{213}]：柔韧性好。【例】格双皮鞋～性蛮好，着唻五年还呒不破。

劳碌[lɔ^{213}][loʔ^{2}]：忙碌、辛苦。【例】隔壁王阿姨是个～命，一日到夜事体做勿完。

来塞[lɤ^{13}][saʔ^{5}]：行的。【例】明朝老李勿出面是勿～呃。

呒行用[m^{44}][ɦã^{213}][iɔ̃^{44}]：没用的。【例】电脑主板坏唻，电脑～唻。

牢靠[lɔ^{13}][k'ɔ^{44}]：靠得住。【例】老孙办事体侪家放心，伊办事蛮～。

灵[lin^{44}]：(1)求神灵验。【例】老洪拉老婆讲，求寿圣寺菩萨是蛮～呃。(2)灵活、聪明。【例】细百楼格只脑子蛮～。

灵清[liŋ^{13}][tɕ'iŋ^{44}]：清楚。【例】年纪大唻，脑子有点勿～唻。

坦[tɛ^{53}]：慢性子。【例】小张性子蛮～，碰着事体从来勿急。

拗[øɔ^{334}]：地方难找。【例】老房子太～唻，新房子地段要买好点地方。

雨濛濛[øi^{53}][mõ^{42}][mõ^{42}]：连绵细雨的样子。【例】外头点～，实五出去顶好拿把伞。

到把[tɔ^{334}] [po^{53}]：（1）周到、厉害。【例】小姜写作水平蹩脚，电脑技术～。（2）不行。【例】实五格得人真～了，介事体做得出。

旺[jiɔ̃^{213}]：火烧得猛。【例】炒长生果辰光，煤气灶勿要夭得太～，要炒焦唻。

畅顶[ts'ã^{334}][tin^{53}]：比喻到顶。【例】实嗯一年收入勿多，十万～唻。

明工[min^{13}][kõ^{13}]；形容小孩子聪明。【例】小把戏读书蛮～，勒屋里蛮听大人闲话。

账博经[tsã^{334}][poʔ^{5}][tɕin^{53}]：正儿八经。【例】实嗯～得五讲，格椿事体千万勿要做。

乖[kua^{44}]：小孩子听大人话，顺从。【例】小明从小就蛮～，从来勿闯祸。

和顺[ɦəu^{13}][zən^{13}]：舒适，温柔。【例】一回到屋里，打开空调，泡好茶，香烟喫喫，报纸看看，生活呒不介～。

狗逼[kei^{53}][pi^{53}]：小气，不大方。【例】为人要大方点，勿好～倒灶。

闹猛[nɔ^{213}][mã^{213}]：热闹。【例】老百姓手里钞票越来越多，超市里越来越～唻。

油腻[jiɪ^{13}][ȵi^{13}]：油污，油垢。【例】煤气灶闹侪是～，好好交汏汏干净。

油露露[jiɪ^{13}][lu^{13}][lu^{13}]：油油的。【例】一个礼拜勿汏头，头发有点～唻。

怕势势[p‘o^{334}][sɿ^{53}][sɿ^{53}]：令人害怕的样子。【例】村里老王面孔闹有个刀疤，看起来有点～，其实人是蛮好呃。

经用[tɕin^{44}][øio^{44}]：经久耐用。【例】介息钞票多，就是勿～。一张一百块相当于老底子十块。

挺括[t‘in^{53}][kuaʔ^{5}]：直、平。【例】格套西装料子好，看上去～。

咸滋滋[ɦɛ^{13}][tsɿ^{44}][tsɿ^{44}]：咸咸的。【例】今朝格两只菜侪有点～，等息实五再摆点水化。

省力[sã^{334}][liəʔ^{2}]：简单容易。【例】修电脑对于实五来讲是难呃，对于实嗯来讲是～呃。

显[ɕiɪ^{334}]：鲜艳明亮。【例】格条衬衫颜色有点～，实嗯勿是蛮喜欢。

贵[kui^{334}]：价格贵。湖州的读音为[tɕi^{334}]。【例】格件衣裳价钿太～唻，得嗯换一件价钿实惠点。

贱[ʑiɪ^{213}]：（1）价格便宜。【例】蔬菜上半日价钿贵，下半日价钿～。（2）下贱。【例】伊勿理五，五还要得伊打招呼，实五正刚～。

香喷喷[ɕiã^{44}][pən^{44}][pən^{44}]：香香的。【例】一到屋里就闻着～呃味道，原来姆妈勒炒菜。

便当[biɪ^{213}][dɔ̃^{213}]：方便。【例】介息一只手机就好付钞票、买车票，正刚～。

促掐[tɕ‘oʔ^{5}][k‘aʔ^{5}]：形容人刁精、难对付。【例】伊做事体蛮～，得伊打交道实五要当心。

狠[hən^{53}]：强蛮凶悍。【例】同事相处侪家和气点，实五勿要介～。

弯[øuɛ^{44}]：不直。【例】格支竹竿有点～，勿好派咕用场。

烂糟糟[lɛ^{213}] [tsɔ^{53}][tsɔ^{53}]：腐烂的。【例】格只桃子有点～，只好去掼掉唻

活络[ɦuoʔ^{2}][luoʔ^{2}]：（1）头脑灵活。【例】小余头脑～，得伊一道出差，实五用勿着担心。（2）不固定。【例】实嗯屋里有只～餐桌，好拉开、缩小。

派辣[p'a^{334}][la^{213}]：凶蛮；泼辣。【例】做人要善良，勿好太～。

浑淘淘[ɦun^{13}][dɔ^{13}][dɔ^{13}]：（1）浑浊的样子。【例】格瓶矿泉水有点～，是变质哚。（2）头晕的样子。【例】昨日夜酒喫来多哚，今朝早晨头走起来还有点～。

浑勒[ɦun^{13}][ləʔ^{2}]：（1）不得了，赞许的意思。【例】实五～，格点生活做得介好。（2）不行，批评的意思。【例】实五～，格种事体伢做得出。

架形[ka^{334}][jin^{213}]：漂亮、帅。【例】阿明拉儿子样子蛮～，就是勿听爷娘闲话。

起劲[tɕ'i^{53}][dʑin^{213}]：劲头足、兴致高。【例】事体得五勿搭界，要五介～做咕？

热络[ȵiəʔ^{2}][loʔ^{2}]：来往频繁。【例】实嗯得老王是隔壁邻所，两家人家从小就蛮～。

热麻[ȵiəʔ^{2}][mo^{42}]：舍不得，心疼。【例】上个月抄股亏脱十几万，～得来夜里睏勿着。

莫星星[moʔ^{2}][ɕin^{44}][ɕin^{44}]：多。【例】老林是钱币收藏家，屋里古币～，交关实嗯从来呒不看见过。

晏[øɛ^{334}]：晚。【例】今朝实嗯要加班，夜饭～点喫。

蚝[hɔ^{44}]：油脂变质散发的味道，也叫油蚝气。【例】格点咸肉摆哚一年多，味道有点～答答。

笔挺[piəʔ^{5}][t'iŋ^{53}]：衣服整齐。【例】今朝小王实哚～，要去见女朋友。

臭哄哄[ts'əɯ^{334}][hõ^{53}][hõ^{53}]：臭。【例】床下底有点～，勿晓得有点咕东西。

飣[din^{213}]：饱食不消化。【例】上哚一定年纪，饮食要当心，勿要喫得过饱，喫得多哚要～食。

海完[hɤ^{53}][huɛ^{334}]：了不起。【例】老底子，一到六月里，乡下蚊子多得～。

家哇[ka^{44}][øua^{44}]：聪明。【例】吉个细百楼正刚～，读书成绩班里第一。

推板[t'ɤ^{44}][pɛ^{44}]：差。【例】格爿面店里呃面味道越来越～，以后勿去喫哚。

雪爽[siəʔ^{5}][sã^{53}]：松脆。【例】绍兴香糕喫起来～，实嗯从小就喜欢喫。

野[øia^{53}]：（1）野生的。【例】～生鲫鱼比家养鲫鱼好喫。（2）不服管。【例】吉个小把戏从小呒不人管，到乃还有点～，随便咕人闲话侪勿听。

野豁豁[øia^{53}][huaʔ^{5}][huaʔ^{5}]：办事不着边际。【例】伊做事体有点～，格椿事体叫伊做，实嗯是勿放心呃。

甜咪咪[diɪ^{13}][mi^{13}][mi^{13}]：甜的，也叫甜津津。【例】格只苹果喫起来有点～。

做作[tsu^{334}][tsoʔ^{5}]：装腔作势。【例】伽老婆架型是蛮好看呃，就是有点～，侪家有点喫勿消。

猪[tsɿ^{44}]：蠢笨。【例】实五勿要～头～脑，专门做喫力勿讨好格种事体。

清透[tɕʻin^{44}][tʻei^{44}]：模样清丽脱俗。【例】小罗人勿长，生来蛮～。

清爽[tɕʻiŋ^{44}][sõ^{44}]：干净。【例】格条被单，实五汏得勿～，明天再汏汏。

绽[zɛ^{213}]：饱满的。【例】今朝买格点毛豆蛮～，昨日格点有点瘪。

搭桨[taʔ^{5}][tsiã^{44}]：不负责。【例】老姚做事体有点～，讲好十一点来喫饭，到介息还呒不来。

惹厌[dza^{42}][jiɪ^{42}]：讨厌。【例】老陆讲闲话充，脾气勿好，侪家～伊，单位里呒不人理睬伊。

硬棚棚[ŋã^{213}][pã^{53}][pã^{53}]：硬。【例】格只床睏起来有点～，实嗯半夜呒不睏着。

雅俊[øia^{53}][tɕin^{53}]：漂亮、可爱。【例】小把戏屋里条件勿好，生来倒蛮～。

紫嘟嘟[tsɿ^{53}][təu^{53}][təu^{53}]：紫。【例】实嗯手节头轧唻一轧，有点～唻。

喫力[tɕʻiəʔ^{5}][liəʔ^{2}]：累。【例】昨日走唻十几里路，今朝有点～，等息要睏觉唻。

喫香[tɕʻiəʔ^{5}][ɕiã^{44}]：吃得开。【例】小冯架型挺、文化高、条件好，找对象辰光～煞。

舒齐[sɿ^{44}][zi^{13}]：舒服。【例】国庆长假，实嗯住勒屋里，喫喫茶，看看电视，过两日～日脚。

隔宿[kaʔ^{5}][soʔ^{5}]：不新鲜。【例】菜势要喫新鲜呃，～过夜呃东西勿要喫。

登[təŋ^{334}]：道路颠。【例】格条路勿平，开车辰光～煞呃。

登样[təŋ^{334}][jiã^{13}]：好看。【例】这家人家兄弟两个侪蛮～。

塌刹[tʻaʔ^{5}][saʔ^{5}]：没出息，无能。【例】兄弟两个，老大能干，老二～。

勤谨[dʑin^{13}][tɕin^{44}]：勤劳。【例】舅妈是个～人，走到咕里做到咕里。

嗷食[ɦɔ^{13}][zəʔ^{2}]：嘴馋。【例】越吃越～，越白相越懒。

暖热[nɤ^{42}][ȵiəʔ^{5}]：暖和。【例】格两日天～唻，空调勿需要开唻。

暖塞[nɤ^{42}][sɛ^{53}]：丰富。【例】拿要过年唻，年货买得～点。

跷[tɕʻiɔ^{44}]：腿脚有病。【例】掼唻一跤，脚受伤唻，走路有点～唻。

罪过[zei^{42}][kəu^{53}]：可怜。【例】格家人家正刚～，得老倌去年离婚，自家伊呒不工作。

腻心[ȵi^{13}][ɕin^{44}]：恶心。【例】格爿店里包子喫起来有点～，师傅做包子辰光汗水滴勒面粉里。

触气[tsʻoʔ^{5}][tɕʻi^{334}]：令人厌烦。【例】老杜是个烦舌头，喜欢搬弄是非，侪家看见伊就～。

煞渴[sa^{53}][k‘əʔ^{5}]：厉害。【例】勿想着小刘做事体介～，有点六亲勿认。

静落落[ʑin^{42}][loʔ^{2}][loʔ^{2}]： 安安静静的。【例】最近一直忙得要死，今朝夜够想一个～看看书唻。

酸溜溜[sɤ^{44}][lei^{13}][lei^{13}]：酸。【例】格只橘子喫起来有点～，水份到是蛮多呃。

鲜[ɕiɪ^{44}]：痒。【例】身闹心咬唻交关蚊子块，～煞唻。

豪悛[ɦɔ^{13}][sɔ^{44}]：快一点。【例】汽车要开快唻，实五～上来。

精光[tɕin^{44}][kɔ̃^{44}]：用光。【例】一个月工资，实嗯三日就用来～。

嫩相[nən^{213}][ɕiã^{334}]：长相年青。【例】老徐生来～，七十岁看起来五十多点。

懂亲头[tɔ̃^{53}][tɕ‘in^{44}][dei^{13}]：懂事。【例】小王一看见嗯，就介帮嗯拎包裹，小姑娘正刚懂亲头

薄枵枵[boʔ^{2}][ɕiɔ^{44}][ɕiɔ^{44}]：薄的。【例】格床丝棉被头看起来有点～，盖勒身闹倒还算热。

赞[tsɛ^{53}]：好。【例】 格只电脑正刚～，速度快，操作方便，价钿便宜。

懒洋洋[lɛ^{42}][øiã^{53}][øiã^{53}] ：懒懒的。【例】小戴肚皮里有小人唻，怪勿得一日到夜～。

龌龊[ɦoʔ^{2}][ts‘oʔ^{5}]：（1）脏，不干净。【例】小张办公室里～，房间里益加～。（2）品行卑劣。【例】为人要正真，要远离卑鄙～呃小人。

糟[tsɔ^{44}]：不干净。【例】拉屋里～煞呃。

蹩脚[biəʔ^{2}][tɕiaʔ^{5}]：质量差。【例】格只电脑是～货，价钿便宜，三千多块勿可能买好电脑。

邋遢[laʔ^{2}][t‘aʔ^{5}]：不干净。【例】小姑娘自家蛮漂亮，找个男朋友蛮～，不晓得咕道理。

糯[nəu^{213}]：软糯。【例】清明自家要裹粽子，等息去买十斤～米。

瀴[øin^{334}]：冷。【例】小戴是细婉婷蛮怕冷，一到冬天，手脚冰～出骨。

齆[øɔ̃^{213}]：鼻塞而语音不清。【例】伤风好几日唻，讲起闲话来有点～鼻头。

戆[gɔ̃^{42}]：鲁莽、冒失。【例】老齐脾气有点～，事体还呒不弄清爽就介吵起来唻。

第十一节　动　物

八哥[paʔ^{5}][kəu^{44}]：一种益鸟，能模仿其他鸟的鸣叫，也能模仿简单的人语。【例】李伯伯屋里养唻一个～，会得讲：你好，感谢。

三黄鸡[sɛ^{44}][ɦɔ̃^{13}][tɕi^{44}]：家禽的一个品种，“三黄鸡”的名字由朱元璋钦赐。【例】～肉质细嫩，味道鲜美，营养丰富。

土麻子[t'əu^{53}][mo^{42}][tsɿ^{53}]：蝮蛇。【例】五六十年代，时常看得见蛇，有～、火赤练好几种。

大闸蟹[dəu^{13}][zaʔ^{2}][ha^{44}]：中华绒螯蟹，是一种经济蟹类，又称河蟹、毛蟹、清水蟹、大闸蟹。【例】过年辰光，要买几斤正宗～ 喫喫。

小龙虾[ɕiɔ^{53}][lõ^{42}][ɕia^{53}]：淡水经济虾类，因肉味鲜美广受人们欢迎，也称克氏原螯虾、红螯虾和淡水小龙虾，形似虾而甲壳坚硬。【例】实嗯喜欢喫水产，特别喜欢喫～。

丫鹊[øo^{44}] [tɕ'iaʔ^{5}]：喜鹊。【例】介息小学生勿晓得～是咕东西。

开洋[k'ɤ^{44}][jã^{13}]：干虾仁。【例】明朝乘车，带几包～豆腐干路闹喫喫。

木徒鸭[moʔ^{2}][dəu^{13}][øaʔ^{5}]：放养鸭。【例】村里老林养唻交关～。

水牛[sei^{53}][ȵiəɤ^{42}]：亚洲农村的普遍畜力，因其皮厚、汗腺极不发达，热时需要浸水散热，所以得名水牛。【例】老底子耕田侪是用～，介息是用拖拉机唻。

水蛇头[sei^{53}][zo^{42}][dei^{42}]：水赤练蛇。【例】五六十年代，河浜里有～游来游去，有点吓人。

水壁虎[sei^{53}][piəʔ^{5}][həu^{53}]：扬子鳄。【例】一年勿见，～大唻交关，看见有点吓劳劳。

牛鞭[ȵiəɤ^{13}][piɪ^{44}]：牛鞭是雄牛的外生殖器，又叫牛冲。【例】～营养价值和滋补性侪蛮高。

毛毛乌[mɔ^{13}][mɔ^{13}][øu^{44}]：蝌蚪。【例】春天公，水沟里有交关～游来游去。

毛脚蟹[mɔ^{13}][tɕia^{53}][ha^{44}]：大闸蟹。【例】太湖里～比阳澄湖大闸蟹还要好喫。

毛猪[mɔ^{13}][tsɿ^{44}]：生猪。【例】老底子，村里每家人家侪养唻好几只～，过年就杀只猪，用勿着到街闹买肉。

长毛兔[zã^{13}][mɔ^{13}][təu^{44}]：兔毛很长的兔种。【例】小辰光屋里养唻两只～，兔毛剪脱唻好买铜钿。

乌佐佐[øu^{44}][tsəu^{44}][tsəu^{44}]：鸡。【例】乡下阿婆拉养唻交关～，每年收入勿少。

乌龟[øu^{44}][kui^{44}]：广义上指龟鳖目的统称，狭义上指龟科下的物种。【例】实嗯小辰光养过一个～。

乌骨鸡[øu^{44}][koʔ^{5}][tɕi^{44}]：乌骨鸡主要因为它的骨骼乌黑而得名，与家鸡同类，同属一个科属。【例】～营养价值比普通鸡高交关。

乌蚊子[øu^{44}][mən^{13}][tsɿ^{44}]：夏天成团的小飞虫。【例】一到六月里，乡下侪是～。

乌贼鱼[øu^{44}][zəʔ^{2}][ŋ^{13}]：墨鱼。【例】～蛋白质含量高，过有药用价值，平时多喫点。

乌梢蛇[øu^{44}][ɕiɔ^{44}][zo^{13}]：俗称乌蛇、乌风蛇，为游蛇科乌梢蛇属体形较大的无毒蛇，广泛分布于中国。【例】～看起来吓咾咾，其实是呒不毒呃。

火赤练[həu^{53}][ts‘aʔ^{5}][liɪ^{42}]：一种常生活于丘陵、山地、平原、田野村舍及水域附近的赤链蛇。【例】细婉婷看见一条～，就吓煞唻。

叶蟋子[jiəʔ^{2}][ɕiəʔ^{5}][tsɿ^{53}]：蟋蟀。【例】乡下细百楼一到六月里，喜欢捉～白相。

甲鱼[tɕiaʔ^{5}][ŋ^{13}]：鳖的俗称。也称为王八，常用于骂人。【例】红烧～实嗯顶喜欢喫，就是自家烧勿好。

田鸡[diɪ^{13}][tɕɿ^{44}]：青蛙。【例】小辰光常喫～，后算来就勿喫唻。

田螺[diɪ^{13}][ləu^{13}]：学名为中华圆田螺。【例】～嵌肉是一道美味佳肴。

四脚蛇[sɿ^{334}][tɕia^{53}][zo^{13}]：蜥蜴。【例】细婉婷顶怕～，一看见～就怪叫。

生蛋鸡[sã^{44}][dɛ^{13}][tɕi^{44}]：饲养起来专门生蛋的鸡。【例】乡下阿婆拉屋里养唻三只～，每日好生三只鸡蛋。

仙鹤[ɕiɪ^{44}][ŋoʔ^{2}]：丹顶鹤。【例】老马是个画家，顶喜欢画～。

白头公[baʔ^{2}][dei^{13}][kõ^{44}]：学名白头鹎，两眼上方至后枕白色，形成一白色枕环，故名白头翁。【例】实嗯下放辰光，乡下麻雀、～多煞，介息侪勿见唻。

白壳弯转[baʔ^{2}][ko^{53}][øuɛ^{44}][tsɤ^{44}]：白虾。【例】太湖有三宝，白鱼、银鱼和白虾，白虾就是～。

白条差[baʔ^{2}][diɔ^{13}][ts‘a^{44}]：白鱼。【例】昨日钓鱼，钓着唻一条～，实嗯开心煞唻。

老乌[lɔ^{42}][øo^{53}]：乌鸦。【例】以前，经常看得见～，介息侪看勿见唻。

老猪婆[lɔ^{42}][tsɿ^{53}][bu^{42}]：老母猪。【例】村头格头～生过好几胎唻，侪家当伊宝贝。

老鹰[lɔ^{42}][øiŋ^{53}]：学名鸢。【例】小朋友勒做～吃小鸡游戏。

地鳖虫[di^{13}][piəʔ^{5}][zõ^{13}]：土鳖。可作中药。【例】小辰光实嗯专门看见～，

勿想着～是中药，好治交关毛病。

百脚[paʔ^{5}][tɕia^{53}]：蜈蚣。【例】乡下老房子里有一条老～，看见咪吓人倒怪。

灰鳖虫[hui^{44}][piəʔ^{5}][zõ^{13}]：又称为土鳖、地鳖，一种药用昆虫。【例】三个细百楼勒卡～白相。

众牲[tsõ^{44}][sã^{44}]：骂人的话，牲畜。【例】吉人个品德勿好，做得出格种事体，正刚～勿如。

羊丝它[jiã^{13}][sɿ^{44}][tʻa^{44}]：蝉。【例】一到六月里，乡下就听得见～叫声 。

米虫[mi^{42}][zõ^{42}]：米里长出来的蛆虫。【例】格袋米半年多咪，里头侪是～。

花鲢头[ho^{44}][liɪ^{13}][dei^{13}]：花鲢鱼。【例】等息要去买条～，门朝待客人。

芦花鸡[ləu^{13}][ho^{44}][tɕi^{44}]：羽毛呈黑白相间的横斑羽，俗称芦花鸡。【例】实伊屋里厢养勒莫佬佬～。

谷蜢[koʔ^{5}][mã^{42}]：蝗虫。【例】农药打得少咪，田里侪里～ 。

灶虮[tsɔ^{53}][tɕi^{53}]：形似蟋蟀的昆虫。喜欢生活在灶间的阴暗角落里。【例】蟑螂配～，一对好夫妻。

汪噶[øɔ̃^{44}][ga^{13}]：汪刺鱼。【例】雪菜抄～，味道真是好。

阿弟弟[øaʔ^{5}][di^{13}][di^{13}]：长兴方言，鸭。【例】张伯伯养咪三百只～，一年收入勿少。

鸡肫脯[tɕi^{44}][tən^{44}][bu^{13}]：鸡的胃。【例】格只鸡～介大，估计是塞咪交关鸡食，卖起来份量好重点。

鸡脚爪[tɕi^{44}][tɕiaʔ^{5}][tsɔ^{44}]。鸡爪。【例】单位里交关人侪喫～，实嗯是碰阿勿碰。

苗猪[miɔ^{13}][tsɿ^{44}]：另称小猪、仔猪。【例】老底子乡下家家人家侪养猪，肉猪买脱咪，就要去捉～。

金乌龟[tɕiŋ^{44}][øu^{44}][tɕi^{44}]：金龟子。【例】细婉婷一到乡下就喜欢寻～白相。

金金鱼[tɕiŋ^{44}][tɕiŋ^{44}][ŋ^{13}]：金鱼。【例】屋里有只大～缸，养咪十几条～。

金铃子[tɕiŋ^{44}][liŋ^{13}][tsɿ^{44}]：比蟋蟀小的昆虫，黄金色，声音悦耳。【例】一到六月里，～就发出音乐一样的叫声。

股骡子[gəu^{13}][ləu^{13}][tsɿ^{44}]：猪。【例】吉个村里有个畜牧场，养咪几百只～。

鱼子[ŋ^{13}][tsɿ^{44}]：雌鱼未受精的卵子。【例】实嗯勿喫鱼肉，只喜欢喫～。

鱼头[ŋ^{13}][dei^{13}]：鱼的头。【例】交关人侪喜欢喫～豆腐。

鱼泡泡[ŋ^{13}][pʻɔ^{44}][pʻɔ^{44}]：鱼鳔。【例】小辰光，喜欢用脚踏～，踏一记就“彭”响下记。

鱼屑[ŋ^{13}][øiɪ^{44}]：鱼鳞。【例】喫鱼辰光，顶麻烦就是刮 ～。

放荡鸡[fɔ̃^{334}][dɔ̃^{213}][tɕi^{44}]：放生鸡。【例】明朝客人来，要杀只～喫喫。

河线[ɦəu^{13}][ɕiɪ^{44}]：蚯蚓。【例】翻开泥土，看见了二条～。

油火虫[jiɪ^{13}][həu^{44}][zɔ̃^{13}]：萤火虫。【例】小辰光时常看见呃～介息侪勿见唻。

泥鳅[ȵi^{13}][tɕʻiəɤ^{44}]：一种特殊的鳅类，浑身沾满粘液，滑腻难捉。【例】老张办事体比～还要圆滑。

线鸡[ɕiɪ^{334}][tɕi^{334}]：阉过的公鸡。【例】乡下阿姨拉屋里养唻三只～。

带鱼[ta^{334}][ŋ^{213}]：又叫刀鱼、裙带、肥带、油带、牙带鱼等。【例】～有交关烧法，清蒸、油炸侪可以。

草狗[tsʻɔ^{53}][kei^{53}]：土狗。【例】屋里格只～，样子勿大好看，乖是蛮乖呃。

荡婆[dɔ̃^{13}][bu^{13}]：鲈鱼。【例】昨日钓鱼，钓牢唻一条～。

胡虻[hu^{44}][mã^{13}]：比蜜蜂个大而长一种的蜜蜂。【例】这两个细百楼顶喜欢捉～，捉蜜蜂唻。

胡蜂[hu^{44}][fɔ̃^{44}]：马蜂。【例】去年，实嗯拨～叮唻一口，半年呒不好。

蚂蟥[mo^{42}][ɦɔ̃^{42}]：水蛭。【例】下放辰光，实嗯顶怕到水田里劳动，田里侪是～，叮一口是鸡糟呃。

哈巴狗[ha^{44}][pa^{44}][kei^{44}]：犬类。【例】屋里养唻一条～，是白颜色长毛狗。

狮毛狗[sɿ^{44}][mɔ^{13}][kei^{44}]：犬类。【例】隔壁老林拉屋里格只～看见人进来，就介要汪汪乱叫。

弯转[øuɛ^{44}][tsɤ^{44}]：虾。【例】长兴地区，客人来唻，要准备菜势，鱼、肉、～是勿好少呃。

洋虫[jiã^{13}][zɔ̃^{13}]：也叫九龙虫，有药用价值。【例】介息呒不人养～唻。

洋蛀[jiã^{13}][tsɿ^{44}]：米虫的成虫，会飞。【例】米出～唻，快点去淘淘干净。

扁刺[piɪ^{53}][tsʻɿ^{53}]：植物上特别是在桑树地里长有刺的害虫，分为镬盖刺毛和黄金刺毛。【例】老底子，桑树里侪是～。

蚤虱[kəʔ^{5}][tsɔ^{53}]：跳虱。【例】被头里有一个～，昨日夜里咬得癖煞。

结蛛[tɕiəʔ^{5}][tsɿ^{44}]：蜘蛛。【例】房间长远勿打扫，上头侪是～网唻。

蚬子[ɕiɪ^{53}][tsɿ^{53}]：蚬的俗称。【例】阿明拉老婆顶喜欢喫～。

蚊子[mən^{13}][tsɿ^{44}]：蚊虫。【例】房间里喷唻药水，～一只呒不唻。

臭虫[tsʻei^{334}][zɔ̃^{213}]：床虱、壁虱。【例】枕头闹好象有～，快点弄煞伊。

家众生[ka^{44}][tsɔ̃^{44}][sã^{44}]：家禽、家畜。【例】隔壁老太太养唻交关～，猫、狗、鸡侪有。

桑攀[sɔ̃^{44}][pʻɛ^{44}]：桑树地里的一种害虫，学名春尺蠖。【例】细婉婷看见树闹～

吓得来叫起来。

黄鱼[ɦuɔ̃^{13}][ŋ^{13}]：又名黄花鱼。【例】格爿饭店里格只红烧～正刚好唻。

黄雌狼[ɦuɔ̃^{13}][ts'ʅ^{44}][lɔ̃^{13}]：黄鼠狼。【例】俗话讲：～得鸡拜年，勿安好心。

黄蟒蛇[ɦɔ̃^{13}][mɔ̃^{13}][zo^{13}]：学名王锦蛇，又称大王蛇。是一种游蛇科蛇类，体大凶猛，遇到同类相互缠杀。【例】～毒是呒不呃，就是样子吓人。

黄蟮[ɦɔ̃^{13}][zɤ^{13}]：鳝鱼。【例】介大葛～ 实嗯呒不看见过。

菜青虫[ts'ε^{53}][tɕ'in^{53}][zɔ̃^{42}]：长在菜叶上的虫。【例】菜叶闹有～，说明菜呒不打农药。

乾龙[ʑiɪ^{13}][lɔ̃^{13}]：壁虎。【例】～就是蜥蜴，看起来吓人，其实是呒不毒呃。

梭子蟹[səu^{44}][tsʅ^{44}][ha^{44}]：生长在海水里的一种蟹类，因头胸甲呈梭子形，故名梭子蟹。【例】～炒年糕是实嗯喜欢唻呃一只菜。

野众生[jia^{42}][tsɔ̃^{53}][sã^{53}]：野兽。【例】昨日夜里，勿晓得咕里来唻一只～，得屋里三只鸡咬煞唻。

野蚕[øia^{53}][zɤ^{42}]：家蚕以外的吐绢丝类昆虫的总称，有天蚕、柞蚕、栗蚕、樗蚕、樟蚕等，体形比家蚕小，所结之茧也较小。【例】实嗯有一件棉袄是用～丝翻呃。

野猪[øia^{53}][tsʅ^{53}]：山猪，猪属动物。【例】小赵送拨嗯一腿～肉，实嗯开心煞唻。

野猫[øia^{53}][mɔ^{42}]：在野外生长的猫。【例】小区里有十几只～，一到夜够头就勒窗口跳来跳去。

蛆虫[tɕ'i^{44}][zɔ̃^{13}]：粪便里的无头幼虫，蛆。【例】厕所呒不冲干净，看见好几条～，腻心煞唻。

蛀虫[tsʅ^{334}][zɔ̃^{213}]：取食于树干、衣服、书籍、谷物等的昆虫。【例】木头里出～唻，呒不用场唻。

蛇虫百脚[zɔ^{13}][zɔ̃^{13}][paʔ^{5}][tɕiaʔ^{5}]：统称各类蛇虫。【例】小辰光实嗯勿喜欢到乡下，主要是乡下侪是～。

银丝鱼[ȵin^{13}][sʅ^{44}][ŋ^{13}]：银鱼。【例】太湖里有一种～是其他地方呒不呃。

鸽子[kəʔ^{5}][tsʅ^{53}]：鸽是鸽形目鸠鸽科数百种鸟类的统称。我们平常所说的鸽子只是鸽属中的一种，而且是家鸽。【例】林伯伯屋里养唻十来只～，伊是信鸽协会会员。

猪舌头[tsʅ^{44}][zəʔ^{2}][dei^{13}]：猪的舌头，别名口条、招财。【例】～呒不肥肉，交关人侪喜欢唻。

猫鱼[mɔ^{13}][ŋ^{13}]：小鱼，一般是给猫吃的。【例】屋里养唻两只猫，日日要买点～。

麻鸟[mo^{13}][tiɔ^{44}]：麻雀。【例】小辰光实嗯喜欢用弹弓弹～，介息是～阿看勿见唻。

麻鸟鸡[mo^{13}][tiɔ^{44}][tɕi^{44}]：形容体型较小的鸡。【例】老周一个人喫，实五杀只～就够唻。

落汤鸡[loʔ^{2}][t‘ɔ̃^{44}][tɕi^{44}]：落水或浑身湿透的鸡。常用来比喻人浑身湿透。【例】出门呒不带伞，碰着一场阵头雨，实嗯就变～唻。

雄拐头[jiõ^{13}][kua^{44}][dei^{13}]：雄鸡。【例】村里养唻二只～，天一亮就啼。

蜒蚰螺蛳[jiɪ^{13}][jiɪ^{13}][ləu^{13}][sɿ^{44}]：蜗牛。也称为背包螺蛳、天螺。【例】侪家勿要认为～呒不咕用，其实～好喫，还好当药。

猢狲[ɦoʔ^{2}][sən^{44}]：猴子。【例】动物园里格两只～比小把戏还要聪明。

童子鸡[dõ^{13}][tsɿ^{44}][tɕi^{44}] ：生长刚成熟但未配育过的小公鸡。【例】老林生毛病唻，要喫两只～补补身体。

赖孵鸡[la^{13}][bu^{13}][tɕi^{44}] ：处于赖孵期的母鸡。【例】据老人讲，～肉是喫勿得呃。

蝍蛛[tɕiəʔ$_{5}$][tsɿ^{44}]：蜘蛛。【例】房间长远勿打扫唻，开花板闹侪是～凉网。

瘟鸡[øun^{44}][tɕi^{44}]：得了瘟疫的鸡。【例】～有毒，千万勿好喫。

翠花蛇[ts‘ei^{334}][ho^{334}][zɔ^{213}]：家蛇。【例】老底子讲法，人家屋里侪有～呃。

蝙蝠[piɪ^{44}][foʔ^{5}]：一种具有飞翔能力的哺乳动物，又称为天鼠、挂鼠、天蝠、老鼠皮翼。【例】～看起来吓人，用场倒蛮大，好当中药用。

潮鸡[dzɔ^{13}][tɕi^{44}]：大小适中的鸡。【例】喫饭人勿多，实五杀只～就够喫唻。

鲳鳊鱼[tɕ‘ɔ̃^{44}][piɪ^{44}][ŋ^{13}] ：学名鲳，是一种身体扁平的海鱼，因其刺少肉嫩，很受人们喜爱。【例】昨天余阿姨去逛超市，买唻一条～。

鲹鱼[tɕ‘a^{44}][ŋ^{13}]：淡水鱼的一种，身形细长。【例】礼拜六钓鱼，钓唻十几条～。

鳑鲏鱼[bɔ̃^{13}][bi^{13}][ŋ^{13}]：小型淡水鱼的一种，身形扁平。【例】格条小河里只有～得鲹鲦鱼。

癞格剥[la^{213}][kəʔ^{5}][poʔ^{5}]：蟾蜍。【例】田鸡好喫，～喫勿得，有毒呃。

鳗鲡[mɛ^{13}][li^{13}]：鳗鱼，似蛇而无鳞的鱼。【例】～先是在海水中产卵成苗，后又进入淡水成长。

第十二节　植　物

蚕豆[zɤ^{13}][dei^{13}]：又称罗汉豆、胡豆、南豆、竖豆、佛豆，豆科、野豌豆。【例】小辰光呒不咕零食好喫，只要喫点炒～。

大头菜[da^{13}][dei^{13}][ts'ɤ^{44}]：学名芜菁，根如圆萝卜，盐腌晒干后成大头菜，华东一带通称香大头。【例】～是江南著名小喫。

大蒜[da^{213}][sɤ^{334}]：蒜苗。【例】伢老头子喜欢喫素，特别喜欢喫～豆腐干。

大蒜头[da^{13}][sɤ^{44}][dei^{13}]：大蒜的鳞茎。【例】实嗯感冒唻，喫点～就好唻。

小白菜[ɕiɔ^{53}][baʔ^{2}][ts'ɤ^{53}]：青菜的一种。【例】蔬菜当中，实嗯顶喜欢喫～。

马兰头[mo^{53}][lɛ^{42}][dei^{42}]：菊科植物马兰的全草或根，别名紫菊、阶前菊、鸡儿肠、马兰、竹节草。【例】清明辰光，伢一家门侪要喫 ～。

马尿梢[mo^{53}][sɿ^{53}][sɔ^{53}]：甘蔗最上面的一段，不甜。【例】甘蔗要喫根部，勿要喫～，～呒不咕味道。

水草[sei^{53}][ts'ɔ^{53}]：生长在水中的草本植物。【例】池塘里养鱼，要放点～勒塘里。

毛竹[mɔ^{13}][tsoʔ^{5}]：竹子的一个品种。竿型粗大，宜供建筑用。【例】水口乡顾渚村种唻交关～。

毛豆[mɔ^{13}][dei^{13}]：新鲜连荚的黄豆。【例】一到～上市，实嗯日日要喫，特别是海宁菜炒～，一辈子喫勿厌。

毛笋[mɔ^{13}][sən^{44}]：毛竹的嫩苗，可食用。【例】红烧肉烧～是一只时新菜。

长生果[zã^{13}][sən^{44}][kəu^{44}]：花生。【例】格两日～喫得太多唻，上火唻。

长蒲[zã^{13}][bu^{13}]：地蒲属葫芦科，果实长如手臂。扁的称为扁蒲。【例】豆瓣炒～，营养好，味道鲜。

乌梅[øu^{44}][mei^{13}]：长兴名特产品，用青梅烘焙的乌梅干，历史上产地主要在合溪八都岕一带，故称“合梅”。【例】伢老婆晕车，乘汽车辰光嘴里含粒～，感觉好交关。

双季稻[sõ^{44}][tɕi^{44}][dɔ^{13}]：在一年内在同一块土地上可以播种并收获两次稻子。【例】以前农村里是种～呃，介息种单季稻唻。

四季豆[sɿ^{334}][tɕi^{334}][dei^{213}]：豆角，刀豆。【例】毛豆、寒豆、～侪是实嗯喜欢喫呃。

白果[baʔ^{2}][kəu^{53}]：银杏。【例】长兴～质地细腻，营养丰富，勒宋代就列为贡品。

冬笋[tõ^{44}][sən^{44}]：冬天生长在泥土下的嫩笋。【例】过年辰光，～是勿好少呃，雪菜炒～，～炒肉丝，味道侪勿错。

包菜[pɔ^{44}][tsʻɤ^{44}]：卷心菜。【例】喫中饭辰光，实五烧只肉丝炒～，格只家常菜勿好少呃。

发芽豆[faʔ^{5}][ŋa^{13}][dei^{13}]：发芽的蚕豆。【例】葱香～，正刚好喫。

丝瓜[sɿ^{44}][ko^{44}]：葫芦科一年生攀援藤本，又叫胜瓜、菜瓜。【例】实五勿要小看～，～喫起来味道勿错，还有清热化痰、凉血止血、美容抗癌等功效。

老姜[lɔ^{42}][tɕiã^{53}]：俗称姜母。【例】老林注意养身，日日早晨头要喫三片醋泡～。

老菱[lɔ^{42}][liã^{42}]：成熟的菱。【例】小辰光呒不咕零食，嘴巴馋就买点～喫喫，价格勿贵。

芋艿[ŋ^{213}][na^{213}]：芋头。【例】杂粮当中，实嗯喜欢喫番薯、～、土豆。

早稻米[tsɔ^{53}][dɔ^{42}][mi^{42}]：早稻生长期短，只有 80 天至 120 天，米质疏松，缺乏光泽，比晚米吸水率大，粘性小，吃起来口感差。【例】老底子条件勿好，侪家买～喫。

吊瓜子[tiɔ^{334}][ko^{53}][tsɿ^{53}]：吊瓜学名为栝楼，为长兴独有特产既可食用，又可入药，其籽炒制后味香适口，是天然、野生、绿色的保健食品。【例】长兴～有名气，就是实嗯勿会得喫。

苋头梗[hɛ^{334}][dei^{213}][kã^{42}]：苋菜的茎。把苋菜茎剁成六七厘米长的一段段，再浸泡在水中同时放太阳下暴晒，再用盐腌制而成。【例】六月里天气热，喫点～是蛮舒服呃。

花菜[ho^{44}][tɕʻɤ^{44}]：学名花椰菜。【例】～勿单单好喫，还是防癌、抗癌好东西。

花菇[ho^{44}][kəu^{44}]：香菇中的上品，素有山珍之称。菌盖有褐白相间的花纹，故名花菇。【例】从口感来讲，～比香菇好得多。

杨梅[jiã^{13}][mei^{13}]：又名龙睛、朱红。【例】实嗯屋里用五斤～浸烧酒。

豆芽菜[dei^{13}][ŋa^{13}][tɕʻɤ^{44}]：豆芽也称豆芽苗，是各种谷类、豆类、树类的种子培育出可以食用的“芽菜”，常见的黄豆芽，绿豆芽等。【例】实嗯阿姨喫呃～侪是自家发出来呃，勿是买呃。

环头粟[guɛ^{213}][dei^{213}][soʔ^{5}]：高粱，也叫芦稷。【例】长兴地区种水稻多，～少。

青梅[tɕʻin^{44}][mei^{13}]：青梅果。【例】～、白果、板栗是“长兴三宝”。

青塔皮[tɕʻin^{44}][tʻa^{44}][bi^{13}]：青苔。水生苔藓植物，翠绿色，生长在水中或陆地阴湿处。【例】瓦爿阄侪里～，勿要小看～，格点青东西有药用价值呃。

苹菇蕈[bin^{13}][kəu^{44}][ʑiŋ^{13}]：一种食用菌，与凤尾菇比较接近。【例】烧汤辰光摆点～，味道格外鲜。

茄辣[ka^{334}][laʔ$_{2}$]：辣椒。周边地区称为辣茄。【例】喫点辣对身体是有好外呃，实嗯屋里～炒肉丝是家常菜。

金针菇[tɕiŋ^{44}][tsən^{44}][kəu^{44}]：学名毛柄金钱菌。因其菌柄细长，似金针菜，故称金针菇，具有很高的药用食疗作用。【例】～既是美味食品，伊是保健食品。

金橘[tɕiŋ^{44}][tɕiəʔ^{5}]：又称金柑，既可赏玩又可食用。【例】门朝外甥要来，等息去买点～，细百楼要喫煞。

春花[ts'ən^{44}][ho^{44}]：春天田里的农作物。【例】今年天气好，田里～长势好。

春笋[ts'ən^{44}][sən^{44}]：立春后出土的笋。【例】南方有一只名菜"腌笃鲜"，就是用鲜肉、咸肉得～烧勒一道，味道勿用讲得。

草头[ts'ɔ^{53}][dei^{42}]：苜蓿。【例】～有交关用场，既是美味蔬菜，伊好当草药用。

茭白[kɔ^{44}][baʔ^{2}]： 禾本科菰属多年生宿根草本植物，又名高瓜、菰笋、菰手、茭笋，高笋。【例】实嗯喜欢喫～，白烧、红烧侪喜欢。

茹菇[zɿ^{13}][kəu^{44}]：一种含淀粉较多的薯类。【例】老底子过年要烧碗红烧～，就是实嗯勿大喜欢喫。

韭菜[tɕiəɤ^{53}][tɕ'ɤ^{53}] ：属葱科多年生草本植物。【例】实嗯一个人喫饭，自家炒只～炒蛋就算唻。

香菜[ɕiã^{44}][tɕ'ɤ^{44}]：学名芫荽，属伞形目双子叶植物纲，是一种有特殊香气的植物。【例】实嗯喜欢喫～，伢老婆勿喜欢喫。

美人蕉[mei^{13}][zən^{13}][tɕ^{44}]：多年生球根根茎类草本植物。【例】办公室窗口有二棵～，六月里实嗯日日要浇水。

籼米[tɕiɪ^{44}][mi^{13}]：水稻的一种，一般籼稻米粘性较差、粒型长而窄；粳稻米性粘、米粒短而圆。【例】 ～烧饭只是涨性好，味道是勿好呃。

洋山薯[jã^{13}][sɛ^{44}][zɿ^{13}]：马铃薯，土豆。也可称洋芋艿。【例】老胡顶喜欢喫～烧肉。

扁尖笋[piɪ^{53}][tɕiɪ^{53}][sən^{53}]：扁尖。是以竹的芽或嫩鞭为原料，经盐水煮笋、炭火烘焙后制成的烹饪原料。【例】明朝要到东北叔叔拉做客人，得伊带点～去，叔叔顶喜欢喫唻。

胥仓雪藕[ɕi^{44}][ts'ɔ^{44}][ɕiəʔ^{5}][ŋei^{42}]：又称长兴雪藕，产于长兴东部吕山乡胥仓桥村花墙门前的湾鱼池，以其藕体细腻、洁白似雪而得名，史称"胥仓雪藕"。【例】长兴出产呃～是全国著名特产。

莴苣笋[øu^{44}][tsi^{44}][sən^{44}]：莴苣、莴笋。一年生或两年生草本植物。【例】六

月里喫凉拌～，清凉爽口。

豇豆[kɔ̃^{44}][dei^{13}]：角豆的俗称。【例】自家园子里种勒点～，要喫就去摘点喫喫。

栗子[liəʔ^{2}][tsɿ^{53}]：板栗，也叫毛栗。【例】荤菜当中，实嗯顶喜欢喫～烧肉。

砻糠[lɔ̃^{13}][k‘ɔ̃^{44}]：指稻谷经过砻磨脱下的壳。【例】先起头～当柴烧，呒不咕用场。介息～用场大唻，好做餐具、玩具。

笋干[sən^{53}][kɤ^{53}]：以笋为原料，经加工、烘干、整形包装等多道工序精制而成。【例】实嗯从小到大，喫唻几十年～。

笋壳[sən^{53}][k‘oʔ^{5}]：笋的外皮。【例】以前～是垃圾，介息科学发达唻，～好当饲料，还好造纸。

倒甏菜[tɔ^{334}][bã^{213}][tɕ‘ɤ^{334}]：用大头菜叶子加盐放在甏里腌制而成。【例】城里人蛮喜欢喫乡下人自家做咂～。

胶菜[tɕiɔ^{44}][tɕ‘ɤ^{44}]：大白菜。【例】一到冬天，屋里总要买几棵～，要喫随时好喫。

蕃薯[fɛ^{44}][zɿ^{13}]：地瓜。【例】下半日，肚皮有点饿，上街买两个烤～喫喫。

海宁菜[hɤ53][ȵin42][tɕ‘ɤ53]：腌制好的菜，以海宁的最有名。【例】实嗯顶喜欢喫～唻。

麸皮[fu^{44}][bi^{13}]：麸皮就是小麦的外皮。【例】以前，～主要当作饲料，经济价值勿高。其实～是个宝，有交关医疗保健价值。

黄芽菜[ɦɔ̃^{13}][ŋa^{13}][tɕ‘ɤ^{44}]：大白菜的一个类群。【例】门朝勿要买青菜，买点～好唻。

黄豆[ɦɔ̃^{13}][dei^{13}]：大豆。【例】年糕拌～粉，味道勿错。

黄金瓜[ɦɔ̃^{13}][tɕin^{44}][ko^{44}]：伊丽莎白厚皮甜瓜，因色泽金黄而得名为黄金瓜。【例】实嗯下放辰光，乡下种唻交关～，要喫叫得去採好唻。

菜籽[tɕ‘ɤ^{334}][tsɿ^{53}]：即油菜籽，也称为芸苔子，是十字花科作物油菜的果实，主要用于榨油。【例】从前，侪家喫～油，介息侪喫玉米油、橄榄油唻。

雪团瓜[ɕiəʔ^{5}][dɤ^{13}][ko^{44}]：又称青皮绿肉瓜。一年生蔓性植物。果实香甜，富含糖、淀粉，还有少量蛋白质、矿物质及其他维生素。【例】老底子～伊香伊甜，介息呒不以前甜唻。。

雪里蕻[ɕiəʔ^{5}][li^{42}][ɦɔ̃^{42}]：雪菜，一年生草本植物，芸苔属芥菜的栽培变种，叶经盐腌制后，可供食用。【例】咸菜当中，实嗯顶喜欢～，过年辰光～炒冬笋，比肉还要好喫。

野胡桃[øia^{53}][bu^{42}][dɔ^{42}]：山核桃。【例】坚果当中，实嗯只喫～。

晚稻米[mɛ⁴²][dɔ⁴²][mi⁴²]：晚稻生长期较长，约在 150 天至 180 天，米质结构紧密，腹白度小或无，透明度较大，富有光泽，煮熟的饭吃起来，质地细腻，黏稠适中，松软可口。【例】介息侪家喫～，口感好。

粟莆黍[soʔ⁵][bu¹³][zɿ¹³]：玉米，还有玉蜀黍、棒子、包谷、包米、包粟、玉茭、苞米、珍珠米、苞芦、大芦粟等名称。【例】今朝烧唻一锅子～，侪家多喫点。

紫笋茶[tsɿ⁵³][sən⁵³][dzo⁴²]：长兴紫笋茶，是中国传统名茶，历唐宋元明四朝作贡 800 年。由于制茶工艺精湛，茶芽细嫩，色泽带紫，其形如笋，故得名为紫笋茶。【例】长兴～勒唐朝就进贡朝庭，解放后被评为全国名茶。

番茄[fɛ⁴⁴][ga¹³]：西红柿。【例】六月里喫饭只要有一只～蛋汤就够唻。

寒豆[ɦɤ¹³][dei¹³]：豌豆。【例】夏至要喫～糯米饭。

蒜薹[sɤ³³⁴][dɤ²¹³]：大蒜的花茎。【例】肉丝炒～，是一道时新菜。

蒿菜[hɔ⁴⁴][tɕʻɤ⁴⁴]：又称茼蒿。在中国古代，茼蒿为宫廷佳肴，所以又叫皇帝菜。【例】凉拌～再加点醋，喫起来清香爽口。

楝树[liɪ²¹³][zɿ²¹³]：楝属落叶乔木，又称为苦楝，哑巴树。【例】实五勿要小看～，～浑身侪是宝，树皮好做人造棉、造纸；楝枝花好提练芳香油；果核、种子可好榨油。

稗草[ba²¹³][tsʻɔ⁵³]：稻田里的野草。【例】下放辰光要到田里拔～。

粳米[kã¹³][mi¹³]：大米的一种，煮的粥饭比较绵软，常见的东北大米、珍珠米、江苏圆米都属于粳米。【例】五六十年代，屋里基本上喫籼米，主要是涨性好。介息粮食多唻，侪家喫～唻。

榨菜[tso³³⁴][tɕʻɤ³³⁴]：一种半干态非发酵性咸菜，以茎用芥菜为原料腌制而成。【例】实嗯出差辰光身边总要带几包～，既当菜势伊当零食。

鲜菱[ɕiɪ⁴⁴][liã¹³]：新鲜的嫩菱。【例】～品种有好几种，嘉兴是南湖菱、湖州是红菱。

嫩姜[nən²¹³][tɕiã³³⁴]：新鲜带有嫩芽的姜。【例】醋泡姜是要用～呃，长喫对身体有好保健作用。

蕈[ʑin¹³]：菌类或菌状物。【例】菜场闹“鸡肉～”就是鸡腿菇。

蕃瓜[fɛ⁴⁴][ko⁴⁴]：南瓜。【例】多喫点粗粮，蕃薯、芋艿、～，对身体和好处，特别是老年人要多喫。

稻柴[dɔ⁴²][za⁴²]：稻草。【例】老底子乡下条件着，冬天床里呒不填絮，只好填点～。

薹心菜[dɤ¹³][ɕin⁴⁴][tɕʻɤ⁴⁴]：春天时青菜长出的花莛。【例】明朝实嗯到俚屋里白相喫饭，实五炒碗～喫喫就够唻。

鞭笋[pir⁴⁴][sən⁴⁴]：又称鞭梢、笋鞭、边笋，竹鞭的先端部分。鞭笋是夏天生长在泥土中的嫩杈头。【例】六月里实嗯顶喜欢喫～炒肉丝。

糯米[nəu²¹³][mi³³⁴]：糯米是糯稻脱壳的米，在中国南方称为糯米，而北方则多称为江米。【例】年纪轻辰光，实嗯喜欢喫～，乃年纪大唻，勿多喫唻。

第十三节 衣 饰

一步裙[jiəʔ²][bu¹³][dʑiŋ¹³]：前后不开叉的裙子。【例】七十年代，着条～已经是蛮时貌唻。

八角帽[poʔ⁵][koʔ⁵][mɔ¹³]：又称“红军帽”，是红军的象征，也是红军军装佩饰最显眼的部分之一。其帽顶外口呈八角形。【例】实嗯小辰光有一张戴～照片。

三角裤[sɛ⁴⁴][koʔ⁵][k‘əu⁴⁴]：一种短小、呈“倒三角形”的内裤。【例】六月里天热，住勒屋里着条～还嫌热。

土布[t‘əu⁵³][pu⁵³]：农家手工纺织的粗布。【例】实嗯下乡辰光，农民自己织～做衣裳。介息条件好唻，农民侪是买衣裳着唻。

大襟[dəu²¹³][tɕin³³⁴]：指纽扣偏在一侧的中式上衣。【例】实嗯阿妈有一张照片，身闹着唻一条～衫，看上去有点古色古香。

上装[zɔ²¹³][tsɔ³³⁴]：上衣。【例】实五格条～有点过时唻。

门襟[mən¹³][tɕiŋ⁴⁴]：衣服或裤子、裙子朝前正中的开襟或开缝、开叉部位。【例】格条衣裳其他侪好，就是～勿好看。

卫生衫[øui³³⁴][sən³³⁴][sɛ⁵³]：厚实的针织上衣，内有绒毛。流行于六七十年代到八十年代前半期。【例】老底子冬天公冷唻就实～。

开衫[k‘ɤ⁴⁴][sɛ⁴⁴]：开襟衫，上衣的一种式样，前面的部分全部分开。【例】小姑娘着唻一条羊毛～，看上去时尚洋气。

开档裤[k‘ɤ⁴⁴][tɔ̃⁴⁴][k‘əu⁴⁴]：幼儿穿的裆里开口的裤子。【例】细百楼五六岁以前侪是着～。

木屐[moʔ²][dʑi¹³]：木制拖鞋。【例】六十年代条件差，六月里住勒屋里着～，介息侪着海锦拖鞋唻。

中山装[tsõ⁴⁴][sɛ⁴⁴][tsɔ̃⁴⁴]：中山装是以孙中山的名字命名的一种服装，也称为“毛装”。【例】六七十年代服装款式少，实嗯结婚辰光着唻一套呢～。

中装[tsõ⁴⁴][tsɔ̃⁴⁴]：中式服装。【例】改革开放前，冬天公实嗯着～棉袄呃。

手巾[sei53][tɕin53]：手帕。【例】介息侪家用餐巾纸，勿用～唻。

手套[sei53][t‘ɔ53]：手部保暖或劳动保护用品。【例】一到冬天公，实嗯出门就要戴皮～。

长衫[zã13][sɛ44]：中式长外衣，又称长褂，是清朝时汉人根据满族旗装改而面成。清朝后期中国人以之为常礼服。【例】民国时期，蛮流行～，介息呒不人着唻。

长统袜[zã13][t‘õ44][maʔ2]：长及小腿肚以上的袜子。【例】从前，六月里着短统袜，冬天公着～。

风衣[fõ44][øi44]：一种防风雨的薄型大衣，又称风雨衣。【例】实嗯买唻一条进口米色～。

风凉皮鞋[fõ44][liã13][bi13][ɦa13]：夏天穿的露脚趾的鞋类。【例】老孙格双～勿晓得着唻几年唻，要叫伊买新皮鞋唻。

斗篷[tei44][bõ13]：披用的外衣。【例】要得毛毛买件新～，样子要好点呃。

平脚裤[bin13][tɕiaʔ5][k‘əu44]：裤脚齐正的短裤。【例】实嗯看中唻一条名牌～，就是价钿有点贵。

卡其[k‘a53][dʑi42]：卡其布是一种主要由棉、毛、化学纤维混纺而成的织品。【例】实嗯有一件～茄克衫，已经着唻十多年唻。

白挺衣带[baʔ2][t‘in53][øi44][ta44]：参加葬礼时亲人栓在腰间的白布带，也叫白栓腰。【例】从前屋里死人，亲人侪要戴～，介息越来越简单唻，戴只黑臂章、别朵白花就好唻。

半裤[pɤ334][k‘əu334]：内裤、短裤。【例】要讲究卫生，～顶好日日换。

头绳[dei13][zəŋ13]：毛线。【例】实嗯格条～衫是女朋友得嗯结呃。

尼龙袜[ȵi13][lõ13][maʔ2]：用尼龙丝织成的袜子。【例】实嗯喜欢着～，主要是牢，勿太会得破。

奶罩[na42][tsɔ53]：胸罩。【例】老底子～品种少，质量差，介息名堂多唻。

对襟[tei334][tɕin334]：两襟相对，纽扣在胸前正中的中式上衣。【例】老底子常客侪着大襟，后算来着～。

压发帽[øaʔ5][faʔ5][mɔ13]：睡时保护发型的帽子。【例】伢老头子蛮讲究，睏觉辰光要戴～。

百折裙[paʔ5][tsəʔ5][dʑin13]：打了许多直裥的裙子。【例】六十年代，着～是蛮时髦呃。

夹里[kaʔ5][li42]：衣服的里子。【例】大衣面子还蛮好，就是～破唻。

夹袄[kaʔ5][øɔ53]：带里子的上衣。【例】格两日天气有点凉，五出门要着件～。

灯芯绒[tən^{44}][ɕin^{44}][ȵiõ^{13}]：一种有突起条纹的纯棉面料，因为突起的部分很象以前煤油灯里的灯芯，所以俗称灯芯绒。又叫条绒。【例】老李喜欢着～裤子。

灯笼裤[təŋ^{44}][lõ^{13}][k'əu^{44}]：指裤管直筒宽大，裤脚口收紧，裤腰部位嵌缝松紧带，上下两端紧窄，中段松肥，形如灯笼的一种裤子。【例】伢老头子早晨头锻炼身体是着～呃。

汗衫[ɦɤ^{13}][sɛ^{44}]：吸汗的贴身短衣。【例】实嗯格条～是上个月买呃，面料特别好。

军大衣[tɕin^{44}][da^{13}][øi^{44}]：军人的大衣。【例】老王勒部队里着～格张照片正刚神气。

羽纱[øi^{53}][so^{53}]：用棉和毛或丝等混合织成的极薄的织品，常用作衣服的里子。【例】呢大衣里子侪是用～做呃。

花呢[ho^{44}][ȵi^{13}]：表面起条、格、点等花纹的一类毛织品。【例】八十年代前，实嗯做咪一件～大衣，匆晓得几化开心。

杜制货[dəu^{42}][tsɿ^{53}][həu^{53}]：自制土货。【例】老底子，乡下侪用～，介息自家侪匆做咪，侪是买呃。

连衫裙[liɪ^{13}][sɛ^{44}][dʑiŋ^{13}]：上衣衬衫与下身裙子连在一起的服饰。【例】六十年代，着～已经算时髦咪。

体恤衫[t'i^{44}][ɕiəʔ^{5}][sɛ^{44}]：是"T-shirt"的音译名，夏天穿的服饰。【例】自从有咪～。实嗯就匆着圆领汗衫咪。

肚兜[dəu^{42}][tei^{53}]：又称"抹胸"，是中国传统服饰中女子护胸腹的贴身内衣。【例】老底子女子侪戴～，介息侪戴胸罩咪。

拖鞋[t'əu^{44}][ɦa^{13}]：鞋子的一种，后跟全空，只有前面有鞋头。【例】实嗯勒屋里喜欢着皮～，从来匆着塑料～。

披风[pi^{44}][fõ^{44}]：穿在其他衣服之上的无袖的宽松外衣，亦称斗篷。【例】实嗯要得老婆买咪件新款～，伊开心煞咪。

和尚领 [ɦu^{13}][zõ^{13}][liŋ^{13}]：领口为圆形的服饰。【例】六月里实嗯匆喜欢着体恤衫，喜欢着～。

垫被[diɪ^{213}][bi^{42}]：垫在床上的棉絮。【例】五十年代，经济条件差，买匆起～，床里只好铺稻草当棉絮。

草帽[ts'ɔ^{213}][mɔ^{213}]：用水草、席草、麦秸、竹篾或棕绳等物编织的帽子。【例】实嗯怕热，一到六月里就要戴～、戴墨镜。

面料[miɪ^{13}][liɔ^{13}]：用来制作服装的材料。【例】格件衣裳～匆错，就是里子差点。

背心[pei^{334}][ɕin^{334}]：无袖上衣，也称为马甲或坎肩。【例】年龄大冻匆起咪，天勿冷就要着丝棉～唻。

背带裤[pei^{334}][ta^{334}][k‘əu^{53}]：裤腰上装有挎肩背带的裤子。【例】小伙子着条～，看上去时貌好看。

洋袜[jiã^{13}][maʔ^{2}]：袜子。【例】实嗯喜欢着尼龙～，一年四季侪着。

衲[nəʔ^{2}]：尿布。【例】八十年代前，小把戏侪用～，介息侪用尿不湿唻。

绒布[n̥iõ^{13}][pu^{44}]：经过拉绒后表面呈现丰润绒毛状的棉织物。【例】宾馆里格套～沙发是法国进口呃。

骆驼绒[loʔ^{2}][dəu^{13}][n̥iõ^{13}]：简称驼绒，粗纺呢绒大类中一个品种。【例】格条衣裳夹里是～，着勒身闹热乎乎。

栓腰裙[sɛ^{44}][øiɔ^{44}][dʑiŋ^{13}]：围裙。【例】汏碗辰光身闹戴只～，衣裳就勿会得弄龌龊。

套衫[t‘ɔ^{334}][sɛ^{334}]：从头上套穿的不开襟上衣。【例】～实起来顶方便，用勿着扣纽扣。

套鞋[t‘ɔ^{334}][ɦa^{213}]：雨鞋。【例】从前，一落雨就要着～。介息实嗯只有皮鞋，呒不套鞋。

鸭舌头[øaʔ^{5}][zəʔ^{2}][dei^{42}]：帽舌头。【例】帽子～破唻，要叫裁缝去换个～。

料作[liɔ^{213}][tsoʔ^{5}]：衣料。【例】格条大衣款式好，就是～差，看上去是地摊货，呒不档次。

宽紧带[k‘uɤ^{44}][tɕin^{44}][ta^{44}]：松紧带，穿在裤腰的皮筋。【例】三角裤闹～断唻，格条裤子勿要唻。

被套[bi^{42}][t‘ɔ^{53}]：套被子的服饰。【例】朋友结婚，实嗯要着一条龙凤～，图个吉利喜庆。

被横巾[bi^{42}][ɦuã^{42}][tɕin^{53}]：缝在被口的毛巾。【例】被头闹缝一条～，被头要清爽得多唻。

移巾[ji^{13}][tɕin^{44}]：围巾。【例】屋里有十几个～，就是呒不时间戴。

移衫[ji^{13}][sɛ^{44}]：小孩子的围嘴儿。【例】宝宝餵食辰光得伊戴只～。

假袖[ka^{53}][zei^{42}]：套袖。【例】做家务辰光戴双～，衣裳闹清爽点。

假领头[ka^{53}][liŋ^{42}][dei^{42}]：没有衣袖的衬衣领子。【例】六十年代经济差，买勿起衬衫，伢老头子身闹戴唻一只～，看上去像衬衫，其实只是一只领头。

领圈[liŋ^{42}][tɕ‘iɪ^{53}]：套在头颈上保暖的。【例】实嗯小辰光，呒不移巾，冬天戴唻一只～。

袱[voʔ^{2}]：用作包袱的方布。【例】天热被头用勿着唻，被头用～包包好，放勒柜子里。

揩面布[k‘a^{44}][miɪ^{13}][pu^{44}]：洗脸的毛巾。【例】格块～勿要唻，门朝去买块新呃。

揩脚布[k‘a^{44}][tɕiaʔ^{5}][pu^{44}]：洗脚的毛巾。【例】出门带唻毛巾，呒不带～。

棉大衣[miɪ^{13}][da^{13}][øi^{44}]：翻了棉花的大衣。【例】实嗯有一件～，还有一件呢大衣。

棉毛衫[miɪ^{13}][mɔ^{13}][sɛ^{44}]：一种由各种棉毛布料缝制的在春、秋和冬季贴身穿着的中厚型长袖针织内衣。【例】冬天公夜里睏觉要实～，否则嫌冷呃。

棉花胎[miɪ^{13}][ho^{44}][t‘ɛ^{44}]：棉花絮。【例】实嗯要盖丝棉，勿要～。

棉鞋[miɪ^{13}][ɦa^{13}]：填有棉花等保温材料用以御寒的鞋。【例】实嗯小辰光着～，～侪是伢姆妈自家做呃。

喇叭裤[la^{213}][ba^{213}][k‘əu^{334}]：裤腿形状似喇叭而得名。【例】八十年代中国流行～。

蛤壳棉鞋[ha^{42}][k‘oʔ^{5}][miɪ^{13}][ɦa^{13}]：老式棉鞋。【例】介息一到冬天侪家着棉皮鞋，老底子是着～。

裤脚管[k‘əu^{334}][tɕia^{53}][kuɤ^{44}]：裤脚。【例】格条裤子～有点大，看起来有点怪。

裙裤[dʑin^{13}][k‘əu^{44}]：裙形的裤子。【例】六月里小姑娘着～既漂亮，又大方。

睡衣[zei^{213}][øi^{334}]：睡觉时穿的衣服。【例】介息睏觉侪着～，老底子就是着条汗背心。

箬帽[ȵiaʔ^{2}][mɔ^{213}]：指箬竹的篾或叶子制成的帽子，用来遮雨和遮阳光。【例】老底子农民落雨天做生活，要着簑衣，戴～。

裹布衫[kəu^{53}][pəu^{53}][sɛ^{53}]：包在棉袄外的布衣服。【例】以前冬天着棉袄，棉袄外面还要包条～，介样子棉袄勿会得龌龊。

旗袍[dʑi^{13}][bɔ^{13}]：民国的国服，中国和世界华人女性的传统服装。【例】实五架形好，一着～，身材就介显出来唻。

簑衣[səu^{44}][øi^{44}]：一种不容易腐烂的草(民间叫蓑草)编织成的一种用以遮雨的雨具，后用棕片。【例】以前辰光实嗯有一套～笠帽。

第十四节　器　物

七石缸[tɕ‘iəʔ^{5}][zaʔ^{2}][kɔ̃^{44}]：最大的缸。【例】有句俗语：～，门里大。是比喻一个人只能勒屋里称大好佬。

八仙桌[paʔ^{5}][ɕiɪ^{44}][tsoʔ^{5}]：指桌面四边长度相等的、桌面较宽的方桌。【例】介息人家屋里流行餐桌，老底子侪是～。

大衣橱[da^{13}][ji^{13}][zɿ^{13}]：立柜。【例】七十年代结婚侪要五斗橱、～、缝纫机、脚踏车。

万花筒[vɛ^{213}][ho^{334}][dõ^{213}]：一种光学玩具。【例】记得小辰光，娘舅得嗯做唻一只～，实嗯开心唻好几日。

千里镜[tɕʻiɪ^{44}][li^{13}][tɕin^{44}]：望远镜。【例】望远镜老底子叫～，勒明末辰光就传到中国唻。

广勺[kõ^{53}][zoʔ^{2}]：舀水的器具。【例】七十年代，屋里有一把铜～，后算来送人唻。

门臼[mən^{13}][dʑiɪ^{13}]：门槛上承门的石榫或木榫。【例】老房子～坏脱唻，大门装勿牢唻。

门牌[mən^{13}][ba^{13}]：指钉在门上标明街道名称和房子号码的牌子。【例】老小区里，～侪落脱唻。

门槛[mən^{13}][kʻɛ^{44}]：（1）门框下端的横木条、石条或金属条。【例】格家人家有钞票，～介高，一般人是进勿去呃。（2）精打细算或占便宜的本领。【例】老董～精，是出名呃。

子孙桶[tsɿ^{53}][sən^{53}][dõ^{42}]：又称子孙宝桶，是保佑子孙万代多福多寿的喜庆吉祥物。子孙桶有三件：马桶、脚盆、水桶。【例】旧社会结婚，嫁妆里一定要有～呃。

马桶[mo^{42}][dõ^{42}]：也叫坐便器，是大小便用的有盖的木桶。【例】生活水平提高唻，介息人家屋里侪是抽水～，传统木制～老早就勿见唻。

马桶包[mo^{42}][dõ^{42}][pɔ^{53}]：形如马桶状的背包。【例】七十年代流行～，乃是勿行唻。

马桶豁筅[mo^{42}][dõ^{42}][huaʔ^{5}][ɕi^{53}]：洗刷马桶的竹制品。【例】～格种汏马桶用具介息是呒不唻。

马箱[mo^{42}][ɕiã^{53}]：放马桶的箱子。【例】老底子，马桶是放勒～里，～摆勒床边闹。

元宝篮[jiɪ^{13}][pɔ^{44}][lɛ^{13}]：用竹篾编制的用具，因形如元宝而得名。【例】外婆屋里有一只老底子留落来呃～，到乃有一百多年唻。

木爿头[moʔ^{2}][bɛ^{13}][dei^{13}]：小木片。【例】呒不煤气灶辰光，日日要用～发煤炉，正刚勿方便。

木屑板[moʔ^{2}][ɕiəʔ^{5}][pɛ^{53}]：用木屑为原料制成的装潢用板。【例】木材紧张，介息家具闹交关地方侪用～唻。

木梳[moʔ^{2}][si^{44}]：梳理头发的工具，木制的梳子。【例】老侪专门收藏～，屋里有几百只藏品。

五斗橱[ŋ^{42}][tei^{53}][zɿ^{42}]：有五个抽斗的橱柜。【例】六七十年代，结婚要有大衣橱，～、夜护箱，侪是叫木匠做呃。

太师椅[t'a^{334}][sɿ^{334}][øi^{334}]：古家具中唯一用官职来命名的椅子，体态宽大，靠背与扶手连成一片。【例】实嗯屋里有一把～，是清朝光绪辰光留脱来呃。

水烟管[sei^{53}][øiɪ^{53}][kuɛ^{53}]：旧时抽水烟的铜制器具。【例】五六十年代，实嗯阿妈是抽水烟用一只黄铜～，介息是古董唻。

手炉[sei^{53}][ləu^{42}]：冬天暖手用的铜制小炉。【例】古玩市场闹看到一只清朝～，就是价鈿太高唻，买勿起。

牛皮筋[ŋiɪ^{13}][bi^{13}][tɕiŋ^{44}]：像皮筋。【例】细婉婷喜欢跳～，跳得活络煞。

毛边纸[mɔ^{13}][piɪ^{44}][tsɿ^{44}]：用竹纤维制成的淡黄纸，作于书法练习。【例】写毛笔字，练习辰光顶好用～，价钿便宜伊好用。

火炉[həu^{53}][lu^{42}]：脚炉。【例】实嗯小辰光，屋里旡不空调，一到冬天用～来烘脚。

火钳[həu^{53}][dʑiɪ^{42}]：剪型长柄烧火铁器，在火中夹柴。【例】老底子烧灶头，～是勿好少呃。

节节高[tɕiəʔ^{5}][tɕiəʔ^{5}][kɔ^{44}]：晒衣服用的带枝杈的竹竿。【例】老底子晒衣裳侪用～，介息侪勿用唻。

石灰髲[zaʔ^{2}][hui^{44}][bã^{13}]：装有石灰的髲，起干燥作用。【例】老底子人家屋里侪有只～，里头放茶叶、饼干，勿会得受潮。

石臼[zaʔ^{2}][dʑiɪ^{13}]：用石凿成的舂米谷等物的器具。【例】有句俗语："三九四九，冻碎～。"是形容天气冷。

石卵子[zaʔ^{2}][lɤ^{42}][tsɿ^{53}]：鹅卵石。【例】老王买唻一套别墅，园子里小路侪铺满～，看起来蛮舒齐。

石鼓墩[zaʔ^{2}][kəu^{44}][tən^{44}]：垫在柱子下的园形基石。【例】老房子柱子摆勒～高头。

龙头[lõ^{13}][dei^{13}]：自行车把手。【例】格辆自行车踏唻十多年，～换过好几个。

申报纸[sən^{44}][pɔ^{44}][tsɿ^{44}]：报纸。【例】下放辰光，房子里墙头裂开来，实嗯就用～糊糊好。

电简[diɪ^{13}][dõ^{13}]：手电。【例】老底子～大多是用铁皮做呃，实嗯还有一个老～勒屋里。

四角篮[sɿ^{44}][koʔ^{5}][lɛ^{13}]：用竹篾编制的用具，底部有四角而得名。【例】六七十年代，堂客侪拎只～上街买小菜。

立桶[liəʔ^{2}][dõ^{42}]：小孩子站的圆木桶。【例】五六十年代，小把戏呒不人管，只要放勒～里。

半墙头[pɤ^{334}][dʑiã^{13}][dei^{13}]：风火墙。【例】老派房子闹侪有～，起到隔断火源呃作用。

皮皂[bi^{13}][zɔ^{13}]：肥皂。【例】老底子汏衣裳侪用～，介息侪用皮皂粉得洗衣液唻。

皮皂粉[bi^{13}][zɔ^{13}][fən^{44}]：洗衣粉。【例】伢老婆汏衣裳认煞汰渍～，其他品牌侪勿要。

皮箱[bi^{13}][ɕiã^{44}]：皮质箱子。【例】实嗯屋里有一只牛皮～，还有一只樟本箱。

发夹[faʔ^{5}][kaʔ^{5}]：妇女夹头发的针。【例】外婆头闹格只～已经用唻十几年唻。

发蜡[faʔ^{5}][laʔ^{2}]：一种凝胶状或半固体状的油脂，能够固定发型、使头发亮丽有光泽。【例】小李蛮注重打扮，出門辰光，头闹总用～涂得油光煞亮。

丝瓜筋[sɿ^{44}][ko^{44}][tɕin^{44}]：丝瓜络的俗称。【例】～勿单单用来潮浴、汏碗，还有通经活络，清热解毒，利尿消肿，止血等功效。

老虎灶[lɔ^{42}][həu^{53}][tsɔ^{53}]：旧时烧开水的灶头。【例】实嗯记得小辰光，经常到～闹去泡开水。

吊桶[tiɔ^{334}][dõ^{42}]：从井里打水的木桶。【例】记得有一趟，实嗯到井里打水，勿小心～落脱勒井里唻。

吸铁石[ɕiəʔ^{5}][t'iəʔ^{5}][zaʔ^{2}]：磁铁。【例】细百楼有好几块～，勿晓得咕里来呃。

竹爿头[tsoʔ^{5}][bɛ^{13}][dei^{22}]：小竹片。【例】老底子～当柴烧，介息烧煤气，～呒不用唻。。

竹丝笤帚[tsoʔ^{5}][sɿ^{44}][diɔ^{13}][tsei^{44}]：用细竹枝编的笤帚。【例】到园子里扫地，一定要有～，否则扫勿干净。

竹椅子[tsoʔ^{5}][øi^{53}][tsɿ^{53}]：竹子做的椅子。【例】一到六月里，几个小把戏搬把～坐勒外头乘风凉。

竹榻[tsoʔ^{5}][t'aʔ^{5}]：竹制的寝具。【例】太热唻，夜里只要睏勒～闹。

行灶[ɦã^{13}][tsɔ^{44}]：用泥土和柴草手工制作的可移动的柴火灶。【例】实嗯下放辰光，勒乡下用～烧饭。

伞墙[sɛ^{334}][ʑiã^{213}]：山墙。建筑的侧立面墙体。【例】乡下老房子～闹老贴各种标语。

羊卵泡[jiã^{13}][lɤ^{13}][p‘ɔ^{44}]：气球。【例】介息叫气球，老底子叫～。

米囤[mi^{42}][dən^{42}]：仓库里囤米的器物，用竹篾、荆条等编成或用席箔等围成。【例】粮仓里有几百只～，安全卫生顶重要。

米桶[mi^{42}][dən^{42}]：存米的木桶。【例】屋里有只～是木桶，千万勿要用塑料桶。

灯草[təŋ^{44}][ts‘ɔ^{44}]：灯芯草。【例】～茎细长，茎的中心部分用做菜油灯的灯芯，俗称～。

汤婆子[t‘ɔ̃^{44}][bu^{13}][tsi^{44}]：冬天里使用的水暖具。【例】社会发展唻，冬天有空调，老底子用呃～侪当古董唻。

坑棚[k‘ã^{44}][bã^{13}]：厕所，也叫茅坑。【例】五六十年代，乡下呒不现代厕所，大小便侪到～里。

壳落子[koʔ^{5}][loʔ^{2}][tsɿ^{53}]：外壳。【例】热水瓶～坏唻，要换只新呃。

苍蝇拍[ts‘ɔ̃^{44}][øin^{44}][p‘aʔ^{5}]：用来杀灭苍蝇的手持工具。【例】1958年，中央发出除四害指示，侪家手里一把～，看见苍蝇就拍。

芦非[ləu^{13}][fi^{44}]：用芦苇编织而成，用于摊晒粮食等物品。【例】乡下晒蕃薯干要放勒～闹，介息呒不唻。

吹火筒[ts‘ɿ^{44}][ɦəu^{13}][dõ^{13}]：不到两尺长的竹筒，用于给灶堂吹气，使火重新燃起。【例】灶头里火熄唻，用～一吹就旺唻。

帐子[tsã^{334}][tsɿ^{53}]：蚊帐。【例】介息六月里勿张～，蚊子基本呒不唻。

俔线[ȵiɪ^{42}][ɕiɪ^{53}]：缝衣针。【例】等息要补衣裳，屋里呒不～，实五去买一包。

坐车[zəu^{42}][ts‘o^{53}]：小孩子坐的竹木制的四角小车。【例】外婆拉屋里有一部～，实嗯小辰光坐过呃。

条凳[diɔ^{13}][tən^{44}]：长条形的凳子。【例】屋里有只八仙旧，旁闹有四只～，好坐八个人。

床厂[zɔ^{13}][ɦɛ^{13}]：床的边缘。【例】外婆坐勒～闹补衣裳。

灶山[tsɔ^{334}][sɛ^{334}]：灶头上搭建的如小房子似的小平台。【例】老底子～闹要摆灶家菩萨。

灶头[tsɔ^{334}][dei^{213}]：煮饭设备，一般有两到三眼。【例】实嗯小辰光，外婆屋里有只老式～，介息拆脱唻。

灶头间[tsɔ^{334}][dei^{213}][kɛ^{44}]：厨房。【例】乡下外婆屋里房子大，～比城里多好

几倍。

鸡毛掸帚[tɕi44][mɔ13][dɛ13][zei13]：用鸡毛制成的掸子。【例】小辰光，实伢老头子用～打嗯屁股。

纸头[tsɿ53][dei42]：纸。【例】屋里只有旧报纸，呒不白～。

武转[øu44][tsɤ44]：木工用的打眼(洞)的工具。【例】实嗯下放辰光学过木匠，刨子、锯子、～屋里侪有。

抽斗[ts'ei44][tei44]：抽屉。【例】实嗯工资侪放唻～里。

拐棍[kua53][kun53]：一种辅助行走的简单器械。【例】年纪大唻，走路要用～唻。

拖畚帚[t'əu44][fən44][tsei44]：拖把。【例】介息～品种越来越多，有一种滚轮～顶实用唻。

顶针[tin53][tsəŋ53]：裁缝套在手指上的金属环，用于把针顶出来。【例】外婆手闹戴唻～，得嗯补衣裳。

拎包[liŋ13][pɔ44]：手提包。【例】实五勿出远门，格只～太大唻，换只小点方便兴。

轮盘[ləŋ13][bɤ13]：轮子。【例】格部儿童三轮车有一只～坏脱唻。

夜壶[øia334][ɦu213]：旧时男人用的尿罐。【例】老底子屋里呒不卫生间，房间里要摆一只～。

夜壶箱[øia334][ɦu213][ɕiã44]：放夜壶的柜子，后成为床头柜。【例】新式床配有～，介息叫床头柜唻。

卷洒[tɕiɪ53][sa53]：筛子的一种，专筛米麦等磨后的粉。【例】米粉磨好唻，再用～筛筛。

单被[tɛ44][bi13]：床单，也称被单。【例】床闹～龌龊唻，要汏汏干净。

油布伞[jiɪ13][pu44][sɛ44]：用油布为伞面做成的伞。【例】实嗯小辰光，流行～，乃是勿见唻

油纸伞[jiɪ13][tsɿ44][sɛ44]：用油纸为伞面做成的伞。【例】杭州～唻全国顶有名。

指掐油[tsɿ53][k'aʔ5][jiɪ42]：指甲油。【例】老底子～颜色勿多，介息有几十种颜色。

草席[ts'ɔ53][ʑiəʔ2]：用柔韧的草茎编织的席子。【例】六月里人家屋里侪睏～，勿睏床单。

草窝[ts'ɔ53][k'əu53]：稻草编扎而成立式、圆形器具，供冬天小孩站立在内保暖。【例】老底子小把戏呒不人抱，要一个人立勒～里。

茶几[dzo13][tɕi44]：用以摆放杯盘茶具的家具，故名茶几。【例】手机勒～闹，

实五走辰光勿要忘记。

茶盅[dzo^{13}][tsõ^{44}]：饮茶的用具。比饭碗小，比酒杯大。【例】实嗯到江西买唻一套茶具，有一只茶壶，四只～。

茶壶[dzo^{13}][ɦu^{13}]：泡茶专用工具。【例】老沈喜欢喫茶，勿管走到咕里，～总是勒手里。

药皂[jiaʔ^{2}][zɔ^{13}]：具有医疗作用的肥皂。【例】老朱有皮肤病，潮浴喜欢要有～。

相机[ɕiã^{213}][tɕi^{334}]：照相机。【例】实嗯上海读书辰光，买唻一个120～，到乃还勒屋里。

砂锅[so^{44}][kəu^{44}]：用陶土和沙烧制的锅。【例】一般用～来煲汤熬菜，勿用～来炒菜。

砚子[ȵiɪ^{42}][tsɿ^{53}]：砚台。【例】实嗯读小学辰光，要带～、墨得毛笔到学堂里，日日要写毛笔字。

面罗[miɪ^{13}][ləu^{13}]：脸盆。【例】这只～用唻七八年，有点漏唻。

面盆[miɪ^{13}][bən ^{13}]：脸盆。【例】以前屋里侪是搪瓷～，介息用塑料～唻。

骨牌凳[koʔ^{5}][ba^{13}][təŋ^{44}]：方凳，面呈长方形似骨牌的木凳。【例】阿姨屋里有四只民国留脱来呃红木～，介息当宝贝唻。

钢中锅子[kõ^{44}][tsõ^{44}][kəu^{44}][tsɿ^{44}]：铝锅。【例】七十年代，屋里侪用～，乃用不锈钢唻。

钢丝床[kõ^{44}][sɿ^{44}][zõ^{13}]：绷子用钢丝编成的床。【例】实嗯屋里还有一只单人～，长远勿用唻。

便镬[biɪ13][ɦoʔ22]：旧式灶上利用灶火支道烧火的小罐，通过吸引多余的热量来暖水。【例】老底子，人家屋里侪有～，介息呒不唻。

信壳 [ɕin^{334}][k‘oʔ^{5}]：信封。【例】老林是收藏家，屋里收藏唻交关邮票，还有交关民国时期呃～，蛮值铜钿。

洋针车[jã^{13}][tsən^{44}][ts‘o^{44}]：缝纫机，也称为洋机。【例】隔壁老金拉屋里有一台～，是美国胜佳牌，到介息已经有一百多年唻。

洋钉[jiã^{13}][tiŋ^{44}]：铁钉。【例】门背后得嗯钉只～，平时好挂东西。

洋油灯[jiã^{13}][jiɪ^{13}][tən^{44}]：农村非常流行油灯，用棉线或灯草为灯芯。【例】六七十年代，乡下呒不电灯，屋里侪点～。

洋铅桶[jiã^{13}][k‘ɛ^{44}][dõ^{13}]：锌皮制的水桶。【例】小辰光屋里有只～，乃侪烂脱唻。

洋蜡烛[jiã^{13}][laʔ^{2}][tsoʔ^{5}]：蜡烛。【例】六十年代，夜里停电，屋里只好点～。

绗针[ɦɔ̃^{13}][tsəŋ^{44}]：缝被子的大针。【例】明朝要缝被头，可惜屋里呒不～，等息要去买一包唻。

蚕匾[zɤ^{13}][piɪ^{44}]：养蚕用具。用竹篾或苇子等编成。用以盛桑叶和放养蚕。【例】蚕桑之乡，人家屋里侪有好几只～。到唻六月里，小把戏睏勒～闹，是蛮凉快呃。

起子[tɕʻi^{53}][tsɿ^{53}]：螺丝刀。【例】门闹锣丝松脱唻，快点用～旋旋紧。

盐水瓶[jiɪ^{13}][sei^{44}][biŋ^{13}]：输液瓶。【例】六十年代，买勿起热水袋，冬天用～捂手。

盐钵头[jiɪ^{13}][pəʔ^{5}][dei^{13}]：放盐的陶器。【例】小辰光到乡下外婆屋里去，看见灶头闹有一只绿色～。介息灶头拆脱唻，～勿见唻。

莲蓬头[liɪ^{13}][bõ^{13}][dei^{13}]：外形如莲蓬一样的喷头。【例】淋浴房里格只～坏唻，等息去买只质量好点呃。

栲栳[kʻəʔ^{5}][lɔ^{42}]：由柳条编成的容器，底为半球形，形状像斗，也叫笆斗。【例】乡下舅舅屋里有两只～，老底子用来摆黄豆、稻谷，介息勿见唻。

桌子[tsoʔ^{5}][tsɿ^{53}]：有光滑平板、由腿或其他支撑物固定起来的家具。有的地方称为“台子”。【例】小把戏勒～睏着唻。

蚊烟[mən^{13}][øiɪ^{44}]：蚊香。【例】六月里蚊子太多，乘风凉一定要点一盘～。

罢壶[pa^{53}][ɦu^{42}]：存放冷开水的茶具。【例】实嗯六月里要喫白开水，～里水总是倒得拍拍满满。

圆台面[jiɪ^{13}][dɤ^{13}][miɪ^{13}]：圆桌的桌面。【例】明朝来客人，等息要去借只～。

钵头[pəʔ^{5}][dei^{13}]：宽口陶瓷容器。【例】介息人家屋里侪呒不～，只有搪瓷得不锈钢容器。

铅丝[kʻɛ^{44}][sɿ^{44}]：铁丝。【例】本板裂开来唻，要用～捆捆紧。

铅角子[kʻɛ^{44}][koʔ][tsɿ^{44}]：人民币中的一角、五分、贰分、一分等硬币零钱。【例】实嗯裤子袋里还有几只～，汏衣裳前得嗯摸摸看。

秧凳[jiã^{13}][tən^{44}]：拔秧凳，江南水田中供农民拔秧苗使用的一种小木凳。凳子足底设托板，以免在泥泞的水畦中下陷。【例】拔秧辰光，堂客侪坐勒～闹，一边拔一边讲笑话。

臭卤甏[tsʻei^{334}][ləu^{42}][bã^{42}]：以腌苋菜梗的液体为卤汁，能腌制臭豆腐干的容器。【例】屋里一家门侪喜欢喫臭豆腐，屋里格只～要派大用场。

酒抽[tɕi^{44}][tsʻei^{44}]：探油、酒时的量具。【例】格爿店格只～有问题，探出来呃酒比人家少。

酒盅[tɕiɪ^{53}][tsõ^{53}]：小瓷酒杯。【例】实嗯勿喫酒，～里格点酒喫得光已经勿错唻。

浪匾：[lã^{213}] [piɪ^{53}]：以盛放食物为主的小形匾。【例】清明辰光，姆妈做特一～甜麦塌饼。

家生[ka^{44}][sã^{44}]：用具的统称。【例】电脑是嗯喫饭～，一定要买只质量好呃。

家当[ka^{44}][tõ^{44}]：家里财产。【例】实五勿要看小张其貌不扬，屋里～大得来吓煞人。

被面子[bi^{42}][miɪ^{42}][tsɿ^{53}]：被面。【例】下个月，小林结婚，伢要送二只丝绸～过去，等息去丝绸商店挑挑看。

被橱[bi^{42}][zɿ^{42}]：放被子的衣柜。【例】屋里～是顶有用场唻，一到六月里，棉被侪好放进去。

瓢羹[biɔ^{13}][kã^{44}]：汤匙。也有叫调羹[diɔ^{13}][kã^{44}]。【例】去年，老宋到北京出差，买唻一套高档不锈钢～，一共 10 只。

畚斗[pən^{44}][tei^{44}]：簸箕。【例】明朝到超市去买只塑料～，屋里格只铁～烂脱唻。

畚箕[pən^{44}][tɕi^{44}]：簸箕，也称为粪箕、畚斗。【例】屋里房子面积大，一只～是勿够呃，门朝再去买一只。

菩萨书 [bu^{13}][saʔ^{5}][si^{44}]：小人书，连环画。【例】单位里有一个朋友收藏唻几百本民国到乃呃～。

雪花膏[ɕiəʔ^{5}][ho^{44}][kɔ^{44}]：一种以硬脂酸为主要油分的膏霜，由于涂在皮肤上即似雪花状溶入皮肤中而消失，故称为雪花膏。【例】从前护肤品勿多，一般人侪涂～，介息护肤口五花八门，越来越多唻。

蛇皮袋[zo^{13}][bi^{13}][dɤ^{13}]：塑料编织袋。【例】搬家辰光，实嗯屋里有十几～书，搬得喫力煞。

脚桶[tɕiaʔ^{5}][dõ^{42}]：洗脚的桶。【例】老底子结婚侪要一只～，乃是勿讲究唻。

脚踏车[tɕiaʔ^{5}][daʔ^{2}][ts‘o^{44}]：自行车。【例】实嗯以前辰光，旡不钞票，只好买唻一部旧～用用。

麻袋[mo^{13}][dɤ^{13}]：又叫麻叉袋，用麻编织的盛粮口袋。【例】米店里侪是用～来装米呃。

淘箩[dɔ^{13}][ləu^{13}]：淘米的工具。【例】老底子～侪是用竹来做呃，介息品种多，有竹～、有塑料～，还有铁皮～。

搭绊[taʔ^{5}][p‘ɛ^{334}]：旧时门上锁挂锁的器具。【例】六七十年代，房子闹侪勿装防盗门、防盗窗，出门辰光，～一搭就走唻。

提桶[di^{13}][dõ^{13}]：水桶。【例】门朝小区要停水，今朝～里先积点水，明朝好用。

揿书机[tɕʻiŋ^{334}][sɿ^{334}][tɕi^{334}]：订书机。【例】办公室里～坏脱唻，叫行政科去买只新呃。

揿钉[tɕʻiŋ^{334}][tiŋ^{334}]：图画钉。【例】格张年画用～钉勒墙头闹。

搓板[tsʻəu^{334}][pɛ^{53}]：有锯齿形凹槽的木板，在洗衣机普及之前用来洗衣服的工具。【例】老底子汏衣裳侪用～搓，介息用洗衣机唻。

搔手[tso^{44}][sei^{44}]：不求人，古称为搔扙。一种生活用品。形如手而弯其指，有长柄，背痒时用以抓爬。【例】旅游辰光买唻一只实木～，用唻好几年，还呒不坏。

棕棚[tsõ^{44}][pã^{44}]：用棕绳穿成的床铺。【例】以前床闹用～，介息侪用席梦思。

硬板床[ŋã^{213}][pɛ^{53}][zɔ̃^{42}]：指不柔软、不铺垫子的木板床。【例】有人喜欢睏席梦思、棕棚，实嗯只喜欢睏～。

硬板纸[ŋa^{213}][pɛ^{53}][tsɿ^{53}]：硬纸板。【例】屋里有交关～，等息卖脱伊。

蛤壳油[ha^{53}][kʻoʔ^{5}][jiɪ^{13}]：过去老百姓冬季用的一种廉价的护肤品，是以凡士林为主的一种油性很大的护肤品。【例】改革开放前，生活条件勿好，冬天皮肤干燥就涂点～，介息格种高档护肤品是呒不呃。

筅帚[ɕiɪ^{53}][tsei^{53}]：刷锅用的竹帚。【例】乡下阿婆屋里汏碗一直用～，勿用钢丝球。

道令纸[dɔ^{42}][lin^{42}][tsɿ^{53}]：正名应为“胶版印刷纸”或“胶版纸”，是专供胶版印刷的用纸。【例】实嗯读小学辰光，条件差，屋里呒不纸头，经常到印刷厂里讨～。

窗爿[tsʻɔ̃^{44}][bɛ^{13}]：窗户。【例】要落雨唻，房间里～快点去关好。

摇窝[jiɔ^{13}][øo^{44}]：摇篮，可以摇动的婴儿卧具。【例】小宝宝睏勒～里，一动勿动。

蒲扇 [bu^{13}][sɤ^{44}]：由蒲葵的叶、柄制成的扇子。【例】七十年代以前，屋里勿装空调，天热唻，～要派大用场，既好搧风，伊好拍蚊子。

蒸架[tsən^{44}][ka^{44}]：放在锅内蒸食物的架子。【例】今朝烧饭辰光，格两个番薯摆勒～闹蒸蒸热。

蒸笼[tsən^{44}][lõ^{13}]：用竹篾、木片，铝皮等制成的蒸食物用的器具。【例】格客泡包将况从～拿出来。

戥子秤[təŋ^{42}][tsɿ^{53}][tsʻən^{53}]：一种小型的量具，可以精确到五十分之一两，用来秤金、银、药品等。【例】实嗯屋里有一把～，有一百多年唻。

暖锅[nɤ^{42}][kəu^{53}]：可放炭加热的锅。【例】小辰光过年，侪家一道喫～。后算来，～烧坏唻。

跳泡[tʻiɔ^{334}][pʻɔ^{334}]：日光灯的继电器。【例】日光灯～坏脱，跳勿着唻，收电工来修修好。

锡壶[ɕiəʔ^{5}][ɦu^{13}]：锡制品，用于盛装液体。【例】记得实嗯小辰光，屋里有一所～，请阿太辰光用来倒酒呃。

矮凳[øa^{53}][tən^{53}]：小板凳。【例】大人坐高凳，小人坐～。

筷筒[k‘uɛ^{334}][dõ^{213}]：插筷的筒子。【例】筷子勿好乱放，要放勒～里。

煤头纸[mei^{213}][dei^{213}][tsɿ^{334}]：用于点火吸水烟的小纸。【例】喫水烟要会得吹～，吹起来有点难呃。

煤炉[mei^{13}][ləu^{13}]：烧煤的炉子。【例】呒不煤气辰光，侪家是用～烧煤球呃。

煤油炉[mei^{13}][øiɪ^{44}][ləu^{13}]：烧煤油的炉子。【例】实嗯下放辰光，有一只～烧饭、烧菜。

煤饼[mei^{13}][piŋ^{44}]：蜂窝煤。【例】以前人家屋里侪烧～，后算来烧煤气，生活越来越方便。

煤球[mei^{13}][dʑiɪ^{13}]：用煤末制成的小圆球。【例】以前人家屋里侪烧～，房子里熏得乌盲出黑。

嘎橱[ka^{334}][zɿ^{213}]：碗橱。【例】过年辰光，～里摆得拍拍满满，侪是菜势。

裹布衫[kəu^{53}][pəu^{53}][sɛ^{53}]：包在棉袄外的布衣服。【例】老底子棉袄外头还要着件～，棉袄好干净点。

滴子[tiəʔ^{5}][tsɿ^{53}]：塞子。【例】热水瓶闹～勿见唻，叫服务员来换一只热水瓶。

墩头板[tən^{44}][dei^{13}][pɛ^{44}]：砧板。【例】屋里有一块实木～，用唻好几年还呒不坏。

樟木箱[tsɔ̃^{44}][moʔ^{2}][ɕiã^{44}]：用樟本制成的箱子，衣服放里面不会蛀坏。【例】六七十年代，结婚一定要有只～。

箱垫[ɕiã^{44}][diɪ^{13}]：垫箱子的家具。【例】老底子箱子是要放勒～闹呃。

甏[bã^{213}]：坛子。【例】老底子屋里有交关～，后算来侪打破唻。

篾席[miəʔ^{2}][ʑiəʔ^{2}]：用细竹片编的凉席。【例】六月里天气热，实嗯要睏～呃。

藤椅子[dən^{13}][ji^{13}][tsɿ^{44}]：用藤做的椅子。【例】结婚辰光，买唻一套藤器，有一只～特别好看。

藤榻[dən^{13}][t‘a^{53}]：可坐可躺的一种藤器。【例】喫过中饭，实嗯勒～闹睏脱一息再去上班。

镬子[ɦoʔ^{2}][tsɿ^{53}]：烧饭的锅。【例】屋里格只～用唻十多年，明朝要到超市买只新呃。

镬戗[ɦo^{42}][tɕ‘iã^{53}]：抄菜的工具，普通话的“锅铲”。【例】从前用不锈～，介息是木头～。

镬盖[ɦoʔ^{2}][kɤ^{334}]：锅盖。【例】老底子灶头闹～侪是木头做呃，介息交关～侪是用玻璃唻。

鹰架[øin^{44}] [ka^{44}]：建造房子时搭的脚手架。【例】街闹勒造房子，搭唻交关～，走路要当心点。

簿子[bu^{42}][tsɿ^{53}]：本子。【例】等息实嗯要去买几本漂亮点～，送隔壁细百楼，伊要读初中唻。

第十五节　饮　食

丁香萝卜干[tin^{44}][ɕiã^{44}][ləu^{13}][bəu^{13}][kɤ^{44}]：胡萝卜切丝腌制，晒干，存放石灰甏中。有客来时用于泡茶。【例】泡青豆茶辰光，要摆点～，介喫起来香煞。

干挑面[kɤ^{44}][t'iɔ^{44}][miɪ^{13}]：长兴的特色面食。【例】长兴～是蛮讲究呃，注重色、香、味，味道顶呱呱。

寸金糖[ts'ən^{334}][tɕiŋ^{334}][dɔ̃^{213}] ：蔗糖加热后，制成一寸长左右的金黄色小条。寸金糖内有夹心，外裹芝麻。【例】小辰光喫过～，到乃还记得味道。

小鱼圆地衣羹[ɕiɔ^{53}][ŋ^{42}][j iɪ^{53}][di^{213}][øi^{334}][kã^{334}]：鱼圆与地衣烧制成的羹汤。【例】长兴水口～是长兴特色菜，上海人到长兴来旅游，侪要品尝格只菜。

小笼[ɕiɔ^{53}][lõ^{42}]：用小蒸笼蒸的小包子。【例】早辰头，实嗯要么喫干挑面，要么喫～包子。

千张[tɕ'iɪ^{44}][tsã^{44}]：也叫百叶，是一种薄的豆腐干片。【例】等息实嗯去买点～，夜够头大蒜炒～。

千张结[tɕ'iɪ^{44}][tsã^{44}][tɕiəʔ^{5}]：用千张打成结。【例】明朝屋里有客人来，实嗯要好好交烧几只菜，椒盐虾、～烧肉、银鱼羹侪勿好少。

义乌糖[ȵi^{213}][øu^{334}][dɔ̃^{213}]：义乌生产的红糖。【例】伢老婆勿喜欢喫白砂糖，只喜欢喫～。

元宝蛋[jiɪ^{13}] [pɔ^{44}][dɛ^{13}]：红烧蛋。【例】喫年夜饭一定要喫一只～，勿单单是好喫，还有吉祥发财葛意思。

云片糕[jiŋ^{13}] [piɪ^{44}][kɔ^{44}]：云片糕又名雪片糕。一种用糯米粉做成的再切成薄片的食品，可在中间放桂花，桃肉等。【例】实嗯喜欢喫～

扎芡[tsaʔ^{5}][tɕ'iɪ^{334}]：扎腻。【例】长兴名菜银鱼羹，烧辰光是要～呃。

五花肉[ŋ^{42}][ho^{53}][ȵioʔ^{2}]：为肋条部位肘骨的肉，特点是肥肉、瘦肉相间。【例】实嗯小辰光只喫坐臀肉，介息晓得唻，其实～比坐臀肉好喫。

太湖蟹[tʻa^{334}][ɦu^{213}][ha^{53}]：生长于太湖水域的螃蟹。【例】长兴人喜欢喫～，格种蟹青壳、白肚、金爪、黄毛、体壮，肉质细嫩。

和平白茶[ɦəu^{13}][bin^{13}][baʔ^{2}][dzo^{13}]：长兴和平种植的白茶。【例】长兴出产茶叶，紫笋茶名气大，其实～味道特别香。

水炖蛋[sei^{53}][tən^{53}][dɛ^{42}]：水蒸蛋。【例】今朝呒不去买小菜，中饭蒸个～算唻。

水磨粉[sei^{53}][məu^{42}][fən^{53}]：汤团粉，选用优质糯米磨而成。【例】年初一，一家门要喫汤团，是用～做呃。

牛皮糖[ȵiɪ^{13}][bi^{13}][dã^{13}]：湖州地区的传统名点之一，以白砂糖、白芝麻、淀粉、花生等为原料精制而成。【例】小辰光，顶喜欢喫湖州～，介息年纪大，甜东西勿喫唻。

长兴爆鳝丝[zã^{13}][ɕin^{44}][pɔ^{334}][zɤ^{42}][sɿ^{53}]：雉城传统的特色名菜。主料选用大小均匀的鳝鱼丝，用“五油”（素油、荤油、麻油、酱油、糟油）“三辣”（老姜、青椒、胡椒粉）配以火腿丝等，用文火慢爆烹制成。相传，乾隆游江南到长兴，品尝该菜后赞叹不绝，后被列为宫廷名肴。【例】实嗯大学同学到长兴出差，～是一定要喫呃。

乌米饭[øu^{44}][mi^{13}][vɛ^{13}]：用乌饭树的叶子煮汤浸泡糯米制成的糯米饭。【例】阴历四月初八，长兴家家户户侪要勒自家屋里蒸一碗～。

乌龟鲞[øu^{44}][kui^{44}][ɕiã^{44}]：一种腌制的海鱼，又叫鳇鳖鲞。【例】实嗯外婆、外公是绍兴人，顶喜欢喫～唻。

方便糯米藕[fɔ̃^{44}][biɪ^{13}][nəu^{213}][mi^{213}][ŋei^{42}]：长兴特色美食，用大莲耦、糯米，白糖、饴糖制作而成。【例】实嗯喜欢喫糖藕，喫来喫去，长兴～顶好喫。

火肉[həu^{53}][ȵioʔ^{2}]：腌制或熏制后的猪腿，也叫火腿肉。【例】老婆是金华人，特别喜欢喫～，实嗯屋里一年要喫脱好几只火腿。

古巴糖[kəu^{53}][pa^{53}][dɔ̃^{42}]：从古巴进口的糖，是一种粗砂糖，六十年代在国内流行。【例】记得六十年代，糖只有义乌糖、～两种。

本鸡煲[pən^{53}][tsi^{53}][pɔ^{53}]：以本鸡为主料，外加青红椒、栗子、藕、香菇、葱、老抽、生抽、豆瓣酱、蒜、姜等原料熬制的汤。【例】格爿饭店～是特色菜，明朝一定要点呃。

生熯[sã^{44}][hɤ^{44}]：生煎，锅贴。【例】今朝睏过头唻，～喫勿成唻。

白切羊肉[baʔ^{2}][tɕʻiəʔ^{5}][jiã^{13}][ȵioʔ^{2}]：羊肉在水中煮好后，捞出晾凉，再切片，

蘸椒盐吃。【例】一到冬天，老林就要喫～，羊肉营养丰富，对身体有好处。

白斩鸡[baʔ^{2}][tsɛ^{44}][tɕi^{44}]：白切鸡。【例】喫年夜饭辰光，人家屋里侪有～。

白虾[baʔ^{2}][ɕia^{44}]：俗称“水晶虾”，其壳极薄，通体透明，晶莹如玉，肉嫩味鲜，营养丰富。【例】太湖地区有道名菜：太湖三白。三白是指白鱼、～、银鱼。

白烧肉[baʔ^{2}][sɔ^{44}][ȵioʔ^{2}]：五花肉整块在水里煮熟，再切成薄片，吃时蘸酱油。【例】实嗯勿喜欢红烧肉，喜欢喫～。

白蒲枣[baʔ^{2}][bu^{13}][tsɔ^{44}]：枣子的一种，果实中等大，椭圆形。【例】阿姨拉屋里有两棵枣树，每年好采几十斤～。

白煠蛋[baʔ^{2}][zaʔ^{2}][dɛ^{13}]：白煮蛋，在清水里煮熟的带壳蛋。【例】小辰光到外婆屋里，外婆会得烧几个～叫嗯带到回转。

包子[pɔ^{44}][tsɿ^{44}]：有馅的面。【例】老张喫～辰光，从来勿喫肉包，只喫菜包得豆沙包。

立夏饭[liəʔ^{2}][ɦo^{213}][vɛ^{334}]：立夏那天吃的饭，以糯米和粳米为主，掺以嫩蚕豆或豌豆、鲜笋和咸肉等。【例】实嗯顶喜欢喫外婆婆烧呃～。

发芽豆[faʔ^{5}][ŋa^{13}][dei^{13}]：发芽后的蚕豆。【例】实嗯喜欢喫清炒～。

老豆腐[lɔ^{42}][dei^{42}][vu^{42}]：又称北豆腐、硬豆腐，是指含水量80%—85%的豆腐。【例】细百楼喜欢喫～，勿喜欢喫嫩豆腐。

老鸭煲[lɔ^{42}][øaʔ^{5}][pɔ^{53}]：用鸭作为主料，酸萝卜、金华火腿、香菇、干笋作为辅料熬制的一道汤。【例】长兴农家乐里格只～味道正刚勿错，喫过后，回味无穷。

老酒[lɔ^{42}][tɕiɪ^{53}]：酒。【例】老沈喜欢喫酒，落班回到屋里，喫夜饭辰光，弄点～答答。

地衣汤[di^{13}][øi^{44}][t‘ɔ̃^{44}]：由鱼元与地衣烧成的汤，长兴特色菜肴。【例】门朝老同学要到长兴来，实嗯要请伊喫长兴特色菜，～是勿好少呃。

芝麻片[tsɿ^{44}][mo^{13}][piɪ^{44}]：将芝麻、花生仁与饴糖拌合，经过专制的模具成型，切片而成。【例】老底子～味道蛮香，介息做呃～呒不从前香。

芝麻饼[tsɿ^{44}][mo^{13}] [piŋ^{44}]：两面都有芝麻的饼。【例】六十年代过年做客人，买十个～当礼物就可以唻。

灰鸭蛋[hui^{44}][øaʔ^{5}][dɛ^{13}]：咸鸭蛋，在盐水里腌出来的鸭蛋。【例】六月里喫粥辰光，实嗯喜欢喫～过粥。

夹心肉[kaʔ^{5}][ɕin^{44}][ȵioʔ^{2}]：位于前腿上部，质老有筋，吸收水分能力较强，适于制馅，制肉丸子。【例】过年要做肉圆子，要去买点～。

早点[tsɔ^{53}][tiɪ^{53}]：早饭。【例】今朝睏过头唻，来勿及喫～就去上班唻。

吊瓜籽[tiɔ^{334}][ko^{334}][tsɿ^{334}]：长兴特产栝楼籽，据《本草纲目》及各大中药辞典记载，具有清肺、化痰、止咳、润肠、通便等功效。熟吊瓜子是经传统配方采用现代工艺精制而成，其味独特，清香，是休闲品尝、赠送亲友的时尚礼品。【例】长兴～好喫，可惜实嗯勿会咋喫，一咬就碎。

肉皮[ȵioʔ^{2}][bi^{13}]：（1）新鲜猪肉皮。【例】实嗯就只喫腈肉，勿喫肥肉得～。（2）龙肠，新鲜猪肉皮在油里炸后形成的。【例】过年辰光，实嗯蛮喜欢喫酸辣～。格只菜是实嗯自家烧呃。

肉炖蛋[ȵioʔ^{2}][tən^{334}][dɛ^{213}]：斩炖肉上再放一个蛋。【例】实嗯喜欢喫得清淡，～倒是蛮喜欢喫呃。

肉圆子[ȵioʔ^{2}][jiɪ^{13}][tsɿ^{44}]：肉剁用肉剁细后做成的丸子。【例】阿姨做唻交关～，喫年夜饭辰光放勒汤里。

年夜饭[ȵiɪ^{13}][øia^{44}][vɛ^{13}]：除夕晚餐。【例】明朝是年三十唻，～是到酒店里订呃，自己勿烧唻。

年糕[ȵiɪ^{13}][kɔ^{44}]：一般过年做的糯米米糕。【例】过年前，实嗯送同事二块～，祝伊年年高升。

伙食[həu^{53}][zəʔ^{2}]：常指食堂里的饭菜。【例】单位食堂～太差，实嗯从勿勒食堂里喫。

伊拉克蜜枣[øi^{44}][laʔ^{2}][k‘əʔ^{5}][miəʔ^{2}][tsɔ^{53}]：二十世纪六七十年代，从伊拉克进口的蜜枣。【例】实嗯记得，六十年代实嗯喫呃零食主要是～，介息～勿见唻。

肋条肉[ləʔ^{2}][diɔ^{13}][ȵioʔ^{2}]：和肋骨连在一起的肉。【例】老张从来勿买～，只买五花肉得坐臀肉。

汤包[t‘ɔ̃^{44}][pɔ^{44}]：灌汤包子，江南特色小吃。【例】江南小喫品种多，有馄饨、汤团、烧卖、～、千张包、粽子。

汤团[t‘ɔ̃^{44}][dɤ^{13}]：汤圆。【例】根据中国传统习惯，正月十五要喫～。

阳春面[jiã^{13}][ts‘ən^{44}][miɪ^{13}]：又称光面或清汤面，是指一种不加上任何菜肴配料的面条。【例】以前条件勿好，早点只是喫碗～，从来勿喫盖交面。

红烧大肠[ɦõ^{13}][sɔ^{44}][da^{13}][zã^{13}]：红烧的猪大肠。【例】长兴夹浦镇闹有一家饭店，招牌菜就是～。

寿桃[zei^{334}][dɔ^{213}]：庆贺生日时用面粉所做的糕点。【例】明年是丈人六十大寿，实嗯要做六个～祝贺。

麦疙瘩[maʔ^{2}][kəʔ^{5}][taʔ^{5}]：面块。【例】老婆喜欢喫面食，面条、饺子、馄饨、～，呒不一样勿喜欢。

赤豆糯米饭[ts‘aʔ^{5}][dei^{13}][nəu^{13}][mi^{13}][vɛ^{13}]：农历十二月廿三送灶神时烧的饭，把赤豆与糯米放一起。【例】按传统，农历十二月廿三每家人家侪要喫～。

赤砂糖[ts‘aʔ^{5}][so^{44}][dõ^{13}]：多为土黄色，颗粒状，是在白砂糖的基础上多次提纯后剩下仍未脱色的糖渣，是白糖的下一级产品。【例】烧肉辰光，实嗯喜欢放～，比白糖香多唻。

芽麦塌饼[ɦa^{213}][maʔ^{2}][t‘aʔ^{5}][piŋ^{44}]：江浙一带的特色传统茶点，主要原料为佛耳草和麦芽。【例】每年清明节，乡个外婆屋里要做交关～得清明圆子。

芡实糕[tɕ‘iɪ^{213}][zəʔ^{2}][kɔ^{44}]：一种松软的汉族特色糕点。【例】实嗯从小就喜欢喫～、云片糕得香糕。

芡粉[tɕ‘iɪ^{213}][fən^{53}]：烹调时勾芡用的淀粉。【例】烧银鱼羹辰光，一定要放点～。

豆芽菜[dei^{213}][ŋa^{213}][ts‘ɛ^{334}]：由黄豆、绿豆发芽而成的常见食品。【例】菜场闹～蛮多，可惜实嗯勿喜欢喫。

豆沙[dei^{213}][so^{334}]：洗沙。【例】诸老大粽子有腈肉粽、～粽，还有蛋黄粽。

豆腐浆[dei^{213}][vu^{213}][tɕiã^{44}]：豆浆。【例】小辰光实嗯顶喜欢喫～得粽子。

豆瓣酱[dei^{213}][pɛ^{53}][tɕiã^{53}]：用蚕豆或黄豆制成的酱。【例】实嗯勿喜欢喫辣酱，喜欢喫乡下自家做呃～。

时件[zɿ^{213}][dʑiɪ^{213}]：鸡内脏的统称。【例】介息鸡内脏侪勿喫唻，老底子当好东西，过年要喫炒～。

坐臀肉[zəu^{42}][dən^{42}][ȵioʔ^{2}]：位于后腿上方，臀尖肉的下方，全为瘦肉，但肉质较老。【例】实嗯从小就喫腈肉，买肉只买～。

饭摻粥[vɛ^{213}][ts‘ɤ^{334}][tsoʔ^{5}]：米饭加水煮成的稀饭。【例】实嗯喫早点一直马马虎虎，来得齐喫点～，来勿齐就勿喫唻。

饭镬糍[vɛ^{213}][ɦoʔ^{2}][zɿ^{13}]：锅巴。做饭后紧贴在镬子内壁、比饭硬而香的东西。【例】老底子烧饭会得有一张～，介息侪用电饭堡，烧饭呒不镬糍唻。

冻米[tõ^{334}][mi^{53}]：爆米花。【例】小辰光街闹有师傅放～，过年辰光侪家要喫～茶。

冻米糖茶[tõ^{334}][mi^{42}][dã^{42}][zo^{42}]：爆米花加糖泡制的茶。【例】小辰光，过年到人家屋里做客人，有得喫～。

冻豆腐[tõ^{334}] [dei^{213}][vu^{213}]：冰冻后的豆腐。【例】豆腐有交关喫法，其中实嗯顶喜欢喫～。

冻卤[tõ^{334}][ləu^{42}]：荤菜汤在较低温下凝结成固体状。【例】阿标勿喜欢喫肉，喜欢喫～。

状元糕[zõ^{13}][jiɪ^{13}][kɔ^{44}]：以糯米粉和白糖为主料的江南食品。【例】细婉婷顶喜欢喫～。

鸡肫脯[tɕi^{44}][tən^{44}][bu^{13}]：鸡胗，鸡的胃脏。【例】格只鸡实五买得勿好，介大呃～，实五喫亏唻。

青团子[tɕ'iŋ^{44}][dɤ^{13}][tsɿ^{44}]：江南地区清明节的传统美食。【例】清明要到了，实五去买几只～喫喫。

青梅酒[tɕ'in^{44}][mei^{13}][tɕiəɤ^{44}]：用青梅酿造的酒。【例】长兴～是酒中极品，明朝要买两瓶带到北京去。

板油[pɛ^{53}][jiɪ^{42}]：猪体内呈板状的脂肪。【例】要过年唻，明朝去买点～，熬点猪油。

斩炖肉[tsɛ^{44}][tən^{44}]ȵioʔ^{2}]：把肉斩成肉末而炖制的肉饼。【例】等息去买点腈肉，今明要喫～唻。

味子素[vi^{213}][tsɿ^{334}][səu^{334}]：味精。【例】二十世纪五六十年代佛手牌～是顶有名气，格只牌子至介息已有 80 多年唻。

金沙泉[tɕiŋ^{44}][so^{44}][ʑiɪ^{13}]：在长兴水口顾渚山下，是国家级优质矿泉水。【例】用～泡紫笋茶，味道好得来呒啥讲头。

乳腐[zɿ^{42}][vu^{42}]：腐乳。【例】早晨头呒不咕菜势，用点～过粥就算唻。

肺头[fi^{334}][dei^{213}]：猪肺。【例】实嗯娘舅顶喜欢喫～，实嗯是从小就勿喫内脏呃。

鱼圆[ŋ^{13}][jiɪ^{13}]：鱼肉用肉斫细后做成的丸子。【例】过年辰光，汤里要摆～、肉圆、肉皮。

净糖[ʑiŋ^{13}][dõ^{13}]：饴糖，麦牙糖。【例】小辰光顶喜欢买点～弄白相。

炒三鲜[ts'ɔ^{53}][sɛ^{53}][ɕiɪ^{53}]：传统家常菜。【例】实嗯拿手好菜是～，肉皮、木耳、虾仁三样菜炒勒一道，味道勿要太好。

炒年糕[ts'ɔ^{53}][ȵiɪ^{42}][kɔ^{53}]：传统年节特色食品。【例】冬天公，实嗯喜欢喫肉丝～，再摆点冬笋味道就更好唻。

炒米线[ts'ɔ^{53}][mi^{53}][ɕiɪ^{53}]：米线的一种食法，既可作主食，又可佐酒下饭。属于云南小吃，近几年流行于长兴等地。【例】前几年早点喫粽子豆腐浆，格两年喫～唻。

炒米粉[ts'ɔ^{53}][mi^{53}][fən^{53}]：把米炒熟后碾成粉。【例】小辰光呒不咕零食，屋里只有自家做呃～，介息零食越来越多咪。

炝柿子[tɕ‘iã^{44}][zɿ^{13}][tsɿ^{44}]：把生柿子放进石灰水里浸泡若干小时而成。【例】生柿子放勒石灰水里炝一炝，就成了～，喫起来伊鲜伊甜。

油头绳[jiɪ^{13}][dei^{13}][zən^{13}]：麻花。【例】天津大麻花，其实就是大～。

油头腐[jiɪ^{13}][dei^{13}][vu^{13}]：一般指的是油炸豆腐泡。【例】～是家常菜，白烧、红烧侪可以，实嗯特别喜欢～炒小白菜。

油团子[jiɪ^{13}][dɤ^{13}][tsɿ^{44}]：选用精细糯米粉，加适量清水揉捏，揉得粉质韧而不散，然后搓成圆形，包入馅子，滚油氽制即成。【例】肚皮有点饿咪，得嗯去买两只～来喫喫。

油肉[jiɪ^{13}][ȵioʔ^{2}]：肥肉。【例】今朝买格点肉侪是～，呒不胰腈肉。

油氽果肉[jiɪ^{13}][t‘ən^{44}][kəu^{53}][ȵioʔ^{2}]：油氽花生。【例】等息去买一斤～，夜够头过老酒喫。

油豆腐嵌肉[jiɪ^{13}][dei^{13}][vu^{13}][k‘ɛ^{334}]ȵioʔ^{2}]：把肉剁细后，塞入油头腐里。【例】豆制品营养丰富，特别是～，实嗯从小就喜欢喫。

油闷笋[jiɪ^{13}][mən^{13}][sən^{44}]：长兴特色名菜，主要以新鲜竹笋为食材，再放入葱姜做成。其味咸鲜香甜，营养丰富，老少皆宜。【例】春天到咪，有得喫～咪。

油泡[jiɪ^{13}][p‘ɔ^{44}]：油面筋。【例】汤里摆几只～，味道倒蛮有味道。

油饺[jiɪ^{13}][tɕiɔ^{44}]：也叫油酥饺，一种油炸面食。里面放肉陷，约有成人手掌的一半大小，放入油锅炸成金黄色。【例】今朝早晨头，买勿着粽子，只好买两只～当早点。

油炸桧[jiɪ^{13}][zaʔ^{2}][kui^{44}]：油条。【例】有人说～喫勿得，实嗯是顶喜欢喫咪。

泗安酥糖[sɿ^{334}][øɤ^{334}][səu^{44}][dɔ̃^{13}]：产于泗安，在清康熙雍正年间已驰名湖杭、皖南等地；二十世纪五十年代曾是北京人民大会堂内的南方细点之一。【例】门朝要去看朋友，得伊带点～去。

泡饭[p‘ɔ^{334}][vɛ^{213}]：加水重新煮的或用开水、汤泡成的稀米饭。【例】时间来勿齐，侪家喫点～算咪。

定胜糕[din^{42}][sən^{53}][kɔ^{53}]：属于杭州菜系。传说是南宋时百姓为韩家军出征鼓舞将士而特制的，糕上有“定胜”两字，后就被称“定胜糕”。把粳米粉，糯米粉放入盛器，上笼用旺火蒸制而成。【例】上两日勒小摊闹买咪一块～喫喫，味道正宗，得小辰光味道差勿多。

春卷[ts‘ən^{44}][tɕiɪ^{44}]：把馅心放在春卷皮子里卷起来油炸的长条食品。【例】过年辰光，侪家要喫～。

茶香饼[dzo^{13}][ɕiã^{44}][pin^{44}]：长兴特色菜肴。带有茶香的食品。【例】门朝要去做客人，等息去买两盒～当手把子。

茶糕[dzo^{13}][kɔ^{44}]：糯米粉制成的小正方形米糕，一般有肉馅和豆沙馅两种。【例】实嗯记得小辰光早晨头经常喫～，有一段时间，市场闹～勿见唻，介息伊有唻。

荤腥[hun^{44}][ɕəŋ^{44}]：鱼肉类荤菜。【例】老太太只喫素，～一点点勿碰。

柿肚[zɿ^{42}][dəu^{42}]：柿饼。柿子凉干压扁而成的饼状食品。【例】老阿太喜欢喫～，主要是喫起来软。

咸肉[ɦɛ^{13}][ȵioʔ^{2}]：用食盐腌制后的猪肉。【例】门朝要烧～菜饭。

咸菜[ɦɛ^{13}][ts‘ɤ^{44}]：用食盐等调味料腌制后的蔬菜。【例】乡下老太太日日喫～，年纪活到唻 90 多岁。

厚粥[ɦei^{42}][tsoʔ^{5}]：稠粥。【例】有句俗语：睏晏早，喫～。

点心[tiɪ^{42}][ɕiŋ^{53}]：中饭。【例】格点生活要做到喫～辰光，实五勿要急。

香头[ɕiã^{44}][dei^{13}]：葱的别称。蚕乡禁忌，“葱”与“冲”同音，怕蚕宝宝被“冲掉，故叫“香头”。【例】汤里摆点～，喫起来味道好多唻。

狮子头[sɿ^{44}][tsɿ^{44}][dei^{13}]：由六成肥肉和四成瘦肉加上葱、姜、鸡蛋等配料斩成肉泥，做成拳头大小的肉丸。【例】门朝要买三斤肉，过年要做点～，年夜饭侪家要喫。

烂糊鳝丝[lɛ^{213}][ɦəu^{213}][zɤ^{42}][sɿ^{53}]：长兴传统名菜。采用活鳝鱼、虾仁、鸡肉、火腿等烹制而成。【例】水产当中，实嗯喜欢喫鳝鱼，特别要喫～。

洗沙羊尾[ɕi^{53}][so^{53}][jiã^{13}][vi^{13}]：采用上好板油薄片包卷洗沙加干糯米粉成馅心，再挂上蛋糊，油炸成黄色而成。【例】从小到大，每年过年，实嗯侪要喫～得春卷。

盐津豆[jiɪ^{13}][tɕin^{44}][dei^{13}]：五香豆、茴香豆。【例】看电视辰光，香烟、～、茶是勿好少呃。

荸荠[bəʔ^{2}][dʑi^{13}]：南方的一种水生植物。又名马蹄，也可称地力。【例】生～实嗯勿喜欢喫，要喫就要喫熟～。

荷叶粉蒸肉[vu^{13}][jiəʔ^{2}][fən^{53}][tsən^{53}][ȵioʔ^{2}]：用新鲜荷叶，将炒熟的米粉和猪肉裹包起来蒸制而成。【例】老王是实嗯大学同学，伊到长兴来，趟趟要喫～得太湖蟹。

荷包蛋[vu^{13}] [pɔ^{44}][dɛ^{13}]：煎鸡蛋。【例】等息煎两个～当菜势。

桃凝[dɔ^{13}][ȵin^{13}]：桃胶，桃树流出的汁凝成的食物。【例】～用途广，勿单单好喫，还好当药材用。

夏至饭[ɦo^{213}][tsɿ^{334}][vɛ^{213}]：夏至那天所吃，以糯米和粳米为主，掺以嫩蚕豆或豌豆、鲜笋和咸肉等。【例】按照江南传统，夏至格一日，侪要喫～。

顾渚紫笋[kəu^{334}][tsɿ^{334}][tsɿ^{53}][sən^{53}]：也称湖州紫笋、长兴紫笋。【例】实嗯喫茶只喫长兴～。

蚬肉[ɕiɛ^{53}][ȵioʔ^{2}]：蚬科动物河蚬的肉。【例】实嗯舅妈喜欢喫腥气东西，特别喜欢～排骨冬瓜汤，是伊自家烧呃。

笋干元宝蛋[sən^{53}][kɤ^{53}][jiɪ^{13}] [pɔ^{44}][dɛ^{13}]：笋干红烧蛋。长兴特色菜肴。【例】到长兴来，一定要喫～，格只菜是长兴特色菜。

臭豆腐干[ts‘ei^{334}][dei^{213}][vu^{213}][kɤ^{334}]：在臭卤甏里腌过一定时间后的豆腐干。【例】中国人大多喜欢喫～。

臭黄鱼[ts‘ei^{334}][ɦuɔ̃^{13}][ŋ^{13}]：黄鱼，过去能运到长兴的黄鱼都不新鲜了，故名。【例】张阿姨是温州人，喜欢喫海货，看伊喫～津津有味，实嗯是根本勿要碰。

高丽参[kɔ^{44}][li^{13}][sən^{44}]：朝鲜参。【例】老李得嗯带来两支～。

粉皮[fən^{53}][bi^{42}]：用淀粉制成的传统食品。【例】单位食堂里肉末～烧得还算好喫。

烘青豆糖茶[hɔ̃^{44}][tɕ‘in^{44}][dei^{13}][dã^{13}][zo^{13}]：烘青豆加糖泡制的茶。【例】记得小辰光，到乡下娘舅拉屋做客人，一进门就有得喫～。

烘蕃薯[hɔ̃^{44}][fɛ^{44}][zɿ^{13}]：亦称烤白薯、烤地瓜、烤红薯。【例】礼拜日逛公园，路边看见一个卖～摊，实嗯啉一只尝尝，味道正刚勿借。

烧卖[so^{44}][ma^{13}]：一种顶端蓬松，以麦面为皮带馅上笼蒸熟的面食。【例】长兴有家早餐店～味道鲜美，实在好喫。

烧饼[so^{44}][piŋ^{44}]：大饼。【例】实五买～辰光，叫拉多摆点芝麻。

袜底酥[ma^{42}][ti^{53}][səu^{53}]：形状如袜子大小的糕点。【例】小辰光喫过～，松软香，味道勿会得忘记。

桑果[sɔ̃^{44}][kəu^{44}]：桑葚，桑树所结的果。【例】记得小辰光，得几个同学去采～喫，喫得来嘴巴闹侪是紫颜色。

萝卜丝饼[ləu^{213}][bu^{213}][sɿ^{44}] [pin^{44}]：用面粉和冷水调成浆糊状，再用白铅皮做成的椭圆形模勺，底层铺满粉浆，放入萝卜丝，再用面浆封面，放入油锅内煎成金黄色脱模即成。【例】七十年代，街闹还有卖～小摊，介息摊头呒不啉。

菜饭[sɤ^{334}][vɛ^{213}]：将菜肴与米饭烧在一起。【例】上海～价格便宜，味道鲜美。

菜油[ts‘ɤ^{334}][jiəɤ^{213}]：油菜籽炼成的食用油。【例】老底子侪家喫～，介息侪家喫色拉油、橄榄油啉。

梅鲚[mei^{13}][dʑi^{13}]：俗称梅鲚鱼，亦名凤鲚、子鲚，因其尾部分叉，短呈红色，尖细窄长，犹如凤尾，故又称凤尾鱼。【例】太湖银鱼、白虾得～称为“太湖三宝”。

甜酒酿[diɪ^{13}][tɕiɪ^{44}][ȵiã^{13}]：用蒸熟的江米（糯米）拌上酒酵（一种特殊的微生物酵母）发酵而成的一种甜米酒。【例】屋里喫呃～侪是老婆自家做呃。

梨膏糖[li^{213}][kɔ^{334}][dɔ̃^{213}]：以雪梨或白鸭梨和中草药为主要原料，添加冰糖、橘红粉、香檬粉等熬制而成。【例】上海老城隍庙～是百年老品牌。

脚脚头[tɕiaʔ^{5}][tɕiaʔ^{5}][dei^{13}]：吃剩下来的菜。【例】实嗯落班比较晏，屋里菜势侪喫光唻，实嗯只好喫点～。

猪头膏[tsɿ^{44}][dei^{13}][kɔ^{44}]：猪头肉冷凝而成。【例】村里几人老伯伯侪喜欢喫～、猪尾巴，实嗯是勿要喫呃。

猫耳朵[mɔ^{13}][ŋ^{13}][to^{44}]：一种象猫耳朵一样的油炸面食。【例】实嗯喜欢喫油炸食品，油炸桧、～、油墩，侪喜欢煞。

盖浇面[kɤ^{334}][tɕiɔ^{334}][miɪ^{213}]：将煮熟的面条浇上炒菜。【例】以前条件差，喫面只喫阳春面，从来勿喫～。

蛋炒饭[dɛ^{213}][ts‘ɔ^{53}][vɛ^{42}]：鸡蛋炒饭。【例】～喫起来好喫，炒起来勿容易，一般人炒勿好。

绿豆糕[loʔ^{2}][dei^{13}][kɔ^{44}]：用绿豆蓉做成的糕点。【例】端午要到唻，去买点～喫喫。

喜蛋[ɕi^{53}][dɛ^{42}]：（1）已成形但尚未孵化的蛋。【例】老刘喜欢喫～，实嗯勿喜欢。（2）盖上肉末的半个蛋。【例】老底子过年要烧一碗～，样子好看伊好喫。

紫笋茶[tsɿ^{53}][sən^{53}][dzo^{13}]：被历代文人誉为“茶中极品”，产于长兴顾渚山一带。早在唐代宗广德年间（764—765 年），茶圣陆羽在长兴考察茶叶，发现该茶优于其他茶，就推荐给皇帝，并于大历五年（770 年）正式列为贡茶。【例】到长兴旅游，客人侪要带点～回转。

紫笋茶饼[tsɿ^{53}][sən^{53}][dzo^{13}][piŋ^{44}]：用紫笋茶制成的茶饼。【例】长兴～历史悠久，味道醇厚。

嵌宝鸭[k‘ɛ^{334}][pɔ^{53}][øaʔ^{5}]：即八宝鸭，在鸭子肚里填上糯米、肉、香菇、火腿等。【例】过年要买两只～，一只自家喫，一只送人。

番茄鱼[fɛ^{44}][ga^{13}][ŋ^{13}]：用番茄和鱼炖制而成，长兴特色菜肴。【例】长兴水口农家乐有道～，格道特色菜实嗯从来吃不喫过，味道勿要太好。

腈肉[tɕiŋ^{44}][ȵioʔ^{2}]：瘦肉。【例】炒肉丝顶好用～。

腌笃鲜[øiɛ^{44}][toʔ^{5}][ɕiɪ^{44}]：咸肉、鲜肉、春笋放一起，用小火慢慢地炖制而成。【例】等春笋上市，屋里要喫～咪。

温开水[øun^{44}][k‘ɤ^{44}][sei^{44}]：不冷不热的水。也叫温水。【例】喫药顶好用～，烫水、冷水侪勿好。

寒豆饭[ɦɤ^{13}][dei^{13}][vɛ^{13}]：豌豆米饭。【例】立夏格一日，侪家要喫～。

碗头碗脚[øuɤ^{53}][dei^{42}][øuɤ^{53}][tɕiaʔ^{5}]：吃剩下来的饭菜。【例】王阿姨生活蛮省，～从来勿舍得倒掉。

零食[lin^{13}][zəʔ^{2}]：零星小食品。【例】实嗯下放辰光，村里呒不商店，只有爿下伸店，呒不咕～好买。

腰子饼[øiɔ^{44}][tsɿ^{44}][piŋ^{44}]：形如猪腰状的饼。【例】小辰光有得喫～已经开心煞咪，介息零食越来越多，呒不人喫～咪。

腰花[øiɔ^{44}][ho^{44}]：切成小块的猪肾。【例】中饭喫炒～，实嗯要多喫点饭咪。

酱瓜[tɕiã^{334}][ko^{334}]：腌制过后的黄瓜。【例】格两日感冒，胃口勿好，买点～爽爽口。

酱肉[tɕiã^{334}][ȵioʔ^{2}]：用酱油浸制后的猪肉。【例】小吴顶喜欢喫咸肉、～。

酱菜[tɕiã^{334}][ts‘ɤ^{334}]：腌制过后的蔬菜。【例】早晨头喫粥，实嗯要么喫油炸桧，要么喫～。

酱蹄子[tɕiã^{334}][di^{213}][tsɿ^{334}]：用酱油浸制后的猪蹄。【例】今年，屋里酱咪三只～，细百楼开心煞。

滚水[kun^{53}][sei^{53}]：沸水。【例】泡茶一定要～。

熏豆[ɕin^{44}][dei^{13}]：嫩毛豆烧熟烘干成。也称为烘豆。【例】客人来，泡碗～茶喫喫。

粽子[tsõ^{334}][tsɿ^{334}]：由粽叶包裹糯米蒸制而成的食品，是汉族传统节庆食物之一。【例】杭嘉湖地区有两只著名～，一只是湖州诸老大，一只是嘉兴五芳斋。

粽箬[tsõ^{334}][ȵiaʔ^{2}]：包粽子用的箬叶。【例】清明到咪，去买点～裹粽子。

嫩豆腐[lən^{213}][dei^{213}][vu^{213}]：嫩豆腐，又称南豆腐，软豆腐。一般指用石膏作凝固剂制成的含水量较多的豆腐，含水量为 85%～90%。【例】波菜烧豆腐里厄豆腐是～，喫起来滑爽可口。

醋大蒜[ts‘əu3^{34}][da^{213}][sɤ^{334}]：在醋和糖水里腌制过的大蒜头。【例】感冒咪，买点～喫喫。

霉干菜[mei^{13}][kɤ^{44}][tsɤ^{44}]：杭嘉湖、绍兴、金华等地区一种价廉物美的传统副食品。用细叶或阔叶雪里蕻腌制。【例】实嗯一家门侪喜欢喫～烧肉。

稻香鸭[dɔ^{42}][ɕiã^{53}][øaʔ^{5}]：吃稻谷长大的鸭子。【例】长兴农家乐十里～，介息是长兴品牌食品唻。

糍米饭[tsɿ^{44}][mi^{13}][vɛ^{13}]：糯米饭团。【例】早晨头，买个～当早点，喫好就上班。

薄粥[boʔ^{2}][tsoʔ^{5}]：稀粥。【例】格种～，实嗯喫三碗勿饱，门朝烧厚点，阿好？

橘红糕[tɕiəʔ^{5}][ŋ^{13}][kɔ^{44}]：江南特产，用炒糯米粉、糖玫瑰花、糖橘饼末、红曲米粉搅拌均匀制作而成。【例】记得小辰光，阿姨从南浔来，得嗯带来唻二合～，实嗯开心煞唻。

糖炒栗子[dɔ̃^{13}][ts‘ɔ^{44}][liəʔ^{2}][tsɿ^{44}]：精选优质板栗，放进装有粗沙和糖稀的锅内翻炒而成。【例】明朝要乘汽车买点～路闹喫喫。

镬糍茶[ɦoʔ^{2}][zɿ^{13}][zo^{13}]：糯米锅巴糖茶。【例】老底子，屋里来客人，要泡～呃。

爆鱼[po^{334}][ŋ^{213}]：草鱼在油里炸后制成的鱼制品。【例】过年实嗯自家会得沸～，比买来要好喫。

第十六节 农 事

土笪[t‘əu^{42}][da^{42}]：竹制簸箕型农具。【例】六七十年代，农村里挑泥侪用～，村里有一个竹匠会得编呃。

上山[zɔ̃^{42}][sɛ^{44}]：蚕宝宝爬上柴龙吐丝结茧的形象说法，因有一定高度，故称为上山。【例】这两日，蚕宝宝要～快唻，侪家心里蛮开心。

开蚕门[zɤ^{13}][k‘ɤ^{44}][mən^{13}]：旧时蚕茧采罢，民间交往活动恢复叫开蚕门。【例】采好茧子就～唻，有铜钿人家是要摆酒呃。

水田[sei^{53}][diɪ^{42}]：种植水稻等水生作物的土地。【例】水稻侪种勒～里。

水车[sei^{53}][ts‘ɔ^{53}]：戽水工具。【例】五六十年代，乡下还呒不抽水机，大水发辰光，侪家要踏～抽水。

水泥船[sei^{53}][ȵi^{42}][zɤ^{42}]：水泥与钢筋为主要材质的小船。【例】七十年代，农村里侪是～，介息已经淘汰唻。

毛灰[mɔ^{13}][hui^{44}]：灶肚里的柴灰。【例】灶肚里～太多，烧勿着唻。

风车[fɔ̃^{44}][ts‘o^{44}]：扬谷用的风扇，木制。【例】老底子农村里每个生产队侪有～，介息～当古董唻。

双抢[sõ^{44}][tɕ‘iã^{44}]：种双季稻时抢收抢种的简称。【例】下放辰光，实嗯顶怕～，天气热，生活多，一个～脱来，人要瘦十几斤。

打药水[tã^{53}][jiaʔ^{2}][sei^{53}]：喷农药除虫。【例】果园里生虫，叫人来～。

打稻[tã^{53}][dɔ^{42}]：在脱粒机上脱粒稻谷。【例】生产队买了脱粒机，～就轻松唻。

轧蚕花[gaʔ^{2}][zɤ^{13}][ho^{44}]：清明时到含山郊游并祈求养蚕顺利的一种习俗。【例】～人越多越好，有句俗语："越轧蚕花越发"。

白肚蚕[baʔ^{2}][dəu^{42}][zɤ^{42}]：病蚕，不能结茧。【例】看见～，就要捉掉，省得毛病传开来。

出火[ts‘əʔ^{5}][həu^{53}]：春蚕时头眠与二眠都要种火缸，三眠时气温渐暖，一般在此时撤掉火盆，故称"出火"。【例】过两日就要～唻，格两日要当心点。

地铺[di^{213}][p‘u^{334}]：喂养蚕宝宝的地面。【例】养蚕辰光，屋里三间房子侪用做～养蚕。

机埠[tɕi^{44}][bu^{13}]：主要用于农村的水利灌溉，是农村里摆放抽水机的地方。【例】六七十年代，农村里有～，负责打水。

年成[n̥iɪ^{13}][zən^{13}]：收成。【例】近几年～越来越好，农民手里钞票越来越多。

杀青[saʔ^{5}][tɕ‘in^{55}]：加工绿茶的一道工序，把嫩叶加高温烤软，破坏其中的酵素，防止发酵并使茶叶保持原有绿色，以便进一步加工。【例】加工茶叶辰光，～是初制工序，后头还好几道工序。

羊勒色[jiã^{13}][ləʔ^{2}][səʔ^{5}]：也称为羊灰，羊的排泄物。【例】勒农村辰光，实嗯做过交关生活，顶怕就是撒～。

羊棚[jiã^{13}][bã^{13}]：关羊的圈。【例】七十年代，农村里每家人家侪有～、猪棚，人家屋里侪养猪养羊。

关蚕房门[kuɛ^{44}][k‘ɤ^{44}][võ^{13}][mən^{13}]：旧时蚕事开始，民间停止一切交往活动。【例】收蚁以后，蚕娘头戴红色月季花，其他人勿好进门，俗称～。

麦柴[maʔ^{2}][za^{13}]：麦子去掉麦穗后剩下来的部分，可用作柴草。【例】从前，～是当柴烧呃，介息麦杆当宝贝，好做工艺唻。

扯绵兜[ts‘aʔ^{5}][miɪ^{13}][tei^{44}]：把绵兜拉成需要大小的动作。【例】老底子丝棉被头侪是自家～来翻呃。

求蚕花[dʑiɪ^{13}][zɤ^{13}][ho^{44}]：祀拜蚕花五圣，祈求蚕茧丰收的习惯。名曰"求蚕花"。【例】实五诚心诚意去～，希望今年茧子产量高点。

豆柴[dei^{213}][za^{213}]：毛豆的茎株，主要当柴烧。【例】实嗯小辰光，烧过稻柴、～、麦柴，介息烧煤气。

鸡棚[tɕi^{44}][bã^{13}]：鸡窝。【例】夜快边咪，鸡侪进～咪。

青蚕[tɕʻin^{44}][zɤ^{13}]：相对眠头来说还未休眠的蚕，因正在吃叶身体发青而得名，也叫青条。【例】养蚕辰光，要认～，就是要挑出还呒不休眠呃蚕。

拔秧[baʔ^{2}][øiã^{44}]：把秧田里的秧拔出并扎成一小捆的动作。【例】农村里，顶轻松生活就是～，堂客拉坐勒秧田里，一边～，一边说说笑笑。

明前茶[miŋ^{13}][ʑiɪ^{13}][dzo^{13}]：清明前采摘的茶叶。【例】清明节前采落来呃茶叶是～，价格比较贵。

钎步[ɕiɪ^{44}][bu^{13}]：有一个长竹柄的长方形的铁质农具。【例】农村里～用场蛮大，挖水沟、修渠道侪用得着。

肥田粉[vi^{13}][diɪ^{13}][fən^{44}]：常用的氮肥，学名硫酸铵。【例】阿明拉老头子做～生意，赚咪交关铜钿。

净采[ʑin^{213}][tsʻei^{53}]：采茶叶时，当采到看不见可以采的茶叶了，就是净采。【例】采茶叶要做到早采、嫩采、勤采、～。

挑粪[tʻiɔ^{44}][fən^{44}]：用扁担挑两只粪桶运肥。【例】下放辰光，～是男劳力侪要做呃生活。

草绳[tsʻɔ^{53}][zən^{42}]：用稻草编结的绳子。【例】老底子，～侪是自家搓呃。

草棚[tsʻɔ^{53}][bã^{42}]：用稻草盖的简易房子。【例】七十年代前，农村里还有交关～，改革开放后，经济发展咪，农民侪住进新房子咪。

草鞋[tsʻɔ^{53}][ɦa^{42}]：用稻草编成的劳动用鞋。【例】实嗯下放辰光，做生产是实～呃。

茧圆[tɕiɪ^{53}][jiɪ^{42}]：谢蚕神的一种表示。"茧圆"用糯米粉做成，实心无馅，隔水蒸熟，形似蚕茧，故名。【例】老底子要做～，表示感谢蚕神。～其实就是糯米粉实心圆子。

牵磨[tɕʻiɪ^{44}][mu^{213}]：用人力转动磨盘磨粉。【例】记得小辰光屋里有一台磨子，要喫炒分粉咪，就自家～。

削地[ɕiaʔ^{5}][di^{213}]：农村里用括子把地削松并削去杂草。【例】农活当中，～顶轻松。

种田[tsõ^{44}][diɪ^{13}]：（1）插秧。【例】有句俗语：～勿过立秋关。（2）泛指干农活。【例】细百楼勿好好交读书，大起来只有去～。

亮头[lã^{213}][dei^{213}]：不能结茧也不能成蛹的病蚕。【例】要想～少，就要科学喂养，把好消毒关。

浇粪[tɕiɔ44][fən334]：上粪施肥。【例】做农民就是要勿怕苦，勿怕脏，插秧、～、撒羊勒色侪要做呃。

垦地[k‘ən53][di213]： 翻地。【例】冬天～是舒齐生活，侪家勒太阳底下一边劳动，一边讲笑话。

耘田[jiŋ13][diɪ13]：除去田中杂草的劳动。【例】乡下生活当中，～是蛮喫力呃。

蚕尼[zɤ13][ȵi13]：蚕蛹。【例】绵兜里呃～是好食物，油里炒炒，香喷喷，营养好煞。

蚕花[zɤ13][ho44]：蚕乡女子在祭蚕神、谢蚕神时,头上总要插一朵用红花彩纸做成的纸花，叫做“蚕花”，以示对蚕神的虔诚。【例】～勿是真花，是蚕农期望蚕桑生产丰收，讨呃好口彩。

蚕花粥[zɤ13][ho44][tsoʔ5]：接蚕花的时候,养蚕人家都要吃“蚕花粥”。【例】～用糯米、赤豆、枣子、栗子煮成呃，再加点白糖，喫起来香甜可口。

蚕沙[zɤ13][so44]：蚕的粪便。【例】～干透后可做枕头，还好当药材。

蚕宝宝[zɤ13][pɔ44][pɔ44]：蚕是学名，宝宝是昵称，连用表示对蚕的钟爱。【例】村里养唻交关～，胖乎乎扭动着身体，实嗯蛮喜欢。

蚕蚁[zɤ13][ȵi13]：刚孵化的蚕，体小而黑，形如蚁。【例】～蚕蚁出壳后约 40 分钟开始有食欲、喫叶。

蚕种[zɤ13][tsõ44]：蚕产下来的卵。【例】一张～可以产蚕 40 斤左右。

蚕种场[zɤ13][tsõ44][zã13]：从事蚕、桑生产科研、示范、推广、技术指导、蚕种生产和销售的场所。【例】小刘勒～里工作，实五要好蚕种，得伊打个招呼。

捉鱼[tsoʔ5][ŋ13]：捕鱼。【例】小辰光喜欢得几个同学一道到河边闹～。

捋叶[ləʔ2][jiəʔ2]：从上到下把桑叶从桑条上捋下来。【例】养蚕辰光，每日天侪要～拨蚕宝宝喫。

斫草[tsoʔ5][ts‘ɔ53]：割草。【例】实嗯小辰光，屋里养唻三只兔子，一放学，实嗯就介去～。

斫稻[tsoʔ5][dɔ42]：割稻。【例】一到双抢，实嗯顶勿喜欢～，宁可种田。

柴刀[za13][tɔ44]：比较厚重可以劈柴的刀具。【例】从前，人家屋里侪有一把～，烧灶头辰光要劈柴呃。

眠[miɪ13]：蚕在生长过程中的蜕皮休眠，蚕要经过四眠才能吐丝结茧。【例】蚕宝宝有四～，分别是头眠、二眠、出火、大眠。

铁耙[t‘iəʔ5][bo13]：有一个长竹柄、四个宽齿的翻土农具。【例】翻土用～，削草用括子。

氨水[øɤ44][sei44]：又称阿摩尼亚水，一种化肥。【例】水稻田里施～，味道正刚难闻。

唐宫[dã13][kõ44]：两个或两个以上的蚕共结成的茧子，又叫双宫、双宫茧。【例】～做勿出丝，透起绵兜倒蛮快，一歇歇就老高一叠唻。

理条[li42][diɔ213]：条形绿茶做形的工序。【例】加工茶叶，～是一道重要工序。

捻河泥[ȵiɪ13][ɦu13][ȵi13]：在河底夹取河泥。【例】河泥是好肥料，二十世纪六十年代农民要摇船出去～。

掼稻[guɛ213][dɔ42]：人工摔打让稻谷脱粒。【例】呒不脱粒机前，割好稻就要～，掼脱半日稻，手臂酸得要死。

菜饼[ts‘ɤ334][piŋ53]：油菜子榨油后的副产品物成为菜子饼。可作有机肥料和饲料。【例】六七十年代，～好当肥料得饲料，勿是人喫呃。

匾[piɪ53]：一种竹制农具，主要作用是用于养蚕。【例】蚕桑之乡，人家屋里侪有交关～。

雪菜[ɕiəʔ5][ts‘ɤ334]：一年生草本植物，芥菜的变种。又叫雪里蕻，冬菜。【例】过年辰光，荤菜喫多唻，喫点～炒冬笋，感觉特别好。

笪头[da42][dei42]：由茧红丝、禁头、薄壳茧、烂乙茧等不能做丝甚至不能透绵兜的劣质丝质材料做成的絮。【例】得丝绵被头比起来，～絮闻起来臭烘烘，盖起来硬笃笃。

做秧田[zəu13][øiã44][diɪ13]：下种前平整秧田。【例】实嗯下放好几年，做过交关生活，就是呒不做过秧田，～格种生活侪是老农民做呃。

麻绳[mo13][zən13]：取各种麻类植物的纤维编结成的绳子。【例】格些树条用～捆捆牢。

渠道[dʑi13][dɔ13]：通常指农村里的水渠、沟渠，是水流的通道。【例】农忙辰光，机埠一打水，～里就有水唻。

绵兜[miɪ13][tei44]：透绵兜时把茧子拉成的鞋状的丝绵。【例】老底子～侪是用手工剥出来呃。

落谷[loʔ2][koʔ5]：在秧田中撒稻种。【例】以前辰光，～、种田、挑泥，实嗯侪做过。

粪桶[fən334][dõ42]：装粪的木桶。【例】挑大粪是喫力生活，一根扁担，两只～，装满大粪有百把斤重。

谢蚕花[ʑia13][zɤ13][ho44]：蚕茧丰收后，祀拜蚕花五圣表示感谢。名曰“谢蚕花”。

【例】今年蚕茧丰收，明朝要好好交去～。

跳板[t‘iɔ^{334}][pɛ^{53}]：连通两地供人走过的木板。【例】挑重提过～，得走钢丝差勿多。

催青[ts‘ei^{44}][tɕ‘in^{44}]：用人工方法促使蚕卵逐渐发育，卵色转为青灰色或灰青色的过程。【例】县里有～室，蚕农领唻蚕种，还要去～。

稻桶[dɔ^{42}][dõ^{42}]：木制农具用以手工脱稻谷的工具，口大底略小。【例】越剧刚起源辰光，演员立勒一只仆埸～闹唱戏。

僵蚕[tɕiã^{44}][zɤ^{13}]：因病变而硬化的死蚕。【例】实嗯勿要小看～，治疗中风～蛮有效果。

篰[bu^{42}]：用篾条编制成的盛器。【例】乡下小把戏一有空就背～斫草，勿像街浪人介舒齐。

镢子[tɕiəʔ^{5}][tsɿ^{53}]：小型铁质农具，有一个短木柄，主要用于割草。【例】镰刀、～、锄头，是农村里顶常呃工具。

镰刀[liɪ^{13}][tɔ^{44}]：农村收割庄稼农具，由刀片和木把构成，有的刀片上带有小锯齿，一般用来收割稻谷。【例】割稻辰光，用把好～蛮有用呃。

第十七节　商　业

工钿[gõ^{13}][diɪ^{13}]：工钱。【例】做泥司小工一个月呒不几化～。

下伸店[ɕia^{334}][sən^{334}][diɪ^{213}]：供销社在乡村开的小店。【例】七十年代，乡下每个村侪有～，村民买日常用品就到～里。

大头[dəu^{213}][dei^{213}]：有袁世凯头像的银圆。【例】古董市场闹有交关袁～，价格便宜就是侪是假货。

小头[ɕiɔ^{53}][dei^{42}]：有孙中山头像的银圆。【例】实嗯收藏古币，其中有好几只银圆，有龙洋、～、鹰洋。

门面[mən^{13}][miɪ^{13}]：(1)开间。【例】格爿面店勿小，有三个～。(2)外表。【例】伊出门着得蛮挺，其实是装装～，屋里呒不钞票。

开销[k‘ɤ^{44}][ɕiɔ^{44}]：开支。【例】过年辰光屋里客人多，还买唻好几件衣裳，～有点大。

木行[moʔ^{2}][ɦɔ̃^{13}]：卖木材的地方。【例】小李原来勒～里工作，后算来调到商业局唻。

分头[fən^{44}][dei^{22}]：分币。【例】五六十年代，经济差，工资低，钞票里有～。一分、二分、五分侪用。

打烊[tã^{53}][øiã^{334}]：商店关门。【例】去得迟唻，等到实嗯到店门口，商店已经～唻。

龙洋[lõ^{13}][jiã^{13}]： 清朝刻有龙图案的银圆。【例】收藏银圆，～越来越少唻。

主客[tsɿ^{53}][k'aʔ^{5}]：顾主、顾客。【例】格是一爿新开店，格两日～勿多，生意还勿好。

半导体[pɤ^{334}][dɔ^{213}][t'i^{334}]：半导体收音机。【例】实嗯小辰光，屋里呒不钞票，买勿起，实嗯自家装唻一只～收音机。

讨债[t'ɔ^{53}][tsa^{334}]：要回借给人的钱财。【例】做生意顶怕欠债、～。

民宿[min^{13}][soʔ^{5}]：利用当地闲置资源，民宿主人参与接待，为游客提供体验当地自然、文化与生产生活方式的小型住宿设施。【例】近几年，长兴旅游快速发展，～突出平民化、平价化、亲民化，受到游客喜欢。

出账[tɕ'əʔ^{5}][tsã^{334}]：开销、支出。【例】格两日过年，请客送礼侪是～，钞票用完唻。

台头[dɛ^{13}][dei^{13}]：发票上撰写的单位和顾客名字。【例】电脑发票～写单位名称好唻。

当铺[tɔ̃^{334}][p'u^{334}]：专门收取抵押品而借款给物品主人的店铺。【例】外公讲，四十年代伊去～当过一只金手表。

农家乐[nõ^{13}][tɕia^{44}][loʔ^{2}]：农民向城市现代人提供的一种回归自然的休闲旅游方式。【例】以前旅游侪是到大城市里，介息城里人到乡下～来唻。

进账[tɕin^{334}][tsã^{334}]：收入。【例】国庆长假，旅游公司生意好，一个假期脱来～有几十万。

找头[tsɔ^{53}][dei^{42}]：找回的零钱。【例】早点价钿是9元7角，～3 角。

块头[k'ui^{334}][dei^{213}]： 元。【例】实嗯皮夹里侪是一百～，呒不十～。

角头[koʔ^{5}][dei^{13}]：面值为角的钱币。【例】实嗯皮夹里钞票侪用光唻，只有二张五～唻。

陈货[zən^{13}][hu^{44}]：积存已久的货物。【例】新茶还呒不上市，格点茶叶是～。

现钞[jiɪ^{213}][tɕ'ɔ^{334}]：现钱。【例】老板有钞票，买房子拎唻一蛇皮袋～。

柜台[dʑi^{213}][dɤ^{213}]：商店售货台。【例】售货员一日到夜立～，生活有点噢力。

账房[tsã^{334}][vɔ̃^{213}]：(1) 企业或私人家中管理银钱货物出入的地方。【例】老钱从小就勒～里做事体。(2) 管理钱财的人，账房先生，会计。【例】外公老底子是丝行～，管交关钞票。

蚀本[zəʔ^{2}][pən^{53}]：亏本。【例】有一句俗语：千做万做，～生意勿做。

洋[jiã^{13}]：旧指钱币的元。【例】今朝请客用脱唻五百只～。

铅角子[kɛ^{44}][koʔ^{5}][tsɿ^{44}]：人民币中的一角、五分、贰分、一分等硬币零钱。【例】实嗯裤子袋里有几只～，实五汏葛辰光得嗯摸摸出来。

赊账[so^{44}][tsã^{44}]：把买卖的货款记在账上延期收付，赊欠。【例】今朝实嗯呒不带钞票，先～，明朝来付账。

铜钿[dõ^{13}][diɪ^{13}]：钱。【例】实五勿要看伊衣裳着得勿好，屋里是蛮有～呃。

银洋钿[ȵin^{13}][jiã^{13}][diɪ^{13}]：银圆。【例】实嗯结婚辰光，外公拨勒嗯三个～，一只是龙洋，二只是船洋。

盘缠[bɤ^{13}][zɤ^{13}]：路费。【例】山区小王考上唻浙江大学，可惜交勿起学费，连～都呒不。

船洋[zɤ^{13}][jiã^{13}]：有帆船图案的孙中山银圆。【例】实嗯有十几只银洋钿，其中两只是～。

馄饨担[ɦun^{13}][dən^{13}][tɛ^{44}]：卖馄饨的担子。【例】老底子有～挑出来卖饨担，介息侪呒不唻。

馆子店[kuɤ^{53}][tsɿ^{53}][tiɪ^{53}]：饭店。【例】六十年代，老百姓难得上～喫饭。

混堂[øun^{53}][dõ^{42}]：澡堂。【例】老底子人家屋里条件勿好，潮浴侪要到～里。

惠钞[ɦui^{213}][ts‘ɔ^{334}]：付款。【例】今朝请客，实嗯来～。

擦背[ts‘aʔ^{5}][pei^{334}]：洗擦全身。【例】混堂里潮浴，实嗯从来勿叫人～，侪是自家擦擦算唻。

鹰洋[øin^{44}][jiã^{13}]：旧时曾在中国市面上流通过的墨西哥银圆。【例】实嗯收藏银圆，龙洋、～、大头、小头、船洋侪有。

第十八节　风　俗

十番锣鼓[zəʔ^{2}][fɛ^{44}][ləu^{13}][kəu^{44}]：广泛流传于长兴白岘一带民间吹打乐种，表演时共有 15 人各执乐器一齐演奏。【例】～从江苏传到长兴，勒白岘一带流行。已经有一百多年唻。

人情[ȵin^{13}][zin^{13}]：礼钱。【例】南方传统，到人家屋里做客人是要送～呃。

三划王[sɛ^{44}][ɦuaʔ^{2}][ɦɔ^{13}]：王字。【例】实嗯姓王，～，勿是草头黄。

三道茶[sɛ^{44}][dɔ^{13}][dzo^{13}]：招待客人，第一道糖茶，第二道烘青豆茶，第三道才是香喷喷的紫笋茶。【例】按长兴老传统，客人到屋里要喫～，介息侪简化唻。

上梁酒[zɔ̃^{42}][liã^{42}] [tsiɪ^{53}]：造房子上梁时办的酒宴。【例】农村里造房子要办～，邻所隔壁侪要来喫酒。

小浦马灯[ɕiɔ^{53}][p'u^{53}][mo^{42}][tən^{53}]：长兴东部地区所流传的民间艺术形式。马灯是一门纸扎艺术，成为欢庆太平盛世，增强重大节日和重要庆典的热闹气氛的一项民俗活动。【例】实五明年再到长兴来看～，好好交研究研究长兴民俗文化。

开渔节[k'ɤ^{44}][ŋ^{13}][tɕiəʔ^{5}]：流行于长兴太湖沿岸民间节庆活动。每年 9 月初，长兴太湖沿岸将在新塘长兴港入太湖口举行开渔节，长兴渔民及江苏、安徽渔民赶来参加。【例】明朝是～唻，村里伊要闹猛起来唻。

五色傩舞[ŋ^{42}][səʔ^{5}][noʔ^{2}][vu^{42}]：戴五色面具驱鬼逐疫的民间舞蹈。【例】长兴～表演辰光侪要戴面具，小把戏见唻有点吓老老。

水枪 [sɿ^{53}][tɕ˥iã^{53}]：一种竹制吸水枪，结构如打气筒。【例】六十年代呒不钞票买玩具，活拉自家用竹管做特一把～。

见面铟[tɕiɪ^{334}][miɪ^{213}][diɪ^{213}]：结婚里送给新郎、新娘的见面礼金。【例】男方亲眷莫劳劳，新娘子收着唻十来万～。

手把子[sei^{53}][po^{53}][tsɿ^{53}]：到亲戚家拿的小礼物。【例】老底子到人家屋里做客人，～勿讲究，酥糖、云片糕、水果就可以唻。介息侪是营养品唻。

双隑人[sɔ̃^{44}][kɤ^{13}][n̩in^{13}]：双人旁。【例】实嗯姓徐，～徐。

书场[sɿ^{44}][zã^{13}]：听书的场所。【例】实嗯从小就得外公到～听书，苏州话从小就听得懂。

打老k[tã^{53}][lɔ^{42}][k'ɛ^{53}]：打扑克牌。【例】退休唻，下半日呒不咕事体，得朋友一道～。

打弹子[tã^{53}][dæ^{42}][tsɿ^{53}]：在地上打小玻璃球。【例】五六十年代，放学后实嗯得同学一道勒地闹～。

正日[tsən^{334}][n̩iəʔ^{2}]：节日的当天，或正式办婚丧喜庆等事的那一天。【例】阿明要结婚唻，五月一号是～。

正势[tsən^{334}][sɿ^{53}]：正日那天的主餐。【例】五月一号举办婚礼，日中是便饭，夜够头是～。

功道杯[kõ^{44}][dɔ^{13}][pei^{44}]：在斟茶前，要把茶水从茶壶倒入公道杯，之后才倒入品茗杯。【例】茶道里格只～是起过渡作用呃。

叫子[tɕiɔ^{113}][tsɿ^{53}]：哨子。【例】体育老师勒吹～唻，侪家快点去排队。

立壁角[ləʔ^{2}][piəʔ^{5}][koʔ^{5}]：在墙角罚站。【例】以前勿听大人闲话，要罚～，介息勿会得介做唻。

礼钿[li^{42}][diɪ^{42}]：送的礼金。【例】实嗯参加工作呒不几年，亲戚朋友送掉～已经有两万多唻。

对亲[tɛ^{44}][tɕʻin^{44}]：定婚。【例】 明朝要到女方去～唻，等息要好好交去打扮打扮。

老熟[lɔ^{42}][zoʔ^{2}]：老人自然去世。【例】隔壁老太太走唻，伊呒不毛病，是～。

西洋景[ɕi^{44}][jia^{13}][tɕin^{44}]：一种民间文娱活动装置。把若干幅画片置于暗箱里左右推动，周而复始，观众从凸透镜中看放大的画面。【例】五十年代，屋里呒不电视，呒不网络，过年过节，看～已经蛮好唻。

压床[øaʔ^{5}][zɔ̃^{13}]：新房里的床要找小男孩跟新郎一起睡一夜。【例】门朝夜里，叫小明来～。

百叶龙[paʔ^{5}][jiəʔ^{5}][lõ^{13}]：长兴的传统民俗活动，由“百叶”即荷花的粉红花瓣构成的龙。【例】长兴～名气大煞，还到中南海怀仁堂演出过，受到中央领导亲切接见。

百搭[paʔ^{5}][taʔ^{5}]：可以跟任何人打交道的人。【例】 小李是～，得随便咕人侪会得打交道。

吊孝[tiɔ^{334}][hɔ^{334}]：吊唁。【例】长辈去世，小辈侪要去～。

吃豆腐饭[tɕʻiəʔ^{5}][dei^{13}][vu^{13}][vɛ^{13}]：一种流行于江浙沪民间的丧葬习俗。葬礼结束后，丧家要举办酒席，酬谢前来参加葬礼的人。【例】按长兴风俗，送葬后要请客人～。

回门[ɦui^{13}][mən^{13}]：新娘子第一次回娘家。【例】新娘子～一般是婚后第三日，娘家屋里是要好好交准备呃。

关夜学[kuɛ^{44}][øia^{334}] [ɦuoʔ^{2}]：下午放学后被老师留下补习功课。【例】阿毛读小辰光，读书勿用功，老是～；后算来读书用心，考上大学。

米酒[mi^{42}][tɕiɪ^{53}]：民间用糯米酿制的酒。【例】过年辰光，实嗯顶喜欢喫乡下自家酿制呃～。

农忙假[lõ^{13}][mɔ^{13}][tɕia^{44}]：农忙时学校放的假。【例】六七十年代，农忙辰光，中学要放～，学生子侪要到乡下去劳动。

红封筒[ɦõ^{13}][fõ^{44}][dõ^{13}]：红包。【例】阿珍结婚格一日，收着唻几十只～，一共有十几万。

贡茶院[kõ^{44}][dzo^{13}][jiɪ^{13}]：紫笋茶成为贡茶，朝廷在长兴建造了第一座皇家茶厂——大唐贡茶院。【例】到长兴来旅游，大唐～是一定要去呃。

抓周[tsa^{44}][tsei^{44}]：孩子周岁时的礼俗。将笔墨、刀尺、纸砚、玩具放在盆中，任孩子抓取，以卜其日后前途。【例】实嗯周岁辰光～，一把抓牢砚瓦，外婆就讲嗯读书来塞。

报老[pɔ^{334}][lɔ^{42}]：报丧。【例】老底子，老人死唻，要得亲戚去～。介息叫得打只电话就可以唻

时辰八字[zʅ^{13}][zən^{13}][poʔ^{5}][zʅ^{13}]：生辰八字。【例】老底子介绍对象，男女双方侪要讨～来看看命好勿好。

灶家菩萨[tsɔ^{334}][ka^{53}][bu^{42}][saʔ^{5}]：灶神。【例】阴历十二月廿三～上天，每家人家侪要烧赤豆糯米饭喫。

忌日[dʑi^{213}][ȵiəʔ^{2}]：死者亡故的日子。【例】门朝是嗯小爷叔格～。

单隑人[tɛ^{44}][kɤ^{13}][ȵin^{13}]：单人旁。【例】伊名字叫李健，健是～一个建字。

放炮仗[fɔ̃^{334}][p'ɔ^{334}][dzã^{213}]：燃放爆竹。【例】小把戏过年顶喜欢～。

泗安旱船[sʅ^{334}][øɤ^{334}][øɤ^{53}][zɤ^{42}]：长兴一项富有特色的民间文化艺术，是一种模拟水中行船的民间舞蹈。【例】听老人讲，～是河南移民带过来呃，介息是长兴文化特色节目。

定亲[din^{13}][tɕ'iŋ^{44}]：又名“求红”。凡“八字”能配，男方择日请媒人向女方赠送礼金和金银首饰、衣料、糕点果品。【例】十月一号国庆节，实嗯表妹得小金～，实嗯要到场呃。

定亲酒[din^{13}][tɕ'iŋ^{44}][tɕiɪ^{53}]：定亲办的酒席。【例】小金定亲要摆～，酒席订勒国际大酒店。

绍兴戏[zɔ^{213}][ɕin^{53}][ɕi^{53}]：越剧。【例】老阿太顶喜欢看～，高兴辰光自家还会得唱两声。

茶勺[dzo^{13}][zoʔ^{2}]：用来舀取茶叶的。【例】舀取茶叶要用～，～大多是木质呃。

茶托[dzo^{13}][t'oʔ^{5}]：客人面前用来放茶杯的。【例】讲究点人家，茶杯是要放勒～高头呃。

茶池[dzo^{13}][dzʅ^{13}]：放在茶盘下面用来放洗杯的废水。【例】勿当心，手表落勒～里唻。

茶针[dzo^{13}][tsəŋ^{44}]：用来通壶嘴的。【例】平常人家屋里用勿着～，茶道闹是用得着呃

茶洗[dzo^{13}][ɕi^{44}]：一个大碗，用来洗茶杯的。【例】汏毛笔有笔洗，汏茶杯有～。

茶盘[dzo^{13}][bɤ^{13}]：沏茶时用来放茶杯的。【例】实嗯勒古董市场闹看到一只古～，

好像是清朝呃，就是价格太贵，买勿起。

砚瓦[ȵiɪ^{213}][ɦoʔ^{2}]：砚台。【例】实嗯屋里有一只老～，勿晓得是咕朝代呃。

削水片[siaʔ^{5}][sei^{334}][p‘iɪ^{334}]：用碎瓦打水漂。【例】小辰光，放学后实嗯喜欢得几个同学去～。

品茗杯[pin^{53}][min^{42}][pei^{53}]：茶道中用来喝茶用的杯子。【例】实嗯屋里有一只～，杯子闹图案古色古香。

骨殖甏 [koʔ^{5}][zəʔ^{2}][ba^{13}] ：存放死人骨头的瓦罐。【例】老底子，死人骨头要放勒～里，再填勒地里。

看人家[k‘ɤ^{334}][ȵin^{213}][ka^{44}]：女方在托人密访、打听后，认为可以说亲者，由姑娘的母亲或父亲，择日亲临男家，考察男方人品、家产、为人等，名曰“看人家”。【例】门朝要去～，实嗯好好交看看。

闻香杯[vən^{13}][ɕiã^{44}][pei^{44}]：是用来暖手和闻茶香的。【例】泡 乌龙茶辰光是要用～呃。

剃头酒[t‘i^{334}][dei^{42}][tɕiɪ^{53}]：孩子剃头时的酒宴。【例】门朝宝宝剃头，～摆勒国际大酒店。

洪桥龙舟[ɦõ^{13}][dʑiɔ^{13}][lõ^{13}][tsei^{44}]：洪桥镇的一项重要的民俗活动项目。【例】～历史悠久，介息伊流行起来唻。

洗杯[ɕi^{53}][pei^{44}]：以初沏之茶浇冲杯子，称为洗杯。【例】平常勒屋里喫茶，根本勿介讲究，泡好就喫，用勿着洗茶、～。

洗茶[ɕi^{53}][dzo^{213}]：将泡茶时的第一道茶汤倒掉，该动作通常被叫做“洗茶”。【例】茶道讲究～，平常喫茶是用勿着呃。

洋片[jiã^{13}][p‘iɪ^{44}]：小画片。【例】实嗯收藏唻交关～，特别是几十张金边～特别好看。

素礼[su^{334}][li^{42}]: 参加丧事送的礼金。【例】门朝要去参加朋友葬礼，～要早点准备好。

素酒[su^{334}][tsiɪ^{53}] : 办丧事后摆的酒席。【例】门朝九点钟追悼会实嗯来参加，～就勿喫唻，下半日要出差到上海。

斋星官[tsa^{44}][sin^{44}][kuɛ^{44}]：星官是每个人的庇护神，斋是供请，“斋星官”就是请求神灵护佑。【例】今年是娘舅六十六岁，门朝要昨伊～，等息去买点寿桃、年糕、水果。

看菩萨书[k‘ɤ^{334}][bu^{13}][saʔ^{5}][sɿ^{44}]：看连环画。【例】六十年代，呒不电视，呒不手机，放学回转有得～已经蛮勿错唻。

做舍姆[tsəu^{334}][so^{53}][mu^{42}]：做月子。【例】妇女～有交关讲究，舍姆娘勿好碰生冷食物、勿好发脾气等。

着棋[tsaʔ^{5}][dʑi^{13}]：下棋。【例】小明从小就文静，其他小把戏喜欢打弹子，小明喜欢～、看书。

断七[dɤ^{42}][ɕiəʔ^{5}]：旧时人死后，每隔七天做一次佛事，至七七四十九天而止，称“断七”。【例】一眨眼，明朝就介是～唻，侪家要去嗑个头。

牌位[ba^{13}][vei^{13}]：(1)灵牌。【例】按传统风俗，出葬辰光，儿子托～走勒前头。(2)骂人的话。小牌位指小鬼。【例】格只小～勿晓得到咕里去唻。

温杯[øun^{44}][pei^{44}]：为了洁净杯具，提高杯身的温度，在茶叶正式冲泡之前，先要将杯具烫洗一遍。【例】泡茶前要先～，介泡出茶来肯定好。

游水[jiɪ^{13}][sei^{53}]：游泳。【例】呒不游泳池辰光，小把戏侪到河里去～。

摇香[jiɔ^{13}][ɕiã^{44}]：通过摇动杯中的水，来加速茶叶对水分的初步吸收，以便更好的体现茶叶的香味。【例】泡好茶摇一摇，平时勿晓得咕名堂，原来是～，是有作用呃。

锣鼓家生[lu^{13}][ku^{44}][ka^{44}][sã^{44}]：锣鼓。【例】明朝要开庆祝大会，实五去借好～。

满月酒[mɛ^{42}][jiəʔ^{2}][tɕiɪ^{53}]：孩子满月时的酒宴。【例】今朝是宝宝满月，日中要摆～，订勒国际大酒店。

滚铁环[kun^{53}][t‘iəʔ^{5}][guɛ^{44}]：滚铁圈。手捏顶头是V字形的铁棍或铁丝，推一个直径60厘米左右的黑铁环向前跑。【例】六七十年代，实嗯读中小学辰光，一下课侪家就到操场闹～。

滩簧[t‘ɛ^{44}][ɦuɔ̃^{13}]：长兴的一个地方戏种，又名“三敲板”，流行于东长兴一带。【例】长兴～是民间小调，唱起来蛮有地方特色。

踏高跷[daʔ^{2}][kɔ^{44}][tɕ‘iɔ^{44}]：踩高跷。【例】实嗯小辰光会得～，乃年纪大唻，长远勿踏唻。

第三章　长兴方言俗谚语、歇后语

长兴方言里存在着大量的俗语、谚语和歇后语，它们体现了长兴地区地理风土、民间风俗和农事活动特色，是长兴人民智慧的反映，也是长兴地区珍贵的非物质文化遗产。

本书所收集的俗谚语和歇后语主要来自三个方面。

第一，来自全国的词汇系统。中国有着丰富的俗谚语和歇后语资源，它反映了汉民族的习俗风尚和生活生产特点，它们流行于全国，也自然流行于长兴地区，如：闷声勿响、野头野脑、老牛拖破车、狗眼看人低、八字没一撇、千金难买老来瘦、勿会种田看上埭、逃得了和尚逃勿了庙等。

第二，来自吴方言词汇系统。长兴是吴语的次方言，它的词汇系统基本与吴语特别是苕溪小片的词汇系统相吻合，共同体现了吴语及苕溪小片的特点，如：亨彭郎当、狗逼倒灶、龌里龌龊、夯拨喇打、卵烦鸡糟、厚嘴纳得、七翘八裂、时新茶叶陈年酒、太湖里荡马桶、二八月乱穿衣、甜麦塌饼两面煤等，都是长兴、湖州、嘉兴等地共同使用的语言。反映了该地区人民的风俗习惯。

第三，长兴特有的俗谚语和歇后语。长兴也产生了部分具有明显长兴特色的俗谚语，如："南白北紫"是形容长兴生产的茶叶的，"毛面宗生"是长兴骂人的话，"跑煞长兴，摇煞泗安"形容旧时长兴交通不便，"老白酒，红曲酒，长兴人过年喝米酒"形容长兴的民间风俗。

本书所收集的长兴的俗谚语和歇后语是流行于长兴民间的词汇，虽然有不少是来自全国、全省或长兴所属的湖州地区的，但它们的读音都已经长兴化，它们已经进入了长兴话的词汇系统，成为长兴话的一部分。如"狗眼看人低""狗逼倒灶"中的"狗"字，其读音为[kei^{53}]，不仅与普通话的语音不同，也跟湖州话的语音不同；因此，它们已成为长兴方言的词汇。

本书的俗谚语主要是指四字以上的固定词组。每组按首字笔画排序，首字笔画相等的按音序排序。

第一节　长兴俗谚语

一、四字俗谚语

一个老早　　一大早。

一门心思　　专心，一致。

一塔括子　　总共。

七荤八素　　形容晕头转向。

七翘八裂　　搞不团结。

三对六面　　有话当面说清楚的意思。

三茶六饭　　指足够的茶水和丰盛的饭食,形容长兴当地百姓招待亲朋好友非常周到。

大头天话　　形容胡说八道。

小百拉子　　不重要的人物，小人物。

天花落乱　　形容乱糟糟。

无千无万　　成千上万，形容多。

木知木觉　　反应迟钝。

少见少有　　形容不多见。

少见多怪　　形容见识浅陋。

毛面宗生　　骂人是动物。

勿声勿响　　一声不吭。

勿明勿白　　不清楚、含糊其事。

勿尴勿尬　　左右为难。

乌盲出黑　　形容黑。

心搁两头　　一心两用。

正阿八经　　一本正经。

另有一功　　处事有别的套路。

册括拉新　　形容新。

半里凉僵　　形容半途而废。

半壁凉姜　　做事情半途而废。

老几失匹　　有经验的人办砸了事。

老头老脑	多形容年轻人处事不知轻重，不懂礼数。
老喫老做	形容做贯了，有经验。
百滚非烫	形容烫。
灰毛铁塔	形容人灰头土脸。
死样活气	不死不活的样子。
邪头撇脑	不正气。
吓人倒怪	吓人。
争多嫌少	形容计较。
冰铁势瀴	形容阴冷。
齐巧勿巧	表示不巧的意思。
安姆思念	随意。
异出不奇	奇怪。
好喫果子	形容容易被人欺负。
红白团彩	形容脸色好。
花里八腊	花里胡哨的，形容颜色过分鲜艳繁杂。
豆腐肩胛	软肩胛，比喻不愿承担责任。
呒头苍蝇	比喻没有目的，乱碰运气。
呒咕话头	无话可讲，无语。
呒洞掘蟹	形容无的放矢。
肚胖气胀	形容吃得很饱。
角角旮旯	每一个角落。
卵泡气涨	形容心情不好。
卵烦鸡糟	形容心情烦糟。
亨彭郎当	全部。
闲话一句	一言为定的意思。
闷声勿响	一声不响。
妖资括答	形容妖里妖气。
青白额头	形容人傻。
青头昂鸡	骂人话，指小青年。
拍拍满满	形容装满得很满。
直角弄通	形容无所遮蔽，一望到底。
的角四方	形容方方正正。

昏头七冲	形容头脑发昏。
狗逼倒灶	形容小气，喜欢斤斤计较。
疙里疙瘩	不爽气的，不顺利的。
浅茶满酒	说明待客时倒茶要浅，倒酒要满。
学嘴学舌	形容学人说话。
细模细相	形容办事仔细认真。
挖骨千奇	形容十分奇怪。
茶怕异味	说明茶叶收藏最怕串味。
南白北紫	长兴的白茶与紫笋茶称为南白北紫。
厚嘴纳得	形容不知羞耻。
面熟陌生	看上去好象见过，但又说不出是谁。
咪酥塌烂	形容烧得很烂了。
顺顺淌淌	形容一切顺利。
促寿倒命	形容人短命。
鬼头神经	鬼头鬼脑。
鬼头贼脑	鬼头鬼脑。
独门独户	单家独户。
急比拉兹	急急忙忙的。
弯里胡啰	无中生有，不讲理。
前脚后脚	差不多时间。
客来敬茶	形容茶乡的待客之道。
神之糊之	形容神志不清。
神扬巫道	形容装神弄鬼，胡说八道。
神经百怪	形容神经不正常。
挫头凉姜	形容办事不牢靠。
恶形恶状	形容行为乘戾。
根老固实	形容人忠诚、老实。
哭出乌拉	要哭出来的样子。
捧大卵泡	依傍有权势的人。
勒之勒和	形容互相争吵。
猪五十六	形容傻，自以为是。
雪白粉嫩	肤色又白又嫩。

雪白楼偷	形容雪白。
野头野脑	形容不受拘束。
野野豁豁	形容行为异常、不一般。
假痴假呆	假装。
脚进脚出	形容差不多。
清白痴头	形容人傻。
绷铁势硬	很硬的。也可说成“绷硬铁骨”。
搭七搭八	脑子不清。
越舞越兴	形容越来越来劲。
黑心倒灶	形容人黑心。
黑赤蒙洞	形容天黑，伸手不见五指的意思。
稀烂龌龊	形容脏乱。
稀湿裸拖	形容湿。
腊刮斯硬	形容硬。
寒毛凛凛	形容害怕。
碰额角头	幸运、凑巧。
煞刮四亮	形容光亮。
滚轮斯圆	形容圆。
截树岔根	比喻追究到底。
算尽算绝	形容精打细算，把什么都算在里面了。
敲钉转脚	形容办事牢靠。
辣手辣脚	形容手段厉害。
精光滑塔	很光滑的样子。
滴方四正	形容方方正正。
踢煞绊到	形容慌张忙乱时的行为。
僻静大吉	形容安静。
熟门熟路	形容对情况了解、熟悉。
橹橹板进	比较自私自利，只想得利。
懞空着几	无中生有。
壁立斯挺	形容挺括。
壁立斯值	形容笔直。
龌里龌龊	形容脏。

糟污搭子　　形容人脏。
糟煞倒命　　形容脏乱。
翻转面孔　　翻脸，比喻生气。

二、五字俗谚语

一把大头菜　　形容说话、办事与预期有落差，托不牢、不靠谱，让人失望。
一白遮百丑　　皮肤白可以掩盖身体的其他缺点。
一年头菩萨　　比喻使用时间短。
一报还一报　　指做一件坏事后必受一次报复。
一钿糖勿值　　表示什么价值也没有。
一烙铁烫平　　形容一下子把事情搞定。
一推六二五　　比喻将责任推卸干净，或形容一个人有本事，有特长。
一篙子到底　　形容一下子把事情彻底搞定。
二一添作五　　指双方平分或平均承担责任和任务。
人心肉来做　　是说人总有同情心。
人心隔肚皮　　比喻人之间了解不易。
人多好喫食　　人多了吃东西就好吃。
人贱乌龟臭　　形容人品低贱。
人情急如债　　债可欠，人情不可欠，人情比还债还要紧。
人情薄如纸　　比喻世态炎凉。
人熟礼勿熟　　即使是熟人也要讲究礼节。
八九不离十　　差不多的意思。
八月桂花蒸　　是说到了桂花开的时候，天气还会很热。
八字没一撇　　是说事情还没有开始。
三一三十一　　比喻三个人平分。
三个勿买账　　表示勿领情，勿留情面。
三日勿隔两　　三天两头，经常性的、
干瘪大少爷　　表面阔气，囊中羞涩的人。
寸钉抵牛力　　形容钉子的力量大。
小满枇杷黄　　小满是枇杷成熟的季节。
口渴喫盐卤　　比喻处理、解决问题的方式不合适。
久病成良医　　生病生得久了，病人也就成了医生。

开口三分力　人说话要费力气。

开口见喉咙　一开口说话就知道他要说什么。

天坍压大家　比喻面临灾难，谁也跑不了。

五筋夯六筋　形容情绪激动。

手脚勿干净　比喻有偷窃行为。

毛头小伙子　年轻的男子，多指没有经验，办事冒失的青年人。

气出肚皮外　形容不放在心上。

长病呒孝子　父母长期生病，子女难以服侍。

勿吃白勿吃　表示随便吃好了，不吃可惜。

勿是生意经　形容情况不妙，事情不顺利。

风水轮轮转　时运会轮转的。

凤凰三点头　一种冲茶的方法。可以用水的冲力使茶叶在杯中上下翻滚，加速茶叶中有效物质的浸出。“凤凰三点头”也寓意着凤凰向客人三鞠躬，以示对客人的尊敬。

火到猪头烂　比喻条件成熟，问题就可解决。

火烧害邻舍　比喻殃及别人。

凸出一只角　搞特殊化。

生铁补镬子　旧时有用生铁修补镬子的师傅。

白脚花狸猫　比喻到处乱串的人。

冬至大如年　冬至比过年还要重要。

头勿搭尾巴　比喻事情前后不符合。

出门三分险　出门在外，就有几分危险。

出空老寿星　形容空忙一场。

老牛拖破车　形容条件差。

老实勿客气　形容不谦让。

有理打太公　只要有道理，小辈也可以批评长辈。

有喫呒工钿　供吃饭没工资。

有喫呒看相　实惠但外表不好。

百步无轻担　路远了什么担子都重。

夹蚌炒螺蛳　比喻忙中添乱。

当伊呒介事　不把他当回事。

吃空心汤团　空欢喜一场。

阴刀犯十恶　闷声不响做坏事。
好心呒好报　好心人没有得到好报。
好狗勿挡道　是让别人让路的意思。
好茶配好水　好茶要用好水泡才会发挥出茶叶的香味。
进门就是客　不论贵贱贫富，走进家门的都是客人。
赤卵小兄弟　比喻从小一起长大的朋友。
抢火烧白场　时间紧迫，做事慌乱，不加选择。
还汤豆腐干　比喻回到原来的地方，或重操旧业。
来得去勿得　能来不能去。
呒风勿起浪　事出有因的意思。
呒债一身轻　没有债务感觉十分轻松。
呆大三分运　傻子有时也会碰上好运气。
呆大有呆福　笨人也有福分。
肚脐眼勿生　比喻没心眼，憨傻。
闷声大发财　形容不动声色而大功告成；少说多做为好。
穷人大肚皮　比喻穷人气量大。
拆空老寿星　谓事情落空。
拆穿西洋景　比喻为故弄玄虚，借以骗人的把戏被揭穿。
板板六十四　形容为人死板，不知变通。
货到地头死　货物一落地就没法讲价钱了。
贪多嚼勿烂　东西吃得多了不容易消化，比喻不能过分。
狗屁值千钿　把不值钱的东西当宝。
狗眼看人低　形容人势利，目中无人。
油炒枇杷核　形容人油滑。
空口说白话　形容光说话不做事。
空心大少爷　形容徒有虚表的人。
毒进勿毒出　比喻只考虑自己的利益，不顾别人的利益
拼死喫河豚　形容冒险。
荒年传乱话　荒年容易传播谣言。
面呒四两肉　形容瘦人多狠毒。
是货是价钿　货真价实。
是药三分毒　说明凡药都有毒。

狮子大开口	比喻要价或所提条件很高。
浑身勿搭界	完全没有关系。
客到茶烟起	形容客人到时要敬茶敬烟。
捏卵子过桥	比喻过于小心谨慎。
热锅牢蚂蚁	形容人心情紧张。
荷叶包老菱	形容掩盖不住。
恶人先告状	意思是坏人往往倒打一耙，先行诬告。
恶人园臭食	形容把食物藏起来不吃，最后变质了。
恶狗拦路头	骂别人挡了你的路。
夏雨隔田塍	形容夏天下雨的范围很小。
砻糠里放屁	比喻轻松。
鸭多勿生蛋	比喻人多办不成事。
租田当自产	把别人的东西当作自己的。
笑断肚肠根	形容十分好笑。
饿煞鬼投胎	形容人肚皮饿，吃得很快。
烧香碰倒佛	比喻行为鲁莽。
烟酒勿分家	烟与酒是不分你的还是我的。
家宽出少年	家境殷实，压力小，人就显得年轻。
掮水浸木梢	意思落入别人圈套、为别人利用。
聋子隔壁听	形容耳朵不好，容易听错。
眼勿见为净	形容不见不烦。
眼睛包绵兜	形容看不清楚。
笨贼偷石臼	比喻做了蠢笨的事。
做九勿做十	民间四十岁以后做生日时俗语，即逢九做寿，借“九”寓意生命久长。
落雪狗欢喜	一说江南少雪，所以一逢下雪天，人开心，狗也跟着开心。也有说是因为雪掩盖了其他狗狗的气味，它忽然发现了一片无主的“新大陆”，于是在雪地里开疆扩土，满地撒欢儿，所谓“落雪狗欢喜，麻雀一肚气”。
惹得了勿得	形容某人很难缠。
硬装斧头柄	生拼硬凑，勉强做某事。
翘须拍马屁	指为了讨好，卑贱地奉承。

喫饭呒工钿	雇工只吃饭不拿工钱。
喫饱污苍蝇	形容臃肿而恶心的人。
猢狲勿赅宝	比喻留不住好东西。
谢谢礼拜九	婉言谢绝时用，算了的意思。也有“三”“六”之说。
碰鼻头转弯	脾气犟，不撞南墙不回头。
跳起八只脚	上窜下跳。
错进勿错出	账算错总是对自己有利。
像煞有介事	好像有这么回事，形容神气活现的样子。
慢工出细活	活干得慢，质量就提高。
慢船抵牛力	形容慢船的力量大。
嫩香值千金	新茶嫩芽的赞美，新茶嫩芽，有多茸毛(白毫)的特点，白毫，富含咖啡碱，是茶叶片上的精华，饮之利于健康强身，故有值千金之称。
瞎猫拖死鸡	不论对象，乱抓一气。
僵尸跺落鬼	同类相讥，相当于“五十步笑百步”。
嘴硬骨头酥	形容那些外表强硬而内心怯弱的人。
蹬鼻子上脸	得寸进尺的意思。
腊货绿豆糕	形容绿豆糕好吃，或形容某人道德品德差。

三、六字俗谚语

一手来一手去	比喻钱财只是过过手。
一心勿可二用	形容做事要专心一致，不可分心。
一出风，一出雨	比喻人主意多，变化快。
一步错，步步错	形容犯了一次错，会影响各个方面。
一泥司，三服侍	比喻人本事不大，架子大。
一客勿烦二主	形容由一个人始终成全其事，不再麻烦其他人。
一家勿知一家	形容每户人家情况各不相同。
一脚顺，脚脚顺	形容办事顺利。
二八月乱穿衣	形容初春和初秋时人们乱穿衣服的情况。
十粒麦，勿见白	表示要节约粮食，十粒麦，磨成粉几乎看不到白色。
七石缸，门里大	比喻只是在小范围里称王。
人比人，气煞人	是说人与人不能相比，相比就会生气。

人勿死，债勿赖	强调不会赖债。
人吓人，吓煞人	是说人与人相互之间的恐吓是会吓死人的。
人养地，地养人	人保养土地，土地肥了就会出产粮食供养人。
人勒做，天勒看	说明人的行为，老天在看。
人算不如天算	人算计再好，也不如命运的安排。
三十三，乱刀斩	三十三岁民间看作是人生的一道关口。
大块头，呒清头	讽刺肥胖的人头脑不清。
上门槛，落门槛	表示一进一出的不同情况。
上勿上，落勿落	形容不上不下的尴尬局面。
开口要，闭口到	比喻急不可待。
太湖里荡马桶	比喻没有边际。
日半世，夜半世	说明白天与黑夜一样重要。
牛头勿对马嘴	比喻两者对不起头来。
六月六，狗潮浴	六月六这一天天气很热，可以下河洗澡
心里勿是心里	形容心情不好。
打勿开，骂勿开	是说两个关系密切，无法拆开他们。
打蛇要打七寸	比喻要击中要害。
田鸡叫，雨水到	如果青蛙叫的话，就会下雨。
叫化子，大排场	形容财力很小，排场很大。
生米做成熟饭	比喻事情发生，无法改变既成事实。
白落落一场空	形容希望落空。
冬呒雪，麦勿结	冬天不下雪，麦子就不会结果。
冬削地，夏削草	冬天削地是松土，夏天削地是除草。
立夏过，茶生骨	说明立夏后，茶就老了。
头发长，见识短	是说妇女头发长，但见识浅薄。
头交水，二交茶	说明要讲究茶的泡饮方法。好茶头道水还不能将茶汁充分泡出，须至二三道开水才能将清香泡出来
地怕荒，花怕霜	是说地怕荒芜，花怕霜打。
西风响，蟹脚痒	秋天西风吹的时候正是吃蟹的好时节。
西风起，蟹正肥	秋高气爽，菊黄蟹肥，是吃蟹的好时节。
有事难瞒四邻	是说任何事都无法瞒住邻居。
有眼不识泰山	比喻见闻太窄，认不出地位高或本领大的人。

百脚咬，碱水泡　　蜈蚣咬了用碱水泡，有利于消毒。
死节气，活办法　　说明人可以灵活运用节气。
当面锣，对面鼓　　比喻面对面把事说清楚。
吃素碰着月大　　指巧合。
先进山门为大　　比喻先从事某种工作或活动的人比后来的人资格老、地位高。
自做贼紧关门　　形容做贼心虚的心态。
多吃饭少开口　　要求人少说话，以免祸从口出。
讲拉看，勿拉算　　形容人说话不算数，讲出了的话，不打算做到。
好茶不怕细品　　形容好茶要细品才有味道。
买块豆腐撞煞　　形容办了很窝囊的事。
买夜壶看釉水　　是说买东西要看质量。
麦头齐，谷落泥　　说明早稻播种期。
麦怕浸，稻怕瘟　　麦子怕浸水，水稻怕稻瘟。
坍扫帚，破畚斗　　形容家境贫穷，什么东西也没有，连扫帚与畚头都是破的。
杨和尚开头刀　　比喻做第一件事。
豆腐里寻骨头　　比喻找茬。
听见风就是雨　　刚听到一点儿风声，就当要下雨了。形容听到一点风声就竭力附和渲染。
听得风，就是雨　　比喻不明真相，听信谎言。
吹牛勿打草稿　　形容人吹牛、胡说。
谷雨茶，满地抓　　谷雨节气，茶叶旺发，满地可抓
邻舍好，无价宝　　说明邻居好的重要性。
鸡勿宿，天要哭　　鸡如果很晚才进窝的话，明天一定要下雨。
鸡叫做到鬼叫　　用鸡叫形容早，用鬼叫形容晚，形容起早摸黑干活。
拆东墙补西墙　　拆倒东边的墙，以修补西边的墙。比喻临时勉强应付。
耶稣自有道理　　指一个人蛮不讲理。
若要好，大做小　　说明要降低身分，对人谦让。
若要富，多种树　　多种树会致富。
雨夹雪，勿肯歇　　是说如果下雨夹着雪，那下的时间会很长。
奇勿奇，巧勿巧　　形容刚巧。
斩一刀，去一块　　说明做好一件事就少一件事。
明人不做暗事　　形容心地光明正大的人不做偷偷摸摸的事。

狗头闹点油盏	形容不稳。
河水宽，井水满	说明集体富裕了，个人才会富裕。
春争日，夏争时	春天要尽量提早一天播种，夏天尽量提前一个小时播种。
春花熟，半年足	春花指大小麦和豆类等。如春花成熟丰收的话，半年的粮食就有了。
城头闹看火烧	比喻事情与自己无关而不着急。
南瓜生闹甏里	比喻东西拿不出来。
药补勿如食补	通过食补比吃补药好。
面皮老、肚皮饱	形容只要不知羞耻，就会吃得饱。
省用勿如多赚	省吃俭用不如多赚钱。
看人头，戴帽子	比喻根据不同的对象说话办事。
香火赶出和尚	比喻主人被下人排挤。
亲兄弟，明算账	说明人与人相处时，如发生金钱关系，一定要把账算清楚。
送佛送到西天	比喻好事要做到底。
活勿活，死勿死	形容不死不活的状态。
污勿出，屁先出	比喻事没办成而到处张扬。
桥归桥，路归路	形容两者各不相干。
破凉伞好骨子	比喻人穷有骨气。
饿勿煞，永勿发	指从事某些职业，虽不会饿死，但也永远不会发财。
高勿成低勿就	是说在求职或婚配上进退两难，好的不够格，差的看不上。
烧香带倒菩萨	形容人做事鲁莽。
烫粥难为小菜	粥烫了就要多吃小菜，比喻棘手的事要多化功夫。
家有老是个宝	形容家里有老人相当于有宝贝。
冤家碰着对头	形容仇人相见。
掀被头讨屁嗅	比喻自讨没趣。
黄梅天，十八变	形容黄梅季节，天气多变。
萝卜勿当小菜	比喻不当回事。
曹操过后方知	比喻事后才知道，已经没用了。
常喝茶，少烂牙	多喝茶有利于牙齿。
猪头肉三勿精	猪头肉精肉少，比喻本事不大。
惊蛰过，茶脱壳	惊蛰后，大地春回，气温渐高，孕育和保护越冬芽的鳞片逐渐张开，茶叶开始生长了。

揿牢牛头喫草　强逼人做事。
喫一节，剥一节　比喻得过且过。
喫亏就是便宜　吃点亏没关系，其实是有好处的。
喫白粥，长白肉　旧时哄孩子的话，吃粥不用菜，长出来的肉也是白的。
喫对门，谢隔壁　吃了对门送的东西，却去感谢隔壁，比喻弄错了对象。
喫素碰着月大　比喻办事不顺利。
喫家饭，惹野污　比喻人有私心，不好好为公家办事，而怀有私心。
喫啥饭，念啥经　是说干什么事业就要具备那方面的专业知识。
喫得光，勿生疮　比喻要把钱化光才好。
睏晏早，喫厚粥　起得晚，却吃到了厚粥，比喻人的运气好。
裤带长，寿命短　是说肥胖的人身体不健康。
隔夜茶，毒过蛇　说明隔夜茶不能喝。
骗煞人，勿偿命　是说骗死了人而没有触犯法律，因此不用偿命。
摊得开，收得拢　形容收放自如，比喻办事漂亮。
勤洗澡，疾病少　是说常洗澡，注意个人卫生就可减小疾病。
雾露醒，蹿落井　是说夏天早晨如有薄雾，那下午一定很热。
龅牙齿，吃西瓜　是说龅牙的人吃西瓜时正好，比喻得其所用。
跟屁虫，喫蛔虫　奚落某人无能，不能独立办事，只跟随在其他人后面。
矮子里拔长子　形容从差的里面挑好的。
腰里痛，喫杜仲　杜仲可治腰痛病。
摘秋茶，犯天骂　摘秋茶影响第二年的产量，因此秋茶不能摘。
孵生勿如孵熟　在生疏的地方办事，不如在熟悉的地方办事。
嫩茶轻，老茶重　说明老茶的份量比嫩茶重。
撒尿引出污来　比喻因做某事而带出其他的事来。
横勿是，竖勿是　这也不行，那也不行。
横竖横，拆牛棚　比喻横下一条心。
犟到底，苦到死　形容脾气太犟，就会一辈子吃苦。

四、七字俗谚语

一个塌饼两面熯　是说做事情要考虑全面。
一日夫妻百日恩　一旦结为夫妻，就有深厚恩情。
一日行情一日市　说明每天的市场都不一样。

一分价钿一分货　是说价格与质量有关。
一只巴掌拍勿响　比喻冲突不是由单独一方挑起的，双方都有责任。
一两黄金四两福　是说钱财要有福分来得。
一条裤子一根绳　比喻亡命徒一无所有，耍无赖的样子。
一面打墙两面光　是说让双方都满意。
一觉睏到大天亮　形容睡了一个好觉。
一钿逼煞英雄汉　形容没有钱的窘迫。
一家勿知一家事　是说各家都有不如意的事。
一番生活两番做　是说应该一次完成的事，做了两回。
十根节头有长短　比喻人各不相同。
七分灶火三分炒　说明炒茶叶的制作过程。
七世冤家八世仇　比喻结冤很深。
人抬轿子轿抬人　比喻互相抬举。
人怕出名猪怕壮　是说出了名的难处。
刀切豆腐两面光　比喻办事漂亮。
三个女人一台戏　是说女人多的地方比较热闹。
三个囡儿六只手　比喻人多，供养不及。
三个黄梅四个夏　比喻经历了一定的时间。
三分种树七分养　树木好靠的是养育。
三月芥菜早起心　比喻早有心意。
三只骰子掷两点　形容看不懂。
三代勿出舅家门　是说三代之内的孩子都会像舅舅。
三朝雾露发西风　秋天如果连续三天大雾，那肯定要刮西北风，天气要变冷了。
干净冬至邋遢年　冬至时天睛，过年时会下雨。也说“晴到冬至落到年。”
万宝全书缺只角　知识虽然全面，总有不足。
小人快活有灾难　告诫人们，快乐时不要得意忘形，免得生出祸端来。
小人嘴里呒假话　形容小孩子不会说谎。
千日斫柴一日烧　比喻持久奋斗而一旦成功。也比喻平时积攒，一朝花费。
千年文书好吃药　形容旧东西总会有用的。
千金难买老来瘦　是说年龄大了，瘦一点好。
千金难买好邻舍　是说好邻居难得。
门角落里大阿爹　指没多大能耐，只会在一个小范围内逞强的男人。

乡下狮子乡下跳　比喻人只有在一定的范围内才会施展才能。
开口洋盘闭口相　多说话不妥当，少说为妙。
开店容易守店难　是说守店比开店难。
天下呒不白使人　是说让人付出总得回报。
天空看得箬帽大　形容把问题看轻了。
天塌自有长人顶　比喻再大的事情自有能人承担，不会落在自己头上。
夫妻呒不隔夜仇　夫妻之间没有根本利益冲突。
廿年媳妇廿年婆　是说当了多年的媳妇，终于要当上婆婆了。
木匠屋里呒凳脚　木匠家中没有好的家具，比喻越容易的办的事越没人办。
少年夫妻老来伴　少年作夫妻，年龄大了只是作个伴。
少喫咸鱼少口干　比喻少管闲事少若麻烦。
日挂心肠夜挂肝　形容日日夜夜挂念着某人某事。
见人喫饭喉咙痒　形容看到别人在干某事，自己也想干。
见蛇勿打三分罪　是说看到蛇一定要打。
手心手背侪是肉　用手心、手背比喻要一样对待。
毛头姑娘十八变　形容姑娘变化大。
长人勿做做矮人　不做体面的人而去做没有面子的人。
长梗菜饭呒怨时　长期吃蔬菜也觉得快乐，喻清贫生活乐在其中。
今朝勿晓得明朝　比喻事情不可预料。
勿用厨师酱胖气　表示没有经过专业训练，做事会有所缺陷。
勿出骨头勿出皮　形容没有什么态度，黙不作声。
勿会打算一世穷　不会精打细算，会影响一生。
勿会种田看上埭　比喻要善于向别人学习。
勿识人头一世苦　不能识别人会受到伤害，带来一辈子的苦难。
勿到黄河心勿死　是说不到最后不会放弃。
勿讨老婆总是小　男子没有成家不算大人。
勿看僧面看佛面　是说要看人的面子。
打破沙锅坌到底　表示遇事刨根问底。
打铁先要本身硬　比喻干任何事情都要有好的基础。
打蛇勿着撩蛇毒　是说没把蛇打死，却中了蛇毒，比喻要除恶务尽。
甘庶呒不两头甜　比喻事情不可能十全十美。
东鲎日头西鲎雨　东面出现彩虹是晴天。西面出现彩虹是雨天。

只求安耽勿求财　形容只求安稳，不求富贵。
白用心思一场空　形容白费心。
白吃杨梅嫌核大　是说得便宜还卖乘。
白壳弯转勿生钳　钳与权声音相同，比喻有职无权。
处暑萝卜白露菜　说明了萝卜和白菜的播种季节。
冬瓜缠到茄姆里　形容纠缠在一起，分不清楚。
包子喫到豆沙边　比喻快要成功了。
头颈望得丝瓜长　表示焦急地等待和盼望。
讨老婆勿着一世　老婆娶得不好一世苦。
老虎头牢拍苍蝇　比喻做危险的事，找死。
老虎走来看雌雄　比喻人胆子大。
老虎屁股摸勿得　比喻自以为是，听不得批评意见，一触即跳。
有收无收在于水　形容庄稼用水的重要。
死要面子活受罪　为了面子而不怕受罪。
死猪弗怕开水烫　形容一个人脸皮很厚。
年纪活来狗身闹　比喻白活在世。
舌头舔勿着鼻头　比喻帮不上忙，无济于事。
伤筋动骨一百天　伤了筋骨要一百天才能恢复。
自搬石头自压脚　比喻自己害自己。
行得春风有夏雨　比喻有付出才有收获。
行船骑马三分险　形容外出行船和骑马总有一点危险。
会捉老鼠猫勿叫　比喻能干的人不多说话。
杀人勿怕血腥气　形容人凶恶残暴。
多收少收在于肥　说明肥料的重要性，肥料足，收成好。
多管闲事多喫屁　讥讽管闲事的人没有好处。
交春落雨到清明　立春那天下雨的话，一直要落到清明了。
羊毛出勒羊身牢　比喻表面上给了人家好处，但实际上这好处已附加在人家付出的代价里。
羊毛笔触得煞人　形容文字可以置人死地。
羊肉勿喫惹身骚　比喻没有得好处，反而留下坏名。
羊肉当作狗肉卖　把好东西当差东西卖。
关公门前舞大刀　是说在内行人面前表演。

好汉勿寻六月钿　是说夏天天热，赚钱不容易。
好汉只怕病来磨　是说身体再好也经不起疾病的折磨。
好曲子勿唱三遍　动听的话说多了也惹人讨厌。
好店三年勿换客　店开得好能长期留住客人。
买个炮仗叫人放　是说自己化钱，让别人享受。
红漆箱子白铜锁　比喻器物的质量很好。
外来和尚好念经　是说远方来的人容易得到人们的信任。
两个肩胛扛个头　形容人瘦的样子。
连起三早抵一工　起得早可以多干活，表示要珍惜时间，利用时间。
时新茶叶陈年酒　茶以时新为好，酒以陈年为佳。
呒本生意做勿大　没有本钱的生意做不大。
呒事勿登三宝殿　说明有事才来拜访。
饭店门口摆粥摊　饭店与粥摊开在一起，表示互相竞争。
辛苦铜钿快活用　是说既要辛苦赚钱，也要享受生活。
闲话里厢有骨头　比喻话里有话。
迟来和尚喫厚粥　形容比喻运气好，来得正是时候。
拔出拳头勿认人　形容打架时无所顾忌。
拔出萝卜带出泥　由一件事引发出其他的事来。
拖牢黄牛就是马　滥竽充数的意思，表示将就着使用。
苗头勿是一眼眼　说明来头大。
事勿经手勿知难　事情一定要亲身经历才知道难易。
卖油娘子水梳头　卖头油的人把油都卖给人家，最后自己都没有油可用了。
卖脱馄饨买面喫　比喻多此一举。
和尚道士喫十方　和尚道士到处化缘，吃的是四方食。
货比三家勿喫亏　商品要比较才知道好坏。
狗逼到灶假客气　比喻小气，假客气。
性急喫勿得热粥　形容做任何都不能急燥。
官大一级压死人　旧时官位大就可以仗势欺人。
细雨足时茶户喜　细雨充足, 是茶叶丰收，茶农收入增加, 欢天喜地。
白吃杨梅有怅酸　吃力不讨好的意思。
茶七饭八酒加倍　是指泡茶之水以碗之七成为宜，饭盛八成，酒则加倍，均是约定俗成之礼仪。

茶过立夏一夜粗	立夏过后，茶叶变老。
荒年碰着大肚皮	荒年没有粮食，又遇上吃得多的人，比喻难上加难。
临时上轿穿耳朵	比喻办事没有准备，临时才想办法。
骨头呒不四两重	骨头轻，比喻为人不庄重，轻佻。
看人挑担勿喫力	看别人做事不觉得累。
种田不过立秋关	说明插秧的季节。
种田勿会看上埭	是说要善于向别人学习。
皇帝亚有草鞋亲	是说人人都有穷亲戚。
逃脱鲤鱼十八斤	比喻失掉的东西可惜。
胖煞乌龟一张壳	比喻受客观条件的限制，能力无法施展。
前世勿修今世苦	比喻今世生活艰辛。
烂糖鸡屎起个头	比喻做事有头无尾。
洋花箩卜小人参	胡箩卜营养价值高，好比人参。
眉毛胡子一把抓	比喻把所有的问题缠在一起。
蚊子再小也是肉	有总比没有好。
蚕豆开花黑良心	比喻黑良心的人。
捞出馄饨剩泡汤	比喻关键的东西一去掉，剩下的就微不足道了。
捏牢鸡毛当令箭	比喻小题大做。
砻糠搓绳起头难	砻糠是无法搓绳的，比喻事情无法开头。
顾渚茶叶金沙水	指长兴顾渚山的茶叶和泉水。
紧火鳗鲡慢火蚌	烹饪鳗鲡和蚌需要不同的火候。比喻不同的事要用不同的方法处理。
哭出乌拉笑嘻嘻	形容不像哭、不像笑的尴尬样子。
病有功夫急有钿	生了病总有时间去治，事情紧急总会想法弄到钱的。
娘娘就是老太婆	比喻两者其实是一样的。
绣花枕头一包草	表面光鲜，其实无能。
站着说话不腰疼	多指不设身处地替人着想。夹杂说人得了便宜还卖乖之意。也比喻一个人不了解实际情况，只管口头讲述，脱离实际。
推出山门野和尚	比喻不再属于自己的管辖范围，跟自己无关。
眼睛生闹额骨头	比喻眼高，看不起人。
铜钿眼里翻跟斗	形容某人把钱看得很重。
铜钿银子动心经	比喻钱跟人的切身利益有关。

甜麦塌饼两面熯	是说夹在中间难做人。
偷风偷雨勿偷雪	是说下雪天小偷难以行窃，因为会留下脚印。
偷鸡勿着蚀把米	比喻比喻本想占便宜反而吃了亏。
偷食猫旧性勿改	猫喜欢偷食吃，比喻本性难改。
船到桥头自然直	是说到时候问题总可以解决。
馄饨担子一头热	比喻做事只有一方的热情。
清明芋艿谷雨薯	说明了芋艿和红薯的成熟季节。
棉纱线背石牌楼	说明无法办到的事。
硬柴要用软柴捆	比喻要用柔软的方法处理事情。
睏头梦里想屁喫	比喻尽想没希望的事。
黑得来像乌金子	形容人晒得又黑又亮。
蛮人自有曲道理	形容不讲道理的人总会为自己的行为找出理由来。
寒露蚕豆霜降麦	说明蚕豆和麦子的成熟季节。
强盗女儿贼外孙	比喻嫁出去的女儿还带着孩子一起回家蹭爹妈。
塌台塌到脚后跟	形容失尽了面子。
摆勒篮里就是菜	形容不加仔细甄别，不分好坏。
雷公菩萨追妖怪	形容追得紧。
嗷食勿喫四两肉	吃肉再多也不会超过四两，比喻事情都有一定的限度。
跟闹和尚卖篦箕	跟着和尚卖梳子，那是肯定买不出去的，比喻看错对象，白费力气。
错过黄梅勿种田	过了黄梅季节就不能种田插秧了。
矮子肚里疙瘩多	指身材矮小的人心里的谋算比常人多。
矮脚母鸡勤生蛋	脚矮的母鸡会多生蛋。
新造茅坑三日香	比喻好景不长，不持久。
滥料班子大排场	形容本领不大，排场不小。
嫁出姑娘泼出水	出嫁的姑娘就像泼出的水一样。
蜻蜓点水要落雨	蜻蜓点水的话，表示就要下雨了。
算盘珠拨把动把	算盘珠不拨不动，拨了才动，比喻人办事不主动。
馒头吃到豆沙边	形容事情快成功了。
敲鱼拨肉喫大蒜	形容旧时民间过年过节时，鱼肉舍不得吃，只是吃一些便宜的蔬菜。
墩头勿响猫勿叫	比喻没有一点动静。

聪明面孔笨肚肠　看上去聪明，其实很笨。
鞋子勿着落个样　比喻事情没有办成，反倒留下了话柄。
横切萝卜竖切葱　比喻做事情一定要掌握事情的内在规律。
霉头触到印度国　形容倒霉。
瞎子旁边有亮子　比喻不可欺负老实人。
熟面孔打重板子　形容生意场上欺负熟客的现象。
额骨头闹搨镬煤　比喻倒霉。
霜打雪压青菜甜　青菜经霜打后，吃起来甜甜的。
螺蛳壳里做道场　螺蛳壳形容地方狭小，比喻施展不开。
翻转面孔勿认人　形容翻脸生气。
癞痢放火癞痢收　形容做事要有始有终，要承担责任和后果。

五、八字俗谚语

一顿喫伤，十顿喫汤　形容贪吃伤身体。
人怕伤心，树怕伤根　通过比喻说明树不能伤根。
力气勿足，全靠赤膊　形容脱了衣服干起活来劲头足。
上看初三，下看十六　从初三和十六的天气，可预知上半月和下半月的天气
三十勿做，四十勿发　三十岁的生日是大生日，一定要贺寿。
土要深耕，肥要深施　说明深耕土地，深施肥对庄稼的好处。
日头返照，晒得鬼叫　出现太阳返照的景象，就非常热，热得鬼都要叫苦了。
水果勿烂，三年一万　形容水果生意就怕烂，不烂的话利润可观。
手捏青龙，越捏越穷　形容常打麻将赌博的后果。
片叶下山，越采越发　说明茶叶越采越发。
六月盖被，有谷无米　六月天气冷，稻谷收成差。
火烧眉毛，只顾眼前　比喻眼前的事很急。
斗米养恩，担米养仇　人遇到困难给予帮助，他会感激不尽。但如果你持续这样下去，突然某次因为什么原因没有帮忙，对方就会记恨你。
双桥好走，独木难行　比喻要团结起来才有力量。
乌龟有肉在肚子里　形容有才华不外露，也比喻老谋深算埋藏很深，不易被发现。
打鱼摸虾，耽误庄稼　说明办事没有抓住关键。

只有买错，呒不卖错	形容只有买货的上当，卖货的人是不会弄错的。
叫花子呒不隔夜食	形容人把东西当天吃完。
生勿带来，死勿带去	是说一个人赤条条来去，钱财都是身外之物。
冬勿差日　夏勿差时	形容冬天日短，夏天日长。
头茶勿采，二茶勿发	说明采了头茶，二茶才会发。
出门一里，勿及屋里	形容在家里舒服。
早采为茶，晚采为茗	茶贵在适时，过期质量就差。
早起三光，晚起三荒	意思是早上起得早，什么事情都可以有条不紊地干完，整天人都光光鲜鲜的；起得晚了，人就着急，慌慌张张的，啥事也干不好。
好茶一杯，精神百倍	形容喝了好茶后，精神就足了。
麦倒全完，稻倒一半	麦子倒了就没有收获了，水稻倒了还可收获一斗。
求人面勿如求上面	旧时说上面有人好办事。
饭吃三碗，闲事勿管	说明只吃饭、不管事的态度。
冷勒风里，穷勒债里	用冷在风里，比喻人欠债就穷。
穷牢穷，还有三担铜	比喻旧时家里虽穷，但还是有家底。
鱼有鱼路，虾有虾路	形容人各有办法。
春茶一把，夏茶一头	说明春茶与夏茶的不同。
茶水喝足，百病可除	说明多喝茶水，有利健康。
淡茶温饮，清香养人	形容喝茶有利健康。
苦茶久饮，明目清心	说明喝茶明目。
种田呒命，节气抓定	说明了种田要重视节气的变化。
养蚕呒巧，食少便老	养蚕最主要是让蚕吃饱。
养猪养羊，有肉有粮	养了猪与羊，家里就有肉有粮。猪羊的肉可吃，肥料用于庄稼就会提高产量。
姜茶治病，糖茶和胃	说明了喝姜茶和糖茶的好处。
前人种树，后人乘凉	说明种树的好处。
前槐后竹，子孙得福	说明种树和竹，有益于子孙。
浓茶猛烟，少活十年	说明喝茶过浓，抽烟过多，不利健康。
素食清茶，爽口爽心	说明吃素食、喝清茶的好处。
蚂蚁搭桥，落雨有兆	下雨前，蚂蚁会出来活动。
贼偷一半，火烧全完	说明火灾的危害大。

秧好苗好，苗好稻好	说明水稻秧好是关键。
酒吃头杯，茶吃二盏	说明酒要喝头杯，茶要喝二道。
酒满敬人，茶满伤人	说明敬人时酒要洒满，但茶不能洒满。
烫茶伤人，姜茶治病	说明了喝烫茶不利身体，喝姜茶有利健康。
萝卜青菜，各人所爱	形容各人爱好不同。
清时断雾，谷雨断霜	说明天气变化，到清明时就没雾了，到谷雨就没霜了。
清明发芽，谷雨采茶	说明茶叶的生长季节。
惊蛰勿蛰，人喫狗食	惊蛰时，蛰虫惊醒，收成才好。
喫烟喫头，喫茶喫尾	说明抽烟要抽一手的，喝茶要喝第二泡的。
跑煞长兴，摇煞泗安	形容旧时长兴交通不便。
敬老有福，敬土有谷	尊敬老人会有福气，敬重土地会有粮食。
晴天带伞，饱肚带饭	说明凡事要未雨绸缪。
棋高一着，缚手缚脚	比喻技术高人一头，对方就无法施展本领。
稻老一夜，人老一年	稻一夜就成熟了，人过一年才会老一点。
嘴上无毛，办事勿牢	形容年青人办事不可靠。

六、九字俗谚语

十二月廿三，事体犯关	旧说从该日开始，债主上门讨债。形容事情麻烦了。
七搭八搭，穿草鞋着袜	比喻忙中出错。
人心难摸，鸭肫肝难剥	用鸭肫肝难剥比喻人心难测。
人变要死，天变要落雨	比喻人如变了，就离死不远了。
三分医，七分养，十分防	毛病三分靠医治，七分靠保养，最主要是靠预防。
三棍子打勿出个闷屁	形容人很少说话。
人怕伤心，树怕伤到根	通过比喻说明树不能伤根。
乌龟勿啄人，样子难看	形容乌龟虽然不咬人，但样子很凶。
六节头帮忙，越帮越忙	形容帮倒忙。
巧媳妇烧勿出呒米饭	比喻事情成功一定要有基础。
生鲜熟补，呒牙齿独苦	食物无论是生的、熟的都有营养，就怕年龄大没有牙齿，什么都不能吃。
茶过立夏，一夜粗一夜	说明立夏后，茶叶长势快。
看样学样，泥司做木匠	比喻只要肯学，什么都能学会。
逃得了和尚逃勿了庙	是说人逃走了，但财产还在。

姜太公在此，百无禁忌　　形容有姜太公在，什么都不要怕。
黄牛角，水牛角，各归各　形容各人管自己的事。
眼睛一眨，老母鸡变鸭　　比喻事情变化快。
赊一千勿如现八百　　　　强调做生意不能赊账。
越喫越馋，越白相越懒　　形容人贪吃会变馋，贪玩会变懒。
蜒蚰勿吃人，样子难看　　形容相貌凶恶吓人，其实不可怕。
新阿大、旧阿二、破阿三　形容生活艰难时小孩子的衣服重复使用。
嘴五舌六，油豆腐嵌肉　　比喻多说多管。
镬子里勿滚汤罐里滚　　　比喻一方面出了问题，另一方面成功。

七、十字俗谚语

一个牙齿痛，满口勿安耽　比喻小问题影响大局。
一日三大笑，有病也会好　保持快乐的心情，有利于健康。
一日三餐粥，安耽就是福　形容不求发财，只求安逸。
一顿省一口，一年省一斗　形容节约靠日积月累。
一路里葛货，一甏里葛醋　比喻同流全污。
一颗老鼠屎坏了一锅汤　　比喻个人捣乱搬弄是非损害了集体形象。
人敬嗯一尺，嗯敬人一丈　比喻人与人之间相互敬重。
人骗田一时，田骗人一年　说明不好好耕种，一年的收成就会不好。
儿子勿养爷，孙子吃阿爹　形容目前祖辈管带小孩的现状。
儿不嫌母丑，狗不嫌家贫　儿子不会嫌母亲丑，狗不会嫌主人贫穷。
下种三分熟，秧好半年稻　说明秧苗对于收成的影响。
大菩萨拜拜，小菩萨踢脚　比喻依傍权势，欺负弱小。
大眼瞪小眼，小眼白一眼　形容互相之间闹不团结。
大蒜是个宝，常吃身体好　是说大蒜有利身体健康。
上山勿带刀，做煞呒功劳　比喻没有工具就什么事也办不成。
小人呒诈病，大人要当心　形容小孩子生病不会说假话，家长要当心。
小暑一声雷，倒转做黄梅　小暑时如打雷，天气又要进入阴雨天了。
小暑交大暑，热得呒钻处　形容天热,无处可躲。
山上种树多，胜过修水库　说明种树有利于保持水土和涵养水源。
天上缸爿云，晒谷勿用人　天上出现了缸爿云就是好天气。
云里葛日头，晚娘葛拳头　比喻后妈的狠毒比云里的太阳还要厉害

太湖里勿翻，翻勒夜壶里	相当于阴沟里翻船的意思。
少吃多滋味，多吃坏肚皮	形容东西吃得多了就容易吃坏。
手捏两头通，前喫后亏空	形容抽大烟导致贫穷。
勿识货一时，勿识人一世	形容不会看人会一世受累。
勿喫隔夜茶，勿喫过量酒	说明喝隔夜茶不好，喝太多酒也不好。
六十六，囡儿屋里喫碗肉	六十六岁生日女儿要烧六十六块肉来祝寿。
文官动动笔，武官杀脱力	借文官与武官的差异，说明劳力者比较辛苦。
打人勿打脸，喫饭勿夺碗	形容民间家规。
打翻狗食钵，侪家吃勿成	比喻事情闹僵，大家都没有好处。
平时不烧香，临时抱佛脚	形容办事没有经过充分的准备。
白天皮包水，晚上水包皮	白天多喝茶，是“皮包水”；晚上进浴洗澡，即“水包皮”，其中蕴含：以饮茶洗涤内脏，以汤浴清洗肌肤，内外清爽，延年益寿。
白露身弗露，赤膊当猪猡	到了白露那天，天气凉了，人就不能再赤膊了。
外婆做鞋子，年年老样子	说明还是老一套，没有变化。
包修自鸣钟，拆开收不拢	形容本事不到家。
立秋勿浸谷，大暑稻勿熟	到了立秋还不浸谷种田，到了大暑水稻就不会成熟。
在家千日好，出外时时难	形容出门会遇上困难。
有几化本钿，做几化生意	说明有本钿生意才做得大。
有福勿会享，坐勒等天亮	形容不懂得享受。
有嘴讲人家，呒嘴讲自家	形容只会批评别人，不会自我批评。
吃饭勿过饱，喝茶勿过浓	说明吃饭过饱，喝茶过浓都不利身体。
吃苦勿记苦，到老呒结果	说明要懂得接受教训。
舌尖勿用铁，杀人勿见血	说明用言语杀人的厉害。
自有自便当，求人心里慌	形容凡事要靠自己，不能求人。
向阳好种茶，背荫好插柳	茶树要种在向阳处，柳枝可种在背荫处。
各样种一点，勿怕出荒年	各种作物都种一些，就不怕荒年了。
壮秧三分收，瘦秧一半丢	说明秧好收成就好。
好猪四脚粗，好牛四脚圆	好猪的脚是粗的，好牛的脚是圆的。
麦子勿弯腰，产量勿会高	麦子弯腰说明麦穗重，产量高。
呒菜勿喫饭，顿顿搨个蛋	形容吃饭比较讲究，没有菜就炒个蛋。
饭后一杯茶，老来不眼花	说明饭后喝茶的好处。

穷人巴造反，矮子巴天坍	穷人希望造反，造反才有翻身机会翻身。矮子希望天坍下来，因为有高个顶着。
乖人喫一半，呆人喫一半	说明老实人不吃亏。
和气勿蚀本，闹气勿赚钱	强调和气生财。
金沙泉中水，顾渚山上茶	长兴顾渚山的紫笋茶和金沙泉闻名于世。
金窠银窠，勿及屋里草窠	说明外面虽好，还是不如家里好。
采高勿采低，采密不采稀	说明采茶叶的技术要求。
育儿要好娘，种田要好秧	以育儿作比，说明秧好的重要性。
泥菩萨过太湖，自身难保	说明自己都管不过来，根本没时间管别人。
驼子掼一跤，两头勿着实	和驼子摔跤时的情况，比较各方面都失败。
城里城隍庙，乡下土地庙	说明各司其职。
茶叶不怕采，只要肥料待	茶叶生长依靠肥料充足。
茶园学到老，茶艺学不了	说明茶艺内容丰富。
相骂呒好口，相打呒好手	形容吵架时就不客气了。
要想富，打铁摇船磨豆腐	打铁摇船磨豆腐虽然苦，但赚钱快。
亲戚盘对盘，邻所碗对碗	形容亲戚邻居相互住来。
养蚕用白银，种田吃白米	养蚕可以获得金钱，种田可以得到粮食。
养猪呒不巧，栏干食要饱	养猪的关键是要让猪吃饱。
前头日脚长，后头日脚短	说明以后的日子还长，鼓励要向前看。
蚕是白老虎，茶是黑老虎	形容蚕和茶叶生长发育来势迅猛。
夏季宜饮绿，冬季宜饮乌	说明夏天要喝绿茶，冬天要喝乌茶。
拳头打出外，臂膊弯进里	比喻帮自己人。
家呒主心骨，扫帚颠倒挂	说明家里没人作主，就乱成一团了。
黄胖炒年糕，吃力勿讨好	形容好心却办了坏事。
晚稻一过秋，十有九勿收	种晚稻错过了季节，就没有收获。
铲草要除根，种树要深坑	说明除草要把根去掉，种树要把坑挖深。
船头上相骂，船艄上答白	比喻夫妻关系。
欺负老实头，下世割舌头	说明不能欺负老实人。
朝西夜东风，日日好天公	说明早上吹西风，晚上吹东风，天气就晴。
喫饭靠种田，用钱靠蚕桑	说明农村里种田解决粮食问题，养蚕解决用钱问题。
喫咪端午粽，还要冻三冻	说明江南的气侯在端午后还会冷一段日子。
喊破嗓子，勿如做出样子	指以身作则比大喊大叫讲空话更能树立威信。

割青勿割青，相差一百斤　说明水稻不能在没成熟时割取。
聪明呒不用，家哇有用场　是说为人处事要灵活、老练。
嘴越吃越馋，人越歇越懒　形容人变懒的情况。
蟑螂配灶鸡，一对好夫妻　形容两人品德类同，正好相配，往往形容品行较差的夫妇。

八、十一字俗谚语

三斤嫩姜，抵勿过一斤老姜　是说姜还是老的辣。
丈母娘看女婿，越看越欢喜　是说丈母娘总是喜欢女婿。
千拣万拣，拣着只无底饭盏　形容多次挑选，最挑到了最不好的东西。
千算万算，勿及老天爷一算　是说人算不如天算。
六月里伤风，十二月里疰夏　形容人身体不好，夏天感冒，冬天疰夏。
叫人勿蚀本，舌头牢打个滚　是告诫青年嘴要甜一点，要多叫人。
有种出种，萝卜勿出芥菜种　说明客观条件的限制作用。
会怪怪自家，勿会怪怪人家　说明要善于自我批评，不要责怪别人。
会嫁嫁对人，勿会嫁嫁错门　说明婚嫁的重要。
村看村户看户，社员看干部　形容干部在农民心中的作用。
豆腐水来做，阎罗王鬼来做　是说阎罗王也是鬼。
呆有呆福，泥菩萨住得大屋　是说笨蠢的人也有自己的福分。
冻头冻脚，好比喫人参补药　人受些冻，对健康有好处。
烂料坯子必有三分拿手戏　再没有用的人也有自己的特长。
济公过日子，只讲吃勿讲着　形容重吃不重穿。
眼睛里喫得，肚皮里喫勿得　看着想吃，但肚皮里吃不下。
做一行怨一行，到老勿在行　说明干事不坚持到底就成不了内行。
脚面上葛筋，老婆面上葛亲　是说老婆面上的亲戚很重要。
新来暴到，勿晓得称呼大小　说明刚入行，不懂规矩。
满口饭喫得，满口话讲勿得　意思是不能说过头的话。

九、十二字俗谚语

一只脚棺材里，一只脚棺材外　是说人处于生死之间。
一脚勿踏两船，一心勿能两用　说明要办事要一心一意。
一朝时运发，伊介胖来伊介白　时来运转时，人又白又胖。

一朝时运脱，伊介瘦来伊介黑	人倒霉时，又瘦又黑。
一碗绿豆汤，清热解毒赛仙方	说明了绿豆汤的医疗作用。
人比人气煞人，货比货买勿成	说明通过比较才知道好坏。
人落战场，米落仓场，钱落赌场	是说在上述三种地方，人不当人，米不当米，钱不当钱。
人靠蔬菜米饭，桑靠花草河泥	是说人靠营养，桑树靠肥料。
九升八合命，多了一斗要生病	形容命运只许自己有这点财产与福份。
九月雌蟹黄满，十月雄蟹油灌	九月吃雌蟹，十月吃雄蟹，有九雌十雄的说法。
刀勿磨要生锈，水勿流要发臭	刀要常磨，水要常流。
力气是压大呃，胆子是吓大呃	人的力气和胆量是在实践中增长的。
三日勿做手生，三日勿念口生	形容做事要持之以恒，才能熟能生巧。
三分雇个长工，七分雇个打算	说明了生产计划安排的重要。
三家村里葛猫，逃勿到四家村	形容事物发展受到一定的范围制约。
大锅饭养懒汉，责任制出好汉	大锅饭时期人们好吃懒做，推行了责任制后，出现了不少生产能手。
上半年靠养蚕，下半年靠种田	养蚕和种田是一年的两项主要农活和经济来源。
小女子养银匠，老太婆养和尚	形容年轻女子喜欢银器，相当于供养了银匠。老太婆喜欢念经，相当于供养了和尚。
马无夜草吃膘，蚕无夜食勿长	马吃夜草才会长膘，蚕吃夜叶才长大。
乡下丝车一响，丝行枇杷勒畚	是说乡下开始缫丝，丝行就有钱可赚。
女要俏，三分孝；男要美，三分威	女的穿素色的衣服显得俏美，男的要显得威严才好看。
天下第一苦，有唻香烟吃不火	形容抽不到香烟时的苦恼。
天下第一苦，摇船打铁磨豆腐	旧时摇船、打铁、磨豆腐是最艰苦的活。
太岁头浪动土，惹得老子发火	形容惹火了自己。
牙齿勿掏勿空，耳朵勿挖勿聋	是说牙齿不能掏，耳朵不能挖。
日里讲到夜里，菩萨还勒庙里	形容光说不做。
日里走勒路闹，夜里睏勒席闹	形容人行为正规。
日里烧香拜佛，夜里强抢豪夺	形容白天烧香当好人，晚上抢夺当强盗。
水停百日生毒，人歇百日生病	水不流动要变质，人不运动就会生病。
见面握手，表决举手，通过拍手	讽刺了某些形式主义。
介绍信满笼，勿及一只熟面孔	形容社会上人情的重要，有熟人好办事。

勿怕生意勿成，就怕闲话伤人	生意不成没关系，就怕说话伤了人。
勿怕红脸关公，只怕笑面坏种	是说不怕容易发火的人，就怕阴险的笑面老虎。
勿怕事体难弄，只怕站着勿动	是说勿怕事情难办，就怕不行动。
六月里一个阵，叫化子结米囤	形容夏天下雷雨的话，这一年粮食丰收。
六月里着棉袄，空瘪谷打年糕	如果夏天气不热，这一年稻谷收成就不好，农民就没有大米来打年糕了
办事体看人头，做生意靠舌头	是说做事靠朋友帮忙，做生意靠嘴巴宣传。
办事靠三座山：牛山马山靠山	形容办事要靠山的不良风气。
打拳头买膏药，识真病卖假药	是说旧时大街上设摊打拳头卖膏药的人，所卖的大多数是假药。
生姜勿老勿辣，生活勿做勿发	是说要通过劳动才能致富。
白根有劲，黄根有病，黑根丧命	从稻的根部的颜色判断水稻的生长情况。
用得着当个宝，用勿着当根草	形容某些人对人的态度：你有用是宝，没有用就是草。
头茶气芳，二茶易馊，三茶味薄	说明头茶、二茶、三茶的不同。
宁可一日不食，不可一日无茶	强调宁可一天不吃饭，不能一天不喝茶。
宁可别人无礼，勿可自己无知	是说人要有知识。
出门开路喝道，进门就是怕小	形容旧时做官的出门很威风，回家却怕老婆。
出种像种，萝卜变勿来芥菜种	任何东西都由品种决定，比喻人的品质无法改变。
老子天下第一，见着凶就拜揖	形容外强中干。
扫地要扫壁角，抹桌要抹四角	壁角、四角是指不容易清扫的地方。形容做事要注意细节。
有福勿会享，坐勒床闹等天亮	形容不会享受生活。
年轻苦勿叫苦，老来苦真叫苦	形容年老时的苦才是真的苦，年轻时受点苦没关系。
会闹讲得激动，会后呒不行动	批评在会上空发誓，会后没有行动的不良作风。
衣服越着越旧，脑子越用越灵	形容脑子多用才灵。
关勒门是两家，拆勒墙是一家	形容邻居关系好。
江山靠打出来，朝政靠治好来	形容江山是打出来的，社会是治理出来的。
红眼睛手上得，肠胃病口中食	红眼睛是手上感染得来的，肠胃病是吃出来的。

进庙堂讲豆腐，出庙堂讲媳妇	形容当面一套，背后一套。
芹菜麻油浇，口爽解暑好药料	夏天芹菜拌麻油，是解暑的好药料。
豆腐要喫得烫、老婆要讨得胖	用豆腐烫的好吃，比喻老婆要胖的好。
听过勿如见过，见过勿如做过	是说凡事都要亲自实践。
饭前雨好晒被，饭后雨吭药医	饭前如下雨，马上就会放晴。饭后如下雨，那就一时晴不了。
冷粥冷饭好喫，冷言冷语难受	是说人难以忍受冷言冷语。
穷人勿攀高亲，老来勿走高墩	是说穷人不能攀地位高的人家为亲，年纪大的人不要在高的地方行走。
初一月半吃素，初二十六当荤	是说旧时民间的饮食风俗。
表面天公地道，暗中男盗女娼	形容表面一套，暗中一套。
拍拍胸，勿生风；拍拍背，勿生晦	形容替小儿洗澡时先在前胸与后背用水拍一下。
拄拄大门嫌短，种种火炉嫌长	当门闩太短，放在火炉里取火又太长。形容没有用处。
若要小儿好，三分饥来七分饱	小孩子常带点饥饿有利于健康。
若要桑树好，冬罱河泥夏削草	是说培养桑树的做法。
茅坑越掏越臭，茶壶勿荡勿馊	是说茶壶不洗也不会馊。
念佛烧香，勿如少骂媳妇两声	少骂媳妇是最好的积德。
朋友多个好个，冤家少个好个	朋友越多越好，冤家越少越好，
狗嗷食，舔油瓶；人嗷食，做媒人	意思是狗嘴馋的时候会舔油瓶，人嘴馋时要做媒人，因为可以得到一些好处。
夜晴勿是好晴，晚娘勿是好娘	旧时形容晚娘不好。
庙堂里讲媳妇，田横头讲阿婆	形容人们喜欢对家里的媳妇和婆婆论长道短。
浅水插秧，深水扶苗，薄水发棵	说明了种水稻用水的技巧。
挡得牢千人手，瞒勿牢百人口	形容人言可畏。
要想人长寿，多吃豆腐少吃肉	要想长寿的话，要多吃素少吃荤。
尝尽滋味盐好，走遍天下娘好	通过盐的比喻，说说天下母亲最好。
蚂蚁喫一百，勿及苍蝇一只脚	蚂蚁吃得再多也没关系，苍蝇的一只脚就会使人生病。
拜年先拜娘舅，撬沟先撬横沟	亲戚中娘舅最重要，拜年时要先拜。沟当中横沟最重要，因此，挖沟要先挖横沟。
种田人讲节气，生意人讲和气	是说农民讲究时令节气，商人讲究和气生财。

种田勿用粪，好像瞎子呒不棍	瞎子没棍就走不了路，种田不用粪，也没有好收成。
种田勿离田头，开店勿离虚头	说明了农业与商业的不同特点。
送佛送到西天，摆渡摆到江边	比喻做好事要做到底。
捞得着捞点葱，捞勿着捞个空	形容裹馄饨包馅时，有时捞着点葱，有时什么也没有捞着。
桃子生病，杨梅治病，李子送命	说明了三种水果多吃对身体的不同作用。
贼呒脚偷勿着，麦呒脚收勿着	说明麦要护根。
借米落锅容易，讨米烧饭困难	是说借是容易的，向人讨是不容易的。
烫茶伤人，姜茶治疾，糖茶和胃	说饮茶的好坏与禁忌。
家有良田千顷，勿如手艺在身	形容家里有财富，还不如自己有手艺。
菊花要日头，桑地种菊呒赚头	菊花生长要靠阳光，在桑树地里种菊花收成就不会好。
做官一蓬烟，耕田种地万万年	是说做官是一阵子的事，耕田种地是世世代代的事。
做官勿论大小，只要洋钿钞票	形容旧时当官的人一心只要钱财。
衔勒嘴里怕烊，挂勒身浪怕荡	表示宠爱过份。
船头死只苍蝇，船尾死个差人	形容信息在流传中，往往会失真。
脸皮厚吃个够，脸皮薄吃勿着	比喻脸皮厚的人往往会得到好处。
着威风，赌对冲，吃最凶，嫖全空	告诫人不能嫖与赌。
清明热，勿活叶；清明寒，勿活蚕	清明如天热，桑叶的生长就不好；清明如天冷，蚕的成活率就不高。
淌来木头勿捞，无根朋友勿交	形容不交不知根底的朋友。
淘仙三分毒，勿坏衣衫就坏肉	形容开玩笑过头，过了头容易坏事。
喫公家笑嘻嘻，喫自家流眼泪	形容不爱惜公共财产的不良风气。
喫老倌，着老倌，灶里呒柴老倌	比喻什么事情都靠老公。
喫唻人家嘴软，拿唻人家手软	比喻收受了别人的钱财，就硬不起来了。
喫唻盐，省唻酱；喫唻糯，省唻粳	形容不爱惜公共财产的不良风气。
锣鼓勿敲勿响，道理勿讲勿明	形容道理越讲越明。
矮人勿坐高凳，穷人勿攀高亲	是说攀亲要讲究门当户对。
稻多打出米来，人多讲出理来	形容人多可以把道理讲明。
嘴唇两片皮，翻转仆塌侪是伊	形容人说话多变，一会这样，一会那样。

螺蛳勿生脚，吭不力气捉勿着	比喻最简单的事情也要花力气去做才能成功。

十、十三字俗谚语

一个将军一个令，勿晓得听啥人	比喻令出多门，无所适从。
一回生，二回熟，三回四回自家屋	形容人交往多了，关系就会亲密。
一熟豆，一熟麦，可以喫到头发白	种了蚕豆和麦子，粮食就不用担忧了。
十八只蹄子及勿来自家眼乌珠	比喻通过媒人介绍对象不如自己看中。
三岁打娘会笑，三十岁打娘上吊	三岁的小孩子打母亲，母亲很开心。三十的儿子打母亲，母亲就很伤心，要上吊了。
三亩棉花三亩稻，晴阿好，落阿好	棉花喜欢干，水稻喜欢水。因此，如果家里既有棉花，又有水稻，天雨天旱都不怕了。
三碗四盆子及勿来一碗炖螺蛳	酒席上的多种菜比不上一碗家常菜。
天勿怕，天勿怕，只怕喉咙里筑坝	什么都所无谓，就怕吃不下饭。
六月里晒得黑，十二月里有得喫	夏天辛苦干活晒黑了脸，到了年底会不愁吃了。
头茶苦，二茶涩，三茶好吃天又热	说明头茶、二茶、三茶品质上的差异。
老太婆烦舌头，从早到夜吭顿头	形容老太婆一天到晚说个不停。
老关节酸痛，勿是落雨就是起风	老关节如果酸痛的话，显示就要下雨或起风了。
早请示，夜汇报，吭不一样做得好	什么都要请示汇报，什么都干不好。
先落雪，后落霜，一个麦头两人扛	先雪后霜，麦子一定丰收。
行得稳坐得正，和尚师姑一板凳	形容行为端正，不怕别人说话。
氽来葛船勿捞，走来葛女人勿要	指来路不明的女人不能要。
讲倷好，勿要笑，讲倷勿好勿要跳	形容受了表扬不要骄傲，受了批评不要生气。
男大三，上金山；女大三，讨饭篮	旧时认为男的比女的大三岁结婚合适，女的大三岁就倒霉。
邻居好，无价宝；邻居勿好活倒灶	是说邻居好，胜过亲戚。邻居不好，倒霉透顶。
补药好是好，及勿来夜里睏得好	是说晚上睡得好对身体最有利。
软柴好捆硬柴，硬柴捆勿牢软柴	比喻处理事情不能硬来，要用和风细雨的说服方式。
鱼生火，肉生痰，青菜豆腐保平安	是说吃蔬菜豆腐有利健康。

春盲子，夏郎中，乌花裁缝好过冬	春天盲子生意好，夏天医生生意好，冬天裁缝生意好。
面黄昏，豆半夜，南瓜喫咪饿一夜	是说吃了面，过黄昏就饿了。吃了粥，过半夜就饿了。吃了南瓜，马上就饿了。
洋勿洋，相勿相，年初一吃豆瓣酱	比喻打扮或办事不合时宜。
挨上门自搬凳，冷粥冷饭自家盛	形容自己送上门去的不受欢迎。
桃饱人，杏伤人，李子树下埋死人	是说李子不可多吃。
紧提酒，慢提油，称盐称菜秤抬头	是说做生意时用秤的艺术。
做生意三件宝，人好货好信誉好	做生意的三个要素。
喫勿穷，着勿穷，呒不打算一世穷	形容不精打细算才会一世贫穷。
喫的油，穿的绸，全靠一双老茧手	形容财富都是靠劳动得来的。

十一、十四字俗谚语

一个子女活神仙，三男四女苦黄连	旧时孩子生得少生活就好，生得多生活就苦。
一个肚里一个计，十个好唱一本戏	形容人多办法多。
一日木匠三日烧，一日泥司三日挑	家里有木工在就多柴火，家里有泥工在就多乱泥。
一场春雨一场暖，十场春雨单衣换	春雨越下，天气越暖。
一次寒潮三四日，大冷勿会过五日	形容寒潮来时不会超过五天。
一男一女是仙家，多男多女是冤家	形容家里生孩子，一男一女最好，生得多了就会产生矛盾。
一亩田来一亩地，翻来翻去喫勿齐	形容有田有地会出产许多可吃的东西。
一季茶叶一场病，一年茶叶半条命	是说种茶也不是容易的事。
一夜夫妻百日恩，百日夫妻海洋深	形容做了夫妻就会产生感情。
一根丝线容易断，万根丝线好背纤	比喻团结起来力量大。
一朝天子一朝臣，朝朝天子出奸臣	形容每个朝代都有不同的大臣，每朝都会有奸臣产生。
一粥一饭饿勿煞，一耘一耥荒勿煞	有粥饭喫就不会饿死，田里只要耕耘就不会荒芜。
二月清明叶等蚕，三月清明蚕等叶	是说二月过清明的话，桑叶生长早。三月过清明的话，桑叶生长迟。
十个人分只牛，勿如一个人喫只狗	人一多，分到手的就少，一个人独占，利益就多。

八个壶瓶七个盖，盖来盖去盖勿全	比喻因客观条件所限，事情无法面面俱倒。
九月南风连夜雨，十月南风柴草枯	形容九月刮南风就会下雨，十月刮南风天气就晴。
三个兄弟一条心，门前泥土变黄金	比喻一家人团结，什么困难都可以解决。
三天萝卜四日菜，小麦只要二日半	形容不同农作物出秧的时间。
三月初三正清明，踏青上坟烧纸锭	形容清明上坟时的情况。
三月清明做圆子，四月养蚕采茧子	南方三月清明时，要做圆子。到了四月就要养蚕了。
干柴白米燥砻糠，还租交税侪弄光	形容旧时农民交了租税后，家里什么也没有了。
大人错唻讲讲过，小人错唻打屁股	形容大人与小孩犯了错误后的不同情况。
上半夜想想自家，下半夜想想别家	是说做人要思前想后，既要考虑到自己，也要考虑到别人。
上昼天闹有云障，下昼晒煞老和尚	夏天上午有云的话，下午就会很热。
千日琵琶百日箫，烂潦胡琴一清早	形容琵琶与萧难学，胡琴好学。
千年勿断娘家路，万年勿断舅家门	是说娘家和舅家的关系是永远不会断的。
丫头囡儿自家好，田头地横别家好	形容子女自家的好，田地别家的好。
开开心心活条命，忧忧急急多生病	是说乐观有利健康，忧愁影响身体。
开店要开独行店，买田要买抽心田	开店的话，要做独家生意。买田的话，要买中间的田地。
天下乌鸦一样黑，世上贪官一样狠	旧时形容贪官都是一样的狠毒。
天勿怕地勿怕，只怕本地人讲官话	以前本地人说普通话，是打官腔的一种表现，人们一般都不喜欢。
夫妻吵架甜如蜜，弟兄相打硬如铁	夫妻虽吵架还是很恩爱，弟兄打架则不讲情面。
夫妻相骂十八头，夜夜睏牢一横头	夫妻白天吵架，晚上就没事了。
廿年媳妇廿年婆，再过廿年做太婆	说明风水轮流转，过去的媳妇也可以成为婆婆和太婆。
太阳菩萨顶公平，穷家富家一样平	太阳最公平，无论是穷人富人都一样对待。
少壮勿伤身，老来生病还好顶三顶	青年时身体好，年龄大了即使生病也抗得住。
日里勿欠馄饨债，夜里敲更勿搭介	形容白天不欠债的话，晚上睡觉也安心。

日落西山一点红，半夜起来搭雨蓬	太阳下山时如出现一点红，半夜就要下雨。
水路班子新行头，草台做戏出掼头	形容民间的戏班子的情况。
牛皮吹来当当叫，屋里摆只缸缸灶	牛皮吹得很大，其实家里很穷。
牛喫稻草鸭喫谷，各人自有各人福	是说各人福气不同。
毛头毛脑小伙子，脱掉帽子呒脑子	形容年轻人办事毛里毛糙。
毛头姑娘十八变，临时上轿变三变	是说年青姑娘相貌变化多。
勿讨媳妇歇勿得，讨特媳妇话勿得	是说没有媳妇时想要媳妇，但讨进了媳妇又不能去说她。
勿会种田看上埭，勿会做人看姆妈	比喻无论是做事还是为人都要向有经验者学习。
勿怕侪家看勿起，只怕自家勿争气	是说别人看不起不要紧，关键是自己要争气。
勿做中人勿做保，一生一世呒烦恼	是说不做中人和保人，就不会有烦恼。
勿曾吃饭总算早，勿讨老婆总算小	是说没喫早饭还是早晨；没有结婚的人也不能算大人。
六月初一隆隆响，四十二日好晒酱	是说如果六月初一这一天打雷的话，接下来四十多天都是晴天，农民家里可以晒酱了。
火肉粽子甜汤圆，呒不铜钿叫皇天	火肉粽子和甜汤圆是南方的美食，但没钱买只有叫天了。
心字头牢一把刀，大祸临头侪逃掉	是说只要能忍，什么灾祸都可避免。
正月十五元宵节，汤团好喫磨难牵	是说元宵汤团好吃，但牵磨很累。
龙养龙，凤养凤，贼骨头儿子掘壁洞	比喻好人的子女也好，坏人的子女也坏。
东村望见西村好，西村有牢烧行灶	人总是认为自己的不好。
田头地角人家好，丫头团儿自家好	庄稼总是说别人的好，子女却总是说自己家的好。
田里只怕鸭舌头，屋里只怕烦舌头	田里只怕鸭舌头草，家里最怕多嘴多舌的人。
田里稗草勿生谷，懒惰夫妻勿生福	是说懒惰人家没有幸福。
处暑呒不空心草，白露呒不勿出稻	是说处暑是长草的季节，白露是长稻的季节。
冬天河泥金河泥，春天河泥豆腐衣	说明积肥要抓住冬天的季节。
冬吃萝卜夏吃姜，郎中先生卖老娘	冬天吃萝卜，夏天吃姜，对身体大补。人身体好了，郎中就没有生意了，只好把老婆卖了。
冬里有水麦生病，春里有水麦丧命	形容无论冬天还是春天，水对于麦子来说都是有害的。

头昏脑涨记勿牢，慢跑气功广播操	是说慢跑、气功和广播操有利于身体健康。
宁可得罪少数人，勿可得罪老百姓	是说当干部做官要为老百姓服务。
出嫁女儿勿省饭，新讨媳妇勿替力	女儿出嫁还是要回娘家吃饭，新娶来的媳妇也不会出力。
老白酒，红曲酒，长兴人过年喫米酒	长兴人自已酿制的农家米酒，味道清甜甘洌，入口还有一股糯米的醇香。
老板鲫鱼精肉嵌，赛过旅游上海滩	形容鲫鱼嵌肉的美味。
老婆说话比娘灵，十事商量九事成	老婆的威信比母亲高。
芒种夏至日头长，大麦小麦齐登场	大麦收割不过芒种，小麦收割不过夏至
有人识得四月天，睏牢床上喫一年	四月天多变。如果有人能够了解四月天的变化，适时安排生产，那么就可高枕无忧了。
有钱三十当宰相，没钱六十当长工	旧时形容有钱人也可以当官，没钱年长者也只有当长工。
有咪千钿想万钿，做咪皇帝想登仙	形容人心不知足。
早春萝卜赛过梨，越冬保管要加泥	萝卜营养好，但越冬要加泥才不会烂。
早稻勿种六月田，晚稻勿过立秋关	说明早稻与晚稻的播种时间。
吃菜要吃白菜心，当兵要当新四军	形容抗日战争时期长兴百姓积极拥护中国共产党，送子女参加新四军的情景。
年老喫食勿贪多，肠胃正常疾病无	老年人不能吃得过多，要保持肠胃正常。
年纪活到四十四，养个小囡呒油势	年纪到了四十多岁，生下小孩子来也不健康。
伤风当成约约乎，久拖变成皮老虎	伤风不及时治疗，拖久了就难治了。
爷有娘有要自有，老倌手里要开口	形容只有自己有钱才是最自由的。
爷爷孙子隔一代，客客气气做个伴	爷爷与孙子相隔一代，应该客客气气相伴。
多收少收在于肥，有收呒收在于水	说明了水与肥对于农作物的作用。
米包掮到黄昏头，老婆饿煞灶口头	旧时形容百姓辛苦劳动，却无法养家糊口。
汏衣括裳女人做，淘米烧饭男人帮	旧时形容家庭家务的分工情况。
好看青苗好看稻，勿过寒露勿叫好	过了寒露以后才可以确定稻长得好不好。
欢欢喜喜长寿命，愁愁急急要成病	快乐使人长寿，忧急使人生病。
麦收蚕熟百无忧，黄鱼白鲞把客留	麦子丰收了，蚕茧成熟了，什么也不用担忧，可以买鱼肉把客人留下吃饭了。
麦到小满稻到秋，早熟迟熟叫得收	麦子到了小满，水稻到了立秋，不管什么情况都得收获了。

麦怕清明连夜雨，稻怕寒露一朝霜	说明了麦子最怕清明时下雨，水稻最怕寒露时起霜。
两袖清风一身轻，真真做到有几人	旧时形容当官的要做到清廉不容易。
呒不两个鼻子管，真要爆碎天灵盖	形容生气。
呒不铜钿出聘金，睁着眼睛做光棍	没有钱当聘金，只有当光棍了。
听㖸佛法要饿煞，听㖸官法要吓煞	听了佛法，宁可饿死也要救人。听了官法，了解了法律，有点害怕。
饭为根本肉为膘，酒通脾胃烟通窍	是说各种饮食的功效。
闲时头里粥碰粥，新年头闹肉碰肉	形容平时省吃俭用，过年时就可以吃肉了。
快快活活活㖸命，气气闷闷闷出病	快乐使人长寿。
抬头婆娘低头汉，同㖸出去要坍台	旧时认为抬头走路的女子与低头走路的男子都不好对付，人们不愿意与这两种人在一起。
卖肉娘子舔墩头，卖油娘子水抹头	言经营者之节俭。
卖得羊皮羊毛钿，勿愁油盐零用钱	旧时农民的零用钱是靠卖羊皮羊毛得来的。
夜里落雨日里晴，好特勤谨种田人	晚上下雨白天晴，有利于农民。
学特三句洋泾浜，回家爷娘勿认账	形容人忘本变心。
草棚平房侪拆掉，家家楼房围墙高	形容农村家家建新房的情景。
茶叶好比时辰草，日日采来夜夜炒	说明茶叶生长快。
南海菩萨观世音，难救勤喫懒惰人	是说观世音也不会救懒惰人的。
要同人家比种田，勿同人家比过年	要跟别人比劳动，不能比享受。
要想养好蚕宝宝，消毒要好食要饱	说明要养好蚕的关键是消毒好、喂食饱。
省喫省用创家私，滥喫滥用叫化子	节省会创造财富，滥吃滥用会成为乞丐。
昭和年代乌糟糟，贫穷富好侪倒灶	形容朝代不好，所有的人都没有好日子。
拜年拜到正月半，面孔像得墩头板	形容到了正月半再去做客，客人就不欢迎了。主人的脸好象切菜的墩板一样没有表情。
拜年拜到正月半，烂溏鸡污炒青菜	形容做客迟了，主人家没有菜好吃了。
看见卵蛋当黄瓜，看见乌龟叫大叔	比喻人没有知识，什么都不知道。
看戏看到掮台板，回到屋里喫冷饭	形容看戏看到很晚，回家只好吃冷饭。
香豆腐干花生米，火肉自愿称小弟	形容香豆腐干和花生米味道好，胜过了火肉的味道。
顺风耳朵千里眼，难识眼前烟幕弹	形容再聪明的人也会被人蒙骗。

待人待只落水狗，反转身来咬一口	形容人没有良心。
弯转里出勿来血，砻糠里榨勿出油	比喻不具备某种性能，就发挥不出某种作用。
蚕花茂盛廿四分，茧子堆来碰屋顶	形容蚕茧丰收。
蚕皇天子马鸣王，难医宝宝上山僵	蚕皇天子和马鸣王都是传说中蚕神，即使是他们也无法医治僵蚕的毛病。
蚕期家家搭蚕棚，邻舍好友勿来往	养蚕期间因为搭蚕棚，因此亲戚朋友都不来往了。
桃三李四梨五年，枣树当年就换钿	说明了各类果树的生长时间。
蚊子飞过别断脚，苍蝇飞过打滑塌	形容地上很滑。
秤平斗满客满门，缺斤短两关店门	形容买卖公平，生意就好。
借来壶瓶赊来酒，打碎壶瓶剩只手	形容东西都是借来的，自己什么也没有。
臭豆腐干嵌烧饼，穷人淘里好点心	臭豆腐干嵌烧饼是桐乡地区的日常饮食。
家花勿及野花香，可惜野花不久长	是说情人比老婆有味道，但关系不可能长久。
聋子勿听得狗叫，盲子勿看见火烧	比喻什么也没有听见，什么也没有看到。
做生意勿着一遭，讨老婆勿着一世	是说生意做得不好是暂时的，老婆讨得不好是一世的。
做生意靠人头熟，借铜钿靠假装哭	是说借钱时要装出贫穷的样子而哭泣，才能借到钱。
偷个鸡蛋喫勿饱，一身臭名背到老	形容犯了小错而影响了一生的名誉。
着咪一世花衣裳，睏咪一世呒脚床	形容旧社会演员的艰辛生活，白天穿花衣服演戏，晚上只能睡在舞台上。
晴天十八个日头，落雨十八只钵头	形容房屋破旧，天晴全是太阳，一下雨就漏。
喫咪稍后行百步，一世勿用进药铺	是说饭后散步，有利于健康。
喫咪老姜红糖汤，寒气恶心侪逃光	是说老姜红糖汤具有祛寒的作用。
喫咪原告喫被告，官司打到何时了	形容法律界吃两头的不良之风。
喫咪桑果糯米粥，补肾安神睏大觉	是说桑果糯米粥具有补肾安神的效果。
滑头麻子称好佬，失脚落水自倒灶	形容滑头的人也有倒霉的日子。
勤喫懒做样样要，到咪年底扮羊叫	平时贪图享受，到了年底什么也没有。羊叫声为“咩”，音与“没”同。
碰着矛盾绕道走，是非问题勿插手	形容某些人不责任的态度。
端午粽子过年糕，小人快活大人恼	形容旧时过年过节，小孩子快活，大人们很烦恼。

聪明面孔木肚肠，做错事体呒商量　形容某人表面聪明，其实很蠢。

燕子飞低蛇过道，大雨马上要来到　形容大雨之前的自然现象。

邋遢娘舅穷小伯，犯来身牢呒设法　家有穷亲戚是没有办法的。

十二、十五字以上俗谚语

一九二九伸勿出手，三九四九冻碎石臼　形容天冷的情景。

一个和尚挑水喫，两个和尚抬水喫，三个和尚呒不喫　比喻人多了反而没人干事。

一字勿识天下去得，人头勿识寸步难行　形容会不会看人最重要。

一盅小酒一斤油，一顿夜饭一头牛，一年喫掉一幢楼　形容大吃大喝的浪费。

一家勿晓得一家事，和尚勿晓得道家事　说明每家人家都有不同的事。

二十七八准备提拔，三十七八飞黄腾达，四十七八垂死挣扎，五十七八死蟹一只　形容不同年龄段人们所面临的现状。

三十勿发，四十勿富，五十六十平平过　是说人生在三四十岁时不发达的话，一生就平平淡淡了。

大鱼喫小鱼，小鱼喫虾米，虾米喫烂泥　旧时形容一级吃一级。

小菜有闹娘娘橱里，生活有闹长工手里　形容成果的好坏都掌握在实际干活的人手中。

乡下人到街浪，肩胛拍拍；街浪人到乡下，杜鸡杀杀　说明城里人与农村人的不同。

见面握握手，开会拍拍手，礼品拿到手，做事全脱手　人们批评当时流行的不良风气。

手捏大哥大，香烟喫中华，出门桑塔那，身边坐二奶　批评当时社会存在的不良风气。

毛毛雨落湿头发，烧酒豆腐干喫穷人家　形容小事不及时预防，会酿成大错。

勿当家勿知柴米价，勿拿秤勿知斤和两　形容不经过亲身实践，不知道世事艰难。

勿识得洋钿叫人估，勿识得人头一世苦　形容不会看人一世苦。

六十小弟弟，七十多来许，八十勿希奇，九十自料理　形容人的寿命越来越长。

本事大当老板，本事小摆地摊，呒本事上三班　反映了社会上流行的风气。

本事大做生意，本事小学手艺，呒本事种田地　反映了社会上流行的风气。

东闪风，西闪雨，南闪火门开，北闪有雨来　说明不同方向打闪可能形成的天气情况。

叫化子勿是天生成，皇帝伯伯勿是真龙生　是说人无论高低贵贱都不是天生的。

用得得当，大黄是补药；用得勿当，人参是毒药　是说药材用得得当才有效，用得不当，有害。

用得着油肉夹饭嚼，用勿着冷水喫勿着　对人有用，可以吃肉。对人没用，连冷水也没有喝。

立有立相，坐有坐相，买只夜壶要有摆相　比喻任何东西都要有好的外表。

宁可同苏州人相骂，勿可同绍兴人讲话　是说苏州人的话软，绍兴人的话硬。

外做生意成千上万，勿如屋里母鸡下蛋　说明在外做生意钱再多，不如家里置产业富足殷实。

当补勿补，疾病增多；胡乱进补，勿如萝卜　不补会引起疾病，乱补等于不补。

早上喫得好，中饭喫得饱，夜饭喫得少　注意养身的人一天三餐的情况。

汏衣裳烧饭，昏头转向；麻将牌一响，眼目清亮　形容有的人不喜欢做家务，只喜欢赌博。

讲起来重要，做起来次要，忙起来勿要　讽刺光说不做的不良风气。

妇女望喂蚕，男人望种田，小孩望过年　表示农村里妇女盼望着养蚕，男人盼望着种田，小孩子盼望着过年。

初学三年天下去得，再学三年寸步难行　形容越学越觉得自己知识浅薄。

省死省活省闹喉咙头，买田买地买到岸滩头　形容旧时人们省吃俭用就是为了买田买地。

前头怕蛇咬，后头怕狗咬，当中怕鬼迷　形容走路时三个人的不同位置所遇上的危险情况。

茶叶本是时辰草，早三日摘是宝，迟三日摘变草　旧时指茶叶生长快。

请人一日勿安耽，造屋一年勿安耽，讨小一世勿安耽　旧时说请人、造房子、娶小老婆都是麻烦的事。

清水苗田别家好，癞痢头儿子自家好　自己家儿子虽有缺点，家长还是夸自己的好。

情愿一个人养只狗，勿愿两个人拼头牛　比喻拼做生意行不通。

喫得邋遢，做个菩萨；喫得干净，做个观音　是指不讲卫生的强辩语。

寒露割早稻，霜降一齐倒，立冬呒立稻　说明了稻子的收获季节。

嘴巴浪糖水淌得出，肚皮里尖刀摸得出　形容嘴上说得好听，内心却很恶毒。

高，高不过太平桥；低，低不过塌水桥；长，长不过五里桥；短，短不过跨塘桥　该民谚形象地描绘了长兴桥梁的多样性。长兴境内湖泊漾荡密布，塘港河浜纵横交错，桥梁众多，古桥文化源远流长。

长兴人住城镇，安庆人住高山，平阳人住丘陵，河南人住田畈，苏北人住港滩是说历史上长兴居民和外来移民的分布特点。长兴是座移民城市，大量的外地移民到长兴定居谋生，往往根据其自身的技能特点而选择居住地。

第二节　长兴歇后语

一、首字为一划

一根筷子吃面——单挑
一跤翻牢蜜缸里——浑身甜
一只筷喫藕——专挑眼
一瓤橘子望丈母——一片心
一百斤棉花一张弓——慢慢弹(谈)
一朵鲜花插在牛粪上——可惜
一口想喫个胖子——办勿到
一只眼睛看报——眼开眼闭
一分钱开店——周转不了
一只棺材睏两个——死对头
一条船上葛难友——风雨同舟
一顿能喫三斤米——肚(度)量大
一家十五口——七嘴八舌
一根肚肠通到底——直性子
一面官司——勿好打
一块硬骨头——勿好啃
一碗水泼地牢——难收拾
一脚踏牢桥眼里——上下两难

二、首字为二划

八十岁学吹鼓手——活到老学到老
八只甏头七只盖——缺一只
八月半的月亮——正大光明
八仙做寿——老排场
八十岁婆婆拜堂——空费一对蜡烛
刀切香葱——两头空
二月的韭菜——头刀
二八月的天气——忽冷忽热
二两棉花一张弓——细弹(谈)
二十一日勿出鸡——坏蛋
儿子见娘丑——难开口
儿子看婆媳吵架——两头为难
九曲桥浪散步——转弯抹角
七仙女做梦——天晓得
七个婆婆拉家常——说三道四
七十岁讨老婆——老来喜
七十岁学武功——老练
七仙女回娘家——云里来，雾里去
七窍通六窍——一窍不通
七总管死爷——六神无主
七石缸里螺蛳——沿勿出
七块洋钿两人分——勿三勿四
人心隔肚皮——难猜
人老穿花衣——老来俏
十月里葛桑叶——没人采(睬)
十月芥菜——起特心
十月里鸡冠花——死要好看
十只鸭头做一盆——多嘴多舌
十个节头生疮——毒手
十个铜板少一文——九文(久闻)
十两的纹银——一定(锭)

十年寒窗中状元——先苦后甜
十字路口分手——各奔前程
十字街口告示——众所周知
十月里葛鸡冠花——老来红
十个驼子过桥——自勿见自
十个指头按跳蚤——一个捉勿牢
十字加两点——斗起来了
十字街口贴告示——众所周知
十二月里戴碗帽——勿派用场
十五个吊桶打水——七上八落
十五个人聊天——七嘴八舌
十八里没人家——稀

三、首字为三划

大年初一拜年——侪家好
大姑娘上轿——头一遭
大姑娘格心事——摸勿透
大海里捞针——难
大腿牢把脉——勿对路
大门闩当挑火棒——大材小用
大葱炒藕——空空洞洞
大街牢挂钟——群众观点
大脚疯着元宝套鞋——紧绑绑
大肚皮走钢丝——铤而走险
大肚皮着裤子——呒搭头
大肚皮开刀——破产
大路边上格电杆——靠边站
大船摇进小浜里——调勿转头
大姑娘盼儿子——想得忒早
大炮打苍蝇——大材小用
大头针包饺子——露馅了
飞机打飞机——空对空
飞机上吊大闸蟹—悬空八只脚
木头人摇船——勿推板
木排牢跑马——蹩脚
木匠推刨——直来直去
木匠打老婆——一斧头
木匠斩开手——老疤里
门角落里撒屎——总会晓得
门缝里看人——看偏咪
门楼牢挂灯——高明
马屁拍到马脚上——弹开
千里寄鹅毛——礼轻情意重
千手观音——多面手
千年铁树开花——少见
三个铜板买火肉——难批
三两棉花——呒弹(谈)头。
三铜买个鸭头——就是一张嘴
三十夜里葛月亮——有无一样
三月里葛青菜——早有心
三毛葛头发——稀少
三尺门槛——高抬勿上
三代人上街——扶老携幼
三尺被头——顾头勿顾脚
三本经书两本假——一本正经
三夹板牢雕花——刻薄
三色原子笔——多心
三个节头撮田螺——稳拿
三只骰子着两点——看勿懂
三只手管仓库——勿放心
三升米烧半碗粥——厚子纳裰
三条腿呃蛤蟆——难找
三条腿呃长凳——不稳
三里桥浪骂知县——自家听

三堂审苏三——真相大白
三十年守寡——老等着
三年勿刷牙——一张臭嘴
三伏天卖勿掉呃肉——臭货
山东人喫麦冬——一懂勿懂
山里余把斧头来——奇谈怪论
山羊打架——斗角
上天气球——飘飘然
上膛子弹——一触即发
上坟不带烧纸——惹祖宗生气
上山背毛竹——顾前不顾后
上梁请铁匠——找错倈人
上气勿接下气——当中断气
上课勿带书——忘本
上眼皮看下眼皮——目光短浅
土地喊城隍——神呼(乎)其神
土地菩萨打哈欠——神气
小鸡换盐——两勿见铟
小拇节头掐卦——轮勿着
小鸡吃黄豆——够呛
小葱拌豆腐——一青(清)二白
小娘烧香——假正经
小尼姑看嫁妆——无缘
小人勿识鼻涕——长痰(谈)
小和尚念经——有口无心
小鸡喫食——点头哈腰
小鸡跳进白米囤——快活煞
小卒过河——有去无回
小鬼拜见张天师——自投罗网
小媳妇骂人——勿敢大声
小媳妇到婆家——忍气吞声
小媳妇回娘家——三步并作两步
小碗喫饭——靠添(天)
小脚女人走路——东倒西歪
小偷进场——顺手牵羊
小蜜蜂说话——甜言蜜语
小狗落茅坑——穷喫
小瘌痢撑伞——无法无天
乡下狮子乡下跳——因地制宜
乡下人勿识得走马灯——伊来特
乡下人喫橄榄——丢来掼去
乡下人勿认桂圆——外黄(行)
乡下人看告示——一篇大道理
母娘看女婿——越看越欢喜
丈母娘碰着亲家母——婆婆妈妈

四、首字为四划

长条凳捆勒叉袋里——七翘八裂
长工呃日脚——难过
长工指望太阳落——一日好过
长衫改短袄——取长补短
中药铺里甘草——用途广
风箱里呃老鼠——两头受气
风车耳朵摇车心——转得快
勿做和尚勿讨人——两头空
勿识桂圆——外黄(行)
火炉盖当镜子——看穿
火锅里鱼头——烂熟(乱凿)
火烧纸马店——迟早要归天
火烧棉花店——弹(谈)勿成
火烧屁股——坐勿停
火车到站——停
火车头闹葛灯——顾前勿顾后
见咪上司——侪讲对

见咪麦苗当韭菜——五谷勿分
开咪见喉咙——一讲就明
开花头棉帽过新年——一年勿如一年
开水淘饭——做粥(作)
孔夫子识白字——难得至
孔雀开屏——翘尾巴
五百块分两刀——二百五
六月里着棉鞋——热脚(日脚)难过
六月里看死尸——越看越勿像
六月里穿毛衣——热心
六月天吹南风——热对热
六个脚趾头——节外生枝
六十岁嫁人——心勿定
六节头掐卦——轮勿着
六十岁学吹打——气勿长
牛身牢拔根毛——小事
牛呃肚皮——草包
牛皮饭碗——敲勿破
牛背浪翻跟斗——硬功夫
牛角浪抹油——又尖又滑
牛皮纸糊灯笼——肚里亮
女婿勿认得丈人——有眼勿识泰山
女小人打架——抓小辫子
水中捞月——一场空
水缸里养鱼——保活不保长
水进石灰船——吪救
双胞胎呃面孔——一个样
太湖里麻鸟——见过世面
乌龟性子——慢吞吞
乌贼鱼葛肚皮——黑
乌龟垫床脚——硬撑
乌龟变黄鳝——解甲归田
王八喫秤铊——铁了心
无米之炊——难做
引线眼里翻跟斗——细得出奇
月亮里呃桂花树——高勿可攀
孔夫子葛徒弟——贤(闲)人

五、首字为五划

后娘打儿子——早晚一顿
包子吃到豆沙边——尝到甜头
包脚布里葛白虱——脚虱(色)
包公葛铡刀——勿认人
包公审官司——六亲勿认
半斤换八两——两勿喫气
半路上杀出个程咬金——勿想着
半夜做恶梦——虚惊一场
半夜三更放鞭炮——一鸣惊人
半夜吃黄连——暗中叫苦
半夜里捉虱子——瞎摸
半夜里做生意——赚黑钱
半天里倒马桶——尿污(诗雾)腾腾
半天云里挂帐子——落勿得脚
半空里翻跟斗——勿着地
白狗落闹羊堆里——分勿清爽
白纸闹写黑字——赖勿掉
白骨精扮新娘——妖里妖气
白娘娘斗法海——精打光
白娘娘哭断桥——念旧情
出窠蟑螂——一大淘
出门戴口罩——套嘴
出门坐飞机——远走高飞
出头椽子——先烂
对牛弹琴——白费力

对着镜子拜揖——自敬
冬天卖扇子——勿识时务
冬瓜缠闹茄母里——弄勿清
打针拔火罐——当场见效
打翻盐船——呒救
打破砂锅——问到底
打蛇打七寸——击中要害
打火机敲潮烟——土洋结合
打架脱衣服——赤膊上阵
打开棺材喊捉贼——冤枉死人
叫花子跌闹石灰堆里——一穷二白
叫花子喫豆腐——一穷二白
叫花子粜米——只有这一升(身)
叫花子喫死蟹——只只好
叫花子唱戏——穷开心
叫花子炒三鲜——要样呒样
叫花子讨老娘——穷配穷
叫花子掼砂锅——自掼自
叫花子发魇——穷开心
叫花子晒太阳——享天福
叫花子捉白虱——十拿九稳
叫花子摆阔气——穷大方
叫花子打狗——手头功夫
甘蔗当门闩——勿牢靠
甘蔗当吹火棒——勿通
甘蔗马丝梢——末段(代)
甘露寺招亲——弄假成真
关老爷卖豆腐——人硬货勿硬
尼姑呃木梳——无用
尼姑看嫁妆——空开心
外婆做鞋子——老样子
皮球打蜡——圆滑
皮鞋厂老板——牛皮大王
四大金刚摇船——大推八板
四大金刚腾云——悬空八只脚
四月里葛桃花——谢咪
四两棉花——呒弹头
水牛葛一生——忍辱负重
水池里生草——荒塘(唐)
水进石灰船——呒救
水沟里葛泥鳅——起勿来浪
水池里葛鸳鸯——成双
石头牢绣花——起头难
石头心肠——伊冷伊硬
石灰店老板——白手起家
石臼里放鸡蛋——稳当
石灰水写标语——白字
石榴脑袋——点子多
石板上掼乌龟——硬碰硬。
石头出汗——还潮
石头放在鸡窝里——混蛋
石臼浪摆栲栳——稳笃笃
田鸡跳到池塘里——扑通(不懂)
田公地母找对象——门当户对
头浪砍一刀——伤脑筋
头顶牢生眼睛——目空一切
头牢生疮，脚底流脓——坏透
头发丝吊元宝——危险
台子只剩四只脚——呒面子
正梁木做扒灰柄——大材小用

六、首字为六划

百年陈账——难算
百岁养儿子——难得

白壳弯转——无钳(权)
地头蛇——勿好惹
地里呃蛐蟮——土生土长
灯笼照火把——亮见亮
灯草打人——没力气
灯草拐杖——难撑
吊煞鬼讨命——用圈套
红木当柴烧——勿识货
好汉勿喫眼前亏——识时务
行灶里烧稻柴——当着勿着
江西人补碗——自顾自
刚刚碰碎只缸缸——巧中有巧
过河小卒——勿回头
过期车票——失效
关公做木匠——大刀阔斧
关公面前舞大刀——献丑
关节炎碰着阴盲天——旧病复发
刘备江山——哭出来
刘备三请诸葛亮——诚心诚意
刘佬佬进大观园——洋相百出
老鼠碰见猫——难逃
老鼠跌闹米缸里——来得正好
老鼠困牢猫窠里——胆子勿小
老鼠咬死一只牛——吃勿齐
老鼠钻风箱——-两头受气
老鼠进书橱——咬文嚼字
老鼠喫冬瓜——呒处落口
老鼠偷芝麻——喫香
老鼠吃胡桃——毫无门路
老鹰拖小鸡——拎咪就走
老太婆数蛋钿——细模细相
老太太喫柿子——专拣软呃捏
老太婆扎鞋底——千针(真)万针(真)
老太婆绣花——笨手笨脚
老九拉弟弟——老十(实)
老大懒惰老二勤——一勿做，二勿休
老太婆葛嘴——喫软勿喫硬
老太婆喫黄连——苦口婆心
老太婆住高楼——上下为难
老太婆摇纱——拖拖拉拉
老太婆穿线——差一眼
老太婆裹脚布——伊臭伊长
老旦着绿裙——末脚一出
老旦唱小生——勿像样
老俩口吵架——公说公有理，婆说婆有理
老牛拉破车——慢吞吞
老尼姑看嫁妆——呒望头
老母鸡生蛋——刮刮叫
老母鸡管小鸡——寸步勿离
老母猪葛耳朵——软骨头
老公打扇——妻(凄)凉
老寿星唱曲子——老调
老寿星喫砒霜——活厌唻
老虎喫蝴蝶——勿经大嚼
老虎喫刺猬——呒处落口
老虎头牢拍苍蝇——寻死
老虎追来看雌雄——勿怕死
老龙王搬家——离海(厉害)
吕布遇貂蝉——英雄难过美人关
买个鳌来水里游——没淘(无先例)
网船牢只鸭——拖煞
米屯里老鼠——勿愁喫
米汤汏头——糊涂到顶
名牌货贱卖——价廉物美

蛐蟮游太湖——野豁豁
蛐蟮管龙——颠倒大小
西瓜皮揩屁股——一塌糊涂
西瓜子拌豆腐——黑白分明
西山出太阳——难得
肉骨头敲鼓——荤(昏)冬冬
肉骨头里炖晚豆——糜酥塌烂
肉骨头熬油——难得
如来佛葛手心——逃勿出
杀猪屠葛账本——血债累累
杀猪屠送礼——提心吊胆
孙行者葛本领——神通广大
孙行者翻跟头——十万八千里
孙行者参加蟠桃会——偷喫
孙行者葛毫毛——变化大
竹匠师傅葛淘箩——自家编

七、首字为七划

抓手掇栲栳——巴勿得
灶家菩萨上天——直来直去
阿巧拉姆妈养阿巧——巧里个巧
阿六伯看潮——过时咪
陈世美讨小老婆——喜新厌旧
床脚底下点蚊香——自熏屁股
床底下放鹞子——高煞有限
财神菩萨讨饭——装穷
赤膊穿蓑衣——爽气
赤膊鸡打相打——侪受伤
苍蝇叮鸡蛋——无孔勿入
苍蝇戴豆壳——扣大帽子
钉头碰铁头——硬碰硬
肚皮里长瘤子——心腹之患
豆腐里寻骨头——没事找事
豆腐肩胛——担当勿起
豆腐落闹灰堆里——分勿清
豆腐架子改鸟笼——越改越小
豆芽菜开花——老嫩
豆腐炒韭菜——青青白白
豆腐烧骨头——有硬有软
饭店门前摆粥摊——抢生意
饭店里端菜——和盆托出
花木兰参军——冒名顶替
鸡啄百脚——冤家
鸡毛上天——轻飘
鸡蛋里寻骨头——无中生有
鸡蛋碰石头——自勿量力
鸡蛋走路——滚
鸡啄西瓜皮——麻子
快刀切萝卜——干脆
弄堂里刮风——稳吹
弄堂里掮木头——直来直去
两个哑巴拜年——呒话头
两个哑子睏一头——好来话勿来
两个巴掌打人——左右开弓
两口子拜堂——欢天喜地
两口子回门——成双成对
两分钱开店——穷开张
两头牛打架——角碰角
李逵卖炭——黑对黑
李逵断案——粗中有细
李时珍看病——手到病除
李世民做皇帝——顺应民心
冷水泡茶——没味
冷天戴手套——保手(守)

呒头苍蝇——乱飞
没切开葛西瓜——红白勿分
呒不星呃秤——勿知轻重
呒不病喫药——自讨苦吃
屁股闹画眉毛——面子大
屁股闹生疮——坐勿定
穷人过年——急煞
穷人打官司——稳输
穷人葛日脚——难过
汽车上葛喇叭——勿是吹呃
汽车抛锚——走不了
汽车后轮——勿会转弯
秀才葛手巾——包书(输)
秃顶搔头——呒发(法)
秃顶葛头发——稀少
秃子头上葛虱子——明摆着
武大郎讨老婆——凶多吉少
武大郎喫药——喫特要死，勿喫亚要死
武松打虎——一拳成名
严嵩做寿——照单全收
医生卖棺材——死活都要钱
坐飞机吹喇叭——唱高调
走路打算盘——手脚勿停
纸糊老虎——吓人怕
灶头牢呃抹布——揩油
灶家菩萨上天——直奏
灶里烧火棒——焦头烂额
张天师捉鬼——拿手好戏
张木匠拉锯——有来无去
张小泉剪刀——名牌
张飞唱戏——粗声粗气
张飞断案——粗中有细
张飞碰到李逵——黑碰黑

八、首字为八划

杨树蒲头蜕壳——死勿来
杨家将出征——全家侪上
青石板牢掼乌龟——硬碰硬
青皮橄榄——先苦后甜
青菜炒大葱——青(亲)上加青(亲)
拖油瓶上祠堂——轮勿着
顶特石臼做戏——吃力勿讨好
垃圾倒闹茅坑里——臭搭臭
抬着棺材上战场——拼命
茅坑里石头——伊臭伊硬
茅坑里种桂花树——臭归臭，香归香
茅坑里装烟囱——臭气冲天
茅草性子——一把火
林黛玉葛身体——弱不禁风
林黛玉葛性子——多愁多忧
画饼充饥——空欢喜
卖布勿用尺——存心勿量(良)
码头闹葛吊车——能上能下
虎口拔牙——大胆
图书馆里火烧——字(自)燃
图书馆里老鼠——食(蚀)本
和尚打架——抓勿着辫子
和尚头闹虱子——明摆着
和尚头闹绕辫子——空弄
和尚赤脚——两头光
和尚庙里卖篦箕——走错咪门
和尚拜忏——点点头
和尚葛住处——庙(妙)
金弹子打麻鸟——大材小用

刽子手念经——假充好人
贪官葛手——到处捞
肥皂泡当镜子——泡影
狐狸同狗结伴——狐朋狗党
狐狸尾巴——囥勿好
狐狸精放屁——怪气(奇怪)
狗见主人——摇头摆尾
狗头闹摆油盏——勿稳
狗同茅坑罚愿——做勿到
狗咬叫花子——看人低
狗咬猪尿泡——空欢喜
狗看门——尽忠
狗等骨头——旋来转去
庙里木鱼——天生挨打
庙里和尚——无牵无挂
庙里菩萨——受人拜
盲人戴眼镜——假充明(聪明)
盲子吃死蟹——只只好
盲子先生劈筅帚——瞎弄弄
盲子拉琴——瞎扯
盲子做生活——日夜勿分
盲子摸牢稻田里——寻勿着路
盲子照镜子——反正是一样
盲子算命——瞎话
郑源泰腊烛——胆大放芯(心)
炉子翻身——倒煤(霉)
河里葛鸳鸯——成对
油炒枇杷核——滑上加滑
泥牛入海——有去无回
泥菩萨落水——自身难保
官老爷上朝——按部就班
官老爷升堂——前呼后拥
官老爷告老还乡——弃权
空头支票——难兑现
空拷栳开米行——呒本生意
空棺材出丧——木(目)中无人
陌生人吊孝——死人肚里有数
驾驶员罢工——想勿开
驼子背纤——正好拉直
驼子穿领挂——前长后短
驼子跌一跤——两头勿着实

九、首字为九划

张天师畀鬼迷——有法呒处使
兔子靠腿狗靠牙——各有各法
城头闹出棺材——远盘转
城隍出主意——鬼(诡)计多端
城隍庙搬家——神出鬼没
挑泥填海——白费气力
挑雪填井——填勿满
草鞋底闹葛泥——掼勿脱
茶壶里葛水——滚开
茶壶里煮饺子——倒勿出
鱼船婆娘上骄——头一回
药店里呃抹布——苦透苦透
药店里卖花圈——死活多要钱
柳树开花——勿结果
树叶落脱来怕打开头——胆小
咸鱼翻身——死转活来
咸鸭蛋落水——沉到底
咸菜缸里石头——腌(言)勿进
歪嘴巴吹喇叭——歪风邪气
歪嘴巴喫馒头——咬勿牢
韭菜烧豆腐——清清白白

背油桶救火——引火烧身
背咪米讨饭——装穷
哑子讨老婆——好来话勿来
哑子喫黄连——有苦说勿出
哑子搬戏文——讲勿清
哑巴子告状——有理说勿清
哑巴子拜年——呒啥话头
哑巴讲来聋子听——两勿懂
哑巴讲话——靠手做
蚂蚁啃骨头——慢慢来
蚂蚁搬泰山——下特狠心
钝刀子割肉——勿出血
看人上菜——势利眼
看人吃饭——肚肠痒
顺脚印走路——步人后尘
皇帝打架——夺天下
皇帝剃光头——呒不皇法
皇帝葛圣旨——照办
独木桥牢遇冤家——仇人相逢
急惊风碰着慢郎中——空着急
弯转变红——活勿转
差人面孔——要板就板
养媳妇做媒人——自顾勿暇
养媳妇戴花圈——出头特
烂木头做棺材——害死人
烂狗屎价钿——便宜货
烂泥路牢拉车——越陷越深
剃头师傅动手——一触即发
剃头师傅过年——众人头浪刮
剃头师傅葛担子——一头热
剃头师傅兼修脚——负责到底
洞里赤练蛇——暗里咬人

染坊里拜师傅——好色之徒
染店架子改鸟笼——大料改小料
济公和尚斗蟋蟀——稳赢
穿草鞋戴领带——土洋结合
穿背心拜揖——露两手
穿破衣戴礼帽——勿成体统
穿凉鞋戴棉帽——顾头勿顾脚
穿着孝服拜天地——伊悲伊喜
穿蓑衣救火——引火烧身
扁担闹睏觉——翻勿转
说书走江湖——全靠只嘴
说真病卖假药——冒牌货
屎壳虫照镜子——臭美
桥栏干浪汏手——伸得长
鸭吞曲蟮——直拱笼通
鸭喫砻糠——空欢喜
缸爿刮头——囡儿吃苦

十、首字为十划

祝枝山葛本领——喫白食
蚕豆开花——良心(两星)出黑
蚕宝宝做茧子——自捆自
捆绑夫妻——长勿了
袁世凯做皇帝——好景勿长
热天葛扇子——难借
热水瓶性子——外冷里热
热面孔碰着冷屁股——无情
热锅浪蚂蚁——着急
荷叶包老菱——里戳出
荷叶牢露水——勿长久
恶人先告状——反咬一口
贾宝玉看林妹妹——一见如故

贾宝玉做和尚——看破红尘
砻糠搓绳——起头难
哮徒喫酱蟹——只只好
蚌壳里摇船过太湖——乱说
蚊子叮菩萨——勿识人头
贼出关门——迟唻
贼界狗咬——话勿出
钱塘江葛潮水——看涨
铁公鸡——一毛勿拔
铁匠店开业——动手就打
铁匠炉里葛铁——就要打
铁匠赞徒弟——打得好
铁拐李葛葫芦——勿晓得卖啥药
铁将军把门——屋里没人
缺嘴喫鼻涕——正好
乘车勿卖票——白搭
秤砣落水——沉到底
秤砣落牢棉花里——呒回音
称砣喫拉肚皮里——铁心
臭水沟里倒马桶——同流合污
臭卤甏里加香精——多余
拿破仑上台——野心勃勃
狸猫换太子——以假乱真
高射炮打坦克——水平降低
病好郎中到——迟唻
病重勿吃药——等死
唐僧看见白骨精——敌我勿分
唐僧葛眼睛——勿识好坏
凉亭里做人家——勿是长远之计
凉帽无边——顶好
拳教师教徒弟——留一手
拳教师跌牢西瓜皮里——失手
酒糟滚细鱼——弄勿清爽
海龙王发难——大水灾
海底捞月——一场空
海绵里葛水——挤出来
诸葛亮吊孝——假仁假义
诸葛亮借东风——将计就计
绣花枕头——一包草
绣花姑娘打架——针锋相对

十一、首字为十一划

袖套当袜子穿——无底
被头里放屁——独吞
琉璃瓦盖房子——顶好
排骨烧豆腐——有硬有软
黄牛肚皮——草包
黄牛肩胛——勿担责任
黄牛钻狗洞——勿顾身材
黄豆粉拌圆子——裹牢
黄连树下卖家当——苦相摆出
黄连树下想勿开——苦脑子
黄河里葛水——难清
黄胖炒年糕——吃力勿讨好
黄鼠狼肉——精得来(精明)
黄鼠狼放臭屁——逃命
黄鼠狼站牢鸡棚浪——勿偷亚是偷
黄鼠狼做梦——偷鸡(投机)
黄鼠狼管鸡——越管越稀
萝卜干当人参——勿识货
菜刀剃头——与众不同
萤火虫吃百脚——亮见亮
萤火虫翘屁股——发亮
梅兰芳唱京戏——刷清斯爽

聋子葛耳朵——做样子
聋哑人打官司——说勿清
眼睛生牢耳朵边——有偏见
眼睛生牢额角头——眼界高
眼睛里葛沙——容勿得
蚯蚓剥皮——吭处起头
蛇喫蛇——比长短
铜勺没得柄——托勺(熟)
铜钣上钉铆钉——一是一，二是二
铜钱眼里翻跟头——小人
银行开白条——空头支票
银洋钿当镜子——向钱看
笨贼偷石臼——吃力勿讨好
笼子里葛鸟——身不由已
做梦拾元宝——空欢喜
做梦喫黄连——想得苦
偷来喇叭——吹勿得
船头牢跑马——走投无路
船老大坐后艄——看风使舵
船到码头——停止勿前
船浪扭秧歌——载歌载舞
脚底板抹油——溜
脚炉盖烫粉皮——麻点
脚踏西瓜皮——滑过去看
脚踏两只船——摇摆勿定
脱底叉袋装雾露——空弄
脱裤子放屁——多此一举
象牙筷闹扳散丝——挑剔
猪八戒吃钥匙——开心
猫头鹰打瞌充——装迷糊
猫守老鼠——勿动声色
猫捉老鼠——拿手
猫嘴里挖鳅——难
猛张飞舞大刀——杀气腾腾
猛将军上阵——勇往直前
麻子搨粉——蚀煞老本
麻子照镜子——点子多
麻鸟肚皮——量小
麻鸟踏雄——越小越凶
麻油拌蒿菜——人人喜欢
麻袋布做龙袍——勿是块料作
麻袋里装钉——只只要出头
麻袋绣花——底子差
商店里葛样品——摆设
阎王出告示——鬼话连篇
阎王面前告判官——吭不好下场
阎罗王发请帖——死期勿远
阎罗王拉爷——老鬼
阎罗王招工——鬼勿上门
阎罗王唤相帮——牛头夜叉
着钉鞋走泥路——一步一个脚印
梁山一百零八将——个个是好汉
梁山伯与祝英台——前世姻缘
梁山牢兄弟——勿打勿相识
梁山牢军师——吴(无)用
屠甸寺蜡烛——托胆放芯(心)
婊子立牌坊——假正经
骑兵打胜仗——马到成功
鹅喫草来鸭喫谷——各享各呃福

十二、首字为十二划

晚娘葛拳头——凶得很
揩脚布潮面——上下勿分
裁缝勿带尺——存心勿量(良)

落水鬼见特船——勿顾一切
落雨天出太阳——假晴
落雨天挑稻柴——越挑越重
落雨削地——混天倒地
棺材里伸手——死要铜钿
棺材店大减价——吭人要
棺材店里开药店——死活要钱
棺材横头画花——鬼讨好
棺材横头踢一脚——死人肚里有数码
晴天带伞——有备无患
喫特乌龟肉——笃笃坦坦
喉咙头作坝——吞勿进吐勿出
程咬金三斧头——虎头蛇尾
童养媳回娘家——合法
童养媳做媒人——自身勿定
童养媳嫁人——有出头日脚咪
粪坑里麻皮——伊臭伊韧
粪坑牢拜年——臭奉承
湖羊葛尾巴——油水多
湖葱里套香葱——粗中有细
湿手捏干面粉——甩勿掉
温汤里煮鳖——勿死勿活
寒天喝凉水——点滴在心头
擦粉上吊——死要脸

塌鼻头带眼镜——靠勿牢
搬石头上山——又蠢又笨
蓑衣浪绣花——底子差
核桃里肉——敲出来
蒸笼里馒头——专拣软呃捏
楠木做马桶——用材勿当
赖孵鸡带枷——倒退
龅牙齿喫西瓜——省力
照相底片——黑白颠倒
跷脚走路——立场勿稳
跷脚姑娘拜天地——头齐脚勿齐
跷脚端盘子——勿稳当
矮子上楼梯——步步升高
矮子打墙——一半
矮子穿木屐——自高自大
矮子穿长袍——拖拖拉拉
矮子排队——倒数第一
筷子搭桥——难过
筷子穿针眼——难进
新兵打靶——头一通
新郎勿上轿——勿受抬举
新造茅坑——三日新
煤炭行里老板——赚黑钱
煤粉刷墙头——抹黑

十三、首字为十三划

博物馆里藏品——老古董
蜒蚰喫百脚——各有各呃法
滑了牙葛螺丝——团团转
隔门缝看人——看扁咪
隔年蚊子——凶得只嘴
隔着铁窗看亲人——探监

十四、首字为十四划以上

墙头闹睡觉——翻勿来身
蜻蜓咬尾巴——自咬自
蜡烛千子碰蚕筷——尖碰尖
蜡烛脾气——勿点勿亮
鼻孔喝水——够呛
鼻头闹揚白粉——一副奸相

鲜花插起牛粪闹——可惜
瘌痢头做和尚——现成
辣椒过烧酒——煞渴
端五端六种黄豆——过时
醋炒猪苦胆——伊酸伊苦
瞎子打草鞋——摸阿摸熟咪
瞎子走路——勿分日夜
瞎子弹琴——手熟
瞎子吃馄饨——心里有数
瞎子帮忙——越帮越忙
瞎子点灯——借勿着光
瞎子看天——夹一层
瞎子射箭——推板一线
瞎子喫酱蟹——只只好
瞎子摸鱼——全靠运气
瞎子戴眼镜——装饰
瞎猫碰到死老鼠——齐巧

稻柴人救火——自身难保
膝钵头牢打瞌充——自靠自
鲤鱼落油锅——死勿瞑目
瘤芥菜烧笋——双脆(爽气)
潮烟管打鸟——勿像枪(腔)
潘金莲炖药——暗中放毒
甏里冬菜——有盐(言)在先
薛仁贵葛行头——白袍(跑)
嘴巴牢贴封条——有口难开
嘴巴牢搨石灰——白吃
镜子里铜钿——好看相
螺蛳壳里做道场——地方狭窄
螺蛳壳衬台子脚——摆勿平
癞太婆跳戥盘——自称好佬
癞痢头儿子——自家好
癞痢头牢绕辫子——空缠

第三编　长兴方言语法

第一章　长兴方言语法总体特点

汉语是孤立语，语法特点与西方语言呈现明显的不同。汉语语法没有性数格的变化，也没有时态、语态的变化。汉语的各种方言虽然在语音上、词汇上存在较大差异，操不同方言的人甚至无法语言沟通，但不同方言的语法大体相同，都没有西方语言的形态变化。当然，在没有形态变化的格局下，汉语不同方言的语法也存在着若干差异。

长兴方言是吴语的次方言，它的语法特点保留了汉语语法与吴语语法的基本特征，现加以说明。

第一节　长兴方言的意合法

汉语是一种重意合法的语言。在表达各种关系时，在句子中不用或少用成套关联词语。长兴方言与普通话相比，更加注重意合手段。普通话有成套的关联词语，如：因为……所以，如果……就，只有……才，即使……也，无论……都，不仅……而且等。长兴方言没有普通话的成套关联词语，在表示各种关系时，更注重意合法的使用，不用或少用关联词语。即使用关联词语，也跟普通话有所不同。

在表示转折关系时，普通话常用“虽然……但是”“尽管……可是”“……却……”“……然而……”等，长兴方言一般不用这些关联词语，常用“不过”“倒”表示转折，如：

伊生是生得蛮架型，不过实嗯勿喜欢。（她虽然长得很漂亮，但是我不喜欢。）

实五成绩考是考得勿好，不过实五尽力唻，实嗯勿怪五。（尽管你成绩考得不好，可是你尽力了，我也不怪你。）

实五来唻，实嗯倒要走唻。（你来了，我却要走了。）

外头风蛮大，房子里倒蛮暖热。（外面风很大，然而屋子里很暖和。）

在表示假设关系时，普通话要用“如果……就”“即使……也”“倘若……就”，长兴方言不采用成套的关联词语，大多采用意合法表示，在后一分句中有“就”“亚”等副词，有时会用“格闲话”表示假设关系，如：

实五勿联系嗯，实嗯就一个人去上海唻。（如果你不联系我，我就一个人去上海了。）

实五成绩再好，亚勿好骄傲。（你即使成绩再好，你也不能骄傲。）

在表示条件关系时，普通话常用关联词语“只要……就”，长兴方言常用“叫得”表示条件，如：

叫得努力，事体就会成功。（只要努力，事情就一定成功。）

随便咕人叫得肯化功夫，就一定会考上大学。（不管谁只要肯下功夫，就一定能考上大学。）

表示因果关系，普通话常用“因为……所以”“既然……就……”，长兴常用意合法表示，或用“怪勿得”表示原因，如：

弟弟太粗心唻，做错了两道数学题。（因为弟弟粗心大意，所以做错了两道数学题。）

外头勒落雨，怪勿得伊呒不来。（因为外面在下雨，所以他没有来。）

表示递进关系时，普通话常用“不但……而且”“不仅……还”，长兴话只有“还介”表示递进关系，如：

格个细婉婷生得好看，还介读书聪明。（这个小姑娘不但长得漂亮，而且读书聪明。）

老王工作努力，还介会得出主意。（老王不仅工作努力，还会得出主意。）

总之，汉语本身是一种重意合法的语言，作为吴语的次方言，长兴方言比普通话更加注重意合法。特别是年纪比较大的人，在说话中很少使用普通话成套的关联词语；但随着普通话的普及，青年一代在说话时，比老一辈使用更多的关联词语。

第二节　长兴方言的语序

长兴方言的语序有部分与普通话不同，如宾语前置、状语后置等。

在普通话中，宾语常置于谓语动词后，但吴语中，宾语常常提前。长兴方言也具有这个特点，如：

皮夹园园好，当心落脱。（放好皮夹，当心丢掉。）

夜饭喫好唻就来加班。（吃好晚饭马上来加班。）

实五香烟还有伐？（你还有香烟吗？）

上述句子中，“皮夹”是“园”的宾语，“夜饭”是“喫”的宾语，“香烟”

是“有”的宾语，按普通话的语法规律，宾语在动词谓语后，应该说成“园皮夹”“喫夜饭”“有香烟”，但长兴方言却把宾语置于谓语之前。

状语的后置也是长兴方言的重要特点。长兴方言有一个特别的后置状语“快”，普通话中的“快”常常作状语，如说：“快要开学了”“到北京快三年了”“他快要九十岁了”，但在长兴方言中，“快”却一般置于中心语之后。上述三句分别说成：“要开学快唻”“到北京三年快唻”“伊九十岁快唻”。

长兴话还有一个“煞”字，用在形容词后表示程度，如：

小林读书聪明煞。（小林读书很聪明。）

老王钞票多煞。（老王钱很多。）

第三节　长兴方言的受事话题句

吴语是一种话题优先型语言。吴语中的受事话题常置于谓语之前，而且形成了一种常规的句法位置。长兴方言作为吴语的次方言，同样常把受事话题置于谓语动词前，形成了受事充当句子的话题或充当句子次话题的两种句型。

首先，长兴方言的受事常常充当句子的话题。受事充当句子的话题时，常置于句首，并成为句子的主语，如：

汽车实嗯买好唻。（我买好了汽车。）

转基因食品侪家勿要喫。（大家不要吃转基因食品。）

新茶伊喫过唻。（他喝过新茶了）

格只手机伊用勿来。（他不会用这只手机。）

上述几句话中的“汽车”“转基因食品”“新茶”“格只手机”，都是受事话题。“汽车”是“买”的受事宾语，“转基因”是“喫”的受事宾语，“新茶”是“喫”的受事宾语，“格只手机”是“用”的受事宾语，但它们都作为话题，置于句首，起到一种提示和强调的作用。

其次，长兴方言的受事充当句子的次话题，即充当句子的小主语。如：

格家人家汽车是买勿起呃。（这家人家是买不起汽车的。）

退休后，伊几十个国家去过唻。（退休后，他去过几十个国家了。）

伊手机换过好几只唻。（他换过好几部手机了。）

伊文章写勿好。（他写不好文章）

上述几句话中，受事话题“汽车”“几十个国家”“手机”“文章”等充当了句子的次话题，在句子中充当小主语。

再次，吴语中话题优先的特点，提高了受众对受事话题的关注度；因此，普通话中的不少“把”字句，在长兴方言中是用话题句来表达的。如：

我把茶杯打破了。（茶杯唔打烊唻/唔茶杯打烊唻。）

你把地板拖拖干净。（地板实五拖拖干净/实五地板拖拖干净。）

你把饭烧好再去上班。（饭实五烧好再上班/实五饭烧好再上班）

小王把旧车卖掉了。（旧车小王卖掉唻/小王旧车卖掉唻。）

吴语具有话题优先的明显特点，长兴方言同样属于非常突出的话题优先类型。在语言交际中，受事往往会提前置于谓语之前，作为一种话题优先提出，有利于语言的交际表达，发挥了强调、指明主题的作用，在语言表达中，可以起到引起受众注意的作用。

长兴方言的话题句，在一定程度上简化了普通话的“把”字句，使语言表达更为简洁。因为在吴语和长兴方言中，基本没有普通话的介词“把”，普通话的“把”字句在长兴方言中，一部分简化为受事话题句，另一部分用“得”表示，如：你把衣服洗洗干净。（实五得衣裳汏汏清爽），这在一定程度上体现了长兴方言的方便简洁。

第四节　长兴方言动词的时态表示

长兴方言中，动词时态的表示与普通话存在着较大的区别。

长兴方言中，常用“起……乌”“起乌”表示动作的持续，如：

伊着起一条新衣裳乌。（他穿着一件新衣服。）

电灯开起乌。（电灯开着。）

表示动作的完成体，普通话常用助词“了”表示，如：“东西买好了”“主任到上海去了”“汽车修好了”。长兴方言没有普通话的助词“了”，而用一个特殊的“唻”字表示，如：

东西买好唻。（东西买好了。）

表示动作的进行体，普通话常用副词“在”或“正在”表示，如：“小李在唱歌”，“主任正在开会”。长兴方言一般不用“在”或“正在”，而用“勒”或“有勒”表示，如：

局长勒开会，实五等息再来。（局长在开会，你等会再来。）

小王勒开车，勿要得伊打电话。（小王在开车，不要给他打电话。）

阿姐有勒睏觉。（姐姐在睡觉。）

今朝下半日四点多，实嗯有勒钓鱼。（今天下午四点多，我在钓鱼。）

第五节 长兴方言词汇系统的特殊性

长兴方言与普通话虽然同为汉语，但两者的词汇系统存在着许多区别。长兴方言是吴方言的特殊品种，它具有汉语和吴方言普遍的词汇特点，但也有自己的特殊性。

长兴方言里有许多特殊的形容词，如：明工、家哇、架型、叼精、百坦等，是普通话所没有的。特别是长兴方言四字语，成为长兴方言的特殊的词汇特色，如：千奇挖骨、妖气括答、安姆思念、尼高百资等，更是普通话所没有的。上述特殊的形容词，有的甚至与周边地区的也不同。长兴形容小孩子聪明，用的词语是“明工”“家哇”，湖州用的是“奢遮”。长兴说“千奇挖骨”，湖州说“挖里挖骨”。

长兴方言的副词与普通话不同，方言中的不少副词，是普通话所没有的。比如：

顶[tin^{53}]（最）、蛮[mɛ^{13}]（很）、愈加[ji^{13}][ka^{44}]（更加）、正刚[ts^{334}][k̆ɔ̃^{334}]（实在）、百坦[paʔ^{5}][t‘ɛ^{53}]（慢慢地）、着实[zaʔ^{2}][zəʔ^{2}]（确实）、将况[tɕiã^{44}][hɔ̃^{44}]（刚刚）、田先[diɪ^{13}][ɕiɪ^{334}]（刚才）、就介[ʑiəʔ^{2}][kaʔ^{5}]（马上）、太夹[t‘ɛ^{334}][kaʔ^{5}]（过分）、特会[dəʔ^{2}][ɦui^{213}]（特地）、长况[zã^{13}][hɔ^{334}]（大概）等。上述副词大多是普通话所不用或少用的。

长兴方言中有一个特别的虚词“得”，相当于普通话的连词和介词，代替普通话的连词“和”“同”“跟”及介词“把”。如：

等息实嗯得几个小姐妹要出去买衣裳。（等会我和几个小姐妹要出去买衣服。）

细百楼得阿爹出去白相唻。（小男孩子跟爷爷出去玩了。）

实五得衣裳汏汏。（你把衣服洗洗。）

得格盆花端过来。（把那盆花搬过来。）

长兴方言的语气助词也与普通话不同，长兴方言里不用普通的“的”“了”“吗”“呢”“吧”等，常的语气词只有一个“唻”，表示肯定语气。如：“伊老早回去唻。”（他早就回去了。）

普通话有结构助词“的”“地”，长兴方言里不用这两个助词。普通话的“的”，长兴话用“呃”代替，如：桌子闹呃手机。（桌子上的手机）。普通话的“地”，长兴话里一般用“交”，如：好好交读书。(好好地读书)。普通话的“得”在长兴方言里倒也是常用的，如：讲得神经头八百，看五阿做得到？(说得好听，看你能不能做到？)

长兴方言里的“头”与“子”特别多，除了跟普通话相同的用法外，还有许多是普通话所不用的，如：

表3-1

长兴话	普通话	长兴话	普通话
节头	手指	长子	高个
毒头	神经病	车子	汽车
毛头	婴儿	盲子	盲人
日头	太阳	凳子	凳
一块头	一元	帐子	蚊帐

长兴方言所用的词汇，在普通话里不用或少用。长兴方言里其他的后缀还有一些，如：佬、坯、货、爿等。人们常说：戳佬(骂人的话)、吵坯(很吵的人)、焦货(不可靠的人)、木爿(木片)等。

第二章　长兴方言实词语法

长兴方言的实词可以分为名词、代词、动词、形容词、数词、量词等六类。它们的概念、语法功能与普通话基本一致。但长兴方言的上述各类词在构词法和功能上，与普通话也存在着一定的差异。

第一节　名　词

一、名词前缀

长兴方言常用的名词前缀，主要有阿、老、小、细、第、头、初等。它们的用法有的与普通话类同，有的与普通话存在着一定的区别。

1.阿［$øa^{44}$］［$øaʔ^{5}$］

前缀“阿”有两个读音：［$øa^{44}$］与［$øaʔ^{5}$］，在少数特殊情况下读［$øa^{44}$］，如“阿姨”。在大多情况下读［$øaʔ^{5}$］，该读音是普通话所没有的。

前缀“阿”的主要用法是表示称呼，有的表示亲属，有的表示亲昵，有的表示贬义，有的表示排行。阿嫂、阿姐、阿叔、阿爹等，是表示亲属。阿海、阿芳、阿林、阿标等，表示亲昵。阿大、阿二、阿三、阿四等，是表示排行。表示贬义的有阿乡、阿木灵、阿飞、阿胖等。在普通话中，上述“阿”都读为［$øa^{44}$］。

2.老［$lɔ^{42}$］

普通话与长兴方言都有词缀“老”，主要用法如下几种：

（1）加在姓、名和某些称谓的前面。如：老齐、老金、老师、老板、老公、老婆。

（2）加在兄弟姐妹排行次序上。如：老大、老二、老三、阿四。

（3）加在某些动植物及一般名词前面。如：老虎、老鼠、老鹰、老菱、老酒、老本等。

（4）表示赞扬的，如：老到（老练周到）、老结（指经验丰富）、老辣（老练刚劲）、老将（表示经验丰富的人）。

3. 小[$çiɔ^{53}$]、细[$çi^{334}$]

“小”在长兴方言里都用得比较普遍，如：小把戏、小娘子、小官人、小弟兄、小毛头、小馄饨、小辰光、小年夜、小噢店、小姐妹、小滑头等。

“细”也表示小，长兴话里特殊的用法就是“细盎鸡”“细百楼”“细婉婷”，分别称呼男孩与女孩。“细”与“小”在意义上基本相等，如“小姑娘”相当于“细婉婷”；但在使用上并不能替换，如可以说“小把戏”不能说“细把戏”，可以说“细婉婷”不能说“小婉婷”。“小”与“细”主要是感情色彩上的不同。

4. 第[di^{213}]

普通话的前缀“第”在长兴方言中也使用。“第”可表示序数，如：第一次、第二名、第七个等。在非第一的序数中，必须使用“第”。

5. 头[dei^{13}]

长兴方言中，“头”不仅可以当后缀，还可以当前缀。“第一”中的“第”可说成“头”，人们常说“头名状元”“头班车”“头胎”“头生”“头七”“头刀”等，如：

小朱乘头班车到长兴，勿认得路，实嗯要到车站接伊。（小朱乘第一班车到长兴，不认识路，我要到车站接他。）

格次考试，林林是班里头名状元。（这次考试，林林是班里第一名。）

同事拉老婆头胎是双胞胎，一家门开心煞唻。（同事的老婆是双胞胎，一家人开心死了。）

“头”只能表示第一，非第一的序数中的“第”是不能由“头”来代替的。不能说：“毕业考小朱考唻头三名”“面试实嗯排名头二”。

6. 初[$ts‘əu^{44}$]

“初”是汉语的常用词缀，普通话与长兴方言用法基本一致，如：初等、初心、初次、初学、初稿、初春、初恋等。

“初”是在长兴方言里是表示农历日期的前缀，如：年初一、年初二、初三、初四等。

二、名词后缀

长兴方言的名词后缀常用的有子、头等，其他的还有佬、法、道、相、坏、货、家、爿等。

1. 子[$tsɿ^{53}$]

（1）用于普通名词后，有一部分与普通话相同，如：样子、模子、柜子、棋子、桌子、梨子、儿子。

另一部分与普通话不同，普通话不带后缀的，在长兴方言里带了“子”，如：

普通话：锅、蚊帐、饭馆、筷、衣袖、哑巴、板凳、盲人。

长兴话：锅子、帐子、馆子、筷子、袖子、哑巴子、凳子、盲子。

普通话中一部分带后缀“儿”的词，在长兴方言带了“子”，如：

普通话：馅儿、碟儿、本儿、瓶儿。

长兴话：馅子、碟子、本子、瓶子。

（2）用于形容词后，如：长子、矮子、胖子、聋子、盲子、瘫子、圪子。

长兴方言中有一部分带后缀“子”的词，是普通所没有的，如：镬子、老底子、铅角子、昨日子、前年子、隔日子。

2. 头[dei13]

“头”在长兴方言里用得十分普遍，可以用在名词、形容词、动词、数量词、词组等后面。

（1）用于名词后,如：

日头、苗头、被头、枕头、墙头、砖头、念头、领头、因头、骨头、木头、墩头、榫头、节头、桌头、骨头、奶头、鼻头、灶头、线头、镇头、阵头、脚跟头、脚节头、药罐头、肉墩头。

“头”也可以用于方位词后，如：前头、后头、外头、里头、上头、市梢头、手根头、床横头、角落头。

“头”也可以用于时间名词后，如：上昼头、下昼头、黄昏头、先起头、早晨头。

但在长兴方言中，一般不说“夜头”“年夜头”，而说“夜里”“年夜里”。

（2）用于形容词后，如：

寿头、零头、大头、花头、虚头、毒头、苦头、甜头、尖头。

（3）用于动词后，如：

来头、赚头、找头、行头、姘头、噱头、扳头、塞头、想头、搭头、派头。

（4）用于量词后，如：

块头、斤头、两头、角头、分头、件头、尺头。

（5）用于数量词后，如：

十块头、一角头、五分头、一口头、两斤头、一把头、一记头、一出头、原只头、原箱头、原瓶头。

（6）其他的还有不少，如：

二婚头、小毛头、弯舌头、汪顶头、扳错头、吼看头、有望头、锈钉头、喫搁头、轧苗头、喫桌头、讲精头、瞪宁头。

后缀“头”还可以用在中间，构成“量+头+名”和“量+头+装”两种形式，如：

阵头雨、条头糕、把头鸡。

瓶头装、盒头装、罐头装。

3.其他后缀

长兴方言中还有其他的几个后缀，比普通话使用得多。如：

（1）佬[lɔ⁴²]：表示人，常带贬义。如：赤佬、大好佬、江北佬、乡巴佬、和事佬、外国佬。

（2）法[faʔ⁵]：常用于动词后。如：吃法、用法、讲法、做法、看法、烧法、活法、刀法、土法、语法、枪法。

（3）道[dɔ⁴²]：由于名词后。如：力道、劲道、法道、茶道、跑道、大道、厚道、航道、产道、栈道、同道、国道、赤道。

（4）相[ɕiã³³⁴]：表示“……的样子”。如：吃相、走相、睏相、扮相、贼相、属相、扮相、福相、凶相、善相、真相、罪过相。

（5）胚[p‘ei⁴⁴]：表示人，常带贬义。如：杀胚、馋痨胚、下作胚、强盗胚、流氓胚。

（6）货[həu³³⁴]：表示人，常带贬义。如：烂货、吃货、掼脱货、脱底货、蹩脚货、赔钱货。

（7）家[ka⁴⁴]：表示人。如：女人家、男人家、小人家、别人家、店家、船家、商家、厂家、专家、独家。

（8）爿[be¹³]：表示事物。如：叶爿、瓦翘爿、肉爿、软爿、硬爿、柴爿、木爿、竹爿。

（9）腔[tɕ‘iã⁴⁴]：表示某种样子，如：贼腔、死腔、官腔、京腔、娘娘腔、喇叭腔。

（10）品[p‘in⁵³]：食品、商品、废品、油品、补品、毒品、药品、人品、用品、作品、样品、小品、礼品、非卖品。

三、方位词

普通话有方位词有上、下、里、外、东、南、西、北、前、后、左、右、中、间、内、旁等16个。他们在长兴方言里也大多可使用。如：“城南”“东门”“屋里”“城外”“床脚下”等。除外，长兴方言中还有几个特殊的方位词。如：闹或牢、头、厂、势、对过、横头、跟头等。

1. 闹[nɔ^{13}]或牢[lɔ^{13}]：普通话的“上”在长兴方言里成为“闹”或“牢”。如：地牢(闹)、天牢(闹)、头牢(闹)、脚牢(闹)、书牢(闹)、床牢(闹)、边牢(闹)、黑板牢(闹)、桌子牢(闹)。

2. 头[dei^{13}]:表示方位。如：上头、高头、边头、外头、门口头。

3. 厂 [hɛ^{44}] ：“厂”不是工厂的“厂”。《说文·厂部》：“山石之厓巖，人可居。”指山崖边较浅的岩穴。在长兴方言中，“厂”表示方位，是“边”的意思。如：床厂。

4. 势[sɿ^{53}]：表示方位。如：里势、外势。

5. 对过[tei^{334}][kəu^{334}]：表示对面。如：水果店对过是药店。

6. 横头[ɦuã^{13}][dei^{13}]：表示旁边。如：手机放勒床横头。

7. 跟头[kən^{44}][dei^{13}]：表示旁边。如：脚跟头侪是水。

8. 中央心里[tsõ^{44}][øiã^{44}][ɕin^{44}][li^{22}]：表示在中心位置。如：立勒中央心里。

9. 横肚子里[ɦuã^{22}][tu^{44}][tsɿ^{44}][li^{22}]：表示在半道上。如：横肚子里窜出一只狗来。

10. 顺手[zən^{213}][sei^{53}]：表示向右。如：顺手转弯就是超市。

11. 借手[tɕia^{334}][sei^{53}]：表示向左。如：借手转弯到公园。

四、时间词

长兴方言有许多与普通话不同的时间词。如：

表示一天中各段时间的时间词：早晨头[tsɔ^{53}][zən^{42}][dei^{42}]、上昼[zɔ̃^{213}][tsei^{334}]、上半日[zɔ̃^{213}][pɤ^{334}][ȵiəʔ^{2}]、日中心里[ȵiəʔ^{2}][tsõ^{44}][ɕin^{44}][li^{13}]、下昼、[øo^{53}][tsei^{53}]、下半日[øo^{53}][pɤ^{334}][ȵiəʔ^{2}]、黄昏头[ɦɔ̃^{13}][hun^{44}][dei^{13}]、夜快边[øia^{334}][k‘ua^{334}][piɪ^{334}]、夜里[øia^{334}][li^{42}]、半夜把[pɤ^{334}][øia^{334}][po^{53}]、天亮快[t‘iɪ^{44}][liã^{13}][k‘ua^{44}]。

其他的时间词：

今年[tɕiŋ^{44}][ȵiɪ^{13}](今年)、开年[k‘ɤ^{44}][ȵiɪ^{13}](明年)、旧年[dʑiəɤ^{213}][ȵiɪ^{213}](去年)。

今朝[tɕiŋ^{44}][tsɔ^{44}](今天)、门朝[mən^{13}][tsɔ^{44}](明天)、昨日[zo^{42}][ȵiəʔ^{2}](昨天)。

日到日[ȵiəʔ^{2}][tɔ^{334}][ȵiəʔ^{2}](一天接一天)、月到月[jiəʔ^{2}][tɔ^{334}] [jiəʔ^{2}](一月接一月)。

五、名词的重叠式

长兴方言中，名词的重叠也用得比普遍与普通话相比，有相同的地方，也存在着许多不同，主要形式有以下几种：

1.亲属称谓的重叠

长兴方言的亲属称谓分为重叠与不重叠两种：

重叠式：爸爸(父亲)、爹爹(爷爷)、娘娘(奶奶)、大大(大姨)。

非重叠式：姆妈(妈妈)、大伯(伯伯)、小伯(叔叔)、娘舅(舅舅)、妹子(妹妹)、阿姐(姐姐)、大佬(哥哥)、兄弟(弟弟)、阿公(公公)、阿婆(婆婆)、外公(外公)、外婆(外婆)、阿爹(爷爷)，阿妈(奶奶)、阿娘(姑姑)。

2.重叠表示逐指

人人、日日、年年、月月。

角角落落、哈哈喇喇、样样色色。

3.同义重叠

是长兴方言中的特殊重叠，有AA和ABB两式，名词重叠后，意思没有改变。

AA式的有：

袋袋：普通话的“口袋”，方言中说“裤子袋袋”。

脚脚：普通话的“残渣”，方言中说“茶叶脚脚”。

屑屑：普通话的“碎末”，方言中说“饼干屑屑”。

泛泛：普通话的“泡沫”，方言中说“肥皂泛泛”。

渣渣：普通话的“残渣”，方言中说“吐掉渣渣”。

洞洞：普通话的“洞眼”，方言中说“墙头闹有一个洞洞”。

珠珠：普通话的“珠子”，方言中说“帽子浪侪是珠珠”。

棚棚：普通话的“棚子”，方言中说“东西摆起浪棚棚里”。

潭潭：普通话的“小坑”，方言中说“地浪侪是潭潭，走路要当心点”。

ABB式的有：

蚕宝宝、水潭潭、门框框、洋囡囡。

4.幼儿重叠用语

幼儿重叠用语有两种，一种是对常用名词的叠音处理。如：

床床(床)、手手(手)、包包(包)、杯杯(杯)、饭饭(饭)、茶茶(茶)、笔笔(笔)、袜袜(袜)、肉肉(肉)、把把(坐下)。

另一种是对动物的形象化称呼。如：

阿弟弟(鸭)、毛毛乌(蝌蚪)、乌佐佐(鸡)。

5. 专名重叠

长兴方言中，常常重叠人名，表示亲切，如：

伟伟、海海、芳芳、莉莉、毛毛。

第二节　代　词

长兴方言中的代词与普通话大多不同。以下逐一说明。

一、人称代词

长兴是个多移民、多方言地区，在不同的方言里，人称代词的是不相同的。即使在长兴当地话中，人称代词也存在着不少差异。

长兴方言人称代词的主要特点如下：

1. 长兴方言第一人称代词

根据不同的地区，长兴方言第一人称单数有“实嗯”[zəʔ^{2}] [ŋ^{42}]和“热嗯”[ȵiəʔ^{2}] [ŋ^{42}]两种。复数也有“伢”[ŋa^{42}]和“实伢”[zəʔ^{2}][ŋa^{42}]两个。如：

实嗯(热嗯)门朝要出去旅游唻。(我明天要出去旅游了。)

伢(实伢)兄弟两个生得侪勿好看。(我们兄弟两个都长得不好看。)

长兴方言第一人称代词没有包括式与排除式的区别，也就是说没有普通话的“咱们”与“我们”的区别。如：

拉有钞票，伢呒不钞票。(他们有钱，我们没有钱。)(伢不包括对方。)

等五来唻，伢一道去。(等你来了，我们一起去。)(伢包括对方。)

2. 长兴方言第二人称代词

第二人称代词有“实五”[zəʔ^{2}][n^{42}]和“热五”[ȵiəʔ^{2}] [n^{42}]两种读音。复数有“倷”[na^{42}]和“实倷”[zəʔ^{2}][na^{42}]两个，没有类似普通话表敬称的代词“您”“您们”。如：

门朝单位放假，实五(热五)勿要到办公室寻嗯。(明天单位放假，你不要到办公室找我。)

介息经济发展唻，倷(实倷)侪有钞票唻。(现在经济发展了，你们都有钱了。)

3. 长兴方言第三人称代词

长兴方言的第三人称代词主要是“伊”[ji^{42}]和“实伊”[zəʔ^{2}][ji^{42}]两个。没有普通话的“他”“她”之分。复数有“拉”[la^{213}]、“实拉”[zəʔ^{2}][la^{213}]

两个。如：

实五是男人家，伊(实伊)是女人家，实五要客气点。(你是男人，她是女人，你要客气一点。)(伊指代女性，相当于她。)

伊(实伊)是小伙子，力道大煞。(他是小伙子，力气很大。)(伊指代男性，相当于他。)

拉(实拉)侪是小姑娘，做事体呒不经验。(她们都是小姑娘，办事没有经验。)

4. 长兴方言代词修饰亲属名词时，常用复数形式代替单数形式。如：

门朝实嗯勿勒化，实五得伢姆妈联系好唻。(明天我不在，你跟我妈妈联系好了。)

倻屋里介干净，实嗯勿敢来唻。(你家里这样干净，我不敢来。)

拉姆妈九十多岁唻，身体还好煞乌。(他的母亲九十多岁了，身体还很好。)

上述的“伢”“倻”“拉”原是表示复数的代词，但在长兴话中，他们常用来表示单词。

5. 长兴方言代词修饰名词里，可以直接加在名词前，中间可不带结构助词“呃”或“格”。如：

伊是嗯朋友。(他是我的朋友。)

实嗯要出出五洋相。(我要出出你的洋相。)

单位条件好煞。(单位的条件很好。)

伊屋里房子大煞。(他的家里房子很大。)

6. 长兴方言的自称代词是“自”“自家”。“自”不能单用，除了作“自家”的语素外，只用在“自+动词+自”的格式中，如：自顾自、自管自、自吓自、自害自。

“自家”可用在人称代词后，相当于普通话的“自己”。长兴方言可以说：嗯自家(我自己)、五自家(你自己)、伊自家(他自己)、伢自家(我们自己)、倻自家(你们自己)、拉自家(他们自己)。如：

门朝嗯自家去买东西。(明天我自己去买东西。)

五自家想想看，伊为啥勿肯来。(你自己想想看，他为什么不肯来。)

事体让伊自家作主，侪家勿要去管伊。(事情让他自己作主，大家不要去管他。)

东西伢自家会得买呃，实五勿要担心。(东西我们自己会买的，你不要担心。)

昨日请客，客人侪到唻，倻自家倒呒不来。(昨天请客，客人都到了，你们自己倒没有来。)

格桩事体侪是拉自家惹出来呃。(这件事都是他们自己惹出来的。)

7. 长兴方言还有表示不定代词“人家”“别人家”，表示除了说话人以外的其他人，可表单数，也可表复数。如：

人家侪想去，只有五勿想去。(别人都想去，只有你不想去。)

别人家格种事件实嗯少管。(别人的事件你少管。)

二、指示代词

长兴方言的主要指示代词如下：

1. 近指代词

格个[kəʔ5][kəʔ5](这个)：格个消息勿晓得是真还是假？(这个消息不知道是真还是假？)

哈闹[haʔ5][nɔ̃13](这里)：东西侪有勒哈闹。(东西都在这里。)

格只[kəʔ5][tsaʔ5](这只)：格只手机太小唻，看勿清爽，要买只大点呃。(这只手机太小了，看不清楚，要买只大一点的。)

格兴[kəʔ5][ɕin53](这些)：格兴东西勿晓得有咕用场？(这些东西不知道有什么用处？)

介息[ka334][ɕiɛ53](这会儿，现在)：伊将况有勒，介息勿见唻。(他刚才在这里，这会儿不见了。)

括[kuaʔ5](这些、那些)：括东西实嗯侪旿不见过。(这些东西我都没有见过。)

吉个[tɕiəʔ5] [kəʔ5](这个)：吉个人架型正刚好。(这个人样子真好。)

介[ka334](这样、那样)：实五介做是勿好呃。(你这样做是不好的。)

乃[na113] (这会儿，现在)：老底子侪家旿不钞票，乃好唻。(以前大家都没有钱，现在好了。)

拉[la13](这里，那里)：小辰光，实嗯喜欢到外婆拉白相。(小时候，我喜欢到外婆这里玩。)

长兴方言里有一个特殊的“拉”字，相当于“这里”或“那里”。“拉”虽然是表示处所的，但它必须用在表示人的名词后，如：

细百楼有勒娘舅拉吃饭。(小男孩在舅舅这里吃。)

格只包摆闹小王拉么好唻。(这只包放在小王那里算了。)

2. 远指代词

格头[kəʔ5][dei13](那里)：脚踏车停勒格头，不是哈闹。(自行车停在那边，不是这里。)

格头个[kəʔ5][dei13][kəʔ5](那个)：吉个实嗯勿要，实嗯要格头个。(这个我不要，我要那边那个。）

格辰光[kəʔ^{5}][zən^{22}][kɔ̃^{44}]（那个时候）：老人经常回想起五十年代，格辰光买东西侪要凭票呃。（老人经常回想起五十年代，那个时候买东西都要凭票的。）

3. 其他指示代词

长兴方言中，除了近指与远指代词外，还有几个特殊的指示代词。

介多[ka^{334}][təu^{334}]（这么多）：勿想着操场闹人介多。（没想到操场上人这么多。）

格点[kəʔ^{5}][tiɪ^{44}]（这一点）：过年做客人，送格点东西是太不唻。（过年作客，送这点东西是太少了。）

逐个[dzoʔ^{2}][kəʔ^{5}]（每一个）：电影票逐个侪有，侪家勿要急。（电影票大家都有，大家不要急。）

"介多"表示多，"格点"相当于普通话的"一点点"，表示小，也可以说成"格点点""逐个"表示相当于普通话的"每一个"。

三、疑问代词

1. 咕[gəu^{42}]

长兴方言疑问代词不多，但有一个"咕"十分特殊，是周边地区所没有的。相当于普通话的是"啥"，也相当于湖州话的"索"。长兴话的"咕"[gəu^{42}]可以问事，问人，问地点，用途广泛。由于"咕"字兼问人事地，因此长兴话里其他的疑问代词就比较少了，只有"几化"（多少）、"哪哈"（怎么,如何）等，在靠近湖州的乡镇，也用"索"表示疑问。如：

咕[gəu^{42}]（什么）：勿晓得里头有点咕？（不知道里面有点什么。）

咕里[gəu^{42}] [li^{42}]（哪里）：上个月实五到咕里旅游去唻？（上个月你到哪里去旅游了？）

咕辰光[gəu^{42}] [zən^{213}][kɔ̃^{334}]（什么时候）：今朝实嗯要加班，勿晓得咕辰光回转，倷先喫饭好唻，勿要等嗯。（今天我要加班，不知道什么时候回家，你们先吃饭好了，不要等我。）

咕人[gəu^{42}][n̥in^{42}]（谁）：咕人勒房间里？（谁在房间里？）

做咕[tsu^{334}][gəu^{42}]（做什么）：格两日伊勿晓得勒做咕，一日到夜勿见人。（这两天他不知道在做什么，一天到晚不见人。）

2. 几[tɕi^{53}]几化[tɕi^{53}][ho^{53}]

长兴方言中问多少的代词是"几""几化"，"几"后可接单音节的量词，如

“几日”“几斤”“几只”“几件”“几包”等。“几化”相当于普通话的“多少”。如：

实五出差几日？（你出差几天？）

格只西瓜勿晓得几斤？（这只西瓜不知道多少斤？）

房间里装唻几只灯泡？（房间里装了几盏电灯？）

实嗯有五件衬衫，实五有几件？（我有五年衬衫，你有几件?）

勿晓得屋里还有几包中华烟。（不知道家里还有几包中华香烟。）

老李做生意勿晓得赚唻几化钞票？（老李做生意不知道赚了多少钱？）

格套房子几化平方？（这套房子多少平方?）

勿晓得伊还有几化日脚好活？（不知道他还有多少日子好活?）

伊有闹办公室里等唻几化辰光？（他在办公室里等了多少时间了?）

“几化”的另一个意思是表示感叹，相当于普通话的“多么”。如：

侪家看看，格套西装几化派头！（大家看看，这套西装多么气派!）

格两个细婉婷几化好看！（这两个小姑娘多么漂亮!）

3. 哪哈[naʔ^{2}][haʔ^{5}]（怎么，如何）

事体要哪哈办，实五讲唻算。（事情怎么办，你说了算。）

勿晓得老太太毛病哪哈唻？（不知道老太太毛病如何了？）

第三节　动　词

长兴方言的动词与普通话动词存在着较大的区别。

一、长兴方言动词的种类

长兴方言动词的类别与普通话一致，可以分为能愿动词、趋向动词和一般动词。

1. 能愿动词

长兴方言的能愿动词一部分与普通话相同，如：能、应该、愿意、可以、敢等。除此之外，长兴方言还有一部分能愿动词与普通话存在着较大的区别。

长兴方言的能愿动词，主要有两类，一类表示肯定，如：会得[ɦui^{213}][təʔ^{5}]、肯[k‘ən^{53}]、好[hɔ^{53}]、高兴[kɔ^{44}][ɕin^{44}]、想[ɕiã^{53}]；另一类表示否定，如：勿要[fəʔ^{5}][øiɔ^{334}]、呒心想[m^{13}][ɕin^{44}][ɕiã^{44}]、呒劲道[m^{13}][dʑin^{213}][dɔ^{42}]。

（1）会得

普通话中只有“会”，没有“会得”。长兴方言中的“会得”，有三个意思，一表示肯定，二表示能力，三表示疑问。如：

伊明早会得到医院来看五呃。(表示肯定)(他明天会到医院来看你的。)

伊会得开汽车伐？(表示能力)(他会开汽车吗？)

过年辰光会得落雪伐？（表示疑问）（过年的时候会下雪吗？）

（2）肯

长兴方言中的“肯”表示意向：

实嗯得伊介绍了几个女朋友，伊侪勿肯见面。(我给他介绍了几个女朋友，他都不愿意见面。)

隔壁老王一直勿肯得子女住勒一道。(隔壁老王一直不愿意跟子女住在一起。)

（3）好

借用形容词的“好”表示当能愿动词，相当于普通话的“可以”或“能”，如：

实五好去睏觉唻。(你可以去睡觉了)

喫唻酒，勿好开汽车。(喝了酒，不能开汽车)

“好”用在动词前，还可以表示修饰，这时候的“好”是副词，表示程度，如：

路闹侪是石头，正刚勿好走。(路上都是石头，真的不好走。)(难走)

格条鱼烧焦唻，一点勿好喫。(这条鱼烧焦了，一点也不好吃。)(味道差)

因此，长兴话的“好+动词”，可能会有两个意思，一个能愿动词，一个是程度副词。如“鱼好喫”就可以有两个意思，一是表示“鱼可以吃”，二是表示“鱼味道好”。

（4）高兴

“高兴”除了表示“快乐”外，在长兴方言中可以表示意愿，相当于普通话的“愿意”“肯”，如：

实嗯想得伊借点钞票，勿晓得伊高兴勿高兴？(我想跟他借点钱，不知道他愿意不愿意？)

伊心情好，就高兴得五见面。(他心情好，就愿意跟你见面。)

（5）想

在长兴方言中可以表示意愿、希望，如：

格两天心情勿好，勿想去白相。(这两天心情不好，不愿意去玩。)

伊勿高兴同嗯出去，想得五一道出去。(他不愿意跟我出去，希望跟你一起出去。)

（6）勿要

“勿要”有两个意思，一是表示普通的“不要”，二是表示命令或劝阻的否定，

“勿要”是能愿动词，相当于“别”“不要”。

表示“不要”，是普通动词，如：

格只手表实嗯勿要。(这只手表我不要。)

格件衣裳勿要买，料作脱介差唻。(这件衣服不要买，衣料太差了。)

表示命令或劝阻的否定，是能愿动词，如：

勿要得伊打交道。(不要跟他打交道。)

电视机漏电唻，叫拉勿要碰。(电视机漏电了，叫他们不要碰。)

（7）呒心想、呒劲道

两个表示否定的能愿词组，表示“不愿意”“不肯”，如：

老林经济差，身体勿好，呒心思出去旅游。(老林经济差，身体不好，不愿意出去旅游。)

工资低，上班远，小李呒劲道上班。(工资低，上班远，小李不肯上班。)

2.趋向动词

长兴方言的趋向动词一部分与普通话的相同，如：来、去、进、出、上、下、回、进来、进去、出来、出去、上来、上去、下来、下去等。除了普通话中的趋向动词外，长兴话中还有若干特殊的趋向动词，如：脱来[$\mathrm{t}^{‘}\mathrm{ə}\mathrm{ʔ}^{5}$][$\mathrm{l}\mathrm{ɤ}^{13}$]、落[$\mathrm{l}\mathrm{o}\mathrm{ʔ}^{2}$]、转[$\mathrm{ts}\mathrm{ɛ}^{53}$]、拢[$\mathrm{l}\tilde{\mathrm{o}}^{42}$]、高[$\mathrm{k}\mathrm{ɔ}^{44}$]等。

（1）脱来

“脱来”是长兴方言中常用的趋向动词，相当于普通话的“下来”，如：

格件衣裳实五快点脱脱来。(这件衣服你快点脱下来。)

申请书勿晓得几时批脱来？(申请书不知道什么时候批下来？)

（2）落

作为趋向动词的“落”相当于普通话的“下”，常见的格式是：“动词+得+落”和“动词+勿+落”，如：

格碗面实五喫得落伐？(这碗饭你吃得下吗？)

格点气实嗯正刚忍勿落。(这点气我正的忍不下。)

包里东西装得落。(包里东西装得下。)

电梯里人立勿落唻。(电梯里人立不下了。)

其他的如：往得落、过得落、摆得落、看得落、压得落等都是，否定式就是把“得”换成“勿”，如：往勿落、过勿落、摆勿落、看勿落，压勿落等。

（3）转

在长兴方言中，“转”也可以表示动作趋向的改变，如：

听伊介讲，实嗯掇转屁股就走。(听他这样说，我转过屁股就走。)

一听到炮响，拉掉转枪口就逃。(一听到炮响，他们转过枪口就逃跑。)

“转”可以与“来”或“去”结合，构成“转来”“转去”，如：头别转来、开关旋转来、屁股掇转去、方向盘打转来等。

（4）拢

“拢”表示向中心方向靠拢，“拢”常与“来”结合，构成“拢来”格式，相当于普通话的“起来”，否定格式是“勿拢”，如：

格两只台子顶好併併拢。(这两只桌子最好併起来。)

格两笔数字加拢来正刚大。(这两笔数字加起来真的很大。)

格笔账碰勿拢，勿晓得错勒咕地方。(这笔账合不起来，不知道错在什么地方。)

其他的有：合拢、碰拢、凑拢、拉拢、拉勿拢等。

（5）高

长兴方言中，“高”也是一个趋向动词，表示向上，如：

臂把揵高！(手臂抬起来！)

格个小姑娘两个辫子笃高，看上去蛮神气。(这个小姑娘两个辫子向上噘起，看起来很神气。)

其他的如：嘴巴噘高、眉毛豁高、鼻头狎高。

3. 普通动词

长兴方言的动词系统基本与普通话一致，如“走看写画叫加放出拉听进回烧买种杀偷开用飞活笑哭”等都与普通话相同。但长兴方言动词也存在许多与普通话的相异之处。如：普通话的“双脚分开”，长兴方言为“脈开”；普通话的“馋”，长兴方言为“嗷食”；普通话的“骂人”，长兴方言为“謷人”。

二、动词的重叠形式

长兴方言动词的重叠形式比普通要复杂得多，可以表示丰富的语法意义。

1. 单音动词的重叠

（1）单音动词重叠，构成 AA 式，表示尝试义，与普通话相同，如：

车子让嗯先来开开。(汽车让我来开一下。)

格本书五拿出来让嗯先看看。(这本书你拿出来让我先看一下。)

伢一道到街闹去趤趤。(我们一块到街上去逛逛。)

（2）单音动词重叠再加“看”，构成“AA+看”式，强化了尝试义，“吃吃看、试试看、叫叫看、走走看、写写看、爬爬看、买买看”等都是。如：

格只手机让嗯用用看。(这个手机让我用用。)

菜势味道让嗯先来尝尝看。(菜的味道让我先来尝尝。)

实五裤子袋里摸摸看，皮夹阿有化？(你裤子袋里摸一摸，皮夹在不在？)

在长兴方言中，“看”是附着在重叠动词后词缀，但如果重叠动词带了宾语，“看”就跟在宾语后，如：

实嗯来尝尝滋味看。(我来尝尝味道。)

伊呒不工作，先去做做生意看。(他没有工作，先去做一做生意。)

(3)单音动词重叠后，可带补语，构成“AA+补”式，如：

上班前，得饭烧烧好。(上班前，把饭烧好。)

地板叫细婉婷扫扫清爽。(地板叫小姑娘扫干净。)

叫快递得拿包裹送送过来。(叫快递把包裹送过来。)

格瓶开水五快点送送上来。(这瓶开水你快点送上来。)

AA 后面的补语有两种类型。一种是形容词，如：装装好、放放平、理理齐、摆摆准、吹吹干、扎扎牢、压压扁、浸浸湿、捏捏碎、扫扫干净等。另一种是趋向动词，如：拿拿上来、送送过去、倒倒脱来等。

(4)单音动词重叠后，可带宾语，表示漫不经心的样子，如：

伊退休后，日脚蛮舒齐，空脱来看看书、练练书法。(他退休以后日子很舒服，空下来看看书，练练书法。)

其他的如：困困懒觉、走走亲威、看看电视、趤趤马路、喝喝茶、练练拳。

(5)单音动词的重叠式可以连用，构成四个字连用的“××××”模式，表示动作进行过程中发生的事，如：

格两日太喫力唻，电视看看看看就睏着唻。(这几天太吃力了，看看电视就睡着了。)

细百楼走走走走就勿认得路特。(这个小孩子走着走着就迷路了。)

小把戏作业做做做做就呒不心思唻。(小孩子做做作业就没有心思了)

想勿着伊生活做做做做就昏倒唻。(没想到他干活，干着干着就昏倒了。)

(6)单音动词重叠后，表示假设，有“如果、只要、一旦”义，如：

每日伊困困觉，就要迟到。(每天他只要睡觉，就要迟到。)

伊喫喫酒，总喫出事体来。(他如果喝酒，总要喝出事情来。)

2.双音动词的重叠

长兴方言中，双音动词的重叠方式大多 ABAB 式，与普通话的情况类似，但也有与普通话不同的重叠形式。

（1）ABAB 式

ABAB 重叠表示尝试，如：

格桩事体顶好让伊晓得晓得。(这件事最好让他知道。)

小把戏从小就要让拉多锻练锻练。(小孩子从小就要让他们多锻练。)

其他的有：准备准备、考虑考虑、整理整理、估计估计、安排安排、收作收作、讨论讨论。

（2）ABAC 式

在动词的 ABAC 式重叠中，其中的 B、C 可以是反义词，与可以是近义词。如：

拉屋里钞票多得来盘进盘出。(他们家里钱非常多。)

昨日伊得嗯夹头夹脑骂唻一顿，勿晓得为点蛄。(昨天他劈头盖脑骂了我一顿，不知道为了什么。)

B、C 是反义词的：变死变活、动手动脚、赶来赶去、过东过西、快手快脚、摸手摸脚、搡来搡去、轧来轧去、要死要活、怨生怨死。

B、C 是近义词的：把尿把屎、闷头闷脑、算尽算绝、疑四疑五、着五着六、用心用思。

（3）ABB 式

ABB 重叠形式可分两类情况：

第一种的 AB 本是动词或动词性词组，重叠的是后一语言单位。如：白相相、粗算算、瞎讲讲、毛估估、瞎弄弄、呆想想。

上述的 AB 原本是动词或动词性词组，如“白相”“粗算”“瞎讲”“毛估”“瞎讲”“呆想”都可以独立表达一定的意思。

第二种的 BB 带有后缀性质，如：笑兮兮、气鼓鼓、火糟糟、混道道、怕势势、爪兮兮、毒答答。

上述的 AB 不成词，BB 仅仅作为 A 的后缀而存在。因此 BB 可以有不同的形式。“笑兮兮”也可以说成“笑眯眯”“笑盈盈”。“爪兮兮”可说成“爪兮兮”也可说成“爪凛凛”“爪答答”。

（4）AAB 式

长兴方言的动词有 AAB 重叠，如：

拉见面从来不打招呼，顶多得得头。(他们见了面从来不打招呼，最多点一下头。)

上次嗯欠五，格次五欠嗯，侪家扯扯过算唻。(上次我欠你，这次你欠我，大家扯平算了。)

其他的还有：团团转、排排坐、别别跳、抵抵过、点点饥、收收拢、汏汏好、理理齐、喫喫光、烫烫挺等。

（5）AABB 式

拨拨动动、点点戳戳、跌跌绊绊、吹吹打打、喫喫喝喝。

（6）ABCB 式

拆庙造庙、讲过算过、当着勿着、爱理勿理。

（7）嵌音式

长兴方言动词有一种特殊的嵌音式重叠，即在重叠的动词中，加入“介”“唻”等虚词。重叠的动词中，加入“介”，表示时间的短暂，“介”正当于“一”，表示“一会”“一下”，如：

实嗯喫力煞唻，先坐介坐再讲。（我累死了，先坐一会再说。）

细百楼身闹侪是泥，得伊先汏介汏。（小男孩身上都是泥，给他先洗一洗。）

其他的还有：等介等、息介息、晒介晒、睏介睏等。

在重叠的动词中加入“唻”，表示已发生的动量的短暂，“唻”相当于“了”，如：

实嗯刚刚睏唻睏，伊就出去唻。（我刚睡了一会，他就出去了。）

小王来看唻看就走唻。（小王来看了看就走了。）

其他的还有：烧唻烧、看唻看、试唻试、尝唻尝、擦唻擦等。

三、动词的后加成分

长兴话中存在着特殊的动词后加成分，如：得[təʔ^{5}]、掉[diɔ^{213}]、脱[t‘əʔ^{5}]、牢[lɔ^{13}]、着[zaʔ^{2}]、转[tsɛ^{53}]、煞[saʔ^{5}]、结[tɕiəʔ^{5}]等。

1. 得

长兴方言中，有许多带“得”的动词，“得”相当于动词的后缀，带“得”的动词有：晓得[ɕiɔ^{53}][təʔ^{5}]（知道）、会得[ɦui^{113}][təʔ^{5}]（懂事）、便得[biɛ^{113}][təʔ^{5}]（只有）、算得[sɛ^{334}][təʔ^{5}]（要算）、乐得[lo^{42}][təʔ^{5}]（合心意）、有得（形容多）、勿国得（没关系）等。如：

实嗯老早晓得倗屋里括事体。（我早就知道你家里的事情。）

小朱做人蛮会得，同事侪喜欢伊煞。（小朱做人懂事，同事都很喜欢她。）

月底唻，实嗯皮夹里便得三百只洋唻。（月底了，我皮夹里只有三百元了。）

格条路算得好认唻，勿想着实五还走错。（这条路要算好认了，没想到你还走错。）

事体得嗯呒不关系，实嗯乐得做好人。（事情跟我没有关系，我乐得做好人。）

格点事体有得嗯麻烦唻。(这点事情有我麻烦的了。)

这椿事体勿国得，实五放心好唻。(这件事没关系，你放心好了。)

长兴话中的“晓得”就是“知道”。“会得”有两个意思，一是能愿动词，相当于普通话的“能”，如“晶晶会得开车”(晶晶会开车)。二是普通动词，有“懂事”的意思，如“小孙年龄勿大，有闹外势蛮会得呃。”(小孙年纪不大，在外面很懂事的。)“便得”相当于“只有”，如“实嗯今朝出来呒不拿钞票，袋袋里便得30只洋”。(我今天出来没带钱，口袋里只有30元钱。)“算得”相当于“要算”，如“小王算得聪明特，还是比勿过小赵。”(小王算得上聪明了，还是比不上小赵。)“乐得”是“正合己意，求之不得”之意，如“老板叫嗯勿要多管事体,实嗯乐得写意点。”(老板叫我不要多管事情，我乐得舒服一点。)“有得”是表示多，如“伊介勿懂事，苦有得喫喫唻。”(他这样不懂事，苦要吃许多的。)“勿国得”是没有关系的意思，如“事体勿国得，实五勿要急。”(事情没有关系，你不要着急。)

长兴方言中，“得”还可以加在动词后，表示“可以”的意思，如：喫得(可以吃)、做得(可以做)、拿得(可以拿)等，否定式：喫勿得、做勿得、拿勿得，如：

格条鱼晓刚刚死，喫得呃。(这条鱼刚死，可以吃的。)

格只蟹死来长远唻，喫勿得唻。(这只蟹死得很久了，不能吃了。)

2.掉、脱

“掉”在长兴方言中可作为动词的后加成分，表示动作的完成，如：掼掉、逃掉、飞掉、落掉、划掉、烊掉、烧掉、失掉、收掉、用掉等。

“脱”与“掉”同义，如：落脱、烧脱、喫脱、掼脱、漏脱、滑脱、用脱等。

“掉”与“脱”在长兴方言中的使用频率明显比普通话中的高，普通话中说“逃走”，长兴方言中说“逃掉”或“逃脱”。又如：

老金丢失了一部手机。(普通话)

老金落掉(脱)唻一只手机。(长兴话)

3.牢

“牢”用在动词后，表示紧抓不放，相当于普通话的“住”，捆牢、记牢、抱牢、看牢、钉牢、粘牢、咬牢、锁牢、揿牢、旋牢、关牢等都是。如：

揿牢牛头喫草是勿来煞呃。(按住牛头吃草是不行的。)

自来水笼头实五要旋牢。(自来水笼头你要旋牢。)

出门辰光，门要关牢。(出门的时候，门要关好。)

小狗实五看牢，勿要拨伊逃出来。(小狗你看好，不要让它逃出来。)

4.着

在长兴方言中，“着”可作为动词的后加成分，表示动作的结果。虽然普通话里也有这样的情况，如：猜着、睡着、摸着等。长兴方言中，用“着”作动词后加成分的明显多得多，如“想着、撞着、拾着、睏着、买着、寻着、查着、教着、讲着、捉着”等都是。否定式是中间加“勿”，如“睏勿着、寻勿着、查勿着，想勿着”等，如：

实嗯上网查着唻交关资料。(我上网查到了许多资料。)

毛毛睏着唻，实五声音小点。(毛毛睡着了，你声音小一点。)

昨日夜里睏勿着。(昨天晚上睡不着。)

手机落脱唻，寻唻半日还是寻勿着。(手机丢了，找了半天没有找到。)

5.转

长兴方言中，“转”也可以作为动词的后加成分。带“转”的动词有两类情况往往表示表示动作行为的持续，长兴方言中常说“面孔翻转(翻着脸)、眼睛白转(白着眼)、头颈夯转(歪着脖子)、嘴甸歪转(嘴巴歪着)、屁股捩转(身体歪扭着)”。上述例子中的“转”都表示动为的持续。如：

伊面孔翻转起化，侪家勿要惹伊。(他正翻着脸，大家不要去惹他。)

格个人脾气勿好，有介点勿开心，就介头颈夯转，一副寻相骂格腔调。(这个人脾气很不好，稍微有一点不开心，马上就歪着脖子，一副吵架的样子。)

6.煞

“煞”在长兴方言中是一个十分常用的动词后加成分。“煞”在长兴方言中有两个意思。一表示固定义，二表示动作的程度。

讲煞(讲定了)、碰煞(碰往了)、关煞(关住了)、搭煞(拖住了)。

做煞、想煞、气煞、骂煞、饿煞、想煞、吵煞、吐煞、火煞、吓煞。

第一组的“煞”表示固定义。

第二组的“煞”都表示行为程度的激烈，“吵煞”表示吵得非常厉害，“想煞”表示非常想念，“吓煞”表示惊吓程度的厉害。

长兴方言中的“煞”与普通话的“死”作用类似，普通话可以说“讲死”；也可以说“气死”“吓死”等。

7.结

“结”在长兴方言中，常用于动词后，表示成为整体或变成一团，如：

水缸里呃水老早就冻结唻。(水缸里的水早就结冰了。)

夜里正刚冷，细百楼缩结唻一夜，介点睏勿着。(晚上很冷，小男孩整晚缩成一团，一点也睡不着。）

其他常见的还有：头颈缩结、牙齿嚼结、铁丝绞结、屁股夹结、拳头捏结、眼睛闭结、耳朵塞结、眉头皱结等。

四、固定句式

长兴方言中有许多与动词有关的固定句式,形成了方言中特殊的表达法。如：

1.……法……法

表示动作持续或缓慢，时常重复某一动作，相当于普通话的“东……西……”或“……来……去”，如：

格个人一日到夜有闹厨房里摸法摸法，勿晓得有化做咕。(这个人一天到晚在厨房里东摸西摸，不知道在做什么。）

老阿太有勒超市里看法看法大半日唻,东西倒介点亚呒不买。(老太太在超市里看来看去老半天了，东西却一点也没有买。）

类似的说法还有：弄法弄法、敲法敲法、钻法钻法。

2.……来……去

表示动作反复，如：

格只手表看来看去勿值格点价钿。(这只手表反来复去看不值这点价格。）

箱子里翻来翻去寻勿着格条汗衫。(箱子里翻来翻去也找不到这件汗衫。）

其他的如：盘去盘去、想去想去、问去问去、走来走去等。

3.……起……倒

表示动作多次反复、程度激烈，相当于“……不停”，如：

昨日夜里热得来爬起爬倒几十通，还是困勿着。(昨天晚上热得来爬起躺下几十次，还是睡不着。）

格桩事体得五介点关系亚呒不，要五趵起趵倒做啥？(这件事跟你一点关系也没有，要你东跑西颠干吗？）

其他的如：跳起跳倒、拉起拉倒、坐起坐倒、立起立倒。

4.……进……出

在长兴方言中十分常用，可以表示多种意义。

（1）表示满足或数量多。

饱进饱出：表示吃得十分饱，再也吃不下去了。如：今朝夜饭吃得来饱进饱出，实在难过。(今天晚饭吃得太饱了，实在难受。）

溢进溢出：表示数量多。如：实拉钞票多得来溢进溢出。(他们钱非常非常多。)

（2）表示处在边缘，可上可下，如：

隑进隑出：表示处于中间可上可下的位置。如：伊格点分数正好隑进隑出，考得上考勿上要看运道唻。(他这点分数正好可上可上，考得不还是考不上要看运气了。)

（3）表示急着要做某事，迫不及待的意思，如：

爬进拉出：表示迫不及待。如：老王格段晨光爬进拉出想发财。(老王最近急着要发财。)

赶进赶出：表示十分忙禄。如：大学毕业特，伊一日到夜赶进赶出寻工作。(大学毕业了，他整天忙忙禄禄找工作。)

（4）表示得到了机会，又失去了。如：

赶进塔出：表示得到了又失去了。如：

格次真刚倒霉，到手机会伊失脱唻，真是赶进塔出。(这次真是倒霉，到手的机会又失去了，真是刚得到又失去。)

讲起加工资，真是气煞人。实嗯是赶进塔出，总归轮勿着。(说起加工资，真的是气死人。我是得到机会又失去，总是轮不到。)

5.乱……兮……

表示行为胡乱，如：

开会格辰光，侪家勿要乱讲兮讲。(开会的时候，大家不要乱说话。)

屋里括东西要摆摆好，勿要乱掼兮掼。(家里的东西要放放好，不能随便乱扔。)

其他的如：乱喫兮喫、乱写兮写。

6.动+搭(勿)+动

表示强调或疑问。表示强调的有“明搭明”(十分明显)、“死搭死”(死板)、“硬搭硬”(一定如此)等，如：

明搭明：事体明搭明是拉勿对，侪家勿要担心。(事情明明是他们不对，大家不要担心。)

死搭死：老李吉个人是死搭死呃，得伊商量是勿可能呃。(老李这个人很死板的，跟他商量是不可以的。)

表示疑问的有“搭界勿搭界”(有没有关系)、“来煞勿来煞”(行不行)、“咽得勿咽得”(要紧不要紧)等，如：

搭界勿搭界：格椿事体得五到底搭界勿搭界？(这件事跟你到底有没有关系？)

来煞勿来煞：得五借点钞票来煞勿来煞？(跟你借点钱，行不行？)

7. 动+啊+动+勿得

表示强调。常用的形式主要有：听啊听勿得、讲啊讲勿得、喫啊喫勿得、看啊看勿得、碰啊碰勿得等。

听啊听勿得：格种勿礼貌呃闲话，侪家听啊听勿得，更加勿好讲唻。（这种不礼貌的话，大家听也不能听，更不能说了。）

碰啊碰勿得：格只花瓶勿讲搬唻，碰啊碰勿得，侪家当心点。（这只花瓶不要说搬动，碰也不能碰，大家当心一点。）

第四节　形容词

汉语各种方言的形容词的功能基本相同。但长兴话的形容词与普通话相比，存在着明显示的差异。长兴话的单音形容词与普通话基本相同，如：黑、快、坏、热、冷、恶、重、活、方、准、痛、急、毒、甜、麻等。但在形容词的重叠方面，在多音形容词的形式上，长兴话与普通话差别明显。

长兴话形容词有许多特殊的重叠形式，是普通话不用或不用的。

一、单音形容词的重叠形式

1.形容词的AA+交式重叠

长兴方言中，在俗谚语、谜语或固定用法存在着单音形容语的重叠，如：

面皮老老，肚里饱饱。

韭菜烧豆腐——青青白白。

长长势远、花花绿绿。

小小瓶、小小盖，小小盖里有块小肉盘。

与普通话相比，长兴话单音形容词的重叠使用相对较少。在普通话中，单音形容词重叠后，可以修饰名词当定语，如：“白白的皮肤”“瘦瘦的脸”“大大的眼睛”，但在长兴话中，人们一般不使用普通话的说法，而说成“白皮肤”“瘦脸”“大眼睛”。

长兴话中单音形容词重叠后，更多的是在后面加上结构助词，构成“××交”的重叠模式，如：

细细交：格张考卷侪家要细细交做两遍。（这张考卷大家要细心地做两遍。）

轻轻交：毛毛勒睏觉，实五走路轻轻交点。（毛毛在睡觉，你走路轻一点。）

慢慢交：辰光还早，实五慢慢交走好唻。（时间还早，你慢慢走好了。）

毛毛交：实嗯毛毛交 180 斤，有点胖唻。（我大致 180 斤，有点胖了。）

扣扣交：皮鞋勿大勿小，扣扣交。（皮鞋不大不小，正好。）

大大交：格两年，伊做生意大大交发唻一票财。(这两年，他做生意大大地发了一笔财。)

在“明明”后面可以加“仔”，说成“明明仔”，如：

钞票实嗯明明仔还五唻，五还得嗯讨？(钱我明明还给你了，你还要跟我要？)

道理明明仔是拉勿对，拉还要来寻吼势？(道理明明是他们不对，他们还要来要麻烦？)

办公室里明明仔只好摆三只桌子，四只是肯定勿来塞呃。(办公室里明明只要放三只桌子，四只是肯定不行的。)

2.形容词的 AABB 式重叠

形容词的 AABB 式重叠在长兴方言中普通存在，其作用是表示程度的加深。

形容词 AABB 式重叠在普通话里很常见，如:干干净净、老老实实、整整齐齐、大大方方、漂漂亮亮、舒舒服服、明明白白等都是。上述普通话的 AABB 式形容词在长兴方言中也可以使用。但是，除了使用普通话的 AABB 式形容词外，长兴方言中还有一些 AABB 式形容词是普通话不用或少用的，如：舒舒齐齐(舒服)、野野豁豁(不着边际)、密密猛猛(密集)、扁扁服服(服贴)、长长大大(高大)、零零色色(零碎)、拍拍满满(满)、膨膨亨亨(笨重)、雪雪松松(松散)、准准作作(精准)、挺挺括括(挺直)、煞煞渴渴(严厉)、原原生生(完整)等都是。上述 AABB 式重叠形容词在长兴方言中应用得比较普遍，如：

阿毛年纪轻，做起事体来有点野野豁豁，勿劳靠呃。(阿毛年纪轻，干起事来有点不着边际，不可靠的。)

洒茶要七八分满，勿要洒得拍拍满满。(倒茶要七八分满，不要倒得太满。)

回到屋里，实嗯煞煞渴渴骂唻伊一顿，伊总算老实唻。(回到家里，我很严厉地骂了他一顿，他总算老实了。)

3.形容词 ABB 式重叠

ABB 式重叠是普通话形容词的主要重叠方式之一，如：红通通、绿油油、白皑皑、黄澄澄、水灵灵、干巴巴、香喷喷、乱哄哄等都是。它们在长兴方言里可以使用，特别是青年人用得比较多。

然而，在长兴方言里存在着长兴特有的 ABB 式形容词，ABB 重叠形式的 A 与 BB 在普通话里一般是不搭配的，但在吴语里是能搭配在一起，长兴方言里也存在着许多这类形容词，充分显出长兴方言形容词的生动性。如：

大脉脉、千煞煞、羞势势、火糟糟、胖笃笃、烂糟糟、光遛遛、瘪答答、

辣蓬蓬、寿答答、冷势势、酸吉吉、臭息息、矮顿顿、油滋滋、湿答答、

懒土土、粘滋滋、丑势势、甜米米、白塌塌、凶巴巴、黑出出、木兴兴。

长兴方言里的“ABB”形容词虽然与普通话的结构相同，但它们在普通话里使用并不多。

从结构上说，重叠的语素“BB”与“A”之间并没有意义上的联系，它仅相当于形容词的后缀。因此，“BB”是不固定的，“甜米米”也可以说成“甜滋滋”“甜精精”，“胖笃笃”可以说成“胖乎乎”，“酸吉吉”可以说成“酸溜溜”“酸滋嗞”“苦答答”。“木兴兴”也可以说成“木佬佬”。

4.形容词的AAB式重叠

AAB式重叠在长兴方言中十分常见，比在普通话中使用得多。AAB式形容词中的AB大多是可以单独成词的，AAB式比AB式的重叠，重叠后在程度上加深了。如：

血血红、腊腊黄、墨墨黑、绷绷硬、绝绝薄、笔笔直、冰冰瀴、喷喷香、雪雪白、眯眯细、笔笔挺。

上述AAB式形容词中，“血红”“腊黄”“绷硬”“绝薄”“笔直”“冰瀴”“喷香”“雪白”“眯细”等在长兴方言中都可独立成词。

5.形容词的ABAB式重叠

形容词的ABAB式重叠是普通话中常见的形式，如：舒服舒服、痛快痛快、暖和暖和等。它们在长兴方言中同样都可以使用。另外，长兴方言中还有许多ABAB式形容词是普通话所没有的。如：

血红血红、腊黄腊黄、笔直笔直、笔挺笔挺、冰瀴冰瀴、喷香喷香、

绷硬绷硬、出黑出黑、雪松雪松、精干精干、岸红岸红、凉快凉快。

长兴方言的ABB式重叠中的BB是后缀，AB不成词。但AAB式重叠中的AB大多是可以独立成词的，AB可以重叠成ABAB。因此，长兴方言中的许多AAB式重叠与ABAB式重叠可以互相转化。如：

腊腊黄——腊黄腊黄　　绷绷硬——绷硬绷硬　　冰冰瀴——冰瀴冰瀴

6.形容词的ABAC式重叠

ABAC式重叠表示程度的加深，形容词的第一字与第三字相同。普通话中有ABAC式重叠，如“毕恭毕敬、悖入悖出、暴饮暴食、笨手笨脚、笨头笨脚、不卑不亢、不屈不挠、彻头彻尾”等。另外，长兴方言中还存在着一些普通话所没有或少用的ABAC式重叠，如：

恶形恶状、木知木觉、抓手抓脚、头五六六、细模细样、寿头寿脑、穷兴穷活、

盘进盘出、百色百样、笔挺笔括、恶尽恶绝、行情行市、对争对嘴、潮头潮脑、

空头空脑。

形容词中的B与C往往是同义词，如上述形容词中的“形”与“状”，“知”与“觉”等都是。ABAC式重叠中有一种特殊的情况，即其中的第二词B是“里”，构成A里AC的格式，如：挖里挖骨、特里特别、促里促掐、洋里洋气、怪里怪气、妖里妖气。

7.形容词的ACBC式重叠

长兴方言中，还存在着形容词的ACBC式重叠，形容词的第二字与第四字相同。第一、第三字大多是同义词或反义词。该类成语相对较少，如：精空髢空、尿急屎急、急煞勿煞、拆庙造庙、当着勿着。

8.形容词的ABCC式重叠

长兴方言形容词有ABCC式重叠，其中的三、四两字重叠。如：

矮短悟悟、毛热筒筒、热和得得、小咭幽幽、忙乱兜兜、口清飘飘、

汗毛凛凛、无脱空空、腻腥筒筒、粘胶滋滋、汗潮滋滋、晕雾团团。

9.形容词的AABC式重叠

长兴方言中存在着AABC式重叠，形容词的第一、二字重叠，但该类词汇相对较少，如：

泛泛格糟、长长势远、瞒瞒势洞。

二、长兴方言特殊的双音形容词

长兴方言中的双音形容词比较丰富，一部分与普通相同，如：血红、碧绿、墨黑、笔直等。上述普通话的形容词在长兴方言中流行，但长兴方言的双音形容有许多与普通话存在着明显的不同，它们具有独特的表现力，如：

岸红、精干、刁精、稀旧、稀湿、稀臭、屁轻、雪松、冰瀴、来塞、豪骚、百坦、米软、滚壮、绝簿、闷脱、狗逼、拍满、出紫、出黑、出青、明工、雪松、雪散、雪燥、绷硬、鲜甜、把细、毕清、毕爆、毕板、飞烫、毕势、海完、木气、嫩吃、拨什、节棍、派赖、奢遮、鸡遭、家哇、架型、老练、一盛。

该类形容词可分为两类，一类是两个字中有一个字揭示了形容词的核心意义。如“岸红、把细、出青、拍满、稀湿”等词都是。“红、青、满、湿”等是形容词核心意义所在。“嫩吃”的意思是“不老练”，中心意思重在“嫩”上，“老出”表示“老练”，意思重在“老”上。

有的两个字都与核心意义有关，两个字中，一个是核心意义，一个是附加意义，如“冰瀴”中的“瀴”是“阴冷”的意义，是形容词的主要意义所在，而“冰”衬托了阴冷的氛围。“屁轻”的意思是“像屁一样轻”，由“屁”对“轻”加以生动

说明。“雪松”是“像雪一样松散”。

另一类是意义无法从字面上加以确定，但它们的意义却是明确的，如“海完”(数量多)、“木气”(内疚)、“拨什”(复杂)、“节棍”(厉害)、“家哇”(聪明)、鸡遭(麻烦)等，是长兴地区特有的形容词，是普通话所没有的。

三、长兴方言四字形容词

长兴方言中存在着一种普通话所没有的独特四字形容词，它们具有生动的表意性，如：

百滚非烫	安姆思念	半里凉僵	绷硬铁骨
冰铁势瀴	促寿倒命	挫头凉姜	肚胖气胀
厚兹纳得	狗逼倒灶	急比拉兹	懞空着几
鬼头神经	亨彭郎当	雪白楼偷	妖资括答

上述四字形容词，往往有一或两个中心词表达了整个词的意思，“厚兹纳得”的意义重在“厚”，形容脸皮“厚”。“半里凉僵”的意义重在“半”，形容做事半途而废，“百滚非烫”重在“滚”与“烫”两字上，形容烫，“雪白楼偷”重在“雪白”两字上，形容长得白。“狗逼倒灶”重在“狗逼”两字上，形容小气。

在该类四字形容词中，核心词提示了成语的主要意义，核心词以外的字是为了凑足四字而添加的音节，没有实在的词汇意义，如“妖资括答”中的“资括答”“ 急比拉兹”中的“比拉兹”都是为了凑足四个音节而加上去的。

也有的四字形容词，没有中心词，如“安姆思念”表示随意，“亨彭郎当”表示全部。该类词完全是长兴地区的习惯用法。

四、长兴方言形容词的词缀

长兴方言形容词的词缀比普通话多，但每一类后缀使用的范围很小，有时只适用于个别词汇。后缀主要有交[$tɕiɔ^{334}$]、煞[$saʔ^{5}$]、得来[$təʔ^{5}$][$lɛ^{13}$]、头势[$dəɯ^{13}$][$sɿ^{44}$]、八腊[$paʔ^{5}$][$laʔ^{2}$]。

1. 交

“交”是长兴方言形容词的后缀，构成“××交”结构。

（1）“××交”的主要功能是状语、也可以充当其他成分，如谓语、定语和补语，有时还可以独立成句。

“AA 交”在句子作状语，如：

慢慢交：侪家慢慢交吃，交关菜势还呒不上唻。(大家慢慢地吃，许多菜还没有上了。）

好好交：实五考上唻大学，要好好交读书。（你考上了大学，要好好地读书。）

静静交：那侪勿要响，让嗯静静交想想，格桩事体到底为啥？（你们都不要出声，让我好好地想一想，这件事究竟为了什么？）

细细交：让嗯细细交想想看。（让我仔细想一想。）

“AA 交”在句子充当谓语的，如：

格件衣裳大小扣扣交。（这件衣裳大小正好。）

着特头奖，伊格两日心里乐乐交。（中了头奖，他这几天正在高兴头上。）

“AA 交”在句子充当定语的，如：

格个小姑娘,弯弯交呃眉毛,薄薄交呃嘴唇，正刚好看。（这个小姑娘，弯弯交的眉毛，薄薄交的嘴唇，真的很好看。）

独立成句，如：

慢慢交！（慢一点！）

（2）“AA 交”中的“交”是形容词不可分割的成分，“AA 交”后面有时可加入结构助词“呃”，如：

叫拉再细细交呃算一遍，省得弄错。（叫他们再细细地算一遍，以防算错。）

地浪滑，慢慢交呃走好唻。（地上滑，慢慢地走吧。）

由于“AA 交”后可加入结构助词，说明“交”不是结构助词，而是后缀。

长兴方言中的“AA 交”式形容词中的 A 大都可单用，而 AA 大都不能单用，因此“AA 交”式是单音形容词的重叠式与缀加式两种构词方式的综合。另外，“AA 交”的能产性也不是特别强,比如有“慢慢交”而没有“快快交”，有“静静交”而没有“闹闹交”，有“紧紧交”而没有“松松交”。据统计，“AA 交”式形容词约在四十个左右。

从所表达的语气看，用“××交”作状语或谓语的句子可以表示两种语气，一是表示祈使语气，二是表示陈述语气。

表示祈使语气的：

实五细细交检查一遍。（你细细地检查一遍。）（细细交作状语）

小毛头勒睏觉，实五走起路来轻轻交点。（小孩子在睡觉，你走路的时候轻一点。）（轻轻交作谓语）

表示陈述语气的：

实嗯看见和伊定定交坐起勒房间里看书。（我看见了安安心心地坐在房间里看书。）

晓得唻格个消息，侪家心里乐乐交。（知道了这个消息，大家心里很开心。）

2. 煞

形容词后带“煞”表示程度之深，如：

重煞、轻煞、快煞、慢煞、热煞、冷煞、苦煞、甜煞、红煞、白煞、狠煞、皮煞、恶煞、横煞、鲜煞、咸煞、淡煞、烫煞、油煞、戆煞、狗逼煞、干净煞、漂亮煞、神气煞、开通煞、固执煞。

在长兴方言中，人们常说：

格家人家狗逼煞，只晓得括进。（这家人家很小气的，只知道捞进。）

伊当点小官就神气煞唻，背后侪家勒讲伊。（伊当了一点小官就神气死了，我们都在背后讲他。）

3. 得来

长兴方言中，形容词后可加“得来”，表示程度之重：如：快得来、热得来、臭得来、滑得来、硬得来。

长兴方言中，有如下说法：

格两日热得来，做生活呒不心思唻。（这几天很热，活也不想干了。）

路浪滑得来走阿勿好走，侪家当心掼跤！（路上很滑很不好走，大家小心摔跤。）

4. 叠音后缀

长兴方言中，叠音后缀比较多，它们大多接在单音形容词后，构成 ABB 式重叠，主要有：势势、招招、吉吉、土土、答答、蓬蓬等。作为形容词的后缀，它们只起语音作用，没有词汇意义。长兴方言中常说：吓势势、湿招招、酸吉吉、灰土土、丑答答、辣蓬蓬。

5. 其他双音后缀

（1）头势

常用在单音形容词后，长兴方言中有热头势、冷头势、吓头势、懒头势的说法，如：

格两日呃热头势是勿要去讲伊唻。（这几天的热是不要去讲它了。）

吉个人呃懒头势是呒人比过呃。（这个人的懒惰是没人好比得过的。）

（2）八腊

“八腊”常用于双音形容词后，如：花里八腊、恶结八腊。

其他的还有：塔拉、伦顿、它陀、亚乌、龙冬，但它们大多只适用于很少的词汇，如：

冻冰唻，地牢滑铁塔拉，老阿太走路要当心。（结冰了，地上很滑，老太太走路要小心。）

伊格只面孔圆骨龙冬，正刚好看。（他这张脸圆圆的，真的好看。）

五、长兴方言形容词的程度表达法

形容词有程度的区别，长兴方言形容词在表达程度时与普通话存在着较大的差异。主要有词汇表达法和变式表达法两种。

1. 词汇表示法

词汇表示式有两种形式。一是在形容词前加上程度副词，主要的程度副词有顶[tin^{53}]、蛮[$\mathrm{mæ}^{13}$]、忒[$\mathrm{t'əʔ}^{5}$]、正刚[$\mathrm{tsən}^{334}$][$\mathrm{kɔ}^{53}$]等。普通话中的“最”“很”“太”“极”等程度副词在长兴方言中一般是不用的。二是在形容后加上后缀、程度副词或副词性词组。普通话滋常用的后缀“很”“极”等，长兴方言一般是不用的。方言中常用的有煞[$\mathrm{saʔ}^{5}$]、得来[$\mathrm{təʔ}^{5}$][$\mathrm{lɤ}^{13}$]、得来要死[$\mathrm{təʔ}^{5}$][$\mathrm{lɤ}^{13}$][$\mathrm{øiɔ}^{334}$][$\mathrm{sɿ}^{53}$]、得魂[$\mathrm{təʔ}^{5}$][$\mathrm{ɦuŋ}^{213}$]、得來呒啥讲头[$\mathrm{təʔ}^{5}$][$\mathrm{lɤ}^{13}$][m^{13}][sa^{44}][$\mathrm{k\tilde{ɔ}}^{53}$][dei^{42}]等。

（1）顶(顶顶)+形容词

长兴方言中，“顶”是一个常用词，用在形容词前表示程度的最高级，相当于普通话的“最”，有时可用“顶顶”，表示强调。“顶”与“顶顶”在使用上的区别是，“顶”除了用于描写句外，还常用在祈使句和中，表示命令、劝阻，“顶顶”常用在描写句中，不能用于祈使句。如：

实五血压介高，肥肉顶好少喫点。(你血压这样高，油肉最好少喫一点。)(祈使句)

实五得小马借格点钞票顶好早点还。(你向小王借的钱最好早一点还。)(祈使句)

小赵是伢班里顶齐正呃姑娘。(小赵是我们班里最漂亮的姑娘。)(描写句)

介许多人当中，实嗯顶触霉头唻。(这么许多人里面，我最倒霉了。)(描写句)

长兴顶顶有名格人物是陈霸先。(长兴最最有名的人物是陈霸先。)(描写句)

县政府顶顶早呃辰光勿有牢哈闹(县政府最最早的时候不在这里。)(描写句)

（2）蛮+形容词

长兴方言里常用“蛮”表示程度，相当于普通话的“很”，如：

格只包子蛮好喫，实五尝尝看。(这只包子很好吃，你尝尝看。)

实嗯格只手机质量蛮好。(我这只手机质量很好。)

长兴方言中常说“生活蛮写意”“房子蛮大”“手表蛮赞”“价格蛮实惠”“小把戏蛮明工”等。

（3）忒+形容词

“忒”相当于普通话的“太”，表示程度，有“过分”的意思，如：

实五实介过日脚是忒省唻。(你这样过日子是太节省了。)

伢待伊忒好，格个人介点良心阿呒不。(我们待他太好，这个人一良心也没有。)

其他的如：味道忒淡、脾气忒楸、皮肤忒黑、火气忒大。

“忒”后有时可加“介”成为“忒介”，如：东西忒介多、房子忒介小、做人忒介小气。

（4）正刚+形容词

“正刚”在长兴方言中十分常用，表示程度，相当于普通话的“极、很”，如：

这爿店正刚推板，侪是次货，下趟实嗯勿来唻。(这家店很差劲，都是次品，下次我不来了。)

外势正刚冷，河里侪结冰唻。(外面很冷，河里都结冰了。)

其他的如：正刚有趣、正刚腻腥、正刚惹怨、正刚狗逼。

（5）形容词+煞

在长兴方言中，“煞”是形容词的后缀，但可以表示形容词的程度，相当于普通话的“很、非常”，如：

实嗯喫得饱煞，介点啊喫勿落特。(我吃得太饱了，一点也吃不下了。)

银行里排队人多煞，实嗯等一歇再来。(银行里人太多了，我等一会再来。)

其他的有：气煞、急煞、闷煞、横煞、热煞、辣煞、痛煞、好煞、急煞、臭煞。

（6）形容词+得来

“得来”在长兴方言中表示程度，相当于普通话的“很，真”，如：

哈闹香得来，拉有化烧点咕？(这里真香，他们在烧什么？)

老姚走起路来快得来，实嗯跟阿跟勿上。(老姚走路来真快，我跟也跟不上。)

其他的如：松得来、痛得来、大得来、好看得来、难过得来

（7）形容词+得来要死

“得来要死”放在形容词后，强调程度，相当于普通话的“……得要命”，如：

格两日触霉头，实嗯气得来要死。(这两天倒霉，我正气得要命。)

伊门坎精得来要死，得伊打交道正刚要当心点。(他门坎精得要命，你与他打交道，真的要小心一点。)

其他的如：好得来要死、臭得来要死、难过得来要死、难吃得来要死。

（8）形容词+得魂

“得魂”放在形容词后，表示程度之高，有“非常”之意，如：

白斩鸡鲜得魂。侪家多喫点。(白斩鸡非常鲜，大家多吃点。)

格个人手脚快得魂，一息息功夫，事体侪做好唻。(这个人动作非常快，一会儿时间，事情都做好了。)

（9）形容词+得來呒啥讲头

“形容词+(得)來呒啥讲头”表示好得不能再好，强调程度，相当于普通话的“……没话好讲”，如：

拉两个人关系好得来呒啥讲头。(他们两个人关系好得来没话好讲。)

昨日开唻一个通宵，跟朝吃力得来呒啥讲头。(昨天开了一个通宵，今天累得没话好讲。)

其他的如：快得來呒啥讲头、火得來呒啥讲头、滑头得來呒啥讲头。

2.变式表达法

长兴方言的形容词有多种形式，可以表示不同的程度。一般说来，形容词的ABB式重叠在长兴方言里是表示轻微程度的，AAB所表示的程度有所加深，ABAB式重叠和四字形容词的程度更深。如：

黑次次——黑——墨墨黑——乌盲出黑

瀴笃笃——瀴——冰冰瀴——冰瀴出骨

软乌乌——软——米米软——米软搭图

红称称——红——血血红——岸红岸红

第五节　数　词

长兴方言的数词与普通话基本一致，在少数地方与普通话有区别。

一、基数

1.基数的读音

长兴方言的基数字与普通话相同，但它们的读音有很大的区别。下面是长兴方言基数的读音：

长兴方言基数读音表

表 3-2

数字	读音	数字	读音
一	[$\emptyset$iəʔ^{5}][$\emptyset$iɔ^{44}]	九	[tɕiəɤ^{53}]
二	[liã^{42}]［n^{213}］	十	[zəʔ^{2}]
三	[sɛ^{44}]	十一	[zəʔ^{2}][$\emptyset$iəʔ^{5}]

数字	读音	数字	读音
四	[si³³⁴]	十二	[zəʔ²] [n²¹³]
五	[ŋ⁴²]	十五	[sO⁵³][ŋ⁴²]
六	[loʔ²]	廿	[ȵiɛ²¹³]
七	[tɕ‘iəʔ⁵]	一百	[øiəʔ⁵][paʔ⁵]
八	[poʔ⁵]	二百	[liã⁴²][paʔ⁵]

2. 数字“一”的读音

数字“一”有两个读音：[øiəʔ⁵]和[øiɔ⁴⁴]。数数时，[øiəʔ⁵]和[øiɔ⁴⁴]都可以读。但在读电话号、手机号时常读为[øiɔ⁴⁴]。110 也读为[øiɔ⁴⁴][øiɔ⁴⁴]零。911 中的“1”也读成[øiɔ⁴⁴]。

3. 数字“二”和“两”的读音

数字“二”有三个读音：［liã⁴²］和［n²¹³］，文读音是［ɦəl²¹³］。“两”只有一个读音［liã⁴²］。

（1）在读个位数字时，［liã⁴²］和［n²¹³］都可以。在读 1234 时，［liã⁴²］和［n²¹³］都可以读。长兴方言一般不读［ɦəl¹³］。“二个人、二瓶酒、二包烟”中的“二”都读［liã⁵³］，但在“二两”中的“二”要读成［n²¹³］。

在二位数后的个位数上，在 12、22 中，读成［n²¹³］。数字 32 到 92 中可读成［liã⁵³］，也可读成［n²¹³］。如：六七四十二中的“2”为［liã⁵³］［n²¹³］两读。

（2）在十位数后，一般读成［n²¹³］，十二生肖中读为［n²¹³］。以 2 开头的十位数，有两种读法，文读时要读成［ɦəl²¹³］，如二十、二十一等中的“二”读［ɦəl²¹³］；白读时读成［n²¹³]，如“二十三”中的“二”读成［n²¹³]。

（3）读以 2 开头的百位数时，一般要读成［liã⁵³］，如“二百十一”，读成“［liã⁴²］［paʔ⁵］[zəʔ²][øiəʔ⁵]”。

（4）在“二”后接量词的情况下读两［liã⁴²］。如“两斤”“两只”中的“两”读［liã⁴²］。但在度量衡的“两”后，读成［n²¹³］。

（5）表示序数“第二”时，要读［ȵiɪ¹³］，如“第二［ȵiɪ¹³］名”。

（6）“两”有实指和不实指两种用法，区别在于读音。如：操场上来特两个人。读［liã⁴²］时，“两”表示实数，意思是操场上来了 2 个人。读［liã⁴⁴］时，“两”表示虚数“几”，意思是操场上来了一些人。

4. 十有两个读音

（1）第一个是［zəʔ^{2}］，当“十”不作为数字结尾里读［zəʔ^{2}］，如：十八、十九、三十五中的“十”。

（2）第二个是［so^{53}］，只有十五中的“十”读该音。

5. 二十整数时有两种读法，[ȵiɛ^{213}]和［ɦəl^{213}］［səʔ^{5}］两种读音。白读时多读为[ȵiɛ^{213}]，写成“廿”，如廿二、廿八、一百廿、四百廿、一千六百廿等。在序数和和概数中也大多用[ȵiɛ^{213}]，如：廿五排三座、廿一号上午、廿几支毛笔中的“廿”都要读[ȵiɛ^{213}]。

6. 在“百、千、万”后有整数余数时，位数词一般可省略，一百六相当于普通话的 160，常常读成[øiəʔ^{5}][paʔ^{5}][loʔ^{2}]，不需要读成[øiəʔ^{5}][paʔ^{5}][loʔ^{2}]［səʔ^{5}］。其他的如：

三百八相当于普通话的 380，

七百六相当于普通话的 760，

五千七相当于普通话的 5700，

二万四相当于普通话的 24000，

十二万二相当于普通话的 122000，

三亿九相当于普通话的 390000000。

“八”表示 80，“六”表示 60，“七”表示 700，“四”表示 400，“二”相当于普通话的 2000，“九”相当于普通话的 90000000。

二、分数、倍数

长兴方言分数表示法除了采用普通话的方式外，还有几种与普通话是不同的。

1. 用“几股里几股”表示。如三股里二股相当于三分之二，四股里三股相当于四分之三。“几股里几股”的说法多用于老年人。

2. 用“成”表示百分比。一成相当于 10%、四成相当于 40%。

“成”常与“新”组合，表示新旧的程度，如七成新，八成新等。

3. 用“折”表示百分比，也就是常说的“打折头”。如：

九折相当于 90%，七五折相当于 75%，对折相当于 50%。

4. 长兴方言里常说成“倍倍”，表示普通话“加一倍”“加倍”。如：

拉屋里钞票是伢屋票呃倍倍。（他家里的钱是我家里钱的加倍。）

格点数量勿够，起码倍倍。（这点数量不够，至少加一倍。）

三、序数

长兴方言中表示序数的方法主要有：

1.采用与基数相当的方式

一九八零年、五排六座、召公四年、民国二十二年、二阿哥。

2.用“第”表示

普通话的“第”在长兴方言里也可以表示次第，如：第二、第七、第八等。

3.用“头”表示

“头”一般相当于普通话的“第一”，如：头一个、头一日、头一埭、头一通、头一名、头一页等。该处的“头”也可说成“第”，如：第一个、第一名、第一页等。

“头一”中的“一”有时可省去，“头”直接加在名词前面，说成：头胎、头生、头七、头奖、头等舱、头名状元、头条新闻、头排小生、头把交椅。该说法里的“头”不能用“第”来替换。“头”的许多说法已融入普通话。

4.用“初”表示农历

农历的日子用“初”排序，从初一到初十都用“初”表示，十以后就基数表示，如初一、初八、初十、十一、十二等，十五还可用“月半”表示。

5.最后的表示法

长兴方言里表示数字的最后常常用：阿末[øaʔ^{5}][məʔ^{2}]、搭末[taʔ^{5}][məʔ^{2}]、末脚[məʔ^{2}][tɕiaʔ^{5}]等表示，如：

实嗯考试考唻个阿末名，正刚气煞。（我考试考了最后一名，真的气死。）

实嗯排队排勒搭末。（我排队排在最后。）

开头用一个，末脚再用一个。（开始用一个，最后用一个。）

长兴方言还有“阿末来”“搭末来”的说法，相当于普通话的“最后”，如：

开头侪家蛮开心，想勿着阿末来吵起来唻。（刚开始大家很开心，没想到最后吵起来了。）

一开始伊勿勒，搭末来总算来唻。（刚开试他不在，最后总算来特。）

四、不定数

除了采用普通话的不定数表示法外，长兴方言有独特的表示法。常用的词汇有：头[dəɯ^{22}]、洒[sa^{44}]、毛[mɔ^{113}]、靠[k‘ɔ^{334}]、兴[ɕin^{44}]、大[du^{113}]、把[po^{53}]、来[lɛ^{22}]、毛毛交[mɔ^{44}][mɔ^{44}][tɕiɔ^{44}]、界之[ka^{44}][tsɿ^{44}]。

1.用“头”表示

“头”常与“两”连用，说成“头两”，有两个意义：

（1）表示约数“一二”，如：头两斤(一二斤)、头两百块洋钿(一二百块钱)、头两个钟头(一二个小时)。

（2）表示开头的两个，如：

开年的头两个月实嗯去看娘舅。(过了年的开头两个月我去看舅舅。)

格杯茶头两口吃起来味道蛮好。(这杯茶开头两口喝起来味道不错。)

2.用“洒”表示

“洒”表示估计，有“大约”义，值得注意的是，“洒”只能用在“四”“五”前面，人们常说“洒五十斤”“洒五六个人”“洒四个月”。如：

小李大学毕业洒五个月唻，工作还呒不寻着。(小李大学毕业大约五个月了，工作还没有找到。)

小黄到长兴洒四年唻，长兴闲话还是讲勿来。(小黄到长兴大约四年了，长兴话还是不会讲。)

要注意的是，“洒”不能与“四”“五”外的数字连用，“洒二本”“洒三年”“洒六个”“洒七斤”“洒八日”“洒九量”等都是不能说的。

3.用“毛”“靠”表示

“毛”“靠”都表示约数，用于十的倍数前，表示接近某一数量，如：

老金毛五十岁唻，看上去介点看勿出。(老金快五十岁了，看起来一点也看不出。)

格趟去北京旅游，用脱唻毛五千块钞票。(这次去北京旅游，花掉了近五千元钱。)

实嗯勒汽车站等唻靠十分钟。(我在汽车站等了近十分钟。)

格个人看上去靠廿岁样子。(这个人看上去近二十岁的样子。)

虽然“毛”“靠”都可以表示不定数，但在使用上两词并不完全相同。在表示数量大小时，“毛”一般适用于20到90的所有整数，可说“毛廿岁”“毛三十岁”直到“毛九十岁”。在表示钱的数量时可以说“毛廿块”直到“毛九十块”。“靠”往往用于数字10和20比较多，常说“靠十斤”“靠廿斤”“靠十岁”“靠廿岁”，其他的数字段用“靠”的比较少，不能说“靠三十岁”“靠六十吨”。因此，“毛”的适用范围大于“靠”。

4.用“兴”

“兴”表示多数，有“一些”的意义。常与“好”连用，说成“好兴”“莫兴兴”，意思是“许多”。长兴人常说“好兴人”“好兴手机”。如：

叫伊去买兴长生果来。(叫他去买些花生来。)

马路闹出崃车祸，来崃好兴警察。(马路上出了车祸，来了许多警察。)

拉屋里钞票莫兴兴。(他家里钱很多。)

5.用“大”表示

“大”表示数量多，常见的说法：大几十(表示五十以上的二位数)，大几百(表示五百以上的三位数)、大几千(表示五千以上的四位数)。如：

好看点格书动勿动就要大几十，正刚买勿起。(好看点的书动不动就要好几十元，真的买不起。)

格件衣裳要大几百才买得动。(这件衣服要好几百才买得来。)

大几千买只手表介点勿稀奇。(好几千买只手表一点也不稀奇。)

6.用“把”“来”表示

“把”用在“百、千、万”后，表示约数，相当于“左右”。如：百把斤米(米一百斤左右)，千把个人(人一千个左右)、万把只蟹(蟹一万只左右)。“把”不用在“十”后，不能说“十把斤”。在“十”后只能用“来”表示约数，可说“十来斤”“十来个人”“十来本书”等。

7.用“毛毛交”表示

“毛毛交”表示大约，用在数量前面，如：

操场上来特毛毛交三百个人。(操场上来了大约三百个人)

新房子装修用脱崃毛毛交十万块钞票。(新房子装修化掉了大约十万元。)

8.用“界之”表示

“界之”用于数量词后，表示左右、大约，可说“九十岁界之”“五十斤界之”“三点钟界之”，如：

伊看上去五十岁界之。(他看上去五十岁左右。)

活拉单位里格个胖子分量估计有 200 斤界之。(我们单位里那个胖子的重量估计有 200 斤左右。)

叫小莫明早 10 点钟界之来。(叫小莫明天 10 点钟左右来。)

第六节　量　词

长兴方言中的部分量词与普通话中的量词是一致的，如：条(一条鱼)、棵(一棵树)、个(一个孩子)、支(两支笔)、件(一件衣服)、杯(喝杯茶)、张(四张报纸)等。长兴方言量词与普通话量词的主要区别有两点，一是方言中有许多量语为普通话所无；二是同一个量词在方言中的用法与普通话中的用法不同。

一、物量词

1．长兴方言特有的物量词

只[tsaʔ^{5}]：可用于许多名词。一只马、一只手表、一只井。

淘[dɔ^{22}]：伙。一淘朋友。

埭[da^{22}]：排。一埭印子、二埭房子、三埭字。

瓤[lã^{22}]：片。一瓤西瓜、二瓤南瓜。

管[kuɛ^{53}]：把。一管锁、一管秤、一管尺。

部[bu^{42}]：辆。一部车子、一部脚踏车。

势[si^{53}]：顿。一势饭、二势粥。

坒[bi^{22}]：层。一坒砖头。

圤[boʔ^{2}]：块。一圤石头、二圤泥、三圤红肉。

爿[bæ^{22}]：座、家。一爿桥、一爿田、一爿厂。

沓[daʔ^{2}]：叠。一沓报纸、一沓钞票。

枵[ɕiɔ^{44}]：层。一枵丝棉、二枵絮。

株[tsi^{44}]：棵。一株树、一株毛竹。

床[zɔ̃^{22}]：条。一床棉头、一床毯子。

刀[dɔ^{22}]：叠。一刀发票、二刀纸头、三刀草纸。

块[k‘ui^{334}]：条、块。一块洋钿、二块手巾。

节[tɕiəʔ^{5}]：分段的。一节长生果、二节甘蔗。

沰[toʔ^{5}]：滴。一沰眼泪、一沰糨糊。

窠[k‘u^{44}]：窝。一窠小鸡、一窠蛋。

滩[t‘æ^{44}]：摊开的液状物或杂物。一摊血、一摊烂污。

埲[bõ^{42}]：称火焰。一埲火，一埲烟。

泡[p‘ɔ⁴⁴]：指大小便。一泡尿、一泡烂污。

则[tsəʔ⁵]：十二岁为一则。大二则、小一则。

捧[p‘õ⁵³]：两手相合为一捧。一捧鲜花、一捧柴爿。

2.与普通话用法不同的物量词

日常生活中的不少量词，在长兴方言和普通话里都存在，但长兴方言与普通话的用法不同，如：

只：长兴方言与普通话都可以说“一只鸡”“一只手”“一只苹果”等，但长兴方言中“只”的使用范围要大得多。它相当于普通话的如下量词：

把：一只茶壶、一只钥匙、一只热水瓶、一只算盘。

个：一只面包、一只月饼、一只图司。

间：一只卫生间、一只房间。

架：一只飞机。

张：一只桌子、一只床。

盏：一只电灯、一只日光灯。

口：一只井、一只猪。

台：一只电脑，一只收音机。

顶：一只帽子。

头：一只牛、一只象。

枚：一只别针、一只徽章。

颗：一只炸弹、一只揿钉。

“只”在长兴方言里的用法非常特别。除了上述用法外，“只”还可以用于人，常用于贬义，如：一只老太婆、一只饭桶、一只戆大等。

长兴方言里“只”可以跟“洋”结合，表示钱的多少，有“一只洋”“五只洋”的说法，意思是“一元钱”“五元钱”。“洋”的前面不能用“块”或“元”。

部：长兴方言与普通话都可以说“一部著作”，但长兴方言中可以说“一部汽车”“一部机器”“一部电影”，普通话只能说“一辆汽车”“一台机器”“一场电影”。

块：长兴方言与普通话都可以说“一块砖”“一块玻璃”，但长兴方言中还可以说“一块毛巾”“一块肥皂”“一块洋钿”，普通话要说“一条手巾”“一条肥皂”“一元钱”。

本：长兴方言与普通话都可以说“一本笔记”“一本账”，但长兴方言中还可以说“一本录像”，普通话要说成“一部录像”。

根：长兴方言与普通话都可以说“一根木头”“一根头发”，但长兴方言中还可以说“一根带鱼”“一根线”，普通话中要说成“一条带鱼”“一条线”。

节：长兴方言与普通话都可以说“一节电池”“一节课”，但长兴方言中还可以说“一节甘蔗”“一节长生果”，普通话中要说“一段甘蔗”“一颗花生”。

条：长兴方言与普通话都可以说“一条消息”“一条裤子”，但长兴方言中还可以说“一条衬衫”“一条面更”，普通话要说“一件衬衫”“一根面条”。

粒：长兴方言与普通话都可以说“一粒米”“一粒药丸”，但长兴方言中还可以说“一粒糖”“一粒纽子”，相当于普通话的“一颗糖”“一颗纽扣”。

二、动量词

长兴方言有许多普通话所没有的动量词，如：

埭[da^{22}]：次。到上海一埭。（去上海一次。）

记[tɕi^{44}]：下。敲伊一记。（打他一下。）

瘩[ho^{53}]：觉。困一瘩。（睡一觉。）

操[tɕ‘ɔ^{44}]：会、次。吃一操茶。来过两操。（喝一会茶。）（来过两次。）

通[t‘õ^{44}]：次。出一通差。（出一次差。）

歇[ɕiəʔ^{5}]：会。白相一歇再来。（玩一会再来。）

毛[mɔ^{22}]：次。去特两毛。（去了两次。）

转[tsɛ^{53}]：次、回。来特三转。（来过三次。）

长兴方言的物量词与动量词都比较丰富，但在青年一代中，受普通话的影响，使用普通话量词的越来越多，上述方言量词大多是在年龄较大的人群中使用。

三、量词的特殊用法

长兴方言量词的用法有的与普通话相同，但也有自己的特殊用法。

1. 形+量+头

形容词可以修饰量词，是长兴方言与普通话的共同特点。如说“一大张白纸”“一小块年糕”。但长兴方言的量词前面可以用形容词修饰，后面还可接词缀“头”，方言中可说“原块头蛋糕”“小只头苹果”，该说法在普通话里是没有的。如：

实嗯一向得伊分梨子喫，今朝总算一个人喫唻独只头。（我一直跟他分梨子吃，今天总算一个人吃了单独一只。）

买花生要买小节头花生，味道香煞。（买花生要买节小的花生，味道很香的。）

其他的如：原箱头苹果、原瓶头烧酒、半瓶头可乐、原只头蹄膀、大粒头枣子、双节头长生果等。

2.数+量+头

长兴方言里有时可以用数量词加“头”来代替整个偏正结构，人们常说“二张五十块头”“五斤头”等，如：

屋里油要喫光唻，下半日要去买二瓶五斤头。（家里油快要吃光了，下午准备去买两瓶五斤装的。）

八月半要到唻，实嗯去买二盒月饼，八只头装忒少，要买十只头呃。（八月半要到了，你去买两盒月饼，八只装的太少，要买十只装的。）

该处的“五斤头”“十只头”在特定的语境下，指“五斤装的油”和“十只装的月饼”。

“数+量+头”的说法在表示钱的数量时用得很普通，如：

收唻一张十块头。（收了一张十元的。）

吾皮夹里侪是一百块头，呒不十块头呃。（我皮夹里都是一百元的，没有十元的。）

格张邮票是八分头呃。（这张油票是八分的。）

长城币涨来快得来，特别是格张二块头蛮值铜钿唻。（长城币涨得很快，特别是那张二元的很值钱了。）

3.量词“个”有时还可以放在数词与量词之间

主要是单位量词，如：

格幢房子只有九十个平方，介点勿大。（这幢房子只有九十平方，一点也不大。）

实嗯有一只三个安培呃电表。（我有一只三安培的电表。）

格点长短只有三个厘米。（这点长度只有三毫米。）

“个”后的量词常用的有平方、毫米、厘米、安培、度等。其他的很少使用，不能说“三个米”“二个公里”等。

4.数量词的数词为“一”时的省略

在长兴方言中，当数量词修饰名词里，数词“一”有时可以省略，形成“量词＋名词”的结构，如：

实嗯想去买只电脑。（我要去买一台电脑。）

老板娘，喫碗肉丝面看。（老板娘，吃一碗肉丝面。）

明早打只电话来，省得吾挂心挂思。（明天打一个电话来，省得我提心吊胆。）

5.“量+名”的格式

长兴方言中，量词有一种特殊的用法，即量词可以单独置于名词前，形成“量+名”的格式，如：

只手机质量勿好，顶好去换一只。（这部手机质量不好，最好去换一部。）

把板头勒咕里？得嗯寻寻看。（这把板头在什么地方？替我找找看。）

个人到底来做咕？看上去有点勿三勿四。（这个人来干什么？看起来有点不三不四。）

有时候，在“量+名”的格式前还可加上人称代词或名词，构成“代+量+名”格式，如：

嗯只电脑有牢修。（我这台电脑在修理。）

嗯老婆双皮鞋好看得来，价钿亚吓煞人。（我老婆那双皮鞋非常好看，价格也吓死人。）

公司里部车子明早呒不空，倷只好乘快客去特。（公司这辆汽车没有空，你只好乘快客去了。）

其他的如：嗯条裤子、伊只脚、外婆只金戒指、老公只手表等。

6.“量词+半”

长兴方言里，有“量词+半”的格式，即在量词后加“半”，表示数量的一又二分之一之多，“斤半”是一斤半。“尺半”是一尺半。如：

老板，买斤半牛肉。（老板，买一斤半牛肉。）

橘子到货唻，约莫着有吨半。（橘子到货了，估计如一吨半的样子。）

7.“一＋动量词+头”

“一＋动量词+头”，强调一下子把事情解决了，常用的如：一记头敲煞（一下子就打死了）、一通头过门（一次就通过了）、一口头喫脱（一口就吃掉了）。如：

勿想着驾照路考嗯一通头过门，正刚开心。（没想到驾照路考我一次通过了，真的开心。）

介大呃鸡蛋伊一口头喫脱唻，（这么大的鸡蛋他一口就吃掉了。）

第三章　长兴方言虚词语法

长兴方言的虚词与普通话一致，包括副词、连词，介词，助词、叹词、象声词等五类，该词汇的用法与普通话有同有异。

第一节　副　词

根据汉字副词的种类，长兴方言副词分为六种，即：程度副词、范围副词、时间副词、语气副词、否定副词、情态副词。长兴话中有许多副词是普通话所没有的。

一、程度副词

程度副词表示动作行为的程度。长兴方言中的程度副词一部分采用了普通话的副词，另一部分是长兴方言所特有的。长兴方言特有的程度副词可以大致分为表示高级与表示低级两种。

1. 表示高级程度的副词

长兴方言表示高级程度的副词与普通话不同，普通话的程度副词“非常、绝对、极度、十分、最、顶级、太、更、极其、格外、分外”等长兴方言一般不用，所用的高级程度副词主要有：顶[tin^{53}]、蛮[me^{13}]、太[tei^{334}]、死[si^{53}]、穷[$tɕ‘iõ^{44}$]、愈加[ji^{113}][ka^{44}]、正刚[ts^{53}][$k̆õ^{53}$]、着实[$zaʔ^{2}$][$zəʔ^{2}$]、越[$jiəʔ^{5}$]、正嚇[$tsəŋ^{334}$][$haʔ^{5}$]等，副词在句子中常放在谓语前，充当状语。

顶：与普通话的“最”“极”等相当，表示程度之高，如：

格家人家村里顶穷唻。（这家人家在村里最穷了。）

老王是长兴顶有名呃中医，找伊看毛病人多得勿得了。（老王是长兴最有名的中医，找他看病的人得不得了。）

长兴到上海开车顶多两个多钟头。（长兴到上海开车最多两个多小时。）

“顶”在使用时，有时可以重叠，说成“顶顶”，如“顶顶齐正”“顶顶伤心”等，表示程度的加深。

蛮

“蛮”是吴语的常用词，相当于普通话的“很”“挺”等，在长兴话里也常用，如：

格部汽车蛮实惠，样子好看，价钿便宜。（这辆汽车很实惠，样子好看，价格便宜。）

老马八十多岁唻，身体倒蛮好。（老马八十岁了，身体倒挺好。）

实嗯对书法从小就蛮有兴趣。（我对书法从小就很有兴趣。）

太

有“过分”的意思。是普通话就是程度副词，在吴语中一般不用“太”而用“忒”[t‘əʔ5]，上海话、苏州话、湖州话用“忒”表示过分的意思。但在长兴话中人们不用“忒”，而用“太”，应是长兴话受北方话影响的结果。如：

房子太大唻，搞卫生喫力煞。（房子太大了，搞卫生很累。）

咖啡味道太苦唻，实嗯勿要喫。（咖啡味道太苦了，我不要喝。）

收入太低，小李老早就辞职唻。（收入太低，小李早就辞职了。）

死

长兴方言里的“死”除了表示死亡外，还是一个程度副词，形容行为、程度达到极点，相当于“非常”“坚决”“一定”，人们常说“死要面子”。如：

老李死要面子，叫伊道歉是勿可能呃。（老李非常要面子，叫他道歉是不可能的。）

勿管侪家那哈叫伊，伊死勿肯出来。（不管大家如何叫他，他坚决不出来。）

穷

表示程度，相当于“拼命地”，有“穷兴穷活”的说法，如：

伊闷声勿响，一个人勒屋里穷喫。（他一声不吭，一个人在家里拼命喫。）

伊穷兴穷活打工，是想买房子。（他拼命打工，是想买房子）

愈加

相当于普通话的“更加”“越发”，如：

小芳生来蛮齐正，勿想着小娟愈加好看。（小芳长得很漂亮，没想到小娟更加好看。）

阿明小从就蛮乖呃，大学毕业后愈加懂事唻。（阿明小从就很乖的，大学毕业更加懂事了。）

小王以前就是胖子，两年勿见，愈加胖唻。（小王以前就是胖子，两年没见，更加胖了。）

正刚

“正刚”是长兴地区的常用程度副词，相当于“真的”， 表示强调，如：

格点生活要两日天完成，正刚来勿齐。（这些活要两天干活，真的来不及。）

长兴格两年变化正刚大，一年勿来，路就勿认得唻。（长兴这两年的变化真的很大，一年不来，路就不认识了。）

饭正刚喫勿落唻。（饭真的吃不下了。）

着实

“着实”表示，表示强调，常用于比较或表示程度，相当于“确实”如：

实五勿要吹牛，小李打字着实比五快。（你不要吹牛，小李打字确实比你快。）

小赵到底见过世面，为人处事着实比小杜得体。（小赵到底见过世面，为人处事确实比小杜得体。）

拉屋里着实有两铟。（他家里确实有钱。）

越

“越”是普通话里的程度副词，在长兴方言里也常用，表示“更加”，常说“越来越”，如：

电脑勿是越大越贵，要看配置好坏。（电脑不是越大越贵，要看配置好坏。）

蔬菜越新鲜越好，隔夜菜是喫勿得呃。（蔬菜越新鲜越好，隔夜菜是不能吃的。）

隔壁老李，坚持锻炼十几年，身体越来越好唻。

正嚇

“正嚇”的意思就是“更加”，如：

老林生意做得勿小，没想着拉弟弟生意做得正嚇大哩。（老林生意做得不小，没想到他弟弟生意做得更加大。）

门朝天气正嚇热唻。（明天天气更加热。）

2. 表示低级程度的副词

普通话表示低级程度的副词主要有“有点儿、稍、稍微、几乎、略微”等，长兴方言中表示表示低级程度的副词不多，主要有：稍微[sɔ^{44}][øui^{44}]介点[kaʔ^{5}][tiɪ^{44}]等。

稍微

“稍微”的用法相当于普通话的“略徵”，可以放在形容词和动词之前作状语，表示程度之轻，如：

小姑娘生来蛮齐正，就是皮肤稍微黑点。（小姑娘长得很漂亮，就是皮肤略徽黑一点。）

隔壁老太太毛病格两日稍微好点唻。（隔壁老太太的毛病这几天略微好了一点。）

实五平时勿要太省唻，自家喜欢呃东西稍徵要买点用用。（你平时不要小节约了，自己喜欢的东西要买点用用。）

伊稍微用脱点钞票就热麻煞唻。（他略微化了点钱就心疼死了。）

其他的如：稍微喫点、稍微买点、稍微多点等都是。

介点

“介点”表示细微程度，相当于“一点”，如：

伊比小林好看介点。（她比小林漂亮一点。）

伊再长介点就好唻。（他再高一点就好了。）

格双袜子质量差介点，实嗯勿要唻。（这双袜子质量差了点，我不要了。）

上述句中的“介点”分别补充说明“好看”“长”“差”的程度是略微、一点儿。

3. 长兴方言里的程度副词也可以放在谓语后，充当补语，该类程度副词主要有煞[$saʔ^{5}$]、得来[$təʔ^{5}$][$lɤ^{213}$]、魂[$ɦuŋ^{213}$]三个。

煞

放在形容词或动词后，表示程度，相当于普通话的“很”“非常”，如：

天气热煞，正刚勿想出门。（天气热死了，真的不想出门。）

格个人脾气躁煞，实五勿要得伊多响。（这个人脾气很急躁的，你不要跟他多搭理。）

早饭呒不喫，肚皮饿煞唻。（早饭没吃，肚子饿死了。）

长兴方言里的“煞”在普通话里是有两种表达方式：

一是相当于普通话的“死”，如“吓煞、气煞、冷煞、痛煞”等词语在普通话里说成“吓死、气死、冷死、痛死”。

二是相当于普通话的“很”“非常”“十分”，如“脾气急煞”相当于“脾气很急”，“皮肤白煞”相当于“皮肤非常白”，“活络煞”相当于“很活络”。

得来

“得来”强调程度，相当于普通话的“很”，如：

早辰头喫唻两只粽子，饱得来。（早上吃了两只粽子，饱死了。）

格条鱼烧焦唻，勿好喫得来。（这条鱼烧焦了，很不好吃。）

“得来”后往往可以再加上其他词语，如：饱得来走勿动，热得来勿想出门，坏得来呒啥讲头，气得来闲话讲勿出。

魂

强调程度，相当于“很”，“快得魂”相当于“好得很”，如：

格部电视剧好看得魂。（这部电视剧好看得很。）

广场闹人多得魂，实嗯勿想去轧闹猛。（广场上人多得很，我不想去凑热闹。）

伢屋里房子小得魂，只有一只卫生间，正刚勿方便。（我家里房子小得很，只有一个卫生间，真是不方便。）

二、范围副词

普通话的范围副词主要有“都、全部、总体、总共、共、统统、仅仅、只、光”等，其中可分为总括副词与限制副词二类，长兴方言的范围副词除了可以使用普通话的，还有自己特殊范围副词。

1. 总括副词

表示总括意思的副词：侪[zɛ^{22}]、总共[tsõ^{53}][gõ^{42}]、一塌刮子[øiəʔ^{5}][tʽaʔ^{5}][kuaʔ^{5}][tsɿ^{53}]、亨八冷打[hã^{44}][paʔ^{5}][lã^{22}][tã^{44}]等。

侪

“侪”是长兴方言的常用副词，表示全部，相当于普通话的“都”“全部”，长兴方言还可以说“侪家”，如：

拉兄弟两个人，今年侪要结婚唻。（他们兄弟两个人，今年都要结婚了。）

伢一家门一年收入侪有化不到二十万。（我们一家一年的收入全部在一起不到二十万。）

开车出门，侪家要当心。（开车出门，大家要当心。）

总共

“总共”是普通话的副词，在长兴方言里也常用，也可以说成“一共”，如：

伢办公室里总共四个人。（我办公室里一共四个人。）

上个月到国外旅游总共花掉唻三万块。（上个月到国外旅游一共花去了三万元。）

一塌刮子

“一塌刮子”表示“一共”“全部”，是长兴地区流行的范围副词，也流行于周边地区，如：

出门呒不带皮夹，实嗯身闹一塌刮子五块洋钿。（出门没有带钱包，我身上一共五元钱。）

实嗯屋里呃图书一塌刮子捐拨图书馆唻。（我家里的图书全部捐给图书馆了。）

2. 限制副词

限制副词不多，常用的：只[tsəʔ^{5}]、单单[tɛ^{44}][tɛ^{44}]、便得[biɛ^{213}][təʔ^{5}]”等几个。

只

表示数量少。用法跟普通话差不多。如：

今朝乘客勿多，到上海只有五六个人。(今天乘客不多，到上海只有五六个人。)

实嗯只有格点钞票唻，只好买一部国产车。(我只有这点钱了，只好买一辆国产汽车。)

单单

相当于“仅仅”“光”，如：

实嗯到超市大半日，单单买唻一只面盆。(我到超市老半天，仅仅买一只面盆。)

格趟旅游化唻交关钞票，单单门票就要好几千。(这次旅游花了许多钱，光是门票就要好几千。)

三、时间副词

长兴话里有若干普通话所没有的时间副词，如：暴[bɔ^{213}]、将况[tɕiã^{44}][hɔ̃^{44}]、就介[tɕiəɤ^{334}][ka^{334}]、等息[təŋ^{53}][ɕiəʔ^{5}]、乃[nɛ^{213}]、介息[ka^{334}][ɕiəʔ^{5}]、一向[øiəʔ^{5}][ɕiã^{334}]、田先[diɪ^{13}][ɕiɪ^{44}]等。

暴

“暴”表示普通话“刚刚”的意思，如：

阿明大学暴毕业，人情世故侪勿懂。(阿明大学刚毕业，人情世故都不懂。)

实五毛病暴好，勿要太喫力。(你病刚好，不要太累。)

将况

“将况”是长兴方言特有的时间副词，相当于普通话的“刚才”，如：

老李，实五勒咕里？将况有人寻五。(老李，你在什么地方？刚才有人找你。)

王主任将况勒办公室里，乃出去唻。(王主任刚才在办公室里，现在出去了。)

就介

“就介”相当于普通话的“马上”，如：

倻先走，实嗯就介来。(你们先走，我马上来。)

天就介要落雨唻，侪家快点回转。(天马上就要下雨了，大家快点回去。)

等息

“等息”相当于普通话的“等一会”，如：

主任勿勒，实五等息再来。（主任不在，你等会再来。）

喫力煞唻，生活等息再做。（累死了，活等会再干。）

乃

“乃”相当于普通话的“目前”“现在”，如：

老底子条件差，乃好唻。（以前条件差，现在好了。）

小把戏发热，哭唻半日，医生得伊打唻一针，乃睏着唻。（小孩子发热，哭了半天，医生给他打了一针，现在睡着了。）

介息

“介息”相当于普通话的“现在”，如：

屋里介息呒不人，快递摆勒传达室好唻。（家里现在没有人，快递放在传达室好了。）

小李小辰光身体勿好，介息身体节棍煞。（小李小时候身体不好，现在身体很好。）

一向

“一向”相当于普通话的“一直”，如：

小张拉老婆一向喜欢打扮。（小张的老婆一直喜欢打扮。）

实嗯小辰光读书成绩一向勿好，后算来呒不考上大学。（我小时候读书成绩一直不好，后来没考上大学。）

田先

“田先”与“将况”类同，相当于普通话的“刚才”，如：

实嗯田先好像看见小李，一转身伊勿见唻。（我刚才好像看见小李，一转身又不见了。）

田先办公室里有人，介息侪开会去唻。（刚才办公室里有人，现在都去开会了。）

四、语气副词

普通话常见的语气副词有：难道、岂、究竟、偏偏、索性、简直、大概、莫非等。长兴方言中的语气副词与普通话不同，主要有叵老[p‘oʔ^{5}][lɔ^{42}]、到底[tɔ^{334}][ti^{53}]、爽性[sɔ^{53}][ɕin^{53}]、偏偏[p‘iɪ^{44}][p‘iɪ^{44}]、长况[zã^{13}][hɔ̃^{44}]等。

叵老

“叵老”是表示疑问语气的副词，相当于普通话的“难道”，如：

介息小区里家家人家侪有汽车唻，实五叵老还勿想买？（现在小区每户人家都有汽车了，你难道还不想买？）

伊做事体勿负责，实五叵老还要托伊帮忙？（他做事不负责，你难道还要托他帮忙？）

到底

“到底”相当于普通话的“究竟”，表示疑问语气，如：

门朝旅游实五到底去还是勿去？顶好早点定脱来。（明天旅游你究竟去还是不去？最好早一点定下来。）

格把老椅子到底值几化钞票？实五顶好去问问专家看。（这把老椅子究竟值多少钱，你最好去问一下专家。）

爽性

“爽性”相当于普通话的“索性、干脆”，如：

格椿事体讲勿清爽，爽性打官司么好唻。（这件事情说不清楚，干脆打官司好了。）

格段辰光屋里事体多，门朝爽性请假唻。（这一段时间家里事情多，明天干脆请假了。）

偏偏

“偏偏” 表示与愿望、预料或常理相反的意思，有“凑巧、恰恰”或“单单”的意思，如：

侪家叫伊不要出去，伊偏偏要出去。（大家叫他不要出去，他恰恰要出去。）

一个宿舍里同学侪考上大学唻，偏偏伊呒不考上。（一个宿舍里的同学都考上大学了，单单他没有考上。）

长况

“长况”表示“大概”的语气，如：

李主任前两日勿勒化，格两日长况回转唻。（李主任前两天不在，这几天大概回来了。）

下个月长况要加工资唻。（下个月大概要加工资了。）

五、然否副词

然否副词是表示肯定、否定、可能的副词。长兴方言里表示肯定的副词主要有呆板[ŋε^{13}][pε^{44}]、横[ɦuã^{213}]、稳[øun^{53}]；表示否定的有勿[fəʔ^{5}]、勿要[fəʔ^{5}][øiɔ^{334}]、勿曾[fəʔ^{5}][zən^{13}]、呒不[m^{44}][pəʔ]；表示可能的副词主要有作兴[tsoʔ^{5}][ɕin^{44}]、讲勿出[kõ^{53}][vəʔ^{2}][ts‘əʔ^{5}]等。

呆板

“呆板”表示肯定语气，如：

叫伊勿要来，伊勿听，呆板要来。（叫他不要来，他不听，一定要来。）

门朝聚餐，实五呆板要来，勿来实嗯要发脾气呃。（明天聚餐，你一定要来，不来的话我要生气的。）

横

“横”表示肯定语气，具有“理应如此”的意思，如：

实嗯长远勿出去旅游唻，格趟单位组织疗养，实嗯横要去呃。（我好久不出去旅游了，这次单位组织疗养，我肯定要去的。）

实五来帮嗯，实嗯横开心煞。（你来帮我，我肯定很开心。）

稳

“稳”表示肯定语气，相当于普通话的“肯定”，如：

伊读书勿用功，大学稳考勿上。（他读书不用心，大学肯定考不上。）

实五格点本事开汽车，稳要出事体呃。（你这点本领开汽车，肯定要出事情的。）

勿

“勿”表示否定，相当于普通话的“不”，但长兴话不说“不”，只说“勿”，如“勿搭界”“来勿齐”“看勿落”“勿晓得”“勿上路”“喫勿落”等。如：

门朝勿落雨，实嗯要到北京出差。（明天不下雨的话，我要到北京出差。）

格两日身体勿好，随便咕事体侪勿想做。（这两天身体不好，随便什么事都不想做。）

勿要

“勿要”相当于普通话手“别”，用于祈使句的否定，如：

外面温度高，实五勿要出门。（外面温度高，你不要出门。）

实五是过敏体质，海鲜顶好勿要喫。（你是过敏体质，海鲜最好不要吃。）

勿曾

“勿曾”表示行为的没有发生，相当于普通话的“没有”，如：

实嗯忙到介息，早饭勿曾喫过。（我忙到现在，早饭没有吃过。）

介齐正呃细婉婷，实嗯勿曾见过。（这么漂亮的小姑娘，我没有见过。）

呒不

“呒”是典型的吴语方言词语，相当于普通话的“没有”， 长兴方言里常说“呒饭喫”（没饭吃）、“呒数脉”（心中无数）、“呒行用”（没用）、“呒骨子”（没有骨气）、“呒不”（没有）如：

伢老官勒单位里呒地位、呒行用、呒钞票。（我老公在公司里没有地位、没有能力、没有钱。）

实嗯呒不钞票，买房子想阿勿想。（我没有钱，买房想也不想。）

“呒不”在长兴话里有两种意思 ，一是表示“没有”，如“呒不钞票”“呒不本事”；二是表示行为的没有发生，如：“老李呒不来”“房子呒不买”。

作兴

“作兴”表示可能性，如：

格两日天气多变，介息出太阳，等介息作兴要落雨。（这几天天气多变，现在出太阳，等会可能要下雨。）

下个月，实嗯作兴要出去旅游。（下个月，我可能要出去旅游。）

“作兴”的否定形式是“勿作兴”，表示“不允许”“不应该”的意思，如：

小把戏同大人顶嘴是勿作兴。（小孩子跟大人顶嘴是不允许的。）

伊实介做是勿作兴呃。（他这样做是不应该的。）

讲勿出

“讲勿出”是“说不定”的意思，如：

老李讲勿出门朝要来看五。（老李说不定明天要来看你。）

格两日讲勿出要来检查。（这几天说不定要来检查。）

六、情态副词

情态副词是表示某种特定的情状和态度的副词，长兴方言的情态副词与普通话不同，主要有特为[dəʔ^{2}][ɦui^{213}]、倒反[tɔ^{334}][fæ^{53}]、到底[tɔ^{334}][ti^{53}]、总归[tsõ^{53}][kui^{53}]等。

特为

“特为”表示“特意”“故意”，如：

晓得明早客人要来，实嗯特为买唻交关菜势。（知道明天客人要来，我特意买了许多菜。）

格椿事体侪家老早晓得，伊是特为来问问。（这件事大家早就知道，他是故意来问一下。）

倒反

“倒反” 相当于普通话的“反而”的意思，如：

格椿事体实嗯帮伊交关忙，勿想着伊勿谢嗯，倒反埋怨嗯。（这件事情我帮他许多忙，没想到他不感谢我，反而埋怨我。）

呒不汽车倒反好，走路上班，就是锻炼身体。（没有汽车反而好，走路上班，就是锻炼身体。）

到底

“到底”即是情态副词也是语气副词，语气副词“到底”相当于普通话的“究竟”，表示疑问。情态副词“到底”相当于普通话的“毕竟”“终究”，如：

伊到底年轻，力气大。（他毕竟年轻，力气大。）

手机到底呒不寻着。（手机终究没有找到。）

总归

“总归”相当于普通话的“终究”等，如：

讲假话是总归要穿棚呃。（说假话是终究要触穿的。）

走来走去，总归是伢长兴好。（走来走去，终究是我们长兴好。）

第二节　连　词

连词是用来连接词与词、词组与词组或句子与句子、表示某种逻辑关系的虚词。普通话连词非常多，可以表示各种关系。长兴方言的连词与普通话有较大的不同，特别是缺少成套的关联词语，因为在吴语中，往往采用意合法来表示各种关系。

长兴方言的连词可分为两大类，一是连接词或词组的，二是连接复句的。

一、连接词或词组

连接词或词组的连词，在普通话中有“和”“与”“跟”等，但它们在长兴方言中基本不用，长兴方言中连接词或词组的连词只有一个“得”[$təʔ^5$]，如：

实嗯得老王明朝要出差到山东。（我与老王明天要出差到山东。）

颜色当中，实嗯顶喜欢蓝得紫(颜色中，我最喜欢蓝和紫。）

学跳舞得学书法，勿晓得实五喜欢咕里格样？（学跳舞跟学书法，不知道你喜欢哪一样？）

“得”是长兴特有的连词，它可以连接名词、形容词、动词和动词性词组，相当于普通话的“和”“同”等，表示并列关系。

二、连接复句

1. 表示并列关系

两个或两个以上的分句分别陈述几种事物，或一种事情的几个方面，分句之间是平行相对的并列关系。

长兴话中，表示并列关系的关联词：伊[ji^{213}]……伊[ji^{213}]……、伊是[ji^{213}][zɿ^{42}]……伊是[ji^{213}][zɿ^{42}]、勿是[fəʔ^{5}][zɿ^{42}]……是[zɿ^{42}]……、有辰光[øiəɤ^{53}][zən^{42}][kõ^{53}]……有辰光[øiəɤ^{53}][zən^{42}][kõ^{53}]等。

伊……伊……

相当于普通话的“又……又……”，如：

小李生来伊年轻，伊漂亮。(小李长得又年轻，又漂亮。)

格家店做生意伊诚信，伊和气。(这家店做生意，又诚信，又和气。)

伊是……伊是……

相当于普通话的“又是……又是……”，表示并列关系，如：

单位里老刘，伊是喫烟，伊是喫酒，工资侪用光。(单位里老刘，又是抽烟，又是喝酒，工资都花光了。)

格两日伊是吹风，伊是落雪，天气正刚勿好。(这两天，又是刮风，又是下雪，天气很不好。)

勿是……是……

相当于普通话的“不是……是……”，如：

实嗯门朝勿是出差，是去旅游。(我明天不是出差，是去旅游。)

格桩事体勿是五错，是嗯错。(这件事不是你错，是我错。)

有辰光……有辰光……

相当于“有时……有时……”，如：

老陈脾气有点怪，有辰光待人蛮和气，有辰光待人勿客气。(老陈脾气有点怪，有时待人很和气，有时待人不客气。)

毛病有点反复，有辰光好，有辰光勿好。(毛病有反复，有时好，有时不好。)

2. 表示选择关系

两个或两个以上的分句，分别说出两件或几件事，表示从中选择一件。分句之间构成选择关系。

长兴方言里表示选择关系的关联词：要么[øiɔ^{334}][məʔ^{2}]……要么[øiɔ^{334}][məʔ^{2}]……、宁可[ȵiŋ^{213}][k‘əu^{53}]……亚勿[øia^{44}][fəʔ^{5}]……、勿是[fəʔ^{5}][zɿ^{42}]……就是[dʑiəɤ^{213}][zɿ^{42}]……、可能[k‘əu^{53}][nən^{42}]……可能[k‘əu^{53}][nən^{42}]……等。

要么……要么……

表示选择，是普通话里的选择连词，也是长兴方言的选择连词，如：

门朝到上海接客人，要么实嗯去，要么老金去，等息决定脱来。（明天到上海接客人，要么我去，要么老金去，等会决定下来。）

大学毕业唻，要么考研究生，要么寻工作。（大学毕业了，要么考研究生，要么找工作。）

宁可……亚勿……

相当于普通话的“宁可……也不……”，如：

做生意讲良心，宁可亏本亚勿好造假。（做生意讲良心，宁可蚀本也不能造假。）

老李蛮要面子，宁可赔钞票亚勿肯道歉。（老李很要面子，宁可赔钱也不肯道歉。）

勿是……就是……

表示选择，相当于普通话的“不是……就是……”，如：

门朝勿是落雨就是落雪，实五出门要当心。（明天不是落雨就是下雪，你出门要当心。）

格趟评先进，勿是评五就是评嗯。（这次评先进，不是评你就是评我。）

可能……可能……

表示选择两种可能中的一种，如：

明年房价可能涨，可能跌，呒人猜得着。（明年房价可能涨，可能跌，没人猜得着。）

做生意有风险，可能赚，可能亏。（做生意有风险，可能赚，可能亏。）

3. 表示顺接关系

两个或两个以上的分句，一个接着一个的叙述连续发生的事或动作，分句之间有先后顺序。

长兴话中表示顺接关系的关联词：就[dʑiɪ^{13}]、先起头[ɕiɪ^{44}][tɕʻi^{44}][dei^{13}]……后算来[øei^{53}][sɤ^{53}][lɤ^{42}]……、伊[ji^{213}]、奈么[naʔ^{2}][məʔ]、接脱来[tɕiəʔ^{5}][tʻəʔ^{5}][lɤ^{213}]。

就

表示动作行为的马上发生，如：

实嗯落班一回到屋里，就汏菜烧饭。（我下班一回到家里，就洗菜做饭。）

格两日伊身体勿好，喫好夜饭就睏觉唻。（这几天他身体不好，吃好晚饭就睡觉了。）

先起头……后算来……

表示接连发生的两件事或两个动作，相当于普通话的“起先……后来……”，如：

格家人家先起头穷得一塌糊涂，后算来有钞票唻。(这家人家起先很穷，后来有钱了。)

细百楼先起头读书成绩勿好，后算来成绩全班第一。(小男孩起先学习成绩不好，后来成绩全班第一。)

伊

相当于普通话的“又”，表示行为动作的接连发生，如：

老王问唻实嗯家庭情况，伊问唻经济情况。(老王问我家庭情况，又问了经济情况。)

昨日落雨，今朝伊落雨唻。(前天下雨，今天又下雨了。)

奈么

表示顺接，表示顺着上文的意思，引出应有的结果，相当于普通话的“那么”或“于是”，如：

伊讲闲话介勿客气，奈么老子火唻。(他说话这么不客气，那么我就发火了。)

做生意蚀本，老婆离婚，奈么伊想勿开唻。(做生意亏本，老婆离婚，于是他想不开了。)

接脱来

相当于普通话的“接下来”，表示顺接，如：

过去呃事体就算唻，接脱来要好好交动动脑筋，勿要再出纰漏。(过去的事情就算了，接下来要好好地动动脑子，不要再出问题。)

格段辰光天气蛮冷，接脱来就要热唻。(这段时间天气很冷，接下来就要热了。)

4. 表示递进关系

后面分句的意思比前面分句的意思进了一层，分句之间是层进关系。

长兴话里表示递进关系的关联词：“勿单……还……”，相当于普通话的“不但……还(也)”。如：

小李勿单人生来齐正，性格还蛮好。(小李不但人长得漂亮，性格也很好。)

实嗯生毛病辰光，伊勿单来看嗯，还送唻交关营养品。(我生病的时候，他不但来看我，还送了许多营养品。)

5. 表示转折关系

后一分句的意思不是顺着前一个分句的意思说下去，而是作了一个转折，说出同前一分句相反、相对的意思来，分句之间构成转折关系。

长兴话里一般不用普通话表示转折的“虽然……但是……”，常用的表示转折关系的关联词:倒[tɔ^{334}]、勿过[fəʔ^{5}][kəu^{44}]、勿想着[fəʔ^{5}][çiã^{53}][zaʔ^{2}]等。

倒

表示转折关系，相当于普通话的“却”“反而”，如：

天晴辰光伊勿出门，落雨唻，伊倒出门唻。(天晴的时候，他不出门，下雨了他却出门了。)

小李呒不结婚辰光，想结婚；正式结婚唻，倒开始懊悔唻。(小李没结婚时，想结婚；正式结婚了，却开始懊悔了。)

勿过

“勿过”相当于普通话的“只不过”，在句子中表示转折，有“但是”的意思，如：

隔壁小王人是蛮聪明呃，勿过脾气勿好。(隔壁小王人是很聪明的，只不过脾气不好。)

格个人香烟一日到夜勿断，勿过牌子侪是蹩脚货。(这个人香烟一天抽到晚，只不过牌子都是很差的。)

勿想着

“勿想着”字面意思是“没想到”，在长兴方言里可以表示转折关系，如：

实嗯本来出去跑步，勿想着落雨唻，只好勿出去。(我本来想出去跑步，没想到下雨了，只好不出去。)

老李本来要到伢屋里来，勿想着半路接着老婆电话，叫伊就介回转。(老李本来要到我家里来，没想到半路接到老婆电话，叫他马上回去。)

“勿想着落雨唻”字面上表示的是：“没想到下雨了”，但它是对前一分句转折，该话可以理解为：我本来想出去跑步，但是下雨了，只好不去了。“勿想着半路接着老婆电话”的意思也是：“但是半路上接到老婆电话”。

6.假设复句

前一个分句假设存在或出现了某种情况，后一个分句说出假设情况一旦实现产生的结果。两个分句之间是一种假定的条件与结果的关系。

长兴方言中表示假设关系的关联词:就是[dʑiəɤ^{213}][zɿ^{42}]……阿[øa^{53}]……、倘使[tʰɔ̃^{53}][sɿ^{53}]……就[dʑiəɤ^{213}]……、末[məʔ^{2}]。

就是……阿……

“就是……阿……”是长兴方言中的假设连词，相当于普通话的“即使……也……”，如：

实嗯是格个脾气，就是伊来得嗯讲，实嗯阿勿买账。(我是这个脾气，即使他来跟我说，我也不怕。）

困难就是再多，实嗯阿勿怕。（困难即使再多，我也不怕。）

倘使……就……

“倘使……就……”在长兴方言里表示假设，相当于普通话的“如果……就……”，如：

倘使天落雨，实嗯就勿出门哝。（如果天下雨，我就不出门了。）

倘使伊再来寻吼势，实嗯就勿客气哝。（如果他再来找麻烦，我就不客气了。）

末

长兴方言中的“末”常用于分句后，表示假设条件，相当于“如果……就……”，如：

领导呒不化末，伊就好作主哝。（领导如果不在，他就可以作主了。）

飞机票买勿着末，只好乘高铁哝。（如果飞机票买不到，就只好乘高铁了。）

在长兴方言中，“末”常常用在紧缩复句之中，起提顿作用，表示两个分句之间具有假设关系或转折关系，如：

来末来，勿来末勿来，侪家快点决定脱来。（如果要来就来，如果不来就不来，大家快点决定下来。）

要去么去，勿去么勿去，干脆点。（如果要去就去，如果不去就不去，干脆点。）

喫么勿喫，只晓得讲闲话。（该吃却不吃，只知道说话。）

实五做么勿做，只晓得批评人家。（你该做事却没做，只知道批评别人。）

上述四句话中，前两句中的“末”表示假设关系，“来末来”的意思是：如果要来那就来。后两句的“末”表示转折关系，“喫么勿喫”意思是：应该吃却没有吃。

7. 因果复句

前面分句说明原因，后面分句说出结果。

长兴话中表示因果关系的关联词：为哝[øuε^{334}][lε^{213}]、之故[tsɿ^{44}][ku^{44}]、怪勿得[kua^{334}][vəʔ^{2}][təʔ^{5}]。

为哝

“为哝”表示原因，相当于普通话的“为了”，如：

为哝装饰房子，实嗯忙哝半年。（为了装修房子，我忙了半年。）

小黄为哝考研究生，一日到夜看书，从来勿出去白相。（小黄为考研究生，一天到晚年烦恼你会，从来不出去玩。）

上两句话中的“装饰房子”是“忙哝半年”的原因，“考研究生”是“勿出去白相”的原因。

之故

“之故”相当于“……的缘故”，揭示动作行为的原因，如：

伊眼睛看勿清爽是糖尿病之故。（他眼睛看不清楚，是糖尿病的缘故。）

细婉婷今朝感冒是昨日夜里着凉之故。（小姑娘今天感冒是昨天晚上受了凉的原因。）

怪勿得

“怪勿得”相当于普通话的“怪不得”，在长兴方言中可在因果复句中，前一分句说明原因，后一分句说明结果，如：

小金拉老头子是老板，怪勿得小金用钞票大手大脚。（小金的父亲是老板，怪不得小金用钱大手大脚。）

天亮快落过雨唻，怪勿得地闹侪是水。（快天亮时下过雨了，怪不得地上都是水。）

上两句中，前一分句“小金拉老头子是老板”“天亮快落过雨唻”是原因，后一分句“小金用钞票大手大脚”“地闹侪是水”是结果。

8. 条件复句

前一个分句提出一个条件，后一个分句说明该条件一旦实现所要产生的结果。

长兴方言有自己特殊的条件关系关联词：勿管[$fəʔ^{5}$][$kuɛ^{53}$]……侪[$zɛ^{22}$]……、叫得[$tɕiɔ^{334}$][$təʔ^{5}$]、随便[$zɤ^{13}$][bii^{13}]……侪[$zɛ^{13}$]……、处[$ts‘^{53}$]等。

勿管……侪……

“勿管……侪……”是表示条件关系的关联词语，相当于普通话的“不管……都……”，如：

勿管咕人来得伊讲，伊侪勿听。（不管谁来跟他说，他都不听。）

勿管伊咕辰光来，实嗯侪到车站闹去接伊。（不管他什么时候来，我都到车站上去接他。）

叫得

“叫得”相当于普通话的“只要”，表示条件关系，如：

叫得坚持脱去，随便咕事体侪会得成功。（只要坚持下去，随便什么事都会成功。）

明朝叫得时间来得及，实嗯一定来看伊。（明天只要时间来得及，我一定去看他。）

随便……侪……

“随便……侪……”相当于“无论……都……”，表示无条件关系，如：

实五随便咕辰光来，实嗯侪蛮开心。(你无论什么时候来，我都很高兴。)

随便五那哈帮伊，侪呒不用唻。(无论怎么帮他，都没有用了。)

处

“处”相当于“随”，可以表示条件关系，相当于普通话的“不管……都……”，如：

事体处伊安排，实嗯侪呒不意见。(事情不管你如何安排，我都没有意见。)

处伊喫饭来勿来，小菜总归要买好。(不管他吃饭来是还是不来，小菜总是要买好。)

第三节　介　词

介词是一种用来表示词与词、词与句之间的关系的虚词。普通话中，介词可分为时地、原因、人事、方式等四类，介词的数量也比较多。表示时地的介词主要有从、自、自从、于、打、到、往、在、当、朝等；表示原因的介词主要有因、由于、因为、为、为了；表示人事的介词主要有对、对于、把、向、跟、与、同、被、叫、让、给、比、和；表示方式的介词主要有按、照、按照、依、依照、本着、经过、通过、根据、以、凭等。

长兴方言中的介词有的沿用了普通话的介词，但也有自己的特殊介词，长兴言的介词主要有得[təʔ^{5}]、拨[pəʔ^{5}]、勒[ləʔ^{2}]、照[tsɔ^{334}]、朝[dzɔ^{213}]等。

得

长兴话的“得”是一个特殊的虚词，它除了充当连词外，还可以当介词，表示人事关系。

(1) 表示相关的人物，相当于普通话的“对”“替”或“向”等：

五勿要得伊多讲。(你不要对他多说。)

格件衬衫实嗯是得阿哥买呃。(这件衬衫我是替哥哥买的。)

实五得领导多要点经费。(你向领导多要点经费。)

(2) 表示相关的事物，“得”相当于普通话的“把”时，表示处置，长兴方言里是没有“把”字句的，普通话的“把”，在长兴话里替换成“得”，如：

实五上班前，得衣裳汏汏脱。(你上班前把衣服洗洗掉。)

得厨房里煤气灶关脱。(把厨房里煤气灶关上。)

(3) “得”在长兴话里有时可表示处所，相当于普通话的“到”，如：

实五得教师请得屋里来啊。(你把老师请到家里来啊。)

大大走得车站闹接五去唻(大姨走到车站上去接你了。)

拨

长兴方言的“拨”表示被动，相当于普通话的“被”，如：

格只手机拨拉小把戏弄坏唻。(这只手机被他的孩子弄坏了。)

汽车违章，驾照拨交警扣牢唻。(汽车违章，驾照被交警扣住了。)

长兴方言的“拨”虽然与普通话的“被”都可以表示被动，但两者在使用上还是存在着区别的，长兴话中的“拨”后面一定要跟受事宾语，不能构成“拨+动词”的形式，如长兴话里不能说“拨烧”“拨批评”，但在普通话里可以说成“被烧”“被批评”。因此，普通话的“被告”“被杀”“被迫”“被捕”“被害”中的“被”无法用“拨”来替代，长兴方言里同样说成“被告”“被杀”“被迫”“被捕”“被害”。

勒

长兴话里的“勒”也是一个特殊的介词，可以表示处所，相当于普通话的“在”，如：

快递摆勒传达室里，实五自己去拿。(快递放在传达室里，你自己去拿。)

下放辰光，实嗯住勒农民屋里三年。(下放的时候，我住在农民家里三年。)

“勒”组成的介词词组也可以放在动词前面，如：

拉小把戏勒杭州读大学。(他家的孩子在杭州读大学。)

格家人家勒五十年代就蛮有名气。(这家人家在五十年代就很有名气。)

照

长兴方言中的介词“照”相当于普通话的“按照”，表示行为的凭借或依据，但在长兴方言的口语中，“照”更为流行，如：

侪家要照格个办法做。(大家要按照这个办法做。)

伢老家姓侪照上级指示办呃。(我们老百姓都按照上级指示办的。)

朝

长兴方言里表示方向的介词主要是“朝”，相当于普通话的“向”，但长兴方言里很少用普通话的介词“向”，而用“朝”，如：

实嗯朝天闹看唻半日，呒不看见一只飞机。(我向天上看了半天，没有看见一架飞机。)

朝南再走五里，就是伊屋里唻。(向南再走五里，就是他家了。)

第四节　助　词

助词是附着在词、短语、句子的前面或后面，表示结构关系或某些附加意义的虚词。汉语的助词有结构助词，时态助词，语气助词三种。结构助词例有“的”“地”“得”“所”，时态助词有“了”“着”“过”，语气助词有“吗”“呢”“吧”“啊”。

长兴方言的三类助词与普通话明显不同，普通话的助词长兴话基本不用。

一、结构助词

长兴话里没有普通话的结构助词“的、得、地”，但有自己独特的结构助词：呃[øəʔ^{5}]、得[təʔ^{5}]、交[tɕiɔ^{55}]等。

呃

“呃”是长兴话里的特殊助词，用法比较多，主要有：

（1）“呃”用在定语与中心词之间，正当于普通话的“的”定语可以是各类语或各类词组。如：

介家哇呃小把戏实嗯呒不看见过。(这么聪明的小孩子我没有见过。)

实嗯呃工资单位里顶高。(我的工资单位里最高。)

侪家侪看勒伊呃面子闹。(大家都看在他的面子上。)

摊头闹呃早点千万勿要买，勿干净。(摊头上的早点千万不要买，不干净。)

桌子闹呃手机要去修崃。(桌子上的手机要去修了。)

借来呃东西勿要弄坏脱。(借来的东西不要弄坏。)

喫剩来呃菜势勿要过夜，倒脱么算崃。(吃剩下来的菜不要过夜，倒了算了。)

上述七句话中，“呃”字连接了定语与中心词，定语分别是形容词、代词、名词和动词，“呃”相当于普通话的“的”。

（2）构成“呃字结构”，相当于普通话的“的字结构”，如：

红呃喜庆，蓝呃洋气。(红的喜庆，蓝的洋气。)

手机实嗯要买屏幕大呃。(手机我要买屏幕大的。)

“呃”作为长兴话的结构助词，读音都比较轻微，有时甚至可以感觉不明显。

得

“得”用在动词或形容词后，相当于普通话的结构助词“得”，充当结构补语，可以表示程度或可能等，如：

天冷得浑呜呃，出门多着点衣裳。（天气冷得很呢，出门多穿点衣服。）

格两日老李股票套牢唻，气得闲话讲勿出。（这几天老李股票套牢，气得话也说不出。）

箱子蛮大，东西摆得落。（箱子很大，东西放得下。）

山洞勿小，细百楼钻得过去。（山洞不小，小孩子能钻过去。）

“冷得浑呜”“气得闲话讲勿出”表示程度；“东西摆得落”“钻得过去”表示可能。

其他的还有如：拿得动、喫得落、装得进、跑得动、买得起、园得落、飞得高等都表示可能。

交

长兴方言的“交”紧跟在双音形容词后，形成“某某交”的形式，修饰动词。该处的“交”相当于普通话的“地”，如：

实五要好好交读书，一定要考上大学。（你要好好地读书，一定要考上大学。）

地闹还结起冰呜，实五慢慢交走，勿要急。（地上结了冰，你慢慢地走，不要急。）

二、时态助词

时态助词也称动态助词，用在动词或形容词的后面，表示动作状态在某一过程中的情况。普通话中的时态助词主要有：着、了、过。长兴话的时态助词与普通话不同，主要有乌[øu^{55}]、唻[lɛ^{213}]、过[kəu^{334}]、好[hɔ^{53}]等。

乌

“乌”动作行为的进行状态和持续状态，相当于普通话的“着”，常附在动词后面，如：

实五身体勿好，勿要拉起来唻，睏乌舒齐点。（你身体不好，不要起来了，睡着舒服一点。）

立呜脚酸，坐乌好过点。（立着脚酸，坐着好受一点。）

长兴话中的“乌”常与“起”连用，说成“起乌”。有时“起乌”可分开使用，说成“起……乌”，表示动作的正在进行、持续状态。有时也可以表示存现。如：

细婉婷睏起乌。（小姑娘在睡觉。）

电脑开起乌，实五要用就介好用。（电脑开着，你要用马上就可以用。）

墙头闹挂起一幅画乌。（墙上挂着一幅画。）

石头闹刻起交关字乌。（石头上刻着许多字。）

“睏起乌”“开起乌”表示行为的持续，“挂起一幅画乌”“刻起交关字乌”表示存现。

唻

“唻”是长兴方言的特殊助词，相当于普通话的“了”，表示动作行为的结束，如：

实嗯勒长兴住唻十几年。（我在长兴住了十多年。）

小朱勒超市排队排唻半个多钟头。（小朱在超市排队排了半个多小时。）

在长兴方言里，一般不用普通话的时态助词“了”，凡用“了”的地方都用“唻”，人们常说“买唻一部汽车”“喫唻三碗饭”“看唻电影”等。

由于“唻”常表示行为的结束，因此常与“好”或“过”连用，如：

饭喫好唻。（饭吃好了。）

新房装修好唻。（新房装修好了。）

泰国去旅游过唻。（秦国去旅游过了。）

实嗯得交警联系过唻。（我与交警联系过了。）

过

“过”表示动作行为的曾经发生，长兴方言与普通话的用法一致，如：

小说《子夜》实嗯看过好几遍。（小说《子夜》我看过好几遍。）

榴莲格味道难闻得混，喫过一口，再阿勿想喫。（榴莲的味道难闻得很，吃过一口，再也不想吃。）

好

“好”表示动作行为的完成，如：

喫好夜饭，老太太就要睏觉唻。（吃好晚饭，老太太就要睡觉了。）

实嗯房子吪不搬好，侪家过几天再来。（我房子还没有搬好，大家过几天再来。）

三、语气助词

普通话的语气助词主要是“的、了、吗、呢”等，但长兴方言一般不用普通话的语气助词，常用的语气助词主要有唻、呃、啊、哎、咾、哦等。

唻

长兴话的“唻”相当于普通话的“了”，常放在句末，表示表示陈述语气或祈使语气。

表示陈述语气的，如：

老秦年纪大，身体勿好，夜里老早就睏觉唻。（老秦年龄大，身体不好，晚上很早就睡觉了。）

房子装修好唻，过两日侪家来白相。（房子装修好了，过几天大家来玩。）

“夜里老早就睏觉唻”“房子装修好唻”两句是对客观情况的陈述，其中的“唻”表示陈述语气。

表示祈使语气的，如：

讲勿定等息要落雨，实五好早点上班去唻。（说不定等会要下雨，你可以早点上班去了。）

实五好买房子唻。（你可以买房子了。）

“实五好早点上班去唻”“实五好买房子唻”两句是祈使句，表示“应该如何做”，其中的“唻”表示祈使语气。

呃

长兴方言的“呃”常表示肯定语气，相当于普通话的“的”，如：

单位里括同事侪得嗯好煞呃。（单位里那些同事都跟我很好的。）

实嗯勿会得做格种勿好呃事体呃。（我不会做这种不好的事情的。）

啊

长兴方言中的“啊”基本用法与普通话相同，可表示疑问语气。

表示疑问语气的，如：

拉真呃勿去啊？（他们真的不去啊?）

时间十二点多唻，实五还呒不落班啊？（时间十二点多了，你还没有下班啊？

哎

长兴方言中的“哎”可以表示祈使语气或感叹语气。表示祈使时，点相当于普通话表祈使的“啊”，但语气不如“啊”强烈，如：

时间勿早唻，侪家早点回转哎！（时间不早了，大家早点回家啊！）

侪家好好交排队，勿要拨人插进去哎！（大家好好地排队，不要让人插队啊！）

“哎”也可以表示感叹语气，相当于普通话的“啊”，如：

格两日天正刚热哎！（这两天天真热啊！）

汽车里正刚闹哎！（汽车里真闹啊！）

咾

长兴方言的“咾”表示提顿语气，如：

村东老阿太蛮喜欢小动物，猫咾、狗咾、兔子咾养唻木佬佬。（村东老太太很喜欢小动物，家里猫啊、狗啊、兔子啊养了许多。）

昨日到超市买年货，酒咾、糖咾、烟咾侪买唻交关。（昨天到超市买年货，酒啊、糖啊、烟啊都买了好多。）

哦

“哦”在吴语中是表示疑问语气的助词，长兴方言里也常常使用。如：

门朝伢要到杭州去，实五去哦？（明天我们要到杭州，你是不去？）

格只手机实嗯要买唻，实五买哦？（这部手机我要买了，你买不买？）

四、比况助词

比况助词是表示比喻的助词，常附着在名词、动词、形容词后面表示比喻，普通话主要有“似的、似地、一般、一样”等。长兴方言中的比况助词一般不用“似的”“似地”，常用的主要有兮兮[ɕi^{44}] [ɕi^{44}]等。青年一代受普通话的影响，也会用普通话的比况助词。

兮兮

“兮兮”相当于普通话的“像……一样”，常用于贬义，如：

格个人一日到夜神经病兮兮，勿晓得勒做咕。（这个人一天到晚像神经病一样，不知道在做什么。）

小李有点猪罗兮兮。（小李像猪罗一样。）

第五节　叹　词

表示说话时喜悦、惊讶等情感的词就是感叹词。长兴方言里的叹词比较复杂，有几个是普通话所没有的，主要有嗳[øɛ^{53}]、喏[nɔ^{42}][nɔ^{213}]、噢[øɔ^{44}][øɔ^{53}][ɦɔ^{213}]、鞋[ɦa^{213}]、闲[ɦɛ^{213}]、呣[m^{213}][m^{42}]、阿呀[øaʔ^{5}][jia^{213}]、哇[øua^{44}]、阿唷哇[øaʔ^{5}][jioʔ^{2}][øua^{44}]、啧[tɕiəʔ^{5}]、喔唷[øoʔ^{5}] [jioʔ^{2}]、嗨[hɛ^{53}]、喂[øuɛ^{53}]等。

嗳

“嗳”是打招呼的叹词，相当于普通话的“喂”，如：

嗳！勿好意思，实嗯问问看，超市勒咕场乌？（喂！不好意思，我问一下，超市在什么地方？）

嗳！长远勿见唻，格两日阿忙？（喂！好久不见了，这两天忙吗？）

喏

“喏”有两个读音，[nɔ42]和[nɔ213]。读[nɔ42]时，往往是引起人的注意，把东西交给别人，如：

喏，优盘还拨五唻。(喏，优盘还给你了。)

喏，格点钞票实嗯勿要。(喏，这些钱我不要。)

读[nɔ213]时，表示意想不到或意料之中，如：

喏，杯子拨五打烊唻，介勿当心。(喏，杯子被你打碎了，这么不小心。)

喏，房价上涨唻，去年呒不买，今年买就吃亏唻。(喏，房价上涨了，去年没买，今年买就吃亏了。)

噢

“噢”常用来表示应答，读[øɔ44]或[øɔ53]时，应答表示同意，相当于“好的”，如：

“门朝要考试唻，今朝勒屋里好好交复习。”“噢，晓得唻。”(“明天要考试了，今天在家里好好复习。”“好的，知道了。”)

“路边小摊闹东西勿要喫。”“噢。”(“路边小摊上的东西不要吃。”“好的。”)

读[ɦɔ213]时，表示惊奇、出乎意料，如：

噢，事体真是介啊？(噢，事情真是这样啊？)

噢，勿想着伊平时读书看起来勿用心，考试倒考得蛮好。(噢，没想到他平时读书看起来不用心，考试倒考得很好。)

鞋

“鞋”表示完全出乎想象，相当于普通话的“啊”，如：

鞋！门朝拉侪勿来啊？(啊！明天他们都不来啊？)

鞋！今年年终奖只有介点啊？(啊！今年年终奖只有这么一点啊？)

闲

“闲”表示应答，同意对方的意见，有“嗯”的作用，如：

“桌子闹格只手机阿是五呃？”“闲，是实嗯呃。”(“桌子上的手机是不是你的？”“嗯，是我的。”)

“白果阿是长兴产呃？”“闲，是呃。”(白果是不是长兴出产的？嗯，是的。)

呣

“呣”有[m213][m42]两个读音，[m213]表示疑惑，[m42]表示应答。

表示疑惑读[m213]，如：

呣，咕人叫嗯？(呣，谁在叫我？)

呣，格点是咕东西？（呣，这是什么东西？）

表示应答读[m⁴²]，如：

呣，好呃，就介么好唻。（呣，好的，就这样好了。）

呣，实五讲得介点勿错。（呣，你讲得一点不错。）

阿呀

“阿呀”[øaʔ⁵][jia²¹³]表示惋惜的情感或不满，如：

阿呀，门朝实嗯勿勒长兴，实五来实嗯正好勿勒呜。（阿呀，我明天不在长兴，你来我正好不在。）

阿呀，介好格只杯子拨五打烊唻。（阿呀，这么好的杯子被你打破了。）

哇

“哇”表示惊叹或感觉疼痛时发出的声音，如：

哇，格个人长得来！（哇，这个人真高。）

哇，痛煞唻！（哇，痛死了。）

阿唷哇

“阿唷哇”是疼痛时发出的声音，如：

阿唷哇，实嗯手节头拨洋钉划破唻。（阿唷哇，我的手指被铁钉划开了。）

阿唷哇，实嗯拨狗咬唻一口！（阿唷哇，我被狗咬了一口！）

啧

“啧”表示藐视的神情或不满的语气，可以单说，也常常多个连用，如：

啧，屋里有钞票就神气煞唻？（啧，家里有钱就神气死了?）

啧啧，格个人正刚勿要面孔！（啧啧，这个人真不要脸！）

喔唷

“喔唷”[øoʔ⁵] [jioʔ²]是表示惊奇、赞叹语气的助词，如：

喔唷，实嗯运道正刚好，今年伊中唻一个头奖。（喔唷，我运气真好，今年又中了一个头奖。）

喔唷，小李正刚明工，文、武侪有一手。（喔唷，小李真的很聪明，文、武都有一手。）

嗨

“嗨”常用于打招呼，或引起别人注意，是普通话与长兴话共有的语气词，如：

嗨，侪家快点上车，车子要开唻。（嗨，大家快点上车，汽车要开了。）

嗨，格条路走勿通呃。（嗨，这条路走不通的。）

第六节　象声词

象声词是模仿自然声音构成的词。长兴方言里常用的象声词主要有拍塌[p‘aʔ^{5}][t‘aʔ^{5}]、壳托[k‘oʔ^{5}][t‘oʔ^{5}]、息列索落[ɕiəʔ^{5}][liəʔ^{2}][soʔ^{5}][loʔ^{2}]、匹力拍辣[p‘iəʔ^{5}][liəʔ^{2}] [p‘aʔ^{5}][laʔ^{2}]、乒令乓泠[p‘in^{44}][lin^{13}][p‘ã^{44}][lã^{13}]、吉力括辣[tɕiəʔ^{5}][liəʔ^{2}][kuaʔ^{5}][laʔ^{2}]、叽里咕噜[tɕi^{44}][li^{13}][ku^{44}][lu^{13}]、劲令共龙[dʑin^{13}][lin^{13}][gõ^{13}][lõ^{13}]。

拍塌

“拍塌”是形容东西掉地上发出的声音，如：

老杜地闹一滑，拍塌一跤，掼脱唻一个门牙。（老杜地上一滑，拍塌摔了一跤，摔掉了一颗门牙。）

半夜里，实嗯听得外头拍塌一响，勿晓得咕东西掼倒唻。（半夜里，我听见外面拍辣塌一响，不知道什么东西摔倒了。）

壳托

“壳托”形容物体没有松动而发生的声音，如：

格只手机师傅呒不装好，摇起来壳托壳托有点响。（这部手机师傅没有装好，摇起来壳托壳托有点声音。）

快递纸箱呒不垫紧，搬辰光有壳托壳托声音。（快递的纸箱没有垫紧，搬的时候有壳托壳托的声音。）

息列索落

“息列索落”形容物体之间细小的摩擦声音，比如老鼠钻进衣柜里发生的声音，如：

半夜里，床下底发出息列索落格声音，害得嗯呒不睏好。（半夜里，床下发出息列索落的声音，害得我没有睡好。）

拉杆箱里息列索落有响声，勿晓得有点咕名堂名？（拉杆箱里有息列索落的声音，不知道有点什么名堂为？）

匹力拍辣

“匹力拍辣” 形容连续发出的声音，如：

今朝上半日，匹力拍辣落唻半日雨，实嗯呒不辰光出去买东西。（今天上半天，匹力拍辣下了半天雨，我没有时间出去买东西。）

走到半路，塑料袋破唻，东西匹力拍辣落唻一地。（走到半路，塑料袋坏了，东西匹力拍辣掉了一地。）

乒令乓冷

“乒令乓冷”是形容打碎玻璃发出的声音，如：

夫妻寻相骂，开始只是骂骂人，后算来，乒令乓冷掼东西唻。（夫妻吵架，开始只是骂骂人，后来乒令乓冷掼东西了。）

实嗯汏碗辰光，勿留心，乒令乓冷打烊唻好几只盆子。（我洗碗的时候，不小心，乒令乓冷打破了好几只盆子。）

吉力括辣

“吉力括辣”常用于形容人大声说话的声音，如：

大厅里侪是人，老远就听得吉力括辣呃声音。（大厅里都是人，很远就听见吉力括辣的声音。）

阿琳嘴巴蛮节棍，吉力括辣侪是伊市面。（阿琳嘴巴很厉害，吉力括辣都是她的风头。）

叽里咕噜

“叽里咕噜”形容人低声说话的声音，旁人听见他们在说话，但听不清他们在讲什么，因此用“叽里咕噜”形容，如：

开会辰光，小刘得小王叽里咕噜讲个勿停。（开会的时候，小刘和小王叽里咕噜说个不停。）

拉两个人叽里咕噜讲点咕啊？（他们两个人在叽里咕噜说点什么啊？）

劲令共龙

“劲令共龙”形容较大的声音，比如吵架等，如：

实嗯到隔壁去看看，拉劲令共龙勒做咕？（你到隔壁去看一下，他们劲令共龙在干什么？）

昨日夜里，楼闹劲令共咙吵唻大半夜，实嗯呒不睏好。（昨天晚上，楼上劲令共龙吵了大半夜，我没有睡好。）

第四章 长兴方言句法

长兴方言是吴语的次方言，它的句法特点与普通话保持着较大的一致。长兴方言的句子成分分为主语、谓语、宾语、定语、状语、补语等；句子的语序一般都是主语在前，宾语在后，定语在前，中心词在后。长兴方言与普通话一样没有西方语言的性数格的变化，也没有时态、语态的变化等。然而，长兴方言的句法特点也有许多地方与普通话不同。

第一节 长兴方言句子成分的特点

长兴方言的句子成分类别与普通话相同，有主语、谓语、宾语、定语、状语、补语等六大成分，但每类句成分的特点与普通话存在着某些不同。

一、充当主语与宾语的语言成分

在主语与宾语的构成上，长兴方言有一个特点，即动词的重叠式可以充当主语和宾语。虽然普通话也存在着该种语法现象，但长兴话中更为普遍，如：

走走对身体有好处呃。（走一走对身体是有好处的。）

一个人住勒屋里气闷煞唻，只想出去动动。（一个人住在家里气闷死了，只想出去动一动。）

上两句的“走走”是动词重叠作主语，“动动”是动词重叠作宾语。

重叠后的动词也可以带上宾语后再作句子主语和宾语，如：

早上头练练书法、跳跳舞对身体是有好处呃。（早上练书法、跳舞对身体是有好处的。）

退休唻，老张喜欢种种花、遛遛狗。（退休了，老张喜欢种花、遛狗。）

上述的“练练书法”“跳跳舞”“种种花”“遛遛狗”等，都是动词重叠后带宾语，它们分别充当句子的主语和宾语。

二、长兴方言定语的标志

长兴方言的定语标志与普通话存在着明显的不同。普通话定语的标志只有一个“的”，但长兴话不用“的”，常用的有“呃”“个”“拉”。

“呃”是长兴话最常用的定语标志，如：

台子闹呃东西侪勿是实嗯呃。(桌子上的东西都不是我的。)

食堂里呃烧鸡味道好，价铜便宜。(食堂里的烧鸡味道好，价格便宜。)

长兴话里的“呃”有时也可以说成“个”，如：人家个东西(人家的东西)、听来个消息(听来的消息)、借来个钞票(借来的钱)等。

吴语中“个”字的使用历史较早，南宋时温州九山书会才人编的《张协状元》中已经使用“个”作为结构助词了，如：“(净唱)肥个我不嫌，精个我最欢。从头至脚板，件件味都甜。”“(旦)山高处个人，好似奴家张解元。(生)山脚下个人，似贫女衣恁单。”明金木散人的《鼓掌绝尘》：“你表弟个事，就同我表兄个事一般，再弗用话得。”“个”在吴地的使用中，比较普遍，但各地的读音有所不同。在长兴方言中，平时说成“呃”，但在表示强调时，往往说成“个”。

“拉”是一个特殊的定语标志，只用于定语是表示人的名词时，如：

外婆拉屋里长远勿去唻。(外婆的家里好久不去了。)

老王拉老婆是上海人。(老王的老婆是上海人。)

三、长兴方言补语的特点

1. 长兴话有一个“得”，可以作为补语的标志，用法与普通话相同，如：

天冷得浑乌哎，出门多着点衣裳。(天冷得很呢，出门多穿点衣服。)

讲得神经头百怪，看五阿做得到？(讲得好听，看你能不能做到？)

2. 长兴话的补语有许多生动的表示法为普通话所无，它们大多是由短语充当的，如：

吓得面孔格勒斯白。(用“格勒斯白”形容受惊吓的程度。)

房间里乱得一天世界。(用“一天世界”形容房间非常乱。)

气得闲话讲勿出。(用“闲话讲勿出”形容非常生气。)

开水烧得百滚非烫。(用“百滚非烫”形容水热。)

屋里弄得乌里百糟。(用“乌里百糟”形容家里的乱。)

小姑娘打扮得妖气括答。(用“妖气括答”形容打扮得花俏。)

脸皮厚得来刀斩勿进。(用“刀斩勿进”形容脸皮厚。)

吃力得唻来走不动。(用“走勿动”形容吃力的程度。)

钞票多得来吓煞人。(用“吓煞人”形容钱多。)

客气得来过分。(用“过分”形容客气。)

在上述句子中，“得”也可以说成“得来”。

3.状语的后置

普通话的副词一般只能置于动词和形容语前，如普通话的“快”都用于谓语之前，说成“天快亮了”“车快开了”“快要下雨了。”等，但在长兴话中，“快”都用在谓语后面，说成：

天气要冷快唻，出门多着点衣裳。(天快要冷了，出门时多穿点衣服。)

汽车要开快唻，拉还呒不来。(汽车快要开了，他们还没有来。)

小李要结婚快唻，格两日开心煞。(小李快要结婚了，这几天很开心。)

汽车买勒一年快唻。(汽车买了快一年了。)

五点钟快唻。(快五点钟了。)

长兴方言中表示后置状语的还有一个“煞”字，相当于普通话的“很”。普通话的“很”用在形容词前，长兴方言的“煞”用在形容词后表示程度，如：

拉屋里钞票多煞。(他家里钱很多。)

伊身闹搨得来香煞。(她身上擦得很香。)

车子开得快煞。(车子开得很快。)

四、长兴方言的量词的特殊用法

吴语的量词有一个明显的特点，即量词在日常口语交际中，可以表示指称，“只手机”相当于“这只手机”，“本书”相当于“这本书”，“杯茶”相当于“这杯茶”等，长兴话里两样存在着这样的现象，如：

实嗯只手机好几年唻，要换新手机唻。(我这部手机好多年了，要换新手机了。)

支钢笔是万宝龙金笔，德国进口呃。(这支钢笔是万宝龙金笔，德国进口的。)

双袜是纯棉呃，着起来舒齐煞呃。(这双袜是纯棉的，穿起来很舒服的。)

长兴方言中，如何量词前的数词是“一”时，“一”可以省略，人们常说“买斤肉”、“盛碗饭”等，该处的量词“斤”与“碗”其实是“一斤”与“一碗”，其中的“一”已经省略，其他的如：

等息实嗯要去买条裤子。(等会我要去买一条裤子。)

格段木头估计有尺半长。(这段木头估计有一尺半长。)

到超市勿远唻，还有里把路。（到超市不远了，还有一里左右的路。）

格两个字写勿好，叫伊再写遍拨嗯看看。（这两个字写不好，叫他再写一遍给我看看。）

上述的量词“条”“尺”“里”“遍”前面都省略了“一”，在量词前面省略“一”的现象在吴语里普遍存在。

第二节　长兴方言动词的时态表示法

汉语与西洋语言不同，是没有形态变化的语言。长兴方言的动词没有西洋语言动词的时态变化。西洋语言的动词在表示时态时，通过动词词尾的变化来传递时间信息。如英语的过去时态要用行为动词的过去式表示，如 do 要变成 did。表示动词的进行状态，要用现在进行时表示，do 要变成 doing。在英语里，不同时间发生的动作，在动词的形态上表示得一清二楚。由于汉语不是形态语言，长兴话同样无法通过动词词尾的变化来表示时态。长兴话的时态主要是通过词汇来表示的。

一、表示动作的进行体

普通话常用副词“在”或“正在”表示，如：“他在吃饭”，“老胡正在上课”。长兴方言一般不用“在”或“正在”，而用“勒”“有勒”或“正勒”等表示，如：

阿姐勒睏觉，实五声音小点。（姐姐正在睡觉，你声音小一点。）

昨日下半日四点钟，实嗯勒汏浴。（昨天下午四点钟，我在洗澡。）

拉侪有勒喫夜饭。（他们都在吃晚饭。）

阿毛有勒出差，勿勒屋里。（阿毛在出差，不在家。）

格桩事体领导正勒研究，实五再等等看。（这件事情领导正在研究，你再等等再说。）

伊来呃辰光，实嗯正勒喫饭。（他来的时候，我正在吃饭。）

进行体的否定式，是“勿勒”，如：

格几年，伊勿勒做生意，老早出国去唻。（这几年，他不在做生意，老早出国去了。）

上半日，实嗯勿勒单位。（上半天，我不在单位。）

二、表示动作的刚开始

普通话一般用“刚”表示，但长兴方言不用普通话的“刚”，而用“勉强”表示，如：

实嗯勉强开始学书法，写起来手还有点发抖。（我刚开始学书法，写起来手还有点发抖。）

伊勉强进来呒不几分钟。（他刚进来没有几分钟。）

三、表示动作的延续

长兴方言一般是在动词后加上“过去看”，“动+过去看”的意思是“行为一直进行下去再说”，“过去看”是表示动作一直延续下去的词汇，如：

格只手机质量蛮好，勿坏就用过去看唻。（这部手机质量很好，不坏就一直用下去再说了。）

格桩事体结果那哈，没不人猜得着，只有弄过去看唻。（这件事如果究竟如何，没有人知道，只有一直弄下去再说了。）

其他的还有睏过去看、做过去看、喫过去看、寻过去看、等过去看等。

四、表示动作完成或将要完成

长兴话里采用“动词+巴脱”和“动词+巴好”两种句式，如：

侪家讲好一道出去，勿想着伊先走巴脱。（大家讲好一起出去，没想到他先走掉了。）

格点剩菜实五顶好喫巴脱，摆到明早喫勿得唻。（这点剩菜你最好把它吃光，放到明天就不能吃了。）

生活做巴好再讲。（活干完了再说。）

等考试考巴好，实嗯是要好好交出去旅游旅游。（等考试考好了，我要好好地出去旅游旅游。）

“勿想着伊先走巴脱”表示人已经走掉了，说明动作的已经完成。“顶好吃巴脱”表示一定把菜吃掉，是说明动作的将来完成。“生活做巴好”表示把工作完成后再干其他的事，表示动作的将来完成。“考试考巴好”也表示动作的将来完成。

其他还有草削巴脱（把草削掉）、衣裳脱巴脱（把衣服脱掉），作业做巴好（把作业做完）、衣裳汏巴好（把衣服洗好。）

五、表示行为动作的结束完成

普通话一般用“了”表示，长兴话用“唻”表示，如：

房子搬好唻。(房子搬好了。)

手机寻勿着唻。(手机找不到了。)

主任到上海去唻。(主任到上海去了。)

汽车修好唻。(汽车修好了。)

其实，长兴话的“唻”是普通话“了”的变体。“了”在长兴周边地区各有不同的变体，有的说“特”，有的说“勒”。

六、表示动作的将来时态

长兴话有一种特别的说法，即：动词+快唻。“快唻”用于动词后，补充说明动作的即将发生，如：

汽车要开快唻，侪家快点上车。(汽车快要开了，大家快点上车。)

要落雨快唻，实嗯要早点回去。(快下雨了，我要早点回去。)

其他常用的如：死快唻(快死了)，来快唻(快来了)、放假快唻(快放假了)、毕业快唻(快毕业了)、用光快唻(快用光了)等都是。

七、表示动作行为将要发生

普通话用“将”“将要”“快要”表示，长兴方言一般不用“将要”，而用副词“就介”或“那要”表示，如：

就介要过年唻，年货还呒不买好。(快要过年了，年货也没有买好。)

那要搬新房子唻，心里正刚开心。(快要搬新房子了，心里开心死了。)

八、表示动作的持续体

普通话常用“着”字表示动作的持续，如：“他穿着一件新衣服”，“他手里拿着一本书”“电灯开着”；但长兴方言中，没有表示持续的“着”，而常用“起……乌”“起乌”“勒乌”表示。如：

伊手里拿起一本书乌。(他手里拿着一本书。)

面盆里摆起一条毛巾乌。(面盆里放着一条毛巾。)

外婆一动勿动坐起乌。(外婆一动不动坐着。)

电视机开勒乌。(电视机开着。)

第三节　长兴方言的存现句

汉语中，表示人、事物存在或出现、消失的句子是存现句。存现句的主要特点：第一，主语常是处所词或时间词；第二，存现句的谓语多是表示存在、出现、消失的动词，即不表示动作，只表示动作产生状态的持续；第三，存现句的宾语往往是动作的出发者，因此有的存现句可以转换为一般主谓句。

存现句由三类句型组成：一是表示存在，二是表示出现，三是表示消失。长兴话的存现句与普通话的存现句在表示出现和消失时的句型是差不多的。

表示出现的句型：

家里来了几位客人。（普通话）　　屋里来唻几个客人。（长兴话）

表示消失的句型：

桌子上少了一只手机。（普通话）　桌子上少唻一只手机。（长兴话）

长兴方言的存现句与普通话的存现句的主要区别在于表示存在的句型上。长兴方言在表示存在时要借助助词“勒”“有勒”“闹”“乌”“起”等、构成主要句型如下：

一、动词+勒(有勒)+名词

小李住勒北京三年唻。（小李住在北京三年了。）

格两日老林睏勒宾馆里。（这几天老林睡在宾馆里。）

娘舅有勒上海当总经理。（舅舅在上海当总经理。）

暑假里实嗯有勒外婆拉。（暑假里我在外婆家。）

二、动词+助词

主要有助词有“勒”“乌”等，如：

门朝伢侪有勒。（明天我们都在。）

实嗯格个月有勒，下个月勿勒。（我这个月在，下个月不在。）

老板有乌，实五快点去。（老板在，你快去。）

难得侪家有乌，通知就方便唻。（难得大家都在，通知就方便了。）

三、动词+起+助词+名词

助词“闹”(牢)(勒)、“乌”可与“起”结合，构成“动词+起+助词+名词”的句式，如：

钞票园起闹(牢)(勒)皮箱里。(钱藏在皮箱里。)

琳琳有起闹(牢)(勒)北京读博士。(琳琳在上海读博士。)

电脑摆起乌乡下。(电脑放在乡下。)

四、动词+起+助词

助词主要有“闹”(牢)、“乌”等，可与“起”结合，但后面不出现处所名词，如：

格两日侪家有起闹。(这几天大家都在。)

小吴有起闹。(小吴在。)

汽车停起乌。(汽车停着。)

老太太睏起乌。(老太太睡着。)

五、动词+起+名词+助词

助词主要是“乌”“闹”，如：

墙头闹挂起一幅地图乌。(墙上挂着一幅地图。)

床闹睏起一个人乌。(床上睡着一个人。)

屋里有起客人闹。(家里有客人。)

操场闹有起交关人闹。(操场上有许多人。)

长兴话存在句的否定形式是在动词前加“勿”“呒不”。“勿”是否定副词，可以对存在动词进行否定，“呒不”表示“没有”。如：

拉侪勿有闹。(他们都不在。)

阿明勿有闹北京读书。(他不在北京读书。)

外婆拉屋里呒不电脑，只有电视机。(外婆家里没有电脑，只有电视机。)

实嗯晓得伊呒不钞票，得伊借是借勿着呃。(我知道他没有钱，跟他借是借不到的。)

第四节　长兴方言的处置句

所谓处置，就是对受事施加某种影响并造成某种后果。普通话的最典型的处置句就是把字句，但在长兴话里，人们一般不用“把字句”，而用其他的句型表示处置，其中与“把”类同的是“得”字。长兴话表示处置的句型主要有：

一、意合法

长兴话里常用意合法表示处置，往往直接把宾语放在句子开头，成为受事主语，表示处置，如：

隔夜菜势侪倒掉，勿要喫。（把隔夜小菜全部倒掉，不要吃。）

论文写好再睏觉。（把论文写好才睡觉。）

“隔夜菜势”“论文”都处于主语的位置，但它们是谓语动词的宾语，是被处置的对象，“隔夜菜势”是“倒掉”的宾语，“论文”是“写”的宾语。

二、得字句

五得格点衣裳汰汰。（你把这点衣服洗一洗。）

实嗯一个勿留心，得酒杯打翻唻。（我不小心把酒杯打翻了。）

明朝五得老师请得屋里来。（明天你把老师请到家里来。）

上述“得”相当于普通话的“把”。如表示否定，则在“得”前加“勿要”，如：

勿要得菜势喫光。（不要把菜吃光。）

叫小李节省点，勿要得一个月工资用光。（叫小李节约点，不要把一个月工资化完。）

三、“巴脱”“巴好”句

长兴话里常常用 “巴脱”或“巴好”表示处置的结果，如：

外公衣裳脱巴脱就睏觉唻。（外公把衣服脱掉就睡觉了。）

细百楼包裹甩把脱就出去唻。（小男孩把包裹甩掉就出去了。）

实五文章写巴好再喫饭。（你把文章写好了再吃饭。）

屋里事体实五勿要多管，身体养巴好再讲。（家里的事体你不要多管，把身体养好了再说。）

四、虚化“拿来”表示处置

长兴话在表示处置时，有一种特殊的“拿来句”。该“拿来”并不具体表示动作，而是一种虚化的表示，仅起语气作用，表示处置，如：

格件手机实嗯要拿来送人了。(我要把这部手机送人了。)

这点小事体,实五得小王拿来做做好算唻。(你与小王把这点小事体做做好算了。)

上述“拿来”不表示动作，在句子中可以去掉也不影响句子的意思；但在句子中可以表示对事物的处置。

第五节　长兴方言的被动句

汉语中常用的句型之一，所谓被动句是指句子的主语不是动作行为的主动者、实施者，而是行为的被动者、接受者。普通话里表示被动关系的介词主要有“被”“让”等字，如“他被公司开除了”“话要是让他听见了就不好了”等都是。长兴方言里，表示被动时，一般不用普通话的“被”“让”等介词，常用的主要有一个“拨”。“拨”有两个词性，一个是动词，表示“给”；一个是介词，表示被动，相当于普通话的“被”。

一、“拨”字句表示被动

电瓶车拨人家撞唻一撞。(电动车被别人撞了一撞。)

乡下房子拨火烧唻。(乡下的房子被火烧了。)

上两句中的“被”引进了行为的主动者“人家”和“火”。句子的主语“电瓶车”和“乡下房子”分别是动词“撞”和“烧”的对象。

长兴方言的“拨”虽然与普通话的“被”类同，都可以表示被动，但两者在功能上有所不同。普通话的“被”词后面，可以出现主动者，也可以不出现，即“被”可以直接置于动词之前，如“东西被偷了”“人被杀了”等。长兴话的“拨”一般不能直接置于动词前，“拨”后一定要引出主动者，如：

上车辰光，手机拨贼骨头偷走唻。(上车的时候，手机被小偷偷走了。)

屋里钞票侪拨伊用光唻。(家里的钱都被他花光了。)

上述句子中，“拨”字后紧跟“贼骨头”“侪”。在普通话里，人们常说“被骗”“被打”“被杀”，但长兴方言里不说“拨骗”“拨打”“拨杀”，而要说成

“拨人家骗”“拨人打”“拨强盗杀”等，“拨”后一般要跟名词。

在表示否定被动句时，长兴话常用“勿”“勿要”和“呒不”表示。如：

事体勿拨伊晓得是讲勿过去呃。（事情不被他知道是讲不过去的。）

勿拨五气煞已经蛮好唻。（不被你气死已经很好了。）

实五讲轻点，勿要拨拉听见。（你讲轻一点，不要被他们听见。）

伢侪家走快点，勿要拨拉追上来。（我们大家走快点，不要被他们追上来。）

亏得五提醒，房子呒不拨伊卖掉，乃值铜钿唻。（多亏你提醒，房子没有被他卖掉，现在值钱了。）

实嗯从后门进来，呒不拨老王看见。（我从后门进来，没有被老王看见。）

句子中的“勿”表示了一般陈述句被动句的否定，“勿要”表示了祈使句被动句的 否定，“呒不”是表示被动行为的没有发生。

二、无标志被动句

汉语的普通话存在着大量无标志被动句，如：“门开了”“皮夹偷走了”“菜烧了”等。长兴话与普通话一样，无标志被动句也普遍存在，如：

一个月工资，呒不几日侪用光唻。（一个月的工资，没有几天都花光了。）

熬唻一个通宵，文章总算写好唻。（熬了一个通宵，文章总算写好了。）

上述“工资”应该是被花的，“文章”应该是被写的，但句子中并没有出现被动词“拨”。其他的如“酒喫光唻”“衣裳汏好唻”“车票买好唻”“录取书收着唻”“客人送走唻”等，都是无标志的被动句。

第六节　长兴方言的比较句

比较句是谓语中含有比较词语或比较格式的句子，现代汉语比较句从语义上可分为等比句、差比句、限比句三类。长兴方言的比较句除了采用普通话的表示法外，还有自己独特的句型。

一、表示等比

等比句是指在事物的比较过程中，两事物的性质特点相近或者相同。长兴方言的等比句常用的词语主要有“像”“像……一样”“像得”“得……

一样”等。

1. 像

“像”长兴方言与普通话的用法相同，表示等比，相当于普通话的“好像”，如：

格件衣服像旧呃。(这件衣服好像旧的。)

小李年纪不大，走路腔调像老老头。(小李年纪不大，走路腔调好像老头儿。)

2. 像……一样

“像……一样”相当于普通话的“跟……一样”，是长兴方言里常用的表示等比的句式，如：

伊格只面孔生来像拉娘一样。(她这张脸长得跟她妈一样。)

小姚格只手大得唻像蒲扇一样。(小姚这只手大得跟扇子一样。)

3. 像得

“像得”相当于与普通话的“好像”，如：

天看上去像得要落雨唻。(天看上去好像要下雨了。)

格碗饭实五吃吃看，像得馊脱唻。(这碗饭你吃一下，好像馊了。)

4. 得……一样

“得……一样”相当于普通话的“跟……一样”，是相等的比较，如：

今朝得昨日一样冷。(今天跟昨天一样冷。)

细婉婷普通话得播音员一样标准。(小姑娘的普通话跟播音员一样标准。)

二、表示差比

差比句就是两个(或多个)比较对象在程度、数量或形状等方面有差别的句子。主要句式有“比”“比……点”“比……交关”“比……勿过”“比……得过”“勿比得”“勿比”“勿及”等。

1. 比

是最常见的差比句式，长兴方言与普通话相同，如：

北方比南方冷。(北方比南方冷。)

妹妹架型比姐姐好。(妹妹的相貌比姐姐好。)

2. 比……点

“比……点”表示相比的两个事物之间有差异，或“好一点”，或“差一点”，如：

新房子比老房子面积大点。(新房子比老孩子面积大一点。)

老二比老大要乖点。(老二比老大要乖一点。)

实五比伊要矮点。（你比他要矮一点。）

实嗯皮肤比五要黑点。（我的皮肤比你要黑一点。）

3. 比……交关

“比……交关”表示前一事物比后一事物“好得多”或“差得多”，程度强于“比……点”，如：

乡下空气质量比城里好交关。（乡下的空气质量比城里好许多。）

格两年长兴人手里钞票比老底子多唻交关。（这两年长兴人手里的钱比以前多了许多。）

伊今年比去年瘦唻交关。（她今年比去年瘦了许多。）

老王脾气比老李推板交关。（老王脾气比老李差了许多。）

4. “比……勿过”“比……得过”

“比……勿过”表示“比不上”的意思，“比……得过”意思是“比得过”，如：

实嗯根本比伊勿过。（我根本比不上他。）

实五书法得过奖，伊格两个字根本比五勿过。（你书法得过奖，他这两个字根本比不上你。）

叫得伊肯用功，成绩保证比五得过。（只要他肯用心，成绩保证比得过你。）

介息实嗯钞票少，过几年，讲勿定比得拉过。（现在我钱少，过几年，说不定比得过他们。）

5. 勿比得

“勿比得”表示“不能相比”或“比不上”，说明两者之间有差异，如：

乡下勿比得城里，房子装修介点勿考究。（乡下与城里不能相比，房子装修一点不讲究。）

老底子勿比得介息，介点钞票呒不。（以前比不上现在，一点钱也没有。）

“勿比得”可说成“勿比”，如“药补勿比食补”“乡下勿比城里”等。

6. 勿及

“勿及”也是“不如”“比不上”的意思，如：

样子实嗯勿及伊。（样子我不如他。）

中国人多，人均土地面积勿及美国。（中国人多，人均土地面积比不上美国。）

三、表示渐比

渐比表示程度的加深，常用的句式是“数量+比+数量”，如：

日脚一日比一日好过.（日子一天比一天好过。）

铜钿一年比一年多。（钱一年比一年多。）

第七节　长兴方言的话题句

话题是关注的主题或陈述对象。它可以是一句话的主语、谓语或宾语。当这些成分充当句子的话题时，它们成了句子的核心。长兴方言中，话题句明显比普通话多。话题句的类型如下：

一、长兴方言主语话题句

由主语充当句子的话题，整个句子围绕着主语进行说明。在表达时，一般是在句首重提一下主语，起强调作用，如：

老底子人家屋里呒不铜钿，房子，房子买勿起；车子，车子买勿起。（老底子人家没有钱，房子买不起，汽车买不起。）

汽车，汽车勿通；飞机，飞机停开。（汽车勿通，飞机停开。）

第一个句子的主语是“房子”与“车子”，充当了句子的话题，整个句子重在说明房子的情况是买不起，汽车买不起。第二个句子的主语是“汽车”“飞机”，在句子中充当话题，句子论述了汽车勿通与飞机停开的情况。

二、长兴方言谓语话题句

由句子的谓语担任句子的话题，通常情况是在句首先提一谓语，随后再说明谓语的情况，如：

格两日实嗯身体勿好，吃，吃勿落；困，困勿着。（这两天我身体不好，吃不下，睡不着。）

苦，苦勿煞；气，气得煞。（苦不死，气得死。）

句子中的“吃”“困”是句子的谓语，充当话题，句子着重论述了“吃”与“困”的情况。“苦”“气”也是句子的谓语，在句子中充当话题，整下句子说明了谓语的情况。

三、长兴方言宾语话题句

宾语担任句子的话题，全句着重说明宾语的相关情况。在该类句子中，一定要把宾语置于句首，以引起人们的重视与关注，随后再说明宾语情况，如：

文章，实嗯写勿好。（我写不好文章。）

飞机票，买勿着，买高铁票算唻。（买不到飞机票，买高铁票算了。）

手机，伊有好几只。（他有好几部手机。）

“文章”“飞机票”“手机”都是句子的宾语，但都置于句首，充当句子的话题。

长兴方言的宾语话题句主要有两种情况：

1. 宾语作句子的话题。即宾语提前，置于句首，宾语是整个句子的话题，即大主语，如：

酒，实嗯勿会得喫。（我不会喝酒。）

细婉婷格点事体，侪家侪晓得唻。（大家都知道小姑娘这点事情了。）

2. 宾语作句子的次话题。即宾语置于动词前，充当句子的小主语，如：

实嗯酒喫，香烟勿喫。（我喝酒，不抽烟。）

细百楼书读勿出。（小男孩读不好书。）

句子中的大主语是“实嗯”与“细百楼”，“酒”“香烟”与“书”是句子的话题，也是句子的小主语。

第八节　长兴方言的疑问句

汉语中，用来提出问题的句子叫疑问句。长兴方言的疑问句主要是通过疑问语气词来表示的。长兴方言所表示的语气类型与普通话相同，但长兴方言所用的疑问语气词及疑问句型与普通话存在很大的不同。疑问语气助词在词法中已经有所论术，现说明长兴方言与普通话的不同的疑问句型。

一、是非问句

是非问句是要求作出肯定或否定回答的问句。普通话的是非问句一般用语气词“吗”表示的，如：

你去过长兴吗？

电脑买了吗？

你等会再来，好吗？

我们不去了，可以吗？

你早点来，行吗？

长兴话中一般不用普通话的这些句式，表示是非问主要有两种方式，一是用“阿”表示，二是用疑问语气助词“哦”表示。

不少长兴当地人用“阿”表示，如：

实五阿去过长兴？（你去过长兴吗？）

电脑阿买好？（电脑买好了吗？）

实五等息再来，阿好？（你等会再来，好吗？）

伢勿去唻，阿好？（我们不去了，好吗？）

实五早点来，阿好？（你早点来，好吗？）

部分长兴人受湖州话的影响，用语气词“哦”表示是非问，这里的“哦”相当于普通话的“吗”，如：哦

实五去过长兴哦？（你去过长兴吗？）

电脑买唻哦？（电脑买了吗？）

实五等息再来，好哦？（你等会再来，好吗？）

伢勿去唻，可以哦？（我们不去了，行吗？）

实五早点来，好哦？（你早点来，好吗？）

二、正反问句

正反问句也叫反复问句、反义疑问句，就是用肯定和否定的词语相叠的方式提问，一般让人选择其中一项回答。如：

昨天的电影好看不好看？

你明天去不？（相当于“去不去”）

大家静一点，好不好？

但在长兴话里，一般是不用“V 不 V”的句式的，长兴话正反问的句式与是非问是一致的，即用“阿”或“哦”，如：

昨日电影阿好看？

实五明早阿去？

或者说成：

昨日电影好看哦？

实五明早去哦？

三、选择问句

选择疑问句是指提出两个或两个以上可能的答案供对方选择的句式。普通话里

常用的句式有“V 还是不 V”“V_1还是 V_2”两类。如：

V 还是不 V 式：去还是不去？

V_1还是 V_2：吃鱼还是吃肉？

普通话的“V 还是不 V”式，在长兴方言里用“阿”表示，如：

实五门朝阿上班？(你明天上班还是不上班？)

等息拉阿来？(等会他们来还是不来？)

小王，格双皮鞋，实五阿买？(小王，这双皮鞋，你买还是不买？)

普通话的“V_1还是 V_2”式，在长兴方言的用法与普通话类同，如：

今朝中饭边喫鱼还是喫弯转？(今天中午吃鱼还是吃虾？)

实五门朝到上海还是到西安？(你明天到上海还是到西安？)

第九节　长兴方言的语序

长兴方言的语序基本与普通话一致，但某些地方也有所不同。

一、双宾语的位置

双宾语就是动词或者谓语有两个对象，即两个宾语，其中一个是直接的对象，一个间接的对象，比如，“送你一朵玫瑰花”，送是动词、谓语，送的直接对象是玫瑰花，而送的间接对象是回答送给谁的，是你。因此，直接宾语指物，间接宾语指人。一般情况下，间接宾语紧接在谓语动词后，它与直接宾语组句子的双宾语，如“给我一张纸”中，“我”是间接宾语，“纸”是直接宾语。长兴方言中，双宾语的位置有如下三种情况，后两种是长兴话所特有的。

1. 谓语+间接宾语+直接宾语

是普通话的基本句式，长兴方言也用这个句式，如：

昨日外婆送嗯一只玉镯。(昨天外婆给我一只玉镯。)

实嗯有事体会得打伊电话呃。(我有事会打他电话的。)

快点还小李五百块，伊有急用(快点还小李五百元，他有急用。)

上述的“嗯”“伊”“小李”是指人的间接宾语，“玉镯”“电话”“五百元”是直接宾语。

2. 谓语+直接宾语+拨+间接宾语

在该句式中，直接宾语在前，间接宾语在后，表人的间接宾语前有“拨”，“拨”

相当于普通话的“给”，如：

叫那男朋友送只手机拨五。（叫你男朋友送部手机给你。）

实五借二百只洋拨嗯，阿好？（你借两百元钱给我，好不好？）

回到屋里，实五要打只电话拨伊。（回到家里，你要打个电话给他。）

上述的“手机”“二百只洋”“电话”都是直接宾语，“五”“嗯”“伊”都是间接宾语，但前面有一个“拨”字。上述句子也可以采用类型（1）的句式，说成“叫那男朋友送五只手机”“实五借嗯二百只洋，阿好”“实五要打伊电话。”

3. 谓语+拨+间接宾语+直接宾语

实五要送拨小李一双皮鞋。（我要送给小李一双皮鞋。）

公司要奖拨嗯一套房子。（公司要奖我一套房子。）

二、补语的位置

普通话中，补语的位置一般是在动词后，宾语前。如“打不过他”“说服不了我”。长兴方言中的补语的位置有与普通话不同的地方。

1. 可能补语的位置

可能补语表示可能性，表示动词可能或者不可能有某种结果或趋向。长兴方言的可能补语有三种基本类型：

第一种：补语为“得”或“勿+得”，置于动词后，表示行为的可能或不可能，如：

格条鱼喫得。（这条鱼能吃。）

格只西瓜喫勿得。（这只西瓜不能吃。）

其他的如：做得、做勿得、戴得、戴勿得。

第二种：补语为“得+动”或“勿+动”，置于动词后，表示行为的可能或不可能，如：

格只桌子实嗯搬得动。（这张桌子我搬得动。）

格块石头实嗯搬勿开。（这块石头我搬不开。）

其他的如：写得好、写勿好、喫得光、喫勿光、喫得落、喫勿落、写得好、写勿好。

第三种：动词后有补语和宾语，表示动作结果、趋向可能不可能实现，肯定句式为：动词+得+宾语+补语；否定式有两种：动词+勿+宾语+补语；动词+宾语+勿+补语，如：

动词+得+宾语+补语：

吉个人蛮难弄呃，实五吃得伊消？（这个人很难对付的，你吃得消他？）

小金人好，能力强，侪家蛮看得伊起。(小金人好，能力强，大家很看得他起。)

其他的如：打得伊过、喫得伊光、修得伊好等都是。

动词+勿+宾语+补语：

伊力气大，实嗯打勿伊过。(他力气大，我打不过他。)

石头太重唻，细百楼搬勿伊动。(石头太重了，男小孩搬不动它。)

其他如：看勿伊起、劈勿伊开、修勿伊好等都是。

动词+宾语+勿+补语：

小李格只嘴巴节棍煞，实嗯讲伊勿过。(小李这只嘴巴很厉害的，我讲不过他。)

东西太多唻，侪家喫伊勿光。(东西太多了，大家吃不光它。)

其他如：搬伊勿动、喫伊勿光、比叶拉勿过、粘伊勿牢、磨伊勿快等都是。

2.结果补语的位置

结果补语说明谓语的结果，在普通话中，常用的句式是动词+结果补语，人们常说“修好”“吃好”“造好”等，长兴方言结果补语的肯定句式是动词+结果补语+宾语。与普通话相比，长兴方言可以在补语后加上宾语，在一般情况下，该补语往往是单音形容词，如：

夜饭实五烧好伊再走。(晚饭你烧好它再走。)

东西卖光伊再结账。(东西卖光它再结账户。)

如果补语是双音形容词，宾语要放在补语之前，构成动词+宾语+结果补语的句式，如：

格桩事体侪家顶好要弄伊清爽再讲。(这件事大家最好要把它弄清楚再说。)

地板介息还勿干净，实五要拖伊干净来。(地板现在还不干净，你要把字拖干净。)

结果补语的否定式可以有三种变化：

动词+宾语+勿+补语：拉侪管伊勿牢。(他们都他管不住它。)

动词+勿+补语+宾语：拉侪管勿牢伊。(他们都他管不住它。)

动词+勿+宾语+补语：拉侪管勿伊牢。(他们都他管不住它。)

3.趋向补语的位置

普通话中，趋向补语住往紧跟动词，如“贴上去”“塞进去”“扯下来”等。长兴方言中，一般的语序是动词+宾语+趋向补语，在普通话里使用不多，如：

格只洋钉，实五要拔伊出来。(这个钉子，你要把它拔出来。)

格点油顶好倒伊进去。(这点油最好最好把它倒进去。)

图钉要揿伊进去。(图钉要把它按进去。)

墙闹格张纸头，实五扯伊脱来。(墙上这张纸，你把它扯下来。)

第四编　长兴方言内部差异

长兴方言是流行于长兴的主要方言之一，长兴县有4个街道和11个乡镇，长兴各地的方言同属于吴语太湖片的苕溪小片，长兴本地话的语音、词汇、语法保持着较大的共同性，构成了人们交际的共同基础。然而，长兴各地的方言并不完全一致，而是呈现出同中有异的态势。长兴方言同中有异的主要原因是多方面的。

首先，是移民的影响。长兴县是一个移民县城，长兴的历史上曾出现过几次较大规模的移民，特别是太平天国后，由于人口锐减，长兴县迎来了历史上规模空前的移民潮。大量来自河南、湖北、安徽、苏北人移民到达长兴，也有部分来自浙江温州、台州、绍兴、金华的移民。各地的语言随着移民的进入而与长兴当地的语言接触，并互相影响。长兴县内不仅有长兴方言，还有多种移民方言。多种语言的接触影响，让长兴方言形成了独特的风格，并成为吴语的一个特殊品种。

其次，长兴县地理位置独特，它外于苏浙皖三省交界处。长兴与浙江的安吉县、湖州市和安徽省的广德县、江苏的宜兴市接壤，语言也明显受到上述几个地区的影响。接近湖州的乡镇，如和平、吕山的长兴方言明显带有湖州的韵味。煤山地区的口音带有很浓重的宜兴口音，部分地区甚至以说宜兴话为主。由于移民语言和周边地区语言的交错影响，致使长兴方言独具特色。虽然基本保留吴语的主要特点，但也渗透进了其他方言的因素。

近年来，长兴行政区进行了新的划分，原有的乡进行了归并，致使不同腔调的语言混同、接触与融合。行政区域的重新归并，可能使原本不同的方言区合并为同一行政区域，也有可能让操同一方言的区域划分为不同的乡镇。行政区划的归并，也使长兴的方言呈现复杂的局面。

普通话的推广对方言的影响是不可忽视的。在普通话的影响下，青年人的语言逐步向普通话靠拢。由于老年人与青年人所面临的语言环境和接受的教育不同，他们的言语也有差异。一般来说，老年人所操的长兴方言较多地保留了原有的特色，而青年人的长兴方言在很大程度上受到普通话的影响而与老年人的不同。

上述多种原因，使长兴县成为一个多方言的特殊地区，致使长兴各地的语言同中有异，多姿多彩，成为吴方言中的一朵奇葩。

第一章 长兴方言语音系统的内部差异

长兴是一个县城，方言属吴语太湖片的苕溪小片，但县内各镇与街道的语音存在着许多不同，体现“十里不同俗，百里不同风”的特点。各镇与街道的方言的语音大体是相同，但也存在着若干差异。

第一节 长兴各地方言声母比较

从以下述声母表可知，长兴各地的声母数量基本相同。除洪桥以外的各地声母都有30个。

洪桥的声母为27个，没有[tɕ][tɕ‘][ɕ]三个舌面前颚音，该三个声母与舌尖齿龈音[ts][ts‘][s]相混。因此形成了洪桥话中“鸡”“猪”不分的情形。因为洪桥话中没有舌面前颚音，因此不仅是“鸡”“猪”不分，下列文字的读音都不是舌面前颚音[tɕ][tɕ‘][ɕ]，而成为舌尖齿龈音[ts][ts‘][s]，如：

基机居拘几举纪寄继季句：声母都是[ts]；

蛆区溪启起气汽器去：声母都是[ts‘]；

西希虚许喜细戏絮：声母都是[s]。

因此，洪桥话中，基本[tɕi^{44}][pən^{44}]读成资本[tsɿ^{44}][pən^{44}]，西瓜[ɕi^{44}][ko^{44}]读成丝瓜[sɿ^{44}][ko^{44}]，鸡[tɕi^{44}]就读成猪[tsɿ^{44}]了。洪桥话中“棋局桥拳”等字有两种读音，“棋旗”的声母为[dz]，“局桥”的声母为[dʑ]。也就是说[dʑ]的舌尖化没有完全。

长兴各地方言声母比较表

表 4-1

序号	声母	例字	雉城	洪桥	李家巷	泗安	林城	夹浦	水口	虹星桥	和平	吕山	煤山	小浦
1	p	本比必帮	p	p	p	p	p	p	p	p	p	p	p	p

序号	声母	例字	雉城	洪桥	李家巷	泗安	林城	夹浦	水口	虹星桥	和平	吕山	煤山	小浦
2	pʻ	怕胖喷普	pʻ	pʻ	pʻ	pʻ	pʻ	pʻ	pʻ	pʻ	pʻ	pʻ	pʻ	pʻ
3	b	败棒朋白	b	b	b	b	b	b	b	b	b	b	b	b
4	m	马麻门满	m	m	m	m	m	m	m	m	m	m	m	m
5	f	发风分副	f	f	f	f	f	f	f	f	f	f	f	f
6	v	范房文冯	v	v	v	v	v	v	v	v	v	v	v	v
7	t	灯通点低	t	t	t	t	t	t	t	t	t	t	t	t
8	tʻ	天体托脱	tʻ	tʻ	tʻ	tʻ	tʻ	tʻ	tʻ	tʻ	tʻ	tʻ	tʻ	tʻ
9	d	逃头肚堂	d	d	d	d	d	d	d	d	d	d	d	d
10	n	奶暖脑奴	n	n	n	n	n	n	n	n	n	n	n	n
11	l	老刘冷轮	l	l	l	l	l	l	l	l	l	l	l	l
12	ts	灾庄中扎	ts	ts	ts	ts	ts	ts	ts	ts	ts	ts	ts	ts
13	tsʻ	昌充插参	tsʻ	tsʻ	tsʻ	tsʻ	tsʻ	tsʻ	tsʻ	tsʻ	tsʻ	tsʻ	tsʻ	tsʻ
14	s	丝手少苏	s	s	s	s	s	s	s	s	s	s	s	s
15	z	石俗术仁	z	z	z	z	z	z	z	z	z	z	z	z
16	dz	陈朝茶赵	dz	dz	dz	dz	dz	dz	dz	dz	dz	dz	dz	dz
17	tɕ	鸡居寄举	tɕ	ts	tɕ	tɕ	tɕ	tɕ	tɕ	tɕ	tɕ	tɕ	tɕ	tɕ
18	tɕʻ	汽器起区	tɕʻ	tsʻ	tɕʻ	tɕʻ	tɕʻ	tɕʻ	tɕʻ	tɕʻ	tɕʻ	tɕʻ	tɕʻ	tɕʻ
19	ɕ	先细兴西	ɕ	s	ɕ	ɕ	ɕ	ɕ	ɕ	ɕ	ɕ	ɕ	ɕ	ɕ
20	dʑ	棋局桥拳	dʑ	dʑ dz	dʑ	dʑ	dʑ	dʑ	dʑ	dʑ	dʑ	dʑ	dʑ	dʑ
21	ʑ	徐谢席邪	ʑ	ʑ	ʑ	ʑ	ʑ	ʑ	ʑ	ʑ	ʑ	ʑ	ʑ	ʑ
22	j	姚云阳延	j	j	j	j	j	j	j	j	j	j	j	j
23	ȵ	日娘泥饶	ȵ	ȵ	ȵ	ȵ	ȵ	ȵ	ȵ	ȵ	ȵ	ȵ	ȵ	ȵ
24	ŋ	硬藕咬牙	ŋ	ŋ	ŋ	ŋ	ŋ	ŋ	ŋ	ŋ	ŋ	ŋ	ŋ	ŋ
25	k	加肝瓜果	k	k	k	k	k	k	k	k	k	k	k	k
26	kʻ	看哭苦孔	kʻ	kʻ	kʻ	kʻ	kʻ	kʻ	kʻ	kʻ	kʻ	kʻ	kʻ	kʻ
27	g	轧掼捆葵	g	g	g	g	g	g	g	g	g	g	g	g

序号	声母	例字	雉城	洪桥	李家巷	泗安	林城	夹浦	水口	虹星桥	和平	吕山	煤山	小浦
28	ɦ	合盒学恨	ɦ	ɦ	ɦ	ɦ	ɦ	ɦ	ɦ	ɦ	ɦ	ɦ	ɦ	ɦ
29	h	火货海花	h	h	h	h	h	h	h	h	h	h	h	h
30	ø	爱厚袄远	ø	ø	ø	ø	ø	ø	ø	ø	ø	ø	ø	ø

第二节　长兴各地方言韵母比较

从以下韵母表中可知，序号6：长兴多数乡镇有一个特殊的韵母[ɤ]，但泗安、和平、吕山三地没有[ɤ]，只有[ɛ]。“半干看潘拌满短酸”等韵母为[ɤ]的字，泗安、和平、吕山三地的韵母为[ɛ]。在泗安、和平、吕山三地，形成了“酸、三”相混的情况。虹星桥存在着[ɤ][ɛ]两读的情况，如“海安开乱南酸材台短”等字的韵母都是可[ɤ]、可[ɛ]的。

序号9：长兴多数乡镇有韵母[ei]，“悲背梅水”和“抽柳狗手”等字的韵母都是[ei]，但部分地区读音有所不同，如洪桥，“悲背梅水”的韵母为[ei]，“抽柳狗手”的韵母为[əɯ]。夹浦的读音与洪桥类同，但“悲背梅水”的韵母也有人读为[i]。小浦的情况与夹浦相同。和平、吕山二地，“悲背梅水”和“抽柳狗手”等字的韵母都是[əɯ]，因此“水手”的读音就成了[səɯ^{53}][səɯ^{53}]，两字同音。

序号10：“油游友幼”等字在长兴方言里的读音呈现比较复杂的情形。洪桥、和平、吕山有韵母为[əɯ]，“油游友幼”的读音为[ɦəɯ^{213}]。雉城、李家巷和虹星桥的韵母为[iɪ]，“油友”的读音为[jiɪ^{213}]。洪桥、泗安、林城、夹浦、水口五地韵母为[iəɯ]，“油友”的读音为[jiəɯ^{213}]。煤山、小浦的韵母有[iəɯ][iəɤ]两读，其中的[iəɤ]韵与湖州相近，“油友”的读音为[jiəɯ^{213}]与[jiəɤ^{213}]。

序号15、16：“九秋求秀”及“酒旧修秀”等字的韵母在长兴各地各不相同。雉城、李家巷、虹星桥三地的韵母为[iɪ]，“酒”的读音为[tɕiɪ^{53}]。泗安、林城、夹浦、水口四地的韵母为[iəɯ]，“酒”的读音成了[tɕiəɯ^{53}]。和平与吕山的韵母为[iəɤ]，“酒”的读音为[tɕiəɤ^{53}]。煤山与小浦的韵母有[iəw][iəɤ]两种，“酒”的读音可以是[tɕiəɯ^{53}]，也可是[tɕiəɤ^{53}]。

序号20：“宽款欢完”等字的韵母在长兴各地有两种读音，即[uɤ]和[uɛ]。雉城、洪桥、李家巷、林城、水口、虹星桥、夹浦、煤山、小浦等地的韵母为[uɤ]；泗安、和平、吕山等地的韵母为[uɛ]。

序号21：“规亏灰伟”等字的韵母长兴各地大多是[ui]，但吕山的韵母为[uəw]。

序号24、25，29、30，33、34：长兴方言的后鼻音问题。吴方言中一般不存在着后鼻音，如长兴周边的湖州话就没有后鼻音，普通话中的后鼻音在吴语中大多读成前鼻音；长兴方言情况比较特殊。

存在着比较多的后鼻音，主要有[əŋ][iŋ][uŋ]三个。然而，长兴话中的前后鼻音不像普通话那样对立，而是呈现复杂的情况。主要特点：

第一，长兴方言中不存在着前后鼻韵对应的现象。长兴方言中，有的人前后鼻音都有。不少人只有前鼻音。长兴方言的前后鼻音因人而异，因地而异，存在着一种较为混乱的情况。

第二，许多普通话的前鼻音在长兴方言中读成后鼻音，如“金近今敏跟品民林门盆”等字，在普通话中是前鼻音，在长兴话中却大多读成后鼻音。然而，普通话中的后鼻音“空兄兵门”在长兴话中也有读为前鼻音的。发音时，后鼻化的程度也因人因地各不相同。

第三，因此，将长兴方言的前后鼻音，当作不同音位处理。即将[ən]和[əŋ]，[in]和[iŋ]同，[un]和[uŋ]各当作一个音位。因为，该处的[ən]和[əŋ]，[in]和[iŋ]，[un]和[uŋ]没有区别词义的作用。

序号31：韵母[uɔ̃]在长兴方言中用于读书音。“光广谎框矿”等字，长兴各地的韵母都是[ɔ̃]，但它们的读书音为[uɔ̃]，现在的青年人也开始受普通的影响读[uɔ̃]了。

煤山的韵母较之长兴各地存在着若干不同。“边天肩仙”的韵母存在着[iɪ][iɛ]两种读音，“关环还甩”的韵母也存在着[uɛ][ua]两读的情况，“规亏灰伟”的韵母有[ui][uɛ]两个，“胖方当糠”的韵母有[ɔ̃][ã]两个，“本盆门分”的韵母也有[əŋ]和[iŋ]两读，“棍坤昏捆”的韵母有[uŋ][uin]两种。

长兴方言有鼻化韵[ã][ɔ̃][õ][iã][iɔ̃][iõ][uã][uɔ̃]等八个。它们在普通话中都是后鼻韵，但在吴方言中，变为鼻化韵。长兴方言保留了吴方言的该特点。因此，虽然长兴方言中有后鼻韵，但由于上述普通话的后鼻韵成为鼻化韵，所以后鼻韵还是比普通话少。

长兴各地韵母的多少存在差异。数量在40到44之间。其中包括了[əl][m̩][n][ŋ]四个自成韵节的语音。煤山的韵母最多，因为其中包括了芥里的方言，带有宜兴口音，故有44个韵母。

长兴各地方言韵母比较表

表 4-2

序号	韵母	例字	雉城	洪桥	李家巷	泗安	林城	夹浦	水口	虹星桥	和平	吕山	煤山	小浦
1	ɿ	资字次书	ɿ	ɿ	ɿ	ɿ	ɿ	ɿ	ɿ	ɿ	ɿ	ɿ	ɿ	ɿ
2	a	败带太柴	a	a	a	a	a	a	a	a	a	a	a	a
3	ɛ	办反班咸	ɛ	ɛ	ɛ	ɛ	ɛ	ɛ	ɛ	ɛ	ɛ	ɛ	ɛ	ɛ
4	o	怕可马蛇	o	o	o	o	o	o	o	o	o	o	o	o
5	ɔ	包刀脑老	ɔ	ɔ	ɔ	ɔ	ɔ	ɔ	ɔ	ɔ	ɔ	ɔ	ɔ	ɔ
6	ɤ	半干满看	ɤ	ɤ	ɤ	ɛ	ɤ	ɤ	ɤ	ɤ/ɛ	ɛ	ɛ	ɤ	ɤ
7	i	比米低鸡	i	i	i	i	i	i	i	i	i	i	i	i
8	u	布部夫务	u	u	u	u	u	u	u	u	u	u	u	u
9	ei	悲背梅水	ei	ei	ei	ei	ei	ei/i	ei	ei	əw	əw	ei	ei/i
		抽柳狗手		əɯ				əɯ						əɯ
10	əɯ	油游友幼	iɪ	əɯ	iɪ	iəɯ	iəɯ	iəɯ	iəɯ	iɪ	əɯ/iəɤ	əɯ	iəɯ/iəɤ	iəɯ/iəɤ
11	əu	多楚数阻	əu	əu	əu	əu	əu	əu	əu	əu	əu	əu	əu	əu
12	iɪ	边天肩仙	iɪ	iɪ	iɪ	iɪ	iɪ	iɪ	iɪ	iɪ	iɪ	iɪ	iɪ/iɛ	iɪ
13	iɛ													
14	ia	借斜亚谢	ia	ia	ia	ia	ia	ia	ia	ia	ia	ia	ia	ia
15	iɔ	表苗吊姚	iɔ	iɔ	iɔ	iɔ	iɔ	iɔ	iɔ	iɔ	iɔ	iɔ	iɔ	iɔ
16	iəw	九秋求秀	iɪ	iəɯ	iɪ	iəɯ	iəɯ	iəɯ	iəɯ	iɪ	iəɤ	iəɤ	iəɯ	iəɯ

序号	韵母	例字	雉城	洪桥	李家巷	泗安	林城	夹浦	水口	虹星桥	和平	吕山	煤山	小浦
17	iəɤ												iəɤ	iəɤ
18	ua	乖快夸拐	ua	ua	ua	ua	ua	ua	ua	ua	ua	ua	ua	ua
19	uɛ	关环还甩	uɛ	uɛ	uɛ	uɛ	uɛ	uɛ	uɛ	uɛ	uɛ	uɛ	uɛ/ua	uɛ
20	uɤ	宽款欢完	uɤ	uɤ	uɤ	uɛ	uɤ	uɤ	uɤ	uɤ	uɛ	uɛ	uɤ	uɤ
21	ui	规亏灰伟	ui	ui	ui	ui	ui	ui	ui	ui	ui	uəw	ui/uɛ	ui
22	ã	浜朋盲打	ã	ã	ã	ã	ã	ã	ã	ã	ã	ã	ã	ã
23	ɔ̃	胖方当糠	ɔ̃	ɔ̃	ɔ̃	ɔ̃	ɔ̃	ɔ̃	ɔ̃	ɔ̃	ɔ̃	ɔ̃	ɔ̃/ã	ɔ̃
24	ən	本盆门分	ən /əŋ	ən /əŋ	ən /əŋ	ən /əŋ	ən /əŋ	ən /əŋ	ən /əŋ	ən /əŋ	ən /əŋ	ən /əŋ	ən /əŋ	ən /əŋ
25	əŋ													
26	õ	风冯龙空	õ	õ	õ	õ	õ	õ	õ	õ	õ	õ	õ	õ
27	iã	量将相强	iã	iã	iã	iã	iã	iã	iã	iã	iã	iã	iã	iã
28	iɔ̃	旺	iɔ̃	iɔ̃	iɔ̃	iɔ̃	iɔ̃	iɔ̃	iɔ	iɔ̃	iɔ̃	iɔ̃	iɔ̃/iã	iɔ̃
29	in	兵名进形	in /iŋ	in /iŋ	in /iŋ	in /iŋ	in /iŋ	in /iŋ	in /iŋ	in /iŋ	in /iŋ	in /iŋ	in /iŋ	in /iŋ
30	iŋ													
31	iõ	穷兄荣迥	iõ	iõ	iõ	iõ	iõ	iõ	iõ	iõ	io	io	io	io
32	uã	横	uã	uã	uã	uã	uã	uã	uã	uã	uã	uã	uã	uã
33	un	棍坤昏捆	un /uŋ	un /uŋ	un /uŋ	un /uŋ	un /uŋ	un /uŋ	un /uŋ	un /uŋ	un /uŋ	un /uŋ	uŋ/ uin	un /uŋ
34	uŋ													
35	uɔ̃	汪光广	uɔ̃/ ɔ̃	uɔ̃/ ɔ̃	uɔ̃/ ɔ̃	uɔ̃/ ɔ̃	uɔ̃/ ɔ̃	uɔ̃/ ɔ̃	uɔ̃/ ɔ̃	uɔ̃/ ɔ̃	uɔ̃/ ɔ̃	uɔ̃/ ɔ̃	uɔ̃/ ɔ̃	uɔ̃/ ɔ̃

序号	韵母	例字	雉城	洪桥	李家巷	泗安	林城	夹浦	水口	虹星桥	和平	吕山	煤山	小浦
36	aʔ	百发达石	aʔ	aʔ	aʔ	aʔ	aʔ	aʔ	aʔ	aʔ	aʔ	aʔ	aʔ	aʔ
37	oʔ	北扑木哭	oʔ	oʔ	oʔ	oʔ	oʔ	oʔ	oʔ	oʔ	oʔ	oʔ	oʔ	oʔ
38	əʔ	泼佛特粒	əʔ	əʔ	əʔ	əʔ	əʔ	əʔ	əʔ	əʔ	əʔ	əʔ	əʔ	əʔ
39	iaʔ	脚削虐药	iaʔ	iaʔ	iaʔ	iaʔ	iaʔ	iaʔ	iaʔ	iaʔ	iaʔ	iaʔ	iaʔ	iaʔ
40	ioʔ	曲局肉蓄	ioʔ	ioʔ	ioʔ	ioʔ	ioʔ	ioʔ	ioʔ	ioʔ	ioʔ	ioʔ	ioʔ	ioʔ
41	iəʔ	笔贴别灭	iəʔ	iəʔ	iəʔ	iəʔ	iəʔ	iəʔ	iəʔ	iəʔ	iəʔ	iəʔ	iəʔ	iəʔ
42	uaʔ	刮括豁滑	uaʔ	uaʔ	uaʔ	uaʔ	uaʔ	uaʔ	uaʔ	uaʔ	uaʔ	uaʔ	uaʔ	uaʔ
43	uəʔ	活或骨国	uəʔ	uəʔ	uəʔ	uəʔ	uəʔ	uəʔ	uəʔ	uəʔ	uəʔ	uəʔ	uəʔ	uəʔ
44	əl	而耳二尔	əl	əl	əl	əl	əl	əl	əl	əl	əl	əl	əl	əl
45	m	姆	m	m	m	m	m	m	m	m	m	m	m	m
46	n	五	n	n	n	n	n	n	n	n	n	n	n	n
47	ŋ	鱼	ŋ	ŋ	ŋ	ŋ	ŋ	ŋ	ŋ	ŋ	ŋ	ŋ	ŋ	ŋ
韵母总数			40	41	40	40	41	41	41	42	43	41	44	42

第二章　长兴方言词汇系统的内部差异

长兴各乡镇与街道的方言词汇也存在着若干差异，各地词汇的不同主要体现在代词、时间词、称谓语上。

第一节　人称代词的内部差异

长兴方言各乡镇的人称代词基本相同。第一人称为后鼻音[ŋ^{42}]或[zəʔ^{2}][ŋ^{42}]，由于没有相应的汉字，故借用近音字“嗯”和“实嗯”表示。第二人称用前鼻音[n^{42}]或[zəʔ^{2}][n^{42}]表示，借用汉字“五”和“热五”表示。第三人称用[ji^{213}]和[zəʔ^{2}][ji^{213}]表示，相应的汉字为“伊”和“实伊”。第一人称复数用[ŋa^{42}]和[zəʔ^{2}][ŋa^{42}]表示，汉字为“伢”与“实伢”。第二人称复数用[na^{42}]和[zəʔ^{2}][na^{42}]表示，写成“倻”和“实倻”。第三人称复数用[la^{213}]和[zəʔ^{2}][la^{213}]表示，相应的汉字为“拉”与“实拉”。

长兴方言人称前加“实”[zəʔ^{2}]或“热”[n̥iəʔ^{2}]。它们的使用，因人、因地而异。

人称代词的内部差异表

表 4-3

	第一人称		第二人称		第三人称	
	单数	复数	单数	复数	单数	复数
雉城	实嗯 [zəʔ^{2}][ŋ^{42}] 热嗯 [n̥iəʔ^{2}][ŋ^{42}]	伢[ŋa^{42}] 实伢 [zəʔ^{2}][ŋa^{42}]	实五 [zəʔ^{2}][n^{42}] 热五 [n̥iəʔ^{2}] [n^{42}]	倻[na^{42}] 实倻 [zəʔ^{2}][na^{42}]	伊[ji^{213}] 字[zɿ^{213}] 实伊 [zəʔ^{2}][ji^{213}]	拉[la^{213}] 实拉 [zəʔ^{2}][la^{213}]
洪桥	实嗯 [zəʔ^{2}][ŋ^{42}] 热嗯 [n̥iəʔ^{2}][ŋ^{42}]	伢[ŋa^{42}] 实伢 [zəʔ^{2}][ŋa^{42}]	实五 [zəʔ^{2}][n^{42}] 热五 [n̥iəʔ^{2}][n^{42}]	倻[na^{42}] 实倻 [zəʔ^{2}][na^{42}]	伊[ji^{213}] 实伊 [zəʔ^{2}][ji^{213}]	拉[la^{213}] 实拉 [zəʔ^{2}][la^{213}]

	第一人称		第二人称		第三人称	
	单数	复数	单数	复数	单数	复数
李家巷	实嗯 [zəʔ^{2}] [ŋ^{42}] 热嗯 [ȵiəʔ^{2}] [ŋ^{42}]	伢[ŋa^{42}] 实伢 [zəʔ^{2}][ŋa^{42}]	实五 [zəʔ^{2}] [n^{42}] 热五 [ȵiəʔ^{2}] [n^{42}]	倻[na^{42}] 实倻 [zəʔ^{2}][na^{42}]	实尔 [zəʔ^{2}][əl^{213}]	拉[la^{213}] 实拉 [zəʔ^{2}][la^{213}]
泗安	实嗯 [zəʔ^{2}] [ŋ^{42}] 热嗯 [ȵiəʔ^{2}] [ŋ^{42}]	伢[ŋa^{42}] 实伢 [zəʔ^{2}][ŋa^{42}]	实五 [zəʔ^{2}] [n^{42}] 热五 [ȵiəʔ^{2}] [n^{42}]	倻[na^{42}] 实倻 [zəʔ^{2}][na^{42}]	伊[ji^{213}] 实伊 [zəʔ^{2}][ji^{213}]	拉[la^{213}] 实拉 [zəʔ^{2}][la^{213}]
林城	实嗯 [zəʔ^{2}] [ŋ^{42}] 热嗯 [ȵiəʔ^{2}] [ŋ^{42}]	伢[ŋa^{42}] 实伢 [zəʔ^{2}][ŋa^{42}]	实五 [zəʔ^{2}] [n^{42}] 热五 [ȵiəʔ^{2}] [n^{42}]	倻[na^{42}] 实倻 [zəʔ^{2}][na^{42}]	伊[ji^{213}] 实伊 [zəʔ^{2}][ji^{213}]	拉[la^{213}] 实拉 [zəʔ^{2}][la^{213}]
夹浦	嗯[ŋ^{42}] 热嗯 [ȵiəʔ^{2}] [ŋ^{42}]	伢[ŋa^{42}] 实伢 [zəʔ^{2}][ŋa^{42}]	实五 [zəʔ^{2}] [n^{42}] 热五 [ȵiəʔ^{2}] [n^{42}]	倻[na^{42}] 实倻 [zəʔ^{2}][na^{42}]	伊[ji^{213}] 实伊 [zəʔ^{2}][ji^{213}]	拉[la^{213}] 实拉 [zəʔ^{2}][la^{213}]
水口	实嗯 [zəʔ^{2}] [ŋ^{42}] 热嗯 [ȵiəʔ^{2}] [ŋ^{42}]	伢[ŋa^{42}] 实伢 [zəʔ^{2}][ŋa^{42}]	实五 [zəʔ^{2}] [n^{42}] 热五 [ȵiəʔ^{2}] [n^{42}]	倻[na^{42}] 热倻 [Ƥiəʔ^{2}] [na^{42}]	伊[ji^{213}]	拉[la^{213}] 实拉 [zəʔ^{2}][la^{213}]
虹星桥	实嗯 [zəʔ^{2}] [ŋ^{42}] 热嗯 [ȵiəʔ^{2}] [ŋ^{42}]	伢[ŋa^{42}] 实伢 [zəʔ^{2}][ŋa^{42}]	实五 [zəʔ^{2}] [n^{42}] 热五 [ȵiəʔ^{2}] [n^{42}]	倻[na^{42}] 实倻 [zəʔ^{2}][na^{42}]	伊[ji^{213}] 实伊 [zəʔ^{2}][ji^{213}]	拉[la^{213}] 实拉 [zəʔ^{2}][la^{213}]
和平	实嗯 [zəʔ^{2}] [ŋ^{42}] 热嗯 [ȵiəʔ^{2}] [ŋ^{42}]	伢[ŋa^{42}] 实伢 [zəʔ^{2}][ŋa^{42}]	实五 [zəʔ^{2}] [n^{42}] 热五 [ȵiəʔ^{2}] [n^{42}]	倻[na^{42}] 实倻 [zəʔ^{2}][na^{42}]	伊[ji^{213}] 实伊 [zəʔ^{2}][ji^{213}]	拉[la^{213}] 实拉 [zəʔ^{2}][la^{213}]
吕山	实嗯 [zəʔ^{2}] [ŋ^{42}] 热嗯 [ȵiəʔ^{2}] [ŋ^{42}]	伢[ŋa^{42}] 实伢 [zəʔ^{2}][ŋa^{42}]	实五 [zəʔ^{2}] [n^{42}] 热五 [ȵiəʔ^{2}] [n^{42}]	倻[na^{42}] 实倻 [zəʔ^{2}][na^{42}]	伊[ji^{213}] 实伊 [zəʔ^{2}][ji^{213}]	拉[la^{213}] 实茄[zəʔ^{2}] [dʑia^{213}]

	第一人称		第二人称		第三人称	
	单数	复数	单数	复数	单数	复数
煤山	嗯[ŋ^{42}] [zəʔ^{2}] [ŋ^{42}]	伢[ŋa^{42}] 无拉 [ɦu^{13}][la^{13}] 伢尼 [ŋa^{42}] [ȵi^{42}]	实五 [zəʔ^{2}] [n^{42}] 热五 [ȵiəʔ^{2}] [n^{42}] 尼[ȵi^{13}]	实佛 [zəʔ^{2}][na^{42}] 尼拉 [ȵi^{13}][la^{13}] 五佛 [n^{42}][na^{42}]	伊[ji^{213}] 实伊 [zəʔ^{2}][ji^{213}]	拉[la^{213}] 实拉
小浦	实嗯 [zəʔ^{2}] [ŋ^{42}] 热嗯 [ȵiəʔ^{2}] [ŋ^{42}]	伢[ŋa^{42}]	实五 [zəʔ^{2}] [n^{42}] 热五 [ȵiəʔ^{2}] [n^{42}]	佛[na^{42}] 实佛 [zəʔ^{2}][na^{42}]	伊[ji^{213}] 实伊 [zəʔ^{2}][ji^{213}]	拉[la^{213}] 实拉 [zəʔ^{2}][la^{213}]

第二节　近指和远指代词的内部差异

长兴各地方言中的指示代词大同小异，表示“这个”“那个”的主要是“格个”“该个”，表示“这里”“那里”的主要是“哈闹”“格头”，表示“这样”“那样”的主要是“介”“该”，表示“这些”“那些”的主要是“格括”“格头括”。表示“这些”“那些”的主要是“格划”“格头括”。但各地还存在着少数不同的指示代词。

长兴方言中的指示代词有时是略有混同。普通话的“这样不好，那样也不好”，长兴话可以说成“介勿好，该勿好”；但有时“这样”和“那样”是可以混同的，“介”可以表示“这样”，也可以表示“那样”，长兴话说：“介做勿好，要介做”，意思是“这样是做不好的，要那样做才好。”该处的“介”兼指远近。

近指和远指代词的内部差异

表 4-4

	这个	这里	这样	这些	那个	那里	那样	那些
雉城	格个 [gəʔ^{2}] [kei^{53}] 合个 [ɦəʔ^{2}] [kei^{53}]	哈闹 [haʔ^{5}][nɔ^{13}] 监头 [kɛ^{44}] [dei^{13}]	介 [ga^{213}]	格括 [gəʔ^{2}] [kuaʔ^{5}]	该个 [kɛ^{334}] [kei^{334}]	格头 [gəʔ^{2}][dei^{13}]	该 [kɛ^{334}]	格头括 [gəʔ^{2}][dei^{13}] [kuaʔ^{5}] 格划 [gəʔ^{2}][ɦua^{42}]

	这个	这里	这样	这些	那个	那里	那样	那些
洪桥	格个 [gəʔ2] [kei53]	哈闹 [haʔ5][nɔ13]	介 [ga213]	格划 [gəʔ2] [ɦua42] 格括 [gəʔ2] [kuaʔ5]	该个 [kɛ334] [kei334]	格头 [gəʔ2][dei13]	该 [kɛ334]	格头括 [gəʔ2][dei13] [kuaʔ5] 格划 [gəʔ2] [ɦua42]
李家巷	格特 [gəʔ2] [dəʔ2]	哈闹 [haʔ5][nɔ13]	介 [ga213]	格括 [gəʔ2] [kuaʔ5]	格头个 [gəʔ2][dei13] [kei53]	格头 [gəʔ2][dei13]	该 [kɛ334]	格头括 [gəʔ2][dei13] [kuaʔ5]
泗安	格个 [gəʔ2] [kei53]	哈郎 [haʔ5][lɔ13]	介 [ga213]	格括 [gəʔ2] [kuaʔ5]	格头个 [gəʔ2][dei13] [kei53]	格头 [gəʔ2][dei13]	该 [kɛ334]	格头括 [gəʔ2][dei13] [kuaʔ5]
林城	格特 [gəʔ2] [dəʔ2]	哈郎 [haʔ5][lɔ13]	格个样子 [gəʔ2][kei53] [jã213][tsɿ53]	格划 [gəʔ2] [ɦua42]	格头个 [gəʔ2][dei13] [kei53]	格头 [gəʔ2][dei13]	该 [kɛ334]	格划 [gəʔ2] [ɦua42]
夹浦	合个 [ɦəʔ2] [kei53]	哈闹 [haʔ5][nɔ13]	格个样子 [gəʔ2][kei53] [jã213][tsɿ53]	格划 [gəʔ2] [ɦua42]	格个 [gəʔ2][kei53]	格头 [gəʔ2][dei13]	该 [kɛ334]	格划 [gəʔ2] [ɦua42]
水口	合个 [ɦəʔ2] [kei53]	哈闹 [haʔ5][nɔ13]	爱介 [øei44][ka44]	爱格 [øei44] [gəʔ2]	格个 [gəʔ2][kei53]	格头 [gəʔ2][dei13]	该 [kɛ334]	格划 [gəʔ2] [ɦua42]
虹星桥	格个 [gəʔ2] [kei53]	哈闹 [haʔ5][nɔ13]	介 [ga213] 就介 [ʑiəw213] [ga213]	格划 [gəʔ2] [ɦua42]	格头个 [gəʔ2][dei13] [kei53]	格头 [gəʔ2][dei13]	该 [kɛ334] 介 [ga213]	格头括 [gəʔ2][dei13] [kuaʔ5]
和平	格个 [gəʔ2] [kei53]	哈闹 [haʔ5][nɔ13]	介 [ga213]	格划 [gəʔ2] [ɦua42]	格头个 [gəʔ2][dei13] [kei53]	格头 [gəʔ2][dei13]	该 [kɛ334] 介 [ga213]	格头括 [gəʔ2][dei13] [kuaʔ5]

	这个	这里	这样	这些	那个	那里	那样	那些
吕山	格个 [gəʔ^{2}] [kei^{53}]	哈闹 [haʔ^{5}][nɔ^{13}]	格样 [gəʔ^{2}][jã^{213}]	格划 [gəʔ^{2}] [ɦua^{42}]	介个 [ga^{213}][kei^{53}]	格头 [gəʔ^{2}][dei^{13}]	介 [ga^{213}]	格头括 [gəʔ^{2}][dei^{13}] [kuaʔ^{5}]
煤山	格个 [gəʔ^{2}] [kei^{53}]	哈闹 [haʔ^{5}][nɔ^{13}] 格里 [gəʔ^{2}] [li^{13}]	介 [ga^{213}] 介个样子 [ga^{213}] [kei^{53}] [jã^{213}][tsɿ^{53}]	格些 [gəʔ^{2}] [ɕiəʔ^{5}] 格一桑 [gəʔ^{2}] [jiəʔ^{2}] [sɔ̃^{44}]	格头塔 [gəʔ^{2}][dei^{13}] [tʰaʔ^{5}]	格头 [gəʔ^{2}][dei^{13}]	介格样 [ga^{213}] [gəʔ^{2}] [jã^{213}] 介牢 [ga^{213}] [lɔ^{42}]	格头括 [gəʔ^{2}][dei^{13}] [kuaʔ^{5}]
小浦	格拉 [gəʔ^{2}] [la^{42}]	哈闹 [haʔ^{5}][nɔ^{13}]	介 [ga^{213}]	格划 [gəʔ^{2}] [ɦua^{42}] 格些 [gəʔ^{2}] [ɕiəʔ^{5}]	格头个 [gəʔ^{2}][dei^{13}] [kei^{53}]	格头 [gəʔ^{2}][dei^{13}] 格边面 [gəʔ^{2}][piɛ^{44}] [miɛ^{44}]	介 [ga^{213}]	格头括 [gəʔ^{2}][dei^{13}] [kuaʔ^{5}] 格划 [gəʔ^{2}] [ɦua^{42}]

第三节　疑问代词的内部差异

长兴方言中的疑问代词最有特色是“咕”字，在表示“什么”“哪里”“什么时候”时，都可以用“咕”。另外，表示“谁”，长兴方言中常用“掼五”，它的读音是[guɛn^{42}]，它没有读成两个章节，而是读成一个音节。

疑问代词的内部差异表

表 4-5

	谁	哪里	什么	怎么样	多少	什么时候
雉城	啯人 [goʔ^{2}][ȵiŋ^{13}] 掼五 [guɛ^{13}][n^{42}]	咕里 [gəu^{42}][li^{42}]	咕 [gəu^{42}]	哪介 [naʔ^{2}][kaʔ^{5}]	几化 [tɕi^{53}][ɦu^{42}]	咕辰光 [gəu^{42}] [dzəŋ^{13}][kɔ̃^{44}]

	谁	哪里	什么	怎么样	多少	什么时候
洪桥	啯人 [goʔ^{2}][ȵiŋ^{13}] 掼五 [guɛ^{13}][n^{42}]	咕里 [gəu^{42}][li^{42}]	咕[gəu^{42}]	哪介 [naʔ^{2}][kaʔ^{5}]	几化 [tɕi^{53}][ɦu^{42}]	咕辰光 [gəu^{42}] [dzəŋ^{13}][kɔ̃^{44}]
李家巷	啯人 [goʔ^{2}][ȵiŋ^{13}] 掼五 [guɛ^{13}][n^{42}]	咕里 [gəu^{42}][li^{42}]	咕[gəu^{42}]	哪介 [naʔ^{2}][kaʔ^{5}]	几化 [tɕi^{53}][ɦu^{42}]	咕辰光 [gəu^{42}] [dzəŋ^{13}][kɔ̃^{44}]
泗安	咕人 [gəu^{42}][ȵiŋ^{42}]	咕场乌 [gəu^{42}][zã^{13}] [øu^{44}]	咕[gəu^{42}]	哪介 [naʔ^{2}][kaʔ^{5}]	几化 [tɕi^{53}][ɦu^{42}]	咕辰光 [gəu^{42}] [dzəŋ^{13}][kɔ̃^{44}]
林城	咕人 [gəu^{42}][ȵiŋ^{42}]	咕里 [gəu^{42}][li^{42}]	咕[gəu^{42}]	哪介 [naʔ^{2}][kaʔ^{5}]	几化 [tɕi^{53}][ɦu^{42}]	咕辰光 [gəu^{42}] [dzəŋ^{13}][kɔ̃^{44}]
夹浦	掼五 [guɛ^{13}][n^{42}]	咕里 [gəu^{42}][li^{42}]	咕[gəu^{42}]	哪介 [naʔ^{2}][kaʔ^{5}] 哪话 [naʔ^{2}][ɦO^{213}]	几化 [tɕi^{53}][ɦu^{42}]	咕辰光 [gəu^{42}] [dzəŋ^{13}][kɔ̃^{44}]
水口	啯人 [goʔ^{2}][ȵiŋ^{13}] 掼五 [guɛ^{13}][n^{42}]	咕里 [gəu^{42}][li^{42}]	咕[gəu^{42}]	哪介 [naʔ^{2}][kaʔ^{5}]	几化 [tɕi^{53}][ɦu^{42}]	咕辰光 [gəu^{42}] [dzəŋ^{13}][kɔ̃^{44}]
虹星桥	啯人 [goʔ^{2}][ȵiŋ^{13}] 掼五 [guɛ^{13}][n^{42}]	咕里 [gəu^{42}][li^{42}]	咕[gəu^{42}]	哪介 [naʔ^{2}][kaʔ^{5}]	几化 [tɕi^{53}][ɦu^{42}]	咕辰光 [gəu^{42}] [dzəŋ^{13}][kɔ̃^{44}]
和平	啯人 [goʔ^{2}][ȵiŋ^{13}] 掼五 [guɛ^{13}][n^{42}]	咕里 [gəu^{42}][li^{42}]	咕[gəu^{42}] 索 [sɔ^{53}]	哪介 [naʔ^{2}][kaʔ^{5}]	几化 [tɕi^{53}][ɦu^{42}]	咕辰光 [gəu^{42}] [dzəŋ^{13}][kɔ̃^{44}]
吕山	掼五 [guɛ^{13}][n^{42}]	格里 [gəʔ^{2}][li^{13}] 屋里 [ɦoʔ^{2}][li^{13}]	索 [sɔ^{53}]	哪介 [naʔ^{2}][kaʔ^{5}] 哪屋 [naʔ^{2}][øO^{334}]	几化 [tɕi^{53}][ɦu^{42}]	素辰光 [sɔ^{53}] [dzəŋ^{13}][kɔ̃^{44}]

	谁	哪里	什么	怎么样	多少	什么时候
煤山	掼人 [guɛ⁴²] [ȵiŋ¹³]	格里 [gəʔ²][li¹³] 劳里 [lɔ⁴²][li⁴²]	得个 [təʔ⁵] [kəʔ⁵] 点个 [tiɛ⁵³] [kəʔ⁵]	哪介 [naʔ²][kaʔ⁵] 哪样子 [naʔ²] [jã²¹³][tsɿ⁵³]	几化 [tɕi⁵³][ɦu⁴²]	得个辰光 [təʔ⁵][kəʔ⁵] [dzəŋ¹³][kɔ̃⁴⁴] 点辰光 [tiɛ⁵³] [dzəŋ¹³] [kɔ̃⁴⁴]
小浦	格人 [gəʔ²][ȵiŋ¹³]	格里 [gəʔ²][li¹³]	格[gəʔ²]	哪介屋 [naʔ²][kaʔ⁵] [øO³³⁴]	几化 [tɕi⁵³][ɦu⁴²]	格辰光 [gəʔ²] [dzəŋ¹³] [kɔ̃⁴⁴]

第四节　时间词的内部差异

长兴各乡镇的时间词基本相同。表示“早上”的是“早五头”，读音为[tsɔn⁵³][dei⁴²]，该处的[n]为轻声，附在[tsɔ⁵³]后。“早五头”[tsɔn⁵³][dei⁴²]其实是“早晨头”的连读简化而形成的。三个字的音，读成两个章节。

长兴方言时间词的内部差异表(一)

表 4-6

	早晨	上午	中午	下午	傍晚	晚上
雉城	早五头 [tsɔn⁵³] [dei⁴²] 早头 [tsɔ⁵³][dei⁴²]	上半日 [zɔ̃²¹³] [pɛ³³⁴][ȵiəʔ²]	中饭边 [tsõ⁴⁴][vɛ¹³] [piɪ⁴⁴]	下半日 [ɦo⁴²][pɛ⁵³] [ȵiəʔ²]	夜快边 [jia²¹³][k˦ua³³⁴] [piɪ³³⁴]	夜头 [jia²¹³] [dei²¹³]
洪桥	早五头 [tsɔn⁵³] [dei⁴²] 早头 [tsɔ⁵³][dei⁴²]	上半日 [zɔ̃²¹³] [pɛ³³⁴][ȵiəʔ²]	中饭边 [tsõ⁴⁴][vɛ¹³] [piɪ⁴⁴]	下半日 [ɦo⁴²][pɛ⁵³] [ȵiəʔ²]	夜快边 [jia²¹³][k˦ua³³⁴] [piɪ³³⁴]	夜头 [jia²¹³] [dei²¹³]

	早晨	上午	中午	下午	傍晚	晚上
李家巷	早五头 [tsɔn^{53}] [dei^{42}] 早头 [tsɔ^{53}][dei^{42}]	上半日 [zɔ̃^{213}] [pɛ^{334}][ȵiəʔ^{2}]	中饭边 [tsõ^{44}][vɛ^{13}] [piɪ^{44}]	下半日 [ɦo^{42}] [pɛ^{53}] [ȵiəʔ^{2}]	夜快边 [jia^{213}][k˥ua^{334}] [piɪ^{334}]	夜头 [jia^{213}] [dei^{213}]
泗安	早五头 [tsɔn^{53}] [dei^{42}] 早头 [tsɔ^{53}][dei^{42}]	上半日 [zɔ̃^{213}] [pɛ^{334}][ȵiəʔ^{2}]	中饭边 [tsõ^{44}][vɛ^{13}] [piɪ^{44}]	下半日 [ɦo^{42}] [pɛ^{53}] [ȵiəʔ^{2}]	夜快边 [jia^{213}][k˥ua^{334}] [piɪ^{334}]	夜头 [jia^{213}] [dei^{213}]
林城	早五头 [tsɔn^{53}] [dei^{42}] 早头 [tsɔ^{53}][dei^{42}]	上半日 [zɔ̃^{213}] [pɛ^{334}][ȵiəʔ^{2}]	中饭边 [tsõ^{44}][vɛ^{13}] [piɪ^{44}]	下半日 [ɦo^{42}] [pɛ^{53}] [ȵiəʔ^{2}]	夜快生 [jia^{213}][k˥ua^{334}] [sã^{334}]	夜头 [jia^{213}] [dei^{213}]
夹浦	早五头 [tsɔn^{53}] [dei^{42}] 早头 [tsɔ^{53}][dei^{42}]	上半日 [zɔ̃^{213}] [pɛ^{334}][ȵiəʔ^{2}]	中饭边 [tsõ^{44}][vɛ^{13}] [piɪ^{44}]	下半日 [ɦo^{42}] [pɛ^{53}] [ȵiəʔ^{2}]	夜快生 [jia^{213}][k˥ua^{334}] [sã^{334}]	夜头 [jia^{213}] [dei^{213}]
水口	早五头 [tsɔn^{53}] [dei^{42}] 早头 [tsɔ^{53}][dei^{42}]	上半日 [zɔ̃^{213}] [pɛ^{334}][ȵiəʔ^{2}]	中饭边 [tsõ^{44}][vɛ^{13}] [piɪ^{44}]	下半日 [ɦo^{42}] [pɛ^{53}] [ȵiəʔ^{2}]	夜快生 [jia^{213}][kʻua^{334}] [sã^{334}]	夜头 [jia^{213}] [dei^{213}]
虹星桥	早五头 [tsɔn^{53}] [dei^{42}] 早头 [tsɔ^{53}][dei^{42}]	上半日 [zɔ̃^{213}] [pɛ^{334}][ȵiəʔ^{2}]	中饭边 [tsõ^{44}][vɛ^{13}] [piɪ^{44}]	下半日 [ɦo^{42}] [pɛ^{53}] [ȵiəʔ^{2}]	夜快生 [jia^{213}][kʻua^{334}] [sã^{334}]	夜头 [jia^{213}] [dei^{213}]
和平	早五头 [tsɔn^{53}] [dei^{42}] 早头 [tsɔ^{53}][dei^{42}]	上半日 [zɔ̃^{213}] [pɛ^{334}][ȵiəʔ^{2}]	中饭边 [tsõ^{44}][vɛ^{13}] [piɪ^{44}]	下半日 [ɦo^{42}] [pɛ^{53}] [ȵiəʔ^{2}]	夜快生 [jia^{213}][kʻua^{334}] [sã^{33}]	夜够头 [jia^{213}] [kei^{334}] [dei^{213}]

	早晨	上午	中午	下午	傍晚	晚上
吕山	早五头 [tsɔn^{53}] [dei^{42}] 早头 [tsɔ^{53}][dei^{42}]	上半日 [zɔ̃^{213}] [pɛ^{334}][ȵiəʔ^{2}]	中饭边 [tsõ^{44}][vɛ^{13}] [piɪ^{44}]	下半日 [ɦo^{42}] [pɛ^{53}] [ȵiəʔ^{2}]	夜快边 [jia^{213}][k‘ua^{334}] [piɪ^{334}]	夜够头 [jia^{213}] [kei^{334}] [dei^{213}]
煤山	早头 [tsɔ^{53}] [dei^{42}] 早起头 [tsɔ^{53}][tɕ‘i^{53}] [dei^{42}]	上半日 [zɔ̃^{213}] [pɛ^{334}][ȵiəʔ^{2}] 上昼 [zɔ̃^{213}] [tsei^{334}]	中饭边 [tsõ^{44}][vɛ^{13}] [piɪ^{44}]	下半日 [ɦo^{42}] [pɛ^{53}] [ȵiəʔ^{2}] 下昼 [ɦo^{42}][tsei^{53}]	夜快生 [jia^{213}][k‘ua^{334}] [sã^{334}] 要育了 [øiɔ^{334}][øioʔ^{5}] [liəʔ^{2}]	夜够头 [jia^{213}] [kei^{334}] [dei^{213}] 夜里 [jia^{213}] [li^{42}]
小浦	早五头 [tsɔn^{53}] [dei^{42}] 早头 [tsɔ^{53}][dei^{42}]	上半日 [zɔ̃^{213}] [pɛ^{334}][ȵiəʔ^{2}]	中饭边 [tsõ^{44}][vɛ^{13}] [piɪ^{44}]	下半日 [ɦo^{42}] [pɛ^{53}] [ȵiəʔ^{2}]	夜快边 [jia^{213}][k‘ua^{334}] [piɪ^{334}]	夜够头 [jia^{213}] [kei^{334}] [dei^{213}]

长兴方言时间词的内部差异表(二)

表 4-6

	从前	现在	后来	将来
雉城	老早[lɔ^{42}][tsɔ^{53}] 格辰光 [kəʔ^{5}][zən^{13}] [kɔ̃^{44}]	乃[nɛ^{334}]	后算来 [øei^{53}][sɤ^{53}][lɤ^{42}]	下次 [øo^{53}] [ts‘ɿ^{53}]
洪桥	老早[lɔ^{42}][tsɔ^{53}]、 先头年	乃[nɛ^{334}]	后算来 [øei^{53}][sɤ^{53}][lɤ^{42}]	下次 [øo^{53}] [ts‘ɿ^{53}]
李家巷	格辰光 [kəʔ^{5}][zən^{13}] [kɔ̃^{44}]	乃[nɛ^{334}]	若末里 [zaʔ^{2}][məʔ^{2}][li^{13}]	下次 [øo^{53}] [ts‘ɿ^{53}]
泗安	老早 [lɔ^{42}][tsɔ^{53}]	介息 [ka^{334}][ɕiəʔ^{5}]	后算来 [øei^{53}][sɤ^{53}][lɤ^{42}]	以后 [øi^{334}][øei^{53}]

	从前	现在	后来	将来
林城	格辰光 [kəʔ^{5}][zən^{13}] [kɔ̃^{44}]	介息该 [ka^{334}][ɕiəʔ^{5}][kɛ^{53}]	后算来 [øei^{53}][sɤ^{53}][lɤ^{42}]	以后 [øi^{334}][øei^{53}]
夹浦	老底子 [lɔ^{42}][ti^{53}][tsɿ^{53}] 从前 [zõ^{13}][ʑiɪ^{13}]	介息介 [ka^{334}][ɕiəʔ^{5}][ka^{53}]	后算来 [øei^{53}][sɤ^{53}][lɤ^{42}]	以后 [øi^{334}][øei^{53}]
水口	老早[lɔ^{42}][tsɔ^{53}]	乃[nɛ^{334}]	后算来[øei^{53}][sɤ^{53}][lɤ^{42}]	下次 [øo^{53}] [tsʻɿ^{53}]
虹星桥	过去 [kəu^{334}][tɕʻi^{334}] 格辰光 [kəʔ^{5}][zən^{13}] [kɔ̃^{44}]	轧息介 [ga^{213}][ɕiəʔ^{5}][ka^{53}]	今后 [tɕin^{44}][øei^{53}] 后算来 [øei^{53}][sɤ^{53}][lɤ^{42}]	下次 [øo^{53}] [tsʻɿ^{53}]
和平	格辰光 [kəʔ^{5}][zən^{13}] [kɔ̃^{44}]	乃[nɛ^{334}]	后算来 [øei^{53}][sɤ^{53}][lɤ^{42}]	幺两日 [øiɔ^{44}][liã^{13}][ȵiəʔ^{2}]
吕山	老辈手里[lɔ^{42}] [pei^{53}][sei^{53}][li^{42}] 格辰光 [kəʔ^{5}][zən^{13}] [kɔ̃^{44}]	轧息介 [ga^{213}][ɕiəʔ^{5}][ka^{53}] 难[nɛ^{334}]	今后[tɕin^{44}][øei^{53}] 后算来 [øei^{53}][sɤ^{53}][lɤ^{42}]	下通 [øo^{53}] [tʻõ]
煤山	格辰光 [kəʔ^{5}][zən^{13}] [kuã^{44}]	格良西 [kəʔ^{5}][lã^{13}][ɕi^{44}]	后算来 [øei^{53}][sɤ^{53}][lɤ^{42}]	幺两日 [øiɔ^{44}][liã^{13}][Ƥiəʔ^{2}]
小浦	老早辰光 [lɔ^{42}][tsɔ^{53}] [zən^{13}][kɔ̃^{44}]	乃[nɛ^{334}] 格西 [kəʔ^{5}][ɕi^{44}]	后满头来 [øei^{53}] [mɛ^{42}][dei^{42}] [lɤ^{42}]	以后 [øi^{334}][øei^{53}]

第五节　称谓语的内部差异

长兴方言的称谓语与普通话不同，“阿爹”“爹爹”指称祖父，而不是父亲；“伯伯”，还可以指叔父；“妈妈”，还可以指伯母、叔母。在县内的不同地区，也有细微差异。同样是祖父，有的地方称“阿爹”，有的称“爹爹”；同样是叔父，有的称“伯伯”，有的称“爷叔”；叔母，有的称“婶婶”，有的称“娘婶”

长兴方言称谓语的内部差异表(一)

表 4-7

	祖父	祖母	伯父	伯母	叔父	叔母
雉城	阿爹 [ɦaʔ^{2}][dia^{13}]	阿麻 [ɦaʔ^{2}][ma^{13}]	伯伯 [paʔ^{5}][paʔ^{5}]	妈妈 [ma^{42}] [ma^{42}]	爷叔 [jia^{13}] [soʔ^{5}]	婶婶 [səŋ^{53}][səŋ^{53}] 娘婶 [ȵiã^{13}][səŋ^{44}]
洪桥	阿爹 [ɦaʔ^{2}][dia^{13}]	阿麻 [ɦaʔ^{2}][ma^{13}]	伯伯 [paʔ^{5}][paʔ^{5}]	妈妈 [ma^{42}] [ma^{42}]	爷叔 [jia^{13}] [soʔ^{5}]	婶婶 [səŋ^{53}][səŋ^{53}] 娘婶 [ȵiã^{13}][səŋ^{44}]
李家巷	阿爹 [ɦaʔ^{2}][dia^{13}]	阿麻 [ɦaʔ^{2}][ma^{13}]	伯伯 [paʔ^{5}][paʔ^{5}]	妈妈 [ma^{42}] [ma^{42}]	伯伯 [paʔ^{5}] [paʔ^{5}]	阿大 [ɦaʔ^{2}][da^{13}]
泗安	老爹 [lɔ^{42}][dia^{42}]	娘姆 [ȵiã^{13}][m^{13}]	伯伯 [paʔ^{5}][paʔ^{5}]	妈妈 [ma^{42}] [ma^{42}]	小伯伯 [ɕiɔ^{53}] [paʔ^{5}] [paʔ^{5}]	小妈妈 [ɕiɔ^{53}][ma^{42}] [ma^{42}]
林城	阿爹 [ɦaʔ^{2}][dia^{13}]	娘姆 [ȵiã^{13}][m^{13}]	伯伯 [paʔ^{5}][paʔ^{5}]	妈妈 [ma^{42}] [ma^{42}]	爷叔 [jia^{13}][soʔ^{5}] 阿叔 [ɦaʔ^{2}][soʔ^{5}]	阿婶 [ɦaʔ^{2}] [səŋ^{53}]
夹浦	爹爹 [dia^{13}][dia^{13}]	麻麻[ma^{213}] [ma^{213}]	伯伯 [paʔ^{5}][paʔ^{5}]	妈妈 [ma^{42}] [ma^{42}]	叔叔 [soʔ^{5}][soʔ^{5}]	阿婶 [ɦaʔ^{2}] [səŋ^{53}] 婶婶 [səŋ^{53}][səŋ^{53}]

	祖父	祖母	伯父	伯母	叔父	叔母
水口	爹爹 [dia^{13}][dia^{13}]	麻麻[ma^{13}] [ma^{13}] 娘姆 [ȵiã^{13}][m^{13}]	伯伯 [paʔ^{5}][paʔ^{5}]	妈妈 [ma^{42}] [ma^{42}]	爷叔 [jia^{13}] [soʔ^{5}]	娘婶 [ȵiã^{13}][səŋ^{44}]
虹星桥	阿爹 [ɦaʔ^{2}][dia^{13}]	娘姆 [ȵiã^{13}][m^{13}] 阿麻 [ɦaʔ^{2}][ma^{13}]	伯伯 [paʔ^{5}][paʔ^{5}]	妈妈 [ma^{42}] [ma^{42}]	叔叔 [soʔ^{5}][soʔ^{5}]	婶婶 [səŋ^{53}][səŋ^{53}]
和平	爹爹 [dia^{13}][dia^{13}]	娘姆 [ȵiã^{13}][m^{13}]	伯伯 [paʔ^{5}][paʔ^{5}]	妈妈 [ma^{42}] [ma^{42}]	小伯伯 [ɕiɔ^{53}][paʔ^{5}] [paʔ^{5}] 叔叔 [soʔ^{5}][soʔ^{5}]	小妈妈 [ɕiɔ^{53}][ma^{42}] [ma^{42}] 叔母 [soʔ^{5}][m^{42}]
吕山	阿爹 [ɦaʔ^{2}][dia^{13}]	娘姆 [ȵiã^{13}][m^{13}]	伯伯 [paʔ^{5}][paʔ^{5}]	妈妈 [ma^{42}] [ma^{42}]	小伯伯 [ɕiɔ^{53}][paʔ^{5}] [paʔ^{5}]	小妈妈 [ɕiɔ^{53}][ma^{42}] [ma^{42}]
煤山	阿爹 [ɦaʔ^{2}][dia^{13}] 爹爹 [dia^{13}][dia^{13}] 老爹 [lɔ^{42}][dia^{42}]	娘姆 [ȵiã^{13}][m^{13}] 娘娘[ȵiã^{13}] [ȵiã^{13}]	伯伯 [paʔ^{5}][paʔ^{5}]	妈妈 [ma^{42}] [ma^{42}]	阿叔 [ɦaʔ^{2}][soʔ^{5}]	阿婶 [ɦaʔ^{2}] [səŋ^{53}]
小浦	阿爹 [ɦaʔ^{2}][dia^{13}]	娘姆 [ȵiã^{13}][m^{13}]	伯伯 [paʔ^{5}][paʔ^{5}]	妈妈 [ma^{42}] [ma^{42}]	爷叔 [jia^{13}] [soʔ^{5}]	小妈妈 [ɕiɔ^{53}][ma^{42}] [ma^{42}] 婶婶 [səŋ^{53}][səŋ^{53}]

长兴方言的称谓语中，丈夫称“男五家”[nɤn^{13}][ka^{44}]或“男人家”[nɤ^{13}][ȵiŋ^{13}][ka^{44}]。其中的“五”字只有音标[n]表示，附在男字之后，读轻声。长兴话中关于妻子的称谓比较特殊，吴语的妻子大多称谓“老婆”“家主婆”“女人家”等，而长兴的妻子都大多称为“堂客”。“堂客”是流行湖南、湖北的称谓，“堂客”是“堂屋里的客人”，而堂屋是供祖先牌位的神圣之地，称“堂客”表示对妻子的敬重。“娘姨”是对母亲的姐妹的称谓。如母亲有几个姐妹，母亲的姐姐是

“大姨”，母亲的妹妹是“阿姨”或“小姨”。

长兴方言称谓语的内部差异表(二)

表 4-7

	丈夫	妻子	姑父	姑母	姨父	姨母
雉城	男五家 [nɤn^{13}][ka^{44}]	堂客 [dɔ̃^{13}][kaʔ^{5}]	姑夫 [kəu^{44}] [fu^{44}]	阿娘 [ɦaʔ^{2}] [ȵiã^{13}]	姨夫 [ji^{13}][fu^{44}]	娘姨 [ȵiã^{13}][ji^{13}] 大姨 [dəu^{13}][ji^{13}]
洪桥	男五家 [nɤn^{13}][ka^{44}]	堂客 [dɔ̃^{13}][kaʔ^{5}]	姑夫 [kəu^{44}] [fu^{44}]	阿娘 [ɦaʔ^{2}] [ȵiã^{13}]	姨夫 [ji^{13}][fu^{44}]	娘姨 [ȵiã^{13}][ji^{13}]
李家巷	男五家 [nɤn^{13}][ka^{44}]	堂客 [dɔ̃^{13}][kaʔ^{5}]	姑夫 [kəu^{44}] [fu^{44}]	阿娘 [ɦaʔ^{2}] [ȵiã^{13}]	姨夫 [ji^{13}][fu^{44}]	娘姨 [ȵiã^{13}][ji^{13}]
泗安	男五家 [nɤn^{13}][ka^{44}]	屋里厢 [ɦo^{42}][li^{42}] [ɕiã^{53}]	姑夫 [kəu^{44}] [fu^{44}]	娘娘 [ȵiã^{13}] [ȵiã^{13}]	姨夫 [ji^{13}][fu^{44}]	娘姨 [ȵiã^{13}][ji^{13}]
林城	男五家 [nɤn^{13}][ka^{44}]	堂客 [dɔ̃^{13}][kaʔ^{5}]	姑夫 [kəu^{44}] [fu^{44}]	娘娘 [ȵiã^{13}] [ȵiã^{13}]	姨夫 [ji^{13}][fu^{44}]	娘姨 [ȵiã^{13}][ji^{13}] 大姨 [dəu^{13}][ji^{13}] 阿姨 [øa^{44}][ji^{13}]
夹浦	男五家 [nɤn^{13}][ka^{44}]	堂客 [dɔ̃^{13}][kaʔ^{5}]	姑夫 [kəu^{44}] [fu^{44}]	娘娘 [ȵiã^{13}] [ȵiã^{13}]	姨夫 [ji^{13}][fu^{44}]	娘姨 [ȵiã^{13}][ji^{13}]
水口	男五家 [nɤn^{13}][ka^{44}]	堂客 [dɔ̃^{13}][kaʔ^{5}]	姑夫 [kəu^{44}] [fu^{44}]	娘娘 [ȵiã^{13}] [ȵiã^{13}]	姨夫 [ji^{13}][fu^{44}]	娘姨 [ȵiã^{13}][ji^{13}] 大姨 [dəu^{13}][ji^{13}] 小姨 [ɕiɔ^{53}][ji^{42}]
虹星桥	男五家 [nɤn^{13}][ka^{44}]	堂客 [dɔ̃^{13}][kaʔ^{5}]	姑夫 [kəu^{44}] [fu^{44}]	娘娘 [ȵiã^{13}] [ȵiã^{13}]	姨夫 [ji^{13}][fu^{44}]	娘姨 [ȵiã^{13}][ji^{13}]

	丈夫	妻子	姑父	姑母	姨父	姨母
和平	男人家 [nɤ^{13}][ȵiŋ^{13}] [ka^{44}]	堂客 [dɔ̃^{13}][kaʔ^{5}] 娘娘介 [ȵiã^{13}] [ȵiã^{13}] [ka^{44}]	姑夫 [kəu^{44}] [fu^{44}]	娘娘 [ȵiã^{13}] [ȵiã^{13}]	姨夫 [ji^{13}][fu^{44}]	娘姨 [ȵiã^{13}][ji^{13}]
吕山	男人家 [nɤ^{13}][ȵiŋ^{13}] [ka^{44}]	堂客 [dɔ̃^{13}][kaʔ^{5}]	姑夫 [kəu^{44}] [fu^{44}]	娘娘 [ȵiã^{13}] [ȵiã^{13}]	姨夫 [ji^{13}][fu^{44}]	娘姨 [ȵiã^{13}][ji^{13}]
煤山	男人家 [nɤ^{13}][ȵiŋ^{13}] [ka^{44}] 老倌 [lɔ^{42}][kuɛ^{53}]	堂客 [dɔ̃^{13}][kaʔ^{5}]	姑夫 [kəu^{44}] [fu^{44}]	娘娘 [ȵiã^{13}] [ȵiã^{13}] 阿娘 [ɦaʔ^{2}] [ȵiã^{13}]	姨夫 [ji^{13}][fu^{44}]	娘姨 [ȵiã^{13}][ji^{13}]
小浦	男五家 [nɤn^{13}][ka^{44}]	堂客 [dɔ̃^{13}][kaʔ^{5}]	姑夫 [kəu^{44}] [fu^{44}]	阿娘 [ɦaʔ^{2}] [ȵiã^{13}]	姨夫 [ji^{13}][fu^{44}]	娘姨 [ȵiã^{13}][ji^{13}]

第五编　长兴移民方言

第一章　长兴移民及移民方言的来源

长兴是移民县，移民主要来自河南、平阳、安庆、苏北等地。各地移民定居长兴，也把各自的方言带进长兴。各地移民和长兴当地居民杂处，形成复杂的方言现象。

第一节　长兴的移民潮[1]

长兴是一座移民城市。大量移民的存在，并非偶然因素。长兴三面环山，东临太湖，地势雄峻，襟带苏浙皖三省“门户”，为历代兵家必争之地。因兵事所致，人口损失和流动甚大，长兴移民也一直没有停止过。在长兴历史上，曾出现过几次重要的移民潮。

一、晋代的长兴移民

永嘉之乱后，晋室东渡，建都建康(今南京)，大批士族豪门也迁至江浙一带。据著名历史地理学家谭其骧在《晋永嘉乱后之民族迁徙》中的统计，当时全国约有六分之一人口南移。南渡人口之中，有为数众多的官僚士大夫。长兴的一些大家族如陈家、王家等就是由北方而南下的代表。如，陈朝皇帝陈霸先的先人就是晋室东渡时的河南移民。陈家先人祖籍河南颍川，晋室东渡时，陈家先人太尉陈伯珍渡过长江，定居江苏丹阳县。其孙陈达即陈霸先的十世祖后担任长兴县的地方官，定居于今长兴下箬寺。梁武帝天监二年(503 年)，陈霸先诞生，并于太平二年(557 年)，在建康建立陈朝，之后陈姓成为长兴望族。其他的望族还有小浦画溪的徐家、夹浦鼎甲桥的臧家、李家巷石泉的吴家等。另外，王姓、潘姓等都是大姓人家。

[1] 本节主要参考书目有《长兴县志》(上海人民出版社 1992 年版)、《地理・移民・发展》(浙江人民出版社 2011 年版)、《长兴县志（1988—2012）》(方志出版社 2020 年版)等。

二、两宋时期的长兴移民

宋室南渡以后，大量移民到达长兴。宋太宗雍熙四年(987 年)，一批胡姓人氏来长兴定居。宋时，一支徐姓移民由江东(今吴县)迁入今长兴煤山尚儒村。长兴的望族臧姓，先祖臧谟在宋宝祐年间官知徐、兖两州事，值兵乱致仕后，为长兴山水吸引，遂迁居到今夹浦，其所住的村子后因此得名臧家村。子孙繁衍，分居地有夹浦、水口、雉城、后漾、合溪、鸿桥、李家巷、煤山、虹星桥、林城、下箬等地。明代长兴臧氏出 18 名进士，著名戏曲家、文学家臧懋循为其中之一。

靖康二年(1127 年)，宋朝在开封的帝都为金国所灭，徽、钦二帝被俘，宋钦宗的弟弟赵构逃往南方，重建宋王朝，史称南宋。不久，迁都临安(今杭州)。随着宋室南渡，一大批文臣武将也迁至浙江。湖州地区离杭州不远，因此成了宋室的“陪都”和“后花园”。相应的，也有一批北人南迁而定居长兴，由此引发了又一次长兴移民潮。

长兴的钦家，始祖为高一公，北宋时居河南开封府，由宋代皇帝赐钦姓。据《钦氏宗谱·族谱源流序》所言：钦姓之赐，始于高一公，本南海外人，原名宜也吉多，宋都汴梁时，以琥珀、茯苓应贡。及至陛见，陈曰：臣南海外人，万里而来，三百余人俱没于寇，得观天颜，只臣一人耳。天子怆焉，问以姓名，迥与华别，遂赐姓以钦，更名高一。仕宋为侍从官。宋室南渡后，钦家族人也随之南迁，居于长兴横山、小沉渎等地。据十八世孙钦琏《钦氏宗谱跋》所记，“靖康之变”子孙南徙，散居吴越间。七世孙万一翁居苏州。从弟郎三居临安，生子德载，举理宗朝进士，为湖州都督计议官。宋亡隐碧岩山，自号寿岩老人。子冰如遂卜居山下之小沉渎，为迁居长兴之始也，长兴后来也因此有了钦家浜村。

朱姓也是长兴的望族大姓。南宋昭定元年(1228 年)，著名理学家、教育家朱熹的孙子朱钰曾在长兴任知县。当时，他携子朱厥、朱宸和弟弟朱慷迁到白溪定居。在之后的漫长岁月中，朱姓后裔在长兴繁衍，形成庞大的朱氏家族，并在白溪建有朱家祠堂。据《长兴白溪紫阳朱氏宗谱》记载，长兴朱氏名人辈出，明末清初著名书画家朱升就是长兴朱氏家族的后人。朱升是明末的大才子，书画双绝，能诗善文，据说明崇祯皇帝开科举，全国 2 万多名学子参加，最终取六人，朱升就是其中一人。朱家明清时高中进士、举人者达数十人，朱家出任府、县官的不计其数。

杨姓也是长兴的大姓。“杨姓出自姬姓，周文王后裔柏桥建杨国，其国在今山西省洪洞县东南，因以国为氏，后迁居华阳(今陕西省)。东汉时，开始播迁长江北。唐末(875—884 年)，为避中原之乱，渡江南迁，部分族人定居长兴。南宋初，又有一支杨姓随同宋室南徙，在长兴定居。故长兴的杨姓始出一祖而非同支。今杨姓较集中的自然村有杨家、杨家桥、杨家村等。”考察长兴的地名，以杨氏命名的村落多达 50 个左右。

韩姓也是长兴的大姓。韩世忠的长子韩彦直，是南宋名臣，曾任司农少卿、江西转运使等职，拜龙图阁学士，封蕲春郡公。他出使金国，守节不屈，还把被奸佞吞没的岳家财产尽还岳家后人。同时，他还是位农业学家，写就了世界上第一部柑橘学专著《橘录》。韩彦直在临安故世后，其家人欲归葬其于故乡延安，灵柩路经长兴泗安镇云峰村白杨岕时，见其地景色秀美，环境静谧，便安葬在该地。韩彦直的儿子韩覆六，见朝事混沌，不愿为官，本想回归延安故里，但祖父、父亲的墓都在江南，思虑再三之后，决定率全家迁徙到长兴定居。韩氏定居长兴后，已经传了近三十世，有约 800 年的家史。他们逐渐在长兴大地繁衍、散枝，如今在包括仰峰在内的长兴各地都有韩氏后裔的身影。在仰峰村，还有韩家大院。

宋室南渡让南方人口大量增长。据记载，南宋绍兴二十九年(1159 年)时，南人口为 1684 万，到南宋淳熙六年(1179 年)，人口达 2950 多万，在短短二十年内，人口增长了四分之三。该时期，长兴的人口也得到了迅速增长。“北宋大中祥符年间(1008—1016 年)，长兴有 34103 户，104292 人。南宋淳熙年间(1174—1189 年)，为 49811 户，154838 人。南宋嘉定年间(1208—1224 年)，增至 62300 户，273000 人。”

三、元末明初的长兴移民

元末明初，长兴成为军事重镇。朱元璋的将领耿炳文占领长兴后，修建了长兴县城。县城的修建为人口的迁入与增长创造了有利条件。李姓、方姓、顾姓等因各种原因移民来到长兴。

明初，一位叫“李君祥”的人入赘今长兴大午山。繁衍子孙，后分居于今长桥下泗，虹星桥下全(下前)、山里，蠡塘、徐庄等地。

长兴的方家是明代方孝孺的后人。方孝孺是明朝大臣、著名学者，洪武三十一年(1398 年)，明太祖去世。惠帝即位后，即遵照太祖遗训，召方孝孺入京委以重任，先后出任翰林侍讲及翰林学士。燕王朱棣于建文元年(1399 年)七月聚集将士，以“清君侧”为名，誓师起兵，自称“奉天靖难”。建文四年(1402 年)，“靖难之役”以燕王胜利而告终，燕王朱棣带着他的数十万大军打进了南京城，登皇帝位，成为明成祖。燕王进京后，文武百官多见风转舵，投降燕王。方孝孺拒不投降，燕王朱棣曾下令让方孝孺书写即位诏书，也遭到方孝孺拒绝，结果被捕下狱，凌迟处死，惨遭灭族，遇难者多达 800 多人。但方家也有人出逃到长兴和平山区，至今长兴和平镇还有方家庄，居民大多是方孝孺的后裔。

顾家也是长兴的名门望族，其上祖为著名学者顾野王。顾野王凡天文地理、蓍龟占候，虫篆奇字，无所不通，官至黄门侍郎，光禄卿。长兴顾家的代表人物是名满天下的明朝刑部尚书顾应祥。顾应祥的父亲是一个跑江湖的游方郎中，自明代中期迁到长兴县东门外离城十五里的顾家谭定居，“后从顾家潭分居在今二都仙洞、画溪桥、南街刘清惠公牌坊、顾家田畈村、县城大东门白云桥、南门黄埦桥、光阳桥、钮店桥、拦皇圩、周家桥、竹桥村、芦家荡等 16 处。”

四、清末太平天国运动后的长兴移民

长兴历史上最大规模的移民潮出现在清末太平天国战争后。太平天国战后的江南地区，人口凋零，土地荒芜。为了恢复残破的经济，江苏、浙江和安徽三省积极招徕外地农民前来垦荒，从而引发了长达半个世纪的“下江南”移民浪潮。

太平天国时期(1851—1864 年)，江苏、浙江和安徽三省是主战场，遭受战争破坏最为严重。“大半人民死亡，室庐焚毁，田亩无主，荒弃不耕。”[1]湖州府人口在咸丰八年(1858 年)为 298.9 万，到同治四年(1865 年)仅剩 9.2 万人；广德人口也由 31.2 万人锐减到 6000 余人。据记载：嘉庆八年(1803 年)，长兴出现人口高峰，达 95494 户、360064 人；同治六年(1867 年)，仅 10512 户、21969 人；64 年间，减少 30 余万人口。

造成的人口锐减主要原因：一是战争直接造成的死亡。同治三年(1864 年)，湖州保卫战前，清军派郭松林、李朝斌等攻打长兴城，太平军守将襄王刘官芳毫不畏惧，并燃烧火药桶，双方都死伤惨重，死于城下者尸积成堆。二是清军的屠杀。太平军在一定程度上同情穷人，满清政府为了扑灭太平军起义，大肆屠杀无辜的汉族百姓，连妇女与儿童也不放过。“清军入城后，滥杀未逃走的不幸的非战斗人员，无辜的居民不分男、女、儿童均遭屠洗”[2]。三是饥馑而造成的人口减少。频繁的战事，严重地破坏了当地正常的生产和生活，致使田地荒芜，颗粒无收，民不聊生。百姓或为躲避战火而出逃他乡，或因饥馑而饿死。四是瘟疫的暴发对人口减少的影响。战争和瘟疫是滋生兄弟。战争造成的死亡和卫生状况的恶劣往往会引起瘟疫暴发。

[1]王韬：《弢园文录外编》卷 7《平贼议》。

[2]［英］呤唎：《太平天国革命亲历记(下册)》，王维周译，上海：上海古籍出版社，1985 年版。

人口的大量死亡和流徙，使得江南地区从战前的人满为患、耕地不足，一下变为人烟稀少、田地荒芜。江南一向是朝廷赋税的命脉所在，土地的大量荒芜势必会影响到朝廷的税赋收入。同治五年(1866年)，清廷谕令各省招垦荒田，并制定各种优惠的招垦政策，鼓励和吸引各地移民前来，以解决人少地多的矛盾，迅速恢复残破的经济。在优惠政策的吸引下，一场大规模的“下江南”移民浪潮迅速掀起。两湖、河南等外省移民纷纷涌入到该区域，垦荒定居。民间传言“下江南，种无主良田，住无主美屋，无一村一堡不轰动。凡佃户皆辞田而去，迁徙者不下万户”。而长兴县“因地当江苏、安徽进入浙江的交通要道，战争中人口损失惨重，成为战后移民的重要迁入区。据《申报》报道：三江两湖之人，以垦荒为名而至者，岁不下数百千户，二十余年来生齿日繁。”[1]当然，该时期，外来移民除了上述主要的垦荒性移民外，还包括一部分军事性移民。清政府平定太平天国后，开始裁撤军事人员。曾国藩解散了他指挥的全部12万名湘军。其有一大批就地安置，留居江南各地，进行各种劳作。湖州府属各县也有关于湘军散勇的记录。

大量外地移民的来到，使长兴县人口迅速增长，对太平天国战后社会经济的恢复与发展起到了积极推进作用。

五、民国时期的长兴人口流动

民国12年(1923年)秋冬，长兴煤矿从北方诸省及湖北招来矿工500余人。

民国21年至26年(1932—1937年)，宁益银团办矿时又招收外籍矿工3615人。

据民国年间的调查，长兴县外来移民，“以河南籍为最多，占百分之四十以上，本地籍占百分之四十弱，余均台、绍、温、金、湘、皖、江北等籍。”[2]

六、长兴解放后的人口流动和移民

解放后，全县人口有几次较大的流动。

1949年4月，以山东省淄博籍为主的74名干部南下，到长兴建立人民政权；其后又陆续有南下干部到长兴工作。同年5月，由杭州调入长兴煤矿干部20人，职工59人，工人680人。

1955年秋，杭州、嘉兴、湖州等城市闲散劳动力2800余人，到县内二界岭、长潮、仙山、大云、白阜5个乡开垦荒地，并组成长岗岭开荒联合社。同年，又有

[1]葛庆华：《太平天国战后苏浙皖交界地区的两湖移民》，《湖南大学学报》第99页，2005年7月。

[2]葛庆华：《近代江南地区的河南移民——以苏、浙、皖交界地区为中心》，《史学月刊》2003(1)。

嘉善等城镇300人到水口、黄金库、寿圣寺开荒。1956年春，杭州移民到城郊、管埭、包桥、泗安等乡镇插队落户，共138户、435人。秋收后，大部分倒流回杭。至1958年12月，杭州移民陆续返杭的有112户、370人。至1987年，留有56户、224人(包括其后代)，原支农人员尚有92人。

20世纪50年代开始，全县累计接收安置建德县水电站库区移民1549户、8067人。1968年年底，接受建德县移民1557户、8106人，分布在管埭、天平、畎桥、包桥、二界岭、长潮、泗安、林城、和平、长城、便民桥、观音桥、里塘、虹星桥、长桥、城郊、后漾17个乡的145个村，以管埭、天平桥、畎桥、包桥4乡居多。至1972年，实际定居移民为7298人。同年至1975年，有部分移民由于生活、生产、习惯等原因迁移江西。1980年12月开始，有部分移民流回建德。经过反复做思想教育工作，仍返长兴定居。1994年，共3613户、14002人，分散安置在15个乡镇的141个村。后经省移民办核定，长兴建德移民3199户、11238人，主要分布在画溪街道、雉城街道、虹星桥镇、林城镇、泗安镇、和平镇等个镇、街道的81个村。

1961年至1965年9月，全县农村安置外县城镇1941户、3915人。

1970—1973年，全省进行第二次夺煤大会战。长广煤矿公司招收温州、金华、宁波、绍兴等地职员、工人10087人。

1984年、1985年，长广煤矿公司从外县农村迁入职工家属4528户，14383人。1986年、1987年，长广煤矿公司井下工人农村户口家属有1494人从外地迁入长兴为城镇户口。同时，该公司又有富余劳动力及部分职工子女等共7353人到外地就业。另外，1984—1987年，从云、贵、川等地流入长兴农村的妇女有984人。

2000—2004年，全县先后接收三批来自重庆奉节县、丰都县的三峡库区移民，分别安置在雉城镇、洪桥镇、李家巷镇、夹浦镇、小浦镇、水口乡、吕山乡、吴山乡8个乡镇和县经济技术开发区的38个村，共计142户、611人。

第二节　长兴主要移民方言的来源

各地移民迁居长兴，带来了原籍的生活方式和风俗习惯，不仅改变了长兴原有的风俗格局，也改变了原有的语言格局。伴随大量移民而来的是各地方言的进入，从而改变了长兴原来的语言现状，出现了各种方言混杂、接触的局面。长兴原有的方言属于吴语太湖片的苕溪小片。外地移民进入长兴后，境内的语言形成了吴语、官话、闽语三大格局：吴语系统有长兴本地话、宜兴话；官语系统有河南话、安庆话、江北话；闽语系统即平阳话。

一、河南移民和河南话概况

长兴移民中，河南籍人数最多，尤以罗山、光山两县人口为最。究其原因，不外如下几方面：

第一，河南是人口大省，罗山、光山两县人多地少。太平天国期间，光山、罗山人口基本没遭受什么损失，再加上当地的早婚习俗，战后人口激增，人口压力十分巨大。在无地可耕的情况下，两县无地或少地的农民就选择了迁移到江南地区垦荒谋生的道路。光山县“自清同治以来七十年间，因人满之患，迁居江苏、浙江、安徽、江西四省者，占六十余县，人口比老籍加倍，蕃衍之盛，亘古未有”。[1]

第二，经济利益的驱使。江南历来就是鱼米之乡，南方地区生态环境好，气候适宜，物产丰富，是对无地可耕的河南移民不可抗拒的吸引力。当时流传着南方特产的说法：棉花桃子赛鹅蛋、葫芦长得水桶大、南瓜长得磨盘圆、一束稻子能打一大碗、一串钱能买八十斤盐。当时，对于河南农民来说，下江南就是发财之路，当时流行“下江南，钱多得可用耙子耙”的说法，大量移民纷至沓来，到江南，到长兴。

第三，清政府的招垦鼓动宣传。当时清政府为了鼓励内地农民来江南耕植，出台了免三年完粮纳税的优惠政策。河南农民把下江南当作新的谋生之道，结队南下，在长兴落户、开垦、安居、扎根，繁衍后代。

河南移民以罗山和光山两县为多，两县属于河南信阳地区。从方言角度说，清朝初期的信阳地区的主体方言应为赣语和客家话，是由于明末战争形成的结果。

明朝末年，李自成、张献忠等在信阳一带与清军连续作战，当地人口死伤殆尽，清政府下令以江西等地百姓移民河南，以增加人口。因此，信阳地区现居民大多为江西南昌、九江人及闽、粤、赣交界处的客家人后裔。他们所说的赣语和客家话就成为罗山和光山两县的主要方言。

之后几百年间，由于信阳地区在行政上属于河南，且与安徽、湖北交通密切，故原方言不断被同化，逐渐形成了以江淮官话、西南官话、中原官话及部分赣语词汇和客家词汇结合的特殊方言，在学术上信阳方言被统一划归为中原官话信埠片。

[1]《光山县志约稿》，民国本，中国方志丛书。

信阳方言有自己的特点，如：[h][f]不分，譬如“黄飞鸿”，信阳话读作“房非红”。信阳话[l]与[n]音不分，“奶奶”在信阳很多地方读作[lai][lai]。信阳话有的地方没有翘舌音，有的地方却有翘舌音。如罗山的张河地区有翘舌音，而周党地区没有翘舌音。信阳话声调有4个～6个不等，罗山话的周党地区有入声。

二、平阳移民和平阳方言概况

温州平阳移民也是长兴外来人口的重要部分。在太平军与清军的激战中，皖南、浙北是当时的主战场。百姓因战事和瘟疫，以致人口锐减。而同一时期，温州府的人口却丝毫没有影响，咸丰八年(1858年)为231.2万人，同治四年(1865年)为237.1万人。地处浙北的长兴地区地多人少，造成大量土地闲置，而平阳地区人多地少。于是，为恢复长兴地区的生产力，平阳人在清末由平阳县水头镇等地迁入长兴。

平阳方言的情况比较复杂，大致可分为以下四类：一是以县城为代表的、近于温州方言的“平阳话”；二是县境西部及与福建省接壤的南部使用的“北港话”；即闽南话。闽南话之所以进入平阳县，究其原因是因为在平阳历史上，曾经有大量的福建人迁入，带来了闽南语。清康熙时期，耿精忠在福建叛乱反叛清廷，闽南语系人为躲避战乱、灾难，从福建的泉州和莆田等地区迁入平阳(含苍南)等地，闽南语由此进入平阳。三是鳌江以南沿海一带使用的“蛮话”；在鳌江以南沿海一带使用的话，当地人称之为“蛮话”。四是金乡镇使用的“金乡话”；鳌江以南金乡镇使用的方言为“金乡话”。在平阳的四种方言中，平阳话与闽南话使用范围较广，后两种方言只在较小的范围内使用。

长兴的平阳人所使用的平阳话大多是“北港话”，即闽南话。闽南话声母简单，韵母复杂。厦门话就有声母17个，韵母82个。韵母多的原因主要是辅音韵尾比较多，如：ip、ap、iap、it、ut、at、iat、uat、ik、ak、iak等。另外，鼻化韵也比较多，如：ã、iã、uã、ɔ̃、ẽ、iu、uĩ、ãi等，入声韵也相当复杂，有不少是吴语所没有的，如：iʔ、uʔ、ɔʔ、oʔ、ioʔ、eʔ、ueʔ、iuʔ、uiʔ、uaiʔ、auʔ、iauʔ、mʔ、ŋʔ、ĩʔ、ãʔ、iãʔ、ɔ̃ʔ、ẽʔ、uẽʔ、uãiʔ、ãuʔ、iãuʔ等。

平阳移民来长兴后，受到长兴当地话和其他方言的影响，所说的闽南话发生了明显的变化，辅音韵尾消失，鼻化韵与入声韵大量减少，与长兴话基本一致。长兴的平阳话韵母有23个，韵母62个。

三、建德移民和建德话概况

长兴有一批建德移民，主要来自新安江水库建设时期。新安江水电站建于 1957 年 4 月，是中国自行设计、自制设备、自主建设的第一座大型水力发电站。为了建造水库，淳安、遂安两县(1958 年 10 月两县合并为淳安县)共淹没 49 个乡镇、1377 个自然村，有 29 万居民离开家乡，移居到外地。其中有一部分居民移民到了长兴县。建德移民主要集中在泗安镇、画溪街道，其他零星分布在虹星桥、林城、和平等地。

建德话比较复杂，《中国语言地图集》把严州大部分地区的方言划作徽语严州片，但有学者认为，建德话和寿昌话跟吴语比较接近，尤其是它们的文读系统可以说完全是吴语型的。建德话以梅城话为代表，语音特点主要是全浊声母已经清音化，因此，吴语中的“父房”的声母为[v]，但在建德话中清化为[f]，“道毒”的声母也不是[d]，而成了[t]。

建德话没有普通话的翘舌音。建德话保留了古入声，但部分失去塞音尾读作开尾或元音尾，建德话声调有六类。

四、江北移民和江北话概况

太平天国时期，有不少江北人来长兴定居。大多住在河港边，从事捕鱼捉蟹的事业。因此有“苏北人住港滩” 的说法。

江北人是指生活居住在长江以北地区的居民。江北人所说的话，一般称为江北话，或苏北话。江北话即淮语，江淮官话，属于官话方言，旧称“下江官话”“江淮方言”。江淮官话自东向西分为通泰三类：洪巢片(洪泽湖—巢湖片)是最典型的江淮官话，南京、镇江、扬州、盐城、淮安、合肥、芜湖、滁州、马鞍山等重要城市的方言均属于此区；通泰片(南通—泰州片)分布在泰州市、南通市、盐城市南部的东台和大丰两市以及扬州市东部的边缘地区，此片带有吴语底层色彩；黄孝片(黄冈—孝感片)分布在湖北东部和江西省九江市的浔阳区、濂溪区、柴桑区、瑞昌市、彭泽县局部一带，赵元任称其为楚语，它的江淮官话特点最不鲜明，正逐渐向西南官话转变。其中以洪巢片人口占绝大多数，使用人口大约为 7000 万人。江淮官话曾经是明朝及清朝前期中国的官方语言，为吴语北方化的产物。

本书所说的江北话以洪巢片的江淮官话为主，一般把扬州话作为江淮官话的代表语。

以扬州话为代表的江北话在词汇、音韵等方面与北方官话相比都具有较大差异。江北话的主要特点是，古全浊声母全部清化；保留入声，绝大多数地区都只有喉塞音[-ʔ]一个入声韵尾；绝大多数地区[n][l]不分；江北话中大多地区没有翘舌音，仅南京、江浦、六合、洪泗、沭阳等地有平翘舌之分。扬州话的声母有 17 个，韵母有 46 个。

五、三峡移民和西南官话概况

太平天国时期，部分湖北百姓也移民来长兴定居。太平天国战争期间，两湖地区虽一度沦为战场，但受战争破坏的程度远轻于长江下游地区，因此战后许多地方仍存在着一定程度的人口压力。如湖北应山县，咸丰年间已是“山陬水澨，村舍鳞鳞，几有人满之患”，虽经战乱，仍“家有闲丁，野无旷土”。在清政府的劝农招垦政策下，一场大规模的“下江南”移民浪潮在两湖地区迅速掀起，不少两湖农民“负耒耜，走吴越，离乐土，垦荒芜”，迁徙者成千上万。其中有一部分湖北农民来到湖州地区，来到长兴、安吉等地。迁入长兴的两湖移民，主要分布在原城郊乡的大桥头、雉城镇的皇家湾等地。

20 世纪 90 年代，为了建造三峡大坝，三峡地区的百姓因建造大坝而移民浙江，其中有一部分定居长兴，他们主要来自重庆地区的丰都县和奉节县。丰都县和奉节县均隶属重庆市，地处三峡库区腹心。

中国西南地区流行着一种西南官话，亦称上江官话，主要分布在四川、重庆、贵州、云南、湖北等省市。因此，定居长兴的湖北移民和来自重庆地区的丰都县和奉节县的三峡移民讲的都是西南官话。

西南官话是隶属于北方方言，也是中国使用人口最多、分布区域面积最广的汉语分支之一。西南官话下分 6 个片 22 个小片，据统计使用西南官话的人口超过 2.7 亿，占中国全国人口的五分之一，整个官话区人口的三分之一。

作为北方话的一个次方言，西南官话语音系统内部较为一致，各地的音系非常接近。作为官话系统，西南官话保留了官话方言的共同点，主要是古全浊声母字都念为清声母字，声调平分阴阳，辅音韵尾少，大部分地区入声消失，没有-p、-t、-k和-m。一般只有-n 和-ŋ两个鼻辅音韵尾。

西南官话也有自己的语音特征，西南官话多数地区不分平舌音、翘舌音，大部分地区 [n]和[l]不分，非组 f 和晓组 h 在大多数地方出现混读的情况，即[fu]和[hu]不分，西南官话不分[iŋ][in]和[əŋ][ən]，基本不分尖团。

湖北移民定居长兴，最早来自太平天国时期，距今已有 150 多年。他们数量不多，到长兴后大多杂居在河南移民群中，他们的后代和湖北很少来往，有的甚至没有回过老家。在河南话的包围下，湖北移民的后代已经不会说西南官话了，他们平时所讲的语言都是河南话。

丰都县和奉节县属于重庆地区，流行的方言属西南官话的成渝小片，丰都和奉节的移民入住长兴，也把西南官话成渝小片的重庆方言带进了长兴。重庆方言有声母 19 个，韵母 37 个，声调阴平、阳平、上声、去声四类。

六、安庆移民和安庆话概况

长兴县内也有一部分安徽移民。虽然在人口上不占优势，但来源广泛，除皖南的徽州府外，皖中、皖北的安庆、庐山、凤阳、和州、滁州等五府州的十二县均有移民迁居长兴，尤以桐城、怀宁、合肥、巢县等县为多。水口乡的徽州庄村，就以安徽徽州移民集聚而得名；江排岕，也居有很多安庆移民。

安庆市方言属于北方方言区中的江淮方言。由于安庆市面积广大，地形复杂，人口众多，因此各个县区都有自己的语言，虽有相通之处，但相异之处也颇多。据研究，安庆方言可能是全国主要方言融合而产生的语言。安庆位于中国几大方言区交界处：吴越方言，赣方言，闽方言，湘方言，北方方言等等。受到多种方言的影响，安庆方言吸收了众多其他方言词汇及语音语调，形成了自己的优美风格。

在声母方面，安庆方言最明显的特点，也是江淮方言的一个显著特点，即[l]与[n]分不清楚。[l]与[n]两个音素在安庆方言中属于同一个音位，它们是互补的关系，可以相互代替并且不区分意义，通常情况下多是用[l]代替[n]。

安庆方言的韵母，不区分前后鼻韵，后鼻韵常发成前鼻韵。

另外，安庆方言也是一种有入声的方言，但安庆方言入声的调值与吴语不同。还有，安庆各地的方言差异不少，如安庆的枞阳县没有翘舌音，而桐城县则有翘舌音。

七、宜兴话概况

长兴西北地区流行着一种江苏宜兴方言，主要分布在北部毗邻宜兴市的煤山、水口、夹浦等乡镇的山区。长兴宜兴话可以再分成煤山岕里话和白岘话，其中岕里话比白岘话更接近宜兴话。另外，煤山岕里话还可以分成两种口音：西川口音和东川口音，东川口音是最接近宜兴话的口音，也是“类宜兴话”中唯一有撮口呼的口音。煤山岕里话和白岘话都是在宜兴话音系的基础上进行增删而形成的。

煤山镇的东川口音音系和宜兴东乡的音系较为一致，共有韵母 40 个左右。其余地区都是对长兴宜兴音系的简化，如煤山镇的西川口音韵母为 36 个，白岘话韵母只有 32 个。

长兴西北地区的宜兴话的存在，与长兴其他方言的情况有所不同。河南话、平阳话的存在是由于大量的河南和平阳移民定居长兴，一定规模移民群体的存在，是保留移民方言的根本原因。然而，长兴西北地区的宜兴话区域却没有宜兴移民群体。因此，长兴的宜兴话并非是移民方言。

长兴西北地区的宜兴口音的形成主要是由于商贸的原因。宜兴西南有一个商业重镇湖㳇，中华人民共和国成立前是个很大的山货集散地。当时浙北山区交通闭塞，临近湖汊的西川、白岘、罗岕等地的大量山货大多运到湖㳇下埠。因此，湖㳇集镇上的山货商行和店铺，一家紧挨一家，十分繁荣和兴旺。长兴西北和宜兴西南商贸之频繁，是长兴西北宜兴口音形成的主要原因。

八、温州移民和温州话概况

长兴县内也有一部分来自温州的移民，主要居住在煤山、李家巷等地。温州话是吴语的一种次方言，民间称瓯语。温州话属于吴语瓯江片，发音、用词和语法等方面都与普通话有极大差别，与北部吴语也有巨大不同，属于南部吴语。

温州地区方言复杂，除了当地温州话外，还有闽南话、蛮话、金乡话等。

温州话有声母 28 个，比普通话多了浊音。温州话的韵母不多，只有 30 个。长兴的温州人所讲的温州话在语音系统上基本保持了温州话的特点，但韵母系统有一定的变化。由于长兴的温州移民人数并不多，温州话明显受到长兴当地话的影响。一些特殊的温州韵母已经弱化或消失，发音接近长兴当地话。

长兴县内除了当地的长兴话和上述的河南话、平阳话、建德话、江北话、重庆话、安庆话、宜兴话、温州话主要移民方言外，还有其他方言，如：省内的绍兴话、台州话、金华话、宁波话、吴兴话和省外的广德话、湖南话、山东话、贵州话、江西话等方言，但流行不广，人数不多。

大量的外地移民到长兴定居谋生，往往根据其自身的技能特点而选择居住地，有人曾对长兴居民和移民的分布特点做了一个歌谣般的总结：“本地人住城镇，安庆人住高山，平阳人住丘陵，河南人住田畈，苏北人住港滩。”在一定程度上可以说明外来移民的居住特点。

外来移民的入住长兴，加快了长兴的人口增长和经济发展，对当地社会经济的恢复与发展起到了积极地推进作用。同时，移民们也把他们的生产、生活方式，文化习俗带进了长兴，促进了长兴经济、文化的发展和繁荣。

第二章　长兴移民方言语音的特点

外来移民到长兴定居后，随着时间的推移，受到长兴方言和其他移民方言的影响，所操的方言不可避免的发生了一些变化，在声母、韵母、声调等方面，与原家乡的方言或多或少会有些差异。本章试作分析比较。

第一节　长兴河南话语音系统

一、河南话与长兴河南话声母的对照

1. 长兴的河南移民大多来自河南的罗山县、光山县。据方路平《罗山方言的声韵调系统》一文调查，罗山方言声母（含零声母）共 21 个，分别是[p][p‘][m][f][v][ts][ts‘][s][z][t][t‘][ȵ][l][k][k‘][h][tɕ][tɕ‘][ɕ][ŋ][ø]。罗山方言除了南部和北部极少数地区外，大多没有普通话的翘舌音tʂ、tʂ‘、ʂ、ʐ。罗山方言[n][l]不分，也没有普通话的[n]。[1]

光山方言声母与罗山声母相同，共有 21 个，包括零声母。光山方言大部分地区也没有普通话的翘舌音，[n][l]不分，极少用[n]。

然而，无论是罗山还是光山，方言并不完全一致，不同地区方言的声母也存在着若干差异。比如，罗山县的少数地区如张河有 25 个声母，有普通话的翘舌音，光山县的北向店乡也有声母 23 个，存在着普通话的翘舌音。另外，信阳地区的翘舌音的情况也各不相同。

综合罗山方言、光山方言及信阳方言的实际情况，归纳出河南方言声母表。河南话共有声母 25 个，含零声母。其中的翘舌音[tʂ][tʂ‘][ʂ][ʐ]主要存在于罗山北部和南部地区及光山县部分地区。

2. 河南话声母有自由变体[n][l]，但以读[l]为常。

3. 长兴的河南话声母（含零声母）有 22 个。

4. 长兴的河南话有自由变体[n][l]，如“男”“蓝”的声母均可两读，使用哪

[1]方路平：《罗山方言的声韵调系统》，《焦作大学学报》第 24 页，2002 年 6 月。

一个变体主要依据人们的习惯。

5. 长兴河南话声母没有翘舌音。河南话里少数地区有翘舌音，但大部分地区没有翘舌音。因此，长兴河南话没有翘舌音的原因，一是罗山、光山的河南话基本没有翘舌音，移民到长兴的罗山、光山县人原本就没有翘舌音；二是受长兴方言的影响，因为长兴方言没有翘舌音，即使少数河南人有翘舌音，长期生活在没有翘舌音的吴语区，自然就没有翘舌音了。

河南话与长兴河南话声母对照表

表 5-1

河南话声母		例字	长兴河南话声母		例字
1	p	布步八	1	p	布步八
2	p˥	派爬	2	pʻ	派爬
3	m	门麦	3	m	门麦
4	f	飞灰虎火	4	f	飞饭灰虎
5	v	歪围闻碗	5	v	歪围闻碗
6	t	到道夺	6	t	到道夺
7	t˥	通同	7	tʻ	通同
			8	n	兰难连能脑年
8	l(n)	兰路连吕难	9	l	能脑
9	ts	糟组争	10	ts	组争纸招
10	ts˥	仓曹初粗茶	11	tsʻ	初粗虫昌
11	s	师三山水生	12	s	山水生声诗
12	z	热饶肉人	13	z	认让饶人
13	(tʂ)	纸招蒸			
14	(tʂʻ)	昌潮虫			
15	(ʂ)	诗手声			
16	(ʐ)	认让绕			
17	tɕ	经精举主	14	tɕ	经精举主
18	tɕ˥	清轻穷除	15	tɕʻ	清轻穷除
19	ɕ	修休虚书	16	ɕ	修休虚书
20	ȵ	年女严	17	ȵ	女年严

河南话声母		例字	长兴河南话声母		例字
21	k	贵该跪	18	k	贵该跪
22	k‘	开口葵	19	k‘	开口葵
23	ŋ	熬硬袄	20	ŋ	硬袄咬
24	h	好号	21	h	好红火黑厚
25	ø	羊咬五云日	22	ø	儿羊软
总计	25		总计	22	

二、河南话与长兴河南话韵母的对照

1. 河南方言韵母各地并不相同，综合各地韵母，共有 39 个。有前后鼻韵之分，有开齐合撮四呼。方路平的《罗山方言的声韵调系统》一文中，罗山方言韵母有前鼻韵[ən][in][uən]，但后鼻韵却只有[uəŋ]一个。吕梅的硕士论文《光山方言语音研究》指出，光山方言韵母有前鼻韵[ən][in][uən]，但后鼻韵只有[əŋ][iŋ]，而无[uəŋ]。本书综合两县的韵母，定为 39 个韵母。

2. 长兴河南话韵母有 38 个，二者大同小异。长兴河南话保留了河南方言的撮口呼声母，长兴河南话也有鼻化韵[ɛ̃][ã][uɛ̃] [uã]等。长兴河南话的部分词语具有后鼻韵。

3. 虽然河南方言与长兴河南话韵母基本相同，但某些字的读音却不同。如“六鞋街”。

河南话与长兴河南话韵母对照表

表 5-2

河南话韵母		例字	长兴河南话韵母		例字
1	ɿ	资丝	1	ɿ	资支直
2	a	茶花瓦八塔	2	a	茶花瓦八塔
3	ɛ	车色北百热	3	ɛ	车蛇色北百
4	ɔ	多罗锅过割活郭	4	ɔ	多罗割活郭
5	ai	该帅歪	5	ai	该鞋帅
6	ei	杯对威灰水	6	ei	杯对威灰水
7	ao	高饱保	7	ao	高饱保
8	əu	粗初路楼收	8	əu	粗初路楼收六

河南话韵母		例字	长兴河南话韵母		例字
9	ɚ	耳儿二日	9	ɚ	耳儿二日
10	ɛ̃	本酸胆短碗	10	ɛ̃	三酸胆短
11	ã	缸张章床双	11	ã	缸张章床双
12	ən	根灯村争魂	12	ən	根灯村争魂
13	əŋ	东用荣翁			
			13	oŋ	东用荣翁工空
14	n	尔	14	n	尔
15	i	地衣急踢	15	i	地衣急踢
16	ia	架压	16	ia	架压
17	iɛ	夜写鞋铁接	17	iɛ	夜写铁接街
18	iɔ	药脚学	18	iɔ	药脚学
19	iai	街介界	19	iai	介界
20	iao	妖条	20	iao	妖条
21	iəu	流有修六	21	iəu	流有修六
22	iɛ̃	烟咸年	22	iɛ̃	烟咸年全
23	iã	羊香墙	23	iã	羊香墙
24	in	新心星	24	in	新心星
25	iəŋ	胸穷			
			25	ioŋ	胸穷
26	u	古五骨木	26	u	古五骨木
27	ua	刮	27	ua	瓦刮
28	uɛ	国	28	uɛ	国
29	uɔ	饿窝	29	uɔ	饿窝
30	uai	怪快	30	uai	怪快歪
31	uei	贵桂	31	uei	贵桂威
32	uɛ̃	关官	32	uɛ̃	碗关官
33	uã	光广	33	uã	光王
34	uən	温滚	34	uən	温滚
35	uəŋ	工空			
36	y	雨虚猪出局	35	y	雨虚猪出局

河南话韵母		例字	长兴河南话韵母		例字
37	yɛ	靴月缺	36	yɛ	靴月说
38	yɛ̃	元船权软全	37	yɛ̃	元船权软
39	yən	春军	38	yən	春军云

三、河南话与长兴河南话声调的对照

1. 河南罗山方言有四个声调，与普通话一致，是阴平、阳平、上声、去声。据方路平的调查，四个声调的调值分别为“阴平 311、阳平 45、上声 213、去声 41”。[1]吕梅的《光山方言语音研究》揭示光山方言的声调也是阴平、阳平、上声、去声四类，调值为阴平 44、阳平 24、上声 213、去声 311。

其他调查罗山的张河地区实际声调值为阴平 31、阳平 55、上声 325、去声 312。光山十里地区的实际调值为阴平 42、阳平 445、上声 325、去声 31。因此河南话声调比较复杂，来自不同地区的河南人的声调各不相同。

2. 罗山县、光山县没有入声调。

3. 长兴河南话声调类型与河南话相同，分为阴平、阳平、上声、去声四类。调值分别为阴平 53、阳平 55、上声 324、去声 315。虽然长兴的河南移民在长兴生活多年，但依然没有受到吴话的影响，声调没有入声，也不分清浊。

河南话与长兴河南话声调对照表

表 5-3

河南话声调罗山、光山各地					例字	长兴河南话声调		例字
阴平	311	44	31	42	东通猪天六药哭	阴平	53	方天初昏
阳平	45	24	55	445	同皮毛毒白杂贼	阳平	55	房田锄魂
上声	213	213	325	325	懂古走死老有买	上声	324	短古走体
去声	41	311	312	31	退唱队地乱近坐	去声	315	断醉靠变

说明：长兴河南话发音人张运富，男，1944 年 8 月生，曾任村支书，住泗安镇五里渡村，声调系统由华东师范大学博士黄乐采用 praat 软件录制分析而成

[1]方路平：《罗山方言的声韵调系统》，《焦作大学学报》第 24 页，2002 年 6 月。

第二节　长兴平阳话语音系统

一、平阳话与长兴平阳话声母的比较

1. 平阳县是浙江省沿海最南的一个县，方言情况比较复杂。平阳汉语方言有四种，即平阳话、北港话、蛮话和金乡话。其中的北港话其实就是闽南话。长兴的平阳人基本上都是讲北港话即闽南话的。

2. 下表的闽南话以厦门的闽南话为代表，共有声母 17 个(含声母ø)。闽南话没有浊音[d][dz][dʑ]。

3. 长兴说闽南话的人大多来自平阳，他们的祖先来自福建各地。到长兴后受到吴方言的影响，因此，长兴平阳人说的闽南话已经与福建的闽南话有明显的不同。另外，在长兴的平阳人所说的闽南话也各不相同。

4. 长兴的闽南话声母共有 23 个，受吴方言的影响，声母已经增加，如[tɕ][tɕ‘][ɕ][ȵ][dz][z]等声母是闽南话所没有的，但长兴的平阳人开始使用了。只是它们的使用，因人而异，因时而异。

平阳话与长兴平阳话声母比较表

表 5-4

闽南话声母		例字	长兴闽南话声母		例字
1	p	爸包比布	1	p	爸包比
2	p˥	派抛批普	2	p‘	派抛批
3	b	白办皮模	3	b	白办皮
4	m	脉忙猫	4	m	命煤貌摸猫
5	t	带当单	5	t	带当单
6	t‘	太扬滩	6	t‘	桃太滩
7	n	那挪难	7	n	女挪难
8	l	拉狼老	8	l	狼老抓
9	ts	争庄抓	9	ts	庄珠接作浆精钱将争煎贱战赞尊准
10	ts‘	次溪尺	10	ts‘	次尺簇七上枪生鲜充千浅伸春

闽南话声母		例字	长兴闽南话声母		例字
11	s	生沙三	11	s	生沙塑司束失熄食相扇伤仙身散孙顺
12	k	街光关	12	k	街光关
13	k‘	揩糠敲	13	k‘	揩糠敲脚鹊
14	ŋ	额芽眼午艾	14	ŋ	眼牙额午藕吴艾
15	h	哈荒喊	15	h	哈荒方飞肥佛孝虎害好货红火
16	g	揭锦月银颜硬昂玉	16	g	揭锦月银颜硬昂玉业岳夹
17	ø	杨矮汪矮鞋汪黄英引因央	17	ø	杨矮汪矮鞋汪黄英引因央
			18	tɕ	争石
			19	tɕ‘	尺树
			20	ȵ	让
			21	ɕ	西习笑小新
			22	dz	站茶
			23	z	然

二、平阳话与长兴平阳话韵母的对照

1.闽南话厦门音系共个82个韵母。闽南话具有成套的辅音韵尾，如-m、-p、-t、-k，入声韵多，鼻化韵也比较多。闽南话厦门音系还有几个韵母有韵无字。

2.长兴的平阳人受吴方言的影响，韵母已经减少许多。长兴的平阳话韵母为62个。-p、-t、-k已经全部演变成喉门塞音[ʔ]。韵尾-m已经消失，演变成相应的-n。原厦门音系中特殊的有韵无字情况，在长兴的平阳人中基本消失。

平阳话与长兴平阳话韵母对照表

表 5-5

平阳话韵母		例字	长兴平阳话韵母		例字
1	i	比池死喜味米	1	i	比池死喜味米语易利天味指
2	u	富武朱居语父	2	u	富武朱居父
3	a	巴麻他炒	3	a	巴麻他炒骂
4	ia	爹惹写瓦车夜	4	ia	爹写瓦车夜
5	ua	磨蛇蔡外花泰	5	ua	磨蛇蔡外
6	ɔ	布都租所姑虎	6	ɔ	布都租所姑虎凹
7	o	坡逃套老告河	7	o	坡逃套告河落
8	io	票赵照叫腰烧	8	io	票赵照叫腰烧
9	e	皮低坐洗家灰	9	e	茶家白脉
			10	ə	皮坐短火妹读月
10	ue	杯地做易矮锐	11	ue	花低洗杯地做矮锐
11	iu	抽周收九又手	12	iu	抽周收九又手
12	ui	肥雷水规位追	13	ui	灰肥雷水规位追媒灰
13	ai	排眉再害爱利	14	ai	泰排眉再害爱 、
14	uai	快拐乖怪	15	uai	快拐乖怪
15	au	包豆落口校草	16	au	孝老包豆口校草黑
16	iau	表苗料叫妖刁	17	iau	表苗料叫妖刁
17	m	嗯	18	m	嗯
18	im	心林音金饮锦			
19	am	贪南含砍参站			
20	iam	店尖欠炎严盐	19		
21	in	贫民认今印引	20	in	心林音金饮锦贫民认今印引青
22	un	本轮寸云	21	un	烟本轮寸云
			22	ən	近恨串远问算

平阳话韵母		例字	长兴平阳话韵母		例字
23	an	班陈蛮看安奸	23	an	店贪南含砍参站班陈蛮坦安奸坦
24	ian	便天仙言烟	24	ian	尖欠炎严盐便
25	uan	半短串宽远满	25	uan	看半宽满款
26	ŋ	方问当算黄	26	ŋ	黄问
27	iŋ	冰定成景用穿	27	iŋ	天冰定成景用穿唱娘迎精婴
28	aŋ	房东弄送公红	28	aŋ	当房东送红
29	iaŋ	相掌唱上央	29	iaŋ	掌强
30	ɔŋ	旁胖糖创狂放	30	ɔŋ	方弄公
31	iɔŋ	忠量章姜向用	31	iɔŋ	亮相上
32	ĩ	平棉年争见青	32	ĩ	平棉年争见
33	ã	担篮敢监坦	33	ã	担篮敢监
34	iã	命娘件迎影精	34	iã	央命件命娘
35	uã	单泉散汗安款	35	uã	单泉散汗闪
36	ɔ̃	摸努午火恶	36	ɔ̃	摸努午
37	ẽ	妹骂婴			
38	iũ	张两唱强样	37	iũ	张两唱样
39	uĩ	煤味快横	38	uĩ	煤横
40	ãi	背耐前指买	39	ãi	耐前
41	uãi	关弯	40	uãi	
42	ãu	毛脑藕	41	ãu	脑毛
43	iãu	鸟猫	42	iãu	猫
44	ip	集湿吸执			
45	ap	答纳插合压杂			
46	iap	粒接业夹帖			
47	it	笔密质七得			
48	ut	佛物突律骨忽			
49	at	力节达渴			

平阳话韵母		例字	长兴平阳话韵母		例字
50	iat	别列浙切血实			
51	uat	夺末劣雪月法			
52	ik	白德石革黑特			
53	ak	腹落角读岳壁			
54	iak	逼			
55	ɔk	北托作速各恶			
56	iɔk	略祝俗局曲约			
57	iʔ	滴铁接缺篾	43	iʔ	滴铁篾接缺
58	uʔ	托嘲	44	uʔ	嘲
			45	əʔ	恶革特角岳北托缺
59	aʔ	百扎插甲炸	46	aʔ	百扎插甲炸答纳插合压杂达
			47	iəʔ	壁德接食锡益擦略别列浙切实
60	iaʔ	拆迹食锡益壁	48	iaʔ	拆迹壁
61	uaʔ	末擦活伐割	49	uaʔ	活伐割末刮法
62	ɔʔ	膜	50	ɔʔ	膜腹
63	oʔ	搏桌落作索学	51	oʔ	桌作索学搏佛物突骨忽
64	ioʔ	略借尺俗歇	52	ioʔ	借尺歇
65	eʔ	麦宅册客月呃	53	eʔ	麦客册
66	ueʔ	八节截	54	ueʔ	八节截
67	iuʔ	鸟叫声	55	iuʔ	鸟叫声
68	uiʔ	刮拔挖	56	uiʔ	挖拔
69	uaiʔ	[ ]			
70	auʔ	暴雹	57	auʔ	暴雹
71	iauʔ	撬	58	iauʔ	撬
72	mʔ	[ ]不满口气	59	mʔ	姆
73	ŋʔ	哼	60	ŋʔ	哼

平阳话韵母		例字	长兴平阳话韵母		例字
74	ĩʔ	闪物			
75	ãʔ	凹跋			
76	iãʔ	[ ]			
77	ɔ̃ʔ	膜			
78	ẽʔ	脉夹			
79	uẽʔ	夹	61	uẽʔ	夹
80	uãiʔ	[ ]			
81	ãuʔ	咬	62	ãuʔ	咬
82	iãuʔ	[ ]			

三、平阳话与长兴平阳话声调的对照

1. 平阳的闽南话仍保留有古平上去入四个调类，具有个七声调，平去入声按声母清浊各分阴阳，上声不分阴阳。

2. 长兴的平阳话声调为六类，少了阳去调。阴上、阴入和阳入的调值略有变化。入声调更接近吴方言。

平阳话与长兴平阳话声调对照表

表 5-6

平阳话声调		例字	长兴平阳话声调		例字
阴平	44	东金君飞曾	阴平	44	郡东金君飞曾栋赠
阳平	24	童裙同爬	阳平	24	裙爬童同洞
阴上	53	党锦把滚	阴上	212	把
阴去	21	栋禁棍赞	阴去	21	滚棍赞倍锦
阳去	22	洞郡倍赠			
阴入	32	啄级骨伯督	阴入	4	白啄级骨伯督
阳入	4	毒及滑白实	阳入	3	毒及实

说明：长兴平阳话的发音人林德钏，1953 年 5 月生，住长兴水口乡龙山村，渚山。声调系统由华东师范大学博士黄乐采用 praat 软件录制分析而成

第三节　长兴建德话语音系统

一、建德话与长兴建德话声母的对照

1. 建德话共有声母23个,包括零声母。古全浊声母全部清化，因此建德话里没有吴方言的[b][d][g][z][dz][ɦ]等浊声母。[tʃ]组声母只与带舌尖色彩的[i][y]相拼。

2. [n][l]在建德话中部分字相混。[1]建德话没有普通话的翘舌音。

3. 长兴的建德话共有声母22个，没有同样没有[b][d][g][z][dz][ɦ]等浊声母，但已有浊声母[z][ɦ]，“字日自住”等字的声母为[z]，“后”字的声母为[ɦ]。长兴的建德话也没有[tʃ]组声母。[n][l]部分相混。

建德话与长兴建德话声母对照表

表 5-7

建德话声母		例字	长兴建德话声母		例字
1	p	巴爬部白	1	p	步巴部白
2	p‘	破步	2	p‘	爬
3	m	米忘	3	m	米
4	f	方房父	4	f	方房父
5	t	多徒道毒	5	t	多道
6	t‘	土大	6	t‘	徒土
7	n	脑南	7	n	脑南
8	l	老梨	8	l	老梨
9	ts	祖瓷尊知支郑炸	9	ts	祖尊知支郑炸
10	ts‘	粗吕刺	10	ts‘	瓷愁抽穿出
11	s	字愁守	11	s	瘦绳书
			12	z	字日自住
12	tɕ	酒胀装专今侄	13	tɕ	基巨
13	tɕ‘	清抽穿牵出	14	tɕ‘	清牵
14	ȵ	娘软严阎日	15	ȵ	娘软
15	ɕ	自笑瘦绳吸	16	ɕ	希
16	tʃ	基诸其巨			

[1]曹志耘：《严州方言语音特点》，《语言研究》第 89 页，1997 年第 1 期。

建德话声母		例字	长兴建德话声母		例字
17	tʃ‘	溪气住			
18	ʃ	书希			
19	k	古鬼跪	17	k	古鬼跪
20	k‘	开亏	18	k˥	开亏
21	ŋ	牙袄	19	ŋ	袄
22	h	火后盒	20	h	火盒
			21	ɦ	后
23	ø	衣哑余一	22	ø	忘牙羊咬五云

二、建德话与长兴建德话韵母的对照

1. 建德话韵母共 48 个。建德话有四呼，有入声。

2. 长兴的建德话韵母 39 个。建德话中的若干韵母在长兴建德话中已经不存在，相关的字读成其他韵母，如建德话韵母[uɯ][ua][uə][uE][yɑ][yɯ][yɪ][yu]等在长兴的建德话里都已消失。可见长兴的建德话明显是在向长兴当地话靠拢，韵母系统有简化的趋势。

建德话与长兴建德话韵母对照表

表 5-8

建德话韵母		例字	长兴建德话韵母		例字
1	ʅ	猪知支	1	ʅ	猪知支
2	a	三杉兰扮更	2	a	爬法搭萨辣
3	ɑ	带街百			
			3	ɛ	带百
6	ɯ	磨半帮	4	ɯ	母多坐布膜书
7	E	开敢干乱	5	E	车
8	ʊ	多坐	6	ʊ	盒昨
9	əɯ	走流			
10	an	感	7	an	三杉兰扮半敢干乱
11	ɑŋ	汤糖唱	8	ɑŋ	伤
12	en	参根门灯耕	9	en	生横

建德话韵母		例字	长兴建德话韵母		例字
14	oŋ	宏东风	10	oŋ	宏东风
15	i	米皮基店盐热	11	i	米皮基店盐
15	iɑ	夜嫌	12	iɑ	夜嫌
16	ia	小山娘生	13	ia	牙鸭家
17	iɪ	欠甜件肩节	14	iɪ	夜
			15	iɛ	街节靴
18	iɔ	表笑药	16	iɔ	药
19	in	今进冰兵京	17	in	今进冰兵京
20	iəɯ	纽抽	18	əɯ	纽抽走流
21	ian	县	19	ian	店嫌欠甜件肩
22	iɑŋ	伤腔	20	iɑŋ	娘
23	ioŋ	兄穷	21	ioŋ	兄穷
24	u	布膜学	22	u	布膜学
25	uɑ	坏外	23	uɑ	抓
			24	uai	坏外筷怪快
26	uɯ	枉			
27	ua	筷官关横			
28	uə	家车花怪盒辣昨			
29	ue	桂跪	25	uei	桂跪亏
30	uᴇ	快亏			
31	uan	团	26	uan	官关穿
32	uen	昏温	27	uen	昏温
33	uɑŋ	广矿爽	28	uɑŋ	枉桩双撞
34	y	书句	29	y	鱼
35	yan	宣	30	yan	宣
36	yɑ	抓			
37	yɯ	桩			
38	yɪ	靴穿舌			

建德话韵母		例字	长兴建德话韵母		例字
39	yen	云顺	31	yən	云顺
40	yu	桌			
41	yaŋ	撞双霜爽	32	yaŋ	霜爽
42	əʔ	汁北白木	33	əʔ	桌汁北白木
43	iəʔ	立烈笔削力壁	34	iɪʔ	立烈笔力壁
44	uəʔ	搭萨骨托国哭	35	uəʔ	学出
45	yəʔ	出觉竹	36	yəʔ	觉竹
46	m	母	37	m	母
47	n	鱼儿	38	n	鱼儿
48	əl	耳	39	əl	耳

三、建德话与长兴建德话声调的对照

1. 据曹志耕研究，建德话声调为六类。[1]

2. 长兴建德话声调也分为六类，但调值略有不同。

建德话与长兴建德话声调对照表

表 5-9

建德话声调		例字	长兴建德话声调		例字
阴平	423	东风开春	阴平	44	东风开春
阳平	334	红才唐平牛龙油门	阳平	34	红才唐平牛龙油
上声	213	九祖短口老五买有动后邓电辣热月药	上声	213	祖短口老五买
去声	55	冻四快去步洞大病怒卖	去声	53	邓电辣热药动后
阴入	5	一七北国哭	阴入	4	一七北国哭
阳入	12	十木六日毒	阳入	23	十木六日毒

说明：长兴建德话的发音人童绍良，1947 年 9 月生，住长兴泗安镇村东村。声调系统由华东师范大学博士黄乐采用 praat 软件录制分析而成

[1]曹志耘：《严州方言语音特点》，《语言研究》第 92 页，1997 年第 1 期。

第四节　长兴江北话语音系统

一、江北话与长兴江北话声母的对照

1.江北语音以扬州音系为代表。扬州音系有声母 17 个，与南京音相比，少了四个翘舌音[tʂ][tʂ‘][ʂ][ʐ]。作为江淮官话，扬州声母没有吴语的浊音。

2.扬州音系[n][l]不分，据《江苏方言志》所记载，扬州、南京、镇江等地都读[l]，有的能读[n]，发音时习惯上，洪音韵母前发[l]，细音韵母前发[n]，[n][l]是条件变体。

3.长兴的江北话声母为 19 个，增加了[n]和[z]。

4.长兴的江北话基本区分[n][l]。“女南男年”的声母是[n]，如兰的声母为[l]，但少数字[n][l]相混，如“奶两”字，[n][l]两读。“那”字声母不读为[n]，而读成[l]。

5.长兴的江北话有声母[z]，是受河南话和普通话影响而产生的。河南话中有[z]，“人”与“肉”的声母河南话都是[z]，江北话中，“人”与“肉”的声母为[l]。长兴河南人比较多，受河南话影响，长兴的江北人也产生了[z]。另外，普通话有翘舌音[ʐ]，苏北人学说普通话时，把[ʐ]发成[z]。

江北话与长兴江北话声母对照表

表 5-10

苏北话声母		例字	长兴苏北话声母		例字
1	p	巴本被白	1	p	彼拜边崩
2	p‘	喷盼盘匹	2	p‘	披铺旁平
3	m	妈眉曼莫	3	m	母米忙明
4	f	分敷冯法	4	f	方夫风法
5	t	多董豆督	5	t	低都多定
6	t‘	他桃头托	6	t‘	图梯台唐
7	l	良年如诺肉	7	l	如兰
			8	n	女南男年
8	ts	宗贞志杂	9	ts	资聚尖争

苏北话声母		例字	长兴苏北话声母		例字
9	ts‘	粗吹曹尺	10	ts‘	初取泉清
10	s	苏胜睡俗	11	s	思师声食
11	tɕ	居战轿集	12	z	绕人肉
12	tɕ‘	轻趣权吃	13	tɕ	基加交坚
13	ɕ	心闪贤夕	14	tɕ‘	奇桥铅强
14	k	高广固角	15	ɕ	许下宣血
15	k‘	开葵困渴	16	k	孤高公谷
16	h	花痕海合	17	k‘	枯考奎康
17	ø	奥云容热	18	h	虎灰环红
			19	ø	安袄衣鱼

二、江北话韵母与长兴江北话韵母的对照

1. 以扬州音系为代表的江北话有韵母46个，有开齐合撮四呼。

2. 长兴的江北话韵母为41个，主要变化：长兴的江北话撮口呼弱化，原撮口呼大多读为齐齿呼，保留了[y]和[yeʔ]，其中的[yeʔ]也有人读[ieʔ]。长兴苏北话没有[iɛ][iɪ][iæʔ][uõ]韵，相关的字读成其他韵。其原因是受长兴本地话的影响，因吴语中没有韵母[iæʔ][uõ]，江北话韵母为[iɛ]的“阶奶戒”和韵母为[iɪ]等“爷借遮”字，在长兴的江北话中韵母都转读成[a]或[ia]，明显与长兴当地话相近。长兴的苏北话新产生了一个[əu]，如“苏猪土素”，也与长兴当地话一致。

江北话韵母与长兴江北话韵母对照表

表5-11

江北话韵母		例字	长兴江北话韵母		例字
1	ʅ	资词死智	1	ʅ	兹辎士次
2	a	哈打诈麻	2	a	巴麻茶拉家鸭戒贾
3	ɛ	灾来改败	3	ɛ	排胎柴该介蟹鞋街阶奶单
4	ɪ	卑梅匪去	4	ei	妹梅匪飞悲贝
5	ɔ	招涛老道	5	ɔ	包岛造熬
6	o	多婆左卧	6	o	玻罗歌窝

江北话韵母		例字	长兴江北话韵母		例字
7	ɤɯ	歌头走沤	7	ɤɯ	豆楼舟藕
8	æ̃	翻砍站安	8	æ̃	翻砍站安单坦
			9	əu	苏猪土素
9	ən	吞能很硬	10	ən	奔能分凤
10	aŋ	方唐岗巷	11	aŋ	方唐岗巷章芳
11	oŋ	风瓮总东	12	oŋ	风瓮总东宗终南官传短玩酸盘乱欢
12	aʔ	驳落各恶	13	aʔ	拔伐纳杀
13	æʔ	八察瞎发	14	æʔ	八察瞎发塔辣鸭
14	əʔ	不日尺额	15	əʔ	不日尺
15	ɔʔ	白陆国屋	16	ɔʔ	白陆国屋
16	i	批奇底异	17	i	皮地旅举批奇底异
17	ia	虾斜贾亚	18	ia	家暇下鸭虾斜贾借野夜
18	iɛ	阶奶也戒			
19	iɪ	爷你借遮			
20	iɔ	标苗巧要	19	iɔ	标调消腰
21	iɤɯ	秋刘酒又	20	iɤɯ	秋刘酒又纠
22	iæ̃	单南坦雁			
23	iẽ	颠然扁念	21	iŋ	丁琴丙印平民亲应军唇允训云群选燕颠然扁念肩现烟
24	iŋ	丁琴丙印	22	iaŋ	江良抢象杨
25	iaŋ	江良抢样	23	ioŋ	窘琼雄勇兄荣怨
26	ioŋ	兄荣用窘	24	iaʔ	觉雀略约药狭甲
27	iaʔ	觉雀略约	25	ieʔ	接力业歇
28	iæʔ	塔甲辣鸭			
29	ieʔ	密接力页	26	iɔʔ	局曲蓄育觉
30	iɔʔ	局曲蓄育	27	u	夫屠主务布吴
31	u	夫屠主务	28		
32	ua	抓华瓦挂	29	ua	华瓦挂跨娃
33	uɛ	淮拐外	30	uɛ	淮拐帅坏外
34	uɪ	灰谁腿位	31	uɪ	灰位规

江北话韵母		例字	长兴江北话韵母		例字
35	uæ̃	关环晚万	32	uæ̃	关环晚万赚
36	uõ	官传短玩			
37	uən	孙魂准问	34	uən	孙魂准问寸昏银
38	uaŋ	光床谎望	35	uaŋ	光床谎望广创爽
39	uaʔ	桌郭霍扩	36	uaʔ	桌郭霍扩戳
40	uæʔ	刷括滑袜	37	uæʔ	刷括滑袜
41	uəʔ	出骨活勿	38	uəʔ	出骨活勿物
42	uõ	夺拨末述	39	uõ	夺拨末述说脱
43	y	居徐女遇	40	y	居区许
44	yẽ	捐全选怨			
45	yŋ	军唇允训			
46	yeʔ	绝屈雪月	41	yeʔ	绝屈雪月

三、江北话与长兴江北话声调的对照

根据《江苏省志•方言志》记载，扬州音系的声调共5个，即阴平、阳平、上声、去声、入声。长兴苏北话声调也为5个，但调值有所变化，分别是：阴平21、阳平44、上声213、去声42、入声4。

江北话与长兴江北话声调对照表

表5-12

苏北话声调		例字	长兴苏北话声调		例字
阴平	21	边批分芳夫刀他拉	阴平	21	边批分芳夫刀他拉
阳平	34	婆凡俘麻猫无台尼	阳平	44	婆麻猫台尼
上声	42	扁普匪摔马倘女李	上声	213	扁普匪马倘女李
去声	55	炮富命万矿豆耐亮	去声	42	炮富命万矿豆耐亮
入声	4	笔白发袜毒纳骆秃	入声	4	笔白发袜毒纳骆秃

说明：长兴江北话的发音人李如英，女，1962年生，住长兴水口乡后坟村。朱根法，男，1957年生，住长兴水口乡后坟村。声调系统由华东师范大学博士黄乐采用praat软件录制分析而成

第五节　长兴三峡移民重庆话语音系统

一、重庆话与长兴三峡移民重庆话声母的对照

1. 根据李霞硕士论文《西南官话语音研究》所记，重庆音系共有声母 19 个，重庆音系声母保留了西南官话语音系统简单的特点。长兴的三峡移民的声母系统与重庆音系相同，也有 19 个声母。

2. 古全浊声母字在重庆音系中都念为清声母字。西南官话大多数地方不分平翘舌，重庆话中没有普通话的翘舌音［tʂ］［tʂʻ］［ʂ］。长兴的三峡移民也有该语音特点。

3. 西地官话地区大多数地方［n］［l］不分，重庆音系的［n］，包含了［n］［l］两个自由变体，以读［n］为常，但声母［n］带有边音成分，音值介于［n］［l］之间。长兴的三峡移民也有该特点。

4. 西南官话“硬爱欧安”等字，声母为［ŋ］，长兴的三峡移民声母为［ŋ］的仅“硬”一字，“爱欧安”三字读为零声母。

5. 重庆音系[f][h]有混读现象，大多[hu]音读成[fu]。长兴的奉节移民与丰都移民在[fu][hu]的读音上有所不同，如“挥灰婚花”两字，奉节移民读为[fu]，丰都移民读为[hu]。

重庆话与长兴三峡移民重庆话声母对照

表 5-13

重庆话声母		例字	长兴三峡移民重庆话声母		例字
1	p	步别包倍	1	p	步别包倍
2	pʻ	怕盘普朋	2	pʻ	怕盘普朋
3	m	门麻木棉	3	m	门麻木棉
4	f	飞夫方符	4	f	飞夫方符
5	t	到夺定短	5	t	到夺定短
6	tʻ	太同拖通	6	tʻ	太同拖通
7	n	南年拉奶	7	n	南年拉奶
8	ts	资知张争	8	ts	资知张争

重庆话声母		例字	长兴三峡移民重庆话声母		例字
9	ts‘	粗次昌车	9	ts‘	粗次昌车
10	s	色生思伤	10	s	色生思伤
11	z	人柔绕热	11	z	人柔绕热
12	tɕ	精脚基尖	12	tɕ	精脚基尖
13	tɕ‘	丘旗欺钱	13	tɕ‘	丘旗欺钱
14	ɕ	希仙休修	14	ɕ	希仙休修
15	k	哥光贵钢	15	k	哥光贵钢
16	k‘	开科口空	16	k‘	开科口空
17	ŋ	硬爱欧安	17	ŋ	硬
18	h	挥灰婚花	18	h	挥灰海花
19	ø	衣元牙鱼	19	ø	衣元牙鱼爱欧安

二、重庆话与长兴三峡移民重庆话韵母的对照

1. 根据李霞硕士论文《西南官话语音研究》，重庆音系有韵母37个。有开齐合撮四呼。长兴的三峡移民音系也有韵母37个，同样具有开齐合撮四呼。

2. 重庆音系虽有前后鼻韵之分，但并不系统，如有[an][aŋ]之分，但却不分[in][iŋ]和[ən][əŋ]。长兴的三峡移民也保留了该语音特点。

3. 长兴的三峡移民的少数字的读音上发生了变化，如“某茂”两字韵母为[ou]，而不是[oŋ]，“谐”字韵母为[ie]，而不是[iai]。

重庆话与长兴三峡移民重庆话韵母对照表

表 5-14

重庆话韵母		例字	长兴三峡移民重庆话韵母		例字
1	ɿ	资支尺	1	ɿ	资支尺
2	ər	耳二	2	ər	耳二
3	a	巴妈杂辣	3	a	巴妈杂辣
4	o	波哥磨窝	4	o	波哥磨窝
5	e	北者	5	e	北者
6	ai	摆买开盖	6	ai	摆买开盖

重庆话韵母		例字	长兴三峡移民重庆话韵母		例字
7	ei	肥杯妹内	7	ei	肥杯妹内
8	au	保高猫饱	8	au	保高猫饱
9	ou	斗周	9	ou	斗肉沟周某茂
10	an	班盘胆三	10	an	班盘胆三
11	ən	根灯硬正	11	ən	根灯硬正
12	oŋ	东梦某茂	12	oŋ	东梦充冲
13	aŋ	桑党当仓	13	aŋ	桑党当仓
14	i	地些益衣	14	i	地些益衣
15	ia	鸦佳家夹	15	ia	鸦佳家夹
16	ie	贴姐跌些	16	ie	贴姐跌些谐
17	iai	解谐借界	17	iai	解借界戒
18	iau	彪交条	18	iau	彪交条
19	iou	流秋优纠	19	iou	流秋优纠
20	ian	言尖边天	20	ian	言尖边天
21	in	民丁林星	21	in	民丁林星
22	iaŋ	央香良强	22	iaŋ	央香良强
23	ioŋ	穷用兄雄	23	ioŋ	穷用兄雄
24	u	布故木都	24	u	布故木都
25	ua	化瓜刷抓	25	ua	化瓜刷抓
26	ue	国或阔	26	ue	国或阔
27	uai	衰怀帅怪	27	uai	衰怀帅怪
28	uei	灰堆桂回	28	uei	灰堆桂回
29	uan	弯官专酸	29	uan	弯官专酸
30	uən	困温春婚	30	uən	困温春婚
31	uaŋ	光旺创床	31	uaŋ	光旺创床
32	y	居语区	32	y	居语区
33	ye	绝决悦雪	33	ye	绝决悦雪
34	yo	药学	34	yo	药学

重庆话韵母		例字	长兴三峡移民重庆话韵母		例字
35	yu	局浴	35	yu	局浴
36	yan	捐远权圆	36	yan	捐远权圆
37	yn	云军群永	37	yn	云军群永

三、重庆话与长兴三峡移民重庆话声调的对照

西南官话声调有阴平、阳平、上声、去声四类，长兴的三峡移民声调相同。

重庆话与长兴三峡移民重庆话声调对照表

表 5-15

重庆话声调		例字	长兴三峡移民重庆话声调		例字
阴平	55	钢开婚安	阴平	55	钢开婚安
阳平	31	急局穷鹅	阳平	31	急局穷鹅
上声	53	古口五好	上声	53	古口五好
去声	213	近共盖报	去声	213	近共盖报

第六节　长兴安庆话语音系统

一、安庆话与长兴安庆话声母的比较

1. 长兴有来自安徽安庆的移民。据鲍红 2008 年发表在《安庆师范学院学报》的论文《安徽安庆方言语音系统》一文所言：“安庆方言中的声母共有 22 个”[1]。即：p、p‘、m、f、t、t‘、n/l、ts、ts‘、s、tʂ、tʂ‘、ʂ、ʐ、tɕ、tɕ‘、ɕ、k、k‘、ŋ、h、ø。

2. 安庆方言中，泥来两母即[n][l]是自由变体，位于首音节是以读[n]为主，如不是首音节，以读[l]为多。同时，发[n]时鼻音色彩不是很浓。

3. 关于声母[ȵ]，在鲍红的安庆方言 22 个声母中，是没有[ȵ]的；但《安徽安庆方言语音系统》又认为，在与齐齿呼、摄口呼韵母相拼时，[n][l]舌面化，音值接近[ȵ]。

4. 安庆地区下属各县市、城区与郊区，老派与新派之间的方言与存在着若干不

[1]鲍红：安徽安庆方言语音系统，《安庆师范学院学报》第 105 页，2008 年 10 月。

同。如桐城县的声母有22个，枞阳县的声母有18个。两县的声母的区别在于桐城县有翘舌音，而枞阳县只有平舌音。

5. 长兴安庆话声母共有23个，与安庆话声母类同，多了一个[ȵ]。长兴安庆话中，[n][l]也是自由变体，但以读[l]为常。[ȵ][n][l]三个声母的使用情况，因人而异。因来自安庆的不同地区，有的人[ȵ][n][l]三分，有的人只用[n][l]。

安庆话与长兴安庆话声母比较表

表5-16

安庆话声母		例字	长兴安庆话声母		例字
1	p	波本并八	1	p	布八
2	p‘	喷皮捧拍	2	p‘	派爬并步
3.	m	妈煤敏木	3	m	门麦
4	f	方肥奋佛	4	f	飞饭风
5	t	多点地答	5	t	到
6	t‘	拖挑腿踢	6	t‘	通同地道夺
7	n/l	路弄来女娘	7	l/n	兰路怒连年
8	ts	赞争左杂	8	ts	糟组争
9	ts‘	草从寸撑	9	ts‘	仓初粗
10	s	送生伞色	10	s	三生丝师
11	tʂ	张纸正竹	11	tʂ	招蒸主举
12	tʂ‘	昌池扯拆	12	tʂ‘	昌除潮虫
13	ʂ	山婶时设	13	ʂ	山手声诗书虚
14	ʐ	染仁让日	14	ʐ	认让绕日
15	tɕ	斤假械脚	15	tɕ	经
16	tɕ‘	轻详抢却	16	tɕ‘	清轻
17	ɕ	香洗县雪	17	ɕ	修休梢
			18	ȵ	连年
18	k	瓜柜古格	19	k	贵该跪
19	k‘	空可肯客	20	k‘	开口
20	ŋ	袄欧硬额	21	ŋ	硬咬袄

安庆话声母		例字	长兴安庆话声母		例字
21	h	呼咸很黑	22	h	好灰虎
22	ø	翁荣碗然	23	ø	用五软染

二、安庆话与长兴安庆话韵母的对照

1. 据鲍红《安徽安庆方言语音系统》一文，安庆话韵母共有39个，其他还有自成音节的[m][n]等两个。韵母中有[y]系列韵母四个[y][ye][yen][yn]。这是新派的读法，旧派读为[ʮ][ʮe][ʮen][ʮn]。

2. 长兴的安庆话韵母有64个，数量远超安庆话韵母。长兴的安庆话受长兴当地方言的入声韵和鼻化韵影响，增加了入声韵13个[ɐʔ][əʔ][ᴇʔ][oʔ][iəʔ][iᴇʔ][ioʔ][uɐʔ][uəʔ][uᴇʔ][uoʔ][yəʔ][yᴇʔ]，鼻化韵12个[ã][õ][ɛ̃][ᴇ̃][iã][iɑ̃][iᴇ̃][uɑ̃][uõ][uɛ̃][uᴇ̃][yᴇ̃]。

3. 安庆庆中有[on][iai]二个韵母，但在长兴的安庆话中，这两个韵母消失，相关的字转入其他韵母中。如“船、短”的韵母读成[uᴇ̃]，“界”的韵母读成[ɛ]等。

安庆话与长兴安庆话韵母对照表

表5-17

安庆话韵母		例字	长兴安庆话韵母		例字
1	ɿ	私词死字	1	ɿ	资
2	ʅ	知时齿直	2	ʅ	支知
3	ɚ	耳而儿二	3	ɚ	耳而儿二
4	a	它茶把杂	4	a	茶沙打哑
5	e	车蛇给质	5	ɛ	该街鞋介界
6	o	多驮我莫	6	o	多锅河过
7	ɔ	包道少逃	7	ɔ	高保包或
8	ai	呆埋宰钙	8	ai	岩开鞋
9	ei	杯梅嘴岁	9	ei	杯妹对水
10	əu	偷锄走绿	10	əu	粗初路楼收
11	an	班旁访唱	11	an	班搬
12	on	潘船短幻			
13	ən	争存省笨	12	ən	根灯争村短
14	oŋ	通农种送	13	oŋ	东工翁

安庆话韵母		例字	长兴安庆话韵母		例字
15	i	鸡泥米吃	14	i	地衣絮
16	ia	加霞甲哑	15	ia	架价
17	ie	爷爹写别	16	iɛ	夜写
18	io	哟脚略学	17	io	哟脚略学
19	iai	阶岩解界			
20	iɔ	标条铰要	18	iɔ	妖条菊
21	iəu	丢九绣狱	19	iəu	流有修
22	ian	奖良相样	20	iaŋ	良相样
23	ien	边前脸厌	21	iɛn	边前厌
24	in	金平顶印	22	in	新心星
25	ioŋ	胸穷用荣	23	ioŋ	胸穷用荣
26	u	猪扶苦骨	24	u	古五
27	ua	瓜华刮挖	25	ua	花瓦
28	ue	国物勿或	26	uɛ	歪怪快帅活
29	uo	恶卧讹屙	27	uo	窝
30	uai	揣怀甩外	28	uai	怀甩外
31	uei	追水胃锤	29	uei	贵灰威
32	uan	双床谎万	30	uaŋ	双床谎方
33	uon	完碗丸皖	31	uon	完碗丸皖
34	uən	春魂准问	32	uən	温滚魂
35	uoŋ	翁	33	uoŋ	翁
36	y	区鱼女菊	34	y	雨虚主猪
37	ye	鞋瘸决月	35	ye	决月
38	yen	捐全远愿	36	yen	捐全远愿
39	yn	群君云熏	37	yn	云军群君
40	m	姆	38	m	姆
41	n	尔(你)	39	n	尔(你)
			40	ã	张缸访唱章床双旁
			41	õ	南蚕酸安
			42	ɛ̃	三胆咸
			43	Ẽ	盏站山
			44	iã	羊香墙
			45	iɑ̃	江降

安庆话韵母		例字	长兴安庆话韵母		例字
			46	iᴇ̃	烟年全
			47	uɛ̃	关晚
			48	uɑ̃	王光
			49	uᴇ̃	穿砖船短
			50	uõ	官碗
			51	yᴇ̃	元权软
			52	ɐʔ	辣八鸭杀
			53	əʔ	塔色舌直
			54	ᴇʔ	百北客
			55	oʔ	木六
			56	iəʔ	笔力七一折
			57	iᴇʔ	叶节杰哲
			58	ioʔ	药脚局
			59	uɐʔ	挖刷刮
			60	uəʔ	骨出
			61	uᴇʔ	国
			62	uoʔ	扩
			63	yəʔ	缺轴
			64	yᴇʔ	月热

三、安庆庆与长兴安庆话声调的对照

1. 安庆话有五种声调，即阴平31、阳平213、上声35、去声53、入声55。

2. 安庆话的入声与吴语的入声不同。入声字不带p，t，k，ʔ尾，自成调类，但有使元音紧化的特点，即发入声字时，喉头和声带部位比发舒声要紧张一些，可能入声韵尾喉塞音ʔ消失后的语音遗留。[1]如“叔、八、哲”三字在长兴话里都是带喉塞音尾ʔ的入声，在安庆话里，它们发音时声调延长了，调值标为55。在长兴本地话中，55其他不算入声。

3. 长兴安庆话有六类声调，即阴平、阳平、上声、去声、入声1、入声2。长兴安庆话里，入声2是带喉塞音尾ʔ的入声，如：八[ɐʔ]、色[əʔ]、木[oʔ]、局[ioʔ]、括[uɐʔ]等。

4. 长兴的安庆话入声分两类，一类的调值为55，另一类为5。调值5是长兴

[1]鲍红：安徽安庆方言语音系统，《安庆师范学院学报》第105页，2008年10月。

当地话入声的调值，因此也可以看成安庆话受吴语的影响而产生的入声调值的变化。

安庆庆与长兴安庆话声调对照表

表 5-18

安庆话声调		例字	长兴安庆话声调		例字
阴平	31	资花初方亲加低天	阴平	31	资花初方尺加天学
阳平	213	果冷走腿软买伞喜	阳平	323	果冷走腿软买伞喜
上声	35	词和羊红迷桃田年	上声	35	词和羊红迷桃田年
去声	53	见爱路借课道转镇	去声	53	见爱路借课道转镇
入声	55	桌热笔铁学索尺月	入声1	55	骨舌月出索
			入声2	5	桌热笔铁尺

说明：长兴安庆话的发音人刘国平，1956 年 8 月生，当过小学教师，住长兴水口乡江排村施家村。声调系统由华东师范大学博士黄乐采用 praat 软件录制分析而成

第七节　长兴宜兴话语音系统

一、宜兴话与长兴宜兴话声母的比较

1. 宜兴话有 29 个声母(含零声母)，具有明显的吴方言特点。没有普通话的翘舌音。

2. 长兴宜兴话声母也是 29 个，与宜兴话一致。

宜兴话与长兴宜兴话声母比较表

表 5-19

宜兴话声母		例字	长兴宜兴话声母		例字
1	p	包八	1	p	巴宝背
2	p‘	喷匹	2	p‘	怕泡潘
3	b	排白	3	b	抱笨部
4	m	忙木	4	m	妈毛末
5	f	方福	5	f	发风飞

宜兴话声母		例字	长兴宜兴话声母		例字
6	v	房罚	6	v	伐闻服
7	t	东铁	7	t	冻到答
8	tʻ	汤塔	8	tʻ	吞讨偷
9	d	唐达	9	d	逃团头
10	n	南诺	10	n	脑男糯
11	l	来勒	11	l	拉老类
12	ts	糟作	12	ts	早赞总
13	tsʻ	草拆	13	tsʻ	擦操参
14	dz	虫轴	14	dz	茶查虫
15	s	山色	15	s	扫森所
16	z	时石	16	z	造存暂
17	tɕ	京急	17	tɕ	叫建酒
18	tɕʻ	气却	18	tɕʻ	巧企千
19	dʑ	奇局	19	dʑ	桥旗局
20	ȵ	娘肉	20	ȵ	女牛粘
21	ɕ	虚血	21	ɕ	戏笑雪
22	ʑ	斜嚼	22	ʑ	斜前徐
23	k	高各	23	k	糕改果
24	kʻ	开哭	24	kʻ	抗夸扩
25	g	共轧	25	g	攻轧共
26	ŋ	牙岳	26	ŋ	牙眼岳
27	h	轰吓	27	h	轰虎好
28	ɦ	孩鞋	28	ɦ	韩豪盐
29	ø	安弯	29	ø	娃安亚
30			30		

二、宜兴话与长兴宜兴话韵母的对照

1. 根据叶祥芬、郭宗俊的研究，宜兴话有韵母 42 个。[1]

2. 宜兴话有开齐合撮四呼，有入声，入声带有明显的喉塞音尾 ʔ。

3. [m][n][ŋ]三个在口语中可单独成词，如：亩[m]、唔[n]、五[ŋ]。

4. 韵母[iəʔ]在声母[p][p‘][b][m]和[t][t‘][d][l]后面，读为[iɪʔ]。

5. 韵母[əŋ][iŋ][uəŋ][yəŋ]的韵尾介于[n][ŋ]之间。

6. 长兴的宜兴话与宜兴话相同，有韵母42个，同样有四呼，有入声。

宜兴话与长兴宜兴话韵母对照表

表 5-20

宜兴话韵母		例字	长兴宜兴话韵母		例字
1	ɿ	智思	1	ɿ	支此施池死时
2	a	爸排板办	2	a	板办饭柴反胆
3	o	巴瓜	3	o	怕麻查化叉家
4	ɛ	推台	4	ɛ	杯胎灾改来猜
5	ʊ	拖妥	5	ʊ	多拖左课租助
6	ə	潘安	6	ə	半满短乱暖参
7	au	包跑	7	ao	包毛老刀讨操
8	əu	兜抖	8	əu	斗偷抽仇州勾
9	aŋ	缸方	9	aŋ	帮方当缸房康
10	əŋ	根深	10	əŋ	本盆分文喷邓
11	oŋ	工轰	11	oŋ	蹦梦丰共痛宗
12	əl	而饵	12	əl	耳而二尔
13	m	呒亩	13	m	呒亩姆
14	n	恨忤	14	n	唔
15	ŋ	午(端午)	15	ŋ	五
16	aʔ	瞎盒	16	aʔ	百白发答伐蜡
17	oʔ	福服	17	oʔ	北木复托福笃
18	əʔ	哲夺	18	əʔ	末勿脱织合黑

[1]叶祥芬、郭宗俊：《宜兴方言同音字汇》，《方言》第 88 页，1991 年第 2 期。

宜兴话韵母		例字	长兴宜兴话韵母		例字
19	i	非基	19	i	比米基李非肥
20	ia	卸斜	20	ia	阶写夜邪卸介
21	io	靴爷	21	io	假靴亚鸦驾嘉
22	iɪ	连尖	22	iɪ	边棉点年研件
23	iau	标飘	23	iau	苗吊教笑料巧
24	iəu	修求	24	iəu	救秋牛右旧优
25	iaŋ	浆枪	25	iaŋ	良强乡阳娘氧
26	iŋ	兴金	26	iŋ	兵病丁林金人
27	ioŋ	穷熊	27	ioŋ	兄浓用农永容
28	iaʔ	甲截	28	iaʔ	甲铁协跌切窃
29	ioʔ	局雀	29	ioʔ	药肉菊局略剧
30	iəʔ	七席	30	iəʔ	笔力急叶灭益
31	u	补虎	31	u	补肚苦租土奴
32	ua	关歪	32	ua	关快歪还环惯
33	uɛ	灰龟	33	uɛ	会亏回灰归伟
34	uə	欢官	34	uə	官欢完款冠宽
35	uaŋ	光汪	35	uaŋ	光狂王汪
36	uəŋ	昆错	36	uəŋ	棍昆稳困
37	uaʔ	刮滑	37	uaʔ	括挖
38	uəʔ	骨活	38	uəʔ	骨扩活忽或阔
39	y	居需	39	y	吕许树雨去雨
40	yɪ	娟劝	40	yɪ	卷原远全县宣
41	yəŋ	军熏	41	yəŋ	军群云春准训
42	yəʔ	橘掘	42	yəʔ	橘缺月血屈出

三、宜兴话与长兴宜兴话声调的对照

1. 宜兴话声调共有四种调类，各分阴阳，共八种。

2. 长兴宜兴话声调系统与江苏宜兴话一致。

宜兴话与长兴宜兴话声调对照表

表 5-21

宜兴声调		例字	长兴宜兴话声调		例字
阴平	55	刚知专丹超初丁	阴平	55	刚知专丹超初丁
阳平	24	穷陈唐平寒祥人	阳平	24	穷陈唐平寒祥人
阴上	52	古走比口草好手	阴上	52	古走比口草好手
阳上	33	软马买懒暖眼女	阳上	33	软马买懒暖眼女
阴去	412	盖对变菜怕汉送	阴去	412	盖对变菜怕汉送
阳去	21	岸饭避恨距嫩命	阳去	21	岸饭避恨距嫩命
阴入	5	急得竹七曲黑各	阴入	5	急得竹七曲黑各
阳入	2	岳入石物局白合	阳入	2	岳入石物局白合

说明：长兴安庆话的发音人周兴龙，1952 年 6 月生，农民，住长兴煤山镇东川村。周学明，1954 年 10 月生，个体户，住长兴煤山镇东川村。声调系统由华东师范大学博士黄乐采用 praat 软件录制分析而成

第八节　长兴温州话语音系统

一、温州话与长兴温州话声母的对照

1. 温州话有声母 28 个(含零声母)。

2. 温州话具有吴语的特点，比普通话多了 9 个浊声母：[b][d][g][dz][dʑ][v][z][ɦ][ȵ]。没有普通话的翘舌音，翘舌声母并入[ts][tɕ]两组。

3. 长兴温州话声母系统与温州话相同。

温州话与长兴温州话声母对照表

表 5-22

温州话声母		例字	长兴温州话声母		例字
1	p	波班兵	1	p	班兵
2	p‘	坡批品	2	p‘	泼坡婆
3	b	婆皮病	3	b	病

温州话声母		例字	长兴温州话声母		例字
4	m	马米敏	4	m	马米敏
5	f	飞灰粉	5	f	飞粉坟
6	v	河淮坟	6	v	河蚊
7	t	多当登	7	t	多当登
8	t‘	胎梯铁	8	t‘	胎梯铁
9	d	台同电	9	d	台同电
10	n	南怒脑	10	n	南怒脑
11	l	连兰罗	11	l	连兰罗
12	ts	知走鸡	12	ts	知走
13	ts‘	齿次亲	13	ts‘	齿次
14	dz	迟残忌	14	dz	迟残
15	s	诗三希	15	s	三
16	z	时存仁	16	z	时存仁
17	tɕ	金坚种	17	tɕ	金坚
18	tɕ‘	丘千触	18	tɕ‘	丘千触
19	dʑ	近求共	19	dʑ	近求
20	ȵ	染女玉	20	ȵ	染女玉
21	ɕ	先收血	21	ɕ	先血希
22	k	高光关	22	k	高光关
23	k‘	考开壳	23	k‘	考开壳
24	g	厚衔	24	g	衔
25	ŋ	牙咬硬	25	ŋ	牙咬硬
26	h	风荒黑	26	h	荒黑
27	ɦ	红移话	27	ɦ	红话
28	ø	瓯衣勇	28	ø	衣勇

二、温州话与长兴温州话韵母的对照

1. 温州话韵母有30个，如加上单独成字的[n][m]，共有32个。温州话有开齐撮合四呼。温州话的韵母与普通话韵母对应复杂，如[y]韵，与普通话的多个韵母对应，如：“y居区、i季疫、u木出、ɤ割核、ye决月、uei桂辉、an甘寒、uan百川、yan捐全、uən昏湿。”[1]

2. 长兴温州话的韵母系统发生了一定的变化，共有31个，温州话中的[əy][yŋ][yɔ]等韵母，在长兴发音中已经消失，相关的字的韵母发生了变化。

温州话与长兴温州话韵母对照表

表5-23

温州话韵母		例字	长兴温州话韵母		例字
1	ʅ	诗思基吃	1	ʅ	思吃
2	a	班排反获	2	a	班排反
3	o	沙马袜学	3	o	沙马鹅足
4	ø	端团探合	4	ɤ	端团探合
5	e	开台菜黑	5	e	开台菜黑
6	ə	宝刀早澳	6	ə	宝刀早澳
7	ɛ	行杏硬生	7	ɛ	杏硬
8	ai	培对失拾	8	ai	对失拾
9	au	抖透走口	9	au	抖透走口
10	aŋ	本分针审	10	aŋ	本分针审
11	eŋ	兵民病静	11	eŋ	兵民病
12	oŋ	冬通宗梦	12	oŋ	冬通宗梦
13	ŋ	鹅我儿悟	13	ŋ	我
14	i	依张千切	14	i	依千
15	ei	池米遮直	15	ei	米遮直
16	ia	鹊捏晓脚	16	ia	晓脚
17	iɛ	赵朝条表	17	iɛ	条表
18	iai	急泣吸益	18	iai	益急

[1]颜逸明：《浙南瓯语》，第15页，华东师范大学出版社2000年1月第1版。

温州话韵母		例字	长兴温州话韵母		例字
19	iau	九求休优	19	iau	九求优
20	ieu	周抽收竹	20	ieu	周竹
21	iaŋ	金近因英	21	iaŋ	金近因英
22	u	普何火雨	22	u	普火雨毒
23	əu	鲁豆多毒	23	əu	鲁多
24	ua	弯挖	24	ua	弯
25	uɔ	包旁咬孝	25	uɔ	旁窗
26	y	居甘官决	26	y	居曲局
			27	ɯ	甘官
27	əy	吕布杜苏			
28	yŋ	足曲局欲			
29	yɔ	钟窗重用			
30	yoŋ	中冲穷春	28	yoŋ	中用穷
31	n	五	29	yɛ	学
32	m	母	30	n	五
			31	m	母

三、温州话与长兴温州话声调的对照

1. 温州话声调共阴、阳2类8调。温州话保留了古代的入声，但入声不读短促声。

2. 长兴的温州话声调与温州基本相同，分阴阳2类8调。但阳入调值略有变化。

温州话与长兴温州话声调对照表

表5-24

温州话声调		例字	长兴温州话声调		例字
阴平	44	牵班巴舟低	阴平	44	牵班巴舟低
阳平	31	钱繁犁唐题	阳平	31	钱繁犁唐题
阴上	454	浅板把帚底	阴上	454	浅板把帚底

温州话声调		例字	长兴温州话声调		例字
阳上	243	件范李宕弟	阳上	243	件范李宕弟
阴去	42	欠粉霸昼帝	阴去	42	欠粉霸昼帝
阳去	22	健饭利荡地	阳去	22	健饭利荡地
阴入	34	切百入竹的	阴入	34	切百入竹的
阳入	213	杰别力铎敌	阳入	21	杰别力铎敌

说明：长兴温州话发音人林雪堂，1957 年 7 月生，村委会原主任，住煤山镇东风村坎。声调系统由华东师范大学博士黄乐采用 praat 软件录制分析而成

第三章　长兴移民方言词汇的特点

词汇是语言中变化最快的要素，它会随着社会的发展，人口的迁徙，人员的混杂而发生变化。长兴是一个移民县，来自各地的移民聚居在一起，词汇互相产生影响。各地的移民离开自己的家乡，到长兴定居。虽然大多数移民还是保留了原住地的方言，但由于脱离了原住地的语言环境，他们所说的语言也会发生一定的变化。即使同是河南话或安庆话，也与原住地的词汇有所不同。

第一节　长兴河南话词汇

长兴的河南话基本保留了河南方言的特色，如“头发”叫“头毛”，“蝙蝠”叫“檐老鼠”，“头皮屑”叫上“风皮”，“聊天”叫“拍博儿”，“毛毛雨”叫“麻粉子”等，都保留了河南罗山、光山话词汇的特点。该类词汇跟长兴话存在着明显的不同，与普通话也有区别。除了下表的词汇外，长兴的河南话词汇还有不少与长兴话不同，如：“接老婆”(讨老婆)、“勺子”(调更)、“排场”(齐正)、“睡瞌睡”(睏觉)、“疼嘴”(香面孔)、“快活”(舒齐)、“中瞌睡”(打瞌充)等。括号处为长兴河南话，括号内为长兴话。

然而，在长兴的河南话词汇中，有部分词汇慢慢放弃了河南话的说法，采用了长兴方言的说法，如“棺材”“打雷”等，没有采用河南话的“方子”“哼雷”，而采用长兴方言的说法。另外，也有部分河南词汇与长兴方言相一致，如“灰尘”“吸铁石”“弄堂”“皮蛋”“挂盐水”“洋钉”“学堂”“冷水”“南瓜”“热水瓶”等。

长兴河南话与其他词汇的比较情况表

表 5-25

序号	普通话	长兴话	河南话	长兴河南话
1	母猫	雌猫	米猫	母猫，米猫
2	头发	头发	头毛	头毛

序号	普通话	长兴话	河南话	长兴河南话
3	公狗	雄狗	牙狗	公狗、牙狗
4	毛毛雨	毛毛雨	麻粉子	麻粉子
5	棺材	棺材	方子	棺材
6	鸡笼	鸡棚	鸡橱子	鸡橱子
7	不行	不来煞	不沾贤	不招
8	细心	细心	过细	过细
9	接吻	香面孔	疼嘴	疼嘴
10	膝盖	膝钵头	腿包	腿包子
11	羡慕	眼热	眼欠	红眼
12	诚实	老实	实诚	忠实
13	尿布	衲	片子	片子
14	想念	想	欠	欠
15	漂亮	架型	排场	排赏
16	刚才	将况	将才	将才
17	青蛙	田鸡	剋蟆	剋蚂
18	晚饭	夜饭	黑饭	黑饭
19	打雷	打雷	哼雷	打雷
20	藏	园	收、拣	园、拣
21	蚯蚓	曲蟮	臭蚕	臭蚕子
22	叔父	叔叔	小佬	小佬
23	欠	欠	该	差、该
24	聊天	讲白相	拍博儿	拍博儿
25	幸亏	亏得	得为	得亏
26	轮子	轮盘	滚头儿	滚头儿
27	插秧	插秧	栽秧	栽秧
28	泥鳅	泥鳅	泥拱子	泥拱子
29	蝙蝠	蝙蝠	檐老鼠	檐老鼠
30	生育	养小人	生添	添孩
31	泻肚	肚皮惹	拉稀	泻肚子、恶肚子

序号	普通话	长兴话	河南话	长兴河南话
32	头皮屑	头皮屑	风皮	风皮
33	大腿	大膀	大胯	大胯
34	看病	看病	瞧病	瞧毛病
35	围裙	移身	围腰儿	围腰子
36	米饭	饭	干饭	干饭
37	买肉	买肉	割肉	割肉
38	宽敞	宽舒	宽展	宽展
39	冰雹	冰雹	冷子	冷子
40	锅	镬子	锅	锅

第二节　长兴平阳话词汇

平阳话是一种复杂的方言，包括瓯语平阳方言、浙南闽语、江南蛮话、金乡话。流行在长兴的平阳话大多是闽语。长兴说闽语的平阳人群居在一起，互相说闽语。由于闽语难懂、难学，因此当地的长兴人基本听不懂平阳人的话，但大多的平阳人基本会说长兴当地话。平阳人所说的闽语一直保留了自己的特色，而与长兴话不同，如“有趣”说成“有局”，“蛋黄”说成“卵仁”，“客人”说成“人客”，“乞丐”说成“乞食”，“半夜”说成“半螟”。但平阳移民的后代，长期生活在长兴，受到长兴当地话和普通话的影响，许多词汇已经采用当地的说法了，如不说“鼠贼”而说“贼骨头”，不说“惯势”而说“习惯”，不说“霜条”而说“棒冰”，不说“鲜尺”而说“新鲜”。

长兴平阳话与其他词汇的比较情况表

表 5-26

序号	普通话	长兴话	平阳话	长兴平阳话
1	黄瓜	黄瓜	刺瓜	黄瓜
2	运气	运道	气运	运气
3	小偷	贼骨头	鼠贼	贼骨头
4	有趣	有趣	有局	有局

序号	普通话	长兴话	平阳话	长兴平阳话
5	婆婆	阿婆	大家	大家
6	咬死	咬煞	咬硬	咬死
7	公路	公路	车路	公路
8	小孩子	小把戏	细汉	
9	鸡蛋	鸡蛋	鸡卵	鸡卵
10	口琴	口琴	嘴琴	口琴
11	蔬菜	蔬菜	菜蔬	蔬菜
12	衬衣	衬衫	云衫	衬衫
13	关心	关照	牵叫	关心
14	饭盒	饭盒	便当	饭盒
15	吹牛	吹牛皮	展康	吹牯皮
16	对联	对联	联对	联对
17	灯泡	灯泡	电珠	灯泡
18	习惯	习惯	惯势	习惯
19	利润	赚头	长头	来成
20	蛋黄	蛋黄	卵仁	卵仁
21	冰棍	棒冰	霜条	棒冰
22	打扮	打扮	装仿	打扮
23	手杖	拐杖	洞葛	拐杖
24	聪明	架哇	光眼	聪明
25	恶心	腻心	胀心	反胃
26	捣乱	捣鬼	变鬼	变鬼
27	露天	露天	天露	露天
28	新鲜	新鲜	鲜尺	新鲜
29	相貌	架型	生做	品貌
30	虚弱	单薄	轻薄	轻薄
31	半夜	半夜	半暝	半暝
32	看穿	看穿	看通	看穿

序号	普通话	长兴话	平阳话	长兴平阳话
33	过分	忒	伤过	过分
34	肚子	肚皮	腹肚	腹肚
35	丢脸	摊台	落脸	落脸
36	不如	比勿上	较输	输别人
37	喝茶	喫茶	食茶	食茶
38	倒霉	触霉头	食衰	倒霉
39	乞丐	叫化子	乞食	乞食
40	客人	客人	人客	人客

第三节　长兴建德话词汇

建德话比较复杂，建德话方言属性，目前学术界尚没有定论。有划入徽语严州片的，有划入吴语临绍小片的。从词汇角度说，建德话特色明显，跟普通话和长兴话都有较大的区别，如“槛门”表示“窗户”，“冻撕”表示“厕所”，“落苏”表示“茄子”，“老蛮”表示“女人”，“恩干”表示“早上”，“北瓜”表示“南瓜”，“香口”表示“接吻”，“瓜子皮”表示“鞭炮”，“阔么”表示“青蛙”，“囡婿”表示“女婿”，“个记”表示“现在”等，词汇都很独特，无论是普通话还是长兴话里，都没有该说法。

建德话的语音比较特殊，因此，有的词汇在建德话里就感觉难懂，如表示“小孩”的“小人家”，在建德话里读起来声音像“虾侬刮”，其实就是“小人家”的意思。建德词汇有的保留了古代的用法，如“东司”，是潮汕地区唐朝时的叫法，却保留在建德话中。由于是古词汇的遗留，一般人也就不知道了。

长兴建德话与其他词汇的比较情况表

表 5-27

序号	普通话	长兴话	建德话	长兴建德话
1	里面	里头	里手	里头
2	母猪	母猪	猪娘	猪娘
3	窗户	窗爿	槛门	槛门

序号	普通话	长兴话	建德话	长兴建德话
4	吵架	寻相骂	争口	争口
5	马桶	马桶	肥桶	肥桶、马桶
6	茄子	茄子	落苏	落苏
7	虾	弯转	活公	大活
8	玉米	玉米	苞芦	苞芦
9	青蛙	田鸡	阔么	阔么
10	女人	堂客	女格农	老蛮
11	椅子	椅子	靠椅	靠椅
12	出去玩	去白相	缺克席	缺克席
13	厕所	茅坑	东司	东司
14	回家	回转	刮扣	刮扣
15	我们	实伢	我侬	阿侬
16	冰雹	冰雹	龙雹子	冰雹
17	小男孩	细百楼	贱哥	贱鬼佬
18	小孩	小把戏	小人家(虾侬刮)	小人家(虾侬刮)
19	勺子	勺	瓢匙	匙瓢
20	吃早饭	吃早饭	吃恩干	吃恩干
21	大胖子	胖子	老嘎都	大嘎头
22	脸盆	面盆	面桶	面桶
23	黄瓜	黄瓜	物果	房果
24	霉苋菜	苋菜梗	苋菜管	苋菜管
25	冻米糖	冻米糖	咪旁	咪旁糖
26	毛巾	毛巾	面布	面布
27	锅	镬子	素喔	食镬
28	中午	日中心里	恩饭	恩饭
29	恶	腻心	港你心	恶心
30	干什么	做咕	猪器	做啥里
31	早上	早辰头	恩干	恩干

序号	普通话	长兴话	建德话	长兴建德话
32	做饭	烧饭	装丫磨	烧饭
33	煮稀饭	烧粥	直磨	烧粥
34	女婿	女婿	囡婿	囡婿
35	磁铁	吸铁石	吸铁石	吸铁石
36	女孩	细婉婷	细娘	小囡
37	知了	杨丝它	知了	知了
38	南瓜	南瓜	北瓜	北瓜
39	现在	介息	个记	个记
40	接吻	亲嘴	香口	香口

第四节　长兴江北话词汇

长兴的江北话不是强势语言，江北话受长兴方言的影响和普通话的影响比较大。长兴的江北人的词汇基本与长兴当地相同，如：月亮、毛毛雨、立春、零食、皮蛋、猪油、百响、生病等。但仍有少数词保留了江北的特点，如：响雷、翁豆、锅子、肋身骨、家去等。

长兴江北话与其他词汇的比较情况表

表 5-28

序号	普通话	长兴话	江北话	长兴江北话
1	月亮	月亮	凉月子	月亮
2	打雷	雷响	响雷	响雷
3	毛毛雨	毛毛雨	毛凇子	毛毛雨
4	黄梅天	黄梅天	时梅天	黄梅天
5	热	热	暖	热
6	灰尘	蓬尘	灰	灰尘
7	立春	立春	打春	立春
8	今天	今朝	今儿个	跟朝

序号	普通话	长兴话	江北话	长兴江北话
9	早上	早辰头	早心	早上
10	下半天	下半日	饭后	下半日
11	后来	后算来	后首	后来
12	秧田	秧田	秧池	秧田
13	碾米	轧米	机米	轧米
14	扫帚	扫帚	扫竹	苕帚
15	糯米	糯米	茶米	糯米
16	豌豆	寒豆	安豆	翁豆
17	茭白	茭白	茭瓜	茭白
18	南瓜	南瓜	番瓜	番瓜
19	西红柿	番茄	洋柿子	番茄
20	母狗	母狗	草狗	母狗
21	麻雀	麻鸟	麻雀子	麻雀
22	蜈蚣	百脚	百脚	百脚
23	厕所	茅坑	茅厕	茅坑
24	锅	镬子	锅	锅子
25	毛巾	毛巾	手巾	手巾
26	脸盆	面盆	脸盆	面盆
27	小孩	小把戏	霞子	细伢
28	头屑	头皮屑	空屑	头皮子
29	肋骨	肋棚骨	肋身骨	肋身骨
30	洗脚	汏脚	洗脚	洗脚
31	修面	修面	光面	刮胡子
32	回家	回转	家去	家去
33	零食	零食	零嘴	零食
34	面粉	面粉	干面	麦粉
35	松花蛋	皮蛋	变蛋	皮蛋
36	猪油	猪油	荤油	猪油

序号	普通话	长兴话	江北话	长兴江北话
37	生粉	芡粉	沱粉	菱粉
38	味道	味道	味睡	味道
39	鞭炮	百响	挂鞭	百响
40	生病	生病	害病	生病

第五节 长兴三峡移民词汇

长兴的三峡移民词汇与西南官话重庆话词汇基本一致。因为三峡移民定居长兴时间不久，基本保留了重庆地区的方言词汇，如：“抠痒”“尬事”“扯闪”“窝造”等都是特色明显的重庆词汇。但个别词汇也发生了一定的变化，如：“出拐”说成了“出事”，“呼烟”说成了“吃烟”，“小偷”说成了“强盗”。

长兴三峡移民重庆话与其他词汇的比较情况表

表 5-29

序号	普通话	长兴话	重庆话	长兴三峡移民重庆话
1	抓痒痒	招癣	抠痒	抠痒
2	苍蝇	苍蝇	饭蚊子	饭蚊子
3	讨厌	惹厌	血费	嫌人
4	直爽	爽快	直巴	耿直
5	纠缠不清	缠勿清	裹人	啰唆
6	开始	开始	尬事	尬事
7	吹牛	吹牛皮	日白	日白
8	头	头	脑阔	脑阔
9	兜	袋	荷包	荷包
10	棘手	鸡遭	赖不活	赖不活
11	青蛙	田鸡	克马儿	克马儿
12	出事	赤烂污	出拐	出事
13	脖子	头胫	颈扛	颈扛

序号	普通话	长兴话	重庆话	长兴三峡移民重庆话
14	吃早点	喫早饭	过早	吃早饭
15	车停一下	停车	刹一脚	刹一脚
16	闪电	豁显	扯闪	扯闪
17	哭	哭	瑟	瑟
18	都	侪	哈	哈
19	宰鱼	杀鱼	词鱼	宰鱼
20	倒霉	触霉头	火背	背时
21	瘸子	跷脚	掰子	掰子
22	浪费	浪费	抛洒	抛洒
23	骂人	謷人	绝人	绝人
24	小气	狗逼	色嘎子	色嘎子
25	女孩	细婉婷	妹儿女子	女娃子
26	亲嘴	香面孔	触香儿	打波
27	抽烟	喫烟	呼烟	吃烟
28	面粉	面粉	灰面	灰面
29	阵雨	阵头雨	跑暴	跑暴
30	小偷	贼骨头	钳工	强盗
31	拼命	着力	恶奢	攒劲
32	蚊帐	帐子	罩子	罩子
33	厉害	节棍	窝造	窝造
34	毛巾	揩面布	服子	帕子
35	不干净	邋遢	俩瓜	歪抓
36	乱说话	乱讲	歪绞	歪绞
37	烫	烫	耐	耐
38	赌气	打赌	打白	打白
39	毒药	闹药	闹药	闹药
40	厕所	茅坑	茅屎坎	茅屎坎

第六节　长兴安庆话词汇

安庆话是一种有特色的语言，安庆移民到长兴后，保留了安庆话的词汇特点，如："菜刀"叫"排刀"，"辣椒"叫"大椒"，"信封"叫"信壳子"，"敷衍"叫"过"等，都保留了安庆词汇的原样。另外还有不少词汇，长兴的安庆人所讲的与长兴当地人存在着明显的不同，如："番瓜"(南瓜)、"讨奶奶"(讨老婆)，"贴本"(蚀本)、"乱哂"(喊)、"黄仙子"(曲蟮)、"小伢"(小把戏)、"锅"(镬子)。括号外为长兴安庆话，括号内为长兴话。

长兴的安庆话词汇也有部分与长兴当地话一致，如："砻糠""馄饨""冰雹""馒头""灰尘""剃头""田鸡""鹞子""打瞌充""跷脚"等。

长兴安庆话与其他词汇的比较情况表

表 5-30

序号	普通话	长兴话	安庆话	长兴安庆话
1	棕绷	棕绷	绷子	棕绷、绷子
2	菜刀	菜刀	排刀	排刀
3	麻雀	麻鸟	麻扎儿	麻雀子
4	爆竹	百响	炮竹	爆竹、炮竹
5	厕所	茅坑	茅司	茅房
6	灰尘	灰尘	灰尘	灰尘
7	亲嘴	香面孔	痛嘴	吻香、哄香
8	砻糠	砻糠	老糠	砻糠
9	散步	散步	闹脚	走走
10	流星	移星	贼星	贼星
11	图章	图司	戳子	印章
12	热心	热心	出热	热心
13	舌头	舌头	舌条	舌条
14	馄饨	馄饨	饺儿	馄饨

15	冰雹	冰雹	雪子儿	冰雹
16	信封	信封	信壳子	信壳子
序号	普通话	长兴话	安庆话	长兴安庆话
17	孩子	小把戏	伢子	小伢
18	灵活	灵活	活闹	活络
19	公狗	雄狗	牙狗	公狗
20	烟囱	烟囱	烟通	烟囱
21	面粉	面粉	灰面	面粉
22	废话	废话	寡话	寡话、废话
23	棉絮	被絮	被窝絮	被窝絮
24	顽皮	调皮	皮脸	调皮
25	馒头	馒头	馍馍	馒头
26	翻身	翻身	翻膘	翻身
27	辣椒	辣咖	大椒	大椒
28	保重	保重	当支	保重
29	开水	开水	停汤水	开水
30	蟑螂	蟑螂	灶蚂蚁	蟑螂
31	走廊	走廊	走道儿	通道，走廊
32	说谎	乱讲	扯谎	扯谎
33	出嫁	嫁人	出阁	出门
34	笨蛋	呆大	垂货	笨蛋、傻蛋
35	长辈	长辈	上人	上人，长辈
36	孪生子	双胞胎	双妹儿	双胞子
37	脖子	头颈	颈子	颈子
38	零食	零食	零嘴儿	小食
39	礼貌	礼貌	礼性	礼貌
40	敷衍	敷衍	过	过

第七节　长兴宜兴话词汇

宜兴话是吴语的次方言。长兴煤山一带流行宜兴话，并不是移民的原因，而是因为与宜兴相近，自古以来就流行宜兴话。长兴煤山流行的宜兴话，与宜兴当地的基本一致，如：“后朝”（后天）、“生果”（花生）、“河线”（蚯蚓）、“明堂”（学生）、“窗盘”（窗户）、“席条”（席子）、“绞布”（抹布）、“洗浴”（选举）、“麻利”（聪明）、“掂辰光”（什么时候）、“扛锅”（蜗牛）、“癞格宝”（癞蛤蟆）、“胖肉”（肥肉）、“丫亲”（撒娇）、“讨饭佬”（乞丐）、“针箍则”（顶针）等都是。当然，煤山流行的宜兴话，与江苏的宜兴话也有一定的不同。宜兴说“做贼佬”，煤山的宜兴话说成“贼骨头”，与长兴话一致。煤山的宜兴话还有不少词汇与长兴当地话相同，如：“外公”“甲鱼”“墩头板”“叫花子”“吃生活”“嚼舌头”“热络”“污糟”“打瞌充”“相骂”“眼热”“搭浆”等。

长兴宜兴话与其他词汇的比较情况表

表 5-31

序号	普通话	长兴话	宜兴话	长兴宜兴话
1	月亮	月亮	亮月	亮月，月亮
2	烂泥	烂泥	烂餈巴	烂那泥
3	铁锹	铁锹	挖锹	扬锹
4	南瓜	南瓜	饭瓜	南瓜
5	花生	长生果	生果	生果
6	母狗	雌狗	婆狗	婆狗
7	蚯蚓	曲蟮	河线	河线
8	天井	天井	明堂	明堂
9	窗户	窗爿	窗盘	窗盘
10	草席	草席	席条	席条
11	抹布	抹布	绞布	绞布
12	肥皂	肥皂	洋碱	洋肥皂
13	洗脸	潮面	洗面	揩面，汏面

序号	普通话	长兴话	宜兴话	长兴宜兴话
14	漂亮	架型	像样	体面，像样
15	聪明	家哇	麻利	麻利，聪明
16	肥肉	油肉	胖肉	胖肉
17	撒娇	发嗲	丫亲	丫亲
18	沾光	沾光	靠享	靠享，沾光
19	小孩	小把戏	小佬家	小佬家，细人
20	螺蛳	螺蛳	蛳螺	蛳螺
21	瘸子	跷脚	直脚	直脚
22	门槛	门槛	户槛	户槛
23	什么时候	咕辰光	掂辰光	掂辰光
24	锅巴	镬滋	锅滋	锅滋
25	捶背	敲背	得背	敲背
26	小气	狗逼	酸头则	酸头则
27	小偷	贼骨头	做贼佬	贼骨头
28	傻瓜	呆大	痴鬼伢	痴鬼
29	外公	外公	舅公	外公
30	菜刀	菜刀	薄刀	薄刀
31	响雷	打雷	阵头	阵头
32	蜗牛	蜗牛	扛锅	扛锅
33	锅	镬子	锅	锅子
34	癞蛤蟆	癞太婆	癞格宝	癞格宝
35	鳖	甲鱼	团鱼	甲鱼
36	顶针	顶针	针箍则	针箍则
37	砧板	墩头板	墩头板	刀砧板，墩头板
38	乞丐	叫花子	讨饭佬	讨饭佬，叫花子
39	产妇	舍姆	舍姆	舍姆
40	水勺	广勺、铜勺	铜勺	铜勺

第八节　长兴温州话词汇

温州话虽属吴语，但与其他吴语的差异十分明显。温州人所讲的话，上海人，苏南人和浙北人都听不懂。如：“吃早饭”为“吃天光”，“吃中饭”为“吃日昼”，“干净”为“光生”，“回家”为“走归”，“妻子”为“老安”。颜逸明的《浙南瓯语》(华东师范大学出版社 2000 年 1 月第 1 版) 所集的温州话词汇相对古老，如“响佛”“可许”“金瓜”“疥刀”“水鞋”“剪绺”“红瓤”等词汇，长兴的温州人都已经不说，他们采用了通用的说法，分别说成“响雷”“蚯蚓”“南瓜”“菜刀”“套鞋”“贼”“苦瓜”，与长兴当地话接近或相同，既说明温州话在随着时代改变，也说明长兴的温州人受到长兴当地方言词汇的影响。

长兴温州话与其他词汇的比较情况表

表 5-32

序号	普通话	长兴话	温州话	长兴温州话
1	鸡蛋	鸡蛋	鸡卵	鸡卵
2	锅巴	镬滋	饭焦	饭焦吃天光
3	白糖	白糖	糖霜	糖霜
4	吃早饭	吃早饭	吃天光	吃天光
5	拖鞋	拖鞋	鞋拖	拖鞋
6	打雷	打雷	响佛	响雷
7	母猪	母猪	猪娘	猪娘
8	蚯蚓	曲蟮	可许	蚯蚓
9	南瓜	南瓜	金瓜	南瓜
10	床	床	眠床	床
11	菜刀	菜刀	疥刀	菜刀
12	套鞋	套鞋	水鞋	套鞋
13	公公	阿公	地家爷	阿公
14	哑巴	哑巴子	哑佬	哑佬

序号	普通话	长兴话	温州话	长兴温州话
15	小偷	贼骨头	剪绺	贼
16	泥水匠	泥司	泥水老司	泥司爷
17	顽皮	调皮	刁钻	调皮
18	老头儿	老老头	老老	老老
19	苦瓜	苦瓜	红瓤	苦瓜
20	老姑娘	老姑娘	老媛主	老姑娘
21	单身汉	光混	独自人	老光棍
22	眼红	眼热	眼恶热	眼红
23	麻烦	鸡糟	生受	麻烦
24	后悔	懊之	打悔心	后悔
25	开水	开水	涌汤	开水
26	锅铲	镬戗	镬戳	镬戗
27	吃午饭	吃中饭	吃日昼	吃日昼
28	现在	介息	能界	能界
29	有馅的包子	包子	馒头	包子
30	漂亮	齐正	割切	漂亮
31	流氓	流氓	烂粒	流氓
32	回家	回转	走归	走归
33	干净	清爽	光生	光生
34	打闪	打忽现	龙闪	打闪
35	茄子	茄子	落茄	茄子
36	尼姑	尼姑	师姑娘	尼姑
37	妻子	老婆	老安	老安
38	胡同	弄堂	路巷	弄堂
39	麻雀	麻鸟	将儿	麻鸟
40	剪刀	剪刀	绞剪	剪刀

第六编　长兴方言分布和方言岛

第一章　长兴话和移民方言的分布

移民刚到长兴定居时，大多聚居在一起，同时根据原住地的经济生活习惯，选择合适的地方定居，形成了方言的区域分布。“长兴话以雉城镇为中心，分布全县；东半部客籍话很少，西半部客籍话较多。客籍话中的河南话盛行于泗安、管埭、仙山、二界岭、太平桥、林城、包桥、虹星桥、里塘、吴山、观音桥、长桥等乡镇；平阳话流行于丘陵地带的平阳人聚居区，尤其是太傅乡，全乡13个行政村中有10个村说平阳话。”“由于居住地域、交通、贸易、文化交流、婚姻等原因，横山乡东部、吕山乡南部及西苕溪两岸与湖州市交界沿线的长兴话带有湖州口音，泗安地区与安徽省广德县交界处的长兴人会说带有广德口音的河南话，与江苏省宜兴县毗邻的煤山镇东西川芥的长兴人以说宜兴话为主，丁甲桥乡的北川芥、父子岭的长兴人会说宜兴话，白岘乡的长兴话带有极为明显的宜兴口音。”[1]

随着社会的发展，行政区划的改变，人口的迁移，当初的聚居状态已经发生明显改变。

2016年12月，县史志办、《长兴方言志》编纂组联合乡镇、街道、园区对全县各村、各自然村的方言生态进行调查，由各乡镇、街道、园区协助摸清各区域长兴户籍居民方言使用的基本情况，填写《长兴方言分布基本情况调查表》。该次调查以村(居)为单位，以自然村为基本单元统计长兴农村户籍居民方言使用情况，城市社区人口、暂住人口不在调查范围，而且只调查方言在自然村中通行的状况，不涉及使用户数、人数。

根据调查统计情况，长兴话、河南话是主要流行的方言，其中长兴话在全县所有的15个乡镇、街道均流行，河南话在除洪桥镇之外的14个乡镇、街道流行。另外，建德话、平阳话、温州话、江北话(苏北话)、宜兴话、安庆话、重庆话等方言在县内不同程度流行，湖北话、广德话、江苏话、江西话、台州话、吴兴话等方言在个别自然村存在。

[1]谢文柏主编：《长兴县志》，第768页，上海人民出版社，1992年1月版。

第一节 长兴话的分布

长兴话在全县所有的 15 个乡镇、街道中均流行。在全县 2576 个自然村中，有村民说长兴话的自然村共 1799 个，覆盖率达 69.8%。其中，洪桥镇有村民说长兴话的自然村(含由太湖图影度假区管委会代管的村。下同)共 225 个，虹星桥镇有 184 个，画溪街道有 184 个，林城镇有 169 个，太湖街道有 167 个，和平镇有 133 个，小浦镇有 119 个，李家巷镇(含由湖州南太湖产业集聚区长兴分区管委会代管的村。下同)有 116 个，吕山乡有 105 个，泗安镇有 89 个，夹浦镇有 83 个，煤山镇有 70 个，水口乡有 58 个，龙山街道有 51 个，雉城街道有 46 个。

洪桥镇是全县唯一一个长兴话通行域内所有自然村的乡镇、街道。

第二节 长兴主要移民方言的分布

一、长兴河南话的分布

河南话在全县 14 个乡镇、街道中流行。在全县 2576 个自然村中，有村民说河南话的自然村共 1001 个，覆盖率达 38.9%。其中，泗安镇有村民说河南话的自然村共 277 个，虹星桥镇有 158 个，和平镇有 156 个，林城镇有 149 个，画溪街道有 121 个，李家巷镇有 33 个，吕山乡有 22 个，雉城街道有 22 个，小浦镇有 18 个，龙山街道有 16 个，煤山镇有 14 个，夹浦镇有 6 个，太湖街道有 6 个，水口乡有 3 个。

洪桥镇是全县唯一一个没有河南话通行的乡镇、街道。

二、长兴平阳话的分布

平阳话在全县 10 个乡镇、街道中流行。在全县 2576 个自然村中，有村民说平阳话的自然村共 198 个，覆盖率达 7.7%。其中，泗安镇有村民说平阳话的自然村共 89 个，和平镇有 23 个，水口乡有 21 个，雉城街道有 14 个，林城镇有 13 个，画溪街道有 11 个，龙山街道有 10 个，李家巷镇有 7 个，煤山镇有 6 个，夹浦镇有 4 个。

三、长兴建德话的分布

建德话在全县 6 个乡镇、街道中流行。在全县 2576 个自然村中，有村民说建德话的自然村共 139 个，覆盖率达 5.4%。其中，泗安镇有村民说建德话的自然村共 79 个，画溪街道有 47 个，虹星桥镇有 5 个，林城镇有 4 个，和平镇有 2 个，雉城街道有 2 个。

四、长兴江北话的分布

江北话(苏北话)在全县 12 个乡镇、街道中流行。在全县 2576 个自然村中，有村民说江北话(苏北话)的自然村共 65 个，覆盖率达 2.5%。其中，吕山乡有村民说江北话的自然村共 22 个，水口乡有 9 个，画溪街道有 8 个，夹浦镇有 7 个，和平镇有 7 个，林城镇有 6 个，泗安镇有 5 个，虹星桥镇有 5 个，洪桥镇有 2 个，龙山街道有 2 个，李家巷镇有 1 个，太湖街道有 1 个。

五、长兴重庆话的分布

重庆话在全县 11 个乡镇、街道中流行。在全县 2576 个自然村中，有村民说重庆话的自然村共 55 个，覆盖率达 2.1%。其中，太湖街道有村民说重庆话的自然村共 10 个，洪桥镇有 9 个，夹浦镇有 9 个，李家巷镇有 4 个，水口乡有 5 个，和平镇有 4 个，小浦镇有 3 个，泗安镇有 1 个，画溪街道有 1 个，龙山街道有 1 个。

六、长兴安庆话的分布

安庆话在全县 5 个乡镇、街道中流行。在全县 2576 个自然村中，有村民说重庆话的自然村共 50 个，覆盖率达 1.9%。其中，泗安镇有村民说安庆话的自然村共 21 个，煤山镇有 14 个，水口乡有 7 个，龙山街道有 6 个，画溪街道有 2 个。

七、长兴宜兴话的分布

宜兴话(芥里话)在全县 3 个乡镇中流行。在全县 2576 个自然村中，有村民说宜兴话的自然村共 45 个，覆盖率达 1.7%。其中，煤山镇有村民说宜兴话的自然村共 39 个，夹浦镇有 5 个，水口乡有 1 个。

八、长兴温州话的分布

温州在全县 5 个乡镇中流行。在全县 2576 个自然村中，有村民说温州话的自然村共 21 个，覆盖率达 0.8%。其中，李家巷镇有村民说温州话的自然村共 7 个，煤山镇也有 7 个，泗安镇、吕山乡各有 3 个，和平镇有 1 个。

2016 年 12 月长兴话和移民方言在自然村的分布情况表

表 6-1

方言种类	各乡镇街道所属自然村总数及通行各种方言的自然村数量(个)															合计(个)
	洪桥镇	李家巷镇	夹浦镇	泗安镇	虹星桥镇	和平镇	林城镇	小浦镇	煤山镇	水口乡	吕山乡	画溪街道	雉城街道	龙山街道	太湖街道	
	225	125	105	348	260	253	253	130	117	90	121	230	62	86	171	2576
长兴话	225	116	83	89	184	133	169	119	70	58	105	184	46	51	167	1799
河南话	—	33	6	277	158	156	149	18	14	3	22	121	22	16	6	1001
平阳话	—	7	4	89	—	23	13	—	6	21	—	11	14	10	—	198
建德话	—	—	—	79	5	2	4	—	—	—	—	47	2	—	—	139
江北话(苏北话)	2	1	7	5	5	7	6	—	—	9	2	8	—	2	1	65
重庆话	9	4	9	1	—	4	—	3	—	5	8	1	—	1	10	55
安庆话	—	—	—	21	—	—	—	—	14	7	—	2	—	6	—	50
宜兴话(芥里话)	—	—	5	—	—	—	—	—	39	1	—	—	—	—	—	45
温州话	—	7	—	3	—	1	—	—	7	—	3	—	—	—	—	21
台州话	—	—	—	—	—	4	—	—	—	—	—	—	—	2	—	6
广德话	—	—	—	4	—	—	—	—	1	—	—	—	—	—	—	5
贵州话	—	—	—	2	—	—	—	—	—	—	—	—	—	—	—	2
山东话	2	—	—	—	—	—	—	—	—	—	—	—	—	—	—	2
吴兴话	—	—	—	—	—	—	—	—	—	—	1	—	—	—	—	1
江西话	—	—	—	—	—	—	—	—	—	—	—	1	—	—	—	1

说明：1.根据 2016 年 12 月各乡镇、街道上报的《长兴方言分布基本情况调查表》综合整理。长兴方言分布调查，由县史志办、《长兴方言志》编纂组组织实施，以行政村(居)为单位，以自然村为基本单元统计长兴农村户籍居民语言使用情况，城市社区户籍居民、县内暂住人口不在调查范围；2.洪桥镇含委托太湖图影度假区管委会管辖的村，李家巷镇含委托湖州南太湖集聚区长兴分区管委会管辖的村；3.一个自然村如有 2 种或 2 种以上的方言流行的，各统计一次

第二章　长兴方言岛现象

历史上使用相同或相近方言的一部分人迁入另一种方言的地域，他们所带来的方言处在当地方言的包围下，如同大海上的岛屿，形成通常所说的“方言岛”。长兴由于外来移民众较多，居住地相对集中，导致县内存在着一个自然村只通行一种方言，或两种及两种以上的方言，即单方言岛(村)、双方言岛(村)、多方言岛(村)等现象。单方言岛(村)，即一个自然村只通行一种方言。双方言、多方言岛(村)，通行两种或两种以上的方言。

根据2016年12月《长兴方言志》编纂组对各乡镇、街道方言分布调查情况的统计，在全县2576个自然村中，只通行长兴话或一种移民方言的自然村共1866个，占全县自然村总数的72.4%；通行两种方言的双方言岛(村)共有606个，占全县自然村总数的23.5%；通行三种或三种以上方言的多方言岛(村)有104个，占全县自然村总数的4.0%。

第一节　单方言岛

一、长兴话村

全县只通行长兴话一种方言的自然村共1231个，占全县自然村总数的47.8%。分布在全县所有的15个乡镇、街道。其中，洪桥镇有216个，太湖街道有154个，小浦镇有109个，虹星桥镇有95个，林城镇有92个，吕山乡有85个，李家巷镇有79个，夹浦镇有76个，画溪街道有72个，和平镇有69个，龙山街道有47个，水口乡有49个，煤山镇有43个，雉城街道有29个，泗安镇有16个。以洪桥镇、太湖街道为最，长兴话村占该地区自然村总数的比例均超过90%，分别为96.0%和90.1%。

二、长兴移民单方言岛

全县只通行一种移民方言的单方言岛(村)共有635个，占全县自然村总数的 24.7%。涉及 10 种移民方言。其中，河南话单方言岛(村)分布也最广，占绝对多数，共有 444 个，占全部单方言岛(村)总数的 69.9%，占全县自然村总数的 17.2%。

河南话单方言岛(村)。全县只通行河南话一种移民方言的自然村共有 444 个。分布在全县 13 个乡镇、街道，洪桥镇、煤山镇均无河南话单方言村。其中，泗安镇有 134 个，和平镇有 92 个，虹星桥镇有 70 个，林城镇有 70 个，画溪街道有 22 个，龙山街道有 13 个，小浦镇有 11 个，吕山乡有 9 个，李家巷镇有 6 个，雉城街道有 6 个，夹浦镇有 5 个，水口乡有 3 个，太湖街道有 3 个。

平阳话单方言岛(村)。全县只通行平阳话一种移民方言的自然村共有 95 个。分布在 9 个乡镇、街道。其中，泗安镇有 29 个，水口乡有 16 个，和平镇有 12 个，画溪街道有 9 个，雉城街道有 9 个，林城镇有 7 个，龙山街道有 7 个，夹浦镇有 4 个，煤山镇有 2 个。

宜兴话单方言岛(村)。全县只通行宜兴话(白岘话、岕里话)一种移民方言的自然村共有 42 个。其中，煤山镇 37 个，夹浦镇 5 个。

江北话单方言岛(村)。全县只通行江北话(苏北话)一种移民方言的自然村共有 27 个。分布在 8 个乡镇、街道。其中，夹浦镇 6 个，龙山街道 6 个，水口乡 5 个，虹星桥镇 4 个，和平镇 2 个，吕山乡 2 个，画溪街道 1 个，太湖街道 1 个。

安庆话单方言岛(村)。全县只通行安庆话一种移民方言的自然村共有 14 个。其中，龙山街道 6 个，水口乡 4 个，煤山镇 3 个，泗安镇 1 个。

温州话单方言岛(村)。全县只通行温州话一种方言的自然村共有 7 个。其中，吕山乡 3 个，李家巷镇 2 个，煤山镇 2 个。

台州话单方言岛(村)。全县只通行台州话一种移民方言的自然村共有 6 个。其中，和平镇 4 个，龙山街道 2 个。

第二节　双方言岛

全县通行两种方言的 606 个双方言岛(村)中，长兴话、河南话的双方言岛最多，共有 361 个自然村，占双方言岛总数的 59.6%。

其他较多的双方言岛(村)，河南话、建德话双方言岛，有 46 个；长兴话、重庆话双方言岛，有 42 个；长兴话、建德话双方言岛，有 30 个；河南话、平阳话双方言岛，有 28 个；长兴话、平阳话双方言岛，有 20 个，平阳话、建德话，有 11 个。

其余均为在 10 个自然村以下通行的双方言岛(村)，其中长兴话、安庆话双方言岛，长兴话、苏北话双方言岛，各有 9 个；河南话、安庆话，平阳话、新安江话，各 6 个；长兴话、温州话，长兴话、江北话，河南话、苏北话，河南话、重庆话，各 5 个；河南话、广德话，平阳话、重庆话，各 4 个；河南话、江北话双方言岛有 3 个；河南话、温州话，河南话、湖北话，平阳话、安庆话，各 2 个；长兴话、江苏话，长兴话、广德话，长兴话、吴兴话，河南话、江西话，平阳话、温州话，平阳话、台州话，温州话、宜兴话，苏北话、重庆话，各 1 个。

第三节　多方言岛

全县通行三种方言的多方言岛(村)共 97 个。其中，通行长兴话、河南话、建德话的多方言岛，有 33 个；通行长兴话、河南话、平阳话的，有 20 个；通行长兴话、河南话、安庆话的，有 8 个；通行河南话、平阳话、建德话的，有 6 个；通行河南话、安庆话、建德话的，有 5 个；通行长兴话、河南话、江北话，长兴话、河南话、苏北话，长兴话、平阳话、温州话的，各有 4 个；通行平阳话、安庆话、建德话的，有 3 个；通行长兴话、河南话、重庆话的，河南话、平阳话、贵州话的，各有 2 个；通行长兴话、河南话、温州话，长兴话、江苏话、白岘话，长兴话、宜兴话、安庆话，长兴话、江北话、建德话，长兴话、江苏话、建德话，河南话、温州话、平阳话的，各有 1 个。

全县通行 4 种方言的多方言岛(村)共 7 个。其中，通行长兴话、河南话、苏北话、建德话的，长兴话、苏北话、山东话、湖广话的，各有 2 个；通行河南话、安庆话、苏北话、建德话，长兴话、河南话、建德话、安庆话，长兴话、河南话、平阳话、建德话的，各有 1 个。

2016 年长兴县方言岛(村)情况表

表 6-2

乡镇、街道(自然村个数)	单方言岛(村)		双方言岛(村)		多方言岛(村)	
	方言	自然村(个)	方言	自然村(个)	方言	自然村(个)
洪桥镇(225)	长兴话	216	长兴话、重庆话	7	长兴话、苏北话、山东话、湖广话	2

乡镇、街道(自然村个数)	单方言岛(村)		双方言岛(村)		多方言岛(村)	
	方言	自然村(个)	方言	自然村(个)	方言	自然村(个)
李家巷镇(125)	长兴话	79	长兴话、河南话	25	长兴话、平阳话、温州话	4
	河南话	6	长兴话、平阳话	3	长兴话、河南话、重庆话	1
	温州话	2	长兴话、重庆话	3	—	—
	—	—	长兴话、江北话	1	—	—
	—	—	河南话、温州话	1	—	—
夹浦镇(105)	长兴话	76	长兴话、重庆话	7	—	—
	河南话	5	河南话、重庆话	1	—	—
	宜兴话	5	苏北话、重庆话	1	—	—
	平阳话	4	—	—	—	—
	江北话	4	—	—	—	—
	苏北话	2	—	—	—	—
泗安镇(348)	长兴话	16	长兴话、河南话	22	长兴话、河南话、平阳话	11
	河南话	134	长兴话、平阳话	9	长兴话、河南话、江北话	2
	平阳话	29	长兴话、安庆话	1	长兴话、河南话、安庆话	6
	安庆话	1	长兴话、江苏话	1	长兴话、河南话、建德话	18
	—	—	长兴话、建德话	1	长兴话、河南话、温州话	1
	—	—	河南话、建德话	35	河南话、平阳话、建德话	6
	—	—	河南话、广德话	4	河南话、安庆话、建德话	5
	—	—	河南话、湖北话	1	河南话、温州话、平阳话	1

乡镇、街道(自然村个数)	单方言岛(村)		双方言岛(村)		多方言岛(村)	
	方言	自然村(个)	方言	自然村(个)	方言	自然村(个)
	—	—	河南话、平阳话	18	河南话、平阳话、贵州话	2
	—	—	河南话、江北话	2	平阳话、安庆话、建德话	3
	—	—	河南话、安庆话	5	河南话、安庆话、苏北话、建德话	1
	—	—	河南话、温州话	1	—	—
	—	—	河南话、苏北话	1	—	—
	—	—	平阳话、建德话	11	—	—
虹星桥(260)	长兴话	95	长兴话、河南话	81	长兴话、河南话、建德话	2
	河南话	70	长兴话、江北话	2	长兴话、河南话、苏北话	3
	江苏话	4	长兴话、建德话	1	—	—
	—	—	河南话、建德话	2	—	—
和平镇(253)	长兴话	69	长兴话、河南话	50	长兴话、河南话、平阳话	4
	河南话	92	长兴话、苏北话	3	长兴话、河南话、建德话	1
	平阳话	12	长兴话、平阳话	2	长兴话、河南话、重庆话	1
	台州话	4	长兴话、建德话	1	—	—
	苏北话	2	长兴话、温州话	1	—	—
	—	—	长兴话、重庆话	1		
	—	—	河南话、平阳话	3	—	—
	—	—	河南话、苏北话	2	—	—

乡镇、街道(自然村个数)	单方言岛(村)		双方言岛(村)		多方言岛(村)	
	方言	自然村(个)	方言	自然村(个)	方言	自然村(个)
	—	—	河南话、重庆话	2	—	—
	—	—	河南话、建德话	1	—	—
	—	—	平阳话、温州话	1	—	—
	—	—	平阳话、台州话	1	—	—
林城镇(253)	长兴话	92	长兴话、河南话	70	长兴话、河南话、平阳话	1
	河南话	70	长兴话、建德话	2	长兴话、河南话、苏北话	1
	平阳话	7	长兴话、苏北话	2	长兴话、河南话、苏北话、建德话	2
	—	—	长兴话、江北话	1	—	—
	—	—	河南话、平阳话	5	—	—
小浦镇(130)	长兴话	109	长兴话、河南话	7	—	—
	河南话	11	长兴话、重庆话	3	—	—
煤山镇(117)	长兴话	43	长兴话、河南话	11	长兴话、河南话、安庆话	2
	宜兴话	20	长兴话、安庆话	6	长兴话、河南话、平阳话	1
	白岘话(芥里话)	17	长兴话、温州话	4	长兴话、江苏话、白岘话	1
	平阳话	2	长兴话、平阳话	1	—	—
	温州话	2	长兴话、广德话	1	—	—
	安庆话	3	安庆话、平阳话	2	—	—
	—	—	宜兴话、温州话	1	—	—
水口乡(90)	长兴话	49	平阳话、重庆话	4	—	—
	平阳话	16	长兴话、安庆话	2	长兴话、宜兴话、安庆话	1

乡镇、街道(自然村个数)	单方言岛(村)		双方言岛(村)		多方言岛(村)	
	方言	自然村(个)	方言	自然村(个)	方言	自然村(个)
	河南话	3	长兴话、平阳话	1	—	—
	苏北话	5	长兴话、苏北话	4	—	—
	安庆话	4	长兴话、重庆话	1	—	—
吕山乡(121)	长兴话	85	长兴话、河南话	11	—	—
	河南话	9	长兴话、重庆话	8	—	—
	温州话	3	长兴话、吴兴话	1	—	—
	江北话	2	河南话、重庆话	2	—	—
画溪街道(230)	长兴话	72	长兴话、河南话	68	长兴话、河南话、建德话	11
	河南话	22	长兴话、建德话	25	长兴话、河南话、江北话	2
	平阳话	9	长兴话、平阳话	1	长兴话、河南话、平阳话	1
	苏北话	1	长兴话、江北话	1	长兴话、江北话、建德话	1
	—	—	河南话、建德话	8	长兴话、江苏话、建德话	1
	—	—	河南话、苏北话	2	长兴话、河南话、建德话、安庆话	1
	—	—	河南话、安庆话	1	—	—
	—	—	河南话、湖北话	1	—	—
	—	—	河南话、江西话	1	—	—
	—	—	河南话、江北话	1	—	—
雉城街道(62)	长兴话	29	长兴话、河南话	12	长兴话、河南话、平阳话	1
	河南话	6	长兴话、平阳话	2	长兴话、河南话、建德话	1

乡镇、街道(自然村个数)	单方言岛(村)		双方言岛(村)		多方言岛(村)	
	方言	自然村(个)	方言	自然村(个)	方言	自然村(个)
	平阳话	9	河南话、平阳话	1	长兴话、河南话、平阳话、建德话	1
龙山街道(86)	长兴话	47	长兴话、河南话	1	长兴话、河南话、平阳话	1
	河南话	13	长兴话、重庆话	1	—	—
	平阳话	7	长兴话、平阳话	1	—	—
	安庆话	6	河南话、平阳话	1	—	—
	江苏话	4	—	—	—	—
	江北话	2	—	—	—	—
	台州话	2				
太湖街道(171)	长兴话	154	长兴话、河南话	3	—	—
	河南话	3	长兴话、重庆话	10	—	—
	江北话	1				
总计(2576)		1866	—	606	—	104

说明：1.根据2016年12月各乡镇、街道上报的《长兴方言分布基本情况调查表》综合整理。长兴方言分布调查，由县史志办、《长兴方言志》编纂组组织实施，以行政村(居)为单位，以自然村为基本单元统计长兴农村户籍居民语言使用情况，城市社区户籍居民、县内暂住人口不在调查范围；2.洪桥镇含委托太湖图影度假区管委会管辖的村，李家巷镇含委托湖州南太湖集聚区长兴分区管委会管辖的村

第四节　长兴方言岛的语言现状

在单方言岛(村)内，主要流行单一方言，如河南方言岛内流行河南话，平阳方言岛内流行平阳话。但即使在单方言岛内，新派与老派之间的语音也存在着一定的差异。老派较多地保留了该方言早些时候的面貌，而新派则体现了该方言几十年来在移民地方言影响下的新发展。

词汇是岛方言新、老派差异的另一个重要方面。总体而言，新派比老派更多地

放弃各方言原住地的说法而改用移民地的说法。老派仍在坚持使用的一些方言词，新派已经少说或根不说了。如在长兴的河南话方言岛内，老年人使用河南话词汇较多，常说“麻粉子”“泥拱子”“檐老鼠”，但河南话方言岛内的中小学生，在平时已经说“毛毛雨”“泥鳅”“蝙蝠”了。长兴的安庆话方言岛内，老年人使用安庆词汇比较多，常说“排刀”“贼星”等，青年人虽然会说该类词汇，但也常用“菜刀”“移星”等词汇了。长兴的温州话方言岛内，老年人常说温州词汇，如“吃天光”“饭焦”，等，青年人已经常说“喫早饭”“饭滋”了。

单方言岛内虽然只流行一种方言，但岛内的民众出于与岛外的交流需要，大多会说当地的方言，上述单方言岛内的百姓，大多会说长兴话。当然，年轻人会说的多一点，因为他们跟外界的接触更多，接受能力更强。

随着社会的发展，在方言岛内居住的并不一定是来自同一移民地的居民。但少数外来移民并不能改变方言岛内的方言现状，相反少数外来者会受岛内方言的影响，学会并采用岛内方言进行交流。比如，在河南话为强势方言的方言岛内，来自其他方言区的移民，会受河南话的影响，平时在说话时，不自觉地夹杂河南方言词汇。

在方言岛中，由于岛内方言和包围方言在岛民们的语言环境中共存，岛内居民根据交际的需要转换使用两种方言，于是，一种方言的成分就会悄悄影响另一种方言，致使岛内方言与原住地的方言产生若干差异。因此，在长兴的河南移民后代，虽然会说河南话，但在真正的河南人听来，长兴河南人的所说的河南话已经变样了。

在双方言岛内，情况更为复杂。这些方言岛内，居住着说两种不同方言的百姓，流行着两种不同的方言。由于长兴县内的主流方言是长兴话和河南话，因此双方言岛内流行的大多是长兴话、河南话。

另外，长兴县内还有不少其他双方言岛，岛内居住着河南移民和平阳移民，就流行河南话、平阳话；岛内居住长兴人和平阳移民，岛内就流行长兴话、平阳话。

在双方言岛内，同一个自然村有两种方言同时流行，居民大多会双语，但有主有辅。如长兴话、河南话方言岛内，长兴人主要讲长兴话，但也会讲河南话；河南移民主要讲河南话，但也会讲长兴话。但岛内居民双语的熟练程度各不相同。年龄大小，文化程度高低，交际范围宽窄都对双语程度产生影响。据调查，一般来说老年人、文化程度低的或与外较接触不多的人，以讲原住地方言为主，他们中有的可能会讲另一种岛内方言，但并不流畅。年轻人、文化程度高的或与外界接触较多的人，他们两种语码可以自由转换。

在多方言岛内，同一个自然村中居住着三类或四类来自不同地区的居民，由于他们有各自的母语，因此村内流行着三种或四种不同的方言。但根据人数的多少，其中一种方言会成为岛内的强势方言，并对另一弱势方言产生影响。根据调查走访的情况看，长兴的各个方言岛内，一般都以河南话或长兴话为主，苏北话、平阳话、温州话、建德话等由于在方言岛内人数不多而成为弱势方言；但也有例外，在平阳话、安庆话、建德话占优势的村内，其他移民的方言则成了弱势，处于少数的河南人或长兴人也学会了说平阳话、安庆话或建德话。

虽然县内方言岛众多，但各类方言，包括长兴当地的吴语，都面临着一个弱化的趋势。由于普通话的推广，中小学生普遍讲普通话，家长为了适应孩子，也尽量学讲普通话。由此，一方面致使各类方言的语音、词汇受到普通话潜移默化的影响，另一方面致使说方言的人越来越少。县内的移民后代，三代之后，不少孩子已经不会说方言了。有的即使会说，但说的已经与老一辈的方言不同了。长兴当地的中小学生，不少已经不会说长兴方言了。长兴的河南移民后代的孩子，所说的河南话已经掺杂了不少普通话的因素，在老一辈河南人听来，他们的河南话已经“不呛”(不像)了。

第三章　方言的接触与影响

多种方言的接触往往会丰富当地的语言文化。长兴的地名有不少体现移民因素。另外，多种方言的接触，也会使当地的语言系统发生一定的变化。

第一节　移民方言对地名的影响[1]

各地移民定居长兴，给长兴的文化带来深刻的影响，其中一个明显的影响就体现在地名上。

太平天国战后，长兴人口骤减，大量外地移民定居长兴，到得迟的移民在山边、空地上搭建茅棚作为暂时的居所，因此，移民们也被称为“棚民”。随着移民人数的增多，该居住区后来就发展成一个完整的“移民村”。村的得名，有多种原因。不少村落是以姓氏命名的，如沈家村，就是根据清光绪年间一批沈姓家族的人在该地定居而得名的。据说以该种方式命名村名的，在长兴有 20 多个。有的村落直接以移民原籍命名，如林城镇的平阳村，因平阳移民定居而得名；仙山乡的湖北南岗，因湖北移民定居南岗而得名；水口乡的徽州庄村，因徽州移民定居而得名。还有以建筑物和地理位置命名的，如大棚子村，因湖北移民聚居的“大棚子”而得名；龙山街道的古山庵村，因村前有一座规模较大的古庵而得名；水口乡的南山脚村，因温州、台州移民在南山脚下建村而得名；原仙山乡的温州棚自然村，因一温州籍妇女于该地搭一草棚居住，后发展成村；原白阜乡的王家厂自然村，因王姓河南移民发展成村，故名(厂，河南话即草棚)。还有的村名反映了移民的状况，如会同村，村中居民多为清末的苏北人，因聚居人多，大家“会同而来”而得村名。

河南移民定居长兴之前，长兴县的自然村中，已经有以“湾”命名的村落，资料显示清同治年间有 51 个，它们的得名，一般皆因村落处于河流的拐弯处而来。

1 本节主要参考书目有《长兴县志》(上海人民出版社 1992 年版）、《地理·移民·发展》(浙江人民出版社 2011 年版）等。

但自河南移民迁入后，长兴自然村中以“湾”命名的村落成倍增加，1983 年编印的《长兴县地名志》中竟多达 162 个。因为河南方言中，“湾”就是村庄的意思。河南移民直到今日见面，陌生人间询问，便是“你住哪个湾里？”但河南移民命名的湾，跟长兴当地居民居住的湾，有一种差异。河南人的命名，一般是“姓+家+老(大或小)+湾”，而长兴当地人则是“姓+家+湾”。是一种不同地域文化的显现。加老或小，一方面有表示这个村人口的多寡、历史的远近，但更是一种河南人说话的“腔调”。如，1983 年版的《长兴县地名志》记载：太平桥乡有方家老湾、孔家大湾，太傅乡有胡家小湾，便民桥乡有丁家老湾、何家老湾、张家老湾，和平镇有杨家老湾，长城乡有柳家老湾，泗安镇有刘家小湾，管埭乡有任家老湾，里塘乡有吴家老湾、刘家大湾、熊家大湾，观音桥乡有 2 个刘家大湾。上述村落的命名方式都体现了河南方言的韵味。

第二节　多种方言的互相影响

长兴县内移民杂处，方言众多，各种方言互相接触、影响，致使原有的方言的语音和词汇发生一定的变化。

河南话信阳地区的方言有阴平、阳平、上声、去声四种声调，除了少数地区，如罗山县的周党和彭新地区，大多地区没有入声。当然，在明清之际，信阳地区的入声可能比现在多。在调查中发现，长兴的河南话，虽然跟河南话一样分为阴平、阳平、上声、去声四种声调，但其调值已与河南话有一定的差异；同时，长兴的河南话已完全没有入声。

生于 1944 年、来自河南罗山县的张运富所说的河南话四声调值分别为阴平 53、阳平 55、上声 324、去声 315，没有入声。由此可见，长兴河南话的声调与当下罗山、光山方言的声调虽然都有四类，但调值存在着一定差异。因此，长兴的河南人所说的河南话，在河南的罗山、光山人听来，已经变调。

长兴河南话的翘舌音[tʂ][tʂ‘][ʂ][ʐ]也经历一个从有到无的过程。河南罗山和光山县大多地区没有翘舌音，但罗山县的张河、光山县的北向店乡等少数地区存在着翘舌音。但长兴的河南话已经不存在翘舌音了，“知炸照周宅”等字的声母都读成[ts]，“迟插炒抽称”等字的声母都成[ts‘]，“事诗傻烧收”等字的声母都读成[ts]。一方面，来长兴定居的少数河南人可能有翘舌音，但在河南方言岛内，翘舌音属于弱势。另一方面，属于吴语的长兴话，是不存在翘舌音的。受两方面的影响，少数河南的翘舌音必然会慢慢削弱直至消失。

河南话的声母[n][l]不分,以读[l]为常，长兴的河南话中，[n][l]的使用呈混乱状态，因人因地而有所不同。即使是同一个人，一会读[n]，一会又读成[l]。但该种情况仅现出在老年人身人，青年人特别是学生大多可以区分[n][l]。即使学生是生活在河南方言岛中,平时与家人交流使用的是河南话,他们也可以区分[n][l]。其原因不外两个，一是普通话的影响，普通话区别[n][l]，“年”“连”“南”“吕”的读音是十分明确的。二是长兴当地话的影响。长兴话[n][l]明确，绝不相混。因此，青年一代不再[n][l]不分。

长兴的安庆话与原籍的安庆话也发生差异。安庆话有声母 22 个，长兴的安庆话，受吴语的影响，有声母 23 个，多一个[ȵ]。[ȵ]是吴方言的特有声母，“年日泥娘牛肉”等字的声母都是[ȵ],受长兴话的影响,长兴的安庆人语言中也有如[ȵ]，“连年”的声母有时也可读成[ȵ]。长兴的安庆话与安庆原籍方言都是[n][l]不分的，但据调查发现，长兴的安庆话[n][l]不分，但以[l]为主，而安庆原籍方言则以[n]为主，两者有所不同。由于长兴的安庆话又产生[ȵ]，因此，“连年”的声母有三种读音，即[n][l][ȵ]。长兴的安庆话虽然产生[ȵ]，但目前使用并不普遍，[ȵ]的使用也因人而异。

长兴的安庆话的韵母与原籍的安庆话相比，变化较大。数量从 41 个增加到了 64 个。增加的韵母是入声韵和鼻化韵两类。

长兴的安庆移民，人数不多，安庆话在长兴算不上强势方言，因此它对其他方言的影响不大；相反，它受到其他方言的影响而发生一定的变化。安庆话属于江淮官话，是基本没有入声韵的方言，虽然安庆话有入声，但调值为 55，在吴语区根本算不上入声。受到吴语原影响，长兴的安庆话里产生大量的入声韵，共有[ɐʔ][əʔ][ᴇʔ][oʔ][iəʔ][iᴇʔ][ioʔ][uɐʔ][uəʔ][uᴇʔ][uoʔ][yəʔ][yᴇʔ]等十三个,由于语音特点的不同，长兴安庆话的入声韵，比长兴当地话还多。其次，安庆话的后鼻韵没有普通话那样多，但受吴语的影响，长兴的安庆话中，增加不少鼻化韵。

吴语的前后鼻韵不分，普通话的不少后鼻韵在吴语中演变成为鼻化韵，长兴方言也是如此，存在着不少鼻化韵，如：[ã][ɔ̃][õ][iã][iɔ̃][iõ][uã][uɔ̃]等。它们在普通话里都读成后鼻韵，但在吴语的长兴话里读成鼻化韵，跟普通话的后鼻韵具有明显的区别。

受到该影响，长兴的安庆话里也产生不少鼻化韵，数量多达12个，它们是[ã][õ][ɛ̃][ᴇ̃][iã][iɑ̃][iᴇ̃][uɑ̃][uõ][uɛ̃][uᴇ̃][yᴇ̃]。

安庆话的声调虽有入声，但调值为55，但长兴安庆话的入声分为两类，一类的调值与安庆话的调值相同为55，如：骨舌月出索。另一类调值为5，如：桌热笔铁尺。明显是受长兴话声调的影响所致。

在词汇上，方言之间的影响也是比较明显的。原籍的不少方言词汇在长兴发生一定的变化。

长兴移民的方言词汇与原住地的方言词汇其不同主要体现在如下方面：

（1）移民离开原住地，环境改变，原住地相关词汇弃置不用，而采用普通话或长兴词汇。如，河南人不用“哼雷”而用“打雷”，不用“方子”而用“棺材”，不用“收，拣”也说“园”了。安庆人不用“翻膘”而改用“翻身”，不用“老糠”而用“砻糠”，不用“出热”而用“热心”，不用“饺儿”而用“馄饨”，不用“皮脸”而用“调皮”，不用“烟通”而用“烟囱”了。

长兴的宜兴话虽然基本与江苏的宜兴话相同，但少数词汇也受长兴当地话的影响，在词汇中增加了长兴话的说法，如,除了宜兴人称“月亮”为“亮月”，但长兴的宜兴话里也增加了“月亮”的说法。普通话的“捶背”，宜兴话说成“得背”，但长兴的宜兴话里也采用了长兴的说法“敲背”。普通话的“小偷”，宜兴话是“做贼佬”，长兴的宜兴话也说“贼骨头”，与长兴当地话一致。宜兴话说“团鱼”，长兴的宜兴话说“甲鱼”，宜兴话说“舅公”，长兴的宜兴话采用了长兴当地的说法“外公”。

长兴的温州话词汇也受到长兴当地话的影响，改变了原有的说法。如,他们不说温州的“水鞋”，而说长兴的“套鞋”，不说温州的“地家公”，而说长兴的“阿公”，不说温州的“红瓤”，而说长兴的“苦瓜”，不说温州的“涌汤”，而说长兴的“开水”，不说温州的“落茄”，而说长兴的“茄子”，不说温州的“将儿”，而说长兴的“麻鸟”。

建德话在长兴流行不广，同样受到长兴话的影响，许多词汇放弃了建德原有的说法。长兴的建德人不说建德的“装丫磨”，而说长兴的“烧饭”，不说建德的“龙雹子”，而说长兴的“冰雹”，不说建德的“直磨”，而说长兴的“烧粥”等。

长兴的平阳人说的是闽南话。闽语与吴语区别较大，因此平阳人的闽南话保持了相对独立的语言体系。

（2）原籍地词汇与长兴话词汇的采用，并没有统一的规定，往往因人因地而不同。不同的人在不同的场合，会采用不同的词汇，即使是同一个人，也会混用两种词汇。在调查中，同一个人，也常常一会儿说原籍地方言，一会儿说长兴方言。来自同一移民方言区的两个人，对同一事物的说法有时也是不相同的。

虽然原籍地的方言与长兴话互相影响的情况较为复杂，但发展趋势也有一定的规律。

一般来说，老年人采用原住地词汇较多，年轻人采用普通话或移居地词汇较多，如老年河南人会说“牙狗”，青年人一般说“公狗”。因为老年人原住地词汇的影响根深蒂固，同时也与外界接触较少，因此说原住地词汇多一点。而年轻人受普通话的影响较大，与长兴当地人接触的机会较多，因此往往更会说普通话或长兴话词汇。

(3)长兴是一个多移民、多方言县域，长兴话、河南话、平阳话、温州话、建德话等同处一县，随着人员的流动，交际的频繁，各种方言之间互有影响。但方言之间的影响是不平衡、不对等的，往往是强势方言影响弱势方言，人数多的方言影响人数少的方言，容易说的方言影响难说的方言。

长兴的河南人多，河南话是强势方言。因此，在某些河南人聚居的乡镇，其他的移民方言处于弱势地位，说的人越来越少，如泗安镇、和平镇、虹桥镇，河南人比较多，河南话是强势语言，长兴话次之或已不占优势。因此，即使是当地的建德人，苏北人也大多使用河南话进行交际，他们的后代，特别是第三代、第四代，已经不会说建德话和苏北话了，但有的会说河南话或长兴话。在上述地区，一些长兴当地人也会讲一口流利的河南话。

平阳移民方言的情况也是如此。平阳移民进入的是无人区，数量又达到一定规模，因此能对移入地方言起主导作用，甚至同化周围一些非主流移民的方言，在平阳移民聚居的地区，周边即使有建德、苏北等地的移民，他们也学会了平阳话。

当然，有的方言比较难学、难说，它的影响力就会减弱，如温州话，平阳所说的闽南语，只在它的方言岛附近流行，如同一地区同时流行多种方言，往往比较易学的方言如河南话或者长兴话更容易为百姓所接受。

附录

长兴方言标音材料

民谣一：田螺[dɪ^{13}][ləu^{13}]

一螺穷，[øiəʔ^{5}][ləu^{13}][dʑiõ^{213}]，

二螺富，[n^{13}][ləu^{13}][fu^{334}]，

三螺四螺穿麻布，[sɛ^{44}][ləu^{13}][sɿ^{44}][ləu^{13}][ts‘ɤ^{44}][mo^{13}][pəu^{44}]，

五螺六螺开当铺，[n^{42}][ləu^{42}][loʔ^{2}][ləu^{13}][k‘ɤ^{44}][tɔ^{334}][p‘u^{334}]，

七螺八螺享官禄，[tɕ‘iəʔ^{5}][ləu^{13}][poʔ^{5}][ləu^{13}][ɕiã^{334}][kuɤ^{44}][loʔ^{2}]，

九螺十螺享清福。[tɕiɪ^{53}][ləu^{42}][zəʔ^{2}][ləu^{13}][ɕiã^{334}][tɕ‘in^{44}][foʔ^{5}]。

民谣二：古桥[kəu^{53}] [dʑiɔ^{42}]

高得天平桥，[kɔ^{44}][təʔ^{2}][t‘iɪ^{44}][bin^{13}][dʑiɔ^{13}]

低得塌水桥，[ti^{44}][təʔ^{2}][t‘aʔ^{5}][sei^{44}][dʑiɔ^{13}]

长得五里桥，[zã^{13}][təʔ^{2}][ŋ^{42}][əl^{53}][dʑiɔ^{42}]

短得跨塘桥，[tɤ^{53}][təʔ^{2}][k‘o^{334}][tɔ̃^{334}][dʑiɔ^{213}]

阔得横里桥，[k‘uəʔ^{5}][təʔ^{2}][øuã^{334}][əl^{53}][dʑiɔ^{42}]

狭得竹叶桥，[ɦaʔ^{2}][təʔ^{2}][tsoʔ^{5}][jiəʔ^{2}][dʑiɔ^{13}]

望煞虹星桥，[mɔ̃^{213}][saʔ^{5}][ɦõ^{13}][ɕin^{44}][dʑiɔ^{13}]

快活林石桥，[k‘ua^{334}][ɦuəʔ^{2}][lin^{13}][zaʔ^{2}][dʑiɔ^{13}]

多得三步两小桥，[təu^{44}][təʔ^{2}][sɛ^{44}][bəu^{13}][liã^{42}][ɕiɔ^{53}][dʑiɔ^{42}]

外加一座猫儿老虫桥。[ŋa^{213}][ka^{334}][jiəʔ^{2}][zəu^{42}][mɔ^{44}][əl^{44}][lɔ^{42}][dzõ^{42}][dʑiɔ^{42}]

谜语一

朝滴丢，夜滴丢，[tsɔ^{44}][tiəʔ^{5}][toʔ^{5}]，[øia^{334}][tiəʔ^{5}][toʔ^{5}]，

日里勿滴丢，[ȵiəʔ^{2}][li^{42}][fəʔ^{5}][tiəʔ^{5}][toʔ^{5}]，

当家娘娘调勿落。[tɔ̃^{44}][ka^{55}][ȵiã^{213}][ȵiã^{213}][diɔ^{213}][vəʔ^{2}][loʔ^{2}]。

谜底：门锁[mən^{13}][səu^{44}]

谜语二

头戴珠珠，[dei^{13}][ta^{334}][tsɿ^{44}][tsɿ^{44}]，

脚踏呢里，[tɕia^{53}][daʔ^{2}][ȵi^{13}][li^{13}]，

身闹着簑衣，[sən^{44}][nɔ^{13}][tsaʔ^{5}][səu^{44}][øi^{44}]

朝中宰相要伊大，[dzɔ^{13}][tsõ^{44}][tsɤ^{53}][ɕiã^{53}][øiɔ^{334}][øi^{53}][dəu^{213}]，

郎中先生要伊医。[lɔ̃^{213}][tsõ^{44}][ɕiɪ^{44}][sã^{44}][øiɔ^{334}][øi^{53}][øi^{44}]。

谜底：水稻[sei^{53}][dɔ^{42}]

(谜语由洪桥太湖村高新祥提供)

日常话题一：天气[tiɪ^{44}][tɕʻi^{44}]

甲：今朝天气哪介话啊？[tɕin^{44}][tsɔ^{44}][tʻiɪ^{44}][ɕi^{44}][na^{42}][gaʔ^{2}][øo^{334}][øa^{334}]？

乙：今朝蛮暖热。[tɕin^{44}][tsɔ^{44}][mɛ^{13}][nɤ^{42}][ȵiəʔ^{2}]。

甲：冬天世界真是蛮干燥。[tõ^{44}][tʻiɪ^{44}][sɿ^{44}][ka^{44}][tsən^{44}][zɿ^{13}][mɛ^{13}][kɤ^{44}][sɔ^{44}]。

乙：外头勒落大雨。[ŋa^{213}][dei^{13}][ləʔ^{2}][loʔ^{2}][dəu^{213}][øi^{53}]。

甲：明朝可能要落雪唻。[mɔ^{213}][tsɔ^{334}][kəu^{53}][nən^{42}][øɔ^{334}][loʔ^{2}][ɕiəʔ^{5}][lɛ^{13}]。

乙：嗯得空调打开来阿好？[øŋ^{42}][təʔ^{5}][kʻõ^{44}][diɔ^{13}][tã^{53}][kʻɤ^{53}][lɤ^{53}][øaʔ^{5}][hɔ^{53}]。

甲：长兴括天气搭那屋里括天气阿是差勿多啊？

[dzã^{13}][ɕin^{44}][kuaʔ^{5}][tiɪ^{44}][tɕʻi^{44}][taʔ^{5}][na^{42}][øu^{53}][li^{42}][kuaʔ^{5}][tiɪ^{44}][tɕʻi^{44}][øaʔ^{5}][zɿ^{13}][tɕʻo^{44}][vəʔ^{2}][təu^{44}][øa^{44}]？

乙：秋天是长兴天气顶舒畅格辰光。

[tɕʻiɪ^{44}][tiɪ^{44}][zɿ^{13}][dzã^{13}][ɕin^{44}][tiɪ^{44}][tɕʻi^{44}][tin^{53}][sɿ^{44}][tsʻɔ̃^{44}][kəʔ^{5}][dzən^{213}][kɔ̃^{334}]。

日常话题二：用餐[øiõ^{44}][tsʻɛ^{44}]

甲：早饭喫点咕啊？豆浆、油条还是干挑面啊？

[tsɔ^{53}][vɛ^{42}][tɕʻiəʔ^{5}][tʻiɪ^{44}][gəu^{42}][øa^{44}]？[dei^{213}][tɕiã^{334}][øiɪ^{44}][diɔ^{13}][ɦa^{213}][zɿ^{42}][kɤ^{44}][tiɔ^{44}][miɪ^{44}]？

乙：格餐饭要几化铜钿啊？[kəʔ^{4}][tsʻɛ^{44}][vɛ^{13}][øiɔ^{334}][tɕi^{53}][ho^{42}][dõ^{13}]

[diɪ^{13}][øa^{44}]？

甲；想喫点咕啊？[ɕiã^{53}][tɕ'iəʔ^{5}][t'iɪ^{44}][gəu^{42}][øa^{44}]？

乙：嗯喫饱唻。[ŋ^{42}][tɕ'iəʔ^{5}][pɔ^{53}][lɛ^{13}]。

甲：五多喫点。[n^{42}][təu^{44}][tɕ'iəʔ^{5}][t'iɪ^{44}]

乙：多喫点素菜。[təu^{44}][tɕ'iəʔ^{5}][t'iɪ^{44}][səu^{334}][ts'ɤ^{334}]

甲：中饭边阿回来喫饭啊？[tsõ^{44}][vɛ^{13}][piɪ^{44}][øa^{53}][øui^{44}][lɤ^{13}][tɕ'iəʔ^{5}][vɛ^{213}][øa^{44}]?

乙：今朝伢一道喫夜饭啊！[tɕin^{44}][tsɔ^{44}][ŋa^{42}][øiəʔ^{5}][dɔ^{13}][tɕ'iəʔ^{5}][jia^{334}][vɛ^{213}] [øa^{44}]!

甲：先喫点汤。[ɕiɪ^{44}][tɕ'iəʔ^{5}][t'iɪ^{44}][t'ɔ̃^{44}]。

乙：喫好饭，喫点水果。[tɕ'iəʔ^{5}][hɔ^{53}][vɛ^{213}]，[tɕ'iəʔ^{5}][t'iɪ^{44}][sei^{53}][kəu^{53}]。

甲：喫好饭之后，出去跑别相点。

[tɕ'iəʔ^{5}][hɔ^{53}][vɛ^{213}][tsɿ^{53}][øei^{53}]，[ts'əʔ^{5}][tɕ'i^{44}][bɔ^{13}][biəʔ^{2}][ɕiã^{44}][t'iɪ^{44}]。

乙：就要喫中饭唻，阿想出去喫啊？[dʑiɪ^{13}][øiɔ^{334}][tɕ'iəʔ^{5}][tsõ^{44}][vɛ^{13}][lɛ^{13}]，[øa^{53}][ɕiã^{53}][ts'əʔ^{5}][tɕ'i^{53}][tɕ'iəʔ^{5}][øa^{44}]？

甲：五想喫中餐还是西餐啊？

[n^{42}][ɕiã^{53}][tɕ'iəʔ^{5}][tsõ^{44}][ts'ɤ^{44}][ɦa^{42}][zɿ^{42}][ɕi^{44}][ts'ɤ^{44}][øa^{44}]？

乙：嗯想喫西餐。[ŋ^{42}][ɕiã^{53}][tɕ'iəʔ^{5}][ɕi^{44}][ts'ɤ^{44}]。

（日常话题摘自《长兴方言三百句》）

参考书目

1.《浙北吴语声韵调研究》，俞允海、苏向红，黄山书社出版社，2002年。

2.《松江方言志》，张源潜，上海辞书出版社，2003年。

3.《明清吴语词典》，石汝杰、宫田一郎，上海辞书出版社，2003年。

4.《现代汉语方言大词典》，李荣，江苏教育出版社，2002年。

5.《吴方言词典》，吴连生等，汉语大词典出版社，1998年。

6.《吴语研究》，上海教育出版社，2010年。

7.《吴下方言考校议》，吴文英，凤凰出版社，2012年。

8. 《汉语方言概要》，袁家骅，文字改革出版社出版，1960年。

9.《现代吴语研究》，赵元任，商务印书馆，2011年。

10.《上海市区方言志》，许宝华、汤珍珠，上海教育出版社，1988年。

11.《海宁方言志》，海宁市史志办、海宁市史志学会，浙江人民出版社，2009年。

12.《桐乡方言志》，俞允海著，方志出版社，2014年。

13.《中国民间文学集成·浙江省长兴县歌谣谚语卷》，长兴民间文学集成编纂委员会编，许仲民主编，1990年编印。

长兴方言调查合作人一览表

附表 1

姓名	性 别	出生年月	职业	方言	居住地
张永贤	男	1964.08	村书记	长兴话	洪桥镇排田漾村
王海琴	女	1969.08	成校教师	长兴话	洪桥镇成校
陈松林	男	1963.10	村主任	长兴话	洪桥镇古龙村
沈国荣	男	1968.12	村支部副书记	长兴话	洪桥镇潼桥村
郑桂仁	男	1958.11	村支部委员	长兴话	洪桥镇弁山村
倪桂琴	女	1954.08	小学教师	长兴话	洪桥镇太湖村
高兴祥	男	1952.09	务农	长兴话	洪桥镇太湖村
钱利顺	男	1946.07	兽医	长兴话	洪桥镇太湖村
高公良	男	1947.10	务农	长兴话	洪桥镇太湖村
高新祥	男	1952.09	务农	长兴话	洪桥镇太湖村
高柏耀	男	1937.10	退休人员	长兴话	李家巷镇
高梅祥	男	1951	退休教师	长兴话	李家巷镇
丁汉康	男	1960	个体户	长兴话	李家巷镇
吴振忠	男	1943	退休人员	长兴话	李家巷镇石泉村
蒋德明	男	1958.03	办事员	长兴话	夹浦长平村
姬金生	男	1958.04	办事员	长兴话	夹浦滨湖村
臧政煜	男	1962.03	办事员	长兴话	夹浦丁新村
汪建英	女	1966.10	办事员	长兴话	夹浦夹浦村
殷建庭	男	1959.02	办事员	长兴话	夹浦吴城村
李晓琴	女	1970.11	务农	三峡移民方言	夹浦香山村

姓名	性 别	出生年月	职业	方言	居住地
李纯菊	女	1970.01	务农	三峡移民方言	夹浦太平村
邓相明	女	1975.01	务农	三峡移民方言	夹浦太平村
杨世才	男	1974.11	务农	三峡移民方言	夹浦吴城村
杨仕明	男	1969.05	务农	三峡移民方言	夹浦吴城村
熊兴学	男	1955.12	务农	三峡移民方言	夹浦香山村
陈善安	男	1956.12	务农	三峡移民方言	夹浦香山村
徐 侠	男	1963.09	医生	长兴话	泗安医院
李 霞	女	1970.03	个体户	长兴话	泗安镇双联村
刘忠亮	男	1964.07	个体户	长兴话	泗安镇居委会
詹治祥	男	1953.09	退休人员	长兴话	泗安镇居委会
吴敬喜	男	1961.03	务农	长兴话	泗安镇三里亭村
易长明	男	1958.10	务农	河南话	泗安镇庆丰村
杨顺珍	女	1967.09	村保洁人员	河南话	泗安镇庆丰村
黄金志	男	1945.04	务农	河南话	泗安镇五里渡村
张远富	男	1944.08	原村书记	河南话	泗安镇五里渡村
陈富根	男	1954.01	原村干部	建德话	泗安镇东村
童绍良	男	1947.09	办事员	建德话	泗安镇东村
卢秋月	女	1946.07	务农	建德话	泗安镇东村
苏正林	男	1958.03	镇干部	长兴话	虹星桥河桥村
蒋 艾	女	1965.01	原镇干部	长兴话	虹星桥厚全村
施海方	男	1967.07	村会计	长兴话	虹星桥河桥村
沈成宛	男	1964.11	村会计	长兴话	虹星桥刘井村

姓名	性 别	出生年月	职业	方言	居住地
丁大泉	男	1958.11	村会计	河南话	虹星桥西南村
郑百顺	男	1959.05	村主任	河南话	虹星桥镇后羊村
李德明	男	1958.10	村书记	河南话	虹星桥镇观音村
梅德香	女	1964.12	财务会计	河南话	虹星桥镇居委会
徐百培	男	1948.02	退休教师	长兴话	和平镇长城村
周永泉	男	1950.08	退休教师	长兴话	和平镇施家村
郭云华	女	1964.05	镇干部	长兴话	和平镇和平街道
项根方	男	1963.01	村干部	长兴话	和平镇滩龙桥村
朱美云	女	1986.04	村干部	长兴话	和平镇长岗村
杨国民	男	1944.12	务农	长兴话	和平镇新港村
蔡同意	男	1957.12	村支部委员	长兴话	和平便民桥村
许健民	男	1956.12	原村支部委员	长兴话	和平便民桥村
徐 虎	男	1959.11	镇干部	长兴话	和平镇独山村
吴明利	男	1947.05	务农	河南话	和平镇独山村
姬勤民	男	1965.10	村干部	长兴话	林城镇上狮村
陈会泉	男	1963.09	村干部	长兴话	林城镇大云寺村
李玉成	男	1964.09	村干部	长兴话	林城镇姚洪圩村
李丽琴	女	1963.01	村干部	长兴话	林城镇桥南村
陈金姐	女	1933.10	务农	长兴话	林城镇桥南村
陈新如	男	1951.12	务农	长兴话	林城镇桥南村
包明琴	女	1953.11	务农	长兴话	林城镇桥南村
郑传胜	男	1950.03	退休教师	长兴话	林城镇北汤村
卢长选	男	1964.12	村书记	平阳话	林城镇太傅村
黄兆奎	男	1961.08	村干部	平阳话	林城镇连心村
林炳兰	女	1963.12	妇女主任	平阳话	林城镇阳光村

姓名	性 别	出生年月	职业	方言	居住地
施明发	男	1953.10	退休乡村医生	平阳话	林城镇上狮村
施鹏飞	男	1954.05	原村书记	长兴话	小浦镇方岩村
赵荣福	男	1966.04	村主任	长兴话	小浦镇高地村
黄北海	男	1957.09	村书记	长兴话	小浦镇合溪村
谢长国	男	1967.06	村书记	长兴话	小浦镇画溪村
蔡彩娣	女	1961.07	报账员	长兴话	小浦镇合溪村
开爱民	男	1950.06	村会计	长兴话	煤山镇抛渎岗村
姚海荣	男	1955.04	村会计	长兴话	煤山镇东风村
潘象荣	男	1961.10	村支部委员	长兴话	煤山镇访贤村
应汉培	男	1966.03	村支部委员、村会计	长兴话	煤山镇尚儒村
胡勤凤	女	1963.03	村支部委员、村会计	长兴话	煤山镇新川村
王银娟	女	1965.10	务农	宜兴话	煤山镇东川村
周兴龙	男	1952.06	务农	宜兴话	煤山镇东川村
周学明	男	1954.10	个体户	宜兴话	煤山镇东川村
林雪堂	男	1957.07	原村主任	温州话	煤山镇东风上马坎
阮小青	女	1950.07	原工厂职工	温州话	煤山镇东风上马坎
林玉荣	男	1957.07	原民办教师、个体户	温州话	煤山镇东风上马坎
王志明	男	1957	教师	长兴话	水口乡中心小学
郑本龙	男	1951	退伍军人	长兴话	水口乡顾渚村
朱晓华	男	1950	退伍军人	长兴话	水口乡徽州庄村
丁火明	男	1952	退休教师	长兴话	长兴第六小学
韩秀娥	女	1966	退休教师	长兴话	水口幼儿园
刘国平	男	1956.08	原小学语文教师	安庆话	水口乡江排村

姓名	性 别	出生年月	职业	方言	居住地
陈和生	男	1938.06	原小学教员	安庆话	水口乡江排村
林德钏	男	1954.02	原耐火厂厂长、总经理	平阳话	水口乡龙山村
郑经福	男	1959.09	原村干部，现敬老院院长	平阳话	水口乡龙山村
林瑞金	女	1955.07	原村妇女主任	平阳话	水口乡龙山村
吴定珠	男	1957.05	原村书记	平阳话	水口乡龙山村
朱根法	男	1958.05	务农	苏北话	水口乡后坟村
李如英	女	1963.06	务农	苏北话	水口乡后坟村
丁火明	男	1952.08	退休小学教师	苏北话	水口居委会
林德钏	男	1954.02	原耐火厂厂长、总经理	闽南话	水口乡龙山村
王惠琴	女	1962.10	原工厂财务	闽南话	水口乡龙山村
顾志荣	男	1956.12	乡干部	长兴话	吕山乡
钱荣泉	男	1965.09	村民	长兴话	吕山乡南杨村
陆海勤	女	1965.09	村干部	长兴话	吕山乡杨吴村
杨纪林	男	1947.07	村民	长兴话	吕山乡吕虹村
陈林方	男	1957.11	村干部	长兴话	吕山乡南杨村
徐宝根	男	1968.07	村监委主任	长兴话	吕山乡龙溪村
张水平	男	1961.08	村党委委员	长兴话	吕山乡龙溪村
仲玉芳	女	1958.12	文化礼堂董事长	长兴话	吕山乡龙溪村
杨吉林	男	1963.12	自由职业	长兴话	吕山乡龙溪村
王盘福	男	1962.04	务农	长兴话	龙山街道新湖村
王建勤	男	1959.06	退休工人	长兴话	龙山街道体育场社区
王发娥	女	1950.12	退休医生	长兴话	龙山街道后洋村
董加明	男	1951.11	退休工人	长兴话	龙山街道西峰坝村

姓名	性 别	出生年月	职业	方言	居住地
薛继方	男	1959.03	村书记	长兴话	画溪街道白莲桥村
沈炳祥	男	1962	村会计	长兴话	画溪街道白阜村
钱新如	男	1946.12	离退休村干部	长兴话	画溪街道长桥村
吕金兰	女	1951.10	个体户	长兴话	画溪街道三星圩村
缪水娣	女	1945.05	退休教师	长兴话	画溪街道明门居委会
李成全	男	1949.03	务农	湖北方言	画溪街道三星圩村
李祖武	男	1946.12	务农	湖北方言	画溪街道三星圩村
袁忠兰	女	1948.03	务农	湖北方言	画溪街道三星圩村
唐惠萍	女	1961.07	退休职工	长兴话	雉城街道台苑新村
黄墨林	男	1948	文化艺术工作者	长兴话	太湖街道杨湾村
高火荣	男	1957.07		长兴话	太湖街道王浜头村
李阿荣	男	1951	退休干部	长兴话	太湖街道留下居委会

说明：由《长兴方言志》编纂组根据乡镇、街道上报资料整理；名录不全

清末长兴方言乡土教材《五言杂字》

长兴《五言杂字》(有称《五言杂诗》)，是清末长兴地区私塾教学中带有浓厚地方特色的启蒙读物，也是以长兴方言编写的通俗常用字民谣，当地私塾将其与《三字经》《百家姓》《千字文》并用。该书共汇集常用字3000多个，内容集衣、食、住、行、婚嫁、生育、生产、社交、诉讼、仕途，与自然、地理、动物、植物、农业、商业、医药等于一体，讲的是民间日常生活常识，学了它，不仅识了字，也学到了生活中方方面面的常识，是一本辨字识字、扩大知识面，了解长兴当地自然、历史与社会的地方传统文化教材。

在《长兴方言志》编纂过程中，经县内文史爱好者、首部《林城镇志》执行主编施正强提供线索，编者从县退休干部蒋文彬处征集到原版长兴《五言杂字》。随后，又分别走访林城镇杨金满、何志嵩和龙山街道徐新发三位老人，征集到他们收藏的手抄本。经扫描录入后，以《林城镇志》收录的林城地区的版本为底本，对上述版本进行核对。不同版本的内容大同小异，只是个别字的差异，全书均720句，每句5字，共3600字。

另据了解，《五言杂字》编著源于清道光年间河北定兴县，清末流传至多省，出现不同仿编本。

今将长兴《五言杂字》全文选入本志，以飨读者。

长兴《五言杂字》

柴米油盐酱，羹汤酒醋茶；肴馔荤素物，腌腊臭腥臊；
素净黄花菜，荤腥鱼肉鸡；人生衣食禄，注定不差移；
猪头蹄子肉，肝肠肚肺心；板油胰脏脑，瘦壮与肥精；
尾巴猪脚爪，筋血骨髓毛；坐臀长短肋，拖肚丝车砧；
火腿嘉香肉，熏鱼白煤鸡；红烧东坡肉，鱼翅炒肉丝；
鳗鲡毛脚蟹，银鱼白壳虾；皮蛋凤凰蛋，鱼羹海参羹；
酱鸭八宝鸭，排骨粉蒸肉；发菜蛤虾米，淡菜海蜇皮；

鲹鲦鳑鲴鲫，鳜鲤花白鲢；草鱼螺蛳青，鲳鳊黄白鱼；
带鱼乌贼鱼，鳓鲞裙带鱼；蛤蜊蛏蚬肉，蚶子与田螺；
鱼圆肉饼子，燕窝鸽蛋汤；荠菜裹春卷，猪油熯年糕；
烹调煨煠爆，炊爨炒煎熬；煮灼熠烧煸，烘焙炙熏蒸；
木耳金针菜，笋衣闽笋尖；宫饼太史饼，枣糕丁豆糕；
活油夹沙饼，三火八珍糕；黑白芝麻片，桔梗寸金糖；
麻球金钱饼，胡桃百果糕；百草梨膏糖，提糖斗方糕；
橘饼香橼片，浇切牛皮糖，玫瑰酥油饼；松花水晶糕，
冻米椒盐饼，枣糕状元糕；麻团糖塌饼，雪饼葱管糖；
蛋糕藕粉饺，风消冰雪糕；烧卖火炉饼，栗糕绿豆糕；
馄饨面疙瘩，腐乳酱瓜姜；挂面粉丝干，花粉烫粉皮；
麸皮踏面筋，千张豆腐干；酵头酒药曲，酒酿浆头糟；
短水陈好酒，滴烧高粱烧；建旗香茶片，细芽白茅尖；
葱韭夏大蒜，胡椒芥辣酱；扁蒲羊眼豆，茭白龙爪葱；
豇豆白扁豆，茄子黄番瓜；油菜薹心菜，香瓜药葫芦；
卷心黄芽菜，荠菜马兰头；黄豆毛豆尖，关青落霜青；
蚕豆牛踏扁，瓜子落花生；冬瓜豆芽菜，山药红萝卜；
番薯毛芋艿，团笋青笋干；芡实鸡头子，风菱水红菱；
桃李柑橘柚，花红苹果梅；密枣白婆枣，雪梨秋白梨；
火柿铜盆柿，蟠桃水蜜桃；麦李黄瓜李，枇杷水葡萄；
槜李紫粉李，杨梅油光桃；水柿牛奶柿，木瓜佛手柑；
甘蔗荸荠藕，滋味甚甘甜；莲子桂圆肉，洋参高丽参；
奎红黑枣头，补中益气汤；茶食南货店，八鲜青果行；
南北杂货店，粮食油饼行；开店做生意，公道莫欺生；
合伙同搭伴，开张要齐心；拆本开销大，发财店运兴；
货高招远客，交易要公平；赊欠要催讨，账目过誊清；
撺贩拆兑店，买卖要内行；当手坐账桌，朝奉上柜头；
坐行走水客，出外走江湖；披星常戴月，辛苦觅蝇头；
行李一肩挑，铺盖同袱包；奔波名利客，不怕路途遥；
投行办客货，精明进货真；过关莫偷税，行船防风波；
兑换金银饰，层色分高低；落炉折耗重，对冲抵六成；
纹银细元丝，趸段零碎称；天平与厘戥，权衡知轻重；

毫厘分钱两，丝忽共微尘；戥砣与法码，称兑自分明；
布匹量尺寸，斤两用秤称；彩缎绫罗绢，盛纺濮院绸；
团花慕本缎，线绉出苏杭；杜丝绸精着，杜机苎布牢；
雪葛银丝葛，亮纱实地纱；春绸四八界，水纱银绦纱；
裁剪用粉线，参差掖整齐；烫平用熨斗，缝纫做成衣；
烙铁毡单包，引线顶针箍；走绽防擦破，缝穷打补丁；
衣裳衾被褥，汗巾长手巾；秋袄棉背褡，镶绲外底肩；
袍子马蹄袖，宫衣做对襟；长衫衬袍套，褥子垫毡毯；
扣带宽紧带，马褂月裹衣；短袖军机挂，长领是道袍；
袈裟昆卢帽，禅杖念佛珠；顶子红缨帽，缎子方头靴；
看包忠孝带，雀顶着蓝衫；披肩戴朝帽，朝衣连朝裙；
得胜太平褂，镶鞋三套云；毡帽绒镶边，蝴蝶厚底鞋；
护膝三镶袜，束发紫金冠；飘带满汉带，摇车合线车；
蒲萎针线匾，线板摒箜篮；蒲扇鹅毛扇，快鞋粉底鞋；
木屐钉鞋伞，笠帽棕蓑衣；护书皮拜匣，锡壶鸡鸣壶；
珠灯满堂红，锡掇一品锅；挂镜着衣镜，茶壶一纸壶；
墨床印色盏，笔架多陈盘；茶盘盖碗盖，飘垫盘香盘；
桑剪修桑锯，皮刀接桑刀；绝钝白铁刀，锋快纯钢刀；
宝剑摺衣剑，屠刀切叶刀；宫扇油纸扇，火笺火头牌；
叉袋褡裢袋，银圆大褡包；半桌八仙桌，茶几天然几；
春凳交椅坑，榻柜桌箱橱；短凳藤穿榻，纱帽栲栳圈；
绷架连棕垫，凉床踏步床；疆绳马鞍辔，步障锦屏风；
珠帘遮绣户，锦帐挂牙床；冬用汤婆子，夏抱竹夫人；
首饰嫁妆奁，刷牙抿子全；胭脂妆面粉，木梳篦箕连；
辫线揪心线，花边挂子边；粉扑钥匙袋，床幛帐衔头；
春搭九龙套，扎额九凤披；耳挖剔牙杖，云肩珠领圈；
耳环绞丝镯，百锁银项圈；压发元宝簪，如意扁方簪；
点翠银镶块，戒子九连环；镀金嵌宝石，松脆不坚牢；
八字年月合，镜架子孙堂；袋盒搭箱袱，烘篮罩掇炉；
簪盘果子桶，风箱水火炉；箭竿篙签竹，提桶挑水钩；
风灯瓢白纸，槛杈节节高；罩篮九子盒，提盒摆条箱；
吊桶并汤桶，面盆洗澡盆；善富竹油盏，手照寿字扦；

行灶风炉子，镬盖铜广锅；蒸篣炊饭甑，洗帚饭淘箩；
坌斗竹扫帚，箵箕铁爪篱；镬铲铜缸勺，火钳铁火叉；
瓶罐缸甏瓮，碗盏盆碟盅；盖缸饿杀猫，太平橄榄缸；
酒提酒漏斗，酒鳖酒壶瓶；向盘千里镜，日晷自鸣钟；
柴房厨灶屋，作场龙磨坊；房屋厅堂阁，楼台府库仓；
飞檐与翘角，墙门八字开；墁砖天花板，踏街造门楼；
起步阶沿石，大厅五架梁；桁枋经步柱，回廊靠栏杆；
龙梢通夹弄，茶亭坐息间；斜沟用筒瓦，地平铺方砖；
滴水花边瓦，出水开阴沟；阁楼铺地板，上楼走扶梯；
窗棂做亮格，明瓦开天窗；石库门双扇，腰墙隔里墙；
砌墙搭阴架，披水后包檐；修补重起造，风火伞头墙；
周围墙壁固，门窗装摺全；屋迁须牮直，低潮垫铺高；
屋漏须翻盖，加添砖瓦椽；损坏防坍塌，倾颓不久长；
当中走甬道，东西两辕门；开店挂招牌，大店造洋楼；
宫殿庵堂观，庙宇造戏台；方丈大寺院，宝塔即浮屠；
点兵搭将台，贞洁造牌坊；花厅会客厅，凉亭接官亭；
街道城市镇，邻里乡党村；田地郊原野，仓廒庐舍庄；
港洋溪河涧，山林川泽江；湾兜浜汇角，沟渎漾潭塘；
闸坦关津渡，岭峰坞岕岗；丘陵坟墓垄，洲渚涨沙滩；
埠头帮岸埦，填筑要坚牢；坦冲圩圳埂，开垦莫抛荒；
岔路是斜径，通衢大道行；住村为本地，别处是他乡；
遥远难照应，附近好稽查；僻静堪隐逸，闹市好开张；
川广云贵货，道地药材行；钩藤使君子，杜仲桑寄生；
霍斗鲜石斛，槟榔大腹皮；蛤蚧穿山甲，儿茶紫河车；
松香黄白蜡，炉底密陀僧；牛膝延胡索，乌头天南星；
血竭地骨皮，藿香檀降香；鹤虱露蜂房，昆布海螵蛸；
鹿茸豹皮鞭，麝香夜明珠；犀角羚羊角，阿胶虎骨胶；
熊胆海狗肾，龟鹿二仙胶；钟乳炉甘石，黄芪路党参；
皂矾赤石脂，朱砂自然铜；石膏人中白，甘草人中黄；
蛤粉左牡砺，茯苓何首乌；橘核丝瓜络，青蒿广霍香；
黄连吴茱萸，黄芩黑山栀；姜汁制厚朴，鳖血炒柴胡；
水火木金土，宫商角徵羽；青黄赤白黑，甜酸苦辣咸；

风寒暑湿燥，辨证可开方；心肝脾肺肾，浮沉迟数分；
汤头歌诀熟，药性医案通；脉诀能参透，风痨臌膈瘳；
经纪为商贾，游荡各码头；摆渡船贴稳，沙快沙飞船；
海舶舴艋艇，烟囱火轮船；过海漂洋船，客人乘航船；
铁锚绳索缆，停泊稳无妨；篷樯与绊索，挨橹挽篙钩；
纤板撬头板，橹脐橹人头；桅杆划楫桨，枰齐洞壳牢；
跳板墙夹板，弯梁头梢棚；货物中仓贮，撑篙走橄榶；
梢公牢把舵，来去喝推扳；停船到岸上，坐轿或坐车；
游山玩景致，养鸟种花草；盆景小摆式，花开四季红；
扦插培补种，砍斫掘蒲头；萼蒂芽花蕊，根梢梗叶枝；
蟠杨西湖柳，扁柏罗汉松；石楠冬青树，芍药玉楼春；
瑞香六月雪，芙蓉赛牡丹；银杏白果树，洛阳凌霄花；
木笔紫玉兰，金桂水木樨；木香十姐妹，蔷薇月月红；
蜡梅天竺子，虎刺杜鹃花；金丝荷叶草，贴梗海棠花；
芭蕉白玉簪，绣球紫荆花；月季佛见笑，石榴千日红；
洋菊僧鞋菊，长春万年青；金雀万寿菊，怕痒紫薇花；
凤仙老少年，鸡冠雁来红；荷花西香莲，水仙虞美人；
罂粟荼蘼丽，朱兰茉莉香；蝴蝶梁山伯，蜻蜓纺机娘；
蝉蜞夏知了，灶鸡地鳖虫；螟蛉扑火虫，蟑螂萤火虫；
田鸡癞瘩疤，喜蛛水潜龙；乌梢灰赤链，鲥鳗黄蟒蛇；
土虺白花蛇，水蛇四脚蛇；狮子骆驼象，豺狼虎豹熊；
木狗金钱豹，獐麂鹿兔獾；猢狲即猿子，猩猩是野人；
野猪香狸猫，狐狸水獭猫；柿狐狸斑猫，松鼠黄鼠狼；
羯羊大湖羊，牸牛水牯牛；鹞鹰猫头鹰，鸳鸯水鹏鹈；
青鹊山和尚，斑鸠水鹁鸪；八歌泥百舌，麻雀白头翁；
百灵告天子，画眉竹叶青；蜡嘴黄头子，喜鹊老乌鸦；
凤凰锦鸡丽，孔雀喜开屏；鸿雁能排字，鸡声报晓明；
鸣鸠知唤雨，反舌巧鸣春；雨至商羊舞，风来石燕飞；
鹦鹉能解语，黄鹂百转声；生圣麒麟产，盛世凤和鸣；
鸽铃能寄信，雁足可传书；鹭鸶寻鱼食，螳螂惯捕蝉；
跪乳羊知孝，衔环雀报恩；萤火明书案，蛙声沸草田；
蝼蚁虽微物，曾穿九曲珠；秋到梧桐落，梅花报立春；

谷雨收蚕了，乡村妇女忙；切叶铜丝细，蚕筷叶墩头；
柱子架篇簩，叶篰贮青桑；眠头须派涕，叶贵要现钞；
几筐称出火，大眠下地蚕；放叶几昼时，蚕老一时忙；
山棚先搭好，先捉四花蚕；添炭勤扎火，芦帘棚卷遮；
摘茧动丝车，做丝勤换汤；大花打绵线，同宫做绵兜；
挂纸生蚕种，茧黄丝筋头；小满见新丝，卖丝还叶钱；
一交芒种节，农夫开秧阡；分秧忙插种，耕耙要用牛；
黄梅到三时，高低动水车；横木装车板，鞘头秧埂绳；
锄头与铁鎝，罱部木揪篰；枷槅翻谷耙，镰刀大弯刀；
稻床掼谷桶，连枷与稻镰；耘田上埂了，稻熟庆丰年；
稻场晒谷干，牵砻打米忙；蒸谷冬舂米，籼稻粳糯黏；
糠粞防夹杂，粜籴品行情；合勺抄撮算，斛子升斗量；
踏田分租谷，风车扇稻魂；虫荒兼水旱，租谷打折头；
开仓完粮米，粮房记书忙；仓完照折价，由单取仓收；
条银上下忙，国库早完清；丰享衣食足，债负莫拖延；
借本起利息，契据加凭条；抵押掇移会，贫乏可流通；
藏囤私积蓄，隐瞒悭吝贪；落拓无拘束，款待甚殷勤；
软硬搓搦揿，咬嚼囫囵吐；巧乖伶俐滑，痴病笨呆傻；
龌龊揩干净，装腔假疯癫；机关若穿破，翻变霎时间；
诡诈须图赖，冲撞肆强横；戏虐宣哗闹，骂詈争斗殴；
侵占争田产，告状打官司；叫喊进呈纸，出差去行牌；
代书写状式，讼师讲差房；听审原被告，传话值堂房；
曲直凭官断，当堂冤屈申；枷杖施刑罚，斩绞流徙军；
定罪照律例，详文录口供；翻供案件驳，公门使费灵；
出结写保状，销案进息词；银钱耗费尽，回头应悔迟；
好讼家业败，积德子孙贤；高祖祖父母，翁姑称公婆；
哥嫂弟媳妇，姑舅姨外甥；泰山是岳父，娇客女婿称；
娇妻伉俪笃，爱妾如夫人；宗族须敦睦，尊卑长幼分；
男儿当弱冠，姹女及笄时；婚男与嫁女，存嫁上头盘；
新迎须奠雁，入赘是招婿；乐人吹鼓手，犒赏小门封；
掌扇红凉伞，提灯子孙灯；请客吃喜酒，柯金谢媒人；
亲戚送份子，道喜闹新房；夫妻如鱼水，齐眉二鬓霜；

怀胎产婴儿，临盆叫稳婆；弥月过周岁，乳哺到三年；
怀抱抚养大，匍匐学咿唔；痧痘愁关煞，成丁血气刚；
粗蠢学手艺，聪明教读书；读书明礼义，延师训子孙；
五经四书熟，文章取功名；童生府县考，道考进鳌门；
秀才通文墨，诗词古赋全；临摹古碑帖，带草写行书；
小楷馆阁体，隶篆楷分书；补禀考一等，恩拔副岁优；
落海考遗才，乡试考举人；两榜中进士，解元与会元；
状元御笔点，榜眼探花郎；翰林都察院，天部转九卿；
尚书升宰相，公侯伯子男；公子招驸马，宗室封亲王；
京官放外任，司道府藩臬；部选原班补，同通佐州官；
仕满要验看，出缺就升调；捐斑加九级，覃恩请诰封；
官衔排执事，上篇竖旗杆；告老还乡去，荣华一世人；
世态重斯文，读书人上人；为人不识字，有眼却如盲。

主编后记

有些事情可以慢慢来，或者留给后人或许会做得更好，但有些事情一定要当下人抢着做。编纂方言志，留住乡音里的乡愁，就是需要我们这些当下人抢着做的事情。

长兴是千年古县，吴语方言古色古香，具有丰富的地方特色和文化内涵。长兴又是一座移民城市，大量移民的到来，让长兴呈现了多方言和多生活习俗的状态。但随着经济的发展、社会的变迁，尤其是普通话的逐渐普及，方言使用面变窄，使用人数也慢慢减少，地道的乡音土语逐渐流失变味。方言承载着地方的文化和生活方式，具有特有的价值。因此，编纂一部《长兴方言志》，记录和保存原汁原味的长兴语言生态面貌，为世人留下一份珍贵的文化遗产，显得尤为急迫和重要。

2014 年 8 月，长兴县第二轮修志工程正式启动后，我们在考虑“方言”编的编纂时，决定采取“二合一”的方式，既完成《长兴县志(1988—2012)》“方言”编的编纂任务，同时专门编纂出版一部《长兴方言志》。2016 年 2 月起，开始启动《长兴方言志》编纂工作，奔赴各乡镇开展方言调查，编写书稿。至 2019 年 2 月，形成初稿。之后，征求意见，补充调查，反复修改，数易其稿，至 2020 年 5 月定稿，交付出版，共 60.2 万字。

感谢湖州师范学院中文系教授和文学院语言研究所所长、湖州市语言学会会长俞允海，接受我们的邀请，率领他的团队，不辞辛苦，奔波劳碌，如期、出色地完成了方言调查和志稿编纂任务。感谢各乡镇、街道对方言调查工作的大力支持和周到安排。感谢热心长兴地方志事业并提供资料的人士和各乡镇、街道配合方言调查的合作人。

据民国年间的调查，长兴县外来移民，“以河南籍为最多，占百分之四十以上，本地籍占百分之四十弱，余均台、绍、温、金、湘、皖、江北等籍。”大半个世纪过去了，情况怎么样？

为了了解当下长兴方言和各种移民方言的使用情况，借助本次编纂方言志机会，2016 年 12 月，我们联合各乡镇、街道，以农村的自然村为基本单位(不含城市社区），开展了一次长兴方言和移民方言分布基本情况调查，基本摸清了全县农村户籍人口使用长兴方言和各种移民方言的情况，并将调查成果收录本书(详见本志第 6 编第 1 章、第 2 章)。通过调查统计发现，在长兴农村的 2576 个自然村中，有村民说长兴话的自然村共 1799 个、覆盖率达 69.8%，只通行长兴话一种方言的自然村共 1231 个、占全县自然村总数的 47.8%；有村民说河南话的自然村共 1001 个、覆盖率达 38.9%；只通行河南话一种移民方言的自然村共有 444 个，占全县自然村总数的 17.2%。在此基础上，对长兴农村人口使用各种方言的人数作了粗略统计，结果大致为长兴人占农村人口超过六成，河南人约占三成，其他人口约占一成。虽然，这只是初步的调查，不够精准，但还是能够反映当下长兴方言和各种移民方言的基本情况的。这是本次方言志编纂工作的一大亮点，也是一大贡献。

需要说明的是，为了完整记录、全面反映的需要，本书收录方言词汇时，在取其精华去其糟粕的同时，保留了少量的粗鄙之言。请广大读者予以包容，并在阅读使用时认真鉴别。

本书是长兴第一部方言志，也是湖州地区第一部方言志。它填补了长兴在方言收集、整理、研究方面的空白，对研究长兴历史和语言文化具有重大的参考价值，对传承和弘扬长兴地域特色文化，促进非物质文化保护工作具有重要的现实意义。由于是第一部，难免有欠缺之处，敬请广大语言专家、方志专家和读者在阅读使用时批评指正，以便我们修订。

2020 年 5 月